【传世经典 文白对照】

资治通鉴

二

汉纪

〔宋〕司马光　　编撰

沈志华　张宏儒　主编

中华书局

目录

卷第十七　汉纪九

起辛丑(前140)尽丁未(前134)凡七年

世宗孝武皇帝上之上
建元元年(辛丑,前140)

1　冬,十月,诏举贤良方正直言极谏之士,上亲策问以古今治道,对者百馀人。广川董仲舒对曰:"道者,所繇适于治之路也,仁、义、礼、乐,皆其具也。故圣王已没,而子孙长久,安宁数百岁,此皆礼乐教化之功也。夫人君莫不欲安存,而政乱国危者甚众;所任者非其人而所繇者非其道,是以政日以仆灭也。夫周道衰于幽、厉,非道亡也,幽、厉不繇也。至于宣王,思昔先王之德,兴滞补敝,明文、武之功业,周道粲然复兴,此夙夜不懈行善之所致也。

"孔子曰:'人能弘道,非道弘人。'故治乱废兴在于己,非天降命,不可得反;其所操持悖谬,失其统也。为人君者,正心以正朝廷,正朝廷以正百官,正百官以正万民,正万民以正四方。四方正,远近莫敢不壹于正,而亡有邪气奸其间者,是以阴阳调而风雨时,群生和而万民殖,诸福之物,可致之祥,莫不毕至,而王道终矣!

世宗孝武皇帝上之上

汉武帝建元元年(辛丑,公元前 140 年)

1　冬季,十月,汉武帝下诏,令大臣举荐贤良方正直言极谏的人才,武帝亲自出题,围绕着古往今来治理天下的"道",进行考试,参加考试的有一百多人。广川人董仲舒在答卷中说:"所谓的'道',是指由此而达到天下大治的道路,仁、义、礼、乐都是推行'道'的具体方法。所以,古代圣明的君王去世之后,他的后代可以长期稳坐天下,国家几百年太平无事,这都是推行礼乐教化的结果。凡是君主,没有人不希望自己的国家能安宁长存,但是却有许多国家遭受政治昏乱、国家危亡的厄运,其原因就在于君主用人不当,没有按照正确的方法来治理国家,所以国家政治一天比一天接近灭亡。周王朝在幽王、厉王时期出现衰败,并不是由于治国的道路不存在了,而是由于幽王、厉王不遵循治国之道。到了周宣王在位时,他仰慕过去先王的德政,恢复被淡忘的先王善政,改革近世的积弊,发扬周文王、周武王的功业,周代的王道再次焕发出夺目的光彩,这是日夜不懈地推行善政而取得的成效。

"孔子说:'人可以发扬光大道,而不是道提携人。'所以,国家的治乱兴亡在于君主自己,只要不是天意要改朝换代,统治权就不会丧失;君主的作为悖理错误,就会丧失统治地位。做君主的人,首先端正自己的思想,然后才能用以整肃朝廷,整肃了朝廷才能用以整肃百官,整肃了百官才能用以整肃天下百姓,整肃了天下百姓才能用以整肃四方的夷狄各族。四方的夷狄各族都已整肃完毕,远近没有胆敢不统一于正道的,没有邪气冲犯天地之间,因此就会阴阳谐和,风调雨顺,万物安和相处,百姓繁衍生息,所有象征幸福的鸟兽和可以招致的祥瑞征兆,全都出现,这就是王道的最佳境界了!

"孔子曰:'凤鸟不至,河不出图,吾已矣夫!'自悲可致此物,而身卑贱不得致也。今陛下贵为天子,富有四海,居得致之位,操可致之势,又有能致之资,行高而恩厚,知明而意美,爱民而好士,可谓谊主矣。然而天地未应而美祥莫至者,何也? 凡以教化不立而万民不正也。夫万民之从利也,如水之走下,不以教化堤防之,不能止也。古之王者明于此,故南面而治天下,莫不以教化为大务。立太学以教于国,设庠序以化于邑,渐民以仁,摩民以谊,节民以礼,故其刑罚甚轻而禁不犯者,教化行而习俗美也。圣王之继乱世也,扫除其迹而悉去之。复修教化而崇起之;教化已明,习俗已成,子孙循之,行五六百岁尚未败也。秦灭先圣之道,为苟且之治,故立十四年而亡。其遗毒馀烈至今未灭,使习俗薄恶,人民嚣顽,抵冒殊扞,熟烂如此之甚者也。窃譬之:琴瑟不调,甚者必解而更张之,乃可鼓也;为政而不行,甚者必变而更化之,乃可理也。故汉得天下以来,常欲治而至今不可善治者,失之于当更化而不更化也。

"臣闻圣王之治天下也,少则习之学,长则材诸位,爵禄以养其德,刑罚以威其恶,故民晓于礼谊而耻犯其上。武王行大谊,平残贼,周公作礼乐以文之;至于成、康之隆,囹圄空虚四十馀年:此亦教化之渐而仁谊之流,非独伤肌肤之效也。

"孔子说：'凤凰不来，黄河也不出现龙马背负的河图，我还是算了吧！'他为自己的德行本可招致这些祥瑞，但因为身份卑贱不能招致，而感到悲哀。现在，陛下贵为天子，富有四海，身居得以招致祥瑞的尊位，手持可以招致祥瑞的权势，又有能够招致祥瑞的资质，品行高尚而恩德深厚，头脑聪明而心地善良，爱护百姓而尊重贤士，可称得上是好君主了。但是，天地没有相应的表示，祥瑞没有出现，原因何在？主要在于没有推行道德教化，百姓没有走上正路。百姓追逐财利，就如同水急速地流向低处一样，不用教化筑成河堤来约束它，就不能阻止。古代英明的君主深知此理，所以在身为君主治理天下时，没有不把教化作为根本大事的。建立太学，以便在都城兴起教化，兴办学府，以便在地方城邑中开导民众，用仁来熏陶民众，用义来激励民众，用礼来节制民众，所以，当时的刑罚很轻而没有人触犯法禁，其原因在于推行了教化而社会风俗很好。圣明的君主接收了一个昏乱的世道，首先要把它的一切残馀全部扫除。再兴办教化，提高教化的地位；教化已见明效，好的社会风俗已经形成，子孙后代沿袭不变，实行五六百年也不会衰败。秦朝不采用先代圣王的治国之道，实行不顾长远、只顾眼前的统治方法，所以立国仅有十四年就灭亡了。秦遗留下来的恶劣影响至今还没有清除，导致社会风俗浅薄恶劣，百姓不讲忠信德义，触犯法律，殊死反抗，风俗竟然败坏到如此程度。我私下做了这样一个比喻：弹奏琴瑟音律不和谐，严重时必须解下旧弦，更换新弦，才可以弹奏；实施统治遇到了阻碍，严重时一定要加以改变，才能治理好国家。所以，自从汉朝得到天下以来，一直想治理好国家，但至今没有治理好，其原因就在于应当实行改革的时候而没有实行。

　　"我听说圣明的君主治理天下，让他的臣民年幼时学习知识，成年后就给他官位以磨砺他的才能，颁给爵位俸禄以培养他的美好品德，实施刑罚以威慑他的罪恶念头，所以，百姓才能通晓礼义，而以冲犯君主为耻。周武王奉行天下大义，推翻了独夫民贼，周公制作了礼和乐来修饰周政；到了成王、康王的大治时期，没有人犯罪，监狱空无一人长达四十多年。这也是推行教化和仁义的结果，而不只是用伤残皮肉的刑罚去威胁百姓的成效。

至秦则不然,师申、商之法,行韩非之说,憎帝王之道,以贪狼为俗,诛名而不察实,为善者不必免而犯恶者未必刑也。是以百官皆饰虚辞而不顾实,外有事君之礼,内有背上之心,造伪饰诈,趋利无耻;是以刑者甚众,死者相望,而奸不息,俗化使然也。今陛下并有天下,莫不率服,而功不加于百姓者,殆王心未加焉。《曾子》曰:'尊其所闻,则高明矣;行其所知,则光大矣。高明光大,不在于他,在乎加之意而已。'愿陛下因用所闻,设诚于内而致行之,则三王何异哉!

"夫不素养士而欲求贤,譬犹不琢玉而求文采也。故养士之大者,莫大虖太学;太学者,贤士之所关也,教化之本原也。今以一郡、一国之众对,亡应书者,是王道往往而绝也。臣愿陛下兴太学,置明师,以养天下之士,数考问以尽其材,则英俊宜可得矣。今之郡守、县令,民之师帅,所使承流而宣化也;故师帅不贤,则主德不宣,恩泽不流。今吏既亡教训于下,或不承用主上之法,暴虐百姓,与奸为市,贫穷孤弱,冤苦失职,甚不称陛下之意;是以阴阳错缪,氛气充塞,群生寡遂,黎民未济,皆长吏不明使至于此也!

"夫长吏多出于郎中、中郎、吏二千石子弟,选郎吏又以富訾,未必贤也。且古所谓功者,以任官称职为差,非谓积日累久也;故小材虽累日,不离于小官,贤材虽未久,不害为辅佐,是以有司竭力尽知,务治其业而以赴功。今则不然,累日以取贵,积久以致官,

到秦代就不是这样了，秦沿袭申不害、商鞅的法令，实行韩非的学说，憎恶上古帝王的治世之道，提倡贪求财利的风俗，只看虚名而不注重实际，做好事的人不一定能幸免受刑罚，而做坏事的人也不一定能受到惩罚。因此，百官都追求虚名假誉而不注重实际政务，表面上有侍奉君主的礼仪，内心却有背叛君主的念头，弄虚作假，追逐财利，毫无廉耻；所以遭受刑罚的人很多，死人连成片，但是犯罪却没被制止，是风俗的影响造成了这样的状况。现在陛下统治全国，天下没有不服从的，但是却没有给百姓带来功德，大概是由于您没有注意到这个问题吧。《曾子》一书说：'尊重所听到的道理，他就算是高明了；实践所知道的知识，他就算是光大了。高明光大，不在于别的，就在于认真注意罢了。'希望陛下能依据所听到的道理，真诚地信奉它并把它推行开来，那么，您与圣明的三王就没有什么不同了！

"平常不招徕和尊重士人，而想求得贤能之臣，就好像不雕琢玉石而想得到花纹美丽的玉器一样。所以，招徕和尊重士人的方法，没有比兴建太学更为重要的了；太学，是培养贤士的处所，是推行教化的根本。现在，让一郡、一国的所有民众都来参加皇帝主持的考试，而没有一个符合诏书要求的人才，这说明上古圣王之道几乎断绝了。臣希望陛下兴建太学，设置学识渊博的老师，用来培养天下的士人，经常考试以便学生能全面表现自己的才能，就可以得到出类拔萃的人才了。现在的郡守和县令，是百姓的表率，其职责就在于上承朝廷政令而向下宣扬教化；所以，如果这些表率人物无德无才，就会造成君主仁德不为人所知，对百姓的恩泽无法下达的局面。现在的官吏都不能教化民众，有的还不遵守朝廷的法度，残酷地虐待百姓，与坏人勾结，贪求财利，百姓贫困孤弱，怨声载道，无法维持生计，严重违背陛下的要求；所以，阴阳不和，凶气充满天地之间，宇宙万物难以正常生长，天下百姓不得幸福，这都是官吏不称职造成的后果！

"官吏大部分是从郎中、中郎、二千石官员的子弟中挑选的，选任郎官又以家庭富于资财为条件，所选的人未必是贤能的人。而且，古代所说的'功'是按照任官政绩的好坏来区分大小，并不是指任职的累积时间；所以，本事小的人，即使是任职时间很长，也只能仍做小官，贤能的栋梁之材，即使任职时间很短，也不妨碍他做辅政大臣，所以，官吏们都尽心竭力，一心做好本职工作而建功立业。现在就不是这样了，累积时日就可以猎取富贵，任期长久就可以升官晋职，

是以廉耻贸乱,贤不肖浑淆,未得其真。臣愚以为使诸列侯、郡守、二千石各择其吏民之贤者,岁贡各二人以给宿卫,且以观大臣之能。所贡贤者,有赏;所贡不肖者,有罚。夫如是,诸吏二千石皆尽心于求贤,天下之士可得而官使也。遍得天下之贤人,则三王之盛易为而尧、舜之名可及也。毋以日月为功,实试贤能为上,量材而授官,录德而定位,则廉耻殊路,贤不肖异处矣!

"臣闻众少成多,积小致巨,故圣人莫不以晻致明,以微致显。是以尧发于诸侯,舜兴虖深山,非一日而显也,盖有渐以致之矣。言出于己,不可塞也;行发于身,不可掩也。言行,治之大者,君子之所以动天地也。故尽小者大,慎微者著。积善在身,犹长日加益而人不知也;积恶在身,犹火销膏而人不见也。此唐、虞之所以得令名而桀、纣之可为悼惧者也。

"夫乐而不乱,复而不厌者,谓之道。道者,万世亡敝;敝者,道之失也。先王之道,必有偏而不起之处,故政有眊而不行,举其偏者以补其敝而已矣。三王之道,所祖不同,非其相反,将以救溢扶衰,所遭之变然也。故孔子曰:'无为而治者其舜乎!'改正朔,易服色,以顺天命而已;其馀尽循尧道,何更为哉!故王者有改制之名,亡变道之实。然夏尚忠,殷尚敬,周尚文者,所继之救当用此也。孔子曰:'殷因于夏礼,

因此,廉洁与耻辱相互交错,贤能和不肖相互混淆,不能判明真伪。我认为让列侯、郡守、二千石官秩的官员,各自从所管理的官吏、百姓中选择贤能的人,每年向朝廷选送二人,以为天子服务,而且可以用这种方法来观察大臣的才能高低。谁选送的人有贤德,就给以赏赐;谁选送的人不好,就给以惩罚。如果这样,所有二千石官员都会全力以赴地寻求贤人,天下的人才都可以成为国家官员而为皇上效力了。把天下的贤人都吸收到朝廷中来,那么,三代圣王的功业不难于造就,而且尧、舜的美名也可以企及。不要用任职时间长短计算功劳,而把实际考察出来的贤能之人列为上等,根据各人才能大小给以不同的官职,核查品行的高低而确定不同的官位,就会使廉洁和耻辱、贤与不肖区别得很清楚了!

"我听说积少成多,积小成大,所以古代的圣人,没有一个不是由默默无闻而变成美名远扬,由卑微而导致显赫。因此,尧起步于诸侯之位,舜兴起于深山之中,并不是一日之内突然显赫起来,应该说是日积月累循序渐进的结果。言语是由自己说出来的,不能阻塞;行为是由自身做出来的,无法掩饰。言语和行为,是治理天下的重要内容,君子正凭借着它而感动天地。所以,能做好一切小事的人,才能成就大业,能注意一切细微之善的人,才能功德彰明。本身积累了善德,就像人的身体长高时那样,每天都在增长自己却不知道;本身积累了恶行,就像灯火熬干了灯油一样,自己也没有察觉;这正是唐尧、虞舜成就美名和夏桀、商纣成为后人引为鉴诫的原因。

"身处娱乐之中而不淫乱,反复行善而不厌倦,这就是'道'。遵循道行事,可保证万世之后无弊害;只要有弊害产生,一定是因为没有按照道行事。一定是因为执行先王之道有所偏废,所以政治昏乱政令不行,补救的方法,就是运用王道中被偏废的部分去补救政治的积弊罢了。三代圣王的治国之道,侧重点各有不同,并不是它们相互矛盾,它们都是为了医治社会积弊,只是由于各自面对的社会情况不同,才形成了治国之道的不同。所以孔子说:'要说无为而治的人,应该首推舜吧!'舜改换历法,改变朝服颜色,只是顺应改朝换代的天意罢了;其余一切都遵循尧的治国之道,哪里改变过什么呢! 所以,圣明的君主,有改变制度的名义,而没有改变治道的实际内容。然而,夏代推崇忠直,商代推崇恭敬,周代推崇礼仪,形成这种不同的原因,是因为它们要改变各自面对的现实,必须使用各自不同的治国方法。孔子说:'商代继承了夏代的制度,

所损益可知也；周因于殷礼，所损益可知也；其或继周者，虽百世可知也。'此言百王之用，以此三者矣。夏因于虞，而独不言所损益者，其道一而所上同也。道之大原出于天，天不变，道亦不变，是以禹继舜，舜继尧，三圣相受而守一道，亡救敝之政也，故不言其所损益也。繇是观之，继治世者其道同，继乱世者其道变。

"今汉继大乱之后，若宜少损周之文致，用夏之忠者。夫古之天下，亦今之天下，共是天下，以古准今，壹何不相逮之远也！安所缪盭而陵夷若是？意者有所失于古之道与，有所诡于天之理与？

"夫天亦有所分予：予之齿者去其角，傅其翼者两其足，是所受大者不得取小也。古之所予禄者，不食于力，不动于末，是亦受大者不得取小，与天同意者也。夫已受大，又取小，天不能足，而况人虖！此民之所以嚣嚣苦不足也。身宠而载高位，家温而食厚禄，因乘富贵之资力以与民争利于下，民安能如之哉！民日削月朘，浸以大穷。富者奢侈羡溢，贫者穷急愁苦；民不乐生，安能避罪！此刑罚之所以蕃而奸邪不可胜者也。天子大夫者，下民之所视效、远方之所四面而内望也。近者视而放之，远者望而效之，岂可以居贤人之位而为庶人行哉！

所进行的改革和发展是可以知道的；周代继承了商代的制度，所进行的改革和发展是可以知道的；以后继承周代的，就是过了一百代之后所实行的制度，也可以推测得出来。'这是说百代君主所用的治国之道，也就是使用夏商周这三种了。夏代是继承了有虞氏的制度，而孔子唯独没有说到两者之间的改革和发展，是因为两者的治国之道一致，而且所推崇的原则相同。道之所以精深博大，是因为它来源于天，只要天不变，道也就不会变；所以，夏禹继承虞舜，虞舜继承唐尧，三位圣王相互授受禅让天下，却遵循相同的治道，是因为其间不存在需要改革的弊政，所以孔子不说他们之间的改革和发展。由此看来，继承一个大治的朝代，继起者实行与原来相同的治国之道；继承一个政治昏乱的朝代，继起者一定要改变治国之道。

　　"现在汉朝是在大乱之后建国的，似乎应该略为改变周代制度的过分强调礼仪，而提倡夏代的忠直之道。古代的天下，也就是现在的天下，同是这一个天下，为什么古代与现在相比，却会有那么大的差距！为什么败坏到如此程度？估计或许是因为没有遵循古代的治国之道吧，或许是因为违背了天理吧？

　　"天对万物也有一定的分配原则：让长出上齿的动物不让它再长犄角，让长出双翅的鸟类只让它有两只脚，这是让已受大利的，不能再取得小利。古代那些接受俸禄的官员，不许从事农耕收获，不得经营工商末业，这也是既得大利就不能再取小利，与天的分配原则是相同的。那些已得大利又要夺取小利的人，连天都不能满足其贪欲，更何况人呢！这正是普通百姓纷纷抗议生活没有保障的原因。那些达官显贵，身受朝廷宠荣而居高位，家庭富裕又享受朝廷俸禄，于是凭借着既富又贵的资本和权势，与平民百姓去争利，百姓怎能和他们抗衡啊！百姓逐日逐月地被削弱，最后陷入穷困。富裕的人奢侈成风挥金若土，穷困的人走投无路苦不堪言；百姓感觉不到活着有什么乐趣，怎么能避免犯罪呢！这正是刑罚繁多却不能制止犯罪的原因。天子的官员，是平民百姓观察仿效的对象，是远方各民族从四面八方向中央观察仿效的对象。远近的人都观察和仿效他们，怎能身居贤人的高位却去做平民百姓所做的事呢！

夫皇皇求财利,常恐乏匮者,庶人之意也;皇皇求仁义,常恐不能化民者,大夫之意也。《易》曰:'负且乘,致寇至。'乘车者,君子之位也;负担者,小人之事也。此言居君子之位而为庶人之行者,患祸必至也。若居君子之位,当君子之行,则舍公仪休之相鲁,无可为者矣。

"《春秋》大一统者,天地之常经,古今之通谊也。今师异道,人异论,百家殊方,指意不同,是以上无以持一统,法制数变,下不知所守。臣愚以为诸不在六艺之科、孔子之术者,皆绝其道,勿使并进,邪辟之说灭息,然后统纪可一而法度可明,民知所从矣!"

天子善其对,以仲舒为江都相。会稽庄助亦以贤良对策,天子擢为中大夫。丞相卫绾奏:"所举贤良,或治申、韩、苏、张之言乱国政者,请皆罢。"奏可。董仲舒少治《春秋》,孝景时为博士,进退容止,非礼不行,学者皆师尊之。及为江都相,事易王。易王,帝兄,素骄,好勇。仲舒以礼匡正,王敬重焉。

2　春,二月,赦。

3　行三铢钱。

4　夏,六月,丞相卫绾免。丙寅,以魏其侯窦婴为丞相,武安侯田蚡为太尉。上雅向儒术,婴、蚡俱好儒,推毂代赵绾为御史大夫,兰陵王臧为郎中令。绾请立明堂以朝诸侯,且荐其师申公。秋,天子使使束帛加璧、安车驷马以迎申公。既至,见天子。

急急忙忙地追求财利，经常害怕穷困，这是平民百姓的心理状态；急急忙忙地追求仁义，经常害怕不能用仁义去感化百姓，这是官员应有的意境。《周易》说：'既背负着东西又用车拉着东西，招来了强盗抢劫。'乘坐车辆，这是君子的本分；身背肩担，这是小人应该做的事。《周易》的这句话，是说居于君子尊位而去做平民百姓的事，这样的人，一定会招来祸患。如果身居君子的高位，而做君子应该做的事情，那么，除了用当年公仪休在鲁国为相辅政的方法之外，就没有别的方法了。

"《春秋》推崇的天下一统，这是天地之间的根本原则，是古往今来的一致道义。现在，每个经师传授的道不同，每个人的论点各异，百家学说旨趣不同，因此，君主没有办法实现统一，法令制度多次变化，臣下不知应该遵守什么。我认为，所有不属于儒家'六艺'范围之内，不符合孔子学说的一切学派思想，都禁止传播，不许它们与儒学并存发展，使邪恶偏激的学说归于灭绝，这样做了就能保证政令统一，法度明确，臣民就知道该遵循什么了！"

武帝很赞赏董仲舒的对答，任命他做江都国的相。会稽人庄助也以贤良的身份参加了考试，武帝选拔他担任中大夫。丞相卫绾向武帝上奏："举荐来的贤良，有的研究申不害、韩非、苏秦、张仪的学说，用来扰乱国家政治的，请都予以遣返。"武帝批准了奏请。董仲舒从小研究《春秋》，孝景帝时做了博士官，平日的进退举止，不做任何不合乎礼法的事，学者们都用尊师的礼节尊敬他。等到董仲舒做了江都国的相，侍奉江都易王刘非。易王刘非，是武帝的哥哥，历来骄横，好逞血气之勇。董仲舒用礼义来约束他，易王也很敬重董仲舒。

2　春季，二月，汉武帝颁布赦令。

3　朝廷发行三铢钱。

4　夏季，六月，丞相卫绾被免职。丙寅（初七），武帝任命魏其侯窦婴做丞相，任命武安侯田蚡做太尉。武帝极重儒术，窦婴、田蚡都喜好儒术，极力推荐代地人赵绾担任御史大夫，推荐兰陵人王臧担任郎中令。赵绾奏请兴建明堂以接受诸侯王的朝见，并且向武帝推荐了他的老师申公。秋季，武帝派出使者带着表示礼聘的帛和玉璧，驾着安车驷马去迎接申公入朝。申公到了京城，拜见武帝。

天子问治乱之事,申公年八十馀,对曰:"为治者不至多言,顾力行何如耳!"是时,天子方好文词,见申公对,默然。然已招致,则以为太中大夫,舍鲁邸,议明堂、巡狩、改历、服色事。

5 是岁,内史宁成抵罪髡钳。

二年(壬寅,前 139)

1 冬,十月,淮南王安来朝。上以安属为诸父而材高,甚尊重之,每宴见谈语,昏暮然后罢。

安雅善武安侯田蚡,其入朝,武安侯迎之霸上,与语曰:"上无太子,王亲高皇帝孙,行仁义,天下莫不闻。宫车一日晏驾,非王尚谁立者!"安大喜,厚遗蚡金钱财物。

2 太皇窦太后好黄老言,不悦儒术。赵绾请毋奏事东宫。窦太后大怒曰:"此欲复为新垣平邪!"阴求得赵绾、王臧奸利事,以让上。上因废明堂事,诸所兴为皆废。下绾、臧吏,皆自杀。丞相婴、太尉蚡免,申公亦以疾免归。

初,景帝以太子太傅石奋及四子皆二千石,乃集其门,号奋为"万石君"。万石君无文学,而恭谨无与比。子孙为小吏,来归谒,万石君必朝服见之,不名。子孙有过失,不责让,为便坐,对案不食;然后诸子相责,因长老肉袒谢罪,改之,乃许。子孙胜冠者在侧,虽燕居必冠。其执丧,哀戚甚悼。子孙遵教,

武帝询问关于国家治乱的事,申公已是八十多岁的高龄,回答说:"治理天下的人,可贵之处不在于他多说些什么,只看努力实干得怎样罢了。"这时,武帝正喜爱文辞,看到申公的对答,沉默不语。武帝虽然对申公的对答不满意,但既然已把他招来了,就任命他做了太中大夫,安顿他住在鲁王在京城的官邸中,商议有关兴建明堂、天子视察各地、改换历法和服色等事情。

5 这一年,内史宁成犯罪,被判处髡刑并且身带铁镣去服徒刑。

汉武帝建元二年(壬寅,公元前139年)

1 冬季,十月,淮南王刘安来朝见皇帝。皇帝因为刘安从辈分说是叔父,而且有很高的才能,很尊重他,经常在无事时,召他来随意交谈,直到天很晚了才停止。

刘安一直与武安侯田蚡结交,他来京朝见时,武安侯到霸上迎接他,告诉他说:"皇帝没有太子,大王是高皇帝的亲孙子,广行仁义的美名,天下人没有不知道的。假若皇帝突然去世,除了大王之外还有谁能继承帝位呢!"刘安闻言大喜,赠送给田蚡丰厚的金钱财物。

2 太皇窦太后喜好黄老学说,不喜欢儒家学说。赵绾奏请,以后的国家政务不要再向太后奏报。窦太后勃然大怒说:"他想做第二个新垣平吧!"窦太后暗中搜集到赵绾、王臧贪赃的证据,以此责备皇上用人不当。皇上就废止了兴建明堂的事,赵绾等人主持的一切活动都被废止。赵绾、王臧被逮捕下狱,他们都自杀了。丞相窦婴、太尉田蚡被免职,申公也以有病为借口,被免职归家。

当初汉景帝因为太子太傅石奋及其四个儿子,都有二千石的官秩,就总计他一门父子五人的官秩之和,称石奋为"万石君"。万石君没有文才学问,但恭敬谨慎却没有人可以与他相比。子孙做小官,回来看望他,万石君必定身穿朝服以礼相见,不叫他们的名字。子孙有了过错,他不直接批评,而是离开正室坐到厢屋中,对着桌子不吃饭;然后,儿子们互相批评,有过失的人通过长辈人来求情,并且袒露身体前来请罪,表示一定要改正,石奋才答应他的要求而进餐。已经成年的子孙在身边,石奋即使闲居无事,也必定衣冠整齐。他主持丧事,表情极为悲痛。后代人遵循他的教导,

皆以孝谨闻乎郡国。及赵绾、王臧以文学获罪，窦太后以为儒者文多质少；今万石君家不言而躬行，乃以其长子建为郎中令，少子庆为内史。建在上侧，事有可言，屏人恣言极切，至廷见，如不能言者，上以是亲之。庆尝为太仆，御出，上问车中几马，庆以策数马毕，举手曰："六马。"庆于诸子中最为简易矣。

窦婴、田蚡既免，以侯家居。蚡虽不任职，以王太后故亲幸，数言事多效。士吏趋势利者，皆去婴而归蚡，蚡日益横。

3　春，二月丙戌朔，日有食之。
4　三月乙未，以太常柏至侯许昌为丞相。
5　初，堂邑侯陈午尚帝姑馆陶公主嫖。帝之为太子，公主有力焉，以其女为太子妃。及即位，妃为皇后。窦太主恃功，求请无厌，上患之。皇后骄妒，擅宠而无子，与医钱凡九千万，欲以求子，然卒无之，后宠浸衰。皇太后谓上曰："汝新即位，大臣未服，先为明堂，太皇太后已怒。今又忤长主，必重得罪。妇人性易悦耳，宜深慎之！"上乃于长主、皇后复稍加恩礼。

上祓霸上，还，过上姊平阳公主，悦讴者卫子夫。子夫母卫媪，平阳公主家僮也；主因奉送子夫入宫，恩宠日隆。陈皇后闻之，恚，几死者数矣；上愈怒。

都以孝顺谨慎闻名于各地。等到赵绾、王臧因有文才学问犯了罪，窦太后就认为儒生富于辞采却欠缺质朴，现在万石君一家人不多说话却能身体力行，就任命他的大儿子石建担任郎中令，任命他的小儿子石庆担任内史。石建在武帝身边任职，发现了应该进谏的事，让人回避之后，他对武帝慷慨陈词，极力劝谏；到了朝廷上与百官朝见武帝时，石建却像一个不善言谈的人，武帝因此很亲近宠信他。石庆曾担任太仆，为武帝驾车外出，武帝问有几匹马拉车，石庆举起马鞭一一点数马匹后，举起手来回答："有六匹马。"石庆在石奋的儿子中是最为随便的，做事还如此恭敬谨慎。

窦婴、田蚡被罢免之后，以列侯的身份闲住在长安的家中。田蚡虽然不担任官职，但因有与王太后是同母弟的关系，仍得到皇帝的亲近宠幸，多次议论国事大多被采纳。趋炎附势的士人和官吏，都离开了窦婴而归附田蚡，田蚡日益骄横。

3 春季，二月丙戌朔（初一），出现日食。

4 三月乙未（初四），武帝任命太常柏至侯许昌担任丞相。

5 当初，武帝的姑姑馆陶公主刘嫖下嫁给堂邑侯陈午。武帝能立为太子，馆陶公主是发挥了很大作用的，公主把她的女儿嫁给太子做正妃。等到武帝即位称帝，正妃就做了皇后。馆陶公主刘嫖自恃援立武帝有功，无休无止地请求赏赐、干预国政，武帝对她很不满。陈皇后骄横嫉妒，独占君宠，却没有生育孩子，花费医药费用合计九千万钱，想求子，但是终究没有生育，因此武帝对陈皇后的宠爱渐渐衰退。皇太后对武帝说："你刚刚做上皇帝，大臣还没有归附你，就先兴建明堂，太皇太后已经很恼怒了。现在又得罪长公主，必定会受到太皇太后的重责。要让妇人高兴起来是很容易的事，你应该慎之又慎！"武帝于是就对窦太主、陈皇后母女俩又稍稍以恩礼相待。

武帝到霸上举行祓除祭祀，返宫途中，去看望他的姐姐平阳公主，看中了平阳公主府中的歌女卫子夫。卫子夫的母亲卫媪，是平阳公主家的奴婢；平阳公主就把卫子夫送入宫中，卫子夫日益受到武帝的宠幸。陈皇后得知，极为恼怒，好几次几乎给气死，武帝对陈皇后更为恼怒。

子夫同母弟卫青,其父郑季,本平阳县吏,给事侯家,与卫媪私通而生青,冒姓卫氏。青长,为侯家骑奴。大长公主执囚青,欲杀之。其友骑郎公孙敖与壮士篡取之。上闻,乃召青为建章监、侍中,赏赐数日间累千金。既而以子夫为夫人,青为太中大夫。

6 夏,四月,有星如日,夜出。

7 初置茂陵邑。

8 时大臣议者多冤晁错之策,务摧抑诸侯王,数奏暴其过恶,吹毛求疵,笞服其臣,使证其君。诸侯王莫不悲怨。

三年(癸卯,前 138)

1 冬,十月,代王登、长沙王发、中山王胜、济川王明来朝。上置酒,胜闻乐声而泣。上问其故,对曰:"悲者不可为累欷,思者不可为叹息。今臣心结日久,每闻幼眇之声,不知涕泣之横集也。臣得蒙肺附为东藩,属又称兄。今群臣非有葭莩之亲、鸿毛之重,群居党议,朋友相为,使夫宗室摈却,骨肉冰释,臣窃伤之!"具以吏所侵闻。于是上乃厚诸侯之礼,省有司所奏诸侯事,加亲亲之恩焉。

2 河水溢于平原。

3 大饥,人相食。

4 秋,七月,有星孛于西北。

5 济川王明坐杀中傅,废迁房陵。

卫子夫的同母异父弟卫青的父亲郑季,本来是平阳县的县吏,去平阳侯家中供职当差,和卫媪私通而生了卫青,让他冒充姓卫。卫青长大了,在平阳侯家中当骑奴。大长公主刘嫖抓住卫青,想杀了他。卫青的好友骑郎公孙敖和勇士把他给抢了回来。武帝得知此事,就召见卫青并任命他为建章宫的宫监,还给他侍中的官衔,几天之内给卫青高达千金的赏赐。不久,武帝立卫子夫为夫人,任命卫青为太中大夫。

6 夏季,四月,夜间出现了一颗光亮如同太阳的异星。

7 开始设立茂陵邑。

8 当时,朝廷大臣中很多人都对晁错首先提出削藩之策被杀而表示冤枉和不平,一心摧残和压制诸侯王,经常弹劾揭露诸侯王的过失和罪恶,甚至达到吹毛求疵的程度,还用刑罚威逼诸侯王的臣子,迫使他们做诸侯王有过失和罪恶的证人。诸侯王没有一个不为此而悲愁怨恨。

汉武帝建元三年(癸卯,公元前138年)

1 冬季,十月,代王刘登、长沙王刘发、中山王刘胜、济川王刘明来京朝见武帝。武帝设酒宴款待,刘胜在席间听到音乐声就哭了起来。武帝问他为什么哭,刘胜回答:"心中悲伤的人不能再听到抽噎的声音,满腹忧愁的人听不得叹息的声音。现在我心中积压了许多忧伤,每当听到幽妙精微的音乐,不知不觉地就会涕泪横流。我有幸得到朝廷重用,受封为东方的藩臣,从亲属关系说来,又是皇上的哥哥。现在朝廷群臣与皇上之间没有一丝一毫的血缘亲情,没有承担国家的任何重任,竟然敢联合发出偏私的议论,相互勾结,使宗室皇族受到打击和排斥,骨肉亲情荡然无存,我私下很为此而悲伤!"他就把官吏侵夺欺凌诸侯王的事,一一向武帝奏报。于是,武帝就增加了优待诸侯的礼法,废止了有关官吏检举诸侯王不法行为的文书,对诸侯王施行优待亲属的恩惠。

2 黄河在平原郡泛滥成灾。

3 发生特大饥荒,人们相互争吃人肉维持生存。

4 秋季,七月,西北天空中出现了一颗异星。

5 济川王刘明因杀死中傅而犯罪,被废去王位,流放到房陵县。

6　七国之败也,吴王子驹亡走闽越,怨东瓯杀其父,常劝闽越击东瓯。闽粤从之,发兵围东瓯,东瓯使人告急天子。天子问田蚡,蚡对曰:"越人相攻击,固其常;又数反覆,自秦时弃不属,不足以烦中国往救也。"庄助曰:"特患力不能救,德不能覆。诚能,何故弃之!且秦举咸阳而弃之,何但越也!今小国以穷困来告急,天子不救,尚安所诉;又何以子万国乎!"上曰:"太尉不足与计。吾新即位,不欲出虎符发兵郡国。"乃遣助以节发兵会稽。会稽守欲距法不为发,助乃斩一司马,谕意指,遂发兵浮海救东瓯。未至,闽越引兵罢。东瓯请举国内徙,乃悉举其众来,处于江、淮之间。

7　九月丙子晦,日有食之。

8　上自初即位,招选天下文学材智之士,待以不次之位。四方士多上书言得失,自眩鬻者以千数,上简拔其俊异者宠用之。庄助最先进,后又得吴人朱买臣、赵人吾丘寿王、蜀人司马相如、平原东方朔、吴人枚皋、济南终军等,并在左右,每令与大臣辨论,中外相应以义理之文,大臣数屈焉。然相如特以辞赋得幸;朔、皋不根持论,好诙谐,上以俳优畜之,虽数赏赐,终不任以事也。朔亦观上颜色,时时直谏,有所补益。

6 七国叛乱被平定时，吴王的儿子刘驹逃亡到闽越，怨恨东瓯诱杀了他的父亲，经常怂恿闽越进攻东瓯。闽越王听从了刘驹的意见，发兵包围了东瓯都城，东瓯王派人向天子告急求援。武帝征询田蚡的意见，田蚡回答说："越人相互攻击，本来就是常有的事；又多次叛服不定，从秦朝时就不把他们看作朝廷臣民，不值得烦劳中原朝廷去援救他们。"庄助说："现在怕只怕国家的力量小不能前去援救，朝廷德薄不能保护他们。假如真能做到这些，为什么要抛弃他们呢！况且，秦朝连都城咸阳都抛弃，何止是只抛弃了越人呢！现在东瓯这样的小国因走投无路来向朝廷告急，如果陛下不去救援，他们还能去何处求援告急呢！陛下又怎样能维持得住统治天下万国的尊位呢！"武帝说："太尉的见识，不值得我和他商议国家大事。我刚做了皇帝，不想用虎符征发郡国的军队去打仗。"于是派庄助持皇帝的符节去征发会稽郡的军队。会稽郡的郡守本想依据不见虎符不得发兵的法度，不给庄助征发军队，庄助杀了一位司马官，把武帝的意思告知郡守，于是发兵渡海前来援救东瓯。汉军尚未达到，闽越就闻风撤兵了。东瓯请求全族人内迁中原归顺朝廷，得到朝廷批准之后，东瓯王领着所有部众迁来，把他们安置在长江和淮河之间居住。

7 九月丙子晦(三十日)，出现日食。

8 武帝从刚即位开始，就在全国选拔富有文学才智的人，予以破格重用。天下士人很多人向朝廷上书议论国家政事的得失，自我标榜和自我推荐的人数以千计，武帝从中选拔杰出的人才给以宠信重用。庄助第一个受到武帝青睐，以后又招致了吴人朱买臣、赵人吾丘寿王、蜀人司马相如、平原人东方朔、吴人枚皋、济南人终军等，都成了武帝的左右亲信，武帝经常命令他们与朝廷大臣辩论国政得失，中朝官与外朝官用义理辞采相互驳难，外朝大臣多次被驳得无法对答。但是，司马相如也不过是以擅长辞赋写作而得到武帝宠幸；东方朔、枚皋的论点经常变动没有原则，喜欢幽默嘲讽，武帝仅把他们视作插科打诨的艺人收留在身边，虽然经常赏赐财物，终究不把国事朝政委托他们处理。东方朔也能对武帝察言观色，经常利用时机直言进谏，对朝政发挥了一定补益作用。

是岁,上始为微行,北至池阳,西至黄山,南猎长杨,东游宜春。与左右能骑射者期诸殿门,常以夜出,自称平阳侯;旦明,入南山下,射鹿、豕、狐、兔,驰骛禾稼之地,民皆号呼骂詈。鄠、杜令欲执之,示以乘舆物,乃得免。又尝夜至柏谷,投逆旅宿,就逆旅主人求浆,主人翁曰:"无浆,正有溺耳!"且疑上为奸盗,聚少年欲攻之。主人妪睹上状貌而异之,止其翁曰:"客非常人也,且又有备,不可图也。"翁不听,妪饮翁以酒,醉而缚之。少年皆散走,妪乃杀鸡为食以谢客。明日,上归,召妪,赐金千斤,拜其夫为羽林郎。后乃私置更衣,从宣曲以南十二所,夜投宿长杨、五柞等诸宫。

上以道远劳苦,又为百姓所患,乃使太中大夫吾丘寿王举籍阿城以南,盩厔以东,宜春以西,提封顷亩,及其贾直,欲除以为上林苑,属之南山。又诏中尉、左右内史表属县草田,欲以偿鄠、杜之民。寿王奏事,上大说称善。时东方朔在傍,进谏曰:"夫南山,天下之阻也。汉兴,去三河之地,止霸、浐以西,都泾、渭之南,此所谓天下陆海之地,秦之所以虏西戎、兼山东者也。其山出玉、石、金、银、铜、铁、良材,百工所取给,万民所卬足也。又有粳、稻、梨、栗、桑、麻、竹箭之饶,土宜姜、芋,水多蛙、鱼,贫者得以人给家足,无饥寒之忧。故鄠、镐之间,号为土膏,其贾亩一金。今规以为苑,绝陂池水泽之利而取民膏腴之地,上乏国家之用,下夺农桑之业,是其不可一也。盛荆棘之林,广狐菟之苑,大虎、狼之虚,坏人冢墓,

这一年,武帝开始改换装束暗中离宫外出,向北走到池阳县,向西走到黄山宫,向南到长杨宫打猎,向东去宜春宫游乐。武帝与能骑马射箭的左右亲随相约在殿门前集会,经常在半夜时分出宫,自称平阳侯;黎明时,到达终南山脚下,箭射鹿、野猪、狐狸、野兔等动物,策马追猎、践踏了农田庄稼,百姓都大声怒骂。鄠县和杜县的县令想要收捕这批人,他们拿出了天子专用的物品为证,才被放行。又有一次,武帝等人曾在半夜时到达柏谷,去旅店投宿,向旅店的主人要酒,主人说:"没有酒,只有尿!"而且,旅店的主人怀疑武帝一行人是强盗,召集了一些青年后生准备收拾他们。店主的妻子见到武帝的体态容貌,觉得不同寻常,就劝阻丈夫说:"来客不是普通人,而且他们已有准备,不能图谋收拾他们。"丈夫不听她的劝告,她就请丈夫喝酒,等他喝醉了之后就把他捆绑起来。召集来的青年后生都走了,店主的妻子就杀鸡做饭招待客人。第二天,武帝返回宫中,召见那位妇人,赏赐千金,任命她的丈夫做羽林郎。后来,武帝就为外出巡游设立了秘密的更衣休息的地方,从宣曲宫向南共设了十二处,夜间投宿在长杨宫、五柞宫等宫殿。

　　武帝因为道路遥远身体劳苦,又给百姓带来祸患,就派太中大夫吾丘寿王把阿城以南、盩厔以东、宜春以西这一区域的土地及其价格,统计登记,准备把它修建成上林苑,连接到终南山。又命令中尉、左右内史,上报所属各县的荒田数量,准备给鄠县和杜县的百姓做补偿。吾丘寿王办理完毕回来报告,武帝很高兴连声称赞。当时,东方朔正在武帝身边,提出批评意见说:"终南山是国家的天然屏障。汉朝建国,离开了三河之地,在霸水、浐水之西,泾河、渭河之南建立都城,这就是所说的天下鱼米之乡富饶之地,秦王朝凭借着它降服西戎,兼并崤山以东的地区。这一带山中出产玉、石、金、银、铜、铁、优质木材,各行各业用它们做原料,百姓靠它们维持生活。又盛产粳、稻、梨、栗、桑、麻、竹箭等物品,土地适宜于种植姜和芋头,水中有许多青蛙和鱼类,贫穷的人由此可以人人温饱家家富足,不必担忧受饥寒之苦。所以鄠水与镐水之间,号称肥沃之地,每亩土地价值一斤黄金。现在圈占这片土地做上林苑,断绝了河泊湖泽的财利来源,夺取了百姓的肥沃土地,对上减少了国家财政费用的来源,对下破坏了农桑生产,这是不应该这样做的第一个理由。荆棘荒草得以蔓延,扩大狐狸、野兔、虎、狼的活动范围,破坏百姓的坟墓,

发人室庐,令幼弱怀土而思,耆老泣涕而悲,是其不可二也。斥而营之,垣而囿之,骑驰东西,车骛南北,有深沟大渠。夫一日之乐,不足以危无堤之舆,是其不可三也。夫殷作九市之宫而诸侯畔,灵王起章华之台而楚民散,秦兴阿房之殿而天下乱。粪土愚臣,逆盛意,罪当万死!"上乃拜朔为太中大夫、给事中,赐黄金百斤。然遂起上林苑,如寿王所奏。

上又好自击熊、豕,驰逐野兽。司马相如上疏谏曰:"臣闻物有同类而殊能者,故力称乌获,捷言庆忌,勇期贲、育。臣之愚,窃以为人诚有之,兽亦宜然。今陛下好陵阻险,射猛兽,卒然遇逸材之兽,骇不存之地,犯属车之清尘,舆不及还辕,人不暇施巧,虽有乌获、逢蒙之技不得用,枯木朽株,尽为难矣。是胡、越起于毂下而羌、夷接轸也,岂不殆哉!虽万全而无患,然本非天子之所宜近也。且夫清道而后行,中路而驰,犹时有衔橛之变,况乎涉丰草,骋丘墟,前有利兽之乐而内无存变之意,其为害也不难矣。夫轻万乘之重不以为安,乐出万有一危之涂以为娱,臣窃为陛下不取。盖明者远见于未萌而知者避危于无形,祸固多藏于隐微而发于人之所忽者也。故鄙谚曰:'家累千金,坐不垂堂。'此言虽小,可以谕大。"上善之。

拆毁百姓的房屋,使幼童怀恋故土而忧愁,老人痛哭流涕而悲伤,这是不应该这样做的第二个理由。驱赶走百姓而修建上林苑,周围筑墙以作为禁苑,策马东西奔驰,驾车南北追逐,其中有深沟大河。为追求一天射猎的乐趣,不值得尊贵无比的天子去涉险犯难,这是不应该这样做的第三个理由。当年商纣王兴建了内有九市的宫殿导致诸侯背叛,楚灵王筑起章华台而导致楚国百姓四散逃走,秦始皇兴造阿房宫而导致天下大乱。我只是卑贱愚笨的臣仆,竟然冒犯陛下的旨意,真是罪该万死!"武帝就任命东方朔为太中大夫,并授给事中的官衔,赐给他一百斤黄金以示奖励。但是,武帝仍然按照吾丘寿王所奏报的规模兴建了上林苑。

武帝又喜欢亲自击杀熊和野猪,策马追捕野兽。司马相如上疏劝谏说:"我听说,有的东西类型相同而才能不同,所以力量大的要说乌获,行动敏捷要说庆忌,勇猛无敌应归于孟贲和夏育。依我的愚见,人确实有这样的情形,野兽也是这样。现在陛下喜爱攀登险要的地方,射杀猛兽,万一突然遇到力大凶猛的野兽,它在无路可逃的绝境,拼死冒犯陛下的随从车辆,陛下的车辆来不及调转方向,人来不及施展应变的巧计,即便是有乌获、逢蒙的超群技艺,也来不及使用,那么枯树朽木也会成为祸害了。这种情况,相当于胡人和越人突然出现在京城,而羌人和夷人接近了陛下的车辆,怎么能不危险万分呢!即便是万无一失而没有祸害,然而这种环境本来就不是陛下应该接近的啊。更何况陛下都要在清道戒严之后才出发,车辆要在道路的正中间奔驰,即便如此谨慎,还经常遇到控驭马匹的铁勒折断,或是车轮脱出等意外变故,更何况穿过茂密的荒草,驰过丘陵废墟,前面有即将捕获猎物的诱惑,而心中没有预防意外的准备,野兽要对陛下形成危害恐怕是不可避免的了。看轻皇帝的万乘尊位,不注意自身的安全,反而乐于行进在潜伏着危险的道路上寻求刺激和娱乐,我私下觉得陛下不该如此。大概聪明的人能预见到尚未萌芽的问题,有智慧的人能提前避开还没有完全形成的灾祸,灾祸本来大多隐藏在不易被察觉的细微之处,而发生在容易被人忽略的环节上。所以俗语说:'家中积累有千金的家产,就不能坐在堂屋的边缘。'这句话虽然说的是小事,却可以比喻大事。"武帝认为他说得很好。

四年(甲辰,前 137)

1 夏,有风赤如血。

2 六月,旱。

3 秋,九月,有星孛于东北。

4 是岁,南越王佗死,其孙文王胡立。

五年(乙巳,前 136)

1 春,罢三铢钱,行半两钱。

2 置五经博士。

3 夏,五月,大蝗。

4 秋,八月,广川惠王越、清河哀王乘皆薨,无后,国除。

六年(丙午,前 135)

1 春,二月乙未,辽东高庙灾。

2 夏,四月壬子,高园便殿火;上素服五日。

3 五月丁亥,太皇太后崩。

4 六月癸巳,丞相昌免;武安侯田蚡为丞相。蚡骄侈:治宅甲诸第,田园极膏腴;市买郡县物,相属于道;多受四方赂遗;其家金玉、妇女、狗马、声乐、玩好,不可胜数。每入奏事,坐语移日,所言皆听;荐人或起家至二千石,权移主上。上乃曰:"君除吏已尽未?吾亦欲除吏。"尝请考工地益宅,上怒曰:"君何不遂取武库!"是后乃稍退。

5 秋,八月,有星孛于东方,长竟天。

6 闽越王郢兴兵击南越边邑,南越王守天子约,不敢擅兴兵,使人上书告天子。于是天子多南越义,大为发兵,遣大行王恢出豫章,大农令韩安国出会稽,击闽越。

汉武帝建元四年(甲辰,公元前 137 年)

1 夏季,刮起了一场如同血红色的风。

2 六月,出现旱灾。

3 秋季,九月,东北天空出现了异星。

4 这一年,南越王赵佗死,他的孙子文王赵胡继承了王号。

汉武帝建元五年(乙巳,公元前 136 年)

1 春季,朝廷宣布停止使用三铢钱,发行半两钱。

2 朝廷设立五经博士。

3 夏季,五月,发生严重的蝗灾。

4 秋季,八月,广川惠王刘越、清河哀王刘乘都死去,没有后代,他们的封国被废除。

汉武帝建元六年(丙午,公元前 135 年)

1 春季,二月乙未(初三),辽东郡的高祖庙发生火灾。

2 夏季,四月壬子(二十一日),高祖陵寝中的偏殿发生火灾;武帝因此穿戴了五天白色冠服,以示请罪。

3 五月丁亥(二十六日),太皇太后驾崩。

4 六月癸巳(初三),丞相许昌被免职,武安侯田蚡任丞相。田蚡骄横奢侈:修建的住宅比所有官员的住宅都豪华,占有的田园最肥沃;从各郡各县购买的物品,在道路上络绎不绝;大量接受各地的贿赂;他家的金玉、美女、狗马、歌妓舞女、古董器物,多得数不过来。田蚡每次进宫奏报政务,坐在那儿对着武帝一说就是大半天,所说的都被武帝所采纳;他推荐的人,有的从平民百姓直接做到了二千石的高官,侵夺了皇帝的权力。武帝不满地说:"您任命的官吏,任命完了没有? 我也想任命官吏。"田蚡曾经请求把考工官府的土地拨给他,以便扩建住宅,武帝愤怒地说:"您为什么不干脆要武库!"从此以后,他的气焰才稍收敛了一些。

5 秋季,八月,东方天空出现了彗星,长长的彗尾,横扫天空。

6 闽越王郢发兵进攻南越国的边境城邑,南越王遵守武帝的约定,不敢擅自发兵,派人向武帝上书告急。因此,武帝很赞赏南越王的忠义,调集大批军队去援救南越,派大行王恢率军从豫章郡出发,派大农令韩安国率军从会稽郡出发,合力进攻闽越。

　　淮南王安上书谏曰:"陛下临天下,布德施惠,天下摄然,人安其生,自以没身不见兵革。今闻有司举兵将以诛越,臣安窃为陛下重之。

　　"越,方外之地,剪发文身之民也,不可以冠带之国法度理也。自三代之盛,胡、越不与受正朔,非强勿能服,威弗能制也;以为不居之地,不牧之民,不足以烦中国也。自汉初定以来七十二年,越人相攻击者不可胜数,然天子未尝举兵而入其地也。臣闻越非有城郭邑里也,处溪谷之间,篁竹之中,习于水斗,便于用舟,地深昧而多水险;中国之人不知其势阻而入其地,虽百不当其一。得其地,不可郡县也,攻之,不可暴取也。以地图察其山川要塞,相去不过寸数,而间独数百千里,险阻、林丛弗能尽著,视之若易,行之甚难。天下赖宗庙之灵,方内大宁,戴白之老不见兵革,民得夫妇相守,父子相保,陛下之德也。越人名为藩臣,贡酎之奉不输大内,一卒之奉不给上事;自相攻击,而陛下发兵救之,是反以中国而劳蛮夷也!且越人愚戆轻薄,负约反覆,其不用天子之法度,非一日之积也。壹不奉诏,举兵诛之,臣恐后兵革无时得息也。

　　"间者,数年岁比不登,民待卖爵、赘子以接衣食。赖陛下德泽振救之,得毋转死沟壑。四年不登,五年复蝗,民生未复。今发兵行数千里,资衣粮,入越地,舆轿而隃领,拖舟而入水,

淮南王刘安上书劝阻说："陛下统治天下，推行德政普施恩惠，天下太平，每个人都专心地从事自己的产业，自认为一生不会见到战争。现在听说有关官员将要率兵去进攻闽越，我刘安私下替陛下感到应当慎重行事。

"越人生活在中原之外的土地上，是剪断头发、在身上刺刻花纹的野蛮人，不能用礼仪之邦的法度进行治理。早在夏商周三代最强盛的时期，胡人和越人都不受中原的统治，并不是三代王朝的国势不能征服他们，也不是三代王朝的军威不能制约他们，而是因为三代王朝认为越人的土地无法居住，越人野蛮无法统治，不值得为征服他们而烦劳中原王朝。汉朝初定天下以来的七十二年间，越人自相攻击的事件，数都数不过来，但是朝廷从来没有发兵进入越人居住区域。我听说越人没有城池村庄，而生活在山谷溪流之间，丛林密竹之中，习惯于水上战斗，擅长划船行舟，地形复杂，草木丛生而且有许多河流险阻；中原地区的人不了解当地的地势险峻而进入其境内，即使一百个人也不如一个越人有战斗力。占领了他们的土地，无法设置郡县进行统治，进攻他们，又不能迅速取胜。从地图上看，越地的山川河流屯兵要塞相距也不过只有几寸的地方，而实际距离却有几百里甚至于上千里，险要的地形和丛林不能完全画在地图上，看上去很容易通过的路程，真正走起来就很难了。国家依赖祖宗神灵的保佑，全境安宁，白发苍苍的老人没有见过刀兵战火，百姓得以夫妻相互厮守，父子相互保养，这都是陛下恩德。越人名义上是国家的藩属国，实际上不向朝廷缴纳任何贡品，不为朝廷负担一兵一卒的徭役；他们自相攻击，陛下却派兵援救，这是反过来为了野蛮人而使中原遭受疲劳困苦啊！况且越人愚笨鄙薄，违背盟约，反复无常，他们不遵守朝廷的法度，并不是一天的事情，而是由来已久。如果越人一不奉行皇帝诏令，就发兵进攻他们，我恐怕以后的战争没有停止的时候了。

"最近，连续几年收成不好，百姓要靠出卖爵位、让儿子充当赘婿换回钱财维持生活。依赖陛下救济贫民的德政措施，百姓才幸免饿死在流亡途中。连续四年歉收，第五年又闹蝗灾，百姓的生活没有恢复正常。现在调兵远征数千里之外，应征的人，自带衣物粮食，进入越人居住地区，抬着轿子翻越山岭，拉着船在水中跋涉，

行数百千里,夹以深林丛竹,水道上下击石;林中多蝮蛇、猛
兽,夏月暑时,欧泄霍乱之病相随属也;曾未施兵接刃,死伤
者必众矣。前时南海王反,陛下先臣使将军间忌将兵击之,
以其军降,处之上淦。后复反,会天暑多雨,楼船卒水居击
棹,未战而疾死者过半;亲老涕泣,孤子啼号,破家散业,迎尸
千里之外,裹骸骨而归。悲哀之气,数年不息,长老至今以为
记,曾未入其地而祸已至此矣。陛下德配天地,明象日月,恩
至禽兽,泽及草木,一人有饥寒不终其天年而死者,为之凄怆
于心。今方内无狗吠之警,而使陛下甲卒死亡,暴露中原,沾
渍山谷,边境之民为之早闭晏开,朝不及夕,臣安窃为陛下
重之。

"不习南方地形者,多以越为人众兵强,能难边城。淮南
全国之时,多为边吏,臣窃闻之,与中国异,限以高山,人迹
绝,车道不通,天地所以隔外内也。其入中国,必下领水。
领水之山峭峻,漂石破舟,不可以大船载食粮下也。越人欲
为变,必先田馀干界中,积食粮,乃入,伐材治船。边城守候
诚谨,越人有入伐材者,辄收捕,焚其积聚,虽百越,奈边城
何!且越人绵力薄材,不能陆战,又无车骑、弓弩之用,然而
不可入者,以保地险,而中国之人不耐其水土也。臣闻越甲
卒不下数十万,所以入之,五倍乃足,挽车奉饷者不在其中。

远行数百里甚至上千里，河两岸是繁密的树林和丛生的乱竹，船在河中上下行走，经常撞在石头上；树林中有许多蝮蛇、猛兽，夏季炎热之时，上吐下泻以及霍乱等瘟疫接连不断，不必等到排阵交战，死伤的人必定就很多了。前些时期南海王反叛，陛下已去世的臣子、我的先父派遣将军间忌率军进攻他们，南海王率领他的军队归降，就把他们安置在上淦地区。后来他们再次叛乱，正是暑热多雨季节，前往平叛的楼船水军将士长期居住在水面上，还要划桨行船，有一大半的人还没有交战就死于疾病；年迈的父母泪流满面，幼小的孤儿哭号连天，变卖所有家财产业，到千里之外，去迎接亲人的尸骨返乡。那种悲痛哀伤的气氛，持续几年没有消失，老人们至今记忆犹新，当时还没有进入他们的居住地区，就造成了如此巨大的祸害。陛下的仁德如同天地一样广大，英明如同日月高照，恩惠施加到禽兽和草木，如果有一个人身受饥寒没有安享天年而死，陛下就为此而心中凄惨悲伤。现在境内没有任何不安的现象，却使陛下的士兵丧生，在原野上身受日晒露侵的折磨，在山谷遭受雾遮水淹的痛苦，边境的百姓因此在下午早早关闭城门，上午很晚才敢打开城门，这样每天早上还要为晚上能否平安无事而担忧，我刘安私下替陛下觉得此事应该三思而行。

"不了解南方地形的人，大多认为越人由于人多兵强，所以能攻扰边境城邑。当年淮南王国领有它的全部封地的时候，大量任命边境的官吏，我私下听说，越人与中原人不同，有高山为界，行人绝迹，车道不通，这是天地用来阻隔中原和边外的自然屏障。越人要进入中原地区，一定要沿着领水顺流而下。领水流经的地区山势险峻，水势湍急，能冲走巨石撞毁船只，不能用大船运载粮食顺流而下。越人要想图谋进犯，一定先要在馀干县境内开垦土地，积蓄粮食，然后才进入境内，砍伐树木修造船只。边境防守的官吏如果很谨慎很警惕，发现越人有入境砍伐木材的，就及时收捕，焚烧越人积蓄的粮食，即使有一百个越族，又能对边境城邑构成什么威胁呢！况且越人身单力薄，不能在陆地作战，又没有战车、骑兵、弓箭等军事装备，虽然如此，但却不能进占其居住地，原因就在于越人据守险要的地势，而中原的将士又不服当地水土。我听说越人的士兵不少于数十万人，要想进占越地，必须有五倍于敌人的兵力才能成功，其中还不包括运输粮饷的后勤部队。

南方暑湿,近夏瘴热,暴露水居,蝮蛇蠚生,疾疢多作,兵未血刃而病死者什二三,虽举越国而虏之,不足以偿所亡。

"臣闻道路言:闽越王弟甲弑而杀之,甲以诛死,其民未有所属。陛下若欲来,内处之中国,使重臣临存,施德垂赏以招致之,此必携幼扶老以归圣德。若陛下无所用之,则继其绝世,存其亡国,建其王侯,以为畜越,此必委质为藩臣,世共贡职。陛下以方寸之印,丈二之组,填抚方外,不劳一卒,不顿一戟,而威德并行。今以兵入其地,此必震恐,以有司为欲屠灭之也,必雉兔逃,入山林险阻。背而去之,则复相群聚;留而守之,历岁经年,则士卒罢倦,食粮乏绝,民苦兵事,盗贼必起。臣闻长老言:秦之时,尝使尉屠睢击越,又使监禄凿渠通道,越人逃入深山林丛,不可得攻;留军屯守空地,旷日引久,士卒劳倦;越出击之,秦兵大败,乃发谪戍以备之。当此之时,外内骚动,皆不聊生,亡逃相从,群为盗贼,于是山东之难始兴。兵者凶事,一方有急,四面皆耸。臣恐变故之生、奸邪之作由此始也。

"臣闻天子之兵有征而无战,言莫敢校也。如使越人蒙徼幸以逆执事之颜行,厮舆之卒有一不备而归者,虽得越王之首,臣犹窃为大汉羞之。陛下以四海为境,生民之属,皆为臣妾。垂德惠以覆露之,使安生乐业,则泽被万世,传之子孙,

南方炎热潮湿,临近夏季容易流行瘟疫,出征的将士日晒雨打,生活在水面上,蝮蛇繁衍为害,疾病频繁发作,还没等到两军阵前交锋,就会有十分之二三的将士死于疾病,这样,即便是把越国人全部俘虏了,也不足以补偿汉军所受的损失。

"我听到了这样的传言:闽越王的弟弟甲杀了闽越王,甲也因此被杀,越国部众没有首领统辖。陛下如果想招越人归顺,把他们迁往中原安置,可以派重臣前去慰问,施加仁德,给予奖赏,以便招他们前来归顺,这些越人一定会扶老携幼来归顺圣明有德的天子。假若陛下没有什么地方用得着这些越人,就延续越人已断绝的世系,保存越人已灭亡的国家,封立越人的王侯,用这种方法保存越国,这些越人一定会按君臣之礼做朝廷的藩属臣子,世世代代缴纳贡品,履行职责。陛下仅用一方小小的印章,一丈二尺长的印绶,就能震慑抚育境外地区,不出一兵一卒,不动用任何武器,而产生威德并行的效果。现在用兵进占越地,越人一定震惊恐惧,以为将军们要把他们斩尽杀绝,必定会像野鸡野兔那样逃跑,进入山林险阻地区。汉军如果撤走,越人就重新结集;汉军如果留守越地,长年累月,就会使将士们疲倦困苦,缺乏粮食,百姓因军事行动而受困苦,就一定会出现盗贼。我听老人们说:秦朝统治时期,曾派郡都尉屠睢率兵进攻越人,又派一位名叫禄的监郡御史指挥开凿河道运输军饷,越人逃入深山丛林之中,秦军无法进攻;留下军队驻守无人居住的空地,旷日持久,士兵困苦疲倦,越人出山袭击,秦军大败,无法之下才调集罪犯和贱民充军用来防御越人。在那个时候,境内外动荡不安,百姓都无法正常生活,结伴逃脱流亡,聚集成一团一伙就做了盗贼,这时候崤山以东的大规模变乱开始出现。战争是凶险的事情,一方出现了危险局面,四面都会有反响。我担心变乱的产生,奸邪的出现,都从进攻越人而开始。

"我听说天子的军队只有征伐而没有真正的战争,这是说没有人敢于较量。假若越人怀着侥幸心理迎战领兵将领的先锋部队,哪怕是只有一个砍柴驾车之类的卑贱士兵偶一疏忽而被越人所杀,即便是汉军得到了越王的头颅,我还是要私下为大汉朝廷而感到羞耻。陛下把四海之内广大区域作为疆域,所有生活在其中的百姓,都是陛下的男女奴仆。陛下降下德政恩惠,用来养育百姓,使他们安居乐业,就会使陛下的恩惠德泽普盖于万世,把它传给子孙后代,

施之无穷，天下之安，犹泰山而四维之也。夷狄之地，何足以为一日之闲而烦汗马之劳乎！《诗》云：'王犹允塞，徐方既来。'言王道甚大而远方怀之也。臣安窃恐将吏之以十万之师为一使之任也！"

是时，汉兵遂出，未隃领，闽越王郢发兵距险。其弟馀善乃与相、宗族谋曰："王以擅发兵击南越不请，故天子兵来诛。汉兵众强，即幸胜之，后来益多，终灭国而止。今杀王以谢天子，天子听罢兵，固国完；不听，乃力战；不胜，即亡入海。"皆曰："善！"即铤杀王，使使奉其头致大行。大行曰："所为来者，诛王。今王头至，谢罪，不战而殒，利莫大焉。"乃以便宜案兵，告大农军，而使使奉王头驰报天子。诏罢两将兵，曰："郢等首恶，独无诸孙繇君丑不与谋焉。"乃使中郎将立丑为越繇王，奉闽越先祭祀。馀善已杀郢，威行于国，国民多属，窃自立为王，繇王不能制。上闻之，为馀善不足复兴师，曰："馀善数与郢谋乱，而后首诛郢，师得不劳。"因立馀善为东越王，与繇王并处。

上使庄助谕意南越。南越王胡顿首曰："天子乃为臣兴兵讨闽越，死无以报德！"遣太子婴齐入宿卫，谓助曰："国新被寇，使者行矣，胡方日夜装，入见天子。"助还，过淮南，上又使助谕淮南王安以讨越事，嘉答其意，安谢不及。

推行到永无终止的将来,国家的安宁,就如同泰山而又增加了四处维系的绳索一样稳定。野蛮人的土地,还不够天子用来做一天的游乐使用,怎么值得为它而兴师动众呢!《诗经》说:'国王仁德满天下,徐方部族自归顺。'这是说王道光明正大,远方的部族都很仰慕。我刘安私下认为,恐怕将官们的率军伐越,是用十万大军去做一个使臣就足以胜任的事啊!"

这时,汉军已经出发,尚未越过阳山岭,闽越王郢发兵据守险要进行抵御。他的弟弟馀善就和相、宗族贵族商量说:"国王因为擅自发兵攻打南越,没有向天子请示,所以天子派军队来征伐问罪。汉军人多而且实力强大,即使一时侥幸战胜他们,后面来的军队会更多,直到我们的国家被灭亡才能罢休。现在我们杀了国王而向天子请罪,如果天子同意我们的要求而撤回汉军,自然会保全我们闽越全境;如果天子拒绝我们,我们就拼死与汉军作战;不能取胜,就逃亡到海上。"大家都说:"好!"当即用短矛刺杀了闽越王,派使臣带着他的头颅送给了大行王恢。大行王恢说:"汉军到来的目的,就是要杀闽越王。现在你们送来了闽越王的头,又向朝廷请罪,不经过战争闽越王就死了,没有比这更好的事了!"王恢就行使随机应变的职权,停止进兵,把此事告知大农令韩安国所率领的军队,并派使者带着闽越王的头颅迅速入京报告天子。武帝下诏撤回两位将军统率的军队,诏书还说:"闽越王郢等人最先图谋叛乱,唯独无诸的孙子繇君丑没有参与阴谋。"武帝就派中郎将封立丑做越繇王,主持延续闽越祖先的祭祀。馀善杀了郢之后,在闽越国内很有威望,国中民众大多拥护他,他就自行称王,繇王丑无力制止他。武帝得知,觉得为了馀善不值得再次出动大军,就说:"馀善多次和郢策划叛乱,但后来能带头杀了郢,使朝廷大军免受劳苦。"于是,武帝就封馀善为东越王,与繇王地位平等,同时并存。

汉武帝派庄助向南越王说明朝廷的意旨。南越王赵胡磕头说:"天子能为了小臣而兴兵讨伐闽越,我纵然粉身碎骨也无法报答朝廷的大恩大德!"他就派遣太子婴齐入京充当皇帝的警卫,还对庄助说:"我的封国刚刚受到进犯,请使臣先行一步,我赵胡正日夜收拾行装,很快就去入京朝见天子。"庄助返京途中,路过淮南国,武帝又让庄助向淮南王刘安说明讨伐闽越的用意,赞许刘安上书朝廷的好意,刘安表示自己没有皇帝那样的远见,请求恕罪。

助既去南越,南越大臣皆谏其王曰:"汉兴兵诛郢,亦行以惊
动南越。且先王昔言:'事天子期无失礼。'要之,不可以说好
语入见,则不得复归,亡国之势也。"于是胡称病,竟不入见。

7 是岁,韩安国为御史大夫。

8 东海太守濮阳汲黯为主爵都尉。始,黯为谒者,以严
见惮。东越相攻,上使黯往视之。不至,至吴而还,报曰:"越
人相攻,固其俗然,不足以辱天子之使。"河内失火,延烧千馀
家,上使黯往视之。还,报曰:"家人失火,屋比延烧,不足忧
也。臣过河南,河南贫人伤水旱万馀家,或父子相食,臣谨以
便宜,持节发河南仓粟以振贫民。臣请归节,伏矫制之罪。"
上贤而释之。其在东海,治官理民,好清静,择丞、史任之,责
大指而已,不苛小。黯多病,卧闺阁内不出。岁馀,东海大
治,称之。上闻,召为主爵都尉,列于九卿。其治务在无为,
引大体,不拘文法。

黯为人,性倨少礼,面折,不能容人之过。时天子方招文学
儒者,上曰:"吾欲云云。"黯对曰:"陛下内多欲而外施仁义,奈
何欲效唐、虞之治乎!"上默然,怒,变色而罢朝,公卿皆为黯惧。
上退,谓左右曰:"甚矣汲黯之戆也!"群臣或数黯,黯曰:"天子
置公卿辅弼之臣,宁令从谀承意,陷主于不义乎! 且已在其位,

庄助离开南越之后,南越国的大臣们都劝止他们的国王说:"汉朝发兵远征,杀闽越王郢,也是为了向南越国示威。况且,先王当初说:'侍奉天子只求不失大礼就成了。'总之,不能因为喜欢汉朝使臣的甜言蜜语,就进京去朝见天子,您真的去了,就不能返回来了,这是亡国的情势啊!"因此,赵胡就自称有病,终于没有来朝见武帝。

7 这一年,韩安国担任御史大夫。

8 东海太守濮阳县人汲黯担任主爵都尉。原来,汲黯担任谒者,因他为人威严而被大家敬畏。东越部族相互攻击,武帝派汲黯前去巡视。他没有到达东越,仅走到吴地就回来了,向武帝报告说:"越人自相攻击,本来他们的习俗就是如此,不值得为此而烦劳天子的使臣。"河内郡失火,火势蔓延烧毁了一千多家民房,武帝派汲黯前去视察。汲黯返回之后报告说:"平民百姓不慎失火,因为房屋毗连才蔓延燃烧起来,不值得陛下忧愁。我经过河南郡见河南郡的贫民遭受洪水干旱灾害磨难的有一万多家,有的甚至于到了父子相食的悲惨境地,我恭敬地行使陛下授予的见机行事的权力,用陛下的符节为信物,命令河南郡的官员,发放官仓积粮以救济贫民。我请求归还符节,甘愿领受假托天子命令擅自行事的惩罚。"武帝很赏识他,就赦免了他的罪名。他在东海郡守任期内,整肃官吏,治理百姓,喜好清静无为,谨慎地选择郡丞和各曹掾史,然后放手任用,他本人只布置和检查主要政务,不苛求细枝末节。汲黯身体多病,躺在内室中不出门。过了一年多,东海郡治理得很好,百姓交口称赞汲黯。武帝听到了,召汲黯入朝,担任主爵都尉,地位与九卿相同。他处理政务,以清静无为作为根本,倡导遵守根本制度,不拘泥法令条文。

汲黯为人,性情倨傲,缺少礼数,当面批评人,不能容忍别人的过失。当时武帝正招选文学之士和儒家学者,武帝说:"我想要怎样怎样。"汲黯应声回答说:"陛下心中藏着许多欲望,而表面上却做出施行仁义的样子,怎么可能达到唐尧虞舜那样天下大治的局面呢!"武帝沉默不语,接着勃然大怒,脸色很难看地宣布结束朝会,公卿大臣都替汲黯担忧。武帝退朝回到内宫,对左右侍从说:"汲黯的质朴忠直也太过分了!"群臣中有人批评汲黯,汲黯说:"天子设立公卿等负有辅佐匡正之责的大臣,难道是让他们阿谀奉承,使君主陷入不仁不义的境地吗?况且,我既然已经处在公卿的位置上,

纵爱身,奈辱朝廷何!"黯多病,病且满三月;上常赐告者数,终不愈。最后病,庄助为请告。上曰:"汲黯何如人哉?"助曰:"使黯任职居官,无以逾人;然至其辅少主,守城深坚,招之不来,麾之不去,虽自谓贲、育亦不能夺之矣!"上曰:"然。古有社稷之臣,至如黯,近之矣!"

9 匈奴来请和亲,天子下其议。大行王恢,燕人也,习胡事,议曰:"汉与匈奴和亲,率不过数岁,即复倍约;不如勿许,兴兵击之。"韩安国曰:"匈奴迁徙鸟举,难得而制,自上古不属为人。今汉行数千里与之争利,则人马罢乏;虏以全制其敝,此危道也。不如和亲。"群臣议者多附安国,于是上许和亲。

元光元年(丁未,前134)

1 冬,十一月,初令郡国举孝廉各一人,从董仲舒之言也。

2 卫尉李广为骁骑将军,屯云中,中尉程不识为车骑将军,屯雁门。六月,罢。广与程不识俱以边太守将兵,有名当时。广行无部伍、行陈,就善水草舍止,人人自便,不击刁斗以自卫,莫府省约文书;然亦远斥候,未尝遇害。程不识正部曲、行伍、营陈,击刁斗,士吏治军簿至明,军不得休息,然亦未尝遇害。不识曰:"李广军极简易,然虏卒犯之,无以禁也;而其士卒亦佚乐,咸乐为之死。我军虽烦扰,然虏亦不得犯我。"

如果只想顾全自身性命,那就会使朝廷蒙受耻辱,那怎么得了!"汲黯身体多病,在将要接近三个月的病假限期时,武帝多次特许延长他休病假的时间,还是没有痊愈。最后病重时,庄助替他请假。武帝说:"汲黯这个人怎么样呢?"庄助说:"让汲黯任职当官,没有什么超越常人的才能;但要说到让他辅佐年幼的君主,会坚定不移地维护祖先基业,有人以利禄引诱他,他不会前去投靠,君主严词苛责地驱赶他,他也不会离去,即使有人认为像孟贲、夏育那样勇猛无敌,也无法改变他的耿耿忠心!"武帝说:"说得对。古时有所谓的社稷之臣,说到汲黯,就很接近社稷之臣的标准了!"

9　匈奴前来请求和亲结好,武帝让群臣讨论。大行王恢,是燕地人,熟悉匈奴情况,他提议说:"汉与匈奴和亲,大概总是维持不上几年,他们就又背弃盟约;不如不同意和亲的要求,发兵攻打匈奴。"韩安国说:"匈奴经常迁徙,如同鸟飞一样,很难制服他们,自上古以来,圣王们都不把他们看作隶属于自己的臣民。现在如果汉军远征千里之外与匈奴争强斗胜,就会人马疲惫,敌人以逸待劳,这是很危险的。不如与匈奴和亲。"群臣参加议论的,大多附和韩安国的意见,因此,武帝允许汉匈和亲。

汉武帝元光元年(丁未,公元前 134 年)

1　冬季,十一月,武帝首次命令各郡国各自察举孝廉一人,这是采纳了董仲舒的建议而采取的行动。

2　卫尉李广担任骁骑将军,驻守云中郡,中尉程不识担任车骑将军,驻守雁门郡。六月,朝廷罢免了他们二人的军事职务。李广和程不识都以边境郡守的身份指挥军队,当时很有名气。李广指挥行军没有固定编制,不讲究排列阵势,选择水草肥美的地方驻扎下来,人人自便,夜间也不派设巡逻士兵敲打着刁斗警卫营盘,军中指挥部的文书一律从简;但是,也远远地派出监视敌军的侦察哨兵,军营未曾遭到袭击。程不识严格整顿军事编制,讲究队列和布阵安营,夜间敲刁斗巡逻,军中官佐处理军队文书一直忙到天明,军队不能随意休息,这样也没有遇到危险。程不识说:"李广的军队很随便,但是,如果敌人突然袭击它,就没有办法抵御;而李广的士兵也很自在,都心甘情愿地为他拼力死战。我的军队虽然军纪严苛,难免使部下不满,但敌人也没有办法侵犯我的营垒。"

然匈奴畏李广之略,士卒亦多乐从李广而苦程不识。

　　臣光曰:《易》曰:"师出以律,否臧凶。"言治众而不用法,无不凶也。李广之将,使人人自便。以广之材,如此焉可也,然不可以为法。何则? 其继者难也,况与之并时而为将乎! 夫小人之情,乐于安肆而昧于近祸,彼既以程不识为烦扰而乐于从广,且将仇其上而不服。然则简易之害,非徒广军无以禁虏之仓卒而已也! 故曰"兵事以严终",为将者,亦严而已矣。然则效程不识,虽无功,犹不败;效李广,鲜不覆亡哉!

3　夏,四月,赦天下。
4　五月,诏举贤良、文学,上亲策之。
5　秋,七月癸未,日有食之。

但是,相比而言,匈奴人更害怕李广的胆略,汉军士兵也多数愿意跟随李广作战,而不愿意隶属于程不识。

　　臣司马光说:《周易》说:"军队一出动就要有严格的军纪,否则,不论胜败都是凶。"这是说统帅大军而不用法纪来控驭,没有不凶险的。李广统帅军队,使人人自便。凭李广的奇才,这样是可以的,但是,不能把他的方法引为楷模来效法。为什么呢?谁要继续沿用这一方法都很难,更何况与李广同时做将领的人呢!说到普通人的本来性情,都贪图安逸,而不知道接近祸害的危险,那些士兵们既然认为程不识治军严苛烦扰,而愿意跟随李广作战,势必将要仇视他们的长官而不服从指挥。这样说来,指挥军队过于随便的危害,就不仅仅是李广的军队无法防御敌人突然袭击这一点了!所以说"军事行动要把严格的军纪贯彻始终",统帅军队的关键,也就是一个严字了。如果这样的话,仿效程不识用兵,即便是打不了胜仗,还可以保证不打败仗;如果学习李广的方法,很少能避免全军覆灭的结局啊!

3　夏季,四月,武帝宣布大赦天下。

4　五月,下诏察举贤良、文学,武帝亲自出题考试。

5　秋季,七月癸未(二十九日),出现日食。

卷第十八　汉纪十

起戊申(前133)尽丙辰(前125)凡九年

世宗孝武皇帝上之下

元光二年(戊申,前133)

1　冬,十月,上行幸雍,祠五畤。

2　李少君以祠灶却老方见上,上尊之。少君者,故深泽侯舍人,匿其年及其生长,其游以方遍诸侯,无妻子。人闻其能使物及不死,更馈遗之,常馀金钱、衣食。人皆以为不治生业而饶给,又不知其何所人,愈信,争事之。少君善为巧发奇中。尝从武安侯饮,坐中有九十馀老人,少君乃言与其大父游射处。老人为儿时从其大父,识其处,一坐尽惊。少君言上曰:"祠灶则致物,致物而丹沙可化为黄金,寿可益,蓬莱仙者可见;见之,以封禅则不死,黄帝是也。臣尝游海上,见安期生,食臣枣,大如瓜。安期生仙者,通蓬莱中,合则见人,不合则隐。"于是天子始亲祠灶,遣方士入海求蓬莱安期生之属,而事化丹沙诸药齐为黄金矣。居久之,李少君病死,天子以为化去,不死;而海上燕、齐怪迂之方士多更来言神事矣。

世宗孝武皇帝上之下
汉武帝元光二年(戊申,公元前 133 年)

1 冬季,十月,武帝来到雍县,在五畤举行祭祀。

2 李少君凭借祭祀灶神、长生不老的方术,前来进见武帝,武帝很敬重他。李少君是已去世的深泽侯的舍人,他隐瞒了自己的年龄、出生地点和个人履历,凭借着他的方术周游了各个诸侯王国,没有娶妻生子。人们传闻李少君能役使鬼神万物,并有长生不老的方术,纷纷赠送财礼给他,所以他经常有剩馀的金钱和衣食用品。人们都认为他不经营产业而生活却很富裕,又不知他的来历身世,更加相信他的神秘传说,争着去事奉他。李少君善于用巧妙的语言猜中一些离奇的事情。他曾经陪从武安侯田蚡欢宴饮酒,有位九十多岁的老人也在座,李少君就说起与老人的祖父一起游玩打猎的地方。老人还是儿童时,跟随祖父一道前往,记得那个地方,满座的客人都大吃一惊。李少君对武帝说:"祭祀灶神就能招来奇异之物,招来了奇异之物就可以使丹沙化为黄金,可以延年益寿,可以见到蓬莱仙境中的仙人,见到仙人,进而举行祭祀天地的隆重仪式就可以长生不死,黄帝就是这样的。我曾经在海上漫游,遇见了安期生,他给我枣吃,那枣如同瓜一般大。安期生是仙人,往来于蓬莱仙境,谁和他志同道合,他就显身相见,谁和他不志同道合,他就隐身不见。"于是武帝就开始亲自祭祀灶神,派遣方士到大海中去寻找蓬莱仙境和安期生之类的仙人,并且开始进行熔化丹沙和其他药物,企求炼出黄金。过了很久,李少君病死,武帝认为他化身成仙了,并没有死去;因此,燕地、齐地等沿海地区那些怪诞迂谬的方士,纷纷前来对武帝谈论有关仙人的事情了。

3　亳人谬忌奏祠太一。方曰："天神贵者太一,太一佐曰五帝。"于是天子立其祠长安东南郊。

4　雁门马邑豪聂壹,因大行王恢言："匈奴初和亲,亲信边,可诱以利致之,伏兵袭击,必破之道也。"上召问公卿。王恢曰："臣闻全代之时,北有强胡之敌,内连中国之兵,然尚得养老长幼,种树以时,仓廪常实,匈奴不轻侵也。今以陛下之威,海内为一,然匈奴侵盗不已者,无他,以不恐之故耳。臣窃以为击之便。"韩安国曰："臣闻高皇帝尝围于平城,七日不食,及解围反位而无忿怒之心。夫圣人以天下为度者也,不以己私怒伤天下之公,故遣刘敬结和亲,至今为五世利。臣窃以为勿击便。"恢曰："不然。高帝身被坚执锐,行几十年,所以不报平城之怨者,非力不能,所以休天下之心也。今边境数惊,士卒伤死,中国槽车相望,此仁人之所隐也。故曰击之便。"安国曰："不然。臣闻用兵者以饱待饥,正治以待其乱,定舍以待其劳;故接兵覆众,伐国堕城,常坐而役敌国,此圣人之兵也。今将卷甲轻举,深入长驱,难以为功。从行则迫胁,衡行则中绝,疾则粮乏,徐则后利,不至千里,人马乏食。兵法曰:'遗人,获也。'臣故曰勿击便。"恢曰:"不然。臣今言击之者,固非发而深入也,将顺因单于之欲,

3　亳县人谬忌奏请武帝祭祀太一尊神。他在奏请的方形木牍上写道："天神中最尊贵的是太一神,太一神的属下副手是五帝神。"于是,武帝就在长安的东南郊建立了祭祀太一神的祭坛。

4　雁门郡马邑县的豪强之士聂壹,通过大行王恢向武帝提议说："匈奴最近得以与汉和亲结好,亲近信任边境吏民,可用财利引诱他们前来,汉军预设伏兵袭击他们,这是必定能打败匈奴人的一条妙计。"武帝召进公卿讨论这个建议。王恢说："我听说代国保有它的全境时,北面有强敌匈奴的威胁,对内还须防御中原诸国的进攻,仍然可以尊养老人,抚育幼童,按照季节时令种植作物,粮仓中一直有充足的储粮,匈奴不敢轻易入侵。现在,凭陛下的神威,又有天下一统的优势,但匈奴的入侵却持续不断,形成这种局面的原因,没有别的,就在于没有使匈奴感受到汉朝的军威。我私下认为打击匈奴对国家有利。"韩安国说："我听说高皇帝曾被匈奴围困在平城,七昼夜没能吃上饭;等到解脱围困返回都城之后,却没有复仇雪耻之心。圣明的君主应该有包容天下的气度,不应该因为自身的私怨而破坏天下的大公,所以高皇帝派遣刘敬为使臣与匈奴和亲,到现在已为五世的人带来益处。我私下认为不打匈奴对国家有利。"王恢说："不对。高帝当年身披铠甲,手执利器,征战将近几十年,他不向匈奴报复被困平城的怨恨,并不是因为力所不及,而是出于让天下人休养生息的仁心。现在边境经常受到匈奴侵扰,受伤战死的士兵很多,中原地区运载阵亡士兵棺木的车辆络绎不绝,这是仁人引为悲痛的事。所以说打匈奴是理所应当。"韩安国说："不对。我听说善于用兵的人,总是让自己的军队以温饱等待敌军的饥饿,严明军纪等待敌军的混乱,安居军营而等待敌军的疲劳;所以一旦交战,就会全歼敌人,一旦进攻敌国,就会攻破敌人的城防,经常可以安坐不动就能迫使敌人俯首听命,这是圣明君主的军队。现在如果轻易地对匈奴用兵,长驱直入,难以成功;如果孤军深入就会受到威胁,如果齐头并进就会后继乏力,如果进军太快就会缺乏粮食给养,如果进军缓慢就会丧失有利的战机,军队还没有走出一千里,就会人马都缺乏粮食。《兵法》说:'派出军队,就会被敌人擒获。'所以我说不打匈奴为好。"王恢说："不对。我现在所说的打匈奴的方法,本来就不是征发军队深入敌境;而是将利用单于的贪欲之心,

诱而致之边,吾选枭骑、壮士,阴伏而处以为之备,审遮险阻以为其戒。吾势已定,或营其左,或营其右,或当其前,或绝其后,单于可禽,百全必取。"上从恢议。

夏,六月,以御史大夫韩安国为护军将军,卫尉李广为骁骑将军,太仆公孙贺为轻车将军,大行王恢为将屯将军,太中大夫李息为材官将军,将车骑、材官三十馀万匿马邑旁谷中,约单于入马邑纵兵。阴使聂壹为间,亡入匈奴,谓单于曰:"吾能斩马邑令、丞,以城降,财物可尽得。"单于爱信,以为然而许之。聂壹乃诈斩死罪囚,悬其头马邑城下,示单于使者为信,曰:"马邑长吏已死,可急来!"于是单于穿塞,将十万骑入武州塞。未至马邑百馀里,见畜布野而无人牧者,怪之。乃攻亭,得雁门尉史,欲杀之,尉史乃告单于汉兵所居。单于大惊曰:"吾固疑之。"乃引兵还,出曰:"吾得尉史,天也!"以尉史为天王。塞下传言单于已去,汉兵追至塞,度弗及,乃皆罢兵。王恢主别从代出击胡辎重,闻单于还,兵多,亦不敢出。

上怒恢。恢曰:"始,约为入马邑城,兵与单于接,而臣击其辎重,可得利。今单于不至而还,臣以三万人众不敌,只取辱。固知还而斩,然完陛下士三万人。"于是下恢廷尉,廷尉当"恢逗桡,当斩"。恢行千金丞相蚡,蚡不敢言上,而言于太后曰:"王恢首为马邑事,今不成而诛恢,是为匈奴报仇也。"

引诱敌人进犯我们的边境,我们挑选骁勇的骑兵和冲锋陷阵的壮士,暗中埋伏,用来防备敌军,谨慎地据守险要的地势,以加强防御的力量。我们的部署已经完成,有的军队攻打敌军左翼,有的军队攻打敌军右翼,有的军队阻止敌人前进,有的军队断绝敌人的退路,这样就肯定能擒住单于,必定大获全胜。"武帝采纳了王恢的主张。

　　夏季,六月,汉武帝任命御史大夫韩安国为护军将军,卫尉李广为骁骑将军,太仆公孙贺为轻车将军,大行王恢为将屯将军,太中大夫李息为材官将军,统率战车、骑兵、步兵共三十多万人暗中埋伏在马邑附近的山谷中,约定等单于进入马邑城中就挥军出击。汉军暗地派聂壹当间谍,逃到匈奴人那儿,聂壹对单于说:"我能杀死马邑县的县令和县丞,献城作为归降的见面礼,您可以得到全城的所有财物。"单于很器重和信任聂壹,认为他说得对,就同意了他的计划。聂壹返回马邑县城,就杀了几个死刑囚犯,用来假冒官吏,把他们的头挂在马邑城上,让单于的使者观看,以此作为物证,说:"马邑县的长官已经死了,你们可以赶快来!"这时,单于越过边塞,统率十万骑兵进入武州塞。走到距离马邑县城还有一百多里的地方,单于见到牲畜遍布野外,却看不见一个放牧的人,感到很可疑。单于就派人攻打一个亭,俘虏了雁门郡的尉史,威胁要杀他,这个尉史就告诉单于汉兵埋伏的地点。单于大吃一惊,说:"我本来就怀疑其中有诈。"就领兵撤退,在撤出汉境之后,单于说:"我俘虏了这个尉史,真是天意保佑我啊!"就称尉史为"天王"。边塞守军传报单于已率军退走,汉军追到边塞,估计无法追得上了,就全军撤回了。王恢指挥的另一支军队,从代地出发,准备袭击匈奴的后勤给养,听说单于返回,兵多势大,也不敢出击。

　　武帝恼怒王恢不战而退。王恢说:"根据原来的计划,约定引匈奴进入马邑县城,主力军队与单于交战,然后我率军袭击他们的后勤给养,可以获胜。现在单于未到马邑就全军撤回,我只有三万人的军队无法与匈奴大军交战,那样做只能是丧师辱国。我自然知道撤兵回来是要杀头的,但这样却保全了陛下的三万将士。"这时,汉武帝就把王恢交付廷尉审判,廷尉判决"王恢避敌观望,不敢出击,判处斩首"。王恢暗中向丞相田蚡行贿一千金,求他开脱罪名,田蚡不敢向武帝说,就对太后说:"王恢第一个提出了在马邑诱歼匈奴主力的计划,现在行动失败而杀了王恢,这是等于为匈奴报了仇啊。"

上朝太后,太后以蚡言告上。上曰:"首为马邑事者恢,故发天下兵数十万,从其言为此。且纵单于不可得,恢所部击其辎重,犹颇可得以慰士大夫心。今不诛恢,无以谢天下。"于是恢闻,乃自杀。自是之后,匈奴绝和亲,攻当路塞,往往入盗于汉边,不可胜数;然尚贪乐关市,嗜汉财物,汉亦关市不绝以中其意。

三年(己酉,前132)

1 春,河水徙,从顿丘东南流。夏,五月丙子,复决濮阳瓠子,注钜野,通淮、泗,泛郡十六。天子使汲黯、郑当时发卒十万塞之,辄复坏。是时,田蚡奉邑食鄃;鄃居河北,河决而南,则鄃无水灾,邑收多。蚡言于上曰:"江、河之决皆天事,未易以人力强塞,塞之未必应天。"而望气用数者亦以为然,于是天子久之不复事塞也。

2 初,孝景时,魏其侯窦婴为大将军,武安侯田蚡乃为诸郎,侍酒跪起如子侄。已而蚡日益贵幸,为丞相。魏其失势,宾客益衰,独故燕相颍阴灌夫不去。婴乃厚遇夫,相为引重,其游如父子然。夫为人刚直,使酒,诸有势在己之右者必陵之,数因酒忤丞相。丞相乃奏案:"灌夫家属横颍川,民苦之。"收系夫及支属,皆得弃市罪。魏其上书论救灌夫,上令与武安东朝廷辨之。魏其、武安因互相诋讦。

武帝朝见太后时,太后就把田蚡的话告诉了武帝。武帝说:"最先促成马邑之谋的人是王恢,我听从了他的建议,调集了天下几十万人马,安排了这次军事行动。况且,即使捉不到单于,王恢如果率领他的军队袭击匈奴的后勤给养,还可以获得大批战利品,朝廷还可以借此安慰将士们的心。事至今日不杀王恢,无法向天下人交待。"王恢得知了武帝的话,就自杀了。从此之后,匈奴断绝了与汉的和亲,进攻扼守大路的要塞,常常入侵汉朝边境,不可胜数;但是匈奴还愿意在边关交界处保持互市贸易,喜爱汉朝的财物;汉朝也不关闭边境贸易市场,以投其所好。

汉武帝元光三年(己酉,公元前132年)

1 春季,黄河决口改道,从顿丘向东南方流去。夏季,五月丙子(初三),黄河又一次在濮阳县的瓠子决口,泛滥的河水,注入钜野县的湖泽,连通了淮河和泗水,沿途十六郡受水灾。武帝派汲黯、郑当时征发十万士兵堵塞黄河决口,多次刚刚堵住决口,就又被洪水冲毁。这时,田蚡的食邑是鄃县;鄃县在黄河北岸,黄河决口向南泛滥,鄃县就不会遭受水灾,他的食邑收入就会增加。田蚡对武帝说:"长江、黄河的决口都是天意的安排,用人力强行堵塞很不容易,即使堵住了也不见得符合天意。"而那些神秘的方士们也认为是这样,这样一来,武帝很长时间不再征发人力从事堵塞决口的工程。

2 当初,孝景帝在位时,魏其侯窦婴担任大将军,武安侯田蚡才是个普通的郎官,在窦婴面前,田蚡侍奉宴饮跪拜起立如同儿子、侄子一样。后来,田蚡日益显贵受宠,出任丞相。魏其侯窦婴失去了权势,依附他的宾客越来越少,唯独原来的燕相、颍阴县人灌夫不离去。窦婴就极为笼络灌夫,两人互相援引、互相倚重,他们来往交游如同父子一样。灌夫的秉性,刚强正直,酗酒撒疯,对那些权势在自己之上的权贵,必定给予凌辱,多次因酒后闹事得罪了丞相田蚡。丞相就向武帝弹劾:"灌夫家属在颍川郡横行霸道,百姓都被他家害苦了。"朝廷收捕灌夫和包括旁支亲属在内的所有家人下狱,都被判处公开斩首示众的罪名。魏其侯窦婴上书给武帝,极力营救灌夫,武帝命令他和武安侯田蚡都到太后居住的东宫中,当着朝臣的面,公开辩论曲直是非。魏其侯、武安侯就利用这个机会互相诋毁。

上问朝臣："两人孰是？"唯汲黯是魏其，韩安国两以为是；郑当时是魏其，后不敢坚。上怒当时曰："吾并斩若属矣！"即罢，起，入，上食太后，太后怒不食，曰："今我在也，而人皆藉吾弟；令我百岁后，皆鱼肉之乎！"上不得已，遂族灌夫，使有司案治魏其，得弃市罪。

四年(庚戌，前 131)

1　冬，十二月晦，论杀魏其于渭城。春，三月乙卯，武安侯蚡亦薨。及淮南王安败，上闻蚡受安金，有不顺语，曰："使武安侯在者，族矣！"

2　夏，四月，陨霜杀草。

3　御史大夫安国行丞相事，引，堕车，蹇。五月丁巳，以平棘侯薛泽为丞相，安国病免。

4　地震，赦天下。

5　九月，以中尉张欧为御史大夫。韩安国疾愈，复为中尉。

6　河间王德，修学好古，实事求是，以金帛招求四方善书，得书多，与汉朝等。是时，淮南王安亦好书，所招致率多浮辩。献王所得书，皆古文先秦旧书，采礼乐古事，稍稍增辑至五百馀篇，被服、造次必于儒者，山东诸儒多从之游。

五年(辛亥，前 130)

1　冬，十月，河间王来朝，献雅乐，对三雍宫及诏策所问三十馀事。其对，推道术而言，得事之中，文约指明。

武帝问朝廷群臣:"他们两人谁对?"只有汲黯认为魏其侯对,韩安国认为两人都对;郑当时本认为魏其侯对,后来又不敢明确表态。武帝怒骂郑当时说:"我一起斩杀你这类的人!"就宣布罢朝,站起来,进入内宫,侍奉太后用餐,太后气冲冲地不吃饭,说:"如今我还活着,别人就都来欺负我的弟弟;假若我死了之后,他们还不把我弟弟给吃了!"武帝没有办法,只好下令将灌夫满门处斩;派执法官员审查魏其侯,确定魏其侯犯有公开斩首示众的罪名。

汉武帝元光四年(庚戌,公元前 131 年)

1 冬季,十二月底,根据所定罪名在渭城处死了魏其侯窦婴。春季,三月乙卯(十七日),武安侯田蚡也死去了。等到后来淮南王刘安谋反败露,武帝得知田蚡接受刘安金钱贿赂,并且说过大逆不道的话,就说:"假若武安侯还活着,就应该把他灭族了!"

2 夏季,四月,下了一场寒霜,冻死了野草。

3 御史大夫韩安国代理丞相职务,为武帝引导车驾,不慎从车上摔下来,成了跛腿。五月丁巳(二十日),汉武帝任命平棘侯薛泽为丞相,韩安国因病免职。

4 发生了地震,武帝宣布大赦天下。

5 九月,武帝任命中尉张欧为御史大夫。韩安国的腿痊愈,再次出任中尉。

6 河间王刘德,努力钻研学问,喜好古代典籍,治学注重实事求是,用金钱丝帛购买各地的好书,购得的书,数量与汉朝廷库存书一样多。这时,淮南王刘安也喜爱书籍,他所征集到的大多是浮华无实,以言辞辩论为特点的书。而河间献王所征集的书,都是用古代文字书写的先秦时期的原本旧书,搜集古代礼乐教化的典章制度,稍加增订,编辑成书,多达五百馀篇,他的思想和言谈举止,都务求符合儒家学说,崤山以东的儒生大多追随他,与他交往。

汉武帝元光五年(辛亥,公元前 130 年)

1 冬季,十月,河间王刘德来京朝见,进献一部典雅的音乐曲谱,回答了有关三雍宫的典章制度及皇帝亲自拟定的三十多个问题。他的回答,都是依据并阐明了儒学思想,抓住了问题的关键,文字简洁,观点明确。

天子下太乐官常存肄河间王所献雅声,岁时以备数,然不常御也。春,正月,河间王薨,中尉常丽以闻,曰:"王身端行治,温仁恭俭,笃敬爱下,明知深察,惠于鳏寡。"大行令奏:"《谥法》:'聪明睿知曰献',谥曰献王。"

  班固赞曰:昔鲁哀公有言:"寡人生于深宫之中,长于妇人之手,未尝知忧,未尝知惧。"信哉斯言也,虽欲不危亡,不可得已!是故古人以宴安为鸩毒,无德而富贵谓之不幸。汉兴,至于孝平,诸侯王以百数,率多骄淫失道。何则?沈溺放恣之中,居势使然也。自凡人犹系于习俗,而况哀公之伦乎!"夫唯大雅,卓尔不群",河间献王近之矣。

  2 初,王恢之讨东越也,使番阳令唐蒙风晓南越。南越食蒙以蜀枸酱,蒙问所从来。曰:"道西北牂柯江。牂柯江广数里,出番禺城下。"蒙归至长安,问蜀贾人。贾人曰:"独蜀出枸酱,多持窃出市夜郎。夜郎者,临牂柯江,江广百馀步,足以行船。南越以财物役属夜郎,西至桐师,然亦不能臣使也。"蒙乃上书说上曰:"南越王黄屋左纛,地东西万馀里,名为外臣,实一州主也。今以长沙、豫章往,水道多绝,难行。窃闻夜郎所有精兵可得十馀万,浮船牂柯江,出其不意,此制越一奇也。诚以汉之强,巴、蜀之饶,通夜郎道为置吏,甚易。"上许之。

武帝下令让掌管宫廷音乐的太乐官经常指挥乐师们练习河间王所献的典雅音乐,在逢年过节的典礼中参加宫廷演奏,但武帝平常很少让人演奏给他听。春季,正月,河间王刘德去世,中尉常丽向朝廷报告了他的死讯,并说:"河间王以身作则,治国有方,温良仁义,恭敬俭朴,待人宽厚,体贴部下,熟知人情世故,洞察细微变化,造福于鳏夫寡妇。"大行令奏报武帝:"《谥法》说:'聪明睿智称之为献。'议定河间王刘德的谥号为献王。"

     班固评论说:过去鲁哀公曾说过这样的话:"我在深宫中出生,在妇人抚育下长大,从不知道什么是忧愁,从未体验过什么是恐惧。"这句话说得多么可信啊,这样的人做君主,即便是他不想使国家陷入危亡的绝境,也不可能啊!所以古人把安享太平看成为毒酒,把没有道德而窃据富贵之位称之为不幸。汉朝建国,直到孝平帝为止,诸侯王多达几百人,大多骄横荒淫丧失道德。为什么这样呢?就是因为一直生活在放纵恣肆的环境中,所处的地位导致他们如此。常人都要深受环境和风俗的影响,更何况像鲁哀公之类的人呢!"学识渊博,出类拔萃",河间献王刘德可说近似这样的人。

  2 当初,王恢率军讨伐东越的时候,派番阳县令唐蒙去向南越王委婉地说明进军意图。南越人让唐蒙吃蜀地所产的枸酱,唐蒙问是从什么地方来的。南越人说:"是从西北方向的牂柯江运来的。牂柯江宽达几里路,从番禺城近旁流过。"唐蒙返回长安,又问蜀地的商人。商人说:"只有蜀地出产枸酱,许多人私自带着它出境去卖给夜郎。夜郎是靠近牂柯江的一个小国,牂柯江宽一百多步,行船毫无问题。南越国利用财物引诱和支配夜郎,向西一直影响到桐师人的居住地,但也还不能让这一地区成为南越的臣属国,对它俯首听命。"唐蒙就向武帝上书说:"南越王公开使用只有皇帝才能用的黄屋左纛,盘踞东西长达万馀里的地区,名义上是朝廷的外藩臣属,实际上是一州之主。现在如果从长沙国、豫章郡出兵征讨南越,水路大多淤塞断绝,难以通行。我私下听说夜郎的精兵总计可有十馀万人,乘船顺牂柯江而下,出其不意,这是制服南越的一条奇计。只要真的使用大汉的强威,再加上巴、蜀两地富裕的经济力量,那么,打通前往夜郎的道路,在那儿设置官吏实施统治,是很容易做到的。"武帝批准了唐蒙的建议。

　　乃拜蒙为中郎将,将千人,食重万馀人,从巴、蜀筰关入,遂见夜郎侯多同。蒙厚赐,喻以威德,约为置吏,使其子为令。夜郎旁小邑皆贪汉缯帛,以为汉道险,终不能有也,乃且听蒙约。还报,上以为犍为郡,发巴、蜀卒治道,自僰道指牂柯江,作者数万人,士卒多物故,有逃亡者;用军兴法诛其渠率,巴、蜀民大惊恐。上闻之,使司马相如责唐蒙等,因谕告巴、蜀民以非上意;相如还报。

　　是时,邛、筰之君长闻南夷与汉通,得赏赐多,多欲愿为内臣妾,请吏比南夷。天子问相如,相如曰:"邛、筰、冉駹者近蜀,道亦易通。秦时尝通,为郡县,至汉兴而罢。今诚复通,为置郡县,愈于南夷。"天子以为然,乃拜相如为中郎将,建节往使,及副使王然于等乘传,因巴、蜀吏币物以赂西夷;邛、筰、冉駹、斯榆之君皆请为内臣。除边关,关益斥,西至沫、若水,南至牂柯为徼,通零关道,桥孙水以通邛都,为置一都尉、十馀县,属蜀。天子大说。

　　3　诏发卒万人治雁门阻险。

　　4　秋,七月,大风拔木。

　　5　女巫楚服等教陈皇后祠祭厌胜,挟妇人媚道。事觉,上使御史张汤穷治之。汤深竟党与,相连及诛者三百馀人,楚服枭首于市。乙巳,赐皇后册,收其玺绶,罢退,居长门宫。

于是,武帝封唐蒙为中将,率领士兵一千人和运输粮食衣物的民夫一万多人,经过巴蜀两郡,从筰关进入夜郎境内,就拜见了夜郎侯多同。唐蒙把朝廷优厚的赏赐转交给多同,告知他汉朝廷的威严圣德,晓以利害,约定由朝廷在当地任命官吏,并让多同的儿子担任县令一级官员。夜郎附近的小国都贪图得到汉朝的丝绸,他们以为从汉朝到当地来,道路艰险,汉朝终究不可能占有这片地区,于是就暂且表示服从唐蒙的盟约。唐蒙返京奏报,武帝就在这片地区设立了犍为郡,调集巴、蜀两郡的士兵修筑道路,从僰道直接连通到牂柯江,修路的人有数万人,许多士兵死亡,有的士兵就逃跑了;唐蒙等人用"军兴法"诛杀服役士兵的长官,巴、蜀百姓极度惊恐。武帝得知此事,就派司马相如前来责备唐蒙等人,借机公开告知巴、蜀一带的百姓,唐蒙等人的做法并不是皇帝的本意;司马相如返京奏报处置情况。

　　这时,邛人和筰人的部落酋长,听说南夷与汉朝结交,得到很多的赏赐,大多甘愿做汉朝统治下的臣民,请朝廷仿照统治南夷的模式,在他们的居住地任命官吏。武帝征求司马相如的意见,相如说:"邛人、筰人、冉駹人这些部族都接近蜀郡,道路也容易开通。秦朝时曾经与中原相通,设置过郡县,到汉朝建国才罢废。现在如果真能再次开通,在那儿设置郡县,胜过南夷地区。"天子认为他说得对,就任命司马相如为中郎将,持皇帝的使节出使西夷,相如和副使王然于等人乘坐驿车,利用巴、蜀两郡的官府财物收买西夷;邛、筰、冉駹、斯榆各部族的酋长,都请求做汉朝直接统治下的臣民。废除了原有的边关,新设立的边界关隘,大大地向外扩展了,西部到了沫水、若水,南至牂柯江为界,开通了零关道,在孙水上架起了桥,用来接连邛都,在这一地区设立了一个都尉、十多个县,隶属于蜀郡管辖。武帝很高兴。

　　3　武帝下诏调集一万士兵修整雁门郡的险要关隘。

　　4　秋季,七月,狂风拔出了大树。

　　5　女巫师楚服等人教陈皇后祭神祈祷,暗地使用妇人诅咒的方法,祈求神灵除去与陈皇后争宠的女人。事情败露,武帝指派御史张汤彻底查处这一案件。张汤深入地追究有关联的人,相互牵连以至于处死的有三百多人,楚服被斩首示众。乙巳(十四日),武帝下达给皇后一份册书,收回了皇后的印玺,废去尊号,贬入长门宫。

窦太主惭惧,稽颡谢上。上曰:"皇后所为不轨于大义,不得不废。主当信道以自慰,勿受妄言以生嫌惧。后虽废,供奉如法,长门无异上宫也。"

6　初,上尝置酒窦太主家,主见所幸卖珠儿董偃,上赐之衣冠,尊而不名,称为"主人翁",使之侍饮。由是董君贵宠,天下莫不闻。常从游戏北宫,驰逐平乐,观鸡、鞠之会,角狗、马之足,上大欢乐之。上为窦太主置酒宣室,使谒者引内董君。是时,中郎东方朔陛戟殿下,辟戟而前曰:"董偃有斩罪三,安得入乎!"上曰:"何谓也?"朔曰:"偃以人臣私侍公主,其罪一也。败男女之化,而乱婚姻之礼,伤王制,其罪二也。陛下富于春秋,方积思于《六经》;偃不遵经劝学,反以靡丽为右,奢侈为务,尽狗马之乐,极耳目之欲,是乃国家之大贼,人主之大蜮,其罪三也。"上默然不应,良久曰:"吾业已设饮,后而自改。"朔曰:"夫宣室者,先帝之正处也,非法度之政不得入焉。故淫乱之渐,其变为篡。是以竖貂为淫而易牙作患,庆父死而鲁国全。"上曰:"善!"有诏止,更置酒北宫,引董君从东司马门入。赐朔黄金三十斤。董君之宠由是日衰。是后,公主、贵人多逾礼制矣。

7　上以张汤为太中大夫,与赵禹共定诸律令,务在深文。拘守职之吏,作见知法,吏传相监司。用法益刻自此始。

窦太主害怕了,向武帝叩头请罪。武帝说:"皇后的行为不符合大义,不得不把她废黜。你应该向她说明道义而放宽心怀,不要轻信闲言而产生疑虑和恐惧。皇后虽然被废了,仍会按照法度受到优待,居住在长门宫与居住在上宫并无区别。"

　　6 当初,武帝曾经在窦太主家中摆设酒席,窦太主引见了她宠幸的珠宝商人董偃,武帝赏赐给董偃衣服和帽子,为了表示尊重不称呼他的名字,而称他为"主人翁",让他陪同饮酒。从此之后董偃显贵受宠,天下人没有不知道的。董偃经常陪同武帝在北宫游戏,在平乐观打猎,观赏斗鸡、踢球的比赛,与狗、马赛跑,武帝很喜欢他玩的花样。武帝在宣室中摆酒款待窦太主,派谒者引导董偃入内。这时,中郎东方朔在殿前持戟肃立,放下戟走近武帝说:"董偃犯有三项死罪,怎能让他入宫呢!"武帝说:"你说的是什么呢?"东方朔说:"董偃以臣子的身份私通公主,这是他的第一条罪状。败坏男女风化,而扰乱婚姻礼法,破坏圣王制度,这是他的第二条罪状。陛下年轻有为,正在努力学习《六经》等儒学典籍,董偃不遵循经勉励陛下认真学习,反而倡导奢侈的风气,只知奢侈铺张,尽情地享受斗狗赛马的欢乐,极力满足感官刺激,这对国家是很大的祸害,对君主是最大的潜在威胁,这是他的第三条罪状。"武帝沉默不语,过了很久才说:"我今天早已准备好宴席了,以后再自己注意改正吧。"东方朔说:"宣室,本来是先帝处理政务的地方,不是讨论事关法度的政务的人都不得进入。所以不制止淫乱的苗头,其结局必然导致君位被篡夺。正是由于这个道理,当年齐桓公信用竖貂和易牙而受害,庆父死后,鲁国就得以保全。"武帝说:"你说得好!"下诏让董偃原地待命,重新在北宫设置酒宴,领董偃从东司马门入宫。赏赐给东方朔三十斤黄金。董偃所受的宠爱,自此以后日益衰减。此后,公主,贵人大多不按礼制行事了。

　　7 武帝任命张汤为太中大夫,张汤与赵禹共同制定了许多法律条令,务求繁密严苛。严格控制在职官吏,制定了官员如果知道别人犯罪而不举报就要判刑的"见知法",使官吏不得不互相监视、互相侦察。从此开始执行法令更加严厉苛刻了。

8　八月，螟。

9　是岁，征吏民有明当世之务、习先圣之术者，县次续食，令与计偕。

淄川人公孙弘对策曰："臣闻上古尧、舜之时，不贵爵赏而民劝善，不重刑罚而民不犯，躬率以正而遇民信也；末世贵爵厚赏而民不劝，深刑重罚而奸不止，其上不正，遇民不信也。夫厚赏重刑，未足以劝善而禁非，必信而已矣。是故因能任官，则分职治；去无用之言，则事情得；不作无用之器，则赋敛省；不夺民时，不妨民力，则百姓富；有德者进，无德者退，则朝廷尊；有功者上，无功者下，则群臣逡；罚当罪，则奸邪止；赏当贤，则臣下劝。凡此八者，治之本也。故民者，业之则不争，理得则不怨，有礼则不暴，爱之则亲上，此有天下之急者也。礼义者，民之所服也；而赏罚顺之，则民不犯禁矣。

"臣闻之：气同则从，声比则应。今人主和德于上，百姓和合于下，故心和则气和，气和则形和，形和则声和，声和则天地之和应矣。故阴阳和，风雨时，甘露降，五谷登，六畜蕃，嘉禾兴，朱草生，山不童，泽不涸，此和之至也。"

8　八月,庄稼发生了虫害。

9　这一年,武帝征召官吏百姓中明晓当世政务、熟知古代圣王治国之术的人到朝廷任职,命令应征者与各地进京的"上计吏"同行,由沿途各县供应饮食。

淄川人公孙弘在考试的答卷中写道:"我听说上古尧舜那个时期,没有尊贵的官爵和丰厚的奖赏,但百姓却相互勉励行善,不重刑罚,但百姓却不犯法,这是因为君主为臣民做出了正直的表率,而且对待百姓很讲信用;到了政治昏暗的时代,有尊贵的官爵和丰厚的赏赐,但百姓却对这些诱惑无动于衷,设立了严酷的刑罚却不能禁止违法犯罪,这是因为当时的君主本身不正,对待百姓又不讲信用。用丰厚的奖赏和严酷的刑罚,还达不到鼓励行善、禁止作恶的目的,只有靠讲究信用,才能达到这一目的。所以,根据人的不同才能而委任相应的官职,就能各司其职,做好工作;抛弃无用的虚言妄语,就能了解事情的真相;不制作无用的器物,就可以减少对百姓的赋税;不在农忙季节征发民力,不影响百姓生产,百姓就会富裕;有德的人受到重用,无德的人被罢免,朝廷就受到人们的尊重;有功的人升职加官,无功的人降级使用,群臣就会明白退让的道理;判处刑罚与罪行相应,就能制止犯罪;给予的奖赏和德才相符,就能使臣子感奋勉励。上述八项,是治理国家的根本。天下百姓,让他们各自从事生产就不会发生争斗,让他们各自申明情理就不会产生怨恨,让他们接受教育知道礼义就不会使用暴力,君主爱护他们就会换来他们对君主的真心拥戴,此是统治天下的当务之急。礼义,是百姓甘愿服从的;再用奖赏和刑罚来推行礼义,百姓就不会违犯法令了。

"我听说:气相同就能互相影响带动,声相同就能互相呼应。现在,君主在上面使自己的言行符合德义,百姓在下面与君主相谐调,所以心和就能气和,气和就能形和,形和就能声和,声和就会出现天地安和了。所以阴阳安和,风调雨顺,甘露普降,五谷丰登,六畜兴旺,苗壮稻谷生机勃勃,红色瑞草萌生成长,山岭不光秃,湖泊不干涸,这是天地安和的最佳状态。"

时对者百馀人，太常奏弘第居下。策奏，天子擢弘对为第一，拜为博士，待诏金马门。

齐人辕固，年九十馀，亦以贤良征。公孙弘仄目而事固，固曰："公孙子，务正学以言，无曲学以阿世！"诸儒多疾毁固者，固遂以老罢归。

是时，巴、蜀四郡凿山通西南夷，千馀里戍转相饷。数岁，道不通，士罢饿、离暑湿死者甚众。西南夷又数反，发兵兴击，费以巨万计而无功。上患之，诏使公孙弘视焉。还奏事，盛毁西南夷无所用，上不听。弘每朝会，开陈其端，使人主自择，不肯面折廷争。于是上察其行慎厚，辩论有馀，习文法吏事，缘饰以儒术，大说之，一岁中迁至左内史。

弘奏事，有不可，不廷辨。常与汲黯请间，黯先发之，弘推其后，天子常说，所言皆听，以此日益亲贵。弘尝与公卿约议，至上前，皆倍其约以顺上旨。汲黯廷诘弘曰："齐人多诈而无情实，始与臣等建此议，今皆倍之，不忠！"上问弘，弘谢曰："夫知臣者，以臣为忠；不知臣者，以臣为不忠。"上然弘言。左右幸臣每毁弘，上益厚遇之。

当时参加对策考试的有一百多人,太常奏报考试成绩,把公孙弘的答卷列入下等。对策的答卷全部送呈武帝亲览,武帝把公孙弘的对策答卷成绩提升为第一名,任命他担任博士,在金马门做待诏官。

齐人辕固,已经九十多岁了,也以贤良而被征召来京。公孙弘心怀畏惧,不敢正视辕固,辕固说:"公孙先生,务必按照儒家的本来学说来谈论国事,可不要曲解儒学来迎合当今君主!"儒生们有许多人嫉妒诽谤辕固,辕固就以年老为名免官回原籍了。

这时,巴、蜀等四郡开凿山险修筑连接西南夷的通道,从千馀里外调兵转运军饷。过了几年,道路还没有开通,修路的士兵疲惫饥饿、遭受炎热潮湿折磨而死的人有很多。西南夷又多次反叛,调集军队去进攻,军费开支高达数万万,却不见成效。武帝很担忧,下诏派公孙弘前去该地视察情况。公孙弘返京奏报情况,极力批评说开通西南夷没有什么作用,武帝不听从他的意见。公孙弘每当在朝廷讨论问题时,总是把事情的原委详细分析说明,让武帝自己做出抉择,不肯在朝廷之上与武帝当面争辩。因此武帝看出他为人谨慎厚道,辩论问题从容不迫,头头是道,熟悉文书法令和具体的官府公务,又会用儒术加以文饰点缀,对他非常赏识,一年之中提拔他当上了左内史。

公孙弘上奏,凡是武帝不同意的,他不在朝廷上当面争辩。常与汲黯相互配合,利用武帝悠闲无事的机会,先由汲黯提出有关问题的处理方法,再由公孙弘加以说明和促成,武帝经常听得很高兴,他所说的话都加以采纳,因此,越来越得到武帝的亲近和重用。公孙弘曾经和公卿商定某一问题的处置意见,到了武帝面前,他却完全背弃了原来的意见,而迎合武帝的心意。汲黯当即在朝廷上批评公孙弘说:"齐人大多心怀智诈而不忠诚老实;他开始和我们一道商定此条建议现在却全都背弃了,这是不忠于圣上!"武帝责问公孙弘,公孙弘谢罪说:"了解我的人,认为我忠;不了解我的人,认为我不忠。"武帝认为他说得对。武帝身边的宠幸官员经常诋毁公孙弘,武帝对他却更加优待。

六年(壬子,前 129)

1　冬,初算商车。

2　大司农郑当时言:"穿渭为渠,下至河,漕关东粟径易,又可以溉渠下民田万馀顷。"春,诏发卒数万人穿渠,如当时策,三岁而通,人以为便。

3　匈奴入上谷,杀略吏民。遣车骑将军卫青出上谷,骑将军公孙敖出代,轻车将军公孙贺出云中,骁骑将军李广出雁门,各万骑,击胡关市下。卫青至龙城,得胡首虏七百人,公孙贺无所得,公孙敖为胡所败,亡七千骑,李广亦为胡所败。胡生得广,置两马间,络而盛卧,行十馀里;广佯死,暂腾而上胡儿马上,夺其弓,鞭马南驰,遂得脱归汉。下敖、广吏,当斩,赎为庶人;唯青赐爵关内侯。青虽出于奴虏,然善骑射,材力绝人,遇士大夫以礼,与士卒有恩,众乐为用,有将帅材,故每出辄有功。天下由此服上之知人。

4　夏,大旱,蝗。

5　六月,上行幸雍。

6　秋,匈奴数盗边,渔阳尤甚。以卫尉韩安国为材官将军,屯渔阳。

元朔元年(癸丑,前 128)

1　冬,十一月,诏曰:"朕深诏执事,兴廉举孝,庶几成风,绍休圣绪。夫十室之邑,必有忠信;三人并行,厥

汉武帝元光六年(壬子,公元前 129 年)

1 冬季,开始对商人的车辆征税。

2 大司农郑当时建议:"开辟一条河道,上引渭河水源,下连黄河,用来漕运函谷关以东地区的粮食,路直而且方便,又可灌溉河道附近的一万多顷农田。"春季,武帝下诏调集数万士兵开掘河道,完全按照郑当时的方法办事;用了三年时间,河道开通了,大家都认为很方便。

3 匈奴入侵上谷郡,杀害抢掠官吏百姓。武帝派遣车骑将军卫青从上谷郡出兵,骑将军公孙敖从代郡出兵,轻车将军公孙贺从云中郡出兵,骁骑将军李广从雁门郡出兵,各自率领一万骑兵,出击屯驻在边关贸易市场附近的匈奴军队。卫青进攻到龙城,斩获匈奴首级七百多个;公孙贺一无所得;公孙敖被匈奴打败,损失了七千骑兵;李广也被匈奴打败。匈奴人活捉了李广,把他安置在两匹并行的马匹中间,让他躺在用绳子结成的大网袋中,走出了十多里路;李广假装死去,麻痹了押送的人,突然间,李广纵身跳起,跳到了一个匈奴人骑坐的马上,夺得他的弓箭,打着马向南奔驰,这才得以逃脱归来。汉朝廷把公孙敖、李广逮捕下狱,按律判决斩首,后出钱赎罪,免官做了平民;只有卫青因功赏给关内侯的爵位。卫青虽然出身于奴仆,但是善于骑马射箭,勇力超过常人;对官吏士大夫以礼相待,对士兵爱护备至,将士们都愿为他效力,有做军事统帅的才能,所以他每次率兵出征,都能立下战功。天下人由此都佩服武帝的知人善任。

4 夏季,天气大旱,出现蝗灾。

5 六月,武帝亲临雍县。

6 秋季,匈奴多次攻掠边境,渔阳郡受害最为严重。武帝任命卫尉韩安国担任材官将军,率兵驻守渔阳郡。

汉武帝元朔元年(癸丑,公元前 128 年)

1 冬季,十一月,武帝下诏书说:"朕殷切嘱告官吏,奖励廉吏举荐孝子,希望能养成孝顺廉洁之风,以继承古代圣人的美德宏业。有十户人家居住的小村落,其中必定有忠信之士;三人共同行走,其中

有我师。今或至阖郡而不荐一人,是化不下究,而积行之君子壅于上闻也。且进贤受上赏,蔽贤蒙显戮,古之道也。其议二千石不举者罪!"有司奏:"不举孝,不奉诏,当以不敬论;不察廉,不胜任也,当免。"奏可。

2 十二月,江都易王非薨。

3 皇子据生,卫夫人之子也。三月甲子,立卫夫人为皇后,赦天下。

4 秋,匈奴二万骑入汉,杀辽西太守,略二千馀人,围韩安国壁;又入渔阳、雁门,各杀略千馀人。安国益东徙,屯北平;数月,病死。天子乃复召李广,拜为右北平太守。匈奴号曰"汉之飞将军",避之,数岁不敢入右北平。

5 车骑将军卫青将三万骑出雁门,将军李息出代;青斩首虏数千人。

6 东夷薉君南闾等共二十八万人降,为苍海郡;人徒之费,拟于南夷,燕、齐之间,靡然骚动。

7 是岁,鲁共王馀、长沙定王发皆薨。

8 临淄人主父偃、严安,无终人徐乐,皆上书言事。

始,偃游齐、燕、赵,皆莫能厚遇,诸生相与排摈不容;家贫,假贷无所得,乃西入关,上书阙下,朝奏,暮召入。所言九事,其八事为律令;一事谏伐匈奴,其辞曰:

必定有可做我老师的贤人。现在发展到一个郡竟然不向朝廷举荐一个贤人，这说明政令教化不能贯彻下去，而那些积累了美德善行的贤人君子，被阻塞、被壅蔽，使天子无法得知。况且，推荐贤人的人给以最高的奖赏，壅蔽贤人的人给以公开的杀戮，这是古代的治世原则。应该议定二千石官员不向朝廷举荐人才的罪名！"有关官吏奏报："凡是不举荐孝子的，属于不遵守诏令的行为，应当按'不敬'的罪名论处；凡是不察举廉吏的，就是不胜任职务，应当罢免官职。"武帝批准了这一建议。

2 十二月，江都易王刘非去世。

3 皇子刘据出生，他是卫夫人所生的儿子。三月甲子(十三日)，武帝立卫夫人为皇后，大赦天下。

4 秋季，匈奴用二万骑兵入侵汉境，杀死辽西郡的太守，掳去两千多人，围困韩安国指挥的汉军营垒；又侵入渔阳郡和雁门郡，在两地都杀害或掳掠了一千多人。韩安国被调往更远的东方，率军驻守北平；数月之后，病死。武帝就再次起用李广，任命他为右北平太守。匈奴称李广为"汉朝的飞将军"，畏避李广，连续几年不敢入侵右北平郡。

5 车骑将军卫青统率三万骑兵从雁门郡出击，将军李息领兵从代郡出击；卫青所部斩杀匈奴数千人。

6 东夷薉君南闾等二十八万人归降，朝廷在其居住区设置了苍海郡；因此而支付的官吏民夫费用，与开发南夷地区的开支相同，燕、齐一带，出现骚动。

7 这一年，鲁共王刘馀、长沙定王刘发都去世了。

8 临淄人主父偃、严安，无终县人徐乐，都向武帝上书议论政事。

当初，主父偃在齐、燕、赵各地活动，都没有受到人家的厚待，学士们联合起来排斥他，使他没有安身立命之地；家中贫穷，借贷无门，主父偃就西入关中，上书给武帝，早上把上书转呈武帝，晚上就被召入宫中拜见武帝。他上书谈了九项事情，其中八项是关于律令问题；另外一项是谏止征伐匈奴，他写道：

　　"《司马法》曰：'国虽大，好战必亡；天下虽平，忘战必危。'夫怒者逆德也，兵者凶器也，争者末节也。夫务战胜、穷武事者，未有不悔者也。

　　"昔秦皇帝并吞战国，务胜不休，欲攻匈奴。李斯谏曰：'不可。夫匈奴，无城郭之居，委积之守，迁徙鸟举，难得而制也。轻兵深入，粮食必绝；踵粮以行，重不及事。得其地，不足以为利也；得其民，不可调而守也；胜必杀之，非民父母也；靡敝中国，快心匈奴，非长策也。'秦皇帝不听，遂使蒙恬将兵攻胡，辟地千里，以河为境。地固泽咸卤，不生五谷。然后发天下丁男以守北河，暴兵露师十有余年，死者不可胜数，终不能逾河而北，是岂人众不足，兵革不备哉？其势不可也。又使天下蜚刍、挽粟，起于东䐉、琅邪负海之郡，转输北河，率三十钟而致一石。男子疾耕，不足于粮饷，女子纺织，不足于帷幕，百姓靡敝，孤寡老弱不能相养，道路死者相望，盖天下始畔秦也。

　　"及至高皇帝，定天下，略地于边，闻匈奴聚于代谷之外而欲击之。御史成进谏曰：'不可。夫匈奴之性，兽聚而鸟散，从之如搏影。今以陛下盛德攻匈奴，臣窃危之。'高帝不听，遂北至于代谷，果有平城之围。高皇帝盖悔之甚，乃使刘敬往结和亲之约，然后天下忘干戈之事。

"《司马法》说:'国家虽大,喜好战争必定灭亡;天下虽然太平,忘掉战备必定招致危险。'愤怒是违逆之德,兵器是不祥之物,争斗是细枝末节。那些致力于战伐争胜、穷兵黩武的人,到头来没有不悔恨的。

　　"当初,秦始皇吞并列国,还没有满足他打仗求胜的欲望,就想攻打匈奴。李斯劝阻说:'不可这样做。匈奴没有城郭等定居的处所,没有储藏物资钱粮的仓库,迁徙不定,如同鸟飞,很难得以制服它。军队轻装急进,深入敌境,粮食供应必定断绝;军队携带军粮行动,进军迟缓,坐失良机。夺得匈奴的土地,不足以为国家带来好处;俘获匈奴的民众,愚顽不可教诲,也无法设置官员进行管理;如果战胜他们之后,只能杀掉他们,这又不是为民父母的明君该有的行为;用中原地区疲敝衰败的代价,去向匈奴人肆意发泄,这绝不是正确的决策。'秦始皇不听从劝告,就派蒙恬率军进攻匈奴,夺取了方圆千里之地,与匈奴以黄河河套北部地区划界。这一带本来就是湖泊和盐碱地,不能种植五谷。后来,秦始皇又调集全国成年男子去戍守北河,军队风餐露宿十多年,死者多得无法统计,终究不能越过黄河占领北部地区,这难道是因为兵力不足、装备不齐吗?是客观形势不允许啊。又使天下百姓急速地用车船运输粮草,从东腄、琅邪等沿海郡县开始运输,途中多次周转运到北河,一般说来,起运时有三十钟粮食,运到目的地仅存一石。男子拼命耕作,收获还不够缴纳军粮,女子纺线绩麻,织出的布帛还满足不了军营帐篷的需要,百姓倾家荡产,无法养活孤寡老弱,路上死去的人尸骨连成一片,大概从此开始天下人就反叛秦朝统治了。

　　"等到高皇帝平定天下,征服土地到达了边境,听说匈奴人集中在代谷的外面,就想去进攻他们。有位名叫成的御史前来劝阻说:'不能这样做。匈奴人的习性,忽而如同野兽聚集,忽而如同鸟类分飞,追赶他们就好像与影子捕斗一样,无从下手。现在,凭陛下这样的盛大功德,却要去攻击匈奴,我私下认为很危险。'高皇帝不听从他的意见,于是就向北进军到达代谷,果然发生了被围困在平城的事变。高皇帝大概非常后悔,才派遣刘敬前往匈奴,缔结和亲的盟约,从此之后全国上下就忘记了战争的事情了。

"夫匈奴，难得而制非一世也；行盗侵驱，所以为业也，天性固然。上及虞、夏、殷、周，固弗程督，禽兽畜之，不属为人。夫上不观虞、夏、殷、周之统，而下循近世之失，此臣之所大忧，百姓之所疾苦也。"

严安上书曰："今天下人民，用财侈靡，车马、衣裘、宫室，皆竞修饰，调五声使有节族，杂五色使有文章，重五味方丈于前，以观欲天下。彼民之情，见美则愿之，是教民以侈也。侈而无节则不可赡，民离本而徼末矣。末不可徒得，故搢绅者不惮为诈，带剑者夸杀人以矫夺，而世不知愧，是以犯法者众。臣愿为民制度以防其淫，使贫富不相耀，以和其心；心志定，则盗贼消，刑罚少，阴阳和，万物蕃也。昔秦王意广心逸，欲威海外，使蒙恬将兵以北攻胡，又使尉屠睢将楼船之士以攻越。当是时，秦祸北构于胡，南挂于越，宿兵于无用之地，进而不得退。行十馀年，丁男被甲，丁女转输，苦不聊生，自经于道树，死者相望。及秦皇帝崩，天下大畔，灭世绝祀，穷兵之祸也。故周失之弱，秦失之强，不变之患也。今徇西夷，朝夜郎，降羌、僰，略薉州，建城邑，深入匈奴，燔其龙城，议者美之，此人臣之利，非天下之长策也。"

徐乐上书曰："臣闻天下之患，在于土崩，不在瓦解，古今一也。

"匈奴很难以交战而制服，不是这一代人才如此；侵犯城邑劫掳人畜，这是他们据以谋生的职业，天性本来就是这样。远到虞、夏、殷、周统治时期，本来就不对匈奴征收贡赋、实施监督，只把他们视为禽兽，不当做人来看待。不向上借鉴虞、夏、殷、周的统治方法，却向下沿用近代的失误，这是我感到最忧虑的事，也是天下百姓所蒙受的最大痛苦。"

　　严安上书说："现在全国的百姓，生活奢侈腐化，车辆马匹、衣服裳装、房屋住宅竞相修饰得富丽堂皇，谐调音乐使它节奏准确，涂抹多种颜色使它色彩斑斓，设置美味佳肴在众人面前，用来向天下人炫耀。那些百姓的本性，见到漂亮的东西就要仿效，这是用奢侈来引导民众。追求奢侈而毫无节制，就永远无法满足欲望，百姓就会脱离农桑本业而去从事工商末业了。工商末业的财利不能凭空飞来，所以官吏绅士不顾体面设谋诈骗，带剑的人相互夸耀用杀人来巧取豪夺，对这样的行径，世人却不知引以为耻，因此犯法的人就很多。我希望给民众设立制度以约束他们的过度欲望，使富有者不向贫困者夸耀以安抚调和人心；人心安定了，就会没有盗贼，少用刑罚，阴阳和调，万物茂盛。过去，秦始皇踌躇满志，贪得无厌，想向海外显示威力，派蒙恬率兵向北进攻匈奴，又派郡尉屠睢率领水军将士去进攻南方的百越。在这个时期，秦朝兵连祸结，北方与匈奴交战，南方和越人难分胜负，军队长期驻扎在无用之地，只能前进而无法退回。历时十多年，成年男子当兵打仗，成年女子辗转运送粮饷，生活悲惨，毫无生趣，纷纷在路边树上上吊自杀，死者一个接一个。等到秦始皇死，天下人群起反叛，秦朝统治崩溃、子孙灭绝，这是穷兵黩武产生的祸害啊。所以，周朝失之于衰弱，秦朝失之于强暴，都是不改变国政所产生的恶果。现在，朝廷征服西夷地区，诱使夜郎入朝称臣，降服羌人和僰人，攻取薉州，建筑城邑，进军匈奴腹地，烧毁匈奴的龙城，议事的大臣们都赞美这些行动和计划；实际上这些事只能让主持其事的大臣得到好处，对于国家来说非长久之策。"

　　徐乐上书武帝，说："我听说天下的最大祸害，在于土崩，不在于瓦解，古今都是如此。

"何谓土崩？秦之末世是也。陈涉无千乘之尊、尺土之地，身非王公、大人、名族之后，乡曲之誉，非有孔、曾、墨子之贤，陶朱、猗顿之富也；然起穷巷，奋棘矜，偏袒大呼，天下从风。此其故何也？由民困而主不恤，下怨而上不知，俗已乱而政不修。此三者，陈涉之所以为资也，此之谓土崩。故曰天下之患在乎土崩。

"何谓瓦解？吴、楚、齐、赵之兵是也。七国谋为大逆，号皆称万乘之君，带甲数十万，威足以严其境内，财足以劝其士民；然不能西攘尺寸之地而身为禽于中原者，此其故何也？非权轻于匹夫而兵弱于陈涉也。当是之时，先帝之德未衰而安土乐俗之民众，故诸侯无竟外之助，此之谓瓦解。故曰天下之患不在瓦解。

"此二体者，安危之明要，贤主之所宜留意而深察也。

"间者，关东五谷数不登，年岁未复，民多穷困，重之以边境之事，推数循理而观之，民宜有不安其处者矣。不安，故易动；易动者，土崩之势也。故贤主独观万化之原，明于安危之机，修之庙堂之上而销未形之患也，其要期使天下无土崩之势而已矣。"

书奏，天子召见三人，谓曰："公等皆安在，何相见之晚也！"皆拜为郎中。主父偃尤亲幸，一岁中凡四迁，为中大夫；大臣畏其口，赂遗累千金。或谓偃曰："太横矣！"偃曰："吾生不五鼎食，死即五鼎烹耳！"

"什么叫'土崩'？秦朝末年就是土崩。陈涉没有千乘之主的尊位，没有一尺的封地，本身又不是王公贵人名门望族的后代，没有获得乡里的赞誉，也没有孔子、曾子、墨子那样的贤德，也没有陶朱公和猗顿那样的财富；但是，他起自贫民居住的街巷，举起锄具，袒臂大呼，天下人闻风响应。这是什么原因呢？这是由于民众困苦而君主却不加体恤，臣民怨恨而君主却毫不知情，社会风俗已乱而国家政治却仍不进行整治。这三条，正是陈涉用来作为起事的有利条件，这就是所说的土崩。所以说天下最大的祸害在于土崩。

　　"什么叫'瓦解'？吴、楚、齐、赵的举兵叛乱就是瓦解。七国之主图谋叛乱，他们都号称是拥有万辆战车的诸侯王，各自有数十万的军队，其武力足以控制封地全境，其财力足以刺激和奖励他属下的官吏百姓；但是他们却不能向西夺取国家一尺一寸的土地，反而却在中原地区被俘虏，这是什么原因呢？并不是因为他们的权势比平民百姓轻，也不是因为他们的兵力比陈涉弱。在那时，先帝的德政影响还没有衰减，而且安土乐俗的百姓很多，所以诸侯得不到本人封地之外的任何帮助，这就是所说的瓦解。所以说天下最大的祸害不在于瓦解。

　　"这两个问题，是关系国家安危的关键，贤明的君主对此是应该注意并且认真观察的。

　　"近来，函谷关以东地区粮食连年歉收，年景没有恢复正常，百姓大多穷困，再加上还要承担边境战争的负担，按照规律和常理推测分析，百姓之中应该出现不安分守己的人了。不安分守己，就容易出现动乱；百姓容易出现动乱，这就是土崩的局势。所以贤明的君主只注意观察万物变化的根本原因，明了什么是关系到国家安危的关键所在，治理于朝廷之上，就能消除尚未完全形成的祸患，其主要的关键，也不过就是设法使天下别形成土崩的局势罢了。"

　　上书奏报给武帝之后，武帝召见了他们三人，对他们说："诸位原来都在何处，为什么我们迟至今日才得以见面呢！"武帝都把他们任命为郎中。主父偃更受武帝信任宠幸，一年之内共给他升了四次官职，担任了中大夫；大臣们都害怕主父偃伶牙俐齿地诋毁自己，贿赂赠送他的财物总计超过了千金。有人对主父偃说："您太横行了！"主父偃说："我活着如果享受不到列五鼎进餐的贵人生活，那就宁可受到五鼎烹的酷刑而死！"

二年(甲寅,前 127)

1　冬,赐淮南王几杖,毋朝。

2　主父偃说上曰:"古者诸侯不过百里,强弱之形易制。今诸侯或连城数十,地方千里,缓则骄奢,易为淫乱,急则阻其强而合从以逆京师。以法割削之,则逆节萌起,前日晁错是也。今诸侯子弟或十数,而適嗣代立,馀虽骨肉,无尺地之封,则仁孝之道不宣。愿陛下令诸侯得推恩分子弟,以地侯之,彼人人喜得所愿;上以德施,实分其国,不削而稍弱矣。"上从之。春,正月,诏曰:"诸侯王或欲推私恩分子弟邑者,令各条上,朕且临定其号名。"于是藩国始分,而子弟毕侯矣。

3　匈奴入上谷、渔阳,杀略吏民千馀人。遣卫青、李息出云中以西至陇西,击胡之楼烦、白羊王于河南,得胡首虏数千,牛羊百馀万,走白羊、楼烦王,遂取河南地。诏封青为长平侯。青校尉苏建、张次公皆有功,封建为平陵侯,次公为岸头侯。

主父偃言:"河南地肥饶,外阻河,蒙恬城之以逐匈奴,内省转输戍漕,广中国,灭胡之本也。"上下公卿议,皆言不便。上竟用偃计,立朔方郡,使苏建兴十馀万人筑朔方城,复缮故秦时蒙恬所为塞,因河为固。转漕甚远,自山东咸被其劳,费数十百巨万,府库并虚。汉亦弃上谷之斗辟县造阳地以予胡。

汉武帝元朔二年(甲寅,公元前 127 年)

1　冬季,武帝赏赐淮南王刘安几案和手杖,恩准他不必来京朝见。

2　主父偃劝说武帝道:"古代诸侯的封地不超过方圆百里,朝廷强地方弱的这种格局,容易控制。现在的诸侯有的连城数十座,封地方圆千里,朝廷控制较松时,他们就骄横奢侈,容易做出淫乱的事情,朝廷控制一紧时,他们就会凭借自身的强大进而联合起来反叛朝廷。如果用法令的形式来分割削弱他们,就会产生叛乱的苗头,以前晁错推行削藩政策而导致吴楚七国叛乱就是这种状况。现在诸侯王的子弟有的多达十几人,而只有嫡长子继承王位,其他人虽然也是诸侯王的亲生骨肉,却不能享有一尺的封地,这就使得仁孝之道不明显了。希望陛下命令诸侯王可以把朝廷给他的恩惠推广到其他子弟的身上,用本国封地立他们做侯,他们人人都为得到了希望得到的东西而惊喜;陛下用的是推行恩德的方法,实际上却分割了诸侯的封国领地,朝廷没有采用削夺的政策,而王国却逐渐衰弱了。"武帝听从了他的意见。春季,正月,武帝下诏说:"诸侯王中有的人想推广自己所享受的恩惠,分封领地给他的子弟,命令他们分别一一奏报,朕准备亲自给他们确定封邑的名号。"从此之后,诸侯王国开始被分割,而诸侯王的子弟们都成了侯了。

3　匈奴入侵上谷郡、渔阳郡,杀害和掳掠官吏百姓一千多人。武帝派遣卫青、李息从云中郡出击,向西一直打到陇西,在黄河以南进攻匈奴的楼烦王和白羊王,斩杀匈奴数千人,夺得牛羊一百多万头,赶走了白羊王和楼烦王,于是就夺取了黄河以南地区。武帝下诏封卫青为长平侯。卫青的部将校尉苏建和张次公,都立了军功,武帝封苏建为平陵侯,封张次公为岸头侯。

主父偃说:"黄河以南地区,土地肥沃,物产富饶,对外有黄河天险为屏障,蒙恬当年在此地修筑城池以驱逐匈奴,对内节省了辗转运输屯戍漕运的人力物力,又扩大了中国的疆域,这是消灭匈奴的根本重地。"武帝把他的意见交给公卿大臣讨论,大家都说不便利。武帝终究还是采用了主父偃的计谋,在那里设置了朔方郡,派遣苏建征调十多万民夫修筑朔方城,又修缮原秦王朝时期蒙恬所建造的要塞,利用黄河天险加强防务。辗转漕运路途遥远,从崤山向东的广大地区,都遭受漕运的困扰,耗资高达数十百万万,钱府粮库都被支付一空。汉朝也放弃了上谷郡辖属下的与匈奴犬牙交错的僻远县份——造阳县,把这片土地送给了匈奴。

4 三月乙亥晦,日有食之。

5 夏,募民徙朔方十万口。

6 主父偃说上曰:"茂陵初立,天下豪杰,并兼之家,乱众之民,皆可徙茂陵,内实京师,外销奸猾,此所谓不诛而害除。"上从之,徙郡国豪杰及訾三百万以上于茂陵。

轵人郭解,关东大侠也,亦在徙中。卫将军为言:"郭解家贫,不中徙。"上曰:"解,布衣,权至使将军为言,此其家不贫。"卒徙解家。解平生睚眦杀人甚众,上闻之,下吏捕治解,所杀皆在赦前。轵有儒生侍使者坐,客誉郭解,生曰:"解专以奸犯公法,何谓贤!"解客闻,杀此生,断其舌。吏以此责解,解实不知杀者,杀者亦绝莫知为谁。吏奏解无罪,公孙弘议曰:"解,布衣,为任侠行权,以睚眦杀人;解虽弗知,此罪甚于解杀之,当大逆无道。"遂族郭解。

班固曰:古者天子建国,诸侯立家,自卿大夫以至于庶人各有等差,是以民服事其上而下无觊觎。周室既微,礼乐征伐自诸侯出。桓、文之后,大夫世权,陪臣执命。陵夷至于战国,合从连衡,繇是列国公子,魏有信陵,赵有平原,齐有孟尝,楚有春申,皆藉王公之势,竞为游侠,鸡鸣狗盗,无不宾礼。而赵相虞卿,弃国捐君,以周穷交魏齐之厄;信陵无忌,窃符矫命,戮将专师,以赴平原之急;

4　三月乙亥晦(三十日),发生日食。

5　夏季,汉朝廷招募了十万百姓迁居朔方郡。

6　主父偃对武帝说:"茂陵邑刚刚设立,可以把天下有名的豪强人物、兼并别人的富家大户、鼓动百姓动乱的为首分子,都迁移到茂陵邑居住;这样对内充实了京师的人力物力,对外消除了奸邪势力,这就是所说的不用杀戮就消除了祸害。"武帝听从了他的意见,迁徙地方各郡国的豪强人物和家中财产超过三百万钱以上的富户到茂陵邑居住。

轵县人郭解,是函谷关以东地区的著名侠士,也在被迁徙之列。卫将军替郭解说好话:"郭解家中贫困,不应在迁徙户之列。"武帝说:"郭解只是一个平民百姓,他的权势大到能使将军替他求情开脱,这说明他家中不贫困。"终究还是迁徙了郭解全家。郭解一生中随意地杀了许多人,武帝听说了,就下令把郭解逮捕下狱,立案审查,审查的结果说明,郭解所杀的人都在颁布赦令之前。轵县有位儒生陪伴着前来审案的使者就座,有位门客赞扬郭解,儒生就说:"郭解专门因私情触犯国法,怎么能说他贤能!"郭解的门客听了这话,就杀死了这个儒生,并割去他的舌头。审案官吏用这件事来责问郭解,郭解确实不知道是谁杀的人,杀人凶手到最后也没有查清是谁。审案官吏向武帝奏报郭解无罪,公孙弘议论说:"郭解只是一个平民百姓,做行侠弄权的事情,甚至发展到看谁不顺眼就随意杀人的地步;轵县儒生的被杀,郭解虽然不知情,但这一罪恶比郭解亲手杀人还要大,应按大逆不道的罪名判决论罪。"于是就把郭解灭族。

班固说:古时候天子封立诸侯之国,诸侯封立大夫之家,从卿大夫直到平民百姓,各有等级,由于这个原因,所以百姓诚心侍奉他们的上司,而臣下没有觊觎篡夺之心。周王室衰微之后,礼乐制度和征伐命令从诸侯一级发出。到齐桓公、晋文公之后,大夫一级世世代代掌握国家权力,又发展到大夫的家臣执掌一国政令。逐渐发展到战国,出现了合纵连横,于是列国的公子,魏国有信陵君,赵国有平原君,齐国有孟尝君,楚国有春申君,他们都凭借王公的权势,相互争当游侠,鸡鸣狗盗之徒,也都受到嘉宾的优待。而赵国的国相虞卿,抛弃了国家和君主,而解救走投无路的朋友魏齐的厄运;信陵君魏无忌,偷盗兵符假传王命,杀害将领控制军队,用来解救平原君的危急;

皆以取重诸侯,显名天下,扼腕而游谈者,以四豪为称
首。于是背公死党之议成,守职奉上之义废矣。及至汉
兴,禁网疏阔,未知匡改也。是故代相陈豨从车千乘,而
吴濞、淮南皆招宾客以千数;外戚大臣魏其、武安之属竞
逐于京师,布衣游侠剧孟、郭解之徒驰骛于闾阎,权行州
域,力折公侯。众庶荣其名迹,觊而慕之。虽其陷于刑
辟,自与杀身成名,若季路、仇牧,死而不悔。故曾子曰:
"上失其道,民散久矣。"非明主在上,示之以好恶,齐之
以礼法,民曷由知禁而反正乎!古之正法:五伯,三王之
罪人也;而六国,五伯之罪人也;夫四豪者,又六国之罪
人也。况于郭解之伦,以匹夫之细,窃杀生之权,其罪已
不容于诛矣。观其温良泛爱,振穷周急,谦退不伐,亦皆
有绝异之姿。惜乎,不入于道德,苟放纵于末流,杀身亡
宗,非不幸也。

　　荀悦论曰:世有三游,德之贼也:一曰游侠,二曰游
说,三曰游行。立气势,作威福,结私交以立强于世者,
谓之游侠;饰辩辞,设诈谋,驰逐于天下以要时势者,谓
之游说;色取仁以合时好,连党类,立虚誉以为权利者,
谓之游行。此三者,乱之所由生也,伤道害德,败法惑
世,先王之所慎也。国有四民,各修其业;不由四民之业
者,谓之奸民。奸民不生,王道乃成。

他们都因此增加了在诸侯中的影响,向天下人炫耀了名声,扼腕游说的人,把这四位豪杰当作最值得称道的人。于是,就形成了背叛君主而为私交献身的社会舆论,遵守职责侍奉君主的道义就被废弃了。等到汉朝建国,法网不严密,不知道改正这种弊端。所以代国的丞相陈豨用千辆车子做随从队伍,而吴王刘濞、淮南王刘长都招集宾客多达数千人;外戚大臣魏其侯窦婴、武安侯田蚡之类的人,在京师争权夺利,平民布衣游侠剧孟、郭解之流,横行于乡里,称霸一方,其势力可使公卿王侯俯首听命。众多的百姓都觉得这些人的名声事迹很光荣,暗中羡慕他们。百姓即便是违法犯罪而陷入死地,自己却因杀身成名而引以自豪,就好像当年的季路、仇牧一样,到死也不后悔。所以曾子说:"君主丧失原则,百姓离心离德已有很长时间了。"如果没有贤明的君主在位,告知百姓什么行为是该受到表彰的,什么行为是应该摈弃的,并且用礼义法度去约束他们,那些百姓怎么能知道什么是违犯禁令的行为,从而改邪归正呢!按照古代的公正法则:春秋时期的五霸,是三代圣王的罪人;而战国时期争雄的列强,是五霸的罪人;至于说到信陵君等四豪,又是战国各诸侯的罪人。更何况像郭解之流的人,只不过是个渺小的平民百姓,却窃取生杀大权,他的罪恶已到了非杀不可的地步。再看郭解的态度温和善良,泛爱众生,帮助和接济陷入穷困潦倒的人,谦虚退让,不居功自傲,也都有不同凡响之处。可惜啊,像郭解这般人物,不按照道德规范行事,却在行侠这种社会末流中苟且一时,放肆称雄,最后落得身首异处,全族被杀,这是必然导致的结局。

荀悦评论说:人世间有"三游",是破坏道德的行为;一是游侠,二是游说,三是游行。树立名气声望,作威作福,结交私人党羽,用来称强于世的人,称为游侠;强词夺理,设置诡计诈谋,周游天下以谋求权柄操纵局势的人,称为游说;表面上按仁义行事,以此迎合当世君主的喜好,实际上结连党羽,宣扬名不副实的假名声,以此来作为争权夺利的依凭,这样的人,称作游行。这三类人,都是产生祸乱的根源;他们伤害道德,败坏法度,迷惑民心,所以先王把他们列为防范的对象。国家有士、农、工、商四种民众,各自从事自己的职业;凡是不从事这四种职业的人,称为奸民。没有奸民,王道政治就实现了。

　　凡此三游之作,生于季世,周、秦之末尤甚焉。上不明,下不正,制度不立,纲纪弛废;以毁誉为荣辱,不核其真;以爱憎为利害,不论其实;以喜怒为赏罚,不察其理。上下相冒,万事乖错,是以言论者计薄厚而吐辞,选举者度亲疏而举笔,善恶谬于众声,功罪乱于王法。然则利不可以义求,害不可以道避也。是以君子犯礼,小人犯法,奔走驰骋,越职僭度,饰华废实,竞趣时利。简父兄之尊而崇宾客之礼,薄骨肉之恩而笃朋友之爱,忘修身之道而求众人之誉,割衣食之业以供饷宴之好,苞苴盈于门庭,聘问交于道路,书记繁于公文,私务众于官事,于是流俗成而正道坏矣。

　　是以圣王在上,经国序民,正其制度,善恶要于功罪而不淫于毁誉,听其言而责其事,举其名而指其实。故实不应其声者谓之虚,情不覆其貌者谓之伪,毁誉失其真者谓之诬,言事失其类者谓之罔。虚伪之行不得设,诬罔之辞不得行,有罪恶者无侥幸,无罪过者不忧惧,请谒无所行,货赂无所用,息华文,去浮辞,禁伪辩,绝淫智,放百家之纷乱,壹圣人之至道,养之以仁惠,文之以礼乐,则风俗定而大化成矣。

总而言之,三游的形成,产生于末世,周、秦两代的末世尤为严重。君上不明,臣下不正,制度不立,纲纪废弛;把社会舆论的褒贬作为尊荣或困辱的依据,不去核实这些舆论的真假;根据个人的好恶来决定利害关系,不考虑是否属实;根据个人的喜怒情绪的变化,决定奖赏或惩罚,不去分析其中的道理。上下相互冒犯,政事全都混乱错误,因此,发表评论的人,看对方与自己交情的厚薄来决定怎样张口说话,负有推荐官员职责的人,估算对方和自己关系的远近亲疏而落笔写出推荐评语,善与恶的区分,错误地受众人评价的制约,功与罪的判定,也和国法的规定相矛盾。像这样的话,就不能遵循道义去谋求利益,也无法根据道义去避开祸害。所以君子违背礼义,小人触犯法律,奔走游说,越职侵权,破坏法度,追求浮华,摈弃质朴,追求时髦,争夺财利。轻视尊奉父兄的大义,而重视礼待宾客的礼节,减少骨肉之亲的恩德,而加重朋友之间的情谊,忘记了自身修养的原则,而追求众人的赞誉,损伤衣食来源的农桑本业,用来满足盛宴豪饮的欲望,馈赠行贿的人挤满了门前庭中,送礼问候的人在道路上随处可见,私人结交的书信比官府公文多,处理的私事比官府公事还多,于是,歪风邪气形成,而正道却衰败了。

　　所以圣明的君主在位时,封立国家,整顿百姓,严明有关制度;善与恶的区分主要取决于是立功还是犯罪,而不受舆论毁誉的制约,听其言还得责成按所言去行事,举荐其名声还要具体说明实际行为。所以,名不符实的人称之为虚,表里不一的人称之为伪,评论人而毁誉不符合实际的人称之为诬,议论事情丧失原则的人称之为罔。虚伪的行为不许出现,诬罔的言论不得流行,有罪恶的人,不能侥幸逃避惩罚,没有罪恶过失的人,不必担忧受迫害,私人请托求告和行贿送礼的人,处处碰壁,抛弃浮华虚文,淘汰虚言巧语,禁止强词夺理,杜绝不正当的智谋,斥退百家之学的众说纷纭,用圣人的最高道术来统一人心,用仁政恩惠来教育百姓,再用礼乐制度加以装点修饰,就会风俗稳定而达到天下大治了。

7　燕王定国与父康王姬奸,夺弟妻为姬,杀肥如令郢人。郢人兄弟上书告之,主父偃从中发其事。公卿请诛定国,上许之。定国自杀,国除。

齐厉王次昌亦与其姊纪翁主通。主父偃欲纳其女于齐王,齐纪太后不许。偃因言于上曰:"齐临淄十万户,市租千金,人众殷富,巨于长安,非天子亲弟、爱子,不得王此。今齐王于亲属益疏,又闻与其姊乱,请治之!"于是帝拜偃为齐相,且正其事。偃至齐,急治王后宫宦者,辞及王;王惧,饮药自杀。偃少时游齐及燕、赵,及贵,连败燕、齐。赵王彭祖惧,上书告主父偃受诸侯金,以故诸侯子弟多以得封者。及齐王自杀,上闻,大怒,以为偃劫其王令自杀,乃征下吏。偃服受诸侯金,实不劫王令自杀。上欲勿诛,公孙弘曰:"齐王自杀,无后,国除为郡入汉,主父偃本首恶。陛下不诛偃,无以谢天下。"乃遂族主父偃。

8　张欧免,上欲以蓼侯孔臧为御史大夫。臧辞曰:"臣世以经学为业,乞为太常,典臣家业,与从弟侍中安国纲纪古训,使永垂来嗣。"上乃以臧为太常,其礼赐如三公。

三年(乙卯,前126)

1　冬,匈奴军臣单于死,其弟左谷蠡王伊稚斜自立为单于,攻破军臣单于太子於单,於单亡降汉。

7　燕王刘定国与他父亲康王的姬妾通奸,夺去他弟弟的妻子做姬妾,还杀了肥如县的县令郢人。郢人的兄弟们上书朝廷告发了他的丑行,主父偃从中朝把这份弹劾文书转给外朝大臣。公卿议罪,请求武帝杀刘定国,武帝批准了。刘定国自杀,封国被废除。

齐厉王刘次昌也与他姐姐纪翁主私通。主父偃想把女儿嫁给齐王,齐王的母亲纪太后不同意。主父偃就趁机对武帝说:"齐都临淄是有十万居民的大都会,市井商税高达千金,人口众多而且地方富裕,超过长安,不是天子的亲弟和得宠的儿子,不得在此地称王。现在的齐王和陛下的血亲关系更疏远了,又听说他和他姐姐通奸乱伦,请求查处齐王!"于是,武帝就任命主父偃担任齐国的国相,并且负责审查齐王的问题。主父偃一到齐国,就立即捕审齐王后宫中的宦官,供词牵连到齐王;齐王害怕了,喝毒药自杀。主父偃年轻时曾游历齐和燕、赵三国之地,等到他身居高位,接连毁灭了燕、齐两国。赵王刘彭祖害怕自己成为主父偃的下一个迫害的目标,就上书给武帝,告发主父偃接受诸侯贿赂的金钱,由于这个原因诸侯王的子弟大多得以封侯。等到武帝得知齐王自杀的消息,勃然大怒,认为是主父偃劫持齐王迫使他自杀,就把主父偃逮捕下狱。主父偃供认他接受诸侯金钱贿赂属实,可实在没有强迫齐王自杀。武帝想不杀主父偃,公孙弘说:"齐王自杀,没有后代继承,封国被废除改设为郡,领地归属朝廷,这件灭人之国的恶事,就是由主父偃首先挑起的。陛下如果不杀主父偃,就没有办法向天下人交待。"于是,武帝就把主父偃全家灭族。

8　张欧被罢免,武帝准备任命蓼侯孔臧继任御史大夫。孔臧辞谢说:"我家中世世代代以传习经学为业,请任命我担任太常,执掌我家中世传的职业,与堂弟、侍中孔安国一道总结、归纳古人训诫,使儒学永传后世。"武帝就任命孔臧为太常,对他的礼仪赏赐如同三公一样。

汉武帝元朔三年(乙卯,公元前126年)

1　冬季,匈奴军臣单于死,他的弟弟左谷蠡王伊稚斜自立为单于,进攻并打败了军臣单于的太子於单,於单逃到汉朝来归降。

2 以公孙弘为御史大夫。是时,方通西南夷,东置苍海,北筑朔方之郡。公孙弘数谏,以为罢敝中国以奉无用之地,愿罢之。天子使朱买臣等难以置朔方之便,发十策,弘不得一。弘乃谢曰:"山东鄙人,不知其便若是,愿罢西南夷、苍海而专奉朔方。"上乃许之。春。罢苍海郡。

弘为布被,食不重肉。汲黯曰:"弘位在三公,奉禄甚多,然为布被,此诈也。"上问弘,弘谢曰:"有之。夫九卿与臣善者无过黯,然今日廷诘弘,诚中弘之病。夫以三公为布被,与小吏无差,诚饰诈,欲以钓名,如汲黯言。且无汲黯忠,陛下安得闻此言!"天子以为谦让,愈益尊之。

3 三月,赦天下。

4 夏,四月丙子,封匈奴太子於单为涉安侯,数月而卒。

5 初,匈奴降者言:"月氏故居敦煌、祁连间,为强国,匈奴冒顿攻破之。老上单于杀月氏王,以其头为饮器。馀众遁逃远去,怨匈奴,无与共击之。"上募能通使月氏者。汉中张骞以郎应募,出陇西,径匈奴中。单于得之,留骞十馀岁。骞得间亡,向月氏西走,数十日,至大宛。大宛闻汉之饶财,欲通不得,见骞,喜,为发导译抵康居,传致大月氏。大月氏太子为王,既击大夏,分其地而居之,地肥饶,少寇,殊无报胡之心。骞留岁馀,竟不能得月氏要领,乃还;并南山,

2 汉武帝任命公孙弘担任御史大夫。这时,朝廷正开通西南夷,在东方设置苍海郡,在北方修筑朔方郡的郡城。公孙弘多次进谏,认为用使中原地区疲惫不堪的代价,去开发那些无用之地,得不偿失,请求废止这些举动。武帝让朱买臣等人就设置朔方郡的便利,针对公孙弘的意见而提出反驳质问,提了十个问题,公孙弘连一个也回答不了。公孙弘就表示请罪说:"我是崤山以东地区的无知俗人,不知道它有这么多的好处,请求废止西南夷、苍海地区的经营而集中力量经营朔方郡。"武帝同意了他的请求。春季,罢废了苍海郡的建置。

公孙弘用麻布做被子,一顿饭不摆设两种肉菜。汲黯说:"公孙弘高居三公之位,朝廷给他的俸禄很多。但是他用布做被子,这是骗人的把戏。"武帝就此询问公孙弘,公孙弘谢罪说:"确有其事。说到九卿当中与我关系好的人,第一个就是汲黯了,可是今天他在朝廷之上质问我,确实切中我的问题。说到以三公的显赫富贵,却制作布被,与区区小官吏没有什么区别,这确实是矫饰做作,想借此沽名钓誉,正像汲黯所说的那样。况且,如果没有汲黯的忠直,陛下怎么能听到这些话!"武帝认为公孙弘谦让,更加尊重他。

3 三月,武帝宣布大赦天下。

4 夏季,四月丙子(初七),武帝封匈奴太子於单为涉安侯,过了几个月於单就死了。

5 起初,匈奴归降朝廷的人说:"月氏原来居住在敦煌和祁连山之间,是一个强国,匈奴冒顿单于攻破了它。老上单于杀了月氏国王,把他的头骨做成了饮酒的器皿。其馀的月氏部众逃走到远方,怨恨匈奴,最好的办法莫过于联合月氏共同进攻匈奴。"武帝就招募能出使月氏国的人。汉中人张骞以郎官的身份应募,从陇西郡出发,直接进入匈奴的腹地。匈奴单于捉住了张骞,把他扣留了十多年。张骞得到机会逃脱,向着月氏国所在的西方走去,过了数十日,到达大宛国。大宛国早就听说汉国富有财物,想通使结好,却没有实现,见到张骞,十分高兴,替他安排了向导和翻译,直达康居国,再转送到大月氏国。大月氏原来的太子做了国王,进攻大夏国之后,分割了大夏国的土地而安居下来,当地土地肥沃富饶,很少有外敌入侵,早就没有一丝一毫向匈奴复仇的打算了。张骞滞留了一年多,终究不知道月氏人打的什么主意,就启程返回;张骞沿着南山走,

欲从羌中归,复为匈奴所得,留岁馀。会伊稚斜逐於单,匈奴国内乱,骞乃与堂邑氏奴甘父逃归。上拜骞为太中大夫,甘父为奉使君。骞初行时百馀人,去十三岁,唯二人得还。

6　匈奴数万骑入塞,杀代郡太守恭,及略千馀人。

7　六月庚午,皇太后崩。

8　秋,罢西夷,独置南夷、夜郎两县、一都尉,稍令犍为自葆就,专力城朔方。

9　匈奴又入雁门,杀略千馀人。

10　是岁,中大夫张汤为廷尉。汤为人多诈,舞智以御人。时上方乡文学,汤阳浮慕,事董仲舒、公孙弘等;以千乘兒宽为奏谳掾,以古法义决疑狱。所治:即上意所欲罪,与监、史深祸者;即上意所欲释,与监、史轻平者;上由是悦之。汤于故人子弟调护之尤厚;其造请诸公,不避寒暑。是以汤虽文深、意忌、不专平,然得此声誉。汲黯数质责汤于上前曰:“公为正卿,上不能褒先帝之功业,下不能抑天下之邪心,安国富民,使囹圄空虚,何空取高皇帝约束纷更之为! 而公以此无种矣。”黯时与汤论议,汤辩常在文深小苛;黯伉厉守高,不能屈,忿发,骂曰:“天下谓刀笔吏不可以为公卿,果然! 必汤也,令天下重足而立,侧目而视矣!”

想通过羌人的居住地返归，又被匈奴人捉住了，扣留了一年多。正逢伊稚斜驱逐於单，匈奴国内混乱，张骞就和堂邑氏的奴隶甘父逃脱归来。武帝任命张骞为太中大夫，甘父为奉使君。张骞当初出发时有一百多人，往返历时十三年，只有他们二人得以回国。

6　匈奴的几万骑兵越过边界，攻杀代郡太守恭，还掳掠了一千多人。

7　六月庚午(初二)，皇太后驾崩。

8　秋季，朝廷罢废了在西夷地区的机构建置，只设置了南夷、夜郎两县和一个都尉，后来又逐渐令犍为郡自行保全并完善地方建置，以便朝廷集中力量修筑朔方郡的郡城。

9　匈奴再次入侵雁门郡，杀害和掳掠一千多人。

10　这一年，中大夫张汤出任廷尉。张汤为人多有权诈之术，玩弄巧智对付别人。当时，武帝正仰慕和提倡儒学，张汤就假装敬慕儒家大师的样子，尊重董仲舒、公孙弘等人；他任用千乘人儿宽担任奏谳掾，用古代的法令和经义判决疑难案件。张汤审判案件的手法：倘若是皇上想加罪处治的人，就把他交给那些执法严苛的监、史审判；如果是皇上想要从宽解脱的人，就把他交给执法轻平的监、史审判；武帝因此对他很满意。张汤对于老朋友的子弟，照顾得更为周到；他去诸公重臣家中问候请安，不避严寒酷暑。所以，张汤虽然执法严苛罗织罪名、心怀妒忌、执法不公正，但却博得一些好名声。汲黯多次在武帝面前质问、责备张汤说：“您身为正卿，上不能褒扬光大先帝的功业，下不能抑制天下百姓的邪心，使国家安定、百姓富裕，使监狱空虚无人犯罪，为什么却只知把高皇帝所定的律令胡乱变更！而且您将会因此而断子绝孙了。”汲黯经常与张汤争辩，张汤的言论常在紧扣律令条文、论证细致方面占优势，汲黯刚直严峻，纵谈高义却难以作具体论述，不能驳倒张汤，愤极发怒，大骂张汤说：“天下人都说刀笔吏不能担任公卿大臣，果然如此！如果一切都按张汤的主张去做，将使天下人陷入重足而立、侧目而视的恐惧之中！”

四年(丙辰,前 125)

1　冬,上行幸甘泉。

2　夏,匈奴入代郡、定襄、上郡,各三万骑,杀略数千人。

汉武帝元朔四年(丙辰,公元前 125 年)

1　冬季,武帝来到甘泉。

2　夏季,匈奴各派三万骑兵,分别入侵代郡、定襄郡和上郡,杀害和掳掠了数千人。

卷第十九　汉纪十一

起丁巳(前124)尽壬戌(前119)凡六年

世宗孝武皇帝中之上
元朔五年(丁巳,前124)

1　冬,十一月乙丑,薛泽免,以公孙弘为丞相,封平津侯。丞相封侯自弘始。

时上方兴功业,弘于是开东阁以延贤人,与参谋议,每朝觐奏事,因言国家便宜,上亦使左右文学之臣与之论难。弘尝奏言:“十贼彍弩,百吏不敢前。请禁民毋得挟弓弩,便。”上下其议。侍中吾丘寿王对曰:“臣闻古者作五兵,非以相害,以禁暴讨邪也。秦兼天下,销甲兵,折锋刃;其后民以钁锄、棰梃相挞击,犯法滋众,盗贼不胜,卒以乱亡。故圣王务教化而省禁防,知其不足恃也。礼曰:‘男子生,桑弧、蓬矢以举之,’明示有事也。大射之礼,自天子降及庶人,三代之道也。愚闻圣王合射以明教矣,未闻弓矢之为禁也。且所为禁者,为盗贼之以攻夺也。攻夺之罪死,然而不止者,大奸之于重诛,固不避也。臣恐邪人挟之而吏不能止,良民以自备而抵法禁,是擅贼威而夺民救也。窃以为大不便。”书奏,上以难弘,弘诎服焉。

世宗孝武皇帝中之上
汉武帝元朔五年(丁巳,公元前124年)

1 冬季,十一月乙丑(初五),汉武帝免除薛泽职务,任命公孙弘为丞相,封为平津侯。担任丞相而封侯,是从公孙弘开始的。

此时正是汉武帝大规模建功立业之时,公孙弘为此专门开辟相府东门作为延揽人才的场所,与他们共同探讨国家大事,并利用入朝机会将其中一些于国家有益的见解奏闻朝廷,汉武帝也常常命身边的文学之臣与公孙弘的宾客进行辩论。公孙弘曾经上奏说:"十个强盗拉满了弓,能使上百名小吏不敢向前。因此,请下令,禁止老百姓携带弓箭,以利于地方治安。"汉武帝将此建议交朝臣讨论。侍中吾丘寿王写了一篇奏章表示反对,说道:"我听说古代人制造出五种兵器,并不是为了相互攻杀,而是用来制止暴力、诛讨邪恶。秦朝兼并天下,销毁兵甲,折断刀锋,后来老百姓用农具、棍棒等相互攻击,犯法之人日益增多,盗贼防不胜防,终因天下大乱而亡。因此,圣明的君主知道对百姓以教育感化为主,而简化防范和禁令,因为那是靠不住的。《礼经》云:'男孩诞生,用桑木制成的弓、蓬草秆制成的箭射天地四方。'以表明男子志事所在。自夏、商、周以来,所谓"大射"之礼,上自天子,下到百姓都要遵守。我只听说圣明的君主将射礼作为教化百姓的一个方面,没听说过禁止老百姓携带弓箭的。况且禁止使用弓箭的原因,是为了防止盗贼用弓箭攻杀和劫掠他人。攻杀、劫掠他人是死罪,但却不能禁绝,说明那些大奸大恶之徒对严刑峻法并不在乎。我恐怕到头来坏人持弓箭害人,地方官吏不能禁止,平民百姓却会因用弓箭自卫而触犯法律,这是助长坏人气焰而剥夺百姓的自卫手段。我认为这是很不妥当的。"奏章呈递上去,汉武帝以此诘问公孙弘,公孙弘无言答对。

弘性意忌，外宽内深，诸尝与弘有隙，无近远，虽阳与善，后竟报其过。董仲舒为人廉直，以弘为从谀，弘嫉之。胶西王端骄恣，数犯法，所杀伤二千石甚众。弘乃荐仲舒为胶西相，仲舒以病免。汲黯常毁儒，面触弘，弘欲诛之以事，乃言上曰："右内史界部中多贵臣、宗室，难治，非素重臣不能任，请徙黯为右内史。"上从之。

2　春，大旱。

3　匈奴右贤王数侵扰朔方。天子令车骑将军青将三万骑出高阙，卫尉苏建为游击将军，左内史李沮为强弩将军，太仆公孙贺为骑将军，代相李蔡为轻车将军，皆领属车骑将军，俱出朔方；大行李息、岸头侯张次公为将军，俱出右北平；凡十馀万人，击匈奴。右贤王以为汉兵远，不能至，饮酒，醉。卫青等兵出塞六七百里，夜至，围右贤王。右贤王惊，夜逃，独与壮骑数百驰，溃围北去。得右贤裨王十馀人，众男女万五千馀人，畜数十百万，于是引兵而还。

至塞，天子使使者持大将军印，即军中拜卫青为大将军，诸将皆属焉。夏，四月乙未，复益封青八千七百户，封青三子伉、不疑、登皆为列侯。青固谢曰："臣幸得待罪行间，赖陛下神灵，军大捷，皆诸校尉力战之功也。陛下幸已益封臣青；臣青子在襁褓中，未有勤劳，上列地封为三侯，非臣待罪行间所以劝士力战之意也。"天子曰："我非忘诸校尉功也。"乃封护军都尉公孙敖为合骑侯，都尉韩说为龙䯖侯，公孙贺为南窌侯，李蔡为乐安侯，校尉李朔为涉轵侯，赵不虞为随成侯，公孙戎奴为从平侯，李沮、李息及校尉豆如意皆赐爵关内侯。

公孙弘生性好猜忌,外表宽厚而内富心机,凡是曾经得罪过他的人,不论关系远近,虽然表面上装作友善,过后总要寻机报复。董仲舒为人正直清廉,看不起公孙弘的阿谀奉承,引起公孙弘的嫉恨。胶西王刘端骄横恣睢,多次违犯法令,杀伤国中二千石官多人。于是公孙弘推荐董仲舒为胶西王封国丞相,董仲舒以有病为由而得免。汲黯经常诋毁儒生,又曾当面触犯过公孙弘,公孙弘想找借口将其杀死,便向汉武帝建议:"右内史管界居住着很多皇室贵族和亲贵大臣,难于治理,不是平素有威望的大臣不能胜任,请将汲黯任命为右内史。"汉武帝听从了他的建议。

2 春季,发生严重旱灾。

3 匈奴右贤王多次率兵侵扰朔方郡。汉武帝任命车骑将军卫青率兵三万自高阙出塞,任命卫尉苏建为游击将军,左内史李沮为强弩将军,太仆公孙贺为骑将军,代国丞相李蔡为轻车将军,都归车骑将军统属,率兵自朔方出塞;命大行李息、岸头侯张次公为将军,都率兵自右北平出塞,共调集了十几万人出击匈奴。匈奴右贤王认为汉军距自己路途遥远,不可能深入沙漠,饮酒大醉,毫不戒备。不料卫青军率兵出边塞六七百里,乘夜赶到,将右贤王大营团团包围。右贤王大惊,急忙乘夜色率数百名精壮骑兵冲出包围圈向北逃奔。此战共俘获右贤王手下匈奴各部首领十多人,部卒、眷属等一万五千多人,牲畜近百万头,汉军大获全胜,班师回朝。

卫青率军回至边塞,汉武帝派使臣带着大将军印信来到,在军中拜卫青为大将军,各路将领皆归卫青统属。到该年夏季四月乙未(初八),又加封卫青食邑八千七百户,并将他的三个儿子卫伉、卫不疑、卫登都封为列侯。卫青再三推辞不受,说道:"我有幸能够在军中效力,仰仗陛下的神威,获得大胜,全都是部下各校尉奋力作战的功劳。陛下已增加了我的封邑,我的儿子还在襁褓之中,毫无功劳,陛下却要划出土地封他们三人为侯,这就不是我效力军中,鼓励将士奋力战斗的本意了。"汉武帝说道:"我并没有忘记各校尉的功劳。"于是,封护军都尉公孙敖为合骑侯,都尉韩说为龙额侯,公孙贺为南窌侯,李蔡为乐安侯,校尉李朔为涉轵侯,赵不虞为随成侯,公孙戎奴为从平侯,李沮、李息及校尉豆如意都被封为关内侯。

于是青尊宠,于群臣无二,公卿以下皆卑奉之,独汲黯与亢礼。人或说黯曰:"自天子欲群臣下大将军,大将军尊重,君不可以不拜。"黯曰:"夫以大将军有揖客,反不重邪!"大将军闻,愈贤黯,数请问国家朝廷所疑,遇黯加于平日。大将军青虽贵,有时侍中,上踞厕而视之;丞相弘燕见,上或时不冠;至如汲黯见,上不冠不见也。上尝坐武帐中,黯前奏事,上不冠,望见黯,避帐中,使人可其奏。其见敬礼如此。

4 夏,六月,诏曰:"盖闻导民以礼,风之以乐。今礼坏乐崩,朕甚闵焉。其令礼官劝学兴礼以为天下先!"于是丞相弘等奏:"请为博士官置弟子五十人,复其身,第其高下,以补郎中、文学、掌故。即有秀才异等,辄以名闻;其不事学若下材,辄罢之。又,吏通一艺以上者,请皆选择以补右职。"上从之。自此公卿、大夫、士、吏彬彬多文学之士矣。

5 秋,匈奴万骑入代,杀都尉朱英,略千馀人。

6 初,淮南王安好读书属文,喜立名誉,招致宾客方术之士数千人。其群臣、宾客,多江、淮间轻薄士,常以厉王迁死感激安。建元六年,彗星见,或说王曰:"先吴军时,彗星出,长数尺,然尚流血千里。今彗星竟天,天下兵当大起。"王心以为然,乃益治攻战具,积金钱。

从此，汉武帝对卫青的尊崇宠信超过了任何一位朝廷大臣，三公、九卿以下各级官员对卫青无不奉承巴结，唯独汲黯仍用平等的礼节对待卫青。有人劝汲黯说："皇上想让群臣全都居于大将军之下，大将军地位尊贵，先生不下拜恐怕不好吧。"汲黯说："以大将军身份而有长揖不拜的平辈客人，正体现他礼贤下士，怎能说是不尊重他呢！"卫青得知，越发觉得汲黯贤明，多次向汲黯请教国家和朝廷的疑难大事，对待他比平日更为尊重。卫青虽然地位尊贵，但有时入宫，汉武帝就坐在床边接见他；丞相公孙弘在武帝空闲时朝见，汉武帝有时也不戴帽子；只有汲黯谒见时，汉武帝如没戴帽子就不接见。有一次，汉武帝正在陈列兵器的帐中，汲黯进去奏事，汉武帝当时没戴帽子，一见汲黯前来，急忙躲入后帐，派人传话，批准汲黯所奏之事。由此可见汲黯受到的尊重和礼敬。

　　4　夏季，六月，汉武帝颁布诏书说："据说，对百姓应以礼教引导，用圣乐教化。现在礼教败坏，圣乐丧失，朕非常忧虑。应当命令负责礼教的官员劝导百姓学习上进，振兴礼教，为天下树立榜样！"于是，丞相公孙弘等上奏说："请为博士官设置弟子五十人，免除他们的赋税、徭役，按其品学的高低，分别派充郎中、文学、掌故等官。如发现有异常优秀者，则提名推荐；对那些不学无术的庸材，则予以罢黜。再有，凡低级官员中有一种以上专长的，请全部选拔出来，擢升高级官职。"汉武帝接受了这一建议。从此，上至三公九卿，下到一般官吏，有学问的人越来越多。

　　5　秋季，一万馀名匈奴骑兵侵入代郡，杀死都尉朱英，掳掠百姓一千多人。

　　6　当初，淮南王刘安喜欢读书做文章，又爱沽名钓誉，罗致四方宾客和各种技能之士数千人。他门下的臣僚、宾客，大多是江、淮一带的轻薄之徒，常常用厉王刘长在流放途中死于非命一事刺激刘安。建元六年时，天空出现彗星，有人向刘安游说道："以前吴王刘濞起兵时，彗星出现，长仅数尺，尚且流血千里。如今彗星贯穿天际，恐怕天下将有大规模战事发生，"刘安认为说得有道理，就加紧制造进攻性的武器，聚积金钱军饷。

郎中雷被获罪于太子迁,时有诏,欲从军者辄诣长安,被即愿奋击匈奴。太子恶被于王,斥免之,欲以禁后。是岁,被亡之长安,上书自明。事下廷尉治,踪迹连王,公卿请逮捕治王。太子迁谋令人衣卫士衣,持戟居王旁,汉使有非是者,即刺杀之,因发兵反。天子使中尉宏即讯王,王视中尉颜色和,遂不发。公卿奏:"安壅阏奋击匈奴者,格明诏,当弃市。"诏削二县。既而安自伤曰:"吾行仁义,反见削地。"耻之,于是为反谋益甚。

安与衡山王赐相责望,礼节间不相能。衡山王闻淮南王有反谋,恐为所并,亦结宾客为反具,以为淮南已西,欲发兵定江、淮之间而有之。衡山王后徐来谮太子爽于王,欲废之而立其弟孝。王囚太子而佩孝以王印,令招致宾客。宾客来者微知淮南、衡山有逆计,日夜从容劝之。王乃使孝客江都人枚赫、陈喜作𫐓车、锻矢,刻天子玺、将相军吏印。秋,衡山王当入朝,过淮南,淮南王乃昆弟语,除前隙,约束反具。衡山王即上书谢病,上赐书不朝。

六年(戊午,前123)

1 春,二月,大将军青出定襄,击匈奴。以合骑侯公孙敖为中将军,太仆公孙贺为左将军,翕侯赵信为前将军,卫尉苏建为右将军,郎中令李广为后将军,左内史李沮为强弩将军,咸属大将军,斩首数千级而还,休士马于定襄、云中、雁门。

郎中雷被得罪了淮南王世子刘迁,此时,汉武帝正颁下诏书,让有志参军报国的人到长安来应征,于是雷被向淮南王表示愿意参军去打匈奴。但因刘迁在淮南王面前说了雷被的坏话,所以刘安将雷被斥责了一顿,拒绝了他的要求,并将其免职,以防止其他人效法。就在这一年,雷被逃到长安,上书朝廷说明自己的志愿及未能及早前来的原因。汉武帝将此事交予廷尉处理,因牵连到淮南王,公卿等请求将刘安逮捕治罪。世子刘迁定计,由心腹武士身穿王府卫士服装,手持兵器站在淮南王刘安身边,如果朝廷派来的使者欲将淮南王治罪,则立即上前将其刺杀,然后举兵反叛。汉武帝派中尉段宏为使者,前来向淮南王询问有关情况,淮南王见段宏态度和蔼,这才隐忍未发。后来公卿大臣再次奏称:"刘安拒绝有志出击匈奴的壮士的请求,是犯了阻碍圣旨实行的大罪,应当众斩首。"汉武帝下诏削减淮南王封国的两个县。不久,刘安埋怨说:"我做仁义之事,却受到削减封地的处罚。"并以此为耻,加紧谋反准备。

刘安与衡山王刘赐在礼节方面相互指责,不能相容。刘赐听说刘安有反叛朝廷的打算,害怕被刘安吞并,便也结交宾客,置备武器,打算在淮南王西进之后,出兵将江、淮之地据为己有。衡山王王后徐来在刘赐面前诋毁世子刘爽,企图废掉刘爽,改立刘爽之弟刘孝为世子。刘赐因此囚禁了刘爽,将衡山王印信交给刘孝,命刘孝延揽宾客。前来投效的宾客们隐约了解到刘安、刘赐的谋反计划,便不断怂恿刘赐早日起事。于是,刘赐命刘孝门下宾客江都人枚赫、陈喜制造战车、弓箭,又命人雕刻天子印玺和文武官员的印信。这年秋季,刘赐照例应入朝谒见皇帝,途经淮南国,刘安与他亲切会面,消除了以往的矛盾,约定共同反叛朝廷。于是,刘赐上书朝廷,借口有病,不肯入朝,汉武帝允许他不必前来朝见。

汉武帝元朔六年(戊午,公元前 123 年)

1 春季,二月,大将军卫青率兵自定襄郡出塞北击匈奴。汉武帝命合骑侯公孙敖为中将军、太仆公孙贺为左将军、翕侯赵信为前将军、卫尉苏建为右将军、郎中令李广为后将军、左内史李沮为强弩将军,全部归大将军卫青统属,斩杀匈奴数千人后班师,至定襄、云中、雁门一带扎营休养士卒。

    2　赦天下。

    3　夏,四月,卫青复将六将军出定襄,击匈奴,斩首虏万馀人。右将军建、前将军信并军三千馀骑独逢单于兵,与战一日馀,汉兵且尽。信故胡小王,降汉,汉封为翕侯。及败,匈奴诱之,遂将其馀骑可八百降匈奴。建尽亡其军,脱身亡,自归大将军。

    议郎周霸曰:"自大将军出,未尝斩裨将。今建弃军,可斩,以明将军之威。"军正闳、长史安曰:"不然。《兵法》:'小敌之坚,大敌之禽也。'今建以数千当单于数万,力战一日馀,士尽,不敢有二心,自归,而斩之,是示后无反意也,不当斩。"大将军曰:"青幸得以肺腑待罪行间,不患无威,而霸说我以明威,甚失臣意。且使臣职虽当斩将,以臣之尊宠而不敢擅诛于境外,而具归天子,天子自裁之,于以见为人臣不敢专权,不亦可乎?"军吏皆曰:"善!"遂囚建诣行在所。

    初,平阳县吏霍仲孺给事平阳侯家,与青姊卫少儿私通,生霍去病。去病年十八,为侍中,善骑射,再从大将军击匈奴,为票姚校尉,与轻骑勇八百,直弃大军数百里赴利,斩捕首虏过当。于是天子曰:"票姚校尉去病,斩首虏二千馀级,得相国、当户,斩单于大父行藉若侯产,生捕季父罗姑,比再冠军,封去病为冠军侯。上谷太守郝贤四从大将军,捕斩首虏二千馀级,封贤为众利侯。"

    是岁,失两将军,亡翕侯,军功不多,故大将军不益封,止赐千金。右将军建至,天子不诛,赎为庶人。

2 汉武帝颁布诏书，大赦天下。

3 夏季，四月，卫青再次率领公孙敖等六位将军自定襄出击匈奴，斩杀及俘虏匈奴一万多人。右将军苏建、前将军赵信两部骑兵三千多人与匈奴单于亲自统帅的部队相遇，经过一天多的激战，汉军伤亡殆尽。赵信本是匈奴的一位部落首领，投降汉朝后被封为翕侯。及至此次兵败，匈奴引诱他投降，便率领本部所剩骑兵约八百人投降了匈奴。苏建全军覆没，独自一人逃回卫青大营。

议郎周霸言道："自大将军出师以来，还从未处决过一位部将。如今苏建丢了本部人马，独自逃回，应依法将其处死，以示大将军的权威。"军正闳、长史安不同意周霸的意见，说道："不对。《兵法》上说：'小部队的战斗力再强，最终也会被大部队击败。'此次苏建以数千人马抵挡匈奴单于好几万人，奋战了一天多时间，将士伤亡殆尽，而苏建仍坚持不投降，独自返回，如将其斩首，就等于告诉其他将领，今后如果战败，就不要再回来了，所以不应杀苏建。"卫青说："我有幸以皇上近亲身份统领大军，不怕没有权威，周霸让我杀苏建来显示权威，是很不符合为人臣的本分的。况且，即使我有权处决将领，作为大臣，又深受皇上的宠信，地位尊贵，却也不敢擅自诛杀大将于国境之外，不如将苏建送归皇上，由皇上亲自裁决，以显得我们做人臣的不敢专权，这岂不是更好吗？"部下军官一致说："好！"于是将苏建押往汉武帝所在的地方。

当初，平阳县小吏霍仲孺在平阳侯曹寿家做事，与卫青的姐姐卫少兒私通，生下霍去病。霍去病十八岁就作了侍中，精通骑马、射箭之术，在第二次随卫青出击匈奴时，霍去病身为票姚校尉，率领八百名轻骑兵深入离大军数百里外的地方寻找战机，其斩杀和俘获的匈奴人数远远超过己方的损失。汉武帝高兴地说："票姚校尉霍去病斩杀及俘获匈奴两千多人，生擒匈奴的相国、当户，杀死匈奴单于祖父辈的藉若侯产，活捉单于叔父罗姑，堪称'双冠军'，加封霍去病为冠军侯。上谷太守郝贤四次跟随大将军出征，其斩杀、擒获匈奴两千多人，封郝贤为众利侯。"

这一年，因损失了两位将军，翕侯赵信又投降了匈奴，军功也不多，所以汉武帝没有增加卫青的食邑，只赏给他黄金千斤。右将军苏建被解到长安，汉武帝赦其死罪，令其交纳赎金后贬为平民。

单于既得翕侯,以为自次王,用其姊妻之,与谋汉。信教单于益北绝幕,以诱罢汉兵,徼极而取之,无近塞。单于从其计。

是时,汉比岁发十馀万众击胡,斩捕首虏之士受赐黄金二十馀万斤,而汉军士马死者十馀万,兵甲转漕之费不与焉。于是大司农经用竭,不足以奉战士。六月,诏令民得买爵及赎禁锢,免减罪。置赏官,名曰武功爵,级十七万,凡直三十馀万金。诸买武功爵至千夫者,得先除为吏。吏道杂而多端,官职耗废矣。

元狩元年(己未,前122)

1　冬,十月,上行幸雍,祠五畤,获兽,一角而足有五蹄。有司言:"陛下肃祗郊祀,上帝报享,锡一角兽,盖麟云。"于是以庆五畤,畤加一牛,以燎。久之,有司又言:"元宜以天瑞命,不宜以一二数,一元曰建,二元以长星曰光,今元以郊得一角兽曰狩云。"于是济北王以为天子且封禅,上书献泰山及其旁邑;天子以他县偿之。

2　淮南王安与宾客左吴等日夜为反谋,按舆地图,部署兵所从入。诸使者道长安来,为妄言,言"上无男,汉不治",即喜;即言"汉廷治,有男",王怒,以为妄言,非也。

王召中郎伍被与谋反事,被曰:"王安得此亡国之言乎?臣见宫中生荆棘,露沾衣也!"王怒,系伍被父母,囚之。三月,复召问之,被曰:"昔秦为无道,穷奢极虐,百姓思乱者十家而六七。高皇帝起于行陈之中,立为天子,此所谓蹈瑕候间,

匈奴单于得到赵信后,封其为自次王,又将自己的姐姐嫁给赵信为妻,与他商讨对付汉朝的方略。赵信建议单于向北部沙漠地区迁徙,以引诱汉军,待到汉军被拖得疲惫不堪时,再乘机袭击,不必接近汉朝边塞。单于听从了赵信的计谋。

当时,汉朝连年征调十几万人出击匈奴,曾斩杀或俘获敌人的将士,共被赏赐黄金二十多万斤,而汉军将士马匹死亡也达十几万,还不算兵器衣甲和往前方运送粮草的费用。因此,大司农府库枯竭,无法继续供应军需。六月,汉武帝颁下诏书,允许百姓出钱购买爵位和赎回遭监禁的人,也可以交钱减免罪行。又特设所谓"赏官",称为"武功爵",第一级定价为铜钱十七万枚,以上递增,总计为黄金三十多万斤。凡购买武功爵至"千夫"的人,可以优先出任下级官吏。从此,做官的途径变得既多且杂,官职授予也愈加混乱了。

汉武帝元狩元年(己未,公元前122年)

1　冬季,十月,汉武帝巡幸至雍,祭祀于五畤,捉到一头长有一只角、五个蹄子的怪兽。主管祭祀的官员奏道:"陛下祭祀虔诚,上帝作为回报,回赐陛下独角怪兽,这大概就是麒麟吧?"于是将独角兽献于五畤祭坛,再加上一头牛,一齐烧烤。过了一段时间,主管官员又奏道:"帝王的年号应用上天所降的祥瑞定名,而不宜使用一、二等数目字,陛下第一个年号称'建',第二个年号因长星出现,因而称'光',此次郊祀得到一头独角怪兽,所以应称'狩'。"济北王刘胡因此认为皇上将要前往泰山祭祀天地,便上书朝廷,表示愿献出泰山及其周围地区;汉武帝将别的县划给他作为补偿。

2　淮南王刘安与其门客左吴等日夜加紧谋反准备,察看全国地图,研究兵力部署和行军路线。他派往朝廷的使者从长安回来,谎称说"皇上没有儿子,且朝政腐败",他表现出很高兴的样子;如果说"朝廷政治清明,皇上有儿子",刘安就很生气,斥之为胡言。

刘安召见中郎伍被,与他商议谋反之事,伍被说道:"大王您怎么相信这种亡国的言论呢?我好像已经看到王宫中生满荆棘,露水打湿人衣服的凄惨景象了!"刘安大怒,将伍被的父母囚禁起来。三月,刘安又将伍被召来询问,伍被说:"当初秦朝无道,奢侈暴虐,十分之六七的老百姓都希望天下大乱。我朝高皇帝在军伍中崛起,最终成为天子,这是因为善于利用对方的缺点、把握时机,

因秦之亡而动者也。今大王见高皇帝得天下之易也,独不观近世之吴、楚乎！夫吴王王四郡,国富民众,计定谋成,举兵而西。然破于大梁,奔走而东,身死祀绝者何？诚逆天道而不知时也。方今大王之兵,众不能十分吴、楚之一,天下安宁,万倍吴、楚之时,大王不从臣之计,今见大王弃千乘之君,赐绝命之书,为群臣先死于东宫也。”王涕泣而起。

王有孽子不害,最长,王弗爱,王后、太子皆不以为子、兄数。不害有子建,材高有气,常怨望太子,阴使人告太子谋杀汉中尉事,下廷尉治。

王患之,欲发,复问伍被曰：“公以为吴兴兵,是邪,非邪？”被曰：“非也。臣闻吴王悔之甚,愿王无为吴王之所悔。”王曰：“吴何知反！汉将一日过成皋者四十馀人；今我绝成皋之口,据三川之险,招山东之兵,举事如此,左吴、赵贤、朱骄如皆以为什事九成,公独以为有祸无福,何也？必如公言,不可徼幸邪？”被曰：“必不得已,被有愚计。当今诸侯无异心,百姓无怨气。可伪为丞相、御史请书,徙郡国豪杰高赀于朔方,益发甲卒,急其会日；又伪为诏狱书,逮诸侯太子、幸臣。如此,则民怨,诸侯惧,即使辩士随而说之,傥可徼幸什得一乎！”王曰：“此可也。虽然,吾以为不至若此。”

趁秦朝土崩瓦解的机会举兴大业。如今大王认为高皇帝的天下得来非常容易，却为什么单单不看不久前吴、楚'七国之乱'的后果呢！吴王刘濞统辖着四个郡的地方，国家富强，人口众多，经过周密计划并充分准备，尔后才兴兵西进，攻取长安。想不到大梁一战失败后，向东逃亡，不但本人身死，而且祭祀灭绝，原因何在呢？就是因为他逆天行事，未看清时势。现在，大王的兵力还不足当年吴、楚的十分之一，而天下的形势却比吴、楚兴兵时安定一万倍；大王如不听从我的劝告，马上就会看到您丢掉千乘之国的王位，写下绝命书，先于群臣死在东宫的惨景。"刘安听了，不觉流着眼泪站了起来。

刘安有一个庶出的儿子名叫刘不害，年龄最大，刘安很不喜欢他，王后也没把他当儿子看待，太子刘迁更是不将他视为兄长。刘不害有一个儿子叫刘建，很有才干和志气，对刘迁心怀不满，暗中派人将刘迁曾企图刺杀朝廷使臣的事报告给朝廷，汉武帝将此事交给廷尉处理。

刘安很害怕，想要举兵谋反，又一次和伍被商量，说道："先生认为当初吴王刘濞兴兵造反，是对还是不对呢？"伍被道："当然不对。我听说吴王后来非常后悔，希望大王不要像吴王那样后悔莫及啊。"刘安说道："刘濞哪里懂得什么叫造反！当初朝廷的将领一天中竟有四十多人经过成皋；如今我截断成皋通道，占据三川郡的险要之地，再征召崤山以东兵马，在这样的情况下举事，左吴、赵贤、朱骄如等都认为可以有九成把握，只有你认为是有祸无福，这是为什么呢？难道一定会像你说的那样，而不可能侥幸成功吗？"伍被回答说："如果大王一定要干的话，我有一计。当今各封国国君对朝廷都没有二心，老百姓也没有怨气。大王不妨伪造丞相、御史的奏章，说是要请求皇上将各郡、国的豪杰之士和殷实富户迁徙到朔方郡，充实边防力量，且期限紧迫；再伪造诏书，声言要逮捕各封国的太子和宠臣。如此一来，就会百姓怨恨，诸侯恐惧，再派遣能言善辩之人到各地游说，或许有十分之一成功的希望。"刘安道："这倒可以。不过我觉得用不着这么麻烦。"

于是王乃作皇帝玺,丞相、御史大夫、将军、军吏、中二千石及旁近郡太守、都尉印,汉使节。欲使人伪得罪而西,事大将军,一日发兵,即刺杀大将军。且曰:"汉廷大臣,独汲黯好直谏,守节死义,难惑以非,至如说丞相弘等,如发蒙振落耳!"

王欲发国中兵,恐其相、二千石不听,王乃与伍被谋,先杀相、二千石。又欲令人衣求盗衣,持羽檄从东方来,呼曰:"南越兵入界!"欲因以发兵。

会廷尉逮捕淮南太子,淮南王闻之,与太子谋,召相、二千石,欲杀而发兵。召相,相至,内史、中尉皆不至。王念,独杀相,无益也,即罢相。王犹豫,计未决。太子即自刭,不殊。

伍被自诣吏,告与淮南王谋反踪迹如此。吏因捕太子、王后,围王宫,尽求捕王所与谋反宾客在国中者,索得反具,以上。下公卿治其党与,使宗正以符节治王。未至,淮南王安自刭。杀王后荼、太子迁,诸所与谋反者皆族。

天子以伍被雅辞多引汉之美,欲勿诛。廷尉汤曰:"被首为王画反计,罪不可赦。"乃诛被。侍中庄助素与淮南王相结交,私论议,王厚赂遗助;上薄其罪,欲勿诛。张汤争,以为:"助出入禁门,腹心之臣,而外与诸侯交私如此;不诛,后不可治。"助竟弃市。

于是，刘安伪造了皇帝印玺和丞相、御史大夫、将军、校尉、中二千石及周围各郡太守、都尉的印信，并伪造了朝廷使者的信节。又准备派人伪装在淮南国犯罪而西逃长安，投到大将军卫青门下，等一旦发兵，立即将卫青刺死。刘安还说："朝廷大臣中，只有汲黯喜欢犯颜直谏，能够严守臣节，为忠义而死，难以收买，至于对付丞相公孙弘之流，就如同去掉物件上的覆盖物或摇掉树枝上的枯叶一般容易。"

　　刘安打算调动本国的军队，又怕丞相和二千石官员不肯依从，便与伍被设计，计划先将丞相和二千石官员杀死。又计划派人身穿治安人员服装，手持告急文书从东边狂奔而来，高喊："南越国的军队攻入我国边界了！"然后即以此为借口起兵。

　　然而，就在此时，汉武帝派廷尉前来逮捕淮南国太子刘迁，刘安听到消息后，立即与刘迁密谋，并且召丞相和二千石官员前来，企图借机杀死他们，兴兵造反。不料，只有丞相一人应召来到，内史、中尉都托辞不来。刘安觉得光杀丞相一人没有什么好处，只得放他走了。刘安犹豫，拿不定主意。刘迁便横剑自刎，但没有死成。

　　伍被看到大势已去，便亲自前往廷尉那里，告发了刘安父子图谋反叛的情节。廷尉马上派人逮捕了淮南国世子和王后，并且包围王宫，将淮南国内所有参与谋反计划的人全部逮捕，取得确实证据后奏闻朝廷。汉武帝命公卿大臣将刘安党羽分别治罪，派宗正手持皇帝符节前往淮南国处治刘安。没等宗正来到，刘安便自刎而死。于是，将淮南王后荼、太子刘迁处死，其他所有参与谋反计划的人一律满门抄斩。

　　汉武帝因为伍被平常曾多次赞美朝廷，所以不想杀他。廷尉张汤说："伍被首先为淮南王筹划谋反计划，其罪不能赦免。"于是伍被被杀。侍中庄助平时与淮南王关系密切，二人常私下议论事情，淮南王还曾送给庄助许多钱物；汉武帝认为这是小事，不想杀他。但张汤坚持要杀，他认为："庄助本是经常出入宫廷的皇上心腹之臣，却外与诸侯私交如此密切，如不杀庄助，今后类似的事情就不能禁止。"于是庄助终于被当众斩首。

衡山王上书,请废太子爽,立其弟孝为太子。爽闻,即遣所善白嬴之长安上书,言"孝作辒车、锻矢,与王御者奸",欲以败孝。会有司捕所与淮南王谋反者,得陈喜于衡山王子孝家,吏劾孝首匿喜。孝闻"律:先自告,除其罪",即先自告所与谋反者枚赫、陈喜等。公卿请逮捕衡山王治之,王自刭死。王后徐来、太子爽及孝皆弃市,所与谋反者皆族。

凡淮南、衡山二狱,所连引列侯、二千石、豪杰等,死者数万人。

3 夏,四月,赦天下。

4 丁卯,立皇子据为太子,年七岁。

5 五月乙巳晦,日有食之。

6 匈奴万人入上谷,杀数百人。

7 初,张骞自月氏还,具为天子言西域诸国风俗:"大宛在汉正西,可万里。其俗土著,耕田;多善马,马汗血;有城郭、室屋,如中国。其东北则乌孙,东则于寴。于寴之西,则水皆西流注西海,其东,水东流注盐泽。盐泽潜行地下,其南则河源出焉。盐泽去长安可五千里。匈奴右方居盐泽以东,至陇西长城,南接羌,鬲汉道焉。乌孙、康居、奄蔡、大月氏,皆行国,随畜牧,与匈奴同俗。大夏在大宛西南,与大宛同俗。臣在大夏时,见邛竹杖、蜀布,问曰:'安得此?'大夏国人曰:'吾贾人往市之身毒。'身毒在大夏东南可数千里,其俗土著,与大夏同。以骞度之,大夏去汉万二千里,居汉西南;今身毒国又居大夏东南数千里,有蜀物,此其去蜀不远矣。今使大夏,从羌中,险,羌人恶之;少北,则为匈奴所得。从蜀,宜径,又无寇。"

衡山王刘赐上奏朝廷,请求废掉太子刘爽,立刘爽之弟刘孝为太子。刘爽听到消息后,立即派他的亲信白赢到长安上书朝廷,揭发"刘孝私自制造兵车、弓箭,并与父亲的姬妾通奸",想借此除掉刘孝。正好主管官员在逮捕参与淮南王谋反计划人员时,在刘孝家中抓到陈喜,于是参劾刘孝窝藏陈喜。刘孝听说,"法律规定,先行自首的,可以免除罪责",便先向朝廷坦白了密谋反叛的罪行,又揭发了参与其事的枚赫、陈喜等人。公卿大臣奏请汉武帝逮捕衡山王治罪,衡山王自刎而死。王后徐来、太子刘爽及刘孝当众斩首,其他参与谋反计划的人一律满门抄斩。

总计因受淮南王和衡山王谋反两案牵连而被处死的列侯、二千石官员及地方豪侠人物达好几万人。

3 夏季,四月,汉武帝颁诏大赦天下。

4 丁卯(二十一日),汉武帝立皇子刘据为太子,时年七岁。

5 五月乙巳晦(三十日),出现日食。

6 匈奴军队一万人侵入上谷地区,杀死当地百姓数百人。

7 当初,张骞从月氏国回到汉朝后,向汉武帝详细介绍了西域各国的风土民情:"大宛国在我国正西方约一万里外。当地人定居、务农为生;多产好马,出的汗像血一样红;有城池市镇、宫殿房屋,与中国相同。大宛国东北为乌孙国,它的东面为于窴国。于窴以西,河水都向西流入西海;以东的河水则向东流入盐泽。盐泽一带河流在地下流淌,成为暗河,往南就是黄河源头。盐泽距长安约五千里。匈奴国的右边边界在盐泽东面,直到陇西长城,南面与羌人部落接壤,正好将我国通往西域的道路隔断。乌孙、康居、奄蔡、大月氏都是游牧国家,风俗与匈奴一样,也是随牲畜逐水草而居。大夏国在大宛西南方,其风俗与大宛相同。我在大夏时,曾见到我国邛山出产的竹手杖和蜀地的细布,我问他们:'这东西是怎么得来的?'大夏人说:'是我国商人从身毒买来的。'身毒国在大夏东南约几千里之外,当地民俗与大夏一样。据我估计,既然大夏在我国西南一万二千里外的地方,而身毒国又在大夏东南几千里外,且有我国蜀地的东西,说明身毒距蜀地不会太远。如今我国出使大夏,如取道羌人地区,道路既险恶,又会遭到羌人的阻碍;如从稍北一些的地区走,便会落入匈奴人手中。只有通过蜀地,应当是直路,又没有强盗。"

天子既闻大宛及大夏、安息之属,皆大国,多奇物,土著,颇与中国同业,而兵弱,贵汉财物。其北有大月氏、康居之属,兵强,可以赂遗设利朝也。诚得而以义属之,则广地万里,重九译,致殊俗,威德遍于四海,欣然以骞言为然。乃令骞因蜀、犍为发间使王然于等四道并出,出駹,出冉,出徙,出邛、僰,指求身毒国。各行一二千里,其北方闭氐、笮,南方闭嶲,昆明。昆明之属无君长,善寇盗,辄杀略汉使,终莫得通。于是汉以求身毒道,始通滇国。滇王当羌谓汉使者曰:"汉孰与我大?"及夜郎侯亦然。以道不通,故各自以为一州主,不知汉广大。使者还,因盛言滇大国,足事亲附,天子注意焉,乃复事西南夷。

二年(庚申,前121)

1 冬,十月,上幸雍,祠五畤。

2 三月戊寅,平津献侯公孙弘薨。壬辰,以御史大夫乐安侯李蔡为丞相,廷尉张汤为御史大夫。

3 霍去病为票骑将军,将万骑出陇西,击匈奴,历五王国,转战六日,过焉支山千馀里,杀折兰王,斩卢侯王,执浑邪王子及相国、都尉,获首虏八千九百馀级,收休屠王祭天金人。诏益封去病二千户。

夏,去病复与合骑侯公孙敖将数万骑俱出北地,异道;卫尉张骞、郎中令李广俱出右北平,异道。广将四千骑先行,可数百里,骞将万骑在后。匈奴左贤王将四万骑围广,广军士皆恐;广乃使其子敢独与数十骑驰贯胡骑,出其左右而还,告广曰:"胡虏易与耳!"军士乃安。广为圜陈,外向,胡急击之,矢下如雨,

汉武帝听说大宛及大夏、安息等都是大国,多产新奇之物,人民定居,这些特点都与中国相同,但军事力量薄弱,喜爱中国财物。其北面大月氏、康居等国虽然兵力强盛,但可以用贿赂、引诱的方法使他们有利于中国。如果真能不通过战争就争取到他们的归附,那么,中国的疆域可以扩大万里,各种语言不同、风俗各异的民族都将归入中国版图,天子的威德将遍布四海,因而汉武帝欣然同意了张骞的建议。于是命张骞主持其事,从蜀郡、犍为郡派王然于等人作为使臣,沿着这一带道路从駹、冉、徙及邛、僰间四道向身毒国进发。各路使臣分别走出一二千里之后,纷纷受阻;北路使臣被阻于氐、筰等地,南路使臣被阻于巂、昆明等地。昆明一带部落林立,没有统一的政权,盗匪众多,经常劫杀汉朝使臣,所以始终无人能通过其地。这次汉朝使臣为寻访去往身毒国的道路,才第一次到达滇国。滇国国君当羌问汉朝使臣说:"汉朝与我国相比,谁大呢?"夜郎国君也向汉朝使臣提出相同的疑问。因为道路阻塞,他们都各霸一方为王,不知汉朝有多大。使臣回国后,一再强调滇国是大国,应当争取它归附,于是引起汉武帝的注意,重新开始经营西南夷地区。

汉武帝元狩二年(庚申,公元前121年)

1　冬季,十月,汉武帝巡幸至雍,祭祀于五畤。

2　三月戊寅(初七),丞相、平津献侯公孙弘去世。壬辰(二十一日),汉武帝任命御史大夫、乐安侯李蔡为丞相,廷尉张汤为御史大夫。

3　汉武帝命霍去病以票骑将军身份率骑兵一万,自陇西出发北击匈奴,前后共经过匈奴统治下的五个小王国,转战六天,越过焉支山一千馀里,斩杀匈奴折兰王、卢侯王,俘获浑邪王王子及丞相、都尉等,共斩杀匈奴军士八千九百馀人,并夺得休屠王用以祭祀上天的金人神像。为此,汉武帝下诏书增加霍去病食邑二千户。

　　夏季,霍去病又与合骑侯公孙敖率领数万骑兵自北地分两路出击匈奴,卫尉张骞、郎中令李广也从右北平分路出击。李广率精骑四千为先锋,距大部队约数百里,张骞率骑兵万人殿后。匈奴左贤王亲率骑兵四万,将李广率领的先头部队团团包围,李广的部卒普遍产生恐惧心理,李广便命自己的儿子李敢率领数十名骑兵直冲敌阵,左右驰骋一番后返回营中,李敢向李广报告说:"匈奴兵很容易对付。"军士的情绪才安定下来。李广命部下将士面对敌军列成圆形战阵,匈奴兵向汉军阵地发起猛烈进攻,箭如雨下,

汉兵死者过半,汉矢且尽。广乃令士持满毋发,而广身自以大黄射其裨将,杀数人,胡虏益解。会日暮,吏士皆无人色,而广意气自如,益治军,军中皆服其勇。明日,复力战,死者过半,所杀亦过当。会博望侯军亦至,匈奴军乃解去。汉军罢,弗能追,罢归。汉法:博望侯留迟后期,当死,赎为庶人。广军功自如,无赏。而票骑将军去病深入二千馀里,与合骑侯失,不相得。票骑将军逾居延,过小月氏,至祁连山,得单桓、酋涂王,及相国、都尉以众降者二千五百人,斩首虏三万二百级,获裨小王七十馀人。天子益封去病五千户,封其裨将有功者鹰击司马赵破奴为从票侯,校尉高不识为宜冠侯,校尉仆多为辉渠侯。合骑侯敖坐行留不与票骑会,当斩,赎为庶人。

是时,诸宿将所将士、马、兵皆不如票骑,票骑所将常选;然亦敢深入,常与壮骑先其大军;军亦有天幸,未尝困绝也。而诸宿将常留落不偶,由此票骑日以亲贵,比大将军矣。

匈奴入代、雁门,杀略数百人。

4　江都王建与其父易王所幸淖姬等及女弟徵臣奸。建游雷陂,天大风,建使郎二人乘小船入陂中,船覆,两郎溺,攀船,乍见乍没;建临观大笑,令勿救,皆死。凡杀不辜三十五人,专为淫虐。自知罪多,恐诛,与其后成光共使越婢下神,祝诅上。又闻淮南、衡山阴谋,建亦作兵器,刻皇帝玺,为反具。事发觉,有司请捕诛;建自杀,后成光等皆弃市,国除。

汉军士卒阵亡过半,箭也快用尽了。李广命令部下拉满弓弦,但不必急于发射,由他亲自用特大号的黄色强弓连续射杀匈奴将领,一连射死好几名,敌人的攻势才缓和下来。此时天色已近黄昏,汉军将士全都面无人色,只有李广面色自如,仍然镇定地巡视阵地,调整部署,全军上下无不钦佩他的英勇。第二天,汉军再次奋力与匈奴兵激战,虽然死亡大半,但消灭的敌人都大大超过己方的损失。直到张骞的大军赶到,匈奴军才不得不撤围而去。汉军由于元气大伤,无力追击,所以也撤兵而还。根据汉朝的法律:博望侯张骞由于行动迟缓,贻误军机,本应处死,交纳赎金后贬为平民。李广功过相抵,没有封赏。票骑将军霍去病深入匈奴地区两千多里,与公孙敖部失去联络,未能会师。但霍去病率领部卒跨越居延海,经过小月氏,直抵祁连山下,生擒匈奴单桓、酋涂二王及丞相、都尉等二千五百人,杀敌三万零二百人,俘获部落小王七十多人。汉武帝增加霍去病食邑五千户,封其部下有功将领鹰击司马赵破奴为从票侯,校尉高不识为宜冠侯,校尉仆多为辉渠侯。合骑侯公孙敖因行动迟缓,未能与霍去病会合,本应处死,交纳赎金后贬为平民。

当时,汉军中一些老资格的将领统属的部队将士、马匹、兵器都不如霍去病所部,霍去病的部下都是经过挑选的精锐,但他也确有胆识,敢于孤军深入,经常自率精壮骑兵走在大部队的前面;老天也似乎对他特别照顾,从来没有被敌人围困陷入绝境。可是,很多老将却经常因迟留落后而不能建功,因此,霍去病越来越得到汉武帝的赏识,地位日益尊贵,和大将军卫青差不多了。

匈奴军队侵入代郡和雁门等地,屠杀掳掠了好几百人。

4　江都王刘建与其父易王刘非宠爱的淖姬等人以及妹妹徵臣通奸。有一次,刘建在雷陂游玩,忽然刮起大风,刘建命属下两名郎官乘小船在湖中划行,小船被风吹翻,二人落入水中,用手抓着船沿,在风浪中忽沉忽现;刘建看到后不但阻止人相救,而且哈哈大笑,致使二人全被淹死。刘建平日专做荒淫暴虐之事,共有三十五人无辜遭他杀害。他自己也知道罪恶多端,怕被皇上诛杀,便与他的妻子成光命越族婢女请神下降,对汉武帝进行诅咒。在听到淮南、衡山二王阴谋反叛朝廷的消息后,刘建也制造兵器,私刻皇帝印玺,准备谋反。事情败露后,主管官员奏请汉武帝将其逮捕处决,结果刘建自杀,他的妻子成光等都当众斩首,江都王国也被取消。

5　胶东康王寄薨。

6　秋,匈奴浑邪王降。是时,单于怒浑邪王、休屠王居西方为汉所杀虏数万人,欲召诛之。浑邪王与休屠王恐,谋降汉,先遣使向边境要遮汉人,令报天子。是时,大行李息将城河上,得浑邪王使,驰传以闻。天子闻之,恐其以诈降而袭边,乃令票骑将军将兵往迎之。休屠王后悔,浑邪王杀之,并其众。票骑既渡河,与浑邪王众相望。浑邪王裨将见汉军,而多不欲降者,颇遁去。票骑乃驰入,得与浑邪王相见,斩其欲亡者八千人,遂独遣浑邪王乘传诣至行在所,尽将其众渡河。降者四万馀人,号称十万。既至长安,天子所以赏赐者数十巨万,封浑邪王万户,为漯阴侯,封其裨王呼毒尼等四人皆为列侯。益封票骑千七百户。

浑邪之降也,汉发车二万乘以迎之,县官无钱,从民贳马。民或匿马,马不具。上怒,欲斩长安令,右内史汲黯曰:"长安令无罪,独斩臣黯,民乃肯出马。且匈奴畔其主而降汉,汉徐以县次传之,何至令天下骚动,罢敝中国而以事夷狄之人乎!"上默然。及浑邪至,贾人与市者坐当死五百馀人。黯请间见高门,曰:"夫匈奴攻当路塞,绝和亲,中国兴兵诛之,死伤者不可胜计,而费以巨万百数。臣愚以为陛下得胡人,皆以为奴婢,以赐从军死事者家,所卤获,因予之,以谢天下之苦,塞百姓之心。今纵不能,浑邪率数万之众来降,虚府库赏赐,发良民侍养,譬若奉骄子,愚民安知市买长安中物,而文吏绳以为阑出财物于边关乎!陛下纵不能得匈奴之资以谢天下,又以微文杀无知者五百馀人,

5　胶东康王刘寄去世。

6　秋季，匈奴浑邪王投降汉朝。当时，匈奴浑邪王、休屠王镇守西部地区，被汉军擒杀了好几万人，单于十分生气，想将他们召到王庭处死。浑邪王与休屠王非常害怕，计划投降汉朝，先派人在边境拦阻经过当地的汉朝人，让他们向汉武帝报告。此时，大行李息正在黄河边修筑城池，见到浑邪王使臣后，立即报告朝廷。汉武帝听到这一消息，恐怕他是用诈降手段偷袭边塞，便命霍去病率兵前往迎接。浑邪王因为休屠王对降汉之事后悔，将他杀死，吞并了休屠王属下部众。霍去病渡过黄河之后，与浑邪王所部遥遥相望。浑邪王部下将领见到汉军后，很多人不愿投降，纷纷逃走。霍去病纵马驰入浑邪王大营，与他相见，将其部下企图逃跑的八千人杀死，单独将浑邪王经驿站送到汉武帝所居之处，同时率其部下人众全部渡过黄河。投降的共四万多人，号称十万。浑邪王来到长安后，汉武帝赏赐数十万，封浑邪王为漯阴侯，食邑一万户，其部下小王呼毒尼等四人也都被封为列侯。又增加霍去病食邑一千七百户。

浑邪王归降时，汉朝征调车辆两万乘前往迎接，可是因朝廷无钱买马，只得向民间赊贷马匹。很多老百姓将马匹藏匿起来，结果马不够用。汉武帝大怒，要杀长安县令，右内史汲黯言道："长安令没有罪，只有将我杀了，老百姓才肯交出马匹。再说，浑邪王背叛他的主上投降我朝，我朝只要用各地驿马一站站送来也就是了，又何至于弄得天下不安，使中国贫困，来奉承异族呢！"汉武帝默不作声。浑邪王等来到长安后，当地商人因与他们做买卖而犯死罪的达五百多人。汲黯请求汉武帝在未央宫高门殿接见他，奏道："匈奴攻击我沿边要塞，拒绝与我朝通婚，我朝兴兵征讨，死伤累累，不可胜数，所耗费用高达数百万。我原以为陛下得到匈奴人，一定会将他们全部作为奴婢赏给牺牲于战场的将士家属，所缴获的财物，也一并赏赐给他们，用以报偿天下的痛苦，安慰百姓的心。如今纵然不能全部做到，但浑邪王率数万人前来归降，陛下用重金赏赐他们，使得府库空虚，又征调百姓服侍、奉养他们，好像供奉尊贵的客人一般，那些无知的商民又怎么知道在长安城中做买卖，竟会被官府以犯有使财物非法出边关的罪名受到惩处呢！陛下既不能用匈奴的财物回报天下，又凭法律中一项不重要的条文杀死无知小民五百多人，

是所谓'庇其叶而伤其枝'者也。臣窃为陛下不取也。"上默
然不许,曰:"吾久不闻汲黯之言,今又复妄发矣!"

居顷之,乃分徙降者边五郡故塞外,而皆在河南,因其故
俗为五属国。而金城河西,西并南山至盐泽,空无匈奴,匈奴
时有候者到而希矣。

休屠王太子日磾与母阏氏、弟伦俱没入官,输黄门养马。
久之,帝游宴,见马,后宫满侧,日磾等数十人牵马过殿下,莫
不窃视,至日磾独不敢。日磾长八尺二寸,容貌甚严,马又肥
好,上异而问之,具以本状对。上奇焉,即日赐汤沐、衣冠,拜
为马监,迁侍中、驸马都尉、光禄大夫。日磾既亲近,未尝有
过失,上甚信爱之,赏赐累千金,出则骖乘,入侍左右。贵戚
多窃怨曰:"陛下妄得一胡儿,反贵重之。"上闻,愈厚焉。以
休屠作金人为祭天主,故赐日磾姓金氏。

三年(辛酉,前120)

1 春,有星孛于东方。

2 夏,五月,赦天下。

3 淮南王之谋反也,胶东康王寄微闻其事,私作战守
备。及吏治淮南事,辞出之。寄母王夫人,即皇太后之女弟
也,于上最亲,意自伤,发病而死,不敢置后。上闻而怜之,立
其长子贤为胶东王,又封其所爱少子庆为六安王,王故衡山
王地。

真可以说是'为保护树叶而伤害树枝'了。我实在觉得陛下这样做是不对的。"汉武帝沉默不语,拒不采纳,说道:"我已经很久没听到汲黯的声音了,如今又在这里胡说八道!"

不久之后,汉武帝将归降的浑邪王部属全部迁徙到黄河以南沿边五郡的旧要塞之外,按照他们的风俗习惯和社会组织分别编为五个"属国"。从此,金城河西岸傍南山直到盐泽一带广大地区消失了匈奴的踪迹,只是偶尔还有个别匈奴探马到来。

休屠王太子日磾和他的母亲、弟弟伦都被罚为官府奴隶,派在属于少府管辖的黄门养马。过了一段时间,汉武帝偶然在一次欢宴之馀想要看看宫中的马匹,此时,汉武帝身边站满了后宫的妃嫔宫女,日磾等数十名养马人牵着马在殿前走过,大家都偷偷向里窥视,只有日磾一人不敢。日磾身高八尺二寸,容貌庄严,所养的马匹又肥又壮,汉武帝见了大为惊奇,召他上前询问,日磾便将自己的身世奏告一番。汉武帝十分欣赏,当日便让他洗澡、换衣服,出任马监职务,以后更是步步高升,从侍中、驸马都尉一直做到光禄大夫。日磾受到皇帝宠爱后,从未有过什么过失,汉武帝对他更加信任,赏赐累计达黄金千斤,出门时让他陪坐在车上,回宫后仍然在左右侍从。很多皇亲国戚都私下抱怨说:"皇上不知从哪儿找来个'胡儿',竟然当成宝贝。"汉武帝听到后,对日磾更加恩厚。因为休屠王曾制造金人用来祭祀天神,所以汉武帝赐日磾姓金。

汉武帝元狩三年(辛酉,公元前120年)

1　春季,东方出现异星。

2　夏季,汉武帝颁诏大赦天下。

3　当淮南王刘安密谋反叛时,胶东康王刘寄听到一点风声,也曾在暗中作战争准备。后在司法官员处置刘安谋叛事件过程中,有些人犯的口供里牵连到刘寄。刘寄的母亲王夫人本是皇太后的妹妹,与汉武帝关系密切,事发后,刘寄自怨自艾,得病而死,不敢指定继承人。汉武帝听说后很可怜他,立他的大儿子刘贤为胶东王,又封刘寄生前最宠爱的小儿子刘庆为六安王,将原来衡山王辖地划归六安王所有。

4　秋，匈奴入右北平、定襄，各数万骑，杀略千馀人。

5　山东大水，民多饥乏。天子遣使者虚郡国仓廥以振贫民，犹不足，又募豪富吏民能假贷贫民者以名闻；尚不能相救，乃徙贫民于关以西及充朔方以南新秦中七十馀万口，衣食皆仰给县官，数岁假予产业。使者分部护之，冠盖相望。其费以亿计，不可胜数。

6　汉既得浑邪王地，陇西、北地、上郡益少胡寇。诏减三郡戍卒之半，以宽天下之繇。

7　上将讨昆明，以昆明有滇池方三百里，乃作昆明池以习水战。是时法既益严，吏多废免。兵革数动，民多买复及五大夫，征发之士益鲜。于是除千夫、五大夫为吏，不欲者出马。以故吏弄法，皆谪令伐棘上林，穿昆明池。

8　是岁，得神马于渥洼水中。上方立乐府，使司马相如等造为诗赋，以宦者李延年为协律都尉，佩二千石印，弦次初诗以合八音之调。诗多尔雅之文，通一经之士不能独知其辞，必集会《五经》家相与共讲习读之，乃能通知其意。及得神马，次以为歌。汲黯曰："凡王者作乐，上以承祖宗，下以化兆民。今陛下得马，诗以为歌，协于宗庙，先帝百姓岂能知其音邪？"上默然不说。

4　秋季,匈奴分别以数万骑兵侵入右北平和定襄地区,屠杀、虏掠两地一千多人。

5　崤山以东地区发大水,很多老百姓陷入饥饿、困苦境地。汉武帝派出使臣,将当地各封国、郡县仓库中的粮食全部拿出来赈济灾民,仍然不够,又征集各地的士绅和富豪,凡是能借钱粮给贫苦灾民的,一律将其姓名上报朝廷,但还是不能使灾民全部得救,只得将贫苦灾民迁徙到关西或朔方郡以南的新秦中地区,总共七十多万人,所需衣服、食物等全部由官府供给,数年之中,由官府提供生产资料。朝廷派出一批批使臣分别予以卫护管理,使者的车辆一辆接一辆。所耗费用以亿计,多得无法计算。

6　自汉朝得到匈奴浑邪王辖区后,陇西、北地、上郡一带外族入侵日渐减少。因此,汉武帝下诏将上述三郡的屯戍部队裁减一半,以减轻百姓的徭役负担。

7　汉武帝计划要征讨昆明地区,因该地有方圆三百里的滇池,所以专门在长安修"昆明池"练习水战。此时,法令更加严苛,低级官吏被判罪或免职的越来越多。由于战事频繁,民间花钱购买免除赋役特权和五大夫爵位的也日渐其多,所以官府能够征调服役的人越来越少。于是,朝廷任命具有千夫、五大夫爵位的人充当低级官吏,不想当的人必须向官府交纳马匹。凡官吏不恪尽职守、玩弄法令的,都被发配到长安御苑去砍伐荆棘,挖昆明池。

8　这一年,在西北渥洼水中得到一匹神马。汉武帝初设主管音乐的官署时,命司马相如等创作诗赋,任命宦官李延年为协律都尉,佩带二千石印信,将新作的诗赋按八音曲调谱成歌曲。由于这些诗赋中多用深奥辞藻,仅仅精通一部经书的人都很难单独看懂,必须汇集《五经》专家共同研究诵读,才能全部了解它的含意。等到获得神马,汉武帝又命司马相如等人依次创作歌赋。汲黯劝道:"圣明的君主制作乐章,上应赞美祖先,下要教化万民。如今陛下得了一匹马,就要作诗谱曲,在宗庙中演奏,先帝和老百姓怎么能知道唱的是什么呢?"汉武帝听了不说话,很不高兴。

上招延士大夫,常如不足;然性严峻,群臣虽素所爱信者,或小有犯法,或欺罔,辄按诛之,无所宽假。汲黯谏曰:"陛下求贤甚劳,未尽其用,辄已杀之。以有限之士恣无已之诛,臣恐天下贤才将尽,陛下谁与共为治乎!"黯言之甚怒,上笑而谕之曰:"何世无才,患人不能识之耳。苟能识之,何患无人!夫所谓才者,犹有用之器也,有才而不肯尽用,与无才同,不杀何施!"黯曰:"臣虽不能以言屈陛下,而心犹以为非。愿陛下自今改之,无以臣为愚而不知理也。"上顾群臣曰:"黯自言为便辟则不可,自言为愚,岂不信然乎!"

四年(壬戌,前119)

1 冬,有司言:"县官用度太空,而富商大贾冶铸、煮盐,财或累万金,不佐国家之急。请更钱造币以赡用,而摧浮淫并兼之徒。"是时,禁苑有白鹿而少府多银、锡,乃以白鹿皮方尺,缘以藻缋,为皮币,直四十万。王侯、宗室,朝觐、聘享必以皮币荐璧,然后得行。又造银、锡为白金三品:大者圜之,其文龙,直三千;次方之,其文马,直五百;小者椭之,其文龟,直三百。令县官销半两钱,更铸三铢钱,盗铸诸金钱罪皆死;而吏民之盗铸白金者不可胜数。

于是以东郭咸阳、孔仅为大农丞,领盐铁事;桑弘羊以计算用事。咸阳,齐之大煮盐;仅,南阳大冶,皆致生累千金;弘羊,洛阳贾人子,以心计,年十三侍中。三人言利,事析秋毫矣。

汉武帝对延揽士子文人非常重视,常怕人才不够用;但性情严厉刻薄,尽管是平日极为宠信的大臣,或者偶尔犯点小错,或者发现有欺瞒行为,立即根据法律将其处死,从不宽恕。汲黯劝说道:"陛下求贤十分辛苦,但往往还未发挥他的才干,就把他杀了。天下的士子文人有限,而陛下的诛杀无限,我恐怕天下的贤才将要丧尽,还有谁来帮助陛下治理国家呢!"汲黯说这番话时非常激动,汉武帝笑着解释说:"什么时候也不会没有人才,只怕是不能发现罢了。如果善于发现,就根本不必怕无人为我所用!所谓'人才',就如同有用的器物,有才干而不能充分施展,等于没有,不杀他还等什么!"汲黯道:"我虽无法用言词说服陛下,但心里仍觉得陛下说得不对。希望陛下从今以后能够改正以前的过错,不要觉得我愚昧而不懂道理。"汉武帝对周围众臣说:"汲黯自称阿谀奉承,当然不是,但说他自己愚昧,难道不确实是这样吗?"

汉武帝元狩四年(壬戌,公元前 119 年)

1 冬季,主管官员奏称:"朝廷的经费非常困难,而豪富的大商人通过冶炼金属和煮制食盐等,家财积蓄至黄金万斤,却不肯用来资助国家急需。请陛下重新制造钱币以满足国家用度,以打击那些浮滑奸邪或吞并别人财物之徒。"当时,御苑中有一种白鹿,少府衙门有很多银、锡,于是汉武帝命人用一尺见方的白鹿皮,四边绣上五彩花纹,称为皮币,面值为四十万钱。同时下令:凡藩王、列侯、皇族进京朝觐,或相互聘问,都必须将礼物或贡品放在皮币之上,这样才可以进行。又用银、锡合金制造出三种白金币:大币为圆形,以龙为图案,面值三千钱;中币为方形,以马为图案,面值五百钱;小币为椭圆形,以龟为图案,面值三百钱。又命令地方官销毁半两钱,改铸三铢钱,凡私自铸造各种钱币的人一律处死;但地方小吏和民间私自铸造白金币的人仍然不可胜数。

因此,汉武帝任命东郭咸阳、孔仅二人为大农丞,负责盐铁事务;桑弘羊也以精通经济计算知识而受到重用。东郭咸阳本为齐地的大盐商,孔仅则是南阳大冶炼商,二人都有千金家财;桑弘羊为洛阳商人子弟,精于心算,十三岁就作了侍中。用他们三人来商讨开辟财源的办法,连细枝末节都能分析到。

　　诏禁民敢私铸铁器、煮盐者钛左趾，没入其器物。公卿
又请令诸贾人末作各以其物自占，率缗钱二千而一算；及民
有轺车若船五丈以上者，皆有算。匿不自占，占不悉，戍边一
岁，没入缗钱。有能告者，以其半畀之。其法大抵出张汤。
汤每朝奏事，语国家用，日晏，天子忘食。丞相充位，天下事
皆决于汤。百姓骚动，不安其生，咸指怨汤。

　　2　初，河南人卜式，数请输财县官以助边。天子使使问
式："欲官乎？"式曰："臣少田牧，不习仕宦，不愿也。"使者问
曰："家岂有冤，欲言事乎？"式曰："臣生与人无分争，邑人贫
者贷之，不善者教之，所居人皆从式，式何故见冤于人！无所
欲言也。"使者曰："苟如此，子何欲而然？"式曰："天子诛匈
奴，愚以为贤者宜死节于边，有财者宜输委，如此而匈奴可灭
也。"上由是贤之，欲尊显以风百姓，乃召拜式为中郎，爵左庶
长，赐田十顷，布告天下，使明知之。未几，又擢式为齐太傅。

　　3　春，有星孛于东北。夏，有长星出于西北。
　　4　上与诸将议曰："翕侯赵信为单于画计，常以为汉兵不
能度幕轻留。今大发士卒，其势必得所欲。"乃粟马十万，令大
将军青、票骑将军去病各将五万骑，私负从马复四万匹，步兵转
者踵军后又数十万人，而敢力战深入之士皆属票骑。票骑始为
出定襄，当单于；捕虏言单于东，乃更令票骑出代郡，令大将军
出定襄。郎中令李广数自请行，天子以为老，弗许；良久，乃许之，

汉武帝颁布诏书,禁止民间私铸铁器和煮盐,犯禁者受左脚穿铁鞋之刑,工具和产品一律没收。公卿大臣们又奏请汉武帝命令从事各种工商末业的人各自估计自己的财产,造册呈报,以一千钱为一缗,每二千缗纳税一百二十钱为一算。另外,凡平民百姓家有小型马车,或拥有五丈以上船只的,都要按算交赋。凡隐匿财产不报,或呈报不实的,流放边塞一年,财产没收。告发别人隐匿财产的人,赏给被告发者财产的一半。这些法令绝大部分出自张汤的主意。张汤每次朝会,奏报国家财用情况,都到很晚时间,汉武帝常常因此忘记吃饭。丞相李蔡不过是个摆设,天下大事都由张汤决策。"算缗法"颁布后,民心浮动,无法安心生活,都怨恨张汤。

2 当初,河南人卜式几次捐赠家产给朝廷,作为边塞军粮。汉武帝派使臣问卜式:"你想做官吗?"卜式回答说:"我从小种田牧羊,不懂做官的规矩,不愿当官。"使臣又问他:"是不是你家有冤情,想要申诉?"卜式说:"我平生与人没有过纠纷,对同乡中贫穷的人总是借钱给他们,对为非作歹的人则耐心开导他,所以周围的邻居都很尊重我,我怎么会被人冤枉呢!没什么想申诉的。"使臣说:"既然如此,你为什么要那样做呢?"卜式说:"天子征讨匈奴,我认为有力的人应战死边塞以全臣节,有财的人应拿出钱财支援国家,只有这样,才能将匈奴彻底消灭。"汉武帝因此认为卜式贤能,打算尊崇并宣扬他的行动,以激励百姓,便将卜式召到京师,任命为中郎,赐左庶长爵位,赏给十顷土地,并宣告天下使人人得知。不久,又提升卜式为齐国太傅。

3 春季,在东北天空出现彗星。夏季,在西北天空出现彗星。

4 汉武帝与各位军事将领商议说:"翕侯赵信给匈奴单于出谋划策,常常认为我国军队不能够穿过大沙漠,即使到了那里也不能久留。此次我们大举进攻,一定要达到我们的目的。"于是征选了用粟米饲养的战马十万匹,命大将军卫青、票骑将军霍去病各率骑兵五万,官兵们私人带的马匹也有约四万匹,又派步兵数十万人跟在骑兵之后负责押运粮草辎重,其中敢于深入匈奴腹地,与敌人力战的勇猛将士都隶属于霍去病。开始,霍去病率部自定襄出塞,正面攻击匈奴单于;后从俘虏口中得知,单于在东边,于是改命霍去病自代郡出塞,卫青自定襄出塞。郎中令李广屡次请求随军出征,汉武帝认为他年事已高,不准所请,过了很长时间才答应他,

以为前将军。太仆公孙贺为左将军,主爵都尉赵食其为右将军,平阳侯曹襄为后将军,皆属大将军。赵信为单于谋曰:"汉兵既度幕,人马罢,匈奴可坐收虏耳。"乃悉远北其辎重,以精兵待幕北。

大将军既出塞,捕虏知单于所居,乃自以精兵走之,而令前将军广并于右将军军,出东道。东道回远而水草少,广自请曰:"臣部为前将军,今大将军乃徙令臣出东道。且臣结发而与匈奴战,今乃一得当单于,臣愿居前,先死单于。"大将军亦阴受上诫,以为"李广老,数奇,毋令当单于,恐不得所欲"。而公孙敖新失侯,大将军亦欲使敖与俱当单于,故徙前将军广。广知之,固自辞于大将军;大将军不听,广不谢而起行,意甚愠怒。

大将军出塞千馀里,度幕,见单于兵陈而待。于是大将军令武刚车自环为营,而纵五千骑往当匈奴;匈奴亦纵可万骑。会日且入,大风起,砂砾击面,两军不相见,汉益纵左右翼绕单于。单于视汉兵多而士马尚强,自度战不能如汉兵,单于遂乘六骡,壮骑可数百,直冒汉围,西北驰去。时已昏,汉匈奴相纷拏,杀伤大当。汉军左校捕虏言,单于未昏而去。汉军发轻骑夜追之,大将军军因随其后,匈奴兵亦散走。迟明,行二百馀里,不得单于,捕斩首虏万九千级,遂至寘颜山赵信城,得匈奴积粟食军。留一日,悉烧其城馀粟而归。

任命他为前将军。太仆公孙贺被任命为左将军，主爵都尉赵食其为右将军，平阳侯曹襄为后将军，都隶属于大将军卫青。赵信向单于建议说："汉军既然要横穿大沙漠，人马必然疲惫，我军可以坐等擒获敌军。"于是将己方的辎重运到北方很远的地方，命精锐部队埋伏在沙漠以北。

卫青出塞后，自俘虏口中得到知单于王庭所在之地，便亲自率精兵向王庭挺进，命前将军李广与右将军赵食其合兵一处，由东路进军。李广因东路绕远而水草也少，所以请求说："我本是前将军，而今大将军却改命我部为东路军。我自少年时就开始与匈奴作战，直到今天才有机会正面对付单于，所以仍然愿意作先锋，为国效死而取单于。"卫青曾受汉武帝暗中嘱咐，认为"李广年纪已老，运气又不好，不要让他与单于正面作战，恐怕他难以完成擒获单于的任务"。而公孙敖不久前失去侯爵，卫青也想让他与自己一同正面与单于作战立功，所以将前将军李广调到东路。李广知道内情，坚决要求仍任先锋，遭到卫青拒绝，李广非常恼怒，未向卫青行礼就转身离去。

卫青率大军出塞一千多里，横穿大沙漠，见匈奴单于亲率主力严阵以待。卫青便命士卒将兵车环绕一周结成营阵，派出五千骑兵攻击匈奴阵地，匈奴单于命骑兵约一万迎战。战至太阳将要落山时，狂风忽起，刮得砂砾满天飞舞，扑打人脸，两军士卒相互不能分辨，卫青增派人员从左右两翼包抄匈奴阵地。单于见汉军人多势大，战斗力仍然很强，估计己方力量不如汉军，便乘坐六匹健骡，在数百名精壮骑兵的保护下冲出汉军防线，向西北方向飞奔而去。这时夜幕已然降临，汉军与匈奴的将士们仍在激烈搏杀，双方损失大体相当。汉军左翼校尉报告卫青说，他从抓到的俘虏那里得知，单于已于天黑前离去。于是卫青派出轻骑兵连夜追击，自率大军跟随其后，匈奴兵也四散撤走。到黎明时，汉军已追出二百多里，虽然未见单于踪迹，但此战共擒获和斩杀匈奴一万九千多人，并在寘颜山赵信城夺得匈奴的存粮补充军粮。在该地停留一日之后，放火烧毁了城池和所馀的粮草，然后班师而还。

前将军广与右将军食其军无导,惑失道,后大将军,不及单于战。大将军引还,过幕南,乃遇二将军。大将军使长史责问广、食其失道状,急责广之幕府对簿。广曰:"诸校尉无罪,乃我自失道,吾今自上簿至莫府。"广谓其麾下曰:"广结发与匈奴大小七十馀战,今幸从大将军出接单于兵,而大将军徙广部,行回远而又迷失道,岂非天哉!且广年六十馀矣,终不能复对刀笔之吏!"遂引刀自刭。广为人廉,得赏赐辄分其麾下,饮食与士共之,为二千石四十馀年,家无馀财。猿臂,善射,度不中不发。将兵,乏绝之处见水,士卒不尽饮,广不近水,士卒不尽食,广不尝食,士以此爱乐为用。及死,一军皆哭。百姓闻之,知与不知,无老壮皆为垂涕。而右将军独下吏,当死,赎为庶人。

单于之遁走,其兵往往与汉兵相乱而随单于,单于久不与其大众相得。其右谷蠡王以为单于死,乃自立为单于。十馀日,真单于复得其众,而右谷蠡王乃去其单于号。

票骑将军骑兵车重与大将军军等,而无裨将,悉以李敢等为大校,当裨将,出代、右北平二千馀里,绝大幕,直左方兵,获屯头王、韩王等三人,将军、相国、当户、都尉八十三人,封狼居胥山,禅于姑衍,登临翰海,卤获七万四百四十三级。天子以五千八百户益封票骑将军,又封其所部右北平太守路博德等四人为列侯,从票侯破奴等二人益封,校尉敢为关内侯,食邑;军吏卒为官、赏赐甚多。而大将军不得益封,军吏卒皆无封侯者。

前将军李广与右将军赵食其率领的东路军因没有向导,在沙漠中迷失了道路,所以落到卫青所部的后面,没能赶上与单于的那一战。直到卫青率部班师,才在经过沙漠南部时遇到李、赵二位将军。卫青派长史责问二人迷路的原因,并命李广马上到大将军处听候传讯。李广说道:"我的部下各位校尉没有罪,迷路的责任在我,我现在自己去向大将军幕府请罪。"又对他的部下说:"我从少年时开始,与匈奴进行过大小七十多次战斗,这次好容易有机会跟着大将军直接与匈奴单于作战,而大将军却将我部调到东路,路途本就绕远,且又迷失了道路,难道这不是天意吗!况且我已然六十多岁了,实在不能再去面对那些刀笔小吏!"于是横刀自刎。李广为人清廉,所得赏赐全都分给部下,与士卒同吃一锅饭,当了四十多年二千石官,家中却没有多馀的财产。他生就一双灵巧有力的臂膀,擅长射箭,无必中把握就不发弓。行军打仗时,在给养困难的情况下,如果发现水源,不等全体士卒都喝过,李广一滴不沾;不等全体士卒都吃饱,李广一口不食,因此,李广部下的将士都乐于受他的驱策。李广一死,全军上下无不痛哭失声,老百姓听到消息后,无论与李广认识与否,也无论是老人还是壮年,无不为之泪下。右将军赵食其一人被交付审判,其罪当死,交纳赎金后贬为平民。

匈奴单于突围后,其部下兵将也四散逃奔,很多人甚至混杂在汉军追击部队中一同前进,单于长时间没有见到他的军民大众。右谷蠡王认为单于已死,便自立为单于。十几天后,真单于与其部众会合,右谷蠡王才去掉单于称号。

票骑将军霍去病率领的部队人数和辎重都与大将军卫青相同,但缺乏偏裨副将,于是任用李敢等人为大校,充当副将,从代郡、右北平郡出塞,深入两千多里,穿越大沙漠,与匈奴左部军队遭遇,擒获匈奴屯头王、韩王等三人,以及将军、丞相、当户、都尉等八十三人,在狼居胥山祭祀天神,姑衍山祭祀地神,又登上翰海岸边的山峰眺望北海,共俘获匈奴七万零四百四十三人。汉武帝增加霍去病食邑五千八百户,封其部将右北平太守路博德等四人为列侯,从票侯赵破奴等二人也增加食邑,校尉李敢为关内侯,赐食邑;低级军官和兵卒升官、受赏的人也很多。而大将卫青却没有增加食邑,部下将校也没有被封为列侯的。

　　两军之出塞，塞阅官及私马凡十四万匹，而复入塞者不满三万匹。

　　乃益置大司马位，大将军、票骑将军皆为大司马，定令，令票骑将军秩禄与大将军等。自是之后，大将军青日退而票骑日益贵。大将军故人、门下士多去事票骑，辄得官爵，唯任安不肯。

　　票骑将军为人，少言不泄，有气敢往。天子尝欲教之孙、吴兵法，对曰："顾方略何如耳，不至学古兵法。"天子为治第，令票骑视之，对曰："匈奴未灭，无以家为也！"由此上益重爱之。然少贵，不省士，其从军，天子为遣太官赍数十乘。既还，重车馀弃粱肉，而士有饥者。其在塞外，卒乏粮或不能自振，而票骑尚穿域蹋鞠，事多此类。大将军为人仁，喜士退让，以和柔自媚于上。两人志操如此。

　　是时，汉所杀虏匈奴合八九万，而汉士卒物故亦数万。是后匈奴远遁，而幕南无王庭。汉渡河自朔方以西至令居，往往通渠，置田官，吏卒五六万人，稍蚕食匈奴以北。然亦以马少，不复大出击匈奴矣。

　　匈奴用赵信计，遣使于汉，好辞请和亲。天子下其议，或言和亲，或言遂臣之。丞相长史任敞曰："匈奴新破困，宜可使为外臣，朝请于边。"汉使任敞于单于，单于大怒，留之不遣。是时，博士狄山议以为和亲便，上以问张汤，汤曰："此愚儒无知。"狄山曰："臣固愚，愚忠；若御史大夫汤，乃诈忠。"于是上作色曰："吾使生居一郡，能无使虏入盗乎？"曰："不能。"曰："居一县？"对曰："不能。"复曰："居一障间？"山自度辩穷且下吏，曰："能。"于是上遣山乘障。至月馀，匈奴斩山头而去。自是之后，群臣震慑，无敢忤汤者。

卫青与霍去病两支部队出塞时，官私马匹加起来共十四万匹，到班师入塞时，马匹不到三万。

于是，汉武帝增设大司马一职，由卫青、霍去病同时担任，还规定霍去病的官级和俸禄与卫青一样。从此以后，卫青的权势逐渐衰落，而霍去病日益尊贵。很多卫青以往的朋友和门客改投霍去病，都得到了官职、爵位，只有任安不肯这样做。

霍去病为人沉稳寡言，敢于任事。汉武帝曾想教他学习孙武、吴起兵法，他说："依我看作战只在谋略如何，不应拘泥于古代兵法。"汉武帝为霍去病修建府第，让他前往观看，他说："匈奴还没有消灭，不需要家！"因此，汉武帝更加爱重于他了。但霍去病少年显贵，对部下不关心，他率军出征时，汉武帝派负责朝廷膳食的太官给他送来的食物装了数十辆车。班师时，车上仍装满吃剩下的粮食和肉类，而部下将士却有饿肚子的。在塞外时，士卒常常因缺粮而士气不振，可霍去病却修建球场踢球，像这样的事例有很多。卫青为人谦让仁和，尊重属下，以温顺柔媚博取汉武帝的喜爱。二人的性格节操竟是如此的不同。

这时，汉朝已消灭了匈奴八九万人，己方也损失了数万士卒。此后，匈奴迁往北方很远的地方，沙漠以南再没有匈奴的王庭了。汉军渡过黄河，在朔方以西到令居县一带兴修水利，设置田官，派士卒五六万人屯垦，逐渐蚕食匈奴的领地以北。但因缺少马匹，不能再大举出击匈奴了。

匈奴采纳赵信的建议，派遣使节到汉朝，以友好的言语请求与汉朝通婚。汉武帝命群臣商议对策，有人主张答应通婚，有人建议利用这一机会迫使匈奴臣服。丞相长史任敞奏道："匈奴刚刚被击败，应该乘机使它成为我朝属国，在边界请求朝拜。"汉武帝便派任敞出使匈奴，说服匈奴单于臣服汉朝，单于勃然大怒，将任敞扣留，不让他回国。此时，博士官狄山认为还是答应通婚于国家有利，汉武帝为此向张汤询问，张汤说："这个愚笨的书呆子什么都不懂。"狄山说："我虽然愚笨，但是忠心；像御史大夫张汤，乃是奸诈假忠之徒。"汉武帝把脸一沉，说道："我派你掌管一郡事务，你能不让匈奴进犯吗？"狄山说："不能。"汉武帝又说："管一个县呢？"狄山说："不能。"汉武帝又说："管一个要塞呢？"狄山想，如被一直这样诘辩下去，势必会落得交司法官员审判的下场，便答道："能。"于是汉武帝派狄山镇守边界一个要塞。一个多月以后，匈奴斩下狄山的人头而去。从此以后，文武百官全都震恐不已，没有人敢触犯张汤了。

5 是岁,汲黯坐法免,以定襄太守义纵为右内史,河内太守王温舒为中尉。

先是,宁成为关都尉,吏民出入关者号曰“宁见乳虎,无值宁成之怒”。及义纵为南阳太守,至关,宁成侧行送迎。至郡,遂按宁氏,破碎其家,南阳吏民重足一迹。后徙定襄太守,初至,掩定襄狱中重罪、轻系二百馀人,及宾客、昆弟私入视亦二百馀人,一捕,鞫曰“为死罪解脱”,是日,皆报杀四百馀人,其后郡中不寒而栗。是时,赵禹、张汤以深刻为九卿,然其治尚辅法而行,纵专以鹰击为治。

王温舒始为广平都尉,择郡中豪敢往吏十馀人以为爪牙,皆把其阴重罪,而纵使督盗贼。快其意所欲得,此人虽有百罪,弗法;即有避,因其事夷之,亦灭宗。以其故,齐、赵之郊盗贼不敢近广平,广平声为道不拾遗。迁河内太守,以九月至,令郡具马五十匹为驿。捕郡中豪猾,相连坐千馀家。上书请,大者至族,小者乃死,家尽没入偿臧。奏行不过二三日得可,事论报,至流血十馀里,河内皆怪其奏,以为神速。尽十二月郡中毋声,毋敢夜行,野无犬吠之盗。其颇不得,失之旁郡国,追求。会春,温舒顿足叹曰:“嗟乎!令冬月益展一月,足吾事矣!”

天子闻之,皆以为能,故擢为中二千石。

5　这一年,汲黯因触犯法律被免职,汉武帝任命定襄太守义纵为右内史,河内太守王温舒为中尉。

先前,宁成担任函谷关都尉时,出入此关的人常常受其虐待,因此有"宁见乳虎,无值宁成之怒"的说法。义纵被任为南阳太守,途经函谷关,宁成在迎、送时都恭敬地走在旁边。义纵到达郡治后,调查了宁氏一家的罪状,将其满门抄斩,使南阳全郡的低级官吏和一般百姓无不震恐异常,重足而立,不敢迈步。后来义纵迁任定襄太守,一到任,就突然封闭了定襄监狱,将狱中所有轻、重人犯两百多人,以及私自前来探视的犯人亲友也有两百多人,一起逮捕,宣布他们犯有"为囚犯私自解脱枷镣"的罪名;当天即将这四百多人全部判决处死,从此郡中人人不寒而栗。当时,赵禹、张汤都因执法严苛而位列九卿,但他们还是按着法令规定定人之罪;而义纵则专门用老鹰搏兔的手段治理地方。

王温舒开始作广平都尉时,在郡中挑选了十几名豪勇凶霸之人充当爪牙中,他掌握着这些人平日违法犯罪的阴私,以此来要挟他们为他缉捕盗贼。凡听他指挥,办好他想办的事的人,不管此人过去犯过多少罪,一概不问;如不能尽心尽力地为他办事,王温舒就根据此人已往的旧案,将其满门抄斩。因此,齐国、赵国一带的盗贼都不敢到广平附近去作案,使广平郡的治安良好,有"道不拾遗"的美誉。后调任河内太守,九月到任,立刻令人为他准备五十四传送信件的马。然后搜捕郡中豪勇奸猾之徒,受牵连的共有一千多家。王温舒奏请朝廷:罪大的诛杀全族,罪小的本人处死,其家产全部没收以抵往日的赃物。奏章送出不过两三天,就得到朝廷的批准,于是立即对有关案件进行判决,致使河内郡中血流十多里,人们对他奏准朝廷的神速惊骇不已。直到十二月底,郡中仍然无人敢大声说话,无人敢夜间出门,乡村中也听不到因有人偷盗而引起的狗叫声。凡有逃亡的罪犯,王温舒都要派人到邻近的郡县或封国去追缉。第二年一开春,照例停止行刑,王温舒跺着脚叹道:"唉! 如果冬季延长一个月,就足够我用的了。"

汉武帝听说义纵和王温舒的所作所为,认为二人很有才干,将他们提升为中二千石官。

6 齐人少翁，以鬼神方见上。上有所幸王夫人卒，少翁以方夜致鬼，如王夫人之貌，天子自帷中望见焉。于是乃拜少翁为文成将军，赏赐甚多，以客礼礼之。文成又劝上作甘泉宫，中为台室，画天、地、太一诸鬼神而置祭具，以致天神。居岁馀，其方益衰，神不至。乃为帛书以饭牛，佯不知，言曰："此牛腹中有奇。"杀视，得书，书言甚怪，天子识其手书，问其人，果是伪书；于是诛文成将军而隐之。

6 齐国人少翁,因擅长召唤鬼神而得到汉武帝赏识。汉武帝宠爱的王夫人死后,少翁施展法术,使汉武帝在夜里于帷帐内仿佛看到了王夫人的鬼魂,与生前相貌一般无二。于是汉武帝封少翁为文成将军,给了他很多赏赐,并对他待以客人之礼,以示尊敬。少翁又劝汉武帝兴建甘泉宫,在宫中修高台一座,台上筑屋,屋中画天、地、太一各种鬼神,设置祭祀用的法器,用以招请天神。一年多以后,少翁的法术越来越不灵,神仙不再降临。于是少翁将写满字的绸缎拌在饲料中,让牛吞下,然后假装不知,对汉武帝说道:"这只牛肚子里有种奇怪的东西。"将牛杀死后,取出藏在牛肚子里的绸缎,见上面写了些非常古怪的话,然而汉武帝却识破了是少翁的笔迹,少翁被逼问不过,只得承认是自己伪造的;于是汉武帝将少翁杀死并把此事隐瞒起来。

卷第二十　汉纪十二

起癸亥(前 118)尽辛未(前 110)凡九年

世宗孝武皇帝中之下

元狩五年(癸亥,前 118)

1　春,三月甲午,丞相李蔡坐盗孝景园堧地,葬其中,当下吏,自杀。

2　罢三铢钱,更铸五铢钱。于是民多盗铸钱,楚地尤甚。

上以为淮阳,楚地之郊,乃召拜汲黯为淮阳太守。黯伏谢不受印,诏数强予,然后奉诏。黯为上泣曰:"臣自以为填沟壑,不复见陛下,不意陛下复收用之。臣常有狗马病,力不能任郡事。臣愿为中郎,出入禁闼,补过拾遗,臣之愿也。"上曰:"君薄淮阳邪?吾今召君矣。顾淮阳吏民不相得,吾徒得君之重,卧而治之。"

黯既辞行,过大行李息曰:"黯弃逐居郡,不得与朝廷议矣。御史大夫汤,智足以拒谏,诈足以饰非,务巧佞之语,辩数之辞,非肯正为天下言,专阿主意。主意所不欲,因而毁之;主意所欲,因而誉之。好兴事,舞文法,内怀诈以御主心,外挟贼吏以为威重。公列九卿,不早言之,公与之俱受其戮矣。"息畏汤,终不敢言;及汤败,上抵息罪。

使黯以诸侯相秩居淮阳,十岁而卒。

世宗孝武皇帝中之下

汉武帝元狩五年(癸亥,公元前118年)

1　春季,三月甲午(十一日),丞相李蔡被指控私自占据汉景帝陵园空地埋葬家人,汉武帝命臣下议定其罪,李蔡自杀。

2　废止三铢钱,改铸五铢钱。民间因此而多有私自铸钱者,以楚地最为严重。

汉武帝因为淮阳郡地处楚地交通要冲,所以特意任命汲黯为淮阳太守。汲黯伏地辞谢,不肯接受印信,经汉武帝数次强行授予,才接受这一职务。汲黯流着眼泪对汉武帝说:"我本以为将填沟渠,再也见不到陛下了,想不到陛下还会任用我。我时常患病,不能胜任一郡的繁重事务。愿意充当中郎之职,出入宫廷,为陛下弥补过失和遗漏之事,这是我的心愿。"汉武帝说道:"你看不起淮阳太守吗? 我很快就会召你回来的。因淮阳的官吏与老百姓不能相安无事,我只想借重你的威望,你躺在床上处理郡事就行。"

汲黯辞别出朝,前去拜访大行李息,说道:"我被弃置到地方郡县,不能再参预朝廷事务了。御史大夫张汤,其心智足以拒绝规劝,狡诈足以掩饰错误,不肯为天下正义进言,专门用乖巧、阿谀的言词和诡辩的话语迎合主上的心意。凡是主上所不喜欢的,他总是乘机诋毁;凡是主上所喜欢的,他就乘机称赞。他还爱制造事端,玩弄法律条文,心怀奸诈以左右主上的心意,依靠不法官吏来建立自己的威望。先生身居九卿高位,如不早加揭露,恐怕会与张汤一同受到惩处。"李息因惧怕张汤权势,始终未敢揭露其罪;后张汤倒台时,李息也同被治罪。

汉武帝给予汲黯诸侯国丞相的待遇,命其居住在淮阳,十年后去世。

3 诏徙奸猾吏民于边。

4 夏,四月乙卯,以太子少傅武强侯庄青翟为丞相。

5 天子病鼎湖甚,巫医无所不致,不愈。游水发根言上郡有巫,病而鬼神下之。上召置,祠之甘泉。及病,使人问神君,神君言曰:"天子无忧病。病少愈,强与我会甘泉。"于是病愈,遂起幸甘泉,病良已,置酒寿宫。神君非可得见,闻其言,言与人音等。时去时来,来则风肃然,居室帷中。神君所言,上使人受,书其言,命之曰"画法"。其所语,世俗之所知也,无绝殊者,而天子心独喜。其事秘,世莫知也。

时上卒起,幸甘泉,过右内史界中,道多不治,上怒曰:"义纵以我为不复行此道乎!"衔之。

六年(甲子,前117)

1 冬,十月,雨水,无冰。

2 上既下缗钱令而尊卜式,百姓终莫分财佐县官,于是杨可告缗钱纵矣。义纵以为此乱民,部吏捕其为可使者。天子以纵为废格沮事,弃纵市。

3 郎中令李敢怨大将军之恨其父,乃击伤大将军,大将军匿讳之。居无何,敢从上雍,至甘泉宫猎,票骑将军去病射杀敢。去病时方贵幸,上为讳,云鹿触杀之。

4 夏,四月乙巳,庙立皇子闳为齐王,旦为燕王,胥为广陵王,初作诰策。

3　汉武帝颁布诏书,命将奸猾不法之徒放逐到边塞地区。

4　夏季,四月乙卯(初二),汉武帝任命太子少傅武强侯庄青翟为丞相。

5　汉武帝在鼎湖宫得了重病,巫师、医生等想尽办法,仍不见好转。游水县人发根介绍说,上郡有一巫师,生病时有鬼神附体。汉武帝将他召来,奉祀他住在甘泉宫中。当汉武帝发病时,派人问于神灵,神灵言道:"天子之病不必担心。待稍有好转后,来甘泉宫与我会面。"于是汉武帝病体稍愈,就前往甘泉宫,彻底痊愈后,又在专门奉祀神灵的寿宫中摆设酒宴。人们并不能见到神灵,只能听到神灵的声音,与人声一样。神灵忽来忽去,来时微风敬穆,居于帷帐之中。神灵说的话,汉武帝命人记录下来,命名为"画法"。神灵所说的话,都是世俗之人熟知的,并没有什么特殊之处,汉武帝听了之后却心中高兴。此事非常机密,外人并不知晓。

当时汉武帝突然起身前往甘泉宫,经过右内史管界,见道路大多毁坏失修,生气地说:"义纵难道认为我再也不能走这条道路了吗!"因而怀恨在心。

汉武帝元狩六年(甲子,公元前117年)

1　冬季,十月,降雨,水未结冰。

2　汉武帝颁布了"缗钱令"后,又尊崇卜式,但老百姓却始终不肯拿出钱财来帮助国家,于是由杨可主持的对民间隐瞒财产者进行告发和惩处的事件越来越多。义纵认为此举骚扰了百姓,命人逮捕杨可派出调查的人。汉武帝以义纵抗拒圣旨、阻挠告密事务,将其处死在集市上。

3　郎中令李敢怨恨大将军卫青使其父李广抱恨而死,将卫青打伤,但卫青却将此事隐瞒起来。不久,李敢随汉武帝到雍地甘泉宫狩猎,被票骑将军霍去病用箭射死。霍去病当时正受宠信,声势显赫,汉武帝为其隐瞒真相,宣称李敢是被鹿撞死的。

4　夏季,四月乙巳(二十八日),汉武帝在太庙册封皇子刘闳为齐王,刘旦为燕王,刘胥为广陵王,从此开始用颁布"诰策"的形式册封诸王。

5　自造白金、五铢钱后,吏民之坐盗铸金钱死者数十万人,其不发觉者不可胜计,天下大抵无虑皆铸金钱矣。犯者众,吏不能尽诛。

6　六月,诏遣博士褚大、徐偃等六人分循郡国,举兼并之徒及守、相、为吏有罪者。

7　秋,九月,冠军景桓侯霍去病薨。天子甚悼之,为冢,像祁连山。

初,霍仲孺吏毕归家,娶妇,生子光。去病既壮大,乃自知父为霍仲孺,会为票骑将军,击匈奴,道出河东,遣吏迎仲孺而见之,大为买田宅奴婢而去。及还,因将光西至长安,任以为郎,稍迁至奉车都尉、光禄大夫。

8　是岁,大农令颜异诛。

初,异以廉直,稍迁至九卿。上与张汤既造白鹿皮币,问异,异曰:“今王侯朝贺以苍璧,直数千,而以皮荐反四十万,本末不相称。”天子不说。张汤又与异有郤,及人有告异以他事,下张汤治异。异与客语初令下有不便者,异不应,微反唇。汤奏当:“异九卿,见令不便,不入言而腹诽,论死。”自是之后,有腹诽之法比,而公卿大夫多谄谀取容矣。

元鼎元年(乙丑,前 116)

1　夏,五月,赦天下。

2　济东王彭离骄悍,昏暮,与其奴、亡命少年数十人行剽杀人,取财物以为好。所杀发觉者百馀人,坐废,徙上庸。

5　自从铸造白金币、五铢钱之后,各地方小吏和平民百姓因私铸钱币而被处死的多达数十万人,至于那些尚未发觉的更是多得无法计算,天下人几乎都在私铸钱币。由于犯此法的人太多了,官府不可能将他们全部诛杀。

6　六月,汉武帝下诏书派遣博士官诸大、徐偃等六人分别到全国各郡和诸侯国视察,举劾各地并吞平民耕地之人和违法犯罪的郡守、诸侯国丞相及其他地方官吏。

7　秋季,九月,冠军景桓侯霍去病去世。汉武帝非常悲痛,特地为他仿照祁连山形状修了一座坟墓。

当初,霍仲孺完成吏事,返回家乡,另娶妻子,生了一个儿子即霍光。霍去病长大后,得知霍仲孺是自己的父亲,当他作为骠骑将军北击匈奴,经过河东时,特派手下人将霍仲孺请来相见,为他购买了大量田宅奴婢而后离去。班师回朝时,又顺便将霍光带到长安,保荐为郎官,后逐渐升至奉车都尉、光禄大夫。

8　这一年,大农令颜异被处死。

当初,颜异因廉洁正直升到九卿高位。汉武帝和张汤商议要制造“白鹿皮币”时,曾询问颜异的意见,颜异说:“现在藩王和列侯朝贺时的礼物,都是黑色璧玉,价值才数千钱,而用作衬垫的皮币反而价值四十万,本末不相称。”汉武帝听了很不高兴。张汤与颜异一向不和,后有人告发颜异在一件事上触犯法令,汉武帝命张汤给颜异定罪,颜异的一位客人议论某项诏令初下时有不恰当的地方,颜异听到后没有应声,微微撇了一下嘴唇。张汤奏称:“颜异身为九卿,见到诏令有不当之处,不提醒皇上,却在心里加以诽谤,应处死刑。”从此以后,有了“腹诽”的案例,公卿大臣们大多以阿谀诌媚的办法来保全自己的身家性命。

汉武帝元鼎元年(乙丑,公元前116年)

1　夏季,五月,汉武帝颁诏大赦天下。

2　济东王刘彭离骄横凶悍,常在黄昏时率领家奴和少年恶棍数十人抢劫杀人,夺取财物,并以此为嗜好。被他杀害的人,仅已发觉的就有一百多个,因此被废除王爵、封国,贬逐到上庸。

二年(丙寅,前 115)

1 冬,十一月,张汤有罪自杀。

初,御史中丞李文与汤有郤,汤所厚吏鲁谒居阴使人上变告文奸事,事下汤治,论杀之。汤心知谒居为之,上问:"变事踪迹安起?"汤佯惊曰:"此殆文故人怨之。"谒居病,汤亲为之摩足。赵王素怨汤,上书告:"汤大臣,乃与吏摩足,疑与为大奸。"事下廷尉。谒居病死,事连其弟。弟系导官,汤亦治他囚导官,见谒居弟,欲阴为之,而佯不省。谒居弟弗知,怨汤,使人上书,告汤与谒居谋共变告李文。事下减宣,宣尝与汤有郤,及得此事,穷竟其事,未奏也。会人有盗发孝文园瘗钱,丞相青翟朝,与汤约俱谢,至前,汤独不谢。上使御史按丞相,汤欲致其文"丞相见知",丞相患之。丞相长史朱买臣、王朝、边通,皆故九卿、二千石,仕宦绝在汤前。汤数行丞相事,知三长史素贵,故陵折,丞史遇之,三长史皆怨恨,欲死之。乃与丞相谋,使吏捕案贾人田信等,曰:"汤且欲奏请,信辄先知之,居物致富,与汤分之。"事辞颇闻,上问汤曰:"吾所为,贾人辄先知之,益居其物,是类有以吾谋告之者。"汤不谢,又佯惊曰:"固宜有。"减宣亦奏谒居等事。天子以汤怀诈面欺,使赵禹切责汤,汤乃为书谢,因曰:"陷臣者,

汉武帝元鼎二年(丙寅,公元前 115 年)

1 冬季,十一月,张汤因有罪而自杀。

当初,御史中丞李文与张汤不和,素为张汤所赏识的低级官吏鲁谒居,暗中唆使人上书汉武帝,告发李文图谋作乱,汉武帝交张汤处理,张汤将李文处死。张汤明知是鲁谒居所为,但当汉武帝问道:"告发李文图谋作乱一事是怎么引起的呢?"张汤假装吃惊道:"这大概是李文的旧友对他不满而引起的。"后来鲁谒居生病,张汤亲自给他按摩双脚。赵王刘彭祖向来怨恨张汤,听说此事后,上书汉武帝告发说:"张汤身为大臣,竟给一个低级小吏按摩双脚,我怀疑他们可能有什么大阴谋。"汉武帝将此事交给廷尉处理。鲁谒居病死后,此事又牵连到鲁谒居的弟弟。鲁谒居的弟弟被囚禁在导官衙门,正好张汤到导官衙门审问别的囚犯,见到鲁谒居的弟弟,打算暗中救助,表面上却装作不认识的样子。鲁谒居的弟弟不知张汤心意,怀恨在心,便让人上书朝廷,揭发张汤与鲁谒居同谋告发李文谋乱。汉武帝将此事交给减宣处理,减宣曾与张汤结怨,如今抓住此事,正好穷追到底,但一时还没有结案奏报。就在此时,正赶上有人盗挖了汉文帝陵园中所埋的钱币,丞相庄青翟上朝,与张汤约定一同觐见汉武帝请罪,可到了汉武帝面前,张汤却在一旁并不说话。汉武帝命张汤负责审理庄青翟在此事中应负的责任,张汤企图给庄青翟加上"明知故纵"的罪名,庄青翟非常害怕。丞相长史朱买臣、王朝、边通以前都曾做过九卿和二千石官,资格都比张汤老。张汤曾几次代行丞相职权,知道这三位长史一向尊贵,就故意凌辱折磨他们,将他们看作相府的低级小吏一般,所以三位长史都对张汤心怀怨恨,想置张汤于死地。于是,他们与庄青翟商议,派人逮捕了商人田信等,然后散布说:"张汤每次向皇上奏请推行任何法令,田信都事先知道,乘机囤积居奇,赚了大钱后再分给张汤。"消息传到汉武帝耳中,便问张汤:"我做什么事,商人都事先知道,提前作好准备,好像有人将我的计划泄漏给他们。"张汤知道是在说他,但并不请罪,反装作吃惊的样子说:"大概有这回事。"减宣也将调查鲁谒居一事的结果奏闻。因此,汉武帝认为张汤心怀奸诈且当面欺瞒,派赵禹严厉谴责张汤,张汤只得写下遗书,向汉武帝请罪,并指控:"陷害我的,

三长史也。"遂自杀。汤既死,家产直不过五百金。昆弟诸子欲厚葬汤,汤母曰:"汤为天子大臣,被污恶言而死,何厚葬乎!"载以牛车,有棺无椁。天子闻之,乃尽按诛三长史。十二月壬辰,丞相青翟下狱,自杀。

2　春,起柏梁台。作承露盘,高二十丈,大七围,以铜为之。上有仙人掌,以承露,和玉屑饮之,云可以长生。宫室之修,自此日盛。

3　二月,以太子太傅赵周为丞相。

4　三月辛亥,以太子太傅石庆为御史大夫。

5　大雨雪。

6　夏,大水,关东饿死者以千数。

7　是岁,孔仅为大农令,而桑弘羊为大农中丞,稍置均输,以通货物。

8　白金稍贱,民不宝用,竟废之。于是悉禁郡、国无铸钱,专令上林三官铸钱,令天下非三官钱不得行。而民之铸钱益少,计其费不能相当,惟真工、大奸乃盗为之。

9　浑邪王既降汉,汉兵击逐匈奴于幕北,自盐泽以东空无匈奴,西域道可通。于是张骞建言:"乌孙王昆莫本为匈奴臣,后兵稍强,不肯复朝事匈奴,匈奴攻不胜而远之。今单于新困于汉,而故浑邪地空无人,蛮夷俗恋故地,又贪汉财物,今诚以此时厚币赂乌孙,招以益东,居故浑邪之地,与汉结昆弟,其势宜听,听则是断匈奴右臂也。既连乌孙,自其西大夏之属皆可招来而为外臣。"天子以为然,拜骞为中郎将,将三百人,马各二匹,牛羊以万数,赍金币帛直数千巨万,多持节副使,道可便,遣之他旁国。

是三名丞相长史。"然后自杀而死。张汤死后,所留家产不过价值五百金。张汤的兄弟子侄想要厚葬他,其母说:"张汤身为天子重臣,竟被污言秽语中伤而死,何必要厚葬呢!"便将张汤的尸体放在牛车上,运到墓地,只有一口棺材,并无外椁。汉武帝听说后,将三名丞相长史全部处死。十二月壬辰(二十五日),丞相庄青翟被逮捕下狱,在狱中自杀。

2 春季,汉武帝修筑柏梁台。在台上造了一个承露盘,高二十丈,直径要七人合抱,用铜铸成。盘上有神仙手掌,用来承接露水,再拌上璧玉的粉末喝下去,据说可以长生不老。从此,修建宫室的风气,一天比一天厉害。

3 二月,汉武帝任命太子太傅赵周为丞相。

4 三月辛亥(十五日),汉武帝任命太子太傅石庆为御史大夫。

5 天降大雪。

6 夏季,大水成灾,关东地区饿死数千人。

7 这一年,孔仅做了大农令,桑弘羊做了大农中丞,开始在部分郡、国设置均输官,负责调节各地物资,互通有无。

8 白金币价值下降,民间不愿使用,终于废弃。于是,汉武帝下令,各郡、国一律不许铸钱,专由朝廷上林三官负责铸钱,全国各地不是三官钱不得使用。民间私铸钱币的,因为成本太高,无利可图,所以日益减少,只有手艺高强的人或大奸之徒仍然私自铸钱。

9 浑邪王归降汉朝以后,汉军将匈奴势力驱逐到大漠以北,自盐泽往东广大地区不见匈奴踪迹,前往西域的道路通行无阻。于是张骞建议说:"乌孙王昆莫本是匈奴的藩属,后来兵力渐强,不肯再受匈奴的统治,匈奴派兵征服,未能取胜,只得舍他而去。如今匈奴单于刚刚受到我朝的沉重打击,而过去的浑邪王辖地又空无一人,蛮夷之族的习俗本就依恋故地,何况又贪图我朝的财物,如果我们用丰厚的礼物拉拢乌孙,招他们东迁到过去的浑邪王辖地居住,与我朝结为兄弟之国,势必可使他们听从我朝的调遣,听从我国的调遣,就等于断了匈奴的右臂一般。与乌孙结盟之后,其西部的大夏等国也都能招来成为我朝的藩属。"汉武帝认为有理,便任命张骞为中郎将,率领三百人,每人马二匹,以及数万头牛羊和价值数千万钱的黄金、钱币、绸缎等物,又指定多人为手持天子符节的副使,沿途如有通往别国的道路,即派一副使前往。

騫既至乌孙，昆莫见骞，礼节甚倨。骞谕指曰："乌孙能东居故地，则汉遣公主为夫人，结为兄弟，共距匈奴，匈奴不足破也。"乌孙自以远汉，未知其大小；素服属匈奴日久，且又近之，其大臣皆畏匈奴，不欲移徙。骞留久之，不能得其要领，因分遣副使使大宛、康居、大月氏、大夏、安息、身毒、于窴及诸旁国。乌孙发译道送骞还，使数十人，马数十匹，随骞报谢，因令窥汉大小。是岁，骞还，到，拜为大行。后岁馀，骞所遣使通大夏之属者皆颇与其人俱来，于是西域始通于汉矣。

西域凡三十六国，南北有大山，中央有河，东西六千馀里，南北千馀里，东则接汉玉门、阳关，西则限以葱岭。河有两源，一出葱岭，一出于窴，合流东注盐泽。盐泽去玉门、阳关三百馀里。自玉门、阳关出西域有两道：从鄯善傍南山北，循河西行至莎车，为南道；南道西逾葱岭，则出大月氏、安息。自车师前王廷随北山循河西行至疏勒，为北道；北道西逾葱岭，则出大宛、康居、奄蔡焉。故皆役属匈奴，匈奴西边日逐王，置僮仆都尉，使领西域，常居焉耆、危须、尉黎间，赋税诸国，取富给焉。

乌孙王既不肯东还，汉乃于浑邪王故地置酒泉郡，稍发徙民以充实之。后又分置武威郡，以绝匈奴与羌通之道。

天子得宛汗血马，爱之，名曰"天马"。使者相望于道以求之。诸使外国，一辈大者数百，少者百馀人，人所赍操大放博望侯时，其后益习而衰少焉。汉率一岁中使多者十馀，少者五六辈；远者八九岁，近者数岁而反。

张骞到达乌孙之后,乌孙王昆莫接见了他,但态度傲慢,礼数不周。张骞转达汉武帝的谕旨说:"如果乌孙能够向东返回故土,那么我大汉将把公主许配给国王为夫人,两国结为兄弟之邦,共同抗拒匈奴,则击败匈奴不是什么难事。"然而,乌孙因距汉朝太远,不知汉朝是大是小;且长期以来一直是匈奴的藩属,与匈奴相距又近,朝中大臣全都畏惧匈奴,不愿东迁。张骞在乌孙呆了很久,一直得不到满意的答复,便向大宛、康居、大月氏、大夏、安息、身毒、于阗及附近各国分别派出副使进行联络。乌孙派翻译、向导送张骞回国,又派数十人、马数十匹随张骞到汉朝报聘道谢,顺便了解汉朝的大小强弱。同年,张骞回到长安,汉武帝任命他为大行。一年多以后,张骞所派出使大夏等国的副使大部分都与该国使臣一同回来,这样,西域各国与汉朝的联系通道就开始打开了。

西域地区共有三十六个国家,南北为大山,中部有河流,东西长六千余里,南北宽千余里,东部与汉朝的玉门、阳关相连接,西部直到葱岭。中部河流有两个源头,一在葱岭,一在于阗,合为一股后流入盐泽。盐泽离玉门、阳关三百余里。从玉门、阳关前往西域有两条道路:从鄯善沿南山北麓前行,再顺着河流向西到莎车,是南道;从南道向西越过葱岭,就到了大月氏、安息。从车师前王廷沿北山前行,再沿河流西行到疏勒,是北道;从北道向西越过葱岭,就到了大宛、康居、奄蔡。以前,西域各国都受匈奴统治,匈奴西部的日逐王,专门设置僮仆都尉统辖西域各国,常驻于焉耆、危须、尉黎一带,向西域各国征收赋税,掠取各国的财富。

既然乌孙王不肯东还,汉朝便在浑邪王旧辖地区增设酒泉郡,并从内地迁徙了一部分人口来充实酒泉郡。以后,又从酒泉分出部分地区增设武威郡,用以隔绝匈奴与羌人部落的联络通道。

汉武帝得到大宛出的汗血宝马,非常喜爱,称之为"天马"。又接连不断地派使者去大宛搜求。汉朝出使外国的各个使团,大的一行数百人,小的一百多人,所带礼品等物与张骞出使时大致相当,以后随着对西域情况的日益熟悉,使团人员及携带之物也逐渐减少。大约在一年之中,汉朝派往西域各国的使团,多时十余个,少时五六个;其中路远的一般要八九年,较近的也要数年之后才能回来。

三年(丁卯,前 114)

1 冬,徙函谷关于新安。

2 春,正月戊子,阳陵园火。

3 夏,四月,雨雹。

4 关东郡、国十馀饥,人相食。

5 常山宪王舜薨,子勃嗣,坐宪王病不侍疾及居丧无礼废,徙房陵。后月馀,天子更封宪王子平为真定王,以常山为郡,于是五岳皆在天子之邦矣。

6 徙代王义为清河王。

7 是岁,匈奴伊稚斜单于死,子乌维单于立。

四年(戊辰,前 113)

1 冬,十月,上行幸雍,祠五畤。诏曰:"今上帝,朕亲郊,而后土无祀,则礼不答也。其令有司议!"立后土祠于泽中圜丘。上遂自夏阳东幸汾阴。是时,天子始巡郡、国。河东守不意行至,不办,自杀。十一月甲子,立后土祠于汾阴脽上,上亲望拜,如上帝礼。礼毕,行幸荥阳,还,至洛阳,封周后姬嘉为周子南君。

2 春,二月,中山靖王胜薨。

3 乐成侯丁义荐方士栾大,云与文成将军同师。上方悔诛文成,得栾大,大说。大先事胶东康王,为人长美言,多方略,而敢为大言,处之不疑。大言曰:"臣常往来海中,见安期、羡门之属,顾以臣为贱,不信臣,又以为康王诸侯耳,不足与方。臣之师曰:'黄金可成而河决可塞,不死之药可得,仙人可致也。'然臣恐效文成,则方士皆掩口,恶敢言方哉!"

汉武帝元鼎三年(丁卯,公元前114年)

1 冬季,把函谷关迁到新安。

2 春季,正月戊子(二十七日),汉景帝陵园失火。

3 夏季,四月,天降冰雹。

4 关东地区十几个郡和封国严重饥馑,发生人们相互格杀煮食的惨景。

5 常山宪王刘舜去世,其子刘勃承嗣王位,后刘勃被指控在刘舜病重时未能在旁侍奉汤药,守孝时又违反礼仪规定,被废除王爵,放逐到房陵地区。一个多月以后,汉武帝改封刘舜的另一个儿子刘平为真定王,将常山改为郡,于是五岳全都归入朝廷直接管辖之内。

6 汉武帝将代王刘义改封为清河王。

7 该年,匈奴伊稚斜单于去世,其子乌维单于即位。

汉武帝元鼎四年(戊辰,公元前113年)

1 冬季,十月,汉武帝巡幸至雍,在五畤分别举行祭祀典礼。汉武帝颁布诏书说:"如今朕亲自祭祀天帝,却未祭祀地神,于礼不合。着令主管官员研究办理!"后主管官员建议,在水边圆形丘台上建立后土祠,以祭祀地神。于是汉武帝自夏阳向东巡幸至汾阴。这时,汉武帝开始出巡各郡、国。河东郡守万没想到皇上会突然驾到,一切供应都准备不及,惶恐自杀。十一月甲子(初八),后土祠在汾阴河东岸丘陵之上建成,汉武帝亲自祭拜,与祭祀天帝之礼相同。祭拜结束后,汉武帝巡幸至荥阳,启程还京,到了洛阳,封周朝王室后裔姬嘉为周子南君。

2 春季,二月,中山靖王刘胜去世。

3 乐成侯丁义向汉武帝推荐方士栾大,说栾大与文成将军少翁同出一个师门。汉武帝正后悔不该杀死少翁,所以见到栾大后非常高兴。栾大原来侍奉胶东康王刘寄,善于阿谀奉承,富于智谋,敢说大话,且对自己的话深信不疑。栾大对汉武帝说:"我常常往来于大海之中,见过安期生、羡门等神仙,只因为我地位微贱,所以他们不信任我;又认为康王不过是一位诸侯,没有资格得到长生不老的秘方。我师父说:'黄金可以炼成,黄河决口可以堵塞,长生不老之药可以得到,神仙可以修成。'但我怕步少翁的后尘,如果那样,则所有的方士都将捂着嘴不敢说话,谁还敢谈及长生不老之方呢!"

上曰:"文成食马肝死耳。子诚能修其方,我何爱乎!"大曰:"臣师非有求人,人者求之。陛下必欲致之,则贵其使者,令为亲属,以客礼待之,乃可使通言于神人。"于是上使验小方,斗旗,旗自相触击。是时,上方忧河决而黄金不就,乃拜大为五利将军,又拜为天士将军,地士将军,大通将军。夏,四月乙巳,封大为乐通侯,食邑二千户,赐甲第,僮千人,乘舆斥车马、帷帐、器物以充其家,又以卫长公主妻之,赍金十万斤。天子亲如五利之第,使者存问共给,相属于道。自太主、将、相以下,皆置酒其家,献遗之。天子又刻玉印曰"天道将军",使使衣羽衣,夜立白茅上,五利将军亦衣羽衣,立白茅上,受印,以示不臣。大见数月,佩六印,贵震天下。于是海上燕、齐之间,莫不搤腕自言有禁方、能神仙矣。

4 六月,汾阴巫锦得大鼎于魏脽后土营旁,河东太守以闻。天子使验问,巫得鼎无奸诈,乃以礼祠,迎鼎至甘泉,从上行,荐之宗庙及上帝,藏于甘泉宫,群臣皆上寿贺。

5 秋,立常山宪王子商为泗水王。

6 初,条侯周亚夫为丞相,赵禹为丞相史,府中皆称其廉平,然亚夫弗任,曰:"极知禹无害,然文深,不可以居大府。"及禹为少府,比九卿为酷急。至晚节,吏务为严峻,而禹更名宽平。

中尉尹齐素以敢斩伐著名,及为中尉,吏民益凋敝。是岁,齐坐不胜任抵罪。上乃复以王温舒为中尉,赵禹为廷尉。后四年,禹以老,贬为燕相。

汉武帝说道:"少翁是吃了马肝而死的。你要真能使我得到长生不老之方,我什么都不会吝惜!"栾大说:"我师父对别人无所求,都是别人求他。陛下如一定要将他请来,就应尊崇他的使者,让他的使者成为陛下的亲属,以待客的礼节对待他,这样才能让他将陛下的请求转达给神仙。"汉武帝让栾大表演法术,栾大在庭院中树立若干旗帜,用法术使旗帜相互攻击。此时,汉武帝正在担心黄河决口和黄金无法炼成,便封栾大为五利将军,后又封其为天士将军、地士将军、大通将军。夏季,四月乙巳(二十一日),汉武帝封栾大为乐通侯,食邑二千户,赐给府第以及僮仆一千人,并把自己用不着的车马、帷帐、家具器物等赏给栾大以充家用,又将亲生女儿卫长公主嫁给栾大为妻,陪嫁黄金十万斤。汉武帝还亲自到栾大家中看望,派去询问栾大家中供应情况的使者更是络绎不绝。包括汉武帝姑妈窦太主及丞相、将军在内的朝廷大臣和皇亲国戚都到栾大家中设摆酒宴,赠送礼品。汉武帝又刻了一枚"天道将军"的玉印,命使者身穿用羽毛织成的衣服,于夜晚站在白色茅草上面;栾大也身穿羽衣,站在白色茅草上面接受玉印,表示他不是汉武帝的臣属。栾大自见到汉武帝后,数月之中,佩带六枚印信,其显贵使天下为之震动。于是,沿海一带燕、齐等地的人们全都握住手腕自称有长生不老的秘方、能请到神仙。

4 六月,汾阴一位名叫锦的巫师,在后土祠旁边找到一个大鼎,河东太守将此事奏明朝廷。汉武帝派人调查,证实确有其事,便以隆重的礼仪将此鼎迎到甘泉宫,呈献给宗庙和皇天上帝,保存在甘泉宫中,文武百官都向汉武帝进行祝贺。

5 秋季,汉武帝封常山宪王的儿子刘商为泗水王。

6 当初,条侯周亚夫做丞相时,赵禹为丞相长史,相府中人都称道赵禹的廉洁公平,可是周亚夫不信任他,周亚夫曾认为:"我非常了解赵禹不是坏人,但他执法严苛,不应当掌握大权。"后来赵禹做了少府,执法比其他九卿都严苛峻急。到赵禹晚年,其他官员都以严刑峻法为务,反显得赵禹宽厚平和。

中尉尹齐平素以敢于杀人闻名于世,及至他做了中尉,民间更是日益凋敝。这一年,尹齐因被指控不能胜任其职而获罪。汉武帝又任命王温舒为中尉,赵禹为廷尉。四年后,赵禹因年纪太老,被贬为燕国丞相。

是时吏治皆以惨刻相尚，独左内史兒宽，劝农业，缓刑罚，理狱讼，务在得人心；择用仁厚士，推情与下，不求名声，吏民大信爱之；收租税时，裁阔狭，与民相假贷，以故租多不入。后有军发，左内史以负租课殿，当免。民闻当免，皆恐失之，大家牛车、小家担负输租，襁属不绝，课更以最，上由此愈奇宽。

7　初，南越文王遣其子婴齐入宿卫，在长安取邯郸摎氏女，生子兴。文王薨，婴齐立，乃藏其先武帝玺，上书请立摎氏女为后，兴为嗣。汉数使使者风谕婴齐入朝。婴齐尚乐擅杀生自恣，惧入见要，用汉法比内诸侯；固称病，遂不入见。婴齐薨，谥曰明王。太子兴代立，其母为太后。

太后自未为婴齐姬时，尝与霸陵人安国少季通。是岁，上使安国少季往谕王、王太后以入朝，比内诸侯；令辩士谏大夫终军等宣其辞，勇士魏臣等辅其决，卫尉路博德将兵屯桂阳待使者。南越王年少，太后中国人，安国少季往，复与私通。国人颇知之，多不附太后。太后恐乱起，亦欲倚汉威，数劝王及群臣求内属；即因使者上书，请比内诸侯，三岁一朝，除边关。于是天子许之，赐其丞相吕嘉银印及内史、中尉、太傅印，馀得自置；除其故黥、劓刑，用汉法，比内诸侯。使者皆留，填抚之。

这一时期,用法严酷成为整个官场的一时风尚,只有左内史兒宽,注重鼓励农业生产,执刑和缓,公平处理诉讼纠纷,获得老百姓的拥护;他选择心地忠厚的人加以任用,与下级推心置腹,不求虚名,受到属下和百姓的衷心爱戴;征收赋税时,用缓济急,宽限时日,保证百姓正常的生产生活,但也常常因此而征收不足。后来国家有重大军事行动,需大量筹集军粮时,兒宽因税收不足,政绩最差,应该免职。当地老百姓听说后,唯恐失去这样一位好官,于是富室大家用牛车,穷家小户用担挑,络绎不绝地将租税送到官府,兒宽征税的成绩一跃成为最好,汉武帝也因此对兒宽印象深刻。

7　当初,南越文王赵胡派其子赵婴齐入宫为汉武帝充当侍卫,在长安娶邯郸女子樛氏为妻,生一子,取名赵兴。赵胡死后,赵婴齐继承王位,隐藏其先祖南越武帝赵佗的印玺,上书朝廷,请求立樛氏女为王后,赵兴为世子。朝廷多次派遣使臣,提醒赵婴齐入京朝觐。赵婴齐只愿像现在这样自操生杀予夺大权,随心所欲,害怕一旦入朝,朝廷会用国家法令像约束内地诸侯一样约束于他,所以假称有病,不肯前去。赵婴齐死后,谥号称明王。世子赵兴即王位,尊其母樛氏为王太后。

樛氏在嫁赵婴齐之前,曾与霸陵人安国少季有私情。这年,汉武帝派安国少季至南越国,劝谕赵兴和他的母亲入京朝觐,同于内地诸侯;又派能言善辩的谏大夫终军等前往宣告朝廷的谕旨,勇士魏臣等前往促其下最后的决心;并命卫尉路博德率兵屯驻桂阳迎接使臣。由于南越王年纪还小,王太后樛氏又是汉朝人,安国少季到南越国后,又与樛氏私通。国中之人颇有耳闻,所以多数人都不拥护樛氏。樛氏害怕发生暴乱,也想倚靠朝廷的威势,多次劝赵兴和南越国群臣正式归属朝廷;于是便借这次朝廷使臣前来的机会,上书请求按内地诸侯之例,每三年朝觐一次,解除边界关卡。汉武帝批准所请,赐南越国丞相吕嘉银质印信,内史、中尉、太傅等也都由朝廷颁给印信,其他官职听任南越王自行安排;废除南越国往脸上刺字和割鼻子的刑罚,改用汉朝法律,与内地诸侯相同。所派使臣全部留在南越国,负责镇抚该地区。

8　上行幸雍，且郊，或曰："五帝，泰一之佐也，宜立泰一，而上亲郊。"上疑未定。齐人公孙卿曰："今年得宝鼎，其冬辛巳朔旦冬至，与黄帝时等。"卿有札书曰："黄帝得宝鼎，是岁己酉朔旦冬至，凡三百八十年，黄帝仙登于天。"因嬖人奏之。上大悦，召问，卿对曰："受此书申公，申公曰：'汉兴复当黄帝之时，汉之圣者在高祖之孙且曾孙也。宝鼎出而与神通，黄帝接万灵明庭。明庭者，甘泉也。黄帝采首山铜，铸鼎于荆山下。鼎既成，有龙垂胡髯下迎黄帝，黄帝上骑龙，与群臣后宫七十馀人俱登天。'"于是天子曰："嗟乎！诚得如黄帝，吾视去妻子如脱屣耳！"拜卿为郎，使东候神于太室。

五年（己巳，前 112）

1　冬，十月，上祠五畤于雍，遂逾陇，西登崆峒。陇西守以行往卒，天子从官不得食，惶恐，自杀。于是上北出萧关，从数万骑猎新秦中，以勒边兵而归。新秦中或千里无亭徼，于是诛北地太守以下。上又幸甘泉，立泰一祠坛，所用祠具如雍一畤而有加焉。五帝坛环居其下四方地，为醊食群神从者及北斗云。十一月，辛巳朔，冬至；昧爽，天子始郊拜泰一。朝朝日，夕夕月则揖。其祠，列火满坛，坛旁亨炊具。有司云："祠上有光。"又云："昼有黄气上属天。"太史令谈、祠官宽舒等请三岁天子一郊见，诏从之。

8 汉武帝巡幸至雍,将要举行祭天仪式,有人建议说:"五帝为泰一神的助手,应建泰一庙,由皇上亲自祭祀。"汉武帝迟疑未决。齐国人公孙卿说道:"今年皇上得到宝鼎,冬季十一月初一清晨为冬至,与黄帝时一样。"公孙卿有一木简,上面说:"黄帝得到宝鼎,该年十一月初一清晨为冬至,过了三百八十年,黄帝成仙升天。"公孙卿将木简上的话通过汉武帝宠幸的人奏上。汉武帝听后非常高兴,召公孙卿前来询问,公孙卿回答说:"此书是申公给我的,申公说:'汉朝兴盛的时间与黄帝时一样,汉朝的圣人,就是高祖皇帝的孙子和曾孙。宝鼎的出现,正好与神意相通,黄帝在祭祀神灵的"明庭"迎接神灵。"明庭"就是甘泉宫。黄帝在首山开采铜矿,在荆山下铸造宝鼎。宝鼎铸成之后,天上有一条龙将龙须垂下来接引黄帝,于是,黄帝骑上龙背,和群臣及后宫妃嫔七十馀人一起登天成了神仙。'"汉武帝说:"唉!要真的能跟黄帝一样,我抛弃妻子就像抛弃鞋子一样!"于是任命公孙卿为郎官,派他东到太室山等候天神降临。

汉武帝元鼎五年(己巳,公元前 112 年)

1 冬季,十月,汉武帝至雍祭祀于五畤,然后越过陇山,西行登崆峒山。陇西郡守因汉武帝来得突然,一时对其众多的随从人员的饮食供应难以齐备,害怕汉武帝降罪,自杀而死。汉武帝自陇西北出萧关,率数万骑兵至新秦中行围打猎,在边界地区显示兵威,然后回京。汉武帝见新秦中一带有的地区千里之中竟没有设置亭驿、哨卡,便将北地太守以下有关官员全部处死。汉武帝再次驾临甘泉宫,并在此修建泰一祭坛,所用祭祀法器仿照雍地五畤中一畤所用而有所增添。又建五帝祭坛环绕于泰一祭坛下方四周,祭祀群神的随从和北斗星。十一月辛巳朔(初一),冬至;天还没亮,汉武帝就开始祭拜泰一天神。早晨面对东方,向太阳作揖致敬;晚上面对西南,向月亮作揖致敬。祭祀时,坛上满布火簇,坛旁放置着烹制祭品的饮具。主管官员宣称:"祭坛上空有神光。"又宣称:"白天有一股黄色气体直冲霄汉。"太史令司马谈、祭祀官宽舒等建议,天子每三年祭天一次,汉武帝下诏表示同意。

2　南越王、王太后饬治行装,重赍为入朝具。其相吕嘉,年长矣,相三王,宗族仕宦为长吏者七十馀人,男尽尚王女,女尽嫁王子弟、宗室,及苍梧秦王有连,其居国中甚重,得众心愈于王。王之上书,数谏止王,王弗听,有畔心,数称病,不见汉使者。使者皆注意嘉,势未能诛。王、王太后亦恐嘉等先事发,欲介汉使者权,谋诛嘉等,乃置酒请使者,大臣皆侍坐饮。嘉弟为将,将卒居宫外。酒行,太后谓嘉曰:"南越内属,国之利也;而相君苦不便者,何也?"以激怒使者。使者狐疑相杖,遂莫敢发。嘉见耳目非是,即起而出。太后怒,欲钪嘉以矛,王止太后。嘉遂出,介其弟兵就舍,称病,不肯见王及使者,阴与大臣谋作乱。王素无意诛嘉,嘉知之,以故数月不发。

天子闻嘉不听命,王、王太后孤弱不能制,使者怯无决;又以为王、王太后已附汉,独吕嘉为乱,不足以兴兵,欲使庄参以二千人往使。参曰:"以好往,数人足矣;以武往,二千人无足以为也。"辞不可,天子罢参。郏壮士故济北相韩千秋奋曰:"以区区之越,又有王、王太后应,独相吕嘉为害,愿得勇士三百人,必斩嘉以报。"于是天子遣千秋与王太后弟樛乐将二千人往。入越境,吕嘉等乃遂反,下令国中曰:"王年少,太后,中国人也,又与使者乱,专欲内属,尽持先王宝器入献天子以自媚。多从人行,至长安,虏卖以为僮仆,取自脱一时之利,无顾赵氏社稷、为万世虑计之意。"乃与其弟将卒攻杀王、王太后及汉使者,

2　南越王赵兴、王太后樛氏置办行装和重礼,准备入京朝觐。南越国丞相吕嘉年事已高,历任三代国王的丞相,其家族成员在南越国担任重要官职的有七十馀人,男子都娶了国王的女儿,妇女都嫁给了王室成员,与苍梧秦王赵光也有姻亲关系,他在南越国中德高望重,比南越王更得人心。南越王上书汉朝请求归附,吕嘉曾多次谏阻,见南越王执意不听,便生出离叛之心,几次推说有病,不肯与汉使相见。汉使对吕嘉一直很注意,但因其势力强大,难以铲除。南越王和王太后也害怕吕嘉先行发难,想利用汉使杀死吕嘉,于是设摆酒宴,款待汉使,文武大臣都来陪坐饮酒。吕嘉的弟弟为南越国大将,率兵在宫外警戒。席间,王太后对吕嘉说:“南越国内附汉朝,于国家大为有利;而丞相你总是不同意,为什么呢?”想以此来激怒汉使。汉使犹豫不决,相互观望,谁也不敢发动。吕嘉见气氛不对,马上起身退席。王太后大怒,想用矛刺死吕嘉,被南越王阻止。吕嘉离开王宫,在其弟率兵簇拥下回转相府,从此推说有病,不肯见南越王和汉使,暗中与亲信密谋造反。南越王本无意杀吕嘉,吕嘉也知道这一点,所以拖延数月,未曾发动。

　　汉武帝听说吕嘉不肯听命,而南越王、王太后又势孤力弱,不能控制,所派使臣怯懦无决断;同时又认为既然南越王、王太后已肯于归附,只有吕嘉从中捣乱,用不着大举兴兵,所以想派庄参率兵两千前往南越国。庄参奏道:“要是去好言相劝,只带几个人就够了;如果是去武力胁迫,仅两千人是无能为力的。”推辞不去,汉武帝撤消了委派给庄参的命令。郏县壮士、曾任济北国丞相的韩千秋自告奋勇说:“一个小小的南越国,又有其国王和王太后的响应,只丞相吕嘉一人捣乱,给我三百勇士,必能杀吕嘉回报。”于是汉武帝派韩千秋和南越王太后的弟弟樛乐率兵两千前往。汉军一进南越国境,吕嘉等便起兵反叛,并号令全国说:“国王年轻,王太后本是汉朝人,又与汉使通奸,一心想归附汉朝,将先王留下的宝器全都献给汉天子为自己买好。还想带去大批从人,到达长安,转卖为奴,只顾自己眼前利益,却不顾赵氏的江山社稷,也不为子孙后代着想。”吕嘉与其弟率兵攻杀了南越王赵兴、王太后樛氏及汉朝使臣,

遣人告苍梧秦王及其诸郡县,立明王长男越妻子术阳侯建德为王。而韩千秋兵入,破数小邑。其后越开直道给食,未至番禺四十里,越以兵击千秋等,遂灭之。使人函封汉使者节置塞上,好为谩辞谢罪,发兵守要害处。

春,三月壬午,天子闻南越反,曰:"韩千秋虽无功,亦军锋之冠,封其子延年为成安侯;樛乐姊为王太后,首愿属汉,封其子广德为龙亢侯。"

3 夏,四月,赦天下。

4 丁丑晦,日有食之。

5 秋,遣伏波将军路博德出桂阳,下湟水;楼船将军杨仆出豫章,下浈水;归义越侯严为戈船将军,出零陵,下离水;甲为下濑将军,下苍梧。皆将罪人,江、淮以南楼船十万人。越驰义侯遗别将巴、蜀罪人,发夜郎兵,下牂柯江,咸会番禺。

齐相卜式上书,请父子与齐习船者往死南越。天子下诏褒美式,赐爵关内侯,金六十斤,田十顷,布告天下,天下莫应。是时列侯以百数,皆莫求从军击越。会九月尝酎,祭宗庙,列侯以令献金助祭。少府省金,金有轻及色恶者,上皆令劾以不敬,夺爵者百六人。辛巳,丞相赵周坐知列侯酎金轻,下狱,自杀。

6 丙申,以御史大夫石庆为丞相,封牧丘侯。时国家多事,桑弘羊等致利,王温舒之属峻法,而兒宽等推文学,皆为九卿,更进用事;事不关决于丞相,丞相庆醇谨而已。

派人联络苍梧秦王及各郡县,立南越明王赵婴齐大儿子赵越与南越籍妻子所生的长子术阳侯赵建德为王。韩千秋率兵进入南越国后,攻破了几座小城。后南越人诱敌深入,在距其都城番禺约四十里的地方将韩千秋所部汉军歼灭。然后派人把汉使的符节封好放到边界上,以动听的诳骗言辞谢罪,同时派兵加强边界要隘的防守。

春季,三月壬午(初四),汉武帝听说南越国造反,说道:"韩千秋虽然没能建功,但也是第一个敢于率兵前往的人,封其子韩延年为成安侯;樛乐的姐姐是南越王太后,首先表示愿意归附汉朝,封樛乐的儿子樛广德为龙亢侯。"

3　夏季,四月,汉武帝颁诏大赦天下。

4　丁丑(二十九日),出现日食。

5　秋季,汉武帝派伏波将军路博德从桂阳沿湟水进发;楼船将军杨仆自豫章沿浈水进发;南越名叫严的归义侯被任命为戈船将军,率兵从零陵沿离水进发;名为甲的南越降将被任命为下濑将军,率兵进攻苍梧。各路军卒都由囚犯组成,并调集江、淮以南地区十万人乘船从征。另外,名叫遗的南越降将驰义侯也率领巴、蜀地区的囚犯,又征调夜郎国军队沿牂柯江南下,与各路部队在番禺会师。

齐国丞相卜式上书朝廷,请求汉武帝批准他父子和齐国擅长水上活动的人前往南越,为国效力。为此,汉武帝专门颁布诏书,表扬卜式,封卜式为关内侯,赏金六十斤、土地十顷,并宣告全国,然而却无人响应。当时位列侯爵的人数以百计,竟没有一个人主动要求参加征伐南越的战争。正好九月有大规模宗庙祭祀活动,天下列侯奉命进献黄金助祭。汉武帝便命少府严格检查所献黄金,凡重量不足或成色不好的,一律以"不敬"罪加以参劾,结果因此而被革去侯爵的,共一百零六人。辛巳(初六),丞相赵周也被指控"明知列侯所献黄金重量不足,却纵容包庇",被逮捕下狱,赵周自杀。

6　丙申(二十一日),汉武帝任命御史大夫石庆为丞相,封牧丘侯。当时,国家多事,桑弘羊等人不断开辟财源,王温舒等人极力推行严刑峻法,兒宽等人则大力倡导文章学术,他们几位都位列九卿,相继掌握朝政大权;再加上丞相石庆性格敦厚谨慎,所以国家大事往往既不向丞相汇报,更不由丞相决定。

7 五利将军装治行,东入海求其师。既而不敢入海,之太山祠。上使人随验,实无所见,五利妄言见其师。其方尽多不雠,坐诬罔,腰斩;乐成侯亦弃市。

8 西羌众十万人反,与匈奴通使,攻故安,围枹罕。匈奴入五原,杀太守。

六年(庚午,前111)

1 冬,发卒十万人,遣将军李息、郎中令徐自为征西羌,平之。

2 楼船将军杨仆入越地,先陷寻陿,破石门,挫越锋,以数万人待伏波将军路博德至俱进,楼船居前,至番禺。南越王建德、相吕嘉城守。楼船居东南面,伏波居西北面。会暮,楼船攻败越人,纵火烧城。伏波为营,遣使者招降者,赐印绶,复纵令相招。楼船力攻烧敌,驱而入伏波营中。黎旦,城中皆降。建德、嘉已夜亡入海,伏波遣人追之。校尉司马苏弘得建德,越郎都稽得嘉。戈船、下濑将军兵及驰义侯所发夜郎兵未下,南越已平矣。遂以其地为南海、苍梧、郁林、合浦、交趾、九真、日南、珠崖、儋耳九郡。师还,上益封伏波,封楼船为将梁侯,苏弘为海常侯,都稽为临蔡侯,及越降将苍梧王赵光等四人皆为侯。

3 公孙卿候神河南,言见仙人迹缑氏城上。春,天子亲幸缑氏城视迹,问卿:"得毋效文成、五利乎?"卿曰:"仙者非有求人主,人主者求之;其道非宽假,神不来。言神事如迂诞,积以岁月,乃可致也。"上信之。于是郡、国各除道,缮治宫观、名山、神祠以望幸焉。

7　五利将军栾大整装出发,宣称要去东海寻找他的神仙老师。可后来没敢入海,却跑到太山去祭祀祷告。汉武帝派人跟踪察看,并未见到神仙踪影,栾大回来后却假称见到了他的老师。此时栾大的法术已大多用尽,不再灵验,汉武帝便以"诈骗欺罔"之罪将栾大判处腰斩,推荐栾大的乐成侯丁义也被当众斩首。

8　西羌部族十万人反叛朝廷,与匈奴结盟,进攻故安,兵围枹罕。匈奴乘机侵入五原,杀死五原太守。

汉武帝元鼎六年(庚午,公元前111年)

1　冬季,汉武帝派遣将军李息、郎中令徐自为率兵十万征讨西羌,平定了西羌部族的叛乱。

2　楼船将军杨仆率兵进入南越国,首先攻破寻陕、石门,重创南越军,然后率部下数万人与伏波将军路博德会合,两军齐进,杨仆为前导,直指南越国都番禺。南越王赵建德、丞相吕嘉等据城垣坚守。杨仆屯兵城东南部,路博德屯兵城西北部。黄昏时,杨仆军攻破南越防线,放火烧城。路博德则设下营垒,派人招降南越官兵,赏给印信、绶带,然后再命他们去招降同伴。杨仆军猛烈进攻,火烧敌军,南越军纷纷被驱赶到路博德营中。黎明时,城中南越军全部投降。赵建德、吕嘉已事先于半夜逃到海上,路博德派人追击。校尉司马苏弘生擒赵建德,原南越国郎官都稽活捉吕嘉。戈船将军、下濑将军所部及驰义侯率领的夜郎军尚未赶到,南越国已被剿平。汉朝在南越旧地设立南海、苍梧、郁林、合浦、交趾、九真、日南、珠崖、儋耳九郡。班师回朝后,汉武帝加封路博德食邑,封杨仆为将梁侯,苏弘为海常侯,都稽为临蔡侯;南越降将原苍梧王赵光等四人也都被封为列侯。

3　公孙卿在河南等候神仙降临,言称在缑氏城头看到了神仙脚印。春季,汉武帝亲自来到缑氏城观看神仙脚印,问公孙卿说:"你不是想效法少翁、栾大吧?"公孙卿说:"神仙无求于人间君主,而人间君主有求于他,如果道路不宽阔,时间不充裕,神仙就不会来。说到神仙之事,似乎很遥远荒诞,所以要有足够的时间,才能将神仙请到。"汉武帝相信了他的话。于是,各郡、国纷纷扩建道路,修缮观宇,清扫名山、神祠,希望有幸使神仙驾临。

4　赛南越,祠泰一、后土,始用乐舞。

5　驰义侯发南夷兵,欲以击南越。且兰君恐远行,旁国虏其老弱,乃与其众反,杀使者及犍为太守。汉乃发巴、蜀罪人当击南越者八校尉,遣中郎将郭昌、卫广将而击之,诛且兰及邛君、笮侯,遂平南夷为牂柯郡。夜郎侯始倚南越,南越已灭,夜郎遂入朝,上以为夜郎王。冉駹皆振恐,请臣置吏,乃以邛都为越嶲郡,笮都为沈黎郡,冉駹为汶山郡,广汉西白马为武都郡。

6　初,东越王馀善上书,请以卒八千人从楼船击吕嘉。兵至揭阳,以海风波为解,不行,持两端,阴使南越。及汉破番禺,不至。杨仆上书愿便引兵击东越,上以士卒劳倦,不许,令诸校屯豫章、梅岭以待命。馀善闻楼船请诛之,汉兵临境,乃遂反,发兵距汉道,号将军驺力等为吞汉将军,入白沙、武林、梅岭,杀汉三校尉。是时,汉使大农张成、故山州侯齿将屯,弗敢击,却就便处,皆坐畏懦诛。馀善自称武帝。

上欲复使杨仆将,为其伐前劳,以书敕责之曰:"将军之功独有先破石门、寻陿,非有斩将搴旗之实也,乌足以骄人哉!前破番禺,捕降者以为虏,掘死人以为获,是一过也。使建德、吕嘉得以东越为援,是二过也。士卒暴露连岁,将军不念其勤劳,而请乘传行塞,因用归家,怀银、黄、垂三组,夸乡里,是三过也。失期内顾,以道恶为解,是四过也。问君蜀刀价而阳不知,

4 为感谢神仙保佑征服南越,汉武帝再次祭祀泰一神和后土神,并开始使用以音乐伴奏的舞蹈。

5 驰义侯征调南夷各部族的军队,想让他们去征讨南越国。且兰族首领害怕一旦率军远离,其他部族会乘机房掠本族的老弱妇孺,于是率领部众背叛汉朝,杀死汉朝使臣和犍为太守。汉武帝征调应去攻打南越的由巴、蜀罪犯组成的八校尉部队,派中郎将郭昌、卫广率领他们攻击南夷,诛杀且兰及邛君、筰侯等部族首领,于是平定了南夷叛乱,并在那里设置牂柯郡。夜郎国原本依赖南越国,南越国灭亡后,夜郎国只得归附汉朝,汉武帝封夜郎国君为夜郎王。冉駹等部族非常害怕,纷纷请求归顺汉朝,由朝廷设官管理,于是,汉朝在邛都设越嶲郡,筰都设沈黎郡,冉駹设汶山郡,广汉西部的白马设武都郡。

6 当初,东越王骆馀善上书朝廷,请求率兵八千随楼船将军杨仆征讨吕嘉。但抵达揭阳后,又以海上风狂浪大为借口,停止前进,首鼠两端,暗中派人与南越国联络。直到汉军已攻破南越国都番禺,东越军还未到达。杨仆上书朝廷,请求乘胜率兵征讨东越,汉武帝认为士卒已然疲劳,没有批准,令各路将领屯兵豫章、梅岭一带等待命令。骆馀善听到杨仆奏请征讨东越的消息,又见汉军屯兵边境,便起兵造反,派兵截断汉朝通道,赐将军驺力等人"吞汉将军"的称号,率兵攻入白沙、武林、梅岭地区,杀死汉朝三名校尉。此时,汉朝使者大农令张成、原山州侯刘齿正奉命屯驻当地,不敢出击东越军,反退往安全之处,所以都被以怯懦畏敌的罪名处死。骆馀善自称武帝。

汉武帝想再派杨仆率兵征东越,因杨仆自恃灭南越之功,所以下诏书责备他说:"你的功劳只是先攻破石门、寻陿而已,并没有斩将夺旗的实效,没什么可骄傲的!上次攻破番禺城,你将归降的人当俘虏捕捉,把死人从坟中挖出冒充是战虏斩杀,是一错。使赵建德、吕嘉得到东越的外援,是二错。将士们连年暴露于蛮荒之地,你不念及他们的辛劳,竟假借名目,乘坐驿车,离开边塞,私自还乡,怀揣金、银印信,还故意露出三条绶带,向邻里夸耀,是三错。你眷恋妻妾,误了回营日期,却以道路不好走作借口,是四错。问你蜀郡的刀价,你假装不知道,

挟伪干君，是五过也。受诏不至兰池，明日又不对。假令将军之吏，问之不对，令之不从，其罪何如？推此心在外，江海之间可得信乎？今东越深入，将军能率众以掩过不？"仆惶恐对曰："愿尽死赎罪！"上乃遣横海将军韩说出句章，浮海从东方往；楼船将军杨仆出武林，中尉王温舒出梅岭，以越侯为戈船、下濑将军；出若邪、白沙，以击东越。

7 博望侯既以通西域尊贵，其吏士争上书言外国奇怪利害求使。天子为其绝远，非人所乐往，听其言，予节，募吏民，毋问所从来，为具备人众遣之，以广其道。来还，不能毋侵盗币物及使失指。天子为其习之，辄覆按致重罪，以激怒令赎，复求使，使端无穷，而轻犯法。其吏卒亦辄复盛推外国所有，言大者予节，言小者为副，故妄言无行之徒皆争效之。其使皆贫人子，私县官赍物，欲贱市以私其利。外国亦厌汉使，人人有言轻重，度汉兵远不能至，而禁其食物以苦汉使。汉使乏绝，积怨至相攻击。而楼兰、车师，小国当空道，攻劫汉使王恢等尤甚，而匈奴奇兵又时遮击之。使者争言西域皆有城邑，兵弱易击。于是天子遣浮沮将军公孙贺将万五千骑出九原二千馀里，至浮沮井而还；匈河将军赵破奴将万馀骑出令居数千里，至匈河水而还：以斥逐匈奴，不使遮汉使。皆不见匈奴一人，乃分武威、酒泉地置张掖、敦煌郡，徙民以实之。

以欺诈手段冒犯君主,是五错。命你去兰池宫,你不去,第二天也不加以解释。如果你的部下,问他话不回答,命令他也不服从,那该当何罪?把这些事都公诸于世,天下还有谁会相信你呢?如今东越军队已深入我国边境,你是否能率领兵众补救你的过失呢?"杨仆惶恐地表示:"我愿拼死效力以赎罪!"于是,汉武帝派横海将军韩说从句章出发,渡海从东面进击;楼船将军杨仆从武林出发,中尉王温舒从梅岭出发,派原南越降将为戈船将军、下濑将军,从若邪、白沙出发,大举进攻东越。

7 因博望侯张骞以出使西域而获得尊贵的地位,他的部下也争相上书朝廷,陈说外国的奇异之事和利害关系,要求出使。汉武帝因西域各国道路遥远,一般人不愿前往,所以凡请求出使者一律照准,赐给符节,招募吏民,不问其出身如何,配备人员然后派出,以扩大出使的范围。这些人回来后,不可避免地会出现私吞礼品财物或违背朝廷旨意的现象。汉武帝因他们熟习出使之事,所以治以重罪,来激励他们再次请求出使,立功赎罪,因此这些人往往多次出使外国,而对犯法之事看得很轻。使臣的随从人员也纷纷盛赞外国事物,会说的往往被赐予正使符节,不大会说的也封为副使,因此,很多浮夸而无品行的人都争相效法。这些出使外国的人一般都是贫家子弟,常常将朝廷筹集的出使礼品贱价卖出后中饱私囊。西域各国对每次前来的汉朝使节所说之事前后不一,也生出厌恶之心,估计汉朝军队路远难至,就拒绝为汉使提供食物,给他们制造困难。汉使们在缺乏粮食供应的情况下,常常相互怨恨,甚至相互攻击。尤其是楼兰、车师两个小国,地处汉朝通往西域的通道上,更是经常劫掠汉使,王恢等人都曾遭到他们的攻击,匈奴军队也时常袭击汉使。使臣们争相报告朝廷,说西域各国都有固定的城镇,兵力单弱,容易征服。于是,汉武帝派公孙贺为浮沮将军,率兵一万五千从九原出塞,深入两千余里,至浮沮井而还;又派赵破奴为匈河将军,率兵一万余骑从令居出塞,深入数千里,至匈河水而还:目的是为了驱逐匈奴,让汉使不受阻拦。但他们没有遇到一个匈奴人,于是分割武威、酒泉二郡土地,增设张掖、敦煌二郡,迁徙内地民众充实该地。

8 是岁，齐相卜式为御史大夫。式既在位，乃言："郡、国多不便县官作盐铁器，苦恶价贵，或强令民买之；而船有算，商者少，物贵。"上由是不悦卜式。

9 初，司马相如病且死，有遗书，颂功德，言符瑞，劝上封泰山。上感其言，会得宝鼎，上乃与公卿诸生议封禅。封禅用希旷绝，莫知其仪。而诸方士又言："封禅者合不死之名也。黄帝以上，封禅皆致怪物，与神通，秦皇帝不得上封。陛下必欲上，稍上即无风雨，遂上封矣。"上于是乃令诸儒采《尚书》、《周官》、《王制》之文，草封禅仪，数年不成。上以问左内史儿宽，宽曰："封泰山，禅梁父，昭姓考瑞，帝王之盛节也；然享荐之义，不著于《经》。臣以为封禅告成，合祛于天地神祇，唯圣主所由，制定其当，非群臣之所能列。今将举大事，优游数年，使群臣得人人自尽，终莫能成。唯天子建中和之极，兼总条贯，金声而玉振之，以顺成天庆，垂万世之基。"上乃自制仪，颇采儒术以文之。上为封禅祠器，以示群儒，或曰"不与古同"，于是尽罢诸儒不用。上又以古者先振兵释旅，然后封禅。

元封元年(辛未，前110)

1 冬，十月，下诏曰："南越、东瓯，咸伏其辜；西蛮、北夷，颇未辑睦；朕将巡边垂，躬秉武节，置十二部将军，亲帅师焉。"乃行，自云阳北历上郡、西河、五原，出长城，北登单于台，至朔方，临北河，遣使者郭吉告单于曰："南越王头已悬于汉北阙。今单于能战，天子自将待边；不能，即南面而臣于汉，何徒远走亡匿于幕北寒苦无水草之地？毋为也！"

8 该年,齐国丞相卜式升任御史大夫。卜式在任时,言道:"各郡、国对盐铁由朝廷专卖一事多感不便,官府专卖的盐铁产品,质次价高,有的还强迫百姓购买;船只都要交纳算赋,所以经商的人减少,盐铁价格昂贵。"汉武帝因此不再喜欢卜式。

9 当初,司马相如病重将死,临终时留下遗书,称颂汉武帝的功德,并谈及祥瑞之事,劝汉武帝到泰山封禅祭祀天地。汉武帝深受感动,又获得宝鼎,便与公卿大臣、儒生们商议封禅之事。天子封禅泰山,是极为少见的事,没有人懂得应用什么样的仪注。法术之士认为:"封禅的意义就是不死。黄帝以前的君主,封禅都招来怪物,以与神灵相通,而秦始皇就未能在泰山顶上祭天。陛下如一定要登泰山,应缓缓前进,如无风雨,就可以登上泰山山顶举行祭天大典了。"于是,汉武帝命儒生们参考《尚书》、《周官》、《王制》等书,草拟登泰山祭祀天地的仪注,但数年之后,还未拟出。汉武帝询问左内史兒宽的意见,兒宽说:"在泰山祭天,在梁父山祭地,昭告百姓,祈求祥瑞,是帝王的盛典;但献礼的仪注,经书中却无记载。我认为,封禅典礼的完成,意味着天开地合,只有圣明的君主,才能制定其仪,并非臣下所能拟就。如今将要举行大典,却拖了数年时间,群臣各人有各人的意见,始终未能拟出。只有天子才能掌握中正平和的最高原则,总贯各项条例,发出金玉般的声音,以顺利促成这一天下最大的庆典,作为万世遵奉的法则。"于是汉武帝自定仪注,多采用儒家学说加以修饰。又造就封禅用的祭器,拿给儒生们观看,有的说"与古代的不一样",汉武帝就将所有儒生一律罢斥不用。汉武帝又按着古代的做法,首先展示军威,然后举行封禅大典。

汉武帝元封元年(辛未,公元前110年)

1 冬季,十月,汉武帝颁布诏书说:"南越、东瓯都已受到应有的惩罚,而西蛮、北夷尚未平服,朕将巡视边塞,设置十二路将军,并亲自掌握兵符,统率这十二路大军。"于是汉武帝离京出巡,自云阳向北,经上郡、西河、五原,然后出长城,再向北登单于台,直至朔方,来到北河,派使臣郭吉通知匈奴单于说:"南越国王的人头已经悬挂到大汉京城的北门上。如今单于若是敢于决战,我大汉天子亲自率军在边境等候;若是不敢决战,就应归降我大汉,为什么远远地逃避到大漠以北那寒冷、困苦而又缺乏水草的地方呢?实在不要那么做!"

语卒而单于大怒,立斩主客见者,而留郭吉,迁之北海上。然匈奴亦詟,终不敢出。上乃还,祭黄帝冢桥山,释兵须如。上曰:"吾闻黄帝不死,今有冢,何也?"公孙卿曰:"黄帝已仙上天,群臣思慕,葬其衣冠。"上叹曰:"吾后升天,群臣亦当葬吾衣冠于东陵乎?"乃还甘泉,类祠太一。

2 上以卜式不习文章,贬秩为太子太傅,以兒宽代为御史大夫。

3 汉兵入东越境,东越素发兵距险,使徇北将军守武林。楼船将军卒钱塘辕终古斩徇北将军。故越衍侯吴阳以其邑七百人反攻越军于汉阳。越建成侯敖与繇王居股杀馀善,以其众降。上封终古为御兒侯,阳为卯石侯,居股为东成侯,敖为开陵侯;又封横海将军说为按道侯,横海校尉福为缭嫈侯,东越降将多军为无锡侯。上以闽地险阻,数反覆,终为后世患,乃诏诸将悉其民徙于江、淮之间,遂虚其地。

4 春,正月,上行幸缑氏,礼祭中岳太室,从官在山下闻若有言"万岁"者三。诏祠官加增太室祠,禁无伐其草木,以山下户三百为之奉邑。

上遂东巡海上,行礼祠八神。齐人之上疏言神怪、奇方者以万数,乃益发船,令言海中神山者数千人求蓬莱神人。公孙卿持节常先行,候名山,至东莱,言:"夜见大人,长数丈,就之则不见,其迹甚大,类禽兽云。"群臣有言:"见一老父牵狗,言'吾欲见巨公',已忽不见。"上既见大迹,未信,及君臣又言老父,则大以为仙人也,宿留海上;与方士传车及间使求神仙,人以千数。

话音一落，单于勃然大怒，立即将引见郭吉的官员斩首，同时扣留郭吉，囚禁于北海。但此时匈奴已然丧失了斗志，始终未敢与汉朝决战。于是，汉武帝起驾回朝，在桥山祭黄帝陵，行至须如，将征调的兵卒遣散。汉武帝问道："我听说黄帝长生不老，可如今竟有他的陵墓，这是为什么呢？"公孙卿回答说："黄帝成仙升天以后，他的臣民想念于他，所以将他的衣冠建陵埋葬。"汉武帝叹道："我将来升天后，臣民们也会把我的衣冠葬在东陵吗？"回到甘泉宫，在太一神坛又进行了类似的祭祀活动。

2 汉武帝借口卜式不善文辞，将其降为太子太傅，命兒宽代替卜式做御史大夫。

3 汉军进入东越国境，东越王早已派兵占据了险要地带，并命徇北将军镇守武林。杨仆部下士兵钱塘人辕终古将徇北将军杀死。原东越衍侯吴阳率当地武装七百人背叛东越王，在汉阳进攻东越军队。名叫敖的东越建成侯与繇王骆居股杀死东越王骆馀善，率众归降。汉武帝封辕终古为御兒侯，吴阳为卯石侯，骆居股为东成侯，敖为开陵侯；又封横海将军韩说为按道侯，横海校尉福为缭嫈侯，东越降将多军为无锡侯。汉武帝因闽越地区地势险恶，其人反复无常，多次与汉朝为敌，怕为后世留下祸患，于是诏命各路将领将当地人全部迁到长江、淮河一带，使闽越地区成为荒无人烟的地方。

4 春季，正月，汉武帝出巡至缑氏城，祭祀于中岳太室山，随从人员在山下似乎听到有人连呼三声"万岁"。汉武帝命令主管祭祀的官员扩建太室祭祠，禁止民间砍伐山上草木，又拨山下三百户百姓作为太室祭祠的采邑。

汉武帝东巡大海，祭祀八位神仙。齐人中上书陈述神怪之事和奇药秘术的数以万计，于是汉武帝增派船只，命曾说海中有仙山的数千人出海寻找蓬莱神仙。公孙卿曾经携带天子符节，先行前往名山胜地等候神仙驾临，行至东莱，声称："夜中见一巨人，身高数丈，凑上前去，却又看不见了，所留脚印甚为巨大，类似野兽的蹄迹。"群臣中又有人说道："看到一位老翁，手中牵着一条狗，自言'我想见天子'，说完踪迹全无。"汉武帝虽然亲自察看了巨大脚印，但还未相信；后又听说老翁之事，才认定就是神仙，于是留宿海边；又下令方士可以使用国家的驿马车辆，随时访求神仙踪迹；一时四出寻仙之人，竟数以千计。

　　夏，四月，还，至奉高，礼祠地主于梁父。乙卯，令侍中儒者皮弁、搢绅，射牛行事，封泰山下东方。如郊祠泰一之礼，封广丈二尺，高九尺，其下则有玉牒书，书秘。礼毕，天子独与侍中、奉车都尉霍子侯上泰山，亦有封，其事皆禁。明日，下阴道。丙辰，禅泰山下阯东北肃然山，如祭后土礼，天子皆亲拜见，衣尚黄，而尽用乐焉。江、淮间茅三脊为神藉，五色土益杂封。其封禅祠，夜若有光，昼有白云出封中。天子从禅还，坐明堂，群臣更上寿颂功德。诏曰：“朕以眇身承至尊，兢兢焉惟德菲薄，不明于礼乐，故用事八神。遭天地况施，著见景象，屑然如有闻，震于怪物，欲止不敢，遂登封泰山，至于梁父，然后升禅肃然自新。嘉与士大夫更始，其以十月为元封元年。行所巡至，博、奉高、蛇丘、历城、梁父，民田租逋赋，皆贷除之，无出今年算，赐天下民爵一级。”又以五载一巡狩，用事泰山，令诸侯各治邸泰山下。

　　天子既已封泰山，无风雨，而方士更言蓬莱诸神若将可得，于是上欣然庶几遇之，复东至海上望焉。上欲自浮海求蓬莱，群臣谏，莫能止。东方朔曰：“夫仙者，得之自然，不必躁求。若其有道，不忧不得；若其无道，虽至蓬莱见仙人，亦无益也。臣愿陛下第还宫静处以须之，仙人将自至。”上乃止。会奉车霍子侯暴病，一日死。子侯，去病子也，上甚悼之，乃遂去，并海上，北至碣石，巡自辽西，历北边，至九原，五月，乃至甘泉。凡周行万八千里云。

夏季,四月,汉武帝起驾还朝,途经奉高,在梁父山祭祀地主神。乙卯(十九日),汉武帝下令,凡担任侍中一职的儒家学者一律头戴皮帽,将笏板用丝带系在腰间,参加射牛仪式,并随汉武帝在泰山东坡之下祭祀天神。祭祀时仿效祭祀泰一神的礼仪,建祭坛一座,宽一丈二尺,高九尺,坛下埋藏着汉武帝给神仙的玉牒书信,内容极为隐秘。祭祀仪式结束后,汉武帝独自与侍中、奉车都尉霍子侯一起登上泰山,再行祭天之礼,一切过程都秘不告人。第二天,君臣二人从北麓下山。丙辰(二十日),汉武帝在泰山脚下东北部的肃然山仿祭后土神之礼祭祀地神,汉武帝身穿黄色衣服,在音乐的伴奏下一一亲自叩拜。用江淮地区出产的三节以上粗大茅草作为祭品的衬垫,用五种颜色的泥土建筑祭坛。在祭祀天地的神祠中,夜间仿佛有光,白天又好像有白云从祠中发出。汉武帝祭完地神之后,回到奉高,高坐于明堂之中,众大臣轮番上前歌功颂德,祝福长寿。汉武帝下诏说:"朕以渺小的身躯,继承至尊高位,兢兢业业,唯恐德才不足,不懂得礼教圣乐,所以尊敬八神,祈求庇护。蒙天地神灵恩赐祥瑞,目有所见,耳有所闻,虽震惊于其事怪异,却不敢加以阻止,于是登泰山祭祀天神,至梁父,然后登上肃然山祭地,反省自新,与士大夫一起吉祥地开始新的生活,自今年十月起,改年号为元封元年。此次巡行所到之博县、奉高、蛇丘、历城、梁父等地,百姓历年积欠的田赋及今年应纳的财产税,一概免除,并赐天下有爵者一律擢升一级。"又规定:天子每五年巡游一次,至泰山举行封禅大典,各诸侯封国都要在泰山脚下修建府邸。

　　汉武帝在泰山祭祀天地时,并无风雨,因方士们更加强调蓬莱山的神仙大概能够请到,于是汉武帝再次东至海边,兴高采烈地盼望能遇到神仙。汉武帝甚至打算亲自出海去寻找蓬莱仙山,群臣纷纷劝阻,但他执意不听。东方朔说道:"与神仙相遇,要出于自然机会,不能急躁强求。果真有缘,就不怕遇不到;如果无缘,纵然到了蓬莱山,见到神仙,也没有益处。我希望陛下能回到宫中,安静地等待,神仙自会降临。"汉武帝这才打消了出海的念头。正巧奉车都尉霍子侯突然重病,一日之间,即死去。霍子侯是霍去病的儿子,汉武帝非常难过,于是起驾离去,沿海岸北上至碣石,自辽西巡视北部边疆到九原,五月回到甘泉宫。此次出巡,行程一万八千里。

先是,桑弘羊为治粟都尉,领大农,尽管天下盐铁。弘羊作平准之法,令远方各以其物如异时商贾所转贩者为赋而相灌输。置平准于京师,都受天下委输。大农诸官,尽笼天下之货物,贵即卖之,贱则买之,欲使富商大贾无所牟大利,而万物不得腾踊。至是,天子巡狩郡县,所过赏赐,用帛百馀万匹,钱金以巨万计,皆取足大农。弘羊又请吏得入粟补官及罪人赎罪。山东漕粟益岁六百万石,一岁之中,太仓、甘泉仓满,边馀谷,诸物均输,帛五百万匹。民不益赋而天下用饶。于是弘羊赐爵左庶长,黄金再百斤焉。

是时小旱,上令官求雨。卜式言曰:"县官当食租衣税而已,今弘羊令吏坐市列肆,贩物求利。烹弘羊,天乃雨。"

5　秋,有星孛于东井,后十馀日,有星孛于三台。望气王朔言:"候独见填星出如瓜,食顷,复入。"有司皆曰:"陛下建汉家封禅,天其报德星云。"

6　齐怀王闳薨,无子,国除。

当初,桑弘羊以治粟都尉的身份兼任大农令,主持全国的盐铁专卖事务。桑弘羊创立平抑物价之法,令相距较远的地方官府以各自的特产作为贡赋,参考商人在不同时期向不同地区转贩不同商品的做法,相互转输。又在京师设立平准官,负责全国各地的转输事务。大农令所属各官,负责控制天下各种货物,价高时卖出,价低时买进,目的是不让大商人操纵物价,牟取暴利,使各种货物的价格不致波动太大。如今,汉武帝出巡各地,所到之处,赏赐丝织品共一百多万匹,金钱更以亿万计,都由大农令负责提供。桑弘羊又奏请汉武帝批准,小吏可以用捐献粮食的办法升为官员,犯罪的人也可以用此法来赎罪。因此,山东地区一年征收的粮食比规定数目多出六百万石,一年之间,太仓、甘泉仓全部贮满,边塞地区的粮食储备也有盈余;各地货物相互流通,都有馀裕,如丝织品就馀出五百万匹。百姓赋税没有增加,而天下财物却变得富饶有馀。于是,汉武帝赐给桑弘羊左庶长爵位和黄金二百斤。

这时,发生小规模的旱灾,汉武帝命官员求雨。卜式说道:"朝廷的衣食供应全靠赋税,如今桑弘羊却让官吏们坐在市曹、店铺之中,贩卖货物,追求利润。只有烹杀桑弘羊,老天爷才会下雨。"

5 秋季,有异星出现在井宿。十几天后,三台星旁又出现异星。善观星象的王朔说道:"五天后将会看到土星独自出现,形状似瓜,一顿饭工夫就会消失。"有关官员都说:"陛下开创汉朝天子封禅记录,上天用土星回报陛下。"

6 齐怀王刘闳去世,因没有儿子,封国被撤销。

卷第二十一　汉纪十三

起壬申(前 109)尽壬午(前 99)凡十一年

世宗孝武皇帝下之上
元封二年(壬申,前 109)

1　冬,十月,上行幸雍,祠五畤。还,祝祠泰一,以拜德星。

2　春,正月,公孙卿言:"见神人东莱山,若云欲见天子。"天子于是幸缑氏城,拜卿为中大夫,遂至东莱,宿留之,数日,无所见,见大人迹云。复遣方士求神怪,采芝药,以千数。时岁旱,天子既出无名,乃祷万里沙。夏,四月,还,过祠泰山。

3　初,河决瓠子,后二十馀岁不复塞,梁、楚之地尤被其害。是岁,上使汲仁、郭昌二卿发卒数万人塞瓠子河决。天子自泰山还,自临决河,沉白马、玉璧于河,令群臣、从官自将军以下皆负薪,卒填决河。筑宫其上,名曰宣防宫;导河北行二渠,复禹旧迹,而梁、楚之地复宁,无水灾。

4　上还长安。

5　初令越巫祠上帝、百鬼,而用鸡卜。

6　公孙卿言仙人好楼居,于是上令长安作蜚廉、桂观,甘泉作益寿、延寿观,使卿持节设具而候神人。又作通天茎台,置祠具其下。更置甘泉前殿,益广诸宫室。

世宗孝武皇帝下之上

汉武帝元封二年(壬申,公元前109年)

1　冬季,十月,汉武帝巡幸至雍,分别祭祀于五畤。回长安后,祭祀泰一神,并叩拜土星。

2　春季,正月,公孙卿报告说:"在东莱山见到神仙,他好像说要会晤天子。"于是汉武帝前往缑氏城,封公孙卿为中大夫,到东莱住了几天,却未见到神仙,只看到了巨人的足迹。汉武帝又派出数以千计的方士去寻访神,采摘灵芝。当时正逢旱灾,汉武帝外出巡游找不到冠冕堂皇的理由,只好去祭祀万里沙神庙。夏季,四月,返回长安,中途祭祀泰山。

3　先前,黄河在瓠子决口,过了二十多年仍未将决口处堵塞,梁、楚一带受害最深。这一年,汉武帝派大臣汲仁、郭昌二人征调数万人堵塞瓠子河口。汉武帝从泰山回长安途中,亲自到黄河决口处视察,将白马、玉璧沉入河中,命随驾群臣和扈从官员自将军以下一律背负柴薪,终于将决口处堵住。汉武帝命人在原决口处兴建宫室一座,名叫宣防宫;又开挖两条渠道,将黄河向北引导,流入大禹治水时的旧道,梁、楚地区从此恢复安宁,不受水灾之害。

4　汉武帝回到长安。

5　汉武帝开始命令越族巫师参加祭祀上帝和鬼神的活动,并使用鸡骨头进行占卜。

6　据公孙卿说,神仙喜欢住在楼中,于是汉武帝命人在长安兴建蜚廉观、桂观,在甘泉兴建益寿观、延寿观,派公孙卿携带皇帝符节,布置好全部设备,恭候神仙降临。又兴建通天茎台,在台下设摆祭祀法器。兴建甘泉宫前殿,并对其他各处宫室进行扩建。

7　初，全燕之世，尝略属真番、朝鲜，为置吏，筑障塞。秦灭燕，属辽东外徼。汉兴，为其远难守，复修辽东故塞，至浿水为界，属燕。燕王卢绾反，入匈奴。燕人卫满亡命，聚党千馀人，椎髻、蛮夷服而东走出塞，渡浿水，居秦故空地上下障，稍役属真番、朝鲜蛮夷及燕亡命者，王之，都王险。会孝惠、高后时，天下初定，辽东太守即约：满为外臣，保塞外蛮夷，无使盗边；诸蛮夷君欲入见天子，勿得禁止。以故满得以兵威财物侵降其旁小邑，真番、临屯皆来服属，方数千里。传子至孙右渠，所诱汉亡人滋多，又未尝入见；辰国欲上书见天子，又雍阏不通。是岁，汉使涉何诱谕，右渠终不肯奉诏。何去至界上，临浿水，使御刺杀送何者朝鲜裨王长，即渡，驰入塞，遂归报天子曰：“杀朝鲜将。”上为其名美，即不诘，拜何为辽东东部都尉。朝鲜怨何，发兵袭攻杀何。

8　六月，甘泉房中产芝九茎，上为之赦天下。

9　上以旱为忧，公孙卿曰：“黄帝时，封则天旱，乾封三年。”上乃下诏曰：“天旱，意乾封乎！”

10　秋，作明堂于汶上。

11　上募天下死罪为兵，遣楼船将军杨仆从齐浮渤海，左将军荀彘出辽东，以讨朝鲜。

7 当初,燕国全盛之时,曾经将真番、朝鲜一带归入版图之内,并设置官吏,修筑边防要塞。秦灭掉燕国之后,这一带成为辽东郡的外部边界。汉朝兴起后,因该地路途遥远,难于守御,所以只修复了辽东地区的原有边塞,以浿水作为边界,属燕国管辖。后燕王卢绾谋反,投降匈奴。燕国人卫满逃亡,聚集亲信一千余人,头梳发髻,身穿蛮夷服装向东逃出边塞,渡过浿水,占据秦时旧有空地周围设置边防要塞,并逐渐将真番、朝鲜的蛮夷部族和从燕国逃出的人归于自己的统治之下,自立为王,建都王险。到汉惠帝、汉高后时期,因天下刚刚安定不久,辽东太守便与卫满约定:由卫满作为汉朝的外藩属国,确保汉朝边塞之外的蛮夷部族不对汉朝边塞进行侵扰;如果各蛮夷部族的首领要到汉朝觐见天子,卫满不得禁止。因此,卫满得以利用军事征服和财物收买的手段将周围弱小部族一一臣服,真番、临屯一带全部归入卫氏朝鲜的版图之内,使其统治地域扩大到方圆数千里。王位传到卫满的孙子卫右渠时,卫氏朝鲜招降的汉朝逃亡人员越来越多,而卫右渠又从来未到长安朝见过汉朝天子;辰国国君想要上书汉朝,觐见汉天子,也因卫氏朝鲜的阻隔而道路不通。这一年,汉朝派使臣涉何前去谕令卫右渠觐见天子,但卫右渠却一直不肯接受谕令。涉何回到边界,在浿水河边,命卫士将护送他的朝鲜副王长杀死,然后渡过浿水,撤入汉朝边塞,回来报告汉武帝说:"杀死朝鲜将领。"汉武帝认为他干得很好,未加深究,任命涉何为辽东东部都尉。朝鲜怨恨涉何,派兵攻击辽东,将涉何杀死。

8 六月,甘泉宫斋房中长出九茎灵芝,为此,汉武帝下令大赦天下。

9 汉武帝因为旱灾而烦恼,公孙卿说:"黄帝时,也曾因祭天而出现大旱,三年无雨。"汉武帝颁布诏书说:"大旱,天意为旱祭!"

10 秋季,在汶水兴建祭祀神灵的"明堂"。

11 汉武帝下令招募天下犯有死罪的人当兵,由楼船将军杨仆率领,从齐国渡渤海,左将军荀彘从辽东出发、征讨朝鲜。

12　初,上使王然于以越破及诛南夷兵威喻滇王入朝。滇王者,其众数万人,其旁东北有劳深、靡莫,皆同姓相杖,未肯听。劳深、靡莫数侵犯使者吏卒。于是上遣将军郭昌、中郎将卫广发巴、蜀兵击灭劳深、靡莫,以兵临滇。滇王举国降,请置吏入朝。于是以为益州郡,赐滇王王印,复长其民。

是时,汉灭两越,平西南夷,置初郡十七,且以其故俗治,毋赋税。南阳、汉中以往郡,各以地比,给初郡吏卒奉食、币物、传车、马被具。而初郡时时小反,杀吏,汉发南方吏卒往诛之,间岁万馀人,费皆仰给大农。大农以均输、调盐铁助赋,故能赡之。然兵所过,县为以訾给毋乏而已,不敢言擅赋法矣。

13　是岁,以御史中丞南阳杜周为廷尉。周外宽,内深次骨,其治大放张汤。时诏狱益多,二千石系者,新故相因,不减百馀人。廷尉一岁至千馀章,章大者连逮证案数百,小者数十人;远者数千、近者数百里会狱。廷尉及中都官诏狱逮至六七万人,吏所增加,十万馀人。

三年(癸酉,前 108)

1　冬,十二月,雷,雨雹,大如马头。

2　上遣将军赵破奴击车师。破奴与轻骑七百馀先至,虏楼兰王,遂破车师,因举兵威以困乌孙、大宛之属。春,正月甲申,封破奴为浞野侯。王恢佐破奴击楼兰,封恢为浩侯。于是酒泉列亭障至玉门矣。

12 当初,汉武帝派王然于利用南越败亡的事例和剿灭南夷各地的兵威迫使滇国国王归附入朝。滇王拥有数万部众,邻近的东北方又有与之同姓的劳深、靡莫两国相互支援,所以不肯屈从汉朝的压力。劳深、靡莫两国还多次侵袭汉朝使臣部下。于是汉武帝派将军郭昌、中郎将卫广征调巴、蜀地区的军队灭掉劳深、靡莫两国,兵临滇国。滇王举国投降,请求汉朝派置官吏,并亲自入朝。于是汉朝在这一带设置益州郡,并赐给滇王王印,命他继续管辖他的百姓。

此时,汉朝先后灭掉了南越和东越两国,剿平了西南夷各部族,新增设了十七个郡,并仍按当地原有风俗习惯进行治理,不征收赋税。南阳、汉中等旧有各郡,则根据距离的远近,按比例为新设各郡的官吏和兵卒提供粮食、钱物、车辆、马匹及其他物资。由于新设各郡时常发生小规模叛乱,杀死地方官吏,汉朝便征调南方各郡的官吏兵卒前往镇压,一年达一万多人,所需费用全部依靠大农。大农靠调剂各地的物资和盐铁专卖的所得,补充赋税的不足,所以还可以承担。然而军队所过之处,地方官府为了供应军需,只得动用本地赋税,因而谁也不再提擅自动用赋税的法令了。

13 这一年,汉武帝任命御史中丞南阳人杜周为廷尉。杜周外表宽厚,内心却苛刻之极,对事情的处理基本上效法张汤。当时,皇帝亲自定罪的案件特别多,二千石官被逮捕囚禁的,旧的未去,新的已来,一直维持在百人以上。廷尉一年要处理的案件达到一千余件,一件大案,受牵连被逮捕或作证的人往往有好几百,小案也有数十人;远的数千里,近的数百里,都要押解前来审讯对质。廷尉和京中各官因办理皇帝交下的案狱而逮捕的人达六七万人,再经过各刑官狱吏的牵连攀扯,竟增加到十几万人。

汉武帝元封三年(癸酉,公元前108年)

1 冬季,十二月,打雷,天降冰雹,像马头一般大小。

2 汉武帝派将军赵破奴攻击西域车师国。赵破奴率轻骑兵七百余名先到楼兰国,生擒楼兰王,然后大破车师国,并乘机以大军围困乌孙、大宛等国。春季,正月甲申,汉武帝封赵破奴为浞野侯。王恢因辅佐赵破奴攻袭楼兰国,被封为浩侯。于是从酒泉到玉门都有了汉朝设立的边防要塞。

3　初作角牴戏、鱼龙曼延之属。

4　汉兵入朝鲜境，朝鲜王右渠发兵距险。楼船将军将齐兵七千人先至王险。右渠城守，窥知楼船军少，即出城击楼船；楼船军败散，遁山中十馀日，稍求退散卒，复聚。左将军击朝鲜浿水西军，未能破。天子为两将未有利，乃使卫山因兵威往谕右渠。右渠见使者，顿首谢："愿降，恐两将诈杀臣。今见信节，请复降。"遣太子入谢，献马五千匹，及馈军粮。人众万馀，持兵方渡浿水。使者及左将军疑其为变，谓太子："已服降，宜令人毋持兵。"太子亦疑使者、左将军诈杀之，遂不渡浿水，复引归。山还报天子，天子诛山。

左将军破浿水上军，乃前至城下，围其西北，楼船亦往会，居城南。右渠遂坚守城，数月未能下。左将军所将燕、代卒多劲悍，楼船将齐卒已尝败亡困辱，卒皆恐，将心惭，其围右渠，常持和节。左将军急击之，朝鲜大臣乃阴间使人私约降楼船，往来言尚未肯决。左将军数与楼船期战，楼船欲就其约，不会。左将军亦使人求间隙降下朝鲜，朝鲜不肯，心附楼船，以故两将不相能。左将军心意楼船前有失军罪，今与朝鲜私善，而又不降，疑其有反计，未敢发。

天子以两将围城乖异，兵久不决，使济南太守公孙遂往正之，有便宜得以从事。遂至，左将军曰："朝鲜当下，

3 角抵、鱼龙曼延等杂技游戏开始兴起。

4 汉军进入朝鲜境内,朝鲜王卫右渠派兵占据险要之地进行抵抗。楼船将军杨仆率领齐国军队七千人先行抵达王险。卫右渠据城坚守,探知杨仆兵力单薄,便出城袭击杨仆;杨仆军兵败溃散,逃往山中,十几天后,杨仆逐渐将溃散的兵卒重新聚集起来。左将军荀彘率部攻击朝鲜浿水西部军队,未能攻破。汉武帝因为两位将军未能取胜,便派卫山前往朝鲜,依靠军事压力劝谕卫右渠归顺。卫右渠会见卫山,行礼道歉,说道:"我愿意归降,但害怕两位将军用诈术杀我。如今见到天子信节,所以再次请求归降。"卫右渠派太子前往汉朝谢罪,并呈献战马五千匹,又为汉军提供军粮。朝鲜太子率众一万余人,手持武器,将要渡过浿水。卫山和荀彘害怕生出变故,便对太子说:"既然已经归降,就应命你手下人不得携带兵器。"太子也怕卫山和荀彘用计杀他,于是不肯渡浿水,带人返回。卫山回京报告汉武帝,汉武帝将卫山杀死。

左将军荀彘攻破浿水上的朝鲜军队,逼临王险城下,包围城西北;杨仆也率领重新聚集的部众前往会合,屯兵城南。卫右渠坚守城池,汉军一连数月未能攻下。荀彘率领的燕、代地区兵卒大多强劲剽悍;而杨仆所率齐地兵卒因曾经遭到败亡困辱,兵卒全部心怀恐惧,将领也感到惭愧不安,所以在围困王险城时,常常主张和平解决。荀彘不断督军猛攻,朝鲜大臣们就暗中派人前来与杨仆私下商议投降之事,使者往来磋商,尚未作出最后的决定。荀彘几次和杨仆约会与朝鲜进行最后决战的日期,但杨仆期待能与朝鲜私定降约,所以一直不加理会。荀彘也曾派人寻找机会劝说朝鲜归降,而朝鲜方面希望向杨仆投降,拒绝了荀彘的劝降,从而引起荀、杨两位将军的不和。荀彘认为,杨仆先前曾经兵败,犯下丧失所属部队之罪,而今与朝鲜私相友善,却又不能令朝鲜归降,所以怀疑他有背叛朝廷之心,只是一时还不敢贸然向朝廷告发。

汉武帝因为荀彘、杨仆二人包围王险城后行动乖张异常,战事许久不能结束,所以派济南太守公孙遂前往调查纠正,并授权公孙遂遇事可以相机行事。公孙遂来到军前,荀彘说:"朝鲜早就应当攻下,

久之不下者,楼船数期不会。"具以素所意告,曰:"今如此不取,恐为大害。"遂亦以为然,乃以节召楼船将军入左将军营计事,即命左将军麾下执楼船将军,并其军。以报天子,天子诛遂。

左将军已并两军,即急击朝鲜。朝鲜相路人、相韩阴、尼谿相参、将军王唊相与谋曰:"始欲降楼船,楼船今执,独左将军并将,战益急,恐不能与战;王又不肯降。"阴、唊、路人皆亡降汉,路人道死。夏,尼谿参使人杀朝鲜王右渠来降。王险城未下,故右渠之大臣成己又反,复攻吏。左将军使右渠子长、降相路人之子最告谕其民,诛成己。以故遂定朝鲜,为乐浪、临屯、玄菟、真番四郡。封参为澅清侯,阴为萩苴侯,唊为平州侯,长为幾侯,最以父死颇有功,为涅阳侯。

左将军征至,坐争功相嫉乖计,弃市。楼船将军亦坐兵至列口,当待左将军,擅先纵,失亡多,当诛,赎为庶人。

班固曰:玄菟、乐浪,本箕子所封。昔箕子居朝鲜,教其民以礼义,田蚕织作,为民设禁八条。相杀,以当时偿杀;相伤,以谷偿;相盗者,男没入为其家奴,女为婢;欲自赎者人五十万。虽免为民,俗犹羞之,嫁娶无所售。是以其民终不相盗,无门户之闭,妇人贞信不淫辟。其田野饮食以笾豆,都邑颇放效吏,往往以杯器食。郡初取吏于辽东,吏见民无闭臧,及贾人往者,夜则为盗,

之所以拖了这么久还未攻下,是因为楼船将军好几次不遵守预定的作战计划。"又将平时自己对杨仆的怀疑告诉公孙遂,说道:"如果现在不先发制人,恐怕会酿成大祸。"公孙遂也同意荀彘的看法,便用天子符节召楼船将军杨仆来左将军营中议事,乘机命左将军帐下武士将楼船将军捆缚扣押,并兼并了其所属部队。公孙遂将此事报告汉武帝,汉武帝将公孙遂处死。

左将军荀彘将两支部队合并,加紧对朝鲜发动进攻。朝鲜国相路人、韩阴、尼谿相参、将军王唊等相互商议道:"开始打算向楼船将军投降,今楼船将军已被逮捕,只有左将军一人指挥汉军,攻击越来越猛烈,恐怕我方无法抵挡;而国王偏又不肯向左将军投降。"后来韩阴、王唊、路人都弃职投向汉军大营,路人死于半途之中。夏季,朝鲜尼谿相参派人刺杀朝鲜王卫右渠,率众投降汉军。汉军尚未开进王险城时,原卫右渠手下大臣成已降而复叛,率部进攻汉军。荀彘命卫右渠的儿子卫长、降相路人的儿子路最劝告朝鲜民众归顺汉朝,于是王险军民起而诛杀成已。汉朝因此而平定朝鲜,设置乐浪、临屯、玄菟、真番四郡。封参为澅清侯,韩阴为荻苴侯,王唊为平州侯,卫长为幾侯;路最的父亲路人为降汉而死,颇有功劳,封为涅阳侯。

左将军荀彘被召回长安,汉武帝以争功相嫉的罪名将其当众斩首。楼船将军杨仆也因当初兵至列口时,本应等会合左将军之后一起进兵,而杨仆擅自贪功先进,以致损兵折将,其罪本应斩首,交纳赎金后贬为平民。

班固说:玄菟、乐浪,本是箕子的封国。当初箕子居住在朝鲜,教导他的百姓们学习礼义,掌握种田、养蚕、纺织的方法,并为他们制定八条法令。凡杀人的,当即以本人性命相抵;伤人的,用谷物赔偿对方的损失;盗窃的,男子给被盗者为奴,女子为婢;凡想要自赎其罪的,一人要交赎金五十万钱。虽被免罪为平民,但按当地风俗仍被人看不起,想结婚都找不到对象。因此,当地百姓终身不偷不盗,不必为防偷盗而关门闭户;女子都守贞节,没有淫乱行为。在乡间,人们都用竹器盛放食物;在城市中,人们往往仿效官吏的做法,用杯盘器皿盛放食物。初设郡时,低级官吏大多从辽东郡调来,其中有些人和一些来这里经商的商人看到这里的老百姓家家夜不闭户,便在夜间进行偷盗活动,

俗稍益薄,今于犯禁寖多,至六十餘条。可贵哉,仁贤之化也!然东夷天性柔顺,异于三方之外。故孔子悼道不行,设浮桴于海,欲居九夷,有以也夫!

5　秋,七月,胶西于王端薨。

6　武都氐反,分徙酒泉。

四年(甲戌,前107)

1　冬,十月,上行幸雍,祠五畤。通回中道,遂北出萧关,历独鹿、鸣泽,自代而还,幸河东。春,三月,祠后土,赦汾阴、夏阳、中都死罪以下。

2　夏,大旱。

3　匈奴自卫、霍度幕以来,希复为寇,远徙北方,休养士马,习射猎,数使使于汉,好辞甘言求请和亲。汉北地人王乌等窥匈奴,乌从其俗,去节入穹庐,单于爱之,佯许甘言,为遣其太子入汉为质。汉使杨信于匈奴,信不肯从其俗,单于曰:"故约汉尝遣翁主,给缯絮食物有品,以和亲,而匈奴亦不扰边。今乃欲反古,令吾太子为质,无几矣。"信既归,汉又使王乌往,而单于复诒以甘言,欲多得汉财物,绐谓王乌曰:"吾欲入汉见天子面,相约为兄弟。"王乌归报汉,汉为单于筑邸于长安。匈奴曰:"非得汉贵人使,吾不与诚语。"匈奴使其贵人至汉,病,汉予药,欲愈之,不幸而死。汉使路充国佩二千石印绶往使,因送其丧,厚葬,直数千金,曰:"此汉贵人也。"单于以为汉杀吾贵使者,乃留路充国不归。诸所言者,

使当地淳朴的风俗渐遭破坏,以致如今犯禁者日益增多,法令也增加到六十馀条。由此可见,圣贤的仁义教化是多么的可贵啊!然而,东夷民族天性柔顺,与其馀三方各民族迥然不同。所以孔夫子曾经叹道,如果他的道理不能得到推行,就将乘竹筏出海,到九夷地区去居住,这种想法是有根据的。

5 秋季,七月,胶西于王刘端去世。

6 武都郡氐族叛乱,汉朝将他们强行迁往酒泉。

汉武帝元封四年(甲戌,公元前 107 年)

1 冬季,十月,汉武帝巡游至雍,分别祭祀于五畤。通往回中地区的道路已然打通,于是汉武帝北出萧关,经独鹿山、鸣泽湖,到代郡返回,途中巡察了河东郡。春季,三月,汉武帝祭祀后土神,下令赦免汾阴、夏阳、中都地区死刑以下的囚犯。

2 夏季,大旱。

3 匈奴自卫青、霍去病率军穿越大漠以来,希望将来有机会再对汉朝进行侵扰,所以迁往北方很远的地方,休养士卒马匹,加强骑射狩猎训练,并多次派使臣到汉朝来,用甜言蜜语请求和亲。汉朝派北地人王乌等前去窥探匈奴的虚实,王乌遵从匈奴的风俗,将天子符节放到一边,自己进入匈奴单于的毡帐之中,单于对他很满意,假意宣称将派太子到汉朝作为人质。汉朝又派杨信为使臣前往匈奴,杨信不肯遵从匈奴的风俗,单于说:"从前的惯例,汉朝曾将其藩王的女儿嫁到匈奴来,并用绸缎食物作为陪嫁进行和亲;匈奴也不再侵扰汉朝的边境。如今却要违反以往的惯例,让我的太子去汉朝做人质,那还能剩下什么呢!"杨信回来后,汉朝又派王乌前往匈奴,单于花言巧语说了许多好话,希望多得到汉朝的财物,欺骗王乌说:"我想亲自到汉朝去面见天子,与汉相约为兄弟之国。"王乌回来后报告汉武帝,汉武帝下令在长安为单于修建官邸。匈奴又表示:"除非汉朝派地位尊贵的人作为使臣前来,否则我们不会说老实话。"匈奴派地位尊贵的人到汉朝来接请汉使,不幸生病,汉朝给他进行治疗,本想治好他的病,但他却不幸病死。于是,汉朝派路充国佩带二千石官员的印绶,出使匈奴,顺便将匈奴使臣灵柩送回,并致送丰厚的葬礼,价值数千金,又对匈奴介绍路充国说:"他就是汉朝地位尊贵的人。"单于认为是汉朝将其尊贵的使臣杀了,所以将路充国扣留匈奴,不放他回国。以前所说的话,

单于特空绐王乌，殊无意入汉及遣太子。于是匈奴数使奇兵侵犯汉边，乃拜郭昌为拔胡将军，及浞野侯屯朔方以东，备胡。

五年（乙亥，前106）

1　冬，上南巡狩，至于盛唐，望祀虞舜于九疑。登灊天柱山，自寻阳浮江，亲射蛟江中，获之。舳舻千里，薄枞阳而出，遂北至琅邪，并海，所过礼祠其名山大川。春，三月，还至太山，增封。甲子，始祀上帝于明堂，配以高祖。因朝诸侯王、列侯，受郡、国计。夏，四月，赦天下，所幸县毋出今年租赋。还，幸甘泉，郊泰畤。

2　长平烈侯卫青薨。起冢，象庐山。

3　上既攘却胡、越，开地斥境，乃置交趾、朔方之州，及冀、幽、并、兖、徐、青、扬、荆、豫、益、凉等州，凡十三部，皆置刺史焉。

4　上以名臣文武欲尽，乃下诏曰："盖有非常之功，必待非常之人。故马或奔踶而致千里，士或有负俗之累而立功名。夫泛驾之马，跅弛之士，亦在御之而已。其令州、郡察吏民有茂才、异等可为将、相及使绝国者。"

六年（丙子，前105）

1　冬，上行幸回中。

都是单于故意用空言欺骗王乌,他根本就无意到汉朝来,也无意派太子前来。从此匈奴屡次派出奇兵,侵犯汉朝边界。于是,汉武帝任命郭昌为拔胡将军,与浞野侯赵破奴屯兵于朔方以东地区防备匈奴。

汉武帝元封五年(乙亥,公元前 106 年)

1 冬季,汉武帝向南巡游,到达盛唐县,祭祀虞舜,遥望九疑山。又登上灊县天柱山,然后从寻阳乘船游长江,在江面上亲自射蛟,并将其捕获。汉武帝的船队首尾衔接,连绵千里,到达枞阳后弃船登陆,向北行至琅邪郡,沿海前行,一路祭祀名山大川。春季,三月,汉武帝于归途中经过泰山,命人扩建祭天神坛。甲子(二十一日),汉武帝第一次在明堂中祭祀上帝,将汉高祖刘邦作为配祀。又命各诸侯王、列侯前来朝见,接受各郡、国记载户口赋税的簿册。夏季,四月,汉武帝下令大赦天下,凡此次巡游经过的各县一律免除今年的赋税。回京后,巡幸甘泉宫,祭祀于泰畤。

2 长平烈侯卫青去世。汉武帝命人为他修建了一座像匈奴国中的庐山一样形状的坟墓。

3 汉武帝驱逐了北方的匈奴,消灭了南方的越族政权,开疆拓土,于是设置交趾、朔方二州,以及冀州、幽州、并州、兖州、徐州、青州、扬州、荆州、豫州、益州、凉州,共将全国划分为十三州,每州设刺史。

4 汉武帝因朝中有名的文武大臣越来越少,所以颁布诏书,求取贤才:"凡是非同寻常的功业,必须等待非同寻常的人才去完成。所以有的马虽然凶暴不驯,却能一口气奔驰千里;有的人虽然遭到世俗的诟骂,却能建功立业。无论是容易翻车之马,还是放荡不羁之人,都只看如何驾驭而已。命令各州、郡官长考察本地下级官吏和一般百姓中,是否有才干优长或不同凡俗,能够胜任将相之职,或出使遥远外国的人才,保荐给朝廷。"

汉武帝元封六年(丙子,公元前 105 年)

1 冬季,汉武帝巡游回中地区。

2 春,作首山宫。

3 三月,行幸河东,祠后土,赦汾阴殊死以下。

4 汉既通西南夷,开五郡,欲地接以前通大夏,岁遣使十馀辈出此初郡,皆闭昆明,为所杀,夺币物。于是天子赦京师亡命,令从军,遣拔胡将军郭昌将以击之,斩首数十万。后复遣使,竟不得通。

5 秋,大旱,蝗。

6 乌孙使者见汉广大,归报其国,其国乃益重汉。匈奴闻乌孙与汉通,怒,欲击之;又其旁大宛、月氏之属皆事汉。乌孙于是恐,使使愿得尚汉公主,为昆弟。天子与群臣议,许之。乌孙以千匹马往聘汉女。汉以江都王建女细君为公主,往妻乌孙,赠送甚盛,乌孙王昆莫以为右夫人。匈奴亦遣女妻昆莫,以为左夫人。公主自治宫室居,岁时一再与昆莫会,置酒饮食。昆莫年老,言语不通,公主悲愁思归,天子闻而怜之,间岁遣使者以帷帐锦绣给遗焉。昆莫曰:"我老。"欲使其孙岑娶尚公主。公主不听,上书言状。天子报曰:"从其国俗,欲与乌孙共灭胡。"岑娶遂妻公主。昆莫死,岑娶代立,为昆弥。

是时,汉使西逾葱岭,抵安息。安息发使,以大鸟卵及黎轩善眩人献于汉。及诸小国驩潜、大益、车姑师、扜采、苏薤之属皆随汉使献见天子,天子大悦。西国使更来更去,天子每巡狩海上,悉从外国客,大都、多人则过之,散财帛以赏赐,

2 春季,兴建首山宫。

3 三月,汉武帝巡游河东地区,祭祀后土神,赦免汾阴地区死罪以下囚犯。

4 汉朝征服西南夷之后,增设五郡,希望在这一带找出一条通往大夏国的道路,每年都要派出十几批使臣,从这些新郡出发,但都被困在昆明一带,使臣被杀,财物被抢。于是汉武帝赦免京师亡命之徒的罪行,命他们组织一支军队,派拔胡将军郭昌率领前往昆明地区进行征讨,共杀死数十万人。可是以后派出的使者还是不能通过此地。

5 秋季,大旱,并发生蝗虫灾害。

6 乌孙使臣看到汉朝地域广大,回国后向其国王报告,使乌孙更加重视与汉朝的关系。匈奴听说乌孙与汉朝建立联系,极为恼怒,准备出兵攻打乌孙;而其旁边的大宛、月氏等国也都与汉朝关系密切。乌孙国王害怕匈奴对其发动攻击,派使臣向汉朝表示愿意娶汉朝公主为妻,与汉朝结为兄弟。汉武帝与群臣商议,决定同意乌孙的请求。于是,乌孙王以一千匹马作为聘礼,派人前来迎接汉朝公主。汉武帝封江都王刘建的女儿刘细君为公主,嫁给乌孙王,并赠以丰盛的陪嫁;乌孙王昆莫封汉公主为右夫人。匈奴也嫁给乌孙王昆莫一女,被封为左夫人。汉朝公主自建宫室居住,一年中只有一两次能与乌孙王见面,在一起饮酒吃饭。由于乌孙王年老,语言又不通,所以公主常常悲伤忧愁,思念家乡,汉武帝听说后很可怜她,每隔一年总要派使臣给她送去锦帐、绸缎等物。乌孙王对汉公主说:"我年纪已老。"想让他的孙子,军须靡娶汉公主为妻。汉公主不肯依从,并上书汉武帝报告此事。汉武帝回复她说:"你应当遵从乌孙国的风俗,因为我国希望与乌孙共灭匈奴。"军须靡终于娶了汉公主。乌孙昆莫王去世后,其孙军须靡即位,号为昆弥王。

此时,汉朝使臣向西越过葱岭,抵达安息国。安息国也派出使臣,并将大鸟蛋和精通魔术的黎轩人作为礼品献给汉朝。其他如驩潜、大益、车姑师、扜采、苏薤等各弱小国家也都派人随汉使来长安进献礼品,朝见天子,汉武帝非常高兴。西部各国派往汉朝的使臣此来彼去,络绎不绝,汉武帝每次到沿海地区巡游,都要将各国使臣全部带去,遇到大都会或人口稠密的地方,都要从此经过,并以大批金钱绸缎等物,

厚具以饶给之，以览示汉富厚焉。大角抵，出奇戏，诸怪物，多聚观者。行赏赐，酒池肉林，令外国客遍观名仓库府藏之积，见汉之广大，倾骇之。大宛左右多蒲萄，可以为酒；多苜蓿，天马嗜之。汉使采其实以来，天子种之于离宫别观旁，极望。然西域以近匈奴，常畏匈奴使，待之过于汉使焉。

7　是岁，匈奴乌维单于死，子乌师庐立，年少，号"儿单于"。自此之后，单于益西北徙，左方兵直云中，右方兵直酒泉、敦煌郡。

太初元年（丁丑，前 104）

1　冬，十月，上行幸泰山。十一月甲子朔旦，冬至，祠上帝于明堂。东至海上，考入海及方士求神者莫验；然益遣，冀遇之。

2　乙酉，柏梁台灾。

3　十二月甲午朔，上亲禅高里，祠后土，临勃海，将以望祀蓬莱之属，冀至殊廷焉。春，上还，以柏梁灾，故朝诸侯、受计于甘泉。甘泉作诸侯邸。

越人勇之曰："越俗，有火灾复起屋，必以大，用胜服之。"于是作建章宫，度为千门万户。其东则凤阙，高二十馀丈。其西则唐中，数十里虎圈。其北治大池，渐台高二十馀丈，命曰太液池，中有蓬莱、方丈、瀛洲、壶梁，象海中神山、龟鱼之属。其南有玉堂、璧门、大鸟之属。立神明台、井幹楼，度五十丈，辇道相属焉。

厚赏当地居民,以显示汉朝的富有和宽厚。还经常进行大规模角抵游戏,演出新奇的歌舞,展示各种奇异动物等,聚集许多人观看。每逢赏赐,都要大摆酒宴,筑池蓄酒,悬肉为林;又让外国宾客到处参观各个仓库中储存的物品,以显示汉朝的广大富强,使他们钦佩、害怕。大宛周围盛产葡萄,可以造酒;还盛产苜蓿,是大宛出的天马最喜欢吃的东西。汉使将葡萄、苜蓿的果实采下带回,汉武帝大量种在行宫附近,一眼望不到头。然而,因西域各国靠近匈奴,常常对匈奴使臣怀有畏惧心理,所以对匈奴使臣比对汉使更为恭顺、隆重。

7 这一年,匈奴乌维单于去世,其子乌师庐即位,年纪幼小,号称"儿单于"。从此以后,匈奴单于更向西北方向迁徙;其左翼兵力屯于云中一带,右翼兵力屯于酒泉、敦煌郡地区。

汉武帝太初元年(丁丑,公元前 104 年)

1 冬季,十月,汉武帝巡游泰山。十一月甲子(初一)清晨,冬至,汉武帝在明堂祭祀上帝。然后东到海滨,考查方士们入海寻找神仙踪迹的结果,发现没有一个人的话应验;然而仍不断派遣,希望能够遇到神仙。

2 乙酉(二十二日),柏梁台遭天火。

3 十二月甲午(初一),汉武帝在高里山亲自祭祀地神,又祭后土神,然后来到勃海边,准备遥祭海上的蓬莱仙山,希望能亲身到达神仙居住的地方。春季,汉武帝回返长安,因柏梁台失火,所以在甘泉宫接受各诸侯王的朝拜和各郡、国载录户口、赋税的簿册。在甘泉修建诸侯王宾馆。

名叫勇之的越族人说:"按照越族的风俗,如果火灾之后再建房屋,一定要比原来的大,以镇服火灾。"于是汉武帝下令兴建建章宫,计有千门万户。东面为凤阙阁,高二十余丈。西面为唐中苑,有方圆数十里的养虎之处。北面挖一大池,池中渐台高二十余丈,命名为太液池,还按照传说里海中神山、龟鱼等形状修有蓬莱、方丈、瀛洲、壶梁等处胜景。南面建有玉堂、璧门、大鸟像等。另外,建章宫中还修有神明台、井幹楼,各高五十丈,各景之间有皇帝专用的辇道相连接。

4　大中大夫公孙卿、壶遂、太史令司马迁等言："历纪坏废,宜改正朔。"上诏兒宽与博士赐等共议,以为宜用夏正。夏,五月,诏卿、遂、迁等共造汉《太初历》,以正月为岁首,色上黄,数用五,定官名,协音律,定宗庙百官之仪,以为典常,垂之后世云。

5　匈奴儿单于好杀伐,国人不安;又有天灾,畜多死。左大都尉使人间告汉曰："我欲杀单于降汉,汉远,即兵来迎我,我即发。"上乃遣因杅将军公孙敖筑塞外受降城以应之。

6　秋,八月,上行幸安定。

7　汉使入西域者言："宛有善马,在贰师城,匿不肯与汉使。"天子使壮士车令等持千金及金马以请之。宛王与其群臣谋曰："汉去我远,而盐水中数败,出其北有胡寇,出其南乏水草,又且往往而绝邑,乏食者多,汉使数百人为辈来,而常乏食,死者过半,是安能致大军乎!无奈我何。贰师马,宛宝马也。"遂不肯予汉使。汉使怒,妄言,椎金马而去。宛贵人怒曰："汉使至轻我!"遣汉使去,令其东边郁成王遮攻,杀汉使,取其财物。

于是天子大怒。诸尝使宛姚定汉等言："宛兵弱,诚以汉兵不过三千人,强弩射之,可尽虏矣。"天子尝使浞野侯以七百骑虏楼兰王,以定汉等言为然;而欲侯宠姬李氏,乃拜李夫人兄广利为贰师将军,发属国六千骑及郡国恶少年数万人,以往伐宛。期至贰师城取善马,故号贰师将军。赵始成为军正,故浩侯王恢使导军,而李哆为校尉,制军事。

4　大中大夫公孙卿、壶遂、太史令司马迁等上奏说:"历法、纪年都已陈旧不符实际,应当修改。"汉武帝命兒宽与名叫赐的博士官等共同商议,认为应使用夏代历法。夏季,五月,汉武帝命公孙卿、壶遂、司马迁等共同拟定汉朝《太初历》,以正月为一年的开始,崇尚黄颜色,以"五"为吉祥数字,重新改定官名,协调音律,制定宗庙、百官的仪礼,作为国家常规,永垂后世。

5　匈奴儿单于性好杀戮,使国中百姓人人不安;又发生天灾,很多牲畜死亡。匈奴左大都尉派人偷偷对汉朝说:"我打算杀死单于,归降汉朝,但汉朝路远,如能派兵来接应,我马上就可以发动。"于是汉武帝派因杅将军公孙敖在塞外修建受降城,驻兵接应。

6　秋季,八月,汉武帝巡游安定郡。

7　汉朝派到西域去的使臣奏道:"大宛有好马,藏在贰师城中,不肯献给汉使。"于是汉武帝派壮士车令等带着黄金千斤和一匹金马前往大宛,请求交换。大宛国王与其群臣商议道:"汉朝离我国很远,盐水常使人死亡,如从北路来,有匈奴骚扰;从南路来,沿途缺少水草、城郭、食粮,汉朝派数百人作为使团前来,还常因缺乏粮食而死亡过半,又怎么能派大军前来呢!所以汉朝对我们无可奈何。贰师城的马,是我们大宛国的宝马。"于是拒绝了汉使的要求。汉使恼羞成怒,破口大骂,用锤击破金马而去。大宛众贵族生气地说:"汉使竟敢如此轻慢我们!"将汉使逐出,然后命驻守东部边境的郁成王率兵拦截,杀死汉使,夺取了汉使携带的财物。

汉武帝闻报勃然大怒。曾经出使大宛的姚定汉等奏道:"大宛军事力量薄弱,只要派去三千人马,用强弓硬弩射他们,就可将其全部俘获。"汉武帝因曾经派浞野侯赵破奴率七百骑兵生擒过楼兰王,认为姚定汉等说得有道理;况且,汉武帝此时正希望最受自己宠爱的姬妾李夫人的娘家兄弟能够建功封侯,于是任命李夫人的哥哥李广利为贰师将军,征发附属国骑兵六千及各郡、国品行恶劣的青年数万人,前往征讨大宛国。此次行动的目的是到贰师城夺取好马,所以命李广利号称贰师将军。另外又任命赵始成为军正官,原浩侯王恢为军前向导,李哆为校尉,负责军事指挥。

臣光曰:武帝欲侯宠姬李氏,而使广利将兵伐宛,其意以为非有功不侯,不欲负高帝之约也。夫军旅大事,国之安危、民之死生系焉。苟为不择贤愚而授之,欲徼幸咫尺之功,藉以为名而私其所爱,不若无功而侯之为愈也。然则武帝有见于封国,无见于置将;谓之能守先帝之约,臣曰过矣。

8 中尉王温舒坐为奸利,罪当族,自杀;时两弟及两婚家亦各自坐他罪而族。光禄勋徐自为曰:“悲夫! 古有三族,而王温舒罪至同时而五族乎!”

9 关东蝗大起,飞西至敦煌。

二年(戊寅,前 103)

1 春,正月戊申,牧丘恬侯石庆薨。

2 闰月丁丑,以太仆公孙贺为丞相,封葛绎侯。时朝廷多事,督责大臣,自公孙弘后,丞相比坐事死。石庆虽以谨得终,然数被谴。贺引拜为丞相,不受印绶,顿首涕泣不肯起。上乃起去,贺不得已,拜,出曰:“我从是殆矣!”

3 三月,上行幸河东,祠后土。

4 夏,五月,籍吏民马补车骑马。

5 秋,蝗。

6 贰师将军之西也,既过盐水,当道小国各城守,不肯给食,攻之不能下;下者得食,不下者数日则去。比至郁成,

臣司马光说:汉武帝想封自己最宠爱的姬妾李夫人的娘家兄弟为侯,所以派李广利率兵征伐大宛,他的意思是不论何人,没有为国立功就不能封侯,为的是不改变高祖皇帝的约定。但军务大事,直接关系着国家的安危、民众的生死。如果不辨贤愚就轻易授予军事大权,希望拿一时侥幸的胜利来作为封自己所喜欢的人为侯的借口,倒还不如不必要求他立功就封其为侯好。汉武帝在处理封国事务上颇有见地,却在选择将领方面失当;所以,说他能够遵守先帝的约定,我认为是过誉了。

8 中尉王温舒被指控犯有奸诈贪利之罪,应当满门抄斩,王温舒畏罪自杀;当时,王温舒的两个弟弟和两个亲家也分别因其他罪名被满门抄斩。光禄勋徐自为叹道:"可怜哪!古时候有灭三族的,而今王温舒却受到被同时灭五族的惩罚!"

9 关东地区发生严重蝗虫灾害,大批蝗虫向西飞去,一直到达敦煌。

汉武帝太初二年(戊寅,公元前103年)

1 春季,正月戊申,牧丘恬侯石庆去世。

2 闰正月丁丑,汉武帝任命太仆公孙贺为丞相,封葛绎侯。当时,国家正处多事之秋,汉武帝对大臣督责严厉,自公孙弘之后,丞相频繁地因被指控有罪而死。石庆虽然因为平日谨小慎微而得以寿终正寝,但也多次受到责难。公孙贺听说自己被任命为丞相,不敢接受丞相印信,吓得把头俯在地上,哭着不肯起来。汉武帝不理他,起身而去,公孙贺迫不得已,只得接受印信,出宫后叹道:"我从此算是完了!"

3 三月,汉武帝巡游河东郡,祭祀后土神。

4 夏季,五月,没收小吏和百姓的马匹补充军马。

5 秋季,发生蝗虫灾害。

6 贰师将军李广利率兵西征,渡过盐水之后,沿途各小国都紧守城池,不肯供应汉军粮食,攻又攻不下;攻下之后,粮食自可得到补充;如数日中不能攻破,则绕道而去。等到达郁成时,

士至者不过数千,皆饥罢。攻郁成,郁成大破之,所杀伤甚众。贰师将军与李哆、赵始成等计:"至郁成尚不能举,况至其王都乎!"引兵而还。至敦煌,士不过什一二。使使上书言:"道远乏食,且士卒不患战而患饥;人少,不足以拔宛,愿且罢兵,益发而复往。"天子闻之,大怒,使使遮玉门曰:"军有敢入者辄斩之!"贰师恐,因留敦煌。

7 上犹以受降城去匈奴远,遣浚稽将军赵破奴将二万馀骑出朔方西北二千馀里,期至浚稽山而还。浞野侯既至期,左大都尉欲发而觉,单于诛之,发左方兵击浞野侯。浞野侯行捕首虏,得数千人,还,未至受降城四百里,匈奴兵八万骑围之。浞野侯夜自出求水,匈奴间捕生得浞野侯。因急击其军,军吏畏亡将而诛,莫相劝归者,军遂没于匈奴。儿单于大喜,因遣奇兵攻受降城,不能下,乃寇入边而去。

8 冬,十二月,兒宽卒。

三年(己卯,前 102)

1 春,正月,胶东太守延广为御史大夫。

2 上东巡海上,考神仙之属皆无验,令祠官礼东泰山。夏,四月,还,修封泰山,禅石闾。

3 匈奴儿单于死,子年少,匈奴立其季父右贤王呴犁湖为单于。

4 上遣光禄勋徐自为出五原塞数百里,远者千馀里,筑城、障、列亭,西北至庐朐,而使游击将军韩说、长平侯卫伉屯其旁;使强弩都尉路博德筑居延泽上。秋,匈奴大入定襄、云中,杀略数千人,败数二千石而去,行破坏光禄所筑城、

全军只剩下数千人,且全部饥饿疲惫不堪。进攻郁成,反被镇守郁成的军队打得大败,伤亡惨重。李广利与李哆、赵始成等商议道:"区区一个郁成尚且不能攻破,更何况大宛国都呢!"于是领兵撤退。回到敦煌时,人马只剩下出征时的十分之一二。李广利派人上奏汉武帝:"道路遥远,粮食缺乏,将士们虽不惧战斗,但饥饿难忍;况且人数太少,不足以征服大宛,希望能暂且罢兵,待重新征调大军后再前往征讨。"汉武帝闻奏勃然大怒,派使臣至玉门阻拦,同时下令:"军队有胆敢退入玉门关的,一律格杀勿论!"李广利大为慌恐,只得屯兵敦煌。

　　7　汉武帝认为受降城仍离匈奴太远,又派浚稽将军赵破奴率兵两万多从朔方郡出塞,向西北方推进两千余里,准备到达浚稽山接应匈奴左大都尉。匈奴左大都尉得知汉浞野侯赵破奴前来接应,便准备发动政变,不料被单于察觉,单于杀死左大都尉,派左翼军袭击赵破奴。赵破奴率兵击败匈奴军,停虏数千人,然后乘胜班师,行至距受降城约四百里处,被匈奴八万骑兵包围。赵破奴夜间亲自出营寻找水源,与匈奴侦察部队遭遇,赵破奴被俘。匈奴军乘势猛攻汉军,汉军上下都害怕回去后因丧失主将而被杀,所以无人劝同伴突围逃回,因而全军覆没。匈奴儿单于大喜过望,又派出奇兵攻打受降城,未能攻下,于是在边界一带侵扰一番撤回。

　　8　十二月,兒宽去世。

汉武帝太初三年(己卯,公元前102年)

　　1　春季,正月,胶东太守延广被任命为御史大夫。

　　2　汉武帝向东巡游海边,考查对神仙踪迹的寻访情况,发现毫无结果,命令祭祀官以礼祭于东泰山。夏季,四月,汉武帝返回长安,途中在泰山祭天,在石闾祭地。

　　3　匈奴儿单于去世,因其子年纪小,匈奴部众共立儿单于的叔父右贤王响鞮湖为单于。

　　4　汉武帝派光禄勋徐自为自五原出塞数百里,最远处达千余里,修筑城堡、要塞、驿亭等,一直修到西北方的庐朐,命游击将军韩说、长平侯卫伉屯兵庐朐附近;命强弩都尉路博德在居延泽筑城镇守。秋季,匈奴大举侵入定襄、云中二郡,杀掠数千人,接连打败汉朝好几名二千石官后方才离去,沿途将光禄勋徐自为所筑城堡、

列亭、障;又使右贤王入酒泉、张掖,略数千人。会军正任文击救,尽复失所得而去。

5　是岁,睢阳侯张昌坐为太常乏祠,国除。

初,高祖封功臣为列侯百四十有三人。时兵革之馀,大城、名都民人散亡,户口可得而数,裁什二三。大侯不过万家,小者五六百户。其封爵之誓曰:"使黄河如带,泰山若厉,国以永存,爰及苗裔。"申以丹书之信,重以白马之盟。及高后时,尽差第列侯位次,藏诸宗庙,副在有司。逮文、景,四五世间,流民既归,户口亦息,列侯大者至三四万户,小国自倍,富厚如之。子孙骄逸,多抵法禁,陨身失国,至是见侯裁四人,罔亦少密焉。

6　汉既亡浞野之兵,公卿议者皆愿罢宛军,专力攻胡。天子业出兵诛宛,宛小国而不能下,则大夏之属渐轻汉,而宛善马绝不来,乌孙、轮台易苦汉使,为外国笑,乃案言伐宛尤不便者邓光等。赦囚徒,发恶少年及边骑,岁馀而出敦煌者六万人,负私从者不与。牛十万,马三万匹,驴、橐驼以万数,赍粮、兵弩甚设,天下骚动,转相奉伐宛五十馀校尉。宛城中无井,汲城外流水,于是遣水工徙其城下水,空以穴其城。益发戍甲卒十八万酒泉、张掖北,置居延、休屠屯兵以卫酒泉。

驿亭、要塞等大多破坏;又派右贤王率兵侵入酒泉、张掖二郡,掳掠数千人。正好汉军正官任文率兵前来救援,右贤王兵败,丧失了全部掳掠所得后退走。

5　这一年,睢阳侯张昌被指控身为太常官,掌管祭祀事务有不到之处,被撤除封爵食邑。

当初,汉高祖分封功臣为侯,共一百四十三人。当时正是长期战乱之后,很多大的城邑和著名都会,百姓失散逃亡,国家掌握的户口数字,只有从前的十分之二三。所以汉初所封列侯,其食邑大的不过一万户,小的只有五六百家。分封时,汉高祖曾经立誓说:"即使黄河变得像腰带一样狭窄,泰山变得像石头一样矮小,各位列侯的封爵食邑也将永存,仍将世世代代传给儿孙。"并将誓言用朱砂录下,杀白马祭告上苍,表示言而有信。到汉高后时,重行核定列侯的位次高低,然后记录下来,存在宗庙之内,副本存于有关衙门。到汉文帝、汉景帝时,已传了四五世,这期间,流民逐渐回归故里,户口也比当年大为增加,列侯中大的,食邑达到三四万户,小的也增加了一倍,财富的增长也与食邑相同。列侯的子孙们大多骄奢淫逸,以致触犯国家法律,不仅本人丧命,祖宗留下的食邑也因而失去,到如今,汉初受封的侯国只剩下四家,而法网也越发严密了。

6　汉朝丧失了赵破奴这支部队后,公卿大臣们都认为应停止征讨大宛,集中全力对付匈奴。而汉武帝则认为,既已出兵征讨大宛,如果连大宛这样一个小国都不能征服,大夏等国必将逐渐轻视汉朝,不但得不到大宛的好马,甚至乌孙、轮台等国也会随意虐待汉朝使团,从而使汉朝遭到外国的耻笑,于是处罚了坚持认为应停止征讨大宛的邓光等人。赦免正在服刑的囚徒,征发品行恶劣的青年和边塞地区的骑兵,一年多的时间里,派到敦煌增援贰师将军李广利的人就达六万多人,私自前往的还未计算在内。另外,又征调了牛十万头,马三万匹,驴、骆驼等数以万计,以及十分充足的粮食和武器装备,以致全国都受到震动,从各地调到征讨大宛部队中的校尉军官也达五十馀名。因大宛城中无井,靠汲引城外河水使用,所以汉武帝专门派水利工匠随军前往,准备将大宛城外河水引向别处,使其成为一座无水的坑穴。又征调了十八万兵卒进驻酒泉、张掖以北地区,并在居延、休屠两地屯兵以卫护酒泉。

而发天下吏有罪者、亡命者及赘婿、贾人、故有市籍、父母大父母有市籍者凡七科,適为兵;及载糒给贰师。转车人徒相连属。而拜习马者二人为执、驱马校尉,备破宛择取其善马云。

于是贰师后复行。兵多,所至小国莫不迎,出食给军。至轮台,轮台不下,攻数日,屠之。自此而西,平行至宛城,兵到者三万。宛兵迎击汉兵,汉兵射败之,宛兵走入,保其城。贰师欲攻郁成城,恐留行而令宛益生诈,乃先至宛,决其水原移之,则宛固已忧困,围其城,攻之四十余日。宛贵人谋曰:"王毋寡匿善马,杀汉使,今杀王而出善马,汉兵宜解;即不解,乃力战而死,未晚也。"宛贵人皆以为然,共杀王。其外城坏,虏宛贵人勇将煎靡。宛大恐,走入城中,持王毋寡头,遣人使贰师,约曰:"汉无攻我,我尽出善马恣所取,而给汉军食。即不听,我尽杀善马。康居之救又且至,至,我居内,康居居外,与汉军战。孰计之,何从?"是时,康居候视汉兵尚盛,不敢进。贰师闻宛城中新得汉人,知穿井,而其内食尚多,计以为"来诛首恶者毋寡,毋寡头已至,如此不许则坚守,而康居候汉兵罢来救宛,破汉兵必矣";乃许宛之约。宛乃出其马,令汉自择之,而多出食食汉军。汉军取其善马数十匹,中马以下牝牡三千余匹,而立宛贵人之故时遇汉善者名昧蔡为宛王,与盟而罢兵。

还征发全国有罪的官吏、逃犯，以及入赘的女婿、商人、原属商人户籍的人，其父母或祖父母属商人户籍的等七种人当兵；自带干粮前往敦煌补充李广利的部队。一时间，转运物资的车辆和前往从军的人马络绎不绝。汉武帝还任命两名熟悉马匹情况的人充当执马校尉和驱马校尉随军行动，以备攻破大宛后择取良马。

贰师将军李广利得到巨大的人力物力增援后，再次率兵出征。由于汉军兵多将广，所到之处，西域各小国无不出城迎接，为汉军提供粮食供应。行至轮台，轮台国闭门抗拒，汉军攻城数日，在城中进行了一场大屠杀。自此向西，汉军一路平安推进，直抵大宛城下，到达者共三万人。大宛军队出城迎击汉军，汉军箭如雨下，大宛军大败，退入城中拒守。李广利本想先行攻取郁成城，又恐怕一时难于攻克，反使大宛生出其他计谋，于是先到大宛城，决其水源，引向别处，使城中大宛军民更加忧愁困扰，然后将全城团团包围，猛攻四十馀日。大宛贵族密谋道："大王毋寡将好马隐藏起来，又杀死汉朝使臣，如今我们将大王杀死，把好马献出，汉军必将解围而去；如仍不肯解围退兵，我们再拼死力战，也为时未晚。"大家都表示同意，于是一起行动，将大宛王杀死。此时大宛外城已破，贵族出身的勇猛战将煎靡被汉军俘获。大宛军极为恐慌，仓惶退入内城，派人手持大宛王毋寡的人头，前去对李广利说道："汉军如不进攻我们，我们将把所有的好马都拿出来，任凭汉军随意挑选，并为汉军提供粮食。如不接受我们的建议，我们将杀死所有的好马。康居的援兵又即将到达，援兵一到，我方居城内，康居兵居外围，两面夹击汉军。请将军仔细考虑，怎么办好？"此时，康居探知汉军还很强盛，不敢前进。李广利闻知大宛城中新近抓到一些汉人，懂得了凿井技术，且城中粮食尚存很多，因而考虑"此次前来主要是为了诛杀罪魁祸首毋寡，而今毋寡的人头已然送到，如果不接受他们的请求，他们必定会坚守城池，而一旦等康居得知汉军疲惫的消息，派兵来援救大宛，汉兵必为其所败"，所以接受了大宛的求和条件。于是，大宛将马献出，让汉军自己选择，并拿出大批粮食犒劳汉军。汉军挑选了数十匹好马及中等以下雌、雄马三千馀匹，又扶持过去对汉朝态度友好的大宛贵族昧蔡登上大宛国王位，与其订立盟约后罢兵而还。

初,贰师起敦煌西,分为数军,从南、北道。校尉王申生将千馀人别至郁成,郁成王击灭之,数人脱亡,走贰师。贰师令搜粟都尉上官桀往攻郁成,郁成王亡走康居,桀追至康居。康居闻汉已破宛,出郁成王与桀,桀令四骑士缚守诣贰师。上邽骑士赵弟恐失郁成王,拔剑击斩其首,追及贰师。

四年(庚辰,前 101)

1 春,贰师将军来至京师。贰师所过小国闻宛破,皆使其子弟从入贡献,见天子,因为质焉。军还,入马千馀匹。后行,军非乏食,战死不甚多,而将吏贪,不爱卒,侵牟之,以此物故者众。天子为万里而伐,不录其过,乃下诏封李广利为海西侯,封赵弟为新畤侯,以上官桀为少府,军官吏为九卿者三人,诸侯相、郡守、二千石百馀人,千石以下千馀人;奋行者官过其望,以谪过行,皆黜其劳,士卒赐直四万钱。

匈奴闻贰师征大宛,欲遮之,贰师兵盛,不敢当,即遣骑因楼兰候汉使后过者,欲绝勿通。时汉军正任文将兵屯玉门关,捕得生口,知状以闻。上诏文便道引兵捕楼兰王,将诣阙簿责。王对曰:"小国在大国间,不两属无以自安,愿徙国入居汉地。"上直其言,遣归国,亦因使候司匈奴,匈奴自是不甚亲信楼兰。

自大宛破后,西域震惧,汉使入西域者益得职。于是自敦煌西至盐泽往往起亭,而轮台、渠犁皆有田卒数百人,置使者、校尉领护,以给使外国者。

当初,李广利自敦煌起兵西进时,分兵数路,分别从南、北两条道路进兵。校尉王申生率兵一千馀人前往郁成,被郁成王消灭。只有数人得脱,逃到李广利军前。李广利命搜粟都尉上官桀率兵前往攻打郁成,郁成王逃到康居,上官桀也追到康居。康居王听说汉军已打败大宛,便将郁成王献给上官桀,上官桀派四名骑兵将郁成王押送李广利军前。上邽骑士赵弟害怕郁成王在半路上逃跑,拔剑将郁成王人头砍下后,追上李广利大军。

汉武帝太初四年(庚辰,公元前101年)

1　春季,贰师将军李广利班师回到京城长安。沿途经过的西域各小国听说大宛被汉军攻破,全都派其子弟跟随李广利来到长安向汉朝进贡,谒见汉武帝,并留在长安充当人质。大军回到玉门关时,只剩下战马一千馀匹。这次出征,并非缺乏军粮,战死的人也不太多,只因将领贪暴,不爱惜士卒,百般掠夺、虐待,因此死亡极多。汉武帝因李广利万里征伐,不计其过失,下诏书封李广利为海西侯,赵弟为新畤侯,任命上官桀为少府,其他军官身为九卿的三人,任诸侯王丞相、郡太守、二千石官职的一百馀人,任一千石以下官职的共一千馀人;凡自愿随军出征的人,所授官职都超出了他们自己的希望;凡因犯罪而强迫出征的人,一律免其罪而不记功劳;每名士卒赏赐价值四万钱的物品。

匈奴听说李广利率兵征讨大宛,曾经企图拦截,后见汉军声势浩大,不敢与汉军交战,便派骑兵前往楼兰国,企图袭击在大军后面的汉朝使臣,断其通道。当时汉军正官任文正率兵屯驻玉门关,抓到匈奴俘虏,得知这一消息后报告朝廷。汉武帝便命任文率兵捕捉楼兰王,押到长安问罪。楼兰王分辩说:"楼兰作为一个小国,夹在汉朝与匈奴两大国之间,如不两边听命,便无法生存,我愿率国中百姓迁入汉朝境内。"汉武帝认为他说的是实情,放他回国,请他协助探听匈奴动静,从此匈奴对楼兰国不再十分信任。

自从大宛被打败后,西域各国十分震恐,派往西域的汉使因此得以顺利完成其使命。于是,从敦煌向西直到盐泽,大多建起驿亭,而轮台、渠犁等地都有汉朝的屯田兵卒数百人,分别设置使者、校尉加以统领护卫,用以提供出使外国的使团所需。

后岁馀,宛贵人以为昧蔡善谀,使我国遇屠,乃相与杀昧蔡,立毋寡昆弟蝉封为宛王,而遣其子入侍于汉。汉因使使赂赐,以镇抚之。蝉封与汉约,岁献天马二匹。

2　秋,起明光宫。

3　冬,上行幸回中。

4　匈奴呴犁湖单于死,匈奴立其弟左大都尉且鞮侯为单于。天子欲因伐宛之威遂困胡,乃下诏曰:"高皇帝遗朕平城之忧,高后时,单于书绝悖逆。昔齐襄公复九世之仇,《春秋》大之。"且鞮侯单于初立,恐汉袭之,乃曰:"我儿子,安敢望汉天子。汉天子,我丈人行也。"因尽归汉使之不降者路充国等,使使来献。

天汉元年(辛巳,前 100)

1　春,正月,上行幸甘泉,郊泰畤。三月,行幸河东,祠后土。

2　上嘉匈奴单于之义,遣中郎将苏武送匈奴使留在汉者,因厚赂单于,答其善意。武与副中郎将张胜及假吏常惠等俱,既至匈奴,置币遗单于。单于益骄,非汉所望也。

会缑王与长水虞常等及卫律所将降者,阴相与谋劫单于母阏氏归汉。卫律者,父故长水胡人,律善协律都尉李延年,延年荐言律使于匈奴,使还,闻延年家收,遂亡降匈奴。单于爱之,与谋国事,立为丁灵王。虞常在汉时素与副张胜相知,私候胜曰:"闻汉天子甚怨卫律,常能为汉伏弩射杀之。吾母、弟在汉,幸蒙其赏赐。"张胜许之,以货物与常。后月馀,单于出猎,独阏氏、子弟在,虞常等七十馀人欲发,其一人夜亡告之。单于子弟发兵与战,缑王等皆死,虞常生得。

一年多以后,大宛贵族认为昧蔡只知讨好汉朝,使本国遭受屠戮,于是联合杀死昧蔡,立毋寡的弟弟蝉封为大宛王,派蝉封的儿子到汉朝充当人质。汉朝因而派出使臣赏赐蝉封,对其进行镇抚。蝉封与汉朝约定,每年向汉朝进献天马两匹。

　　2　秋季,汉武帝兴建明光宫。

　　3　冬季,汉武帝巡游回中地区。

　　4　匈奴呴犁湖单于去世,其弟左大都尉且鞮侯被立为单于。汉武帝打算乘征伐大宛的兵威困扰匈奴,便颁发诏书说:"高皇帝给朕留下平城战败的遗恨,高后时,匈奴单于给我朝的书信又悖逆绝伦。当年齐襄公报九世先祖之仇,《春秋》认为是大义所在。"且鞮侯单于刚刚即位,害怕汉军袭击他,便向汉朝表示:"我是汉朝的儿子辈,岂敢冒犯大汉天子。汉朝天子是我的长辈。"于是将扣留在匈奴不愿归降的汉使路充国等全部放回,又派使臣前来进贡。

汉武帝天汉元年(辛巳,公元前100年)

　　1　春季,正月,汉武帝到甘泉,在泰畤祭祀天神。三月,汉武帝巡游河东郡,祭祀后土神。

　　2　汉武帝嘉许匈奴单于的诚意,派中郎将苏武将留在汉朝的匈奴使臣送回匈奴,顺便携带厚礼,答谢匈奴单于的好意。苏武与副使中郎将张胜及兼充使团官吏的常惠等一齐到达匈奴后,将礼品送给单于。单于认为汉朝怕他,所以更加骄横,与汉朝原来希望的大不一样。

　　正在此时,曾经归降汉朝的匈奴缑王和长水人虞常,以及随卫律一起投降匈奴的原汉朝人,暗中商议,企图劫持匈奴单于的阏氏归顺汉朝。卫律的父亲本是长水地区的匈奴人,卫律本人则因与汉协律都尉李延年关系很好,经李延年推荐,受汉朝派遣出使匈奴,卫律出使归来,听说李延年一家被抄斩,便逃到匈奴。卫律投降匈奴后,很受单于的赏识,常与他商讨国家大事,被封为丁灵王。虞常在汉朝时一直与副使张胜关系密切,于是暗中拜访张胜,说道:"听说大汉天子非常痛恨卫律,我可以埋伏弓箭手为汉朝将其射死。我的母亲和弟弟都在汉朝,希望他们能得到汉朝的照顾。"张胜答应了虞常的要求,并送给他很多礼物。一个多月以后,单于出外打猎,只有他的阏氏和部分子弟留在王庭,虞常等七十馀人正准备发动政变,不料其中一人于夜间逃到宫中,告发了虞常等人的政变计划。于是单于子弟调兵袭击虞常等人,缑王等全部被杀,虞常被活捉。

单于使卫律治其事。张胜闻之,恐前语发,以状语武。武曰:"事如此,此必及我,见犯乃死,重负国。"欲自杀,胜、惠共止之。虞常果引张胜,单于怒,召诸贵人议,欲杀汉使者。左伊秩訾曰:"即谋单于,何以复加!宜皆降之。"单于使卫律召武受辞。武谓惠等:"屈节辱命,虽生,何面目以归汉!"引佩刀自刺。卫律惊,自抱持武,驰召医,凿地为坎,置煴火,覆武其上,蹈其背以出血。武气绝,半日复息。惠等哭,舆归营。单于壮其节,朝夕遣人候问武,而收系张胜。

武益愈,单于使使晓武,欲降之。会论虞常,欲因此时降武,剑斩虞常已,律曰:"汉使张胜谋杀单于近臣,当死,单于募降者赦罪。"举剑欲击之,胜请降。律谓武曰:"副有罪,当相坐。"武曰:"本无谋,又非亲属,何谓相坐!"复举剑拟之,武不动。律曰:"苏君!律前负汉归匈奴,幸蒙大恩,赐号称王,拥众数万,马畜弥山,富贵如此!苏君今日降,明日复然;空以身膏草野,谁复知之!"武不应。律曰:"君因我降,与君为兄弟;今不听吾计,后虽欲复见我,尚可得乎!"武骂律曰:"汝为人臣子,不顾恩义,畔主背亲,为降虏于蛮夷,何以汝为见!且单于信汝,使决人死生,不平心持正,反欲斗两主,观祸败。南越杀汉使者,屠为九郡;宛王杀汉使者,头悬北阙;朝鲜杀汉使者,即时诛灭;独匈奴未耳。若知我不降明,欲令两国相攻,匈奴之祸从我始矣。"律知武终不可胁,

匈奴单于派卫律处理此事。张胜听到消息后，害怕先前与虞常约定之事被查出，连忙向苏武报告。苏武说："既然发生了这样的事，肯定会牵连到我，如等受到侵犯再死，那就更加辜负国家的重托了。"于是准备自杀，被张胜、常惠一起阻止。后虞常果然供出张胜，单于大怒，召集各贵族商议，打算杀死汉使。匈奴左伊秩訾官说："如果谋杀卫律就要处死的话，谋害单于，又应如何加重惩处呢！应让他们全部归降。"单于派卫律召苏武来受审。苏武对常惠等人说："如果卑躬屈节，有辱我们的使命，即使活着，又有何面目再回到我们大汉呢！"说完拔出佩刀刺入自己的身体。卫律大吃一惊，一把将苏武抱住，急忙召医生前来，并在地上挖了一个火坑，点起炭火，将苏武放在坑沿上，捶打苏武的后背，使淤血流出。苏武气绝，多时才慢慢苏醒。常惠等痛哭失声，用轿子将苏武抬回驻地。单于很钦佩苏武的气节，每天早晚都派人来探望慰问，而将张胜逮捕。

　　苏武伤好后，单于派人来劝谕苏武，希望苏武归降匈奴。正在此时，虞常被定为死罪，为借此机会逼苏武投降，用剑斩下虞常的人头之后，卫律说："汉使张胜想谋杀单于的亲信大臣，其罪当死，单于招募归降，然后赦免。"说完举剑要杀张胜，张胜乞求投降。卫律又对苏武说："副使有罪，你作为正使，也应连坐受罚。"苏武回答说："我本来未参与其事，与张胜又没有亲属关系，为什么要连坐受罚！"卫律又举剑威胁苏武，苏武纹丝不动。卫律说："苏先生！我以前背叛汉朝，归顺匈奴，有幸蒙单于大恩，赐号称王，并拥有数万人众，牛马满山遍野，荣华富贵，到这样的地步！苏先生如果今日归降，明日就会和我一样；否则白白用身体膏腴草野，又有谁知道呢！"苏武闭口不语。卫律又说："你要是听我的话，归降匈奴，我与你就如兄弟一般；今日不听我言，以后即使想再见我，只怕都很难了！"苏武骂道："你身为汉朝臣子，却不顾国恩，背叛君主、亲人，投降蛮夷异族，我见你干什么！况且单于信任你，让你裁决别人的生死，你不但不公平处理，反而想挑动两国君主相互争斗，在一旁坐观成败。南越国杀死汉使，被汉灭掉后变为九郡；大宛王杀死汉使，其人头被悬于长安北门；朝鲜杀死汉使，立即招来灭国之祸；只有匈奴还没有干过这种事。你明知我不会投降，却想借此挑起两国之间的战争，只怕匈奴的灾难，将会从我开始。"卫律明白苏武始终不会受他的胁迫，

白单于,单于愈益欲降之,乃幽武置大窖中,绝不饮食。天雨雪,武卧,啮雪与旃毛并咽之,数日不死。匈奴以为神,乃徙武北海上无人处,使牧羝,曰:"羝乳乃得归。"别其官属常惠等,各置他所。

3 天雨白牦。

4 夏,大旱。

5 五月,赦天下。

6 发谪戍屯五原。

7 浞野侯赵破奴自匈奴亡归。

8 是岁,济南太守王卿为御史大夫。

二年(壬午,前99)

1 春,上行幸东海。还幸回中。

2 夏,五月,遣贰师将军广利以三万骑出酒泉,击右贤王于天山,得胡首虏万馀级而还。匈奴大围贰师将军,汉军乏食数日,死伤者多。假司马陇西赵充国与壮士百馀人溃围陷陈,贰师引兵随之,遂得解。汉兵物故什六七,充国身被二十馀创。贰师奏状,诏征充国诣行在所,帝亲见,视其创,嗟叹之,拜为中郎。

汉复使因杅将军敖出西河,强弩都尉路博德会涿涂山,无所得。

初,李广有孙陵,为侍中,善骑射,爱人下士。帝以为有广之风,拜骑都尉,使将丹阳、楚人五千人,教射酒泉、张掖以备胡。及贰师击匈奴,上诏陵,欲使为贰师将辎重。陵叩头自请曰:"臣所将屯边者,皆荆楚勇士奇材剑客也,力扼虎,射命中,愿得自当一队,到兰于山南以分单于兵,毋令专乡贰师军。"

只得禀报单于。单于见苏武如此忠心，越发想争取他归顺，便将苏武囚禁于一个大地窖中，断绝苏武的饮食，企图逼其就范。当时正下大雪，苏武躺在地上，靠吞食雪片和衣服上的毡毛维持生命，几天下来，竟然未死。匈奴人以为有神灵庇护，便将苏武放逐到北海荒无人烟之处，让他放牧一群公羊，并对苏武说："等到公羊能产出羊奶，你就可以回国了。"常惠等不肯投降的属官，也被分别扣留在其他地方。

3　天空降下硬而弯曲的白毛。

4　夏季，大旱。

5　五月，汉武帝下令大赦天下。

6　征发犯罪的人到五原郡屯垦戍边。

7　浞野侯赵破奴从匈奴逃回汉朝。

8　这一年，济南太守王卿被任命为御史大夫。

汉武帝天汉二年（壬午，公元前99年）

1　春季，汉武帝巡游东海郡。在回京途中巡游回中。

2　夏季，五月，汉武帝派贰师将军李广利率三万骑兵从酒泉出塞，在天山一带袭击匈奴右贤王，共擒斩匈奴一万馀人。回军途中，贰师将军被匈奴重兵包围，汉军一连几天缺乏粮草，伤亡惨重。兼任行军司马的陇西人赵充国率精壮兵卒一百馀人冲破匈奴的包围，李广利率大军紧跟其后，才得以解脱困境。这次战役，汉军阵亡了十分之六七的将士，赵充国受伤二十馀处。李广利上奏朝廷，汉武帝将赵充国召到皇宫，亲自接见，察看了他的伤势，叹息不已，封赵充国为中郎。

汉武帝又派因杅将军公孙敖率兵从西河郡出塞，与强弩都尉路博德会师于涿涂山，但毫无收获。

当初，李广的孙子李陵担任侍中，精通骑马射箭之术，爱护士卒。汉武帝认为李陵颇有其祖父李广的风范，封他为骑都尉，命他带领丹阳和楚地人五千，在酒泉、张掖一带教习骑马射箭之术，以防备匈奴。李广利出击匈奴时，汉武帝召见李陵，想命他为李广利押运辎重。李陵叩头请求说："我所率领屯戍边塞的人，都是荆楚地区勇武之士和奇才剑客，论力量能够手扼猛虎，论箭术堪称百发百中，希望能让我自己率领一队人马，前往兰于山以南地区，用以分散匈奴的兵力，使其不能全力对抗贰师将军的部队。"

上曰:"将恶相属邪! 吾发军多,无骑予女。"陵对:"无所事骑,臣愿以少击众,步兵五千人涉单于庭。"上壮而许之,因诏路博德将兵半道迎陵军。博德亦羞为陵后距,奏言:"方秋,匈奴马肥,未可与战,愿留陵至春俱出。"上怒,疑陵悔不欲出而教博德上书,乃诏博德引兵击匈奴于西河;诏陵以九月发,出遮虏障,至东浚稽山南龙勒水上,徘徊观虏,即无所见,还,抵受降城休士。陵于是将其步卒五千人,出居延,北行三十日,至浚稽山止营,举图所过山川地形,使麾下骑陈步乐还以闻。步乐召见,道陵将率得士死力,上甚悦,拜步乐为郎。

陵至浚稽山,与单于相值,骑可三万围陵军。军居两山间,以大车为营,陵引士出营外为陈,前行持戟、盾,后行持弓、弩。虏见汉军少,直前就营。陵搏战攻之,千弩俱发,应弦而倒,虏还走上山,汉军追击杀数千人。单于大惊,召左、右地兵八万馀骑攻陵。陵且战且引南行,数日,抵山谷中。连战,士卒中矢伤,三创者载辇,两创者将车,一创者持兵战,复斩首三千馀级。引兵东南,循故龙城道行,四五日,抵大泽葭苇中。虏从上风纵火,陵亦令军中纵火以自救。南行至山下,单于在南山上,使其子将骑击陵。陵军步斗树木间,复杀数千人,因发连弩射单于,单于下走。是日捕得虏,言"单于曰:'此汉精兵,击之不能下,日夜引吾南近塞,得无有伏兵乎?'

汉武帝说:"你大概是不愿做别人的部下吧!这次我们调动的军队太多,可没有马匹分配给你。"李陵说:"我用不着马匹,愿以少敌众,率五千步兵,直捣匈奴单于的王庭。"汉武帝对李陵的豪情壮志极为赞赏,同意了他的请求,下诏命路博德在半途中接应李陵。路博德也羞于为李陵断后,便上奏说:"如今正值秋季,匈奴草长马肥,不宜于此时与匈奴交战,希望陛下命李陵稍等,到明年春天再一同出征。"汉武帝非常生气,怀疑是李陵胆怯后悔,不敢出征,而让路博德出面替他寻找借口,便下诏命路博德率兵赴西河袭击匈奴;同时命李陵于九月自居延遮虏障出塞,深入东浚稽山南部龙勒水一带观察匈奴动静,如果不见敌踪,便退回受降城休养士卒。于是,李陵率领步兵五千人,从居延出塞向北推进,三十天后抵达浚稽山,扎下大营,沿途命人将所过之处的山川地形绘制成图,派部下骑兵陈步乐送回长安。汉武帝召见陈步乐,听他报告说李陵能使部下拼死效力,非常高兴,封陈步乐为郎官。

　　李陵在浚稽山与单于率领的匈奴军队相遇,匈奴三万骑兵将李陵的部队包围。李陵屯兵两山之间,用战车围成营寨,亲自率领精壮士卒在营外列下战阵,前排手持戟、盾,后排手持弓、弩。匈奴兵见汉军人少,便直逼营前阵地。李陵身先士卒,率部肉搏,然后命后排弓箭手万箭齐发,匈奴兵纷纷应弦倒地,只得退回山上,汉军随后追击,杀死匈奴数千人。单于大惊失色,急召左、右两翼军八万馀骑兵前来围攻李陵。李陵率部且战且走,向南撤退,数日后,来到一座山谷之中。汉军连续作战,士卒大多身带箭伤,仍顽强苦战,受伤三处的坐在车上,受伤两处的驾驶车辆,受伤一处的手持武器坚持战斗,又斩杀匈奴三千馀人。李陵率部沿着龙城旧道向东南方撤退,四五日后,退到一大片沼泽芦苇之中。匈奴在上风放火,企图烧死汉军;李陵也命部下放火烧光周围的芦苇以自救。汉军继续南撤,来到一座山下,匈奴兵也随后追至。单于亲自在南山上指挥战斗,命他的儿子率领骑兵向汉军猛烈冲锋。汉军在树林之中穿绕步战,又杀死匈奴数千人,并用连弩机箭射单于,吓得单于慌忙下山躲避。这一天,汉军抓到部分匈奴停虏,据他们说"听单于说:'这是汉朝的精兵,连续猛攻也没能将他们消灭,反而日夜将我们引向南边靠近边界的地方,难道说有伏兵埋伏吗?'

诸当户君长皆言：'单于自将数万骑击汉数千人不能灭，后无以复使边臣，令汉益轻匈奴。复力战山谷间，尚四五十里，得平地，不能破，乃还。'"

是时陵军益急。匈奴骑多，战一日数十合，复伤杀虏二千馀人。虏不利，欲去，会陵军候管敢为校尉所辱，亡降匈奴，具言："陵军无后救，射矢且尽，独将军麾下及校尉成安侯韩延年各八百人为前行，以黄与白为帜。当使精骑射之即破矣。"单于得敢大喜，使骑并攻汉军，疾呼曰："李陵、韩延年趣降！"遂遮道急攻陵。陵居谷中，虏在山上，四面射，矢如雨下。汉军南行，未至鞮汗山，一日五十万矢皆尽，即弃车去。士尚三千馀人，徒斩车辐而持之，军吏持尺刀，入狭谷，单于遮其后，乘隅下垒石，士卒多死，不得行。昏后，陵便衣独步出营，止左右："毋随我，丈夫一取单于耳！"良久，陵还，太息曰："兵败，死矣！"于是尽斩旌旗，及珍宝埋地中，陵叹曰："复得数十矢，足以脱矣。今无兵复战，天明，坐受缚矣，各鸟兽散，犹有得脱归报天子者。"令军士人持二升糒，一片冰，期至遮虏障者相待。夜半时，击鼓起士，鼓不鸣。陵与韩延年俱上马，壮士从者十馀人。虏骑数千追之，韩延年战死，陵曰："无面目报陛下！"遂降。军人分散，脱至塞者四百馀人。

各位当户、君长都说：'单于亲率数万骑兵袭击汉军数千人，倘若不能将他们消灭，以后不但将无法再号令边臣，还会使汉朝更加轻视匈奴。不如在山谷中再全力攻击，还有四五十里才到平原地区，如仍不能取胜，再退兵也还不迟。'"

　　此时汉军处境越发凶险。匈奴人马众多，一日接战数十回合，又杀伤匈奴二千余人。匈奴作战不利，打算撤兵离去，然而就在此时，李陵军中有一个名叫管敢的军候，因受到校尉的欺辱，逃到匈奴军中投降，说道："李陵所部并无后援，弓箭也即将用尽，只有将军部下和校尉成安侯韩延年所属部队各八百人在前面开路，以黄旗和白旗作为标志。应当派精锐骑兵用弓箭射杀他们，汉军立即就可击破。"单于得到管敢，不觉喜出望外，命匈奴骑兵一齐向汉军发起猛攻，同时令人大声喊叫："李陵、韩延年快快投降！"又派兵截断汉军撤退的道路，加紧进攻。李陵的部队被困在山谷之中，四面山上都是匈奴的人马，箭如雨下。李陵率部拼死突围，继续向南退却，尚未到达鞮汗山，一天中五十万支箭已全部用尽，于是放弃辎重车辆，继续前进。此时军中将士还有三千余人，纷纷砍下车轴拿在手中，文职人员也手持短刀加入战斗行列，退入狭谷之中，单于亲自率兵截断汉军后路，指挥匈奴兵卒将山上巨石滚入谷中，汉军死亡枕藉，难以前进。黄昏以后，李陵独自一人身穿便衣走出大营，止住左右随从说："不要跟着我，我要独自一人生擒单于！"过了很长一段时间，李陵回到营中，仰天叹道："我们已然兵败，即将死于此地了！"于是将所有的旌旗尽行砍倒，与珍宝一起埋入地下，李陵叹了口气，对部下说道："如果再有数十支箭，我们就足以逃脱了。现在已没有武器，不能再战，天亮以后，就只能坐等被擒了，不如各自逃命，或许还有人能够侥幸逃脱出去报告天子。"于是命将士每人身带二升干粮，一片冰，约定到遮虏障会合。半夜时，李陵命人击鼓叫醒将士们，但战鼓已破，敲不响。李陵与韩延年都跨上战马，十几名精壮士卒跟随。匈奴数千名骑兵随后追击，韩延年战死，李陵说道："我已无面目报答皇帝陛下了！"于是投降。其他人分散突围，逃回边塞的有四百余人。

　　陵败处去塞百馀里,边塞以闻。上欲陵死战;后闻陵降,上怒甚,责问陈步乐,步乐自杀。群臣皆罪陵,上以问太史令司马迁,迁盛言:"陵事亲孝,与士信,常奋不顾身以徇国家之急,其素所畜积也,有国士之风。今举事一不幸,全躯保妻子之臣随而媒糵其短,诚可痛也! 且陵提步卒不满五千,深蹂戎马之地,抑数万之师,虏救死扶伤不暇,悉举引弓之民共攻围之。转斗千里,矢尽道穷,士张空弮,冒白刃,北首争死敌,得人之死力,虽古名将不过也。身虽陷败,然其所摧败亦足暴于天下。彼之不死,宜欲得当以报汉也。"上以迁为诬罔,欲沮贰师,为陵游说,下迁腐刑。

　　久之,上悔陵无救,曰:"陵当发出塞,乃诏强弩都尉令迎军。坐预诏之,得令老将生奸诈。"乃遣使劳赐陵馀军得脱者。

　　3　上以法制御下,好尊用酷吏,而郡、国二千石为治者大抵多酷暴,吏民益轻犯法。东方盗贼滋起,大群至数千人,攻城邑,取库兵,释死罪,缚辱郡太守、都尉,杀二千石;小群以百数掠卤乡里者,不可胜数,道路不通。上始使御史中丞、丞相长史督之,弗能禁,乃使光禄大夫范昆及故九卿张德等衣绣衣,持节、虎符,发兵以兴击。斩首大郡或至万馀级,

李陵兵败之处距边塞只有一百馀里,边塞将领将此事报告朝廷。汉武帝本希望李陵能战死沙场,后听说李陵投降匈奴,不由得勃然大怒,责问陈步乐,陈步乐自杀而死。满朝大臣都归罪于李陵,汉武帝问太史令司马迁对此事的看法,司马迁竭力为李陵分辩说:"李陵对父母极为孝顺,对将士更讲信义,常常奋不顾身,赴国家急难,这正是他平时的志愿所在,颇有国士的风范。如今偶然不幸失败,却被那些只知保全自身性命和妻子儿女的大臣们说长道短,捏造构陷,实在令人痛心!况且李陵率领不到五千步兵,深入充满战马的匈奴腹地,抵挡数万敌军;匈奴被打得连救死扶伤都顾不过来,将全国所有能拿起武器的人全部调来围攻李陵。李陵率部转战千里,弓箭用尽,道路受阻,将士们手拿着没有箭的空弓,冒着敌人锋利的枪尖刀刃,仍然面向北方拼死力战,能够得到部下这样的拼死效力,即使是古代的名将,也不过如此!李陵虽然兵败被俘,但他对匈奴的打击也足以使他名扬天下了。李陵之所以没有死节,想必是再找机会报效国家。"汉武帝认为司马迁胡言乱语,是为了诋毁李广利,为李陵游说开脱,下令对司马迁施以宫刑。

很久以后,汉武帝才对原先使李陵陷入孤立无援的境地表示后悔,说道:"应当在李陵率军出塞时,再让强弩将军路博德前去接应。而我预先就颁下诏书,使老将路博德羞为李陵殿后,所以寻找借口,不肯接应李陵。"于是派使臣对逃脱回来的李陵馀部进行慰劳赏赐。

3　汉武帝用严刑峻法来控制国家,喜欢任用执法严苛的官吏,各郡、国的二千石官也大多以残暴的手段治理地方。从而使低级小吏和平民百姓对违法乱纪越发不当回事。东部地区反抗朝廷之事不断发生,大股数千人,攻打城池,夺取府库的兵器,释放犯死罪的囚徒,捆缚、污辱郡太守、都尉,杀死二千石官;小股上百人,在乡村中劫杀抢掠,更是多得无法计算,致使各地道路断绝。汉武帝开始只派御史中丞、丞相长史负责督察镇压,但未能禁绝;于是又派光禄大夫范昆及曾经位居九卿的张德等身穿绣花官服,手持皇帝符节和调兵的虎符,调集军队进行围剿。有的大郡斩杀达一万馀人;

及以法诛通行、饮食当连坐者，诸郡甚者数千人。数岁，乃颇得其渠率。散卒失亡复聚党阻山川者往往而群居，无可奈何。于是作《沈命法》，曰："群盗起，不发觉，发觉而捕弗满品者，二千石以下至小吏，主者皆死。"其后小吏畏诛，虽有盗不敢发，恐不能得，坐课累府，府亦使其不言。故盗贼浸多，上下相为匿，以文辞避法焉。

是时，暴胜之为直指使者，所诛杀二千石以下尤多，威震州郡。至勃海，闻郡人隽不疑贤，请与相见。不疑容貌尊严，衣冠甚伟，胜之蹻履起迎，登堂坐定，不疑据地曰："窃伏海濒，闻暴公子旧矣，今乃承颜接辞。凡为吏，太刚则折，太柔则废。威行，施之以恩，然后树功扬名，永终天禄。"胜之深纳其戒。及还，表荐不疑，上召拜不疑为青州刺史。济南王贺亦为绣衣御史，逐捕魏郡群盗，多所纵舍，以奉使不称免，叹曰："吾闻活千人，子孙有封，吾所活者万馀人，后世其兴乎！"

4 是岁，以匈奴降者介和王成娩为开陵侯，将楼兰国兵击车师。匈奴遣右贤王将数万骑救之，汉兵不利，引去。

另外,各郡因为给反抗者提供食物、行方便而受到牵连、犯法被杀的普通百姓多者也达数千人。因此在数年之内,即抓获了大部分叛乱首领。一些被打散逃亡的人,往往重新聚集在一起,占据山川险要之处,官军也无可奈何。于是,汉武帝命人制定《沈命法》,规定:"凡有成帮结伙盗贼兴起,地方官不能及时发现,或虽然发现却未能全部擒获,自二千石官以下直至低级小吏,主持其事的一律处死。"从此以后,低级官吏畏惧朝廷治罪,即使发现有盗贼,也因害怕不能全部捕获而不敢报告;各郡长官因害怕受到牵连,也让下属不要报告。因此,各地反抗朝廷者越来越多,而地方官上下串通,隐瞒不报,空以虚文应付朝廷,逃避法网。

此时,暴胜之担任直指使者,经他之手处死的二千石以下官员尤其众多,因此威震各州郡。一次,暴胜之来到勃海郡,听说当地人隽不疑贤明练达,便请来相见。隽不疑容貌庄重严肃,衣冠华丽整齐,暴胜之听说隽不疑到来,连鞋都没顾上穿好就急忙迎了出去,让进客厅后分宾主坐定,隽不疑欠身说道:"我虽生活在偏僻的海滨,但也久闻暴公子的大名,想不到今天有幸蒙公子接见指教。我认为,作为一名官吏,过于刚强则容易折断,过于柔弱则法令难行。只有既展示威严,又施以恩惠,才能建立功业,立身扬名,永远保持上天赐下的福禄。"暴胜之对他的告诫深为赞同。回到京城后,暴胜之立即上奏朝廷,推荐隽不疑,汉武帝召隽不疑前来,任命为青州刺史。济南人王贺也曾担任绣衣御史,负责驱捕魏郡的乱民,他执法宽厚,放过很多人,因此被以不称职的罪名罢免,王贺叹道:"我听说,救活一千人,子孙就可得到封爵,我救活的人有一万多,后代肯定有人能够光宗耀祖!"

4 这一年,汉武帝封归降汉朝的匈奴介和王成娩为开陵侯,命其率领楼兰国军队袭击车师国。匈奴派右贤王率数万骑兵前往援救,汉军作战失利,退兵而去。

卷第二十二　汉纪十四

起癸未(前98)尽甲午(前87)凡十二年

世宗孝武皇帝下之下

天汉三年(癸未,前98)

1　春,二月,王卿有罪自杀,以执金吾杜周为御史大夫。

2　初榷酒酤。

3　三月,上行幸泰山,修封,祀明堂,因受计。还,祠常山,瘞玄玉。方士之候祠神人、入海求蓬莱者终无有验,而公孙卿犹以大人迹为解,天子益怠厌方士之怪迂语矣,然犹羁縻不绝,冀遇其真。自此之后,方士言神祠者弥众,然其效可睹矣。

4　夏,四月,大旱。赦天下。

5　秋,匈奴入雁门。太守坐畏愞弃市。

四年(甲申,前97)

1　春,正月,朝诸侯王于甘泉宫。

2　发天下七科谪及勇敢士,遣贰师将军李广利将骑六万、步兵七万出朔方;强弩都尉路博德将万馀人与贰师会;游击将军韩说将步兵三万人出五原;因杅将军公孙敖将骑万、步兵三万人出雁门。匈奴闻之,悉远其累重于余吾水北;而单于以兵十万待水南,与贰师接战。贰师解而引归,与单于连斗十馀日。游击无所得。因杅与左贤王战,不利,引归。

世宗孝武皇帝下之下
汉武帝天汉三年(癸未,公元前98年)

1　春季,二月,王卿畏罪自杀,汉武帝任命执金吾杜周为御史大夫。

2　开始实行酒类专卖。

3　三月,汉武帝巡游泰山,扩建祭天神坛,祭祀于明堂,并在此接受各郡、国的户籍、财政簿册。回京途中,祭祀于常山,并将黑色玉石埋于祭坛之下。方士们在各地等候神仙降临和入海寻找蓬莱山等始终没有结果,而公孙卿仍以所谓"巨人的足印"进行辩解,从而使汉武帝对方士们的奇谈怪论日益倦怠,但仍与他们保持联系,并不禁绝,希望真能遇到神仙。从此以后,方士们谈论神灵之事的虽更加众多,但其效应自是可想而知了。

4　夏季,四月,大旱。汉武帝下诏大赦天下。

5　秋季,匈奴侵入雁门。雁门太守因畏缩惧敌被朝廷处死。

汉武帝天汉四年(甲申,公元前97年)

1　春季,正月,汉武帝在甘泉宫接受各诸侯王的朝见。

2　汉武帝征发全国七种"贱民"和勇敢之士,派贰师将军李广利率骑兵六万、步兵七万自朔方出塞,强弩都尉路博德率一万余人与李广利会合,游击将军韩说率步兵三万自五原出塞,因杅将军公孙敖率骑兵一万、步兵三万自雁门出塞,袭击匈奴。匈奴听到这一消息后,将其家属、财物等全部迁徙到余吾水以北地区,然后由单于亲率十万大军在余吾水南岸,迎战李广利率领的汉朝军队。李广利率兵与单于大军激战十余日,撤兵而还。韩说所部也没有什么收获。公孙敖与匈奴左贤王作战失利,撤兵而回。

时上遣敖深入匈奴迎李陵,敖军无功还,因曰:"捕得生口,言李陵教单于为兵以备汉军,故臣无所得。"上于是族陵家。既而闻之,乃汉将降匈奴者李绪,非陵也。陵使人刺杀绪。大阏氏欲杀陵,单于匿之北方;大阏氏死,乃还。单于以女妻陵,立为右校王,与卫律皆贵用事。卫律常在单于左右;陵居外,有大事乃入议。

3 夏,四月,立皇子髆为昌邑王。

太始元年(乙酉,前96)

1 春,正月,公孙敖坐妻为巫蛊要斩。

2 徙郡国豪桀于茂陵。

3 夏,六月,赦天下。

4 是岁,匈奴且鞮侯单于死。有两子,长为左贤王,次为左大将。左贤王未至,贵人以为有病,更立左大将为单于。左贤王闻之,不敢进。左大将使人召左贤王而让位焉。左贤王辞以病,左大将不听,谓曰:"即不幸死,传之于我。"左贤王许之,遂立,为狐鹿姑单于。以左大将为左贤王,数年,病死,其子先贤掸不得代,更以为日逐王。单于自以其子为左贤王。

二年(丙戌,前95)

1 春,正月,上行幸回中。

2 杜周卒,光禄大夫暴胜之为御史大夫。

3 秋,旱。

4 赵中大夫白公奏穿渠引泾水,首起谷口,尾入栎阳,注渭中,袤二百里,溉田四千五百馀顷,因名曰白渠。民得其饶。

汉武帝派公孙敖率兵深入匈奴腹地迎接李陵,公孙敖无功而回,上奏说:"据擒获的匈奴俘虏说,李陵教单于制造兵器,以防备汉军,所以我无所收获。"于是汉武帝下令将李陵的家属满门抄斩。不久听说,是投降匈奴的汉朝将领李绪所为,并非李陵。李陵派人将李绪刺杀。匈奴单于的母亲大阏氏要杀李陵,单于将他藏在北方,直到大阏氏死后,李陵才回到王庭。单于将自己的女儿嫁给李陵为妻,封其为右校王,与卫律都受到尊崇、重用。卫律经常居于单于身边,李陵则居于外地,遇有重大事务就回王庭会商。

3　夏季,四月,汉武帝封皇子刘髆为昌邑王。

汉武帝太始元年(乙酉,公元前96年)

1　春季,正月,公孙敖因其妻以巫术害人而被处死。

2　汉武帝强迫各郡、国的豪杰之士迁居茂陵。

3　夏季,六月,汉武帝下诏大赦天下。

4　这一年,匈奴且鞮侯单于去世。且鞮侯有两个儿子,长子为左贤王,次子为左大将。且鞮侯死后,左贤王没有及时赶到,匈奴各贵族认为左贤王有病,改立左大将为单于。左贤王听说后,不敢前来王庭。左大将派人将左贤王召来,让位给他。左贤王以自己有病为理由推辞不受,左大将不听,对他说:"等你不幸死去,再传位给我。"左贤王这才答应,即单于位,称为狐鹿姑单于。封左大将为左贤王。几年后,左贤王病死,其子先贤掸因不能继承左贤王之位,所以改封为日逐王。单于封自己的儿子为左贤王。

汉武帝太始二年(丙戌,公元前95年)

1　春季,正月,汉武帝巡游回中。

2　杜周去世,汉武帝任命光禄大夫暴胜之为御史大夫。

3　秋季,干旱。

4　赵国中大夫白公奏请朝廷,从谷口至栎阳修了一条长二百里的引水渠,将泾河水引到渭中地区,使四千五百馀顷农田得到灌溉,因此命名为白渠。当地百姓受益匪浅。

三年(丁亥,前94)

1 春,正月,上行幸甘泉宫。二月,幸东海,获赤雁。幸琅邪,礼日成山,登之罘,浮大海而还。

2 是岁,皇子弗陵生。弗陵母曰河间赵倢伃,居钩弋宫,任身十四月而生。上曰:"闻昔尧十四月而生,今钩弋亦然。"乃命其所生门曰尧母门。

臣光曰:为人君者,动静举措不可不慎,发于中必形于外,天下无不知之。当是时也,皇后、太子皆无恙,而命钩弋之门曰尧母,非名也。是以奸人逆探上意,知其奇爱少子,欲以为嗣,遂有危皇后、太子之心,卒成巫蛊之祸,悲夫!

3 赵人江充为水衡都尉。初,充为赵敬肃王客,得罪于太子丹,亡逃,诣阙告赵太子阴事,太子坐废。上召充入见。充容貌魁岸,被服轻靡,上奇之,与语政事,大悦,由是有宠,拜为直指绣衣使者,使督察贵戚、近臣逾侈者。充举劾无所避,上以为忠直,所言皆中意。尝从上甘泉,逢太子家使乘车马行驰道中,充以属吏。太子闻之,使人谢充曰:"非爱车马,诚不欲令上闻之以教敕亡素者,唯江君宽之!"充不听,遂白奏。上曰:"人臣当如是矣!"大见信用,威震京师。

汉武帝太始三年(丁亥,公元前94年)

1 春季,正月,汉武帝前往甘泉宫。二月,巡游东海郡,捉到一只赤色大雁。又巡游琅邪郡,在成山祭拜太阳神,并登上之罘山,然后乘船在海上巡游一番后返回长安。

2 这一年,皇子刘弗陵出生。刘弗陵的母亲是河间人,姓赵,受封为健伃,住在钩弋宫,怀孕十四个月后生下刘弗陵。汉武帝说:"听说当年尧是十四个月才出生的,如今赵健伃的这个孩子也是如此。"于是下令将钩弋宫宫门改称尧母门。

> 臣司马光说:作为君主,每一言一行、一举一动都不能不特别慎重,内心想的事,表面上必然会带出来,从而也必然会使天下人都知道。那时,皇后、太子全部安然健在,汉武帝却下令将钩弋宫门命名为尧母门,显然是不妥当的。正因为如此,才使一些奸猾之徒揣摩皇上的心意,认为他非常宠爱幼子,想立幼子为皇位继承人,于是产生出危害皇后、太子的阴谋,以致终于酿成巫师用邪术害人的祸患,实在令人叹息!

3 赵国人江充被任命为水衡都尉。当初,江充本是赵敬肃王的门客,因为得罪了赵王世子刘丹,逃出赵国,来到朝廷告发了刘丹的隐私秘事,刘丹因此被废除赵王世子之位。汉武帝召见江充,见他身材魁梧,仪表堂堂,衣着华丽,不觉暗中称奇,与他谈论一番朝政之事后,汉武帝大为高兴,从此对江充宠信有加,封其为直指绣衣使者,负责督察皇亲国戚、天子近臣中的违背体制、奢侈不法行为。江充检举参劾,毫无顾忌,汉武帝因此认为他忠正直率,他所说的话,也都合汉武帝的心意。江充曾随汉武帝前往甘泉宫,正遇上太子刘据的家臣坐着马车在皇帝专用的"驰道"上行走,江充立即将其逮捕问罪。太子听说后,派人向江充求情说:"我并非爱惜车马,只是不愿让皇上知道后,认为我平时没有很好地管教左右,希望江先生能够宽恕他这一次。"江充并不理睬,径自上奏。汉武帝说:"作臣子的,就应当这样!"对江充更加信任,从而使江充威震京师。

四年(戊子,前93)

1　春,三月,上行幸泰山。壬午,祀高祖于明堂以配上帝,因受计。癸未,祀孝景皇帝于明堂。甲申,修封。丙戌,禅石闾。夏,四月,幸不其。五月,还,幸建章宫,赦天下。

2　冬,十月甲寅晦,日有食之。

3　十二月,上行幸雍,祠五畤,西至安定、北地。

征和元年(己丑,前92)

1　春,正月,上还,幸建章宫。

2　三月,赵敬肃王彭祖薨。彭祖取江都易王所幸淖姬,生男,号淖子。时淖姬兄为汉宦者,上召问:"淖子何如?"对曰:"为人多欲。"上曰:"多欲不宜君国子民。"问武始侯昌,曰:"无咎无誉。"上曰:"如是可矣。"遣使者立昌为赵王。

3　夏,大旱。

4　上居建章宫,见一男子带剑入中龙华门,疑其异人,命收之。男子捐剑走,逐之弗获。上怒,斩门候。冬,十一月,发三辅骑士大搜上林,闭长安城门索,十一日乃解。巫蛊始起。

5　丞相公孙贺夫人君孺,卫皇后姊也,贺由是有宠。贺子敬声代父为太仆,骄奢不奉法,擅用北军钱千九百万,发觉,下狱。是时诏捕阳陵大侠朱安世甚急,贺自请逐捕安世以赎敬声

汉武帝太始四年(戊子,公元前93年)

1 春季,三月,汉武帝巡游泰山。壬午(二十五日),在祭祀神灵的明堂祭祀高祖刘邦,以之配祀上帝,并在此接受各郡、国记录户籍财政情况的簿册。癸未(二十六日),在明堂祭祀景帝刘启。甲申(二十七日),扩建祭天神坛。丙戌(二十九日),在石闾祭祀地神。夏季,四月,汉武帝巡游不其山。五月,返回长安,前往建章宫,下诏大赦天下。

2 冬季,十月甲寅(三十日),出现日食。

3 十二月,汉武帝巡游至雍,分别祭祀于五畤,然后西行,前往安定、北地二郡。

汉武帝征和元年(己丑,公元前92年)

1 春季,正月,汉武帝返回长安,前往建章宫。

2 三月,赵敬肃王刘彭祖去世。刘彭祖娶的是江都易王刘非的宠姬淖姬,生了一个儿子,取名刘淖子。当时淖姬的哥哥在皇宫中作太监,汉武帝便向他询问:"淖子为人如何?"淖姬的哥哥回答说:"他为人欲望太多。"汉武帝说道:"欲望太多的人不适合当国君管理百姓。"又问武始侯刘昌的情况,淖姬的哥哥说:"刘昌既无过错,也没有什么值得赞扬的地方。"汉武帝说:"这就够了。"于是派使臣册封刘昌为赵王。

3 夏季,大旱。

4 汉武帝住在建章宫,看到一个男子身带宝剑进入中龙华门,怀疑是不寻常的人,便命令侍卫将其擒获。该男子弃剑逃走,侍卫们追赶不及,未能擒获。汉武帝大怒,将掌管宫门出入的门候处死。冬季,十一月,汉武帝征调三辅地区的骑兵对上林苑进行大搜查,并下令关闭长安城门进行严密搜索,十一天后才告结束。从此,巫师用邪术害人的事开始发生。

5 丞相公孙贺的夫人卫君孺,是卫皇后的姐姐,公孙贺也因此受到宠信。公孙贺的儿子公孙敬声接替父亲担任太仆一职,骄横奢侈,目无法纪,擅自动用北军军费一千九百万钱,事情败露后被捕下狱。这时,汉武帝正诏令各地紧急通缉阳陵大侠客朱安世,于是公孙贺请求汉武帝让他负责追捕朱安世,以此来为其子公孙敬声赎

罪,上许之。后果得安世。安世笑曰:"丞相祸及宗矣!"遂从狱中上书,告"敬声与阳石公主私通。上且上甘泉,使巫当驰道埋偶人,祝诅上,有恶言"。

二年(庚寅,前91)

1　春,正月,下贺狱,案验,父子死狱中,家族。以涿郡太守刘屈牦为丞相,封澎侯。屈牦,中山靖王子也。

2　夏,四月,大风,发屋折木。

3　闰月,诸邑公主、阳石公主及皇后弟子长平侯伉皆坐巫蛊诛。

4　上行幸甘泉。

5　初,上年二十九乃生戾太子,甚爱之。及长,性仁恕温谨,上嫌其材能少,不类己。而所幸王夫人生子闳,李姬生子旦、胥,李夫人生子髆。皇后、太子宠浸衰,常有不自安之意。上觉之,谓大将军青曰:"汉家庶事草创,加四夷侵陵中国,朕不变更制度,后世无法;不出师征伐,天下不安;为此者不得不劳民。若后世又如朕所为,是袭亡秦之迹也。太子敦重好静,必能安天下,不使朕忧。欲求守文之主,安有贤于太子者乎!闻皇后与太子有不安之意,岂有之邪?可以意晓之。"大将军顿首谢。皇后闻之,脱簪请罪。太子每谏征伐四夷,上笑曰:"吾当其劳,以逸遗汝,不亦可乎!"

罪,汉武帝批准了他的请求。后来,公孙贺果然将朱安世逮捕归案。但朱安世却笑着说:"丞相将要祸及全族了!"于是在狱中上书朝廷,揭发说"公孙敬声与阳石公主私通。他得知皇上将要前往甘泉宫,便让巫师在皇上专用的驰道上埋藏木偶人,并用恶言恶语诅咒皇上"。

汉武帝征和二年(庚寅,公元前91年)

1 春季,正月,丞相公孙贺被逮捕下狱,经调查罪名属实,父子二人都被处死于狱中,并满门抄斩。汉武帝任命涿郡太守刘屈氂为丞相,封其为澎侯。刘屈氂是中山靖王刘胜的儿子。

2 夏季,四月,狂风大作,房屋被掀起,树木被折断。

3 闰四月,诸邑公主、阳石公主及卫皇后之弟卫青的儿子长平侯卫伉,都因受到巫术害人案的牵连而被处死。

4 汉武帝巡游甘泉。

5 当初,汉武帝二十九岁时,庚太子刘据出生,汉武帝对他非常喜爱。刘据长大后,性格仁慈宽厚、谨慎平和,但汉武帝却嫌他不像自己那样精明强干。汉武帝平日宠爱的王夫人也生了一子名叫刘闳,李姬生二子刘旦、刘胥,李夫人生一子刘髆。皇后、太子觉得皇上对他们母子的宠爱逐渐减少,并常常为此深感不安。汉武帝察觉后,对大将军卫青说:"我朝有很多事都还处于草创阶段,再加上周围的外族对我国侵扰不断,朕如果不变更传统制度,后代子孙就将失去准则依据;如不出师征伐,天下就难以安定,因此,也就不能不使百姓们受些劳苦。但倘若后代子孙也像朕这样去做,就等于重蹈了秦朝灭亡的覆辙。太子性格沉稳安详,肯定能使天下安定,不会让朕忧虑。所以要想找一个能够保持国家安定的君主,还能有谁比太子更强呢!听说皇后和太子有不安的感觉,真是如此吗?你可以把朕的意思转告他们。"卫青叩头感谢。皇后听说后,特意摘掉首饰向汉武帝请罪。每当太子劝阻征伐四方时,汉武帝就笑着说:"由我来担当艰苦重任,而将安逸留给你,难道不好吗!"

　　上每行幸，常以后事付太子，宫内付皇后。有所平决，还，白其最，上亦无异，有时不省也。上用法严，多任深刻吏；太子宽厚，多所平反，虽得百姓心，而用法大臣皆不悦。皇后恐久获罪，每戒太子，宜留取上意，不应擅有所纵舍。上闻之，是太子而非皇后。群臣宽厚长者皆附太子，而深酷用法者皆毁之。邪臣多党与，故太子誉少而毁多。卫青薨，臣下无复外家为据，竞欲构太子。

　　上与诸子疏，皇后希得见。太子尝谒皇后，移日乃出。黄门苏文告上曰："太子与宫人戏。"上益太子宫人满二百人。太子后知之，心衔文。文与小黄门常融、王弼等常微伺太子过，辄增加白之。皇后切齿，使太子白诛文等。太子曰："第勿为过，何畏文等！上聪明，不信邪佞，不足忧也！"上尝小不平，使常融召太子，融言："太子有喜色。"上嘿然。及太子至，上察其貌，有涕泣处，而佯语笑，上怪之；更微问，知其情，乃诛融。皇后亦善自防闲，避嫌疑，虽久无宠，尚被礼遇。

　　是时，方士及诸神巫多聚京师，率皆左道惑众，变幻无所不为。女巫往来宫中，教美人度厄，每屋辄埋木人祭祀之。因妒忌恚詈，更相告讦，以为祝诅上，无道。上怒，所杀后宫延及大臣，死者数百人。上心既以为疑，尝昼寝，梦木人数千持杖欲击上，上惊寤，因是体不平，遂苦忽忽善忘。

汉武帝每次出外巡游,经常将日常事务托付给太子,宫中事务托付给皇后。遇到事情,皇后或太子也就自行裁决,待汉武帝回来后再将其中重要的向他汇报,对此,汉武帝也没觉得有什么不对,有时甚至连看都不看。汉武帝用法严厉,任用的多是严苛残酷的官吏;而太子待人宽厚,经常将一些他认为处罚过重的事从轻发落,太子这样做虽然得到了老百姓的拥护,却使得那些执法大臣普遍不高兴。皇后害怕长此下去会因此获罪,经常告诫太子,应注意顺从皇上的意思,不要擅自有所纵容宽放。汉武帝听说后,认为太子是对的,而皇后不对。大臣中,凡是为人宽厚的都依附于太子,而严苛残酷的则都对太子百般诋毁。由于奸邪残酷的大臣往往党羽众多,所以为太子说好话的少,说坏话的多。卫青去世后,奸臣们认为太子失去了母亲娘家的靠山,便竞相陷害太子。

汉武帝与儿子们很少在一起,与皇后更是难得见面。一次,太子进宫谒见皇后,太阳都转过去半天了,才从宫中出来。黄门太监苏文向汉武帝报告说:"太子调戏宫女。"于是汉武帝将太子宫中的宫女增加到二百人。后来太子知道了这件事,便对苏文怀恨在心。苏文与小太监常融、王弼等经常暗中寻找太子的过失,然后再去添油加醋地向汉武帝报告。对此,皇后恨得咬牙切齿,让太子禀明皇上杀死苏文等。太子说:"只要我不做错事,又何必怕苏文等人!皇上圣明,不会相信邪恶谗言,用不着忧虑。"有一次,汉武帝感到身体有点不舒服,便派常融召太子前来,常融回来后对汉武帝言道:"太子面带喜色。"汉武帝默然无语。太子来到后,汉武帝观其神色,见他脸上犹有泪痕,却强装有说有笑,汉武帝感到很奇怪,暗中一调查,才得知事情真相,于是将常融处死。皇后自己也更加小心防备,远避嫌疑,所以尽管已有很长时间不再得宠,却仍能使汉武帝以礼相待。

这时,各类方士、巫师等聚集在京师长安,大都是以左道旁门的奇幻邪术迷惑众人,无所不为。一些女巫往来于宫中,教各宫妃嫔、宫女等躲避灾难的办法,几乎每间屋里都埋有木头人,进行祭祀。一旦相互间发生妒忌或争吵,就争着告发对方诅咒皇上、大逆不道。于是汉武帝大怒,先后被杀的后宫妃嫔、宫女以及受牵连的大臣共数百人。汉武帝也常常为此感到疑惧不安,有一次,汉武帝在白天小睡,梦见有好几千木头人手持棍棒想要袭击他,不觉霍然惊醒,从此感到身体不舒服,精神恍惚,记忆力大减。

江充自以与太子及卫氏有隙,见上年老,恐晏驾后为太子所诛,因是为奸,言上疾祟在巫蛊。于是上以充为使者,治巫蛊狱。充将胡巫掘地求偶人,捕蛊及夜祠、视鬼,染污令有处,辄收捕验治,烧铁钳灼,强服之。民转相诬以巫蛊,吏辄劾以为大逆无道,自京师、三辅连及郡、国,坐而死者前后数万人。

　　是时,上春秋高,疑左右皆为蛊祝诅;有与无,莫敢讼其冤者。充既知上意,因胡巫檀何言:"宫中有蛊气,不除之,上终不差。"上乃使充入宫,至省中,坏御座,掘地求蛊。又使按道侯韩说、御史章赣、黄门苏文等助充。充先治后宫希幸夫人,以次及皇后、太子宫,掘地纵横,太子、皇后无复施床处。充云:"于太子宫得木人尤多,又有帛书,所言不道,当奏闻。"太子惧,问少傅石德。德惧为师傅并诛,因谓太子曰:"前丞相父子、两公主及卫氏皆坐此。今巫与使者掘地得征验,不知巫置之邪,将实有也?无以自明。可矫以节收捕充等系狱,穷治其奸诈。且上疾在甘泉,皇后及家吏请问皆不报;上存亡未可知,而奸臣如此,太子将不念秦扶苏事邪!"太子曰:"吾人子,安得擅诛!不如归谢,幸得无罪。"太子将往之甘泉,而江充持太子甚急;太子计不知所出,遂从石德计。秋,七月壬午,太子使客诈为使者,收捕充等。按道侯说疑使者有诈,不肯受诏,客格杀说。太子自临斩充,骂曰:"赵虏!前乱乃国王父子不足邪!乃复乱吾父子也!"又炙胡巫上林中。

江充自以为与太子及皇后有嫌隙，见汉武帝年纪已老，害怕皇上去世后被太子杀死，便定下奸谋，说皇上的病是因为有巫术作祟造成的。于是汉武帝派江充为使者，负责查处巫术害人之案。江充率领胡人巫师到各处掘地寻找木头人，并逮捕了那些用巫术害人、夜间祷祝及自称能见到鬼魂的人，又命人事先在一些地方洒上血污，然后对被捕之人进行审讯，将那些染上血污的地方指为他们以邪术害人之处，并施以铁钳烧灼之刑，强迫他们认罪。于是百姓们纷纷相互攀扯，诬指别人用巫术害人；各级官吏则动辄参劾别人为大逆不道，从京师长安、三辅地区到各郡、国，因此而死的先后共有数万人。

此时，汉武帝年事已高，怀疑周围的人都在用巫术诅咒于他；而那些被逮捕治罪的人，无论真实情况如何，谁也不敢诉说自己有冤。江充窥探出汉武帝的疑惧心理，便指使胡人巫师檀何言称："宫中有邪气，不将这股邪气除去，皇上的病就一直不会好。"于是汉武帝派江充进入宫中，直至宫禁深处，毁坏皇帝的宝座，挖地寻找邪气的根源。又派按道侯韩说、御史章赣、黄门苏文等协助江充。江充先从后宫中汉武帝已很少理会的妃嫔的房间着手，然后依次搜寻，最后一直搜到皇后宫和太子宫中，各处的地面都被翻起，以致太子和皇后连放床的地方都没有了。江充扬言："在太子宫中找出的木头人最多，还有写在绸缎上的文字，内容大逆不道，应当奏闻皇上。"太子非常害怕，问少傅石德应当怎么办。石德害怕因为自己是太子的老师而受牵连被杀，便对太子说："前任丞相父子、两位公主以及卫伉等都因被指为犯有用巫术害人之罪而被杀死。如今巫师与皇上的使者又从宫中挖出证据，不知是他们为栽赃而放置的呢，还是真的确有其事？自己是无法解释清楚的。你可假传圣旨，将江充等人逮捕下狱，彻底追究其奸谋。况且皇上有病住在甘泉宫，皇后和您派去请安的人都没能见到皇上，皇上是否还在，实未可知，而奸臣竟敢如此，难道您忘了秦朝太子扶苏之事了吗！"太子说道："我这做儿子的怎能擅自诛杀大臣！不如前往甘泉宫请罪，或许能侥幸无事。"太子打算亲自前往甘泉宫，但江充却抓住太子之事逼迫甚急，太子想不出别的办法，只得按着石德的计策行事。秋季，七月壬午(初九)，太子派门客冒充皇帝使者，逮捕了江充等人。按道侯韩说怀疑使者是假的，不肯接受逮捕他的诏书，当场被太子门客杀死。太子亲自监杀江充，骂道："你这赵国的奴才，先前扰害你们国王父子，还嫌不够，如今又来扰害我们父子！"又将江充手下的胡人巫师烧死于上林苑中。

太子使舍人无且持节夜入未央宫殿长秋门，因长御倚华具白皇后，发中厩车载射士，出武库兵，发长乐宫卫卒。长安扰乱，言太子反。苏文逃走，得亡归甘泉，说太子无状。上曰："太子必惧，又忿充等，故有此变。"乃使使召太子。使者不敢进，归报云："太子反已成，欲斩臣，臣逃归。"上大怒。丞相屈牦闻变，挺身逃，亡其印绶，使长史乘疾置以闻。上问："丞相何为？"对曰："丞相秘之，未敢发兵。"上怒曰："事籍籍如此，何谓秘也！丞相无周公之风矣，周公不诛管、蔡乎！"乃赐丞相玺书曰："捕斩反者，自有赏罚。以牛车为橹，毋接短兵，多杀伤士众！坚闭城门，毋令反者得出！"太子宣言告令百官云："帝在甘泉病困，疑有变；奸臣欲作乱。"上于是从甘泉来，幸城西建章宫，诏发三辅近县兵，部中二千石以下，丞相兼将之。太子亦遣使者矫制赦长安中都官囚徒，命少傅石德及宾客张光等分将，使长安囚如侯持节发长水及宣曲胡骑，皆以装会。侍郎马通使长安，因追捕如侯，告胡人曰："节有诈，勿听也！"遂斩如侯，引骑入长安；又发楫棹士以予大鸿胪商丘成。初，汉节纯赤，以太子持赤节，故更为黄旄加上以相别。

太子立车北军南门外，召护北军使者任安，与节，令发兵。安拜受节，入，闭门不出。太子引兵去，驱四市人凡数万众，至长乐西阙下，逢丞相军，合战五日，死者数万人，血流入沟中。民间皆云"太子反"，以故众不附太子，丞相附兵浸多。

太子派侍从门客无且携带符节乘夜进入未央宫长秋门,通过长御女官倚华将一切报告皇后,并调发皇家马厩的马车运兵,拿出武库的兵器,征发长乐宫的守卫士兵。于是,长安城中一片混乱,纷纷传言"太子造反"。苏文逃出长安,来到甘泉宫,向汉武帝报告说太子很不像话。汉武帝说道:"肯定是因为太子害怕,又恼怒江充等人,所以发生这样的变故。"因而派使臣召太子前来。使臣不敢进入长安,回去报告说:"太子已经造反,要杀我,我侥幸逃回。"汉武帝勃然大怒。丞相刘屈牦听到事变消息后,拔腿就逃,连丞相的官印、绶带都弄丢了,派长史乘驿站快马奏闻汉武帝。汉武帝问道:"丞相是怎么做的?"长史回答说:"丞相封锁消息,没敢擅自发兵镇压。"汉武帝生气地说:"此事人们早已纷纷议论,还有什么秘密可言!丞相根本没有周公的遗风,难道周公能不杀管叔和蔡叔吗!"于是给丞相颁赐印有玉玺的文书,命令他:"捕杀叛逆者,朕自会赏罚分明。应用牛车作为掩护,不要和叛逆者短兵相接,尽量多杀伤叛军兵卒;紧守城门,决不能让叛军冲出长安城!"太子发表宣言,向文武百官发出号令说:"皇上因病困居甘泉宫,我怀疑可能发生了变故,奸臣们想乘机叛乱。"汉武帝从甘泉宫返回来到长安城西建章宫,颁布诏书征调三辅地区附近各县的军队,并宣布各地二千石以下官员都归丞相统辖。太子也派使者假传圣旨,将关在长安中都官狱中的囚徒赦免放出,命少傅石德及门客张光等分别统辖;又派长安囚徒如侯携带符节征发长水和宣曲两地的胡人骑兵,一律全副武装前来会合。侍郎马通受汉武帝派遣来到长安,得知此事后立即追赶前去,将如侯逮捕,并告诉胡人:"如侯带来的符节是假的,不能听他调遣!"于是将如侯处死,带领胡人骑兵开进长安;又征调专门使船的兵卒,交给大鸿胪商丘成指挥。汉朝的符节原本是纯赤色,因太子所有符节是赤色的,所以在赤色符节上加上黄缨以示区别。

太子乘车来到北军军营南门之外,将护北军使者任安召出,颁与符节,命令任安发兵。但任安拜受符节后,却返回营中,紧闭营门,不肯发兵。太子无可奈何,只得带人离去。太子将长安四市的市民约数万人强行武装起来,带到长乐宫西门外,正遇到丞相刘屈牦率领的军队,双方激战五天,死亡数万人,街上的鲜血像水一样流入水沟之中。此时民间纷纷传言"太子谋反",所以人们大多不肯依附太子,而丞相一边的兵力却不断加强。

庚寅，太子兵败，南奔覆盎城门。司直田仁部闭城门，以为太子父子之亲，不欲急之；太子由是得出亡。丞相欲斩仁，御史大夫暴胜之谓丞相曰：“司直，吏二千石，当先请，奈何擅斩之！”丞相释仁。上闻而大怒，下吏责问御史大夫曰：“司直纵反者，丞相斩之，法也。大夫何以擅止之？”胜之惶恐，自杀。诏遣宗正刘长、执金吾刘敢奉策收皇后玺绶，后自杀。上以为任安老吏，见兵事起，欲坐观成败，见胜者合从之，有两心，与田仁皆要斩。上以马通获如侯，长安男子景建从通获石德，商丘成力战获张光，封通为重合侯，建为德侯，成为秺侯。诸太子宾客尝出入宫门，皆坐诛；其随太子发兵，以反法族；吏士劫略者皆徙敦煌郡。以太子在外，始置屯兵长安诸城门。

上怒甚，群下忧惧，不知所出。壶关三老茂上书曰：“臣闻父者犹天，母者犹地，子犹万物也，故天平地安，物乃茂成；父慈母爱，子乃孝顺。今皇太子为汉適嗣，承万世之业，体祖宗之重，亲则皇帝之宗子也。江充，布衣之人，闾阎之隶臣耳；陛下显而用之，衔至尊之命以迫蹴皇太子，造饰奸诈，群邪错缪，是以亲戚之路隔塞而不通。太子进则不得见上，退则困于乱臣，独冤结而无告，不忍忿忿之心，起而杀充，恐惧迫逃。子盗父兵，以救难自免耳，臣窃以为无邪心。《诗》曰：‘营营青蝇，止于藩。恺悌君子，无信谗言。谗言罔极，交乱四国。’往者江充谗杀赵太子，天下莫不闻。陛下不省察，深过太子，

庚寅(十七日),太子兵败,逃到长安城南覆盎门。司直田仁正率兵把守城门,因觉得太子与皇上是父子关系,不愿逼迫太急,所以使太子得以逃出城外。丞相刘屈牦要杀田仁,御史大夫暴胜之对丞相说:"司直为朝廷二千石大员,理应先行奏请,怎能擅自斩杀呢!"于是丞相将田仁释放。汉武帝听说后大发雷霆,将暴胜之逮捕治罪,责问他道:"司直放走谋反的人,丞相杀他,是执行国家的法律,你为什么要擅加阻止?"暴胜之惶恐不安,自杀而死。汉武帝下诏派宗正刘长、执金吾刘敢携带皇帝下达的谕旨前往收缴皇后的印玺和绶带,皇后自杀。汉武帝认为,任安身为老臣,见国家出现战乱之事,却想坐观成败,看谁取胜就归附谁,说明他对朝廷怀有二心,因此将任安与田仁一同杀死。汉武帝因马通擒获如侯,封其为重合侯;长安男子景建跟随马通,擒获石德,封其为德侯;商丘成奋力战斗,擒获张光,封其秺侯。原太子的各门客,因曾经出入宫门,所以一律处死;凡是跟随太子发兵谋反的,一律按谋反罪满门抄斩;各级官吏和兵卒凡非出于本心,而被太子强迫参加的,一律放逐到敦煌郡。因太子逃亡在外,所以开始在长安各城门设置屯守军队。

文武群臣都因汉武帝愤怒异常而深感忧虑和恐惧,不知如何是好。壶关三老令狐茂上书汉武帝说:"我听说父亲就好比是天,母亲就好比是地,儿子就好比是天地间的万物,所以只有上天平静,大地安然,万物才能茂盛;只有父亲仁慈,母亲疼爱,儿子才能孝顺。如今皇太子本是汉朝的合法继承人,将承继万世基业,体念祖宗的重托,论关系又是皇上的嫡长子。江充本为一介平民,不过是个市井中的卑贱之人,陛下却对他尊显重用,让他挟至尊之命来迫害皇太子,纠集一批奸邪小人,对皇太子进行欺诈栽赃、逼迫陷害,使陛下与太子虽为父子至亲,却彼此隔塞,难以沟通。太子进则不能面见皇上为自己解释,退则又被乱臣贼子的陷害困扰,独自蒙冤,无处申诉,这才忍不住忿恨的心情,起而杀死江充,却又害怕皇上降罪,被迫逃亡。我认为,太子作为陛下的儿子,盗用父亲的军队,不过是为了救护自己免遭别人的陷害,臣认为太子并非有什么险恶的用心。《诗经》上说:'绿蝇往来落篱笆,谦谦君子不信谗。否则谗言无休止,天下必然出大乱。'已往,江充曾以谗言害死赵王世子,天下人无不知晓。而今陛下不加调查,就过分地责备太子,

发盛怒，举大兵而求之，三公自将；智者不敢言，辩士不敢说，臣窃痛之！唯陛下宽心慰意，少察所亲，毋患太子之非，亟罢甲兵，无令太子久亡！臣不胜惓惓，出一旦之命，待罪建章宫下。"书奏，天子感寤，然尚未敢显言赦之也。

太子亡，东至湖，藏匿泉鸠里。主人家贫，常卖屦以给太子。太子有故人在湖，闻其富赡，使人呼之而发觉。八月辛亥，吏围捕太子。太子自度不得脱，即入室距户自经。山阳男子张富昌为卒，足蹋开户，新安令史李寿趋抱解太子，主人公遂格斗死，皇孙二人并皆遇害。上既伤太子，乃封李寿为邘侯，张富昌为题侯。

初，上为太子立博望苑，使通宾客，从其所好，故宾客多以异端进者。

臣光曰：古之明王教养太子，为之择方正敦良之士以为保傅、师友，使朝夕与之游处，左右前后无非正人，出入起居无非正道，然犹有淫放邪僻而陷于祸败者焉。今乃使太子自通宾客，从其所好。夫正直难亲，谄谀易合，此固中人之常情，宜太子之不终也！

6 癸亥，地震。
7 九月，商丘成为御史大夫。
8 立赵敬肃王小子偃为平干王。
9 匈奴入上谷、五原，杀掠吏民。

大发雷霆之怒,征调大军追捕太子,还命丞相亲自指挥,致使智慧高明之人不敢进言,能言善辩之士难以张口,我心中实在感到痛惜。希望陛下放宽心怀,平心静气,不要过分苛求自己的亲人,不要对太子的错误耿耿于怀,立即结束对太子的征讨,不要让太子长期逃亡在外!我以对陛下的一片忠心,随时准备献出我的性命,待罪于建章宫外。"奏章递上去,汉武帝见到后深受感动,但一时还没有公开颁布赦免令。

太子向东逃到湖县,隐藏在泉鸠里农户家中。主人家境贫寒,经常织卖草鞋来奉养太子。太子有一位以前相识的人住在湖县,听说很富有,太子派人前去联系,于是消息泄漏。八月辛亥(初八),地方官率兵包围了太子的住处。太子估计难以逃脱,便回到屋中,紧闭房门,自缢而死。前来搜捕的兵卒中,有一山阳男子名叫张富昌,用脚踹开房门,新安县令史李寿跑上前去,将太子抱住解下,农家主人与搜捕太子的人格斗而死,二位皇孙也一同遇害。汉武帝感伤于太子之死,便封李寿为邘侯,张富昌为题侯。

当初,汉武帝顺从太子刘据的爱好,专门为他建立了博望苑,让他在此延揽门客,但太子招揽的门客当中,很多都不是正派人。

> 臣司马光说:古代的圣明君王,为教养太子,总是选择正派敦厚、品质优良的人作为太子的老师和朋友,让他们与太子朝夕相处,使太子的前后左右都是正人君子,出入起居合于礼法正道。即使如此,有的人仍难免陷于淫邪放纵,从而招致祸患,最终身败名裂。而今,汉武帝为了顺从太子的爱好,竟让他自己延揽门客。岂不知正直的人往往难于亲近,而阿谀奉承的人则很容易结交为友,这本是人之常情,难怪太子没有好结果!

6 八月癸亥(二十日),发生地震。

7 九月,商丘成出任御史大夫。

8 汉武帝立赵敬肃王刘彭祖的小儿子刘偃为平干王。

9 匈奴侵入上谷、五原二郡,对当地的地方官和老百姓大肆屠杀和劫掠。

三年(辛卯,前90)

1　春,正月,上行幸雍,至安定、北地。

2　匈奴入五原、酒泉,杀两都尉。三月,遣李广利将七万人出五原,商丘成将二万人出西河,马通将四万骑出酒泉,击匈奴。

3　夏,五月,赦天下。

4　匈奴单于闻汉兵大出,悉徙其辎重北邸郅居水。左贤王驱其人民度余吾水六七百里,居兜衔山;单于自将精兵渡姑且水。商丘成军至,追邪径,无所见,还。匈奴使大将与李陵将三万馀骑追汉军,转战九日,至蒲奴水,虏不利,还去。马通军至天山,匈奴使大将偃渠将二万馀骑要汉兵,见汉兵强,引去。通无所得失。是时,汉恐车师遮马通军,遣开陵侯成娩将楼兰、尉犁、危须等六国兵共围车师,尽得其王民众而还。贰师将军出塞,匈奴使右大都尉与卫律将五千骑要击汉军于夫羊句山陿,贰师击破之,乘胜追北至范夫人城,匈奴奔走,莫敢距敌。

初,贰师之出也,丞相刘屈氂为祖道,送至渭桥。广利曰:"愿君侯早请昌邑王为太子;如立为帝,君侯长何忧乎!"屈氂许诺。昌邑王者,贰师将军女弟李夫人子也;贰师女为屈氂子妻,故共欲立焉。会内者令郭穰告"丞相夫人祝诅上及与贰师共祷祠,欲令昌邑王为帝",按验,罪至大逆不道。六月,诏载屈氂厨车以徇,要斩东市,妻子枭首华阳街;贰师妻子亦收。贰师闻之,忧惧,其掾胡亚夫亦避罪从军,说贰师曰:"夫人、室家皆在吏,若还,不称意适与狱会,郅居以北,

汉武帝征和三年(辛卯,公元前90年)

1 春季,正月,汉武帝巡游至雍,又到达安定、北地二郡。

2 匈奴侵入五原、酒泉,杀死二郡都尉。三月,汉武帝派李广利率兵七万从五原出塞,商丘成率兵二万从西河出塞,马通率骑兵四万从酒泉出塞,袭击匈奴。

3 夏季,五月,汉武帝下诏大赦天下。

4 匈奴单于得到汉朝大举出兵的消息,便将全部辎重转移到北方的郅居水。左贤王将他管辖的匈奴民众驱赶到余吾水以北六七百里的兜衔山一带居住;单于亲自率领精兵渡过姑且水。商丘成率兵来到,走捷径追击匈奴,但未见匈奴人踪迹,撤兵而还。匈奴方面派遣大将与李陵一起率领骑兵三万余人追击汉军,双方转战九日,来到蒲奴水,匈奴军作战失利,退兵而去。马通率兵来到天山,匈奴方面派大将偃渠率领骑兵二万馀人拦截汉军,见汉军兵力强盛,只得退走。马通率领的汉军既没受什么损失,也没有什么收获。这时,汉朝因怕车师国出兵阻截马通军,便派开陵侯成娩率领楼兰、尉犁、危须等六国军队共同包围车师,将车师王及其民众全部俘获后撤兵而回。贰师将军李广利率兵出塞,匈奴方面派右大都尉与卫律率领骑兵五千在夫羊地区的句山峡谷拦击汉军,李广利打败匈奴兵,乘胜向北追至范夫人城,匈奴兵狼狈而逃,不敢再抗拒汉军。

当初,李广利出塞时,丞相刘屈牦为他饯行,并一直送到渭桥。李广利说:"希望您早日奏请皇上立昌邑王为太子,如果将来昌邑王能即皇帝位,您还有什么可忧虑的呢?"刘屈牦应诺。昌邑王刘髆为李广利的妹妹李夫人所生,李广利的女儿又是刘屈牦的儿媳妇,所以二人都希望昌邑王能立为太子。就在这时,内者令郭穰向朝廷告发说"丞相夫人诅咒皇上,又与贰师将军一起祈祷神灵,打算拥立昌邑王为帝",汉武帝命人调查属实,定以大逆不道之罪。六月,汉武帝下令逮捕丞相刘屈牦,将他放在装载食物的车上游街示众,然后押往长安东市当众腰斩,刘屈牦的夫人和儿子则在华阳街斩首示众;李广利的妻子儿女也被逮捕下狱。李广利听到这一消息后,忧愁惊恐,因逃避罪责而从军的副官胡亚夫劝说李广利道:"将军的夫人和家属都已被逮捕下狱,将军若是回去,稍不如皇上之意,就等于自投罗网,那时再想逃到郅居水以北归降匈奴,

可复得见乎!"贰师由是狐疑,深入要功,遂北至郅居水上。虏已去,贰师遣护军将二万骑度郅居之水,逢左贤王、左大将将二万骑,与汉兵合战一日,汉军杀左大将,虏死伤甚众。军长史与决眭都尉辉渠侯谋曰:"将军怀异心,欲危众求功,恐必败。"谋共执贰师。贰师闻之,斩长史,引兵还至燕然山。单于知汉军劳倦,自将五万骑遮击贰师,相杀伤甚众。夜,堑汉军前,深数尺,从后急击之,军大乱,贰师遂降。单于素知其汉大将,以女妻之,尊宠在卫律上。宗族遂灭。

5 秋,蝗。

6 九月,故城父令公孙勇与客胡倩等谋反,倩诈称光禄大夫,言使督盗贼。淮阳太守田广明觉知,发兵捕斩焉。公孙勇衣绣衣、乘驷马车至圉,圉守尉魏不害等诛之。封不害等四人为侯。

7 吏民以巫蛊相告言者,案验多不实。上颇知太子惶恐无他意,会高寝郎田千秋上急变,讼太子冤曰:"子弄父兵,罪当笞。天子之子过误杀人,当何罪哉!臣尝梦一白头翁教臣言。"上乃大感寤,召见千秋,谓曰:"父子之间,人所难言也,公独明其不然。此高庙神灵使公教我,公当遂为吾辅佐。"立拜千秋为大鸿胪,而族灭江充家,焚苏文于横桥上。及泉鸠里加兵刃于太子者,初为北地太守,后族。上怜太子无辜,乃作思子宫,为归来望思之台于湖,天下闻而悲之。

也是不可能的了。"李广利心中狐疑不定,但仍然希望能够深入匈奴腹地,为国立功,则皇上或许还能回心转意,于是率军继续北进至郅居水畔。匈奴军已然退去,李广利命令护军将领率骑兵二万渡过郅居水,与匈奴左贤王、左大将率领的二万骑兵遭遇,双方交战一日,汉军斩杀左大将,匈奴兵死伤甚众。汉军长史与决眭都尉辉渠侯商议道:"贰师将军已怀有二心,想将全军置于危险境地,以求自己建立功绩,恐怕一定要失败。"于是二人决定共同将李广利擒住。李广利听到风声后,将长史处死,率兵退至燕然山。单于探知汉军已然疲劳不堪,便亲率骑兵五万拦击李广利,双方都伤亡惨重。入夜后,匈奴派人在汉军前进的路上挖了一条深达数尺的壕沟,然后在汉军背后发动猛烈攻击,汉军大乱,李广利投降。单于平时早就听说李广利是汉朝大将,便将女儿嫁给李广利为妻,对他尊宠有加,甚至还在卫律之上。汉武帝听说李广利投降匈奴,便将其满门抄斩。

5 秋季,发生蝗虫灾害。

6 九月,原城父县令公孙勇与其门客胡倩等谋反,胡倩假称自己是光禄大夫,奉命缉捕盗贼。淮阳太守田广明发觉有诈,派兵将胡倩逮捕处死。公孙勇身穿绣花绸衣,乘坐四匹马拉的华贵马车来到圉县,被圉县守尉魏不害等杀死。汉武帝封魏不害等四人为侯。

7 地方小吏和老百姓以巫术害人罪相互告发的,经过调查发现多有不实。此时汉武帝也深知太子刘据是因被江充逼迫,惶恐不安,才起兵诛杀江充,并无他意,正好负责汉高祖刘邦祭庙的郎官田千秋又上了一道紧急本章,为太子鸣冤说:"做儿子的擅自动用父亲的军队,其罪只不过应受鞭打。天子的儿子误杀了人,又有什么罪呢!我梦见一位白发老翁,教我上此本章。"于是汉武帝霍然醒悟,召见田千秋,对他说:"我们父子之间的事,一般认为外人难以插言,只有你知道其间的不实之处。这是高祖皇帝的神灵派你来指教于我,你应当担任我的辅佐大臣。"当时就任命田千秋为大鸿胪,并下令将江充满门抄斩,将苏文活活烧死在横桥之上。当初在泉鸠里对太子兵刃相加的人,曾被任命为北地太守,后也遭满门抄斩。汉武帝怜惜太子无辜遭害,便专门修了一座思子宫,又在湖县修建了一座归来望思之台,天下人听说这件事后,都很悲伤。

四年(壬辰,前 89)

1　春,正月,上行幸东莱,临大海,欲浮海求神山。群臣谏,上弗听。而大风晦冥,海水沸涌。上留十馀日,不得御楼船,乃还。

2　二月丁酉,雍县无云,如雷者三,陨石二,黑如黳。

3　三月,上耕于钜定。还,幸泰山,修封。庚寅,祀于明堂。癸巳,禅石闾,见群臣,上乃言曰:"朕即位以来,所为狂悖,使天下愁苦,不可追悔。自今事有伤害百姓,糜费天下者,悉罢之!"田千秋曰:"方士言神仙者甚众,而无显功,臣请皆罢斥遣之!"上曰:"大鸿胪言是也。"于是悉罢诸方士候神人者。是后上每对群臣自叹:"向时愚惑,为方士所欺。天下岂有仙人,尽妖妄耳!节食服药,差可少病而已。"夏,六月,还,幸甘泉。

4　丁巳,以大鸿胪田千秋为丞相,封富民侯。千秋无他材能,又无伐阅功劳,特以一言寤意,数月取宰相,封侯,世未尝有也。然为人敦厚有智,居位自称,逾于前后数公。

先是搜粟都尉桑弘羊与丞相、御史奏言:"轮台东有溉田五千顷以上,可遣屯田卒,置校尉三人分护,益种五谷。张掖、酒泉遣骑假司马为斥候,募民壮健敢徙者诣田所,益垦溉田,稍筑列亭,连城而西,以威西国,辅乌孙。"上乃下诏,深陈既往之悔曰:"前有司奏欲益民赋三十,助边用,是重困老弱孤独也。而今又请遣卒田轮台。轮台西于车师千馀里,前开陵侯击车师时,虽胜,降其王,以辽远乏食,道死者尚数千人,

汉武帝征和四年（壬辰，公元前 89 年）

1 春季，正月，汉武帝巡游东莱，来到海边，想要亲自入海访求仙山。群臣纷纷劝阻，汉武帝执意不听。后狂风骤起，吹得天昏地暗，海水沸腾汹涌。汉武帝一连在海边呆了十几天，终因无法控驭楼船，只得返回长安。

2 二月丁酉（初三），雍县上空没有乌云，却出现三声像打雷一样的声音，落下两颗陨石，黑如墨玉。

3 三月，汉武帝到钜定县亲自耕田。回京途中巡游泰山，扩建祭天神坛。庚寅（二十六日），在明堂举行祭祀仪式。癸巳（二十九日），在石闾山祭祀地神，并接见群臣，汉武帝说道："朕自即位以来，干了很多狂妄悖谬之事，使天下人愁苦不堪，如今后悔莫及。从今以后，凡是伤害百姓、浪费天下财力的事，一律废止！"田千秋说："很多方士都在谈论神仙之事，却都没有什么明显的功效，我请求皇上将他们一律罢斥遣散。"汉武帝说："大鸿胪说得很对。"于是将各地等候神仙降临的方士等全部罢黜。此后，汉武帝每当谈起此事，就对群臣叹息说："都因我往日愚惑，才受了方士们的欺骗。天下哪里有什么神仙，全是胡说八道！节制饮食，服用药物，也不过是少生些病而已。"夏季，六月，汉武帝返回，前往甘泉。

4 六月丁巳（二十五日），汉武帝擢升大鸿胪田千秋为丞相，封为富民侯。田千秋既无杰出的才干，又无显赫的家世、高深的资历和特殊的功劳，只因一句话使汉武帝感悟，就在数月之中登上丞相高位，晋封侯爵，这是从来未曾有过的。然而田千秋为人敦厚，又有智慧，身居相位颇为称职，所以比他前后的几位丞相好过许多。

在此之前，搜粟都尉桑弘羊与丞相、御史联名奏道："轮台东部有能够灌溉的农田五千顷以上，可派兵卒前去屯田，设置校尉三人分别掌管，增种五谷。由张掖、酒泉派骑兵担任警戒；招募民间强壮有力、敢于远赴边塞的人前往该地，垦荒灌溉；再增筑一些城堡要塞，向西延伸，用以威镇西域各国，辅助乌孙。"为此，汉武帝专门颁布诏书，对他已往的所作所为深表悔恨，说道："前些时，有关部门奏请要增加赋税，每人多缴三十钱，用以加强边防，这是加重老弱孤独者的负担。如今又奏请派遣兵卒赴轮台屯田。轮台在车师西面一千余里之外，上次开陵侯成娩攻打车师时，虽然取得了胜利，迫使车师王归降，但因路途遥远，粮食缺乏，死于途中的尚有数千人，

况益西乎！曩者朕之不明，以军候弘上书，言'匈奴缚马前后足置城下，驰言："秦人，我匄若马。"'又，汉使者久留不还，故兴遣贰师将军，欲以为使者威重也。古者卿、大夫与谋，参以蓍、龟，不吉不行。乃者以缚马书遍视丞相、御史、二千石、诸大夫、郎、为文学者，乃至郡、属国都尉等，皆以'虏自缚其马，不祥甚哉！'或以为'欲以见强，夫不足者视人有馀'。公车方士、太史、治星、望气及太卜龟蓍皆以为'吉，匈奴必破，时不可再得也'，又曰：'北伐行将，于鬴山必克。卦，诸将贰师最吉。'故朕亲发贰师下鬴山，诏之必毋深入。今计谋、卦兆皆反缪。重合侯得虏候者，乃言：'缚马者匈奴诅军事也。'匈奴常言：'汉极大，然不耐饥渴，失一狼，走千羊。'乃者贰师败，军士死略离散，悲痛常在朕心。今又请远田轮台，欲起亭隧，是扰劳天下，非所以优民也，朕不忍闻！大鸿胪等又议欲募囚徒送匈奴使者，明封侯之赏以报忿，此五伯所弗为也。且匈奴得汉降者常提掖搜索，问以所闻，岂得行其计乎！当今务在禁苛暴，止擅赋，力本农，修马复令，以补缺，毋乏武备而已。郡国二千石各上进畜马方略补边状，与计对。"

由是不复出军，而封田千秋为富民侯，以明休息，思富养民也。又以赵过为搜粟都尉。过能为代田，其耕耘田器皆有便巧，以教民，用力少而得谷多，民皆便之。

何况再往西呢！过去是朕一时糊涂，听信了一个名叫作弘的军候上书所言：'匈奴人将马的四蹄捆住，扔到城下，扬言说："中国人，我给你马匹。"'再加上匈奴长期扣留汉使不让回朝，所以才派贰师将军李广利兴兵征讨，为的是维护汉使的威信。古时候，与卿、大夫商讨国家大事，要参照求神问卜的结果，如果不吉利，就不能行动。所以，朕特意将军候弘关于'匈奴人捆缚其马'的上书交给丞相、御史、二千石大臣、各位大夫、郎官、研究经典的官员等传阅，又下达到各郡、国都尉等，都认为'匈奴人捆缚自己的战马，是最大的不祥之兆'，或者认为'匈奴是为向我国显示强大，而凡是力量不足的人，总爱向别人显示自己的强大'。方士、史官、星象家和负责求神问卜的官员也都认为'是吉兆，匈奴必败，机不可失，时不再来'，又说：'派兵北伐，至鬴山必胜。卦辞显示，诸将中，以派贰师将军前去最吉。'因此，朕亲自征发李广利率兵前往鬴山，并诏令他务必不得继续深入。如今计谋、卦兆全都没有效验。重合侯马通曾擒获匈奴探马，奏报说：'匈奴人捆缚战马，是为了对汉军进行诅咒。'匈奴人常说：'汉朝极为广大，但汉人却不耐饥渴，放出一只狼，就要损失上千只羊。'从前李广利兵败，将士们或战死，或被俘，或四散逃亡，朕每念及此，常感悲伤。如今又奏请要派人远赴轮台屯垦，并增筑要塞，在艰险之地开辟道路，这是使天下人困扰劳苦之举，而非对百姓的优待，这样的话，朕连听都不想听！大鸿胪等又建议招募囚犯护送匈奴使者返回，以封侯作为奖赏，让他们寻机刺杀匈奴单于，以发泄我们的怨念，这样的事连春秋五霸都不会做！况且匈奴得到汉朝归降的人，常常浑身上下严密搜查，并严加盘问，此计又怎能施行呢！当今的急务，在于严禁各级官吏对百姓的苛刻暴虐，废止擅自增加赋税的法令，鼓励百姓全力务农，恢复为国家养马者免其徭役赋税的法令，用以补充战马损失的缺额，不使边塞的防御力量削弱而已。各郡、国、二千石官员要分别进呈本地畜养马匹补充边备的计划，与呈送户籍、财政簿册的人员一同赴京奏对。"

从此，汉武帝不再派兵出征，封田千秋为富民侯，以表示他下决心要使百姓休养生息，希望能增加财富，养育百姓。汉武帝又任命赵过为搜粟都尉。赵过精通轮耕保持地力的代田之法，在土地耕耘技术和农具制造方面都有独到之处，他将这方面的技巧教给老百姓，使老百姓种田时用力少而收获多，因此都感到很便利。

　　臣光曰：天下信未尝无士也！武帝好四夷之功，而勇锐轻死之士充满朝廷，辟土广地，无不如意。及后息民重农，而赵过之俦教民耕耘，民亦被其利。此一君之身趣好殊别，而士辄应之。诚使武帝兼三王之量以兴商、周之治，其无三代之臣乎！

　　5　秋，八月辛酉晦，日有食之。

　　6　卫律害贰师之宠，会匈奴单于母阏氏病，律饬胡巫言："先单于怒曰：'胡故时祠兵，常言得贰师以社，何故不用？'"于是收贰师。贰师骂曰："我死必灭匈奴！"遂屠贰师以祠。

后元元年(癸巳，前88)

　　1　春，正月，上行幸甘泉，郊泰畤，遂幸安定。

　　2　昌邑哀王髆薨。

　　3　二月，赦天下。

　　4　夏，六月，商丘成坐祝诅自杀。

　　5　初，侍中仆射马何罗与江充相善。及卫太子起兵，何罗弟通以力战封重合侯。后上夷灭充宗族、党与，何罗兄弟惧及，遂谋为逆。侍中驸马都尉金日磾视其志意有非常，心疑之，阴独察其动静，与俱上下。何罗亦觉日磾意，以故久不得发。是时上行幸林光宫，日磾小疾卧庐，何罗与通及小弟安成矫制夜出，

臣司马光说:天下果然并非没有人才。汉武帝先是喜欢
征服四周蛮夷建功立业,于是就有许多武勇坚锐、舍生忘死的
人充满朝廷,使其开疆拓土,无不如愿。到后来主张休养百
姓,重视农业生产,又有赵过等人教导百姓耕耘土地的好办
法,使百姓们获得很大的利益。同一位君王,前后的兴趣爱好
迥然不同,而总有相应的人才为其所用。假如汉武帝兼有夏
禹、商汤、周文王的度量,来复兴商、周时期的太平盛世,难道
说会没有夏、商、周三代的辅佐之臣吗!

5 秋季,八月辛酉(三十日),出现日食。

6 卫律对李广利在匈奴受到的尊崇深为妒恨,正好单于的母
亲大阏氏生病,卫律便指使胡人巫师造谣说:"已故老单于生气地
说:'我们匈奴以前出征时曾在神灵前许愿,如能生擒李广利,就用
他来祭祀土地之神,如今为什么不用呢?'"于是李广利被逮捕。李
广利骂道:"我死之后,做鬼也要灭亡匈奴!"匈奴将李广利像宰杀
牲畜一样杀死,用来祭祀。

汉武帝后元元年(癸巳,公元前88年)

1 春季,正月,汉武帝前往甘泉宫,在泰畤祭祀天神,然后巡
游安定。

2 昌邑哀王刘髆去世。

3 二月,汉武帝下诏大赦天下。

4 夏季,六月,商丘成因被指控诅咒皇帝而畏罪自杀。

5 当初,侍中仆射马何罗与江充关系很好。太子刘据起兵
时,马何罗的弟弟马通因奋力抗击,被封为重合侯。后汉武帝下令
诛灭江充全族之人及其党羽,马何罗兄弟害怕牵连受害,便密谋反
叛朝廷。侍中驸马都尉金日磾发现马氏兄弟神色、举止不同寻常,
心中起疑,便独自在暗中注意他们的一举一动,与他们一起出入朝
廷。马何罗也觉察到了金日磾的用意,所以过了很长时间一直没
敢轻举妄动。这时,汉武帝前往林光宫,金日磾因身体有些不舒服,
躺在值班室休息,马何罗、马通和小弟马安成假传圣旨,乘夜出宫,

共杀使者,发兵。明旦,上未起,何罗无何从外入。日䃅奏
厕,心动,立入,坐内户下。须臾,何罗袖白刃从东厢上,见日
䃅,色变,走趋卧内,欲入,行触宝瑟,僵。日䃅得抱何罗,因
传曰:"马何罗反!"上惊起。左右拔刃欲格之,上恐并中日
䃅,止勿格。日䃅投何罗殿下,得禽缚之。穷治,皆伏辜。

6　秋,七月,地震。

7　燕王旦自以次第当为太子,上书求入宿卫。上怒,斩
其使于北阙。又坐藏匿亡命,削良乡、安次、文安三县。上由
是恶旦。旦辩慧博学,其弟广陵王胥,有勇力,而皆动作无法
度,多过失,故上皆不立。

时钩弋夫人之子弗陵,年数岁,形体壮大,多知,上奇爱
之,心欲立焉,以其年稚,母少,犹与久之。欲以大臣辅之,察
群臣,唯奉车都尉、光禄大夫霍光,忠厚可任大事。上乃使黄
门画周公负成王朝诸侯以赐光。后数日,帝谴责钩弋夫人,
夫人脱簪珥,叩头。帝曰:"引持去,送掖庭狱!"夫人还顾,帝
曰:"趣行,汝不得活!"卒赐死。顷之,帝闲居,问左右曰:"外
人言云何?"左右对曰:"人言'且立其子,何去其母乎?'"帝
曰:"然,是非儿曹愚人之所知也。往古国家所以乱,由主少
母壮也。女主独居骄蹇,淫乱自恣,莫能禁也。汝不闻吕后
邪! 故不得不先去之也。"

将朝廷使者杀死,起兵造反。第二天,汉武帝尚未起床,马何罗无故从外面闯入宫中。金日磾正要去上厕所,忽然心中一动,立刻进入宫中,坐在汉武帝的卧室门前。不久,马何罗袖中藏着利刃从东厢房进入,看见金日磾,脸色一变,便向汉武帝睡觉的地方闯去,撞到乐器架上,摔倒在地。金日磾急忙冲上前去抱住马何罗,大声叫道:"马何罗谋反!"汉武帝惊起,身边的侍卫拔刀要刺杀马何罗,汉武帝怕误伤金日磾,急忙加以制止。金日磾将马何罗摔到殿前,侍卫上前将其捆绑起来。经过严格审讯、调查,所有参与谋反的人全部认罪伏法。

6 秋季,七月,发生地震。

7 燕王刘旦自认为按长幼次序,他应当被立为太子,便上书请求回京守卫皇帝左右。汉武帝大怒,将燕王的使者斩于皇宫北门。又因刘旦被指控私藏逃犯,汉武帝下令削去燕国封地中的良乡、安次、文安三县。从此,汉武帝对刘旦很是厌恶。刘旦博学多才,聪明善辩,其弟广陵王刘胥勇武有力,但二人都经常干一些违背国家法度的事,多有过失,所以二人都未被汉武帝立为太子。

此时,钩弋夫人所生的皇子刘弗陵,虽然只有几岁,却长得身材粗壮,并已懂得很多事情,汉武帝对他极为疼爱,想立他为太子,只因其年纪幼小,母亲也太年轻,所以一直犹豫不决。汉武帝想选择合适的大臣辅佐刘弗陵,观察群臣,只有奉车都尉、光禄大夫霍光为人忠厚,可以当此重任。于是,汉武帝让黄门官画了一幅周公背负周成王接受诸侯朝见的图画赐给霍光。几天后,汉武帝借故谴责钩弋夫人,钩弋夫人摘去首饰,叩头请求宽恕。汉武帝说:"拉出去,送到掖庭狱中关起来!"钩弋夫人回头看着汉武帝求饶,汉武帝说:"快走,你不能活在世上!"终于将她处死。不久之后,汉武帝闲居无事,向周围的人问道:"外面对处死钩弋夫人一事怎么说?"被问者回答说:"人们都说'将要立她儿子为太子,为什么还要杀他母亲呢?'"汉武帝说道:"是啊,这就不是你们这些愚蠢的人能够懂得的了。自古以来,之所以出现乱国之事,都是因为国君年幼而其母青春正盛。女主人一人独居,往往会骄横不法,做出荒淫秽乱的事来,而别人又无法禁止。你难道没听说过吕后之事吗!所以不能不先将她除掉。"

二年(甲午,前87)

1　春,正月,上朝诸侯王于甘泉宫。二月,行幸盩厔五柞宫。

2　上病笃,霍光涕泣问曰:"如有不讳,谁当嗣者?"上曰:"君未谕前画意邪? 立少子,君行周公之事!"光顿首让曰:"臣不如金日磾!"日磾亦曰:"臣,外国人,不如光;且使匈奴轻汉矣!"乙丑,诏立弗陵为皇太子,时年八岁。丙寅,以光为大司马、大将军,日磾为车骑将军,太仆上官桀为左将军,受遗诏辅少主,又以搜粟都尉桑弘羊为御史大夫,皆拜卧内床下。光出入禁闼二十馀年,出则奉车,入侍左右,小心谨慎,未尝有过。为人沉静详审,每出入、下殿门,止进有常处,郎、仆射窃识视之,不失尺寸。日磾在上左右,目不忤视者数十年;赐出宫女,不敢近;上欲内其女后宫,不肯;其笃慎如此,上尤奇异之。日磾长子为帝弄儿,帝甚爱之。其后弄儿壮大,不谨,自殿下与宫人戏,日磾适见之,恶其淫乱,遂杀弄儿。上闻之,大怒。日磾顿首谢,具言所以杀弄儿状。上甚哀,为之泣;已而心敬日磾。上官桀始以材力得幸,为未央厩令。上尝体不安,及愈,见马,马多瘦,上大怒曰:"令以我不复见马邪!"欲下吏。桀顿首曰:"臣闻圣体不安,日夜忧惧,意诚不在马。"言未卒,泣数行下。上以为爱己,由是亲近,为侍中,稍迁至太仆。三人皆上素所爱信者,故特举之,授以后事。丁卯,帝崩于五柞宫,入殡未央宫前殿。

汉武帝后元二年（甲午，公元前87年）

1　春季，正月，汉武帝在甘泉宫接受诸侯王的朝见。二月，前往盩厔县五柞宫。

2　汉武帝病重，霍光哭着问道："万一陛下不幸仙逝，应当由谁继承皇位呢？"汉武帝说："你难道没有理解上次赐给你的那幅画的含意吗？立我最小的儿子，由你担任周公的角色！"霍光叩头推辞说："我不如金日磾！"金日磾也说："我是外国人，不如霍光，况且由我辅政，会使匈奴轻视我大汉！"乙丑（十二日），汉武帝颁布诏书，立刘弗陵为皇太子，时年八岁。丙寅（十三日），汉武帝任命霍光为大司马、大将军，金日磾为车骑将军，太仆上官桀为左将军，由他们三人共同接受遗诏，辅佐幼主，又任命搜粟都尉桑弘羊为御史大夫，全都在汉武帝病床前叩拜受职。霍光出入宫廷二十馀年，出外则陪同汉武帝乘车，入宫则侍奉在汉武帝的左右，小心谨慎，从未有过什么过失。他为人沉静仔细，每次出入宫廷，上下殿门都有一定的地方，郎官、仆射们在暗中观察、默记，发现他竟是尺寸不差。金日磾在汉武帝身边几十年，从不看他不该看的东西；赐给他宫女，他也不敢亲近；汉武帝想将他女儿纳为后宫嫔妃，他也不肯；其诚笃谨慎如此，尤其使汉武帝感到惊异、赞赏。金日磾的长子自幼是汉武帝的弄儿，很受宠爱。长大后行为不够检点，在殿下与宫女调情，正好被金日磾看到，金日磾对其子的淫乱行为非常厌恶，便将他杀死。汉武帝听说后勃然大怒。金日磾叩头请罪，陈述了杀死其子的缘由。汉武帝深感悲哀，甚至还落下眼泪，后来对金日磾更加敬重。上官桀开始因膂力过人而得到汉武帝的赏识，被任命为未央宫厩令。有一次，汉武帝感到身体不舒服，等到痊愈后，检查马匹喂养情况，发现马匹大多瘦弱，汉武帝大发雷霆，质问上官桀道："你是不是认为我再也看不到这些马了！"便要将上官桀逮捕下狱。上官桀叩头说："我听说皇上圣体欠安，日夜忧愁害怕，实在没心思照料马匹。"话未说完，已经泪流满面。汉武帝认为上官桀对自己衷心爱护，因此与他日益亲近，任命上官桀为侍中，不久又转为太仆。霍光、金日磾、上官桀三人都是汉武帝平时宠爱信任的人，所以特意将自己身后之事托付给他们。丁卯（十四日），汉武帝在五柞宫驾崩，遗体运到未央宫前殿入殓。

帝聪明能断，善用人，行法无所假贷。隆虑公主子昭平君尚帝女夷安公主。隆虑主病困，以金千斤、钱千万为昭平君豫赎死罪，上许之。隆虑主卒，昭平君日骄，醉杀主傅，系狱。廷尉以公主子上请，左右人人为言："前又入赎，陛下许之。"上曰："吾弟老有是一子，死，以属我。"于是为之垂涕，叹息良久，曰："法令者，先帝所造也，用弟故而诬先帝之法，吾何面目入高庙乎！又下负万民。"乃可其奏，哀不能自止，左右尽悲。待诏东方朔前上寿，曰："臣闻圣王为政，赏不避仇雠，诛不择骨肉。《书》曰：'不偏不党，王道荡荡。'此二者，五帝所重，三王所难也，陛下行之，天下幸甚！臣朔奉觞昧死再拜上万寿！"上初怒朔，既而善之，以朔为中郎。

班固赞曰：汉承百王之弊，高祖拨乱反正，文、景务在养民，至于稽古礼文之事，犹多阙焉。孝武初立，卓然罢黜百家，表章《六经》，遂畴咨海内，举其俊茂，与之立功。兴太学，修郊祀，改正朔，定历数，协音律，作诗乐，建封禅，礼百神，绍周后。号令文章，焕然可述，后嗣得遵洪业而有三代之风。如武帝之雄材大略，不改文、景之恭俭以济斯民，虽《诗》、《书》所称，何有加焉！

汉武帝人很聪明,遇事有决断,善于用人,执法严厉,毫不容情。隆虑公主的儿子昭平君娶了汉武帝的女儿夷安公主。隆虑公主病危时,进献黄金千斤、钱千万,请求预先为儿子昭平君赎一次死罪,汉武帝答应了她的请求。隆虑公主去世后,昭平君日益骄纵不法,竟在喝醉酒之后将公主的师傅杀死,因而逮捕入狱。廷尉因昭平君是公主之子而请示武帝,汉武帝身边的人为昭平君求情说:"先前隆虑公主曾出钱预先为其子赎罪,陛下也曾应允。"汉武帝说:"我妹妹年纪很大了才生下这一个儿子,临终前又将他托付给我。"不觉泪流满面,不住叹息,最后说:"国家法令是先帝创立的,我若是因为妹妹的缘故破坏先帝之法,我还有何面目去见高祖皇帝的灵位呢!同时也辜负了国家万民对我的期望。"于是批准了廷尉的请求,但仍然悲痛难忍,周围的人也一起跟着伤感不已。待诏官东方朔上前祝贺汉武帝说:"我听说圣明的君王治理国政,奖赏不回避仇人,惩罚不区分骨肉。《尚书》上说:'不偏向,不结党,君王的大道坦荡平直。'这两项原则,古代的黄帝、颛顼、帝喾、尧、舜五帝非常重视,而夏禹、商汤、周文王三王却难以做到,如今陛下做到了,这是国家之福。我东方朔冒死也要捧杯再次为陛下下祝贺。"开始,汉武帝对东方朔非常恼火,后来才觉得他是对的,将东方朔任为中郎。

　　班固评论说:汉朝承接了历朝帝王的积弊,高祖皇帝拨乱反正,文帝、景帝则致力于休养百姓,而在研习古代的礼节仪式方面,尚有很多缺失。汉武帝即位之初,就毅然罢黜了各家学说,唯独尊崇儒家的《诗》、《书》、《礼》、《易》、《乐》、《春秋》六种经典,并征集天下的优秀人才,共同建功立业。又兴办太学,整顿祭祀仪式,将每年的开始从十月改为正月,重新制定历法,协调音律,提倡诗赋乐章,筑封禅台祭祀天地,礼敬各种神灵,封赠周代的后裔等等。汉武帝下达的许多号令都有文采,令人称道,使后继者得以守住汉朝的大业,并具有夏、商、周三代的遗风。如果像汉武帝这样雄才大略的皇帝,能不改变汉文帝、汉景帝时的俭朴作风,爱护百姓,即使是《诗经》、《尚书》上所称道的古代贤王也不过如此!

臣光曰：孝武穷奢极欲，繁刑重敛，内侈宫室，外事四夷，信惑神怪，巡游无度，使百姓疲敝，起为盗贼，其所以异于秦始皇者无几矣。然秦以之亡，汉以之兴者，孝武能尊先王之道，知所统守，受忠直之言，恶人欺蔽，好贤不倦，诛赏严明，晚而改过，顾托得人，此其所以有亡秦之失而免亡秦之祸乎！

3　戊辰，太子即皇帝位。帝姊鄂邑公主共养省中，霍光、金日磾、上官桀共领尚书事。光辅幼主，政自己出，天下想闻其风采。殿中尝有怪，一夜，群臣相惊，光召尚符玺郎，欲收取玺。郎不肯授，光欲夺之。郎按剑曰："臣头可得，玺不可得也！"光甚谊之。明日，诏增此郎秩二等。众庶莫不多光。

4　三月甲辰，葬孝武皇帝于茂陵。
5　夏，六月，赦天下。
6　秋，七月，有星孛于东方。
7　济北王宽坐禽兽行自杀。
8　冬，匈奴入朔方，杀略吏民。发军屯西河，左将军桀行北边。

臣司马光说:汉武帝穷奢极欲,刑罚繁重,横征暴敛,对内大肆兴建宫室,对外广泛征讨蛮夷,又迷惑于方士们的神鬼之说,巡游无度,致使百姓劳苦凋散,很多人被迫做了盗贼,几乎与秦始皇没什么两样。但为什么秦朝因此而灭亡,汉朝却因此而昌盛呢?究其原因,是因为汉武帝能够遵守先王的道统,懂得如何治理国家,守住基业,并能接受忠正廉直之人的规劝,厌恶被人欺瞒蒙蔽,尊敬贤能,赏罚严明,到晚年又能改变以往的过失,将后事托付给正人君子,这正是汉武帝虽然犯有造成秦朝灭亡的错误,但却避免了与秦朝灭亡同样灾祸的原因所在。

3 戊辰(十五日),太子刘弗陵即皇帝位。因为只有八岁,所以他的姐姐鄂邑公主与他一起住在宫中,负责抚养照顾,霍光、金日磾、上官桀三人共同领尚书事,负责主持朝政。霍光辅佐幼主,国家政令都由他制定,天下人都想一见他的风采。殿中曾出现怪物,一天夜里,群臣为怪物所惊,于是霍光召见担任尚符玺郎的官员,想要取走皇帝的玉玺。尚符玺郎不肯给他,霍光便要强夺。尚符玺郎手持宝剑说道:"我的头你可以拿去,但玉玺不能拿走!"霍光对他这种态度甚为嘉许。第二天,便以汉昭帝的名义将尚符玺郎的品秩提升了两级。别人因此对霍光更加尊敬。

4 三月甲辰(二十二日),将汉武帝安葬于茂陵。

5 夏季,六月,大赦天下。

6 秋季,七月,东方出现异星。

7 济北王刘宽因被指控行为如同禽兽而畏罪自杀。

8 冬季,匈奴侵入朔方郡,屠杀掳掠当地官员和百姓。汉朝廷征调军队屯驻西河郡,左将军上官桀巡视北部边防。

卷第二十三　汉纪十五

起乙未(前86)尽丙午(前75)凡十二年

孝昭皇帝上

始元元年(乙未,前86)

1　夏,益州夷二十四邑、三万馀人皆反。遣水衡都尉吕辟胡募吏民及发犍为、蜀郡奔命往击,大破之。

2　秋,七月,赦天下。

3　大雨,至于十月,渭桥绝。

4　武帝初崩,赐诸侯王玺书。燕王旦得书不肯哭,曰:"玺书封小,京师疑有变。"遣幸臣寿西长、孙纵之、王孺等之长安,以问礼仪为名,阴刺候朝廷事。及有诏褒赐旦钱三十万,益封万三千户,旦怒曰:"我当为帝,何赐也!"遂与宗室中山哀王子长、齐孝王孙泽等结谋。诈言以武帝时受诏,得职吏事,修武备,备非常。郎中成轸谓旦曰:"大王失职,独可起而索,不可坐而得也。大王壹起,国中虽女子皆奋臂随大王。"旦即与泽谋,为奸书,言:"少帝非武帝子,大臣所共立,天下宜共伐之!"使人传行郡国以摇动百姓。泽谋归发兵临淄,杀青州刺史隽不疑。旦招来郡国奸人,赋敛铜铁作甲兵,数阅其车骑、材官卒,发民大猎以讲士马,须期日。郎中韩义等数谏旦,

孝昭皇帝上

汉昭帝始元元年(乙未,公元前86年)

1　夏季,益州所属二十四个夷人村寨三万馀人起兵背叛汉朝。汉朝廷派水衡都尉吕辟胡招募下级小吏和百姓当兵,又征调犍为、蜀郡的武勇精壮之人前往征讨,大获全胜。

2　秋季,七月,汉昭帝下诏大赦天下。

3　天降大雨,一直持续到十月,渭桥被大水冲断。

4　汉武帝去世时,朝廷以印有皇帝玉玺的正式文书通知各诸侯王。燕王刘旦见到文书后不肯哭泣,说道:"文书封口处的印记过小,我怀疑京师已发生变故。"于是派最受他宠信的臣僚寿西长、孙纵之、王孺等前往长安,以询问祭悼汉武帝的礼仪为借口,暗中刺探朝廷动态。后汉昭帝下诏奖赏刘旦钱三十万,增加其封国人口一万三千户,刘旦生气地说:"本来就应当由我作皇帝,用不着谁来赏赐于我!"于是与皇室成员中山哀王之子刘长、齐孝王之孙刘泽等密谋共同反叛朝廷。刘旦还伪称在汉武帝生前,他曾得到皇上诏书,让他掌握其封国内各级官吏的任免权,整顿封国的军队,防备非常事变。郎中成轸对刘旦说:"大王失去皇位继承权,只能靠武力夺回,坐在家里不动是得不到的。大王一旦起兵,燕国中即使是妇女也都会奋臂追随大王的。"于是刘旦与刘泽密商,编制造谣文书,宣称:"如今的小皇帝并非武帝之子,而是由朝中大臣共同拥立的,天下人应当共同讨伐其罪。"派人到各郡国广为传发,以动摇百姓之心。刘泽计划返回齐国后从临淄发兵,杀死青州刺史隽不疑。刘旦在燕国招揽各地奸邪之徒,征敛民间铜铁制造铠甲武器,又多次检阅燕国的车骑、材官等各类军队,征调百姓进行大规模行围打猎活动,以训练将士、马匹的作战能力,等待与刘泽约定的日期一到,共同举兵叛乱。郎中韩义等多次劝阻刘旦,

旦杀义等凡十五人。会瓶侯成知泽等谋,以告隽不疑。八月,不疑收捕泽等以闻。天子遣大鸿胪丞治,连引燕王。有诏,以燕王至亲,勿治;而泽等皆伏诛。迁隽不疑为京兆尹。

不疑为京兆尹,吏民敬其威信。每行县、录囚徒还,其母辄问不疑:"有所平反? 活几何人?"即不疑多有所平反,母喜笑异于他时;或无所出,母怒,为不食。故不疑为吏,严而不残。

5　九月丙子,秺敬侯金日磾薨。初,武帝病,有遗诏,封金日磾为秺侯,上官桀为安阳侯,霍光为博陆侯,皆以前捕反者马何罗等功封。日磾以帝少,不受封,光等亦不敢受。及日磾病困,光白封,日磾卧受印绶;一日薨。日磾两子赏、建俱侍中,与帝略同年,共卧起。赏为奉车,建驸马都尉。及赏嗣侯,佩两绶,上谓霍将军曰:"金氏兄弟两人,不可使俱两绶邪?"对曰:"赏自嗣父为侯耳。"上笑曰:"侯不在我与将军乎?"对曰:"先帝之约,有功乃得封侯。"遂止。

6　闰月,遣故廷尉王平等五人持节行郡国,举贤良,问民疾苦、冤、失职者。

7　冬,无冰。

二年(丙申,前85)
1　春,正月,封大将军光为博陆侯,左将军桀为安阳侯。

刘旦将韩义等共十五名官员处死。就在此时,瓶侯刘成得到刘泽谋反计划,便及时通知了隽不疑。八月,隽不疑逮捕了刘泽等人,并奏闻朝廷。汉昭帝派大鸿胪丞负责处理此事,审讯中,燕王刘旦被供出。汉昭帝下诏,以燕王为至亲,下令不许追究,只将刘泽等全部处死。隽不疑调任京兆尹。

隽不疑担任京兆尹,治下小吏和百姓对他的威信都很敬服。当他巡视各县,审查各地囚徒是否有冤情等归来,他的母亲总要问他:"给受冤屈的人平反了吗? 救活了多少人?"如隽不疑为很多受冤屈的人平了反,其母便比平时高兴;如没有平反之事,其母便生气得不肯吃饭。因此,隽不疑为官虽然执法严格,却并不残忍。

5 九月丙子,秺敬侯金日磾去世。当初汉武帝病危时,曾留下遗诏,封金日磾为秺侯,上官桀为安阳侯,霍光为博陆侯,都是因为先前逮捕叛逆者马何罗等人之功而赐与封爵。金日磾以新皇帝年纪幼小的理由,不肯接受封爵,霍光等也不敢接受。等到金日磾病重时,霍光才将武帝临终时遗命封他们三人为侯的事报告汉昭帝,于是金日磾躺在病床上接受了秺侯的印信和绶带,一天后去世。金日磾的两个儿子金赏、金建都担任侍中,与汉昭帝年龄差不多一般大小,起床、睡觉都在一起。金赏的官职是奉车都尉,金建是驸马都尉。后来金赏继承了父亲金日磾的侯爵,佩戴两种绶带,汉昭帝便对霍光说道:"金氏兄弟二人,为何不能都佩戴两种绶带呢?"霍光回答说:"只能由金赏一人继承他父亲的侯爵。"汉昭帝笑着说:"是否担任侯爵,还不是凭我和将军你的一句话。"霍光说:"根据先皇的约定,只有于国家有功的人才能封侯。"汉昭帝只得作罢。

6 闰十月,汉昭帝派原任廷尉王平等五人携带皇帝符节巡视各郡、国,举荐贤良人士,查问民间疾苦、冤屈和地方官是否有失职行为。

7 冬季,气候温暖,不结冰。

汉昭帝始元二年(丙申,公元前85年)

1 春季,正月,汉昭帝封大将军霍光为博陆侯,左将军上官桀为安阳侯。

2　或说霍光曰:"将军不见诸吕之事乎? 处伊尹、周公之位,摄政擅权,而背宗室,不与共职,是以天下不信,卒至于灭亡。今将军当盛位,帝春秋富,宜纳宗室,又多与大臣共事,反诸吕道。如是,则可以免患。"光然之,乃择宗室可用者,遂拜楚元王孙辟疆及宗室刘长乐皆为光禄大夫,辟疆守长乐卫尉。

3　三月,遣使者振贷贫民无种、食者。

4　秋,八月,诏曰:"往年灾害多,今年蚕、麦伤,所振贷种、食勿收责,毋令民出今年田租!"

5　初,武帝征伐匈奴,深入穷追,二十馀年,匈奴马畜孕重堕殰,罷极,苦之,常有欲和亲意,未能得。狐鹿孤单于有异母弟为左大都尉,贤,国人向之。母阏氏恐单于不立子而立左大都尉也,乃私使杀之。左大都尉同母兄怨,遂不肯复会单于庭。是岁,单于病且死,谓诸贵人:"我子少,不能治国,立弟右谷蠡王。"及单于死,卫律等与颛渠阏氏谋,匿其丧,矫单于令,更立子左谷蠡王为壶衍鞮单于。左贤王、右谷蠡王怨望,率其众欲南归汉,恐不能自致,即胁卢屠王,欲与西降乌孙。卢屠王告之单于,使人验问,右谷蠡王不服,反以其罪罪卢屠王,国人皆冤之。于是二王去居其所,不复肯会龙城,匈奴始衰。

2　有人劝霍光说:"将军是否注意到当初吕氏家族覆亡的教训了呢? 吕氏身处伊尹、周公的地位,主持朝政,专擅大权,却疏远皇族成员,不与他们共享朝权,因此失去了天下人的信任,导致了最终的灭亡。如今将军身居高位,皇上又年纪渐长,应当一反吕氏家族的所作所为,纳用皇族成员,并多与满朝大臣共商国是。如果这样,肯定可以免除祸患。"霍光认为很有道理,便在皇室成员中选择可以担任官职的人才,任命楚元王之孙刘辟疆和皇室成员刘长乐都为光禄大夫,刘辟疆还兼任长乐宫卫尉。

3　三月,汉昭帝派使者向缺乏种子、口粮的贫苦农民发放赈贷。

4　秋季,八月,汉昭帝颁布诏书说:"往年各种灾害多有发生,今年的蚕桑、小麦也受到伤害,因此,朝廷赈贷给农民的种子和口粮都不必归还,并免除农民今年的田租。"

5　当初,汉武帝派兵征伐匈奴,深入腹地,穷追猛打,前后二十馀年,使匈奴的马匹牲畜不能正常孕育繁殖,受到严重消耗,百姓贫苦疲惫到了极点,常常希望与汉朝恢复和亲关系,双方和睦相处,但却一直未能实现。匈奴狐鹿孤单于有一个同父异母的弟弟,担任匈奴左大都尉,很是贤明,民心归附于他。单于的母亲害怕单于不立儿子为继承人,反传位给弟弟左大都尉,便私自派人将左大都尉杀死。此事引起左大都尉的同母哥哥的怨恨,从此脱离单于王庭。这一年,单于病重不起,临死前,对各贵族说:"我的儿子年纪幼小,不能治理国家,我决定将单于之位传给弟弟右谷蠡王。"单于死后,卫律等人与单于的正室夫人颛渠阏氏密谋,隐瞒了单于去世的消息,并伪造单于命令,改立单于的儿子左谷蠡王为壶衍鞮单于。左贤王、右谷蠡王心怀不满,打算率领部众向南归附汉朝,又怕力量单薄,难以实现,于是胁迫卢屠王,打算与卢屠王一起向西归降乌孙。卢屠王将此事向壶衍鞮单于告发,壶衍鞮单于派人前去查问,右谷蠡王不肯承认,反将阴谋背叛之事推到卢屠王身上,匈奴人都认为卢屠王冤枉。于是左贤王和右谷蠡王离去,留居自己的辖地,不再参与每年一次的龙城祭祀大典,匈奴从此衰落。

三年(丁酉,前84)

1　春,二月,有星孛于西北。

2　冬,十一月壬辰朔,日有食之。

3　初,霍光与上官桀相亲善,光每休沐出,桀常代光入决事。光女为桀子安妻,生女,年甫五岁,安欲因光内之宫中。光以为尚幼,不听。盖长公主私近子客河间丁外人,安素与外人善,说外人曰:“安子容貌端正,诚因长主时得入为后,以臣父子在朝而有椒房之重,成之在于足下。汉家故事,常以列侯尚主,足下何忧不封侯乎!”外人喜,言于长主,长主以为然。诏召安女为倢伃,安为骑都尉。

四年(戊戌,前83)

1　春,三月甲寅,立皇后上官氏,赦天下。

2　西南夷姑缯、叶榆复反,遣水衡都尉吕辟胡将益州兵击之。辟胡不进,蛮夷遂杀益州太守,乘胜与辟胡战,士战及溺死者四千馀人。冬,遣大鸿胪田广明击之。

3　廷尉李种坐故纵死罪弃市。

4　是岁,上官安为车骑将军。

五年(己亥,前82)

1　春,正月,追尊帝外祖赵父为顺成侯。顺成侯有姊君姁,赐钱二百万、奴婢、第宅以充实焉。诸昆弟各以亲疏受赏赐,无在位者。

汉昭帝始元三年(丁酉,公元前 84 年)

1 春季,二月,西北方向出现异星。

2 冬季,十一月壬辰(初一),出现日食。

3 当初,霍光与上官桀关系亲密,每当霍光休假离朝,上官桀就代替霍光入朝处理政务。霍光的女儿是上官桀之子上官安的妻子,生下一个女儿,只有五岁,上官安想通过霍光的关系使女儿进入后宫,充当汉昭帝的妃嫔。霍光认为外孙女年纪还小,不肯答应。汉昭帝的姐姐盖长公主与她儿子的门客河间人丁外人私通,上官安平时与丁外人关系很好,便对丁外人说:"我女儿容貌端正,如能得到长公主的帮助,入宫成为皇后,则我与我父亲在朝为官,又有皇后作为依靠,地位将会更加巩固,此事的成败全都在您。按汉朝的惯例,公主常常嫁与列侯为妻,您又何愁不能封侯呢!"丁外人非常高兴,便将此事告诉长公主,长公主也表示赞同。于是让汉昭帝颁布诏书,将上官安的女儿召入宫中,封为婕妤,并任命上官安为骑都尉。

汉昭帝始元四年(戊戌,公元前 83 年)

1 春季,三月甲寅(二十五日),汉昭帝颁布诏书,立上官氏为皇后,大赦天下。

2 西南夷姑缯、叶榆两部族再次背叛汉朝,汉朝廷派水衡都尉吕辟胡率领益州军队前往征讨。吕辟胡屯兵不前,致使叛乱的蛮夷人杀死益州太守,并乘胜与吕辟胡所部汉军交战,汉军大败,战死及溺水而死的士卒达四千馀人。冬季,汉朝廷又派大鸿胪田广明率兵前往征讨。

3 廷尉李种因被指控故意为犯有死罪的人开脱罪名,被当众斩首。

4 这一年,上官安被任命为车骑将军。

汉昭帝始元五年(己亥,公元前 82 年)

1 春季,正月,汉昭帝追尊外祖父赵父为顺成侯。顺成侯有位姐姐名叫赵君姁,仍活在世上,汉昭帝特意赐给她钱二百万以及奴婢、住宅等,以充实她的财产。他的兄弟们,也都按着血缘的亲疏,分别得到赏赐,但没有授予封爵、官职的。

2　有男子乘黄犊车诣北阙，自谓卫太子，公车以闻。诏使公、卿、将军、中二千石杂识视。长安中吏民聚观者数万人。右将军勒兵阙下以备非常。丞相、御史、中二千石至者并莫敢发言。京兆尹不疑后到，叱从吏收缚。或曰："是非未可知，且安之！"不疑曰："诸君何患于卫太子！昔蒯聩违命出奔，辄距而不纳，《春秋》是之。卫太子得罪先帝，亡不即死，今来自诣，此罪人也！"遂送诏狱。天子与大将军霍光闻而嘉之曰："公卿大臣当用有经术、明于大谊者。"繇是不疑名声重于朝廷，在位者皆自以不及也。廷尉验治何人，竟得奸诈，本夏阳人，姓成，名方遂，居湖，以卜筮为事。有故太子舍人尝从方遂卜，谓曰："子状貌甚似卫太子。"方遂心利其言，冀得以富贵。坐诬罔不道，要斩。

3　夏，六月，封上官安为桑乐侯。安日以骄淫，受赐殿中，对宾客言："与我婿饮，大乐！"见其服饰，使人归，欲自烧物。子病死，仰而骂天。其顽悖如此。

4　罢儋耳、真番郡。

5　秋，大鸿胪广明、军正王平击益州，斩首、捕虏三万馀人，获畜产五万馀头。

6　谏大夫杜延年见国家承武帝奢侈、师旅之后，数为大将军光言："年岁比不登，流民未尽还，宜修孝文时政，示以俭约、宽和，顺天心，说民意，年岁宜应。"光纳其言。延年，故御史大夫周之子也。

2 有一位男子,乘坐黄牛犊车来到未央宫北门,自称他是汉武帝的太子刘据,公车官将此事奏闻朝廷。汉昭帝下诏书命三公、九卿、将军、中二千石官等一同前往辨认。长安城中的一般官吏和普通百姓也纷纷上前围观,先后达数万人。右将军为防止发生不测之事,率兵守在宫门前面。前往辨认的丞相、御史、中二千石官等谁也不敢出言确认是否。京兆尹隽不疑最后赶到,命手下人将该男子逮捕。有人劝他说:"是否真是前太子,目前还不能确定,还是从长计议的好。"隽不疑说道:"各位又何必怕他是否真是前太子! 春秋时期,卫国太子卫蒯聩因违抗卫灵公之命,逃出卫国,后其子卫辄继位,拒不接纳其父回国,此事连《春秋》都加以肯定。前太子得罪了先帝,逃亡在外,就算真的没死,如今自己又回来了,也是国家的罪人。"于是将该男子押送到牢狱之中。汉昭帝与大将军霍光听说后,称赞隽不疑说:"公卿大臣就应当由这种精通经典、明白大义的人来担任。"于是隽不疑在朝中名重一时,其他身居高位的人都自认为比不上他。后经廷尉审讯调查,才知那位自称是前太子的人本是夏阳人,姓成,名方遂,住在湖县,以占卜为职业。前太子的一位侍从曾经请他占卜,并对他说:"您的身材相貌都很像前太子。"成方遂听到此言之后颇为动心,希望借此取得富贵。成方遂被定以诬罔不道之罪处死。

3 夏季,六月,汉昭帝封上官安为桑乐侯。上官安日益骄纵淫乱,汉昭帝赐他在宫中饮宴,他回家后,对门客说:"与我女婿一起喝酒,非常高兴。"看见汉昭帝的服饰,便派人回家,要将自己的东西烧掉。儿子因病去世,上官安竟仰面咒骂老天爷。其顽劣狂悖到了如此地步。

4 汉朝撤消儋耳、真番二郡。

5 秋季,大鸿胪田广明、军正王平率兵征讨在益州叛乱的西南夷姑缯、叶榆两部族,共斩杀、捕获叛乱者三万馀人,缴获牲畜五万馀头。

6 谏大夫杜延年看到汉武帝的奢侈和屡次兴兵出征给国家留下的困难,多次对大将军霍光说:"连年收成不好,离乡背井的百姓还没有全部回到自己的家园,应当恢复文皇帝时的治国方针,提倡节俭,为政宽和,顺从天意,取悦百姓,年景自然就会好转。"霍光采纳了他的建议。杜延年是前御史大夫杜周的儿子。

六年(庚子,前81)

1 春,二月,诏有司问郡国所举贤良、文学,民所疾苦、教化之要,皆对:"愿罢盐、铁、酒榷、均输官,毋与天下争利,示以俭节,然后教化可兴。"桑弘羊难,以为:"此国家大业,所以制四夷,安边足用之本,不可废也。"于是盐铁之议起焉。

2 初,苏武既徙北海上,禀食不至,掘野鼠、去草实而食之。杖汉节牧羊,卧起操持,节旄尽落。武在汉,与李陵俱为侍中;陵降匈奴,不敢求武。久之,单于使陵至海上,为武置酒设乐,因谓武曰:"单于闻陵与子卿素厚,故使来说足下,虚心欲相待。终不得归汉,空自苦;亡人之地,信义安所见乎!足下兄弟二人,前皆坐事自杀;来时,太夫人已不幸;子卿妇年少,闻已更嫁矣;独有女弟二人、两女、一男,今复十馀年,存亡不可知。人生如朝露,何久自苦如此!陵始降时,忽忽如狂,自痛负汉,加以老母系保宫。子卿不欲降,何以过陵!且陛下春秋高,法令无常,大臣无罪夷灭者数十家。安危不可知,子卿尚复谁为乎!"武曰:"武父子无功德,皆为陛下所成就,位列将,爵通侯,兄弟亲近,常愿肝脑涂地。今得杀身自效,虽斧钺、汤镬,诚甘乐之!臣事君,犹子事父也。子为父死,无所恨。愿勿复再言!"陵与武饮数日,复曰:"子卿壹听陵言!"武曰:"自分已死久矣,王必欲降武,请毕今日之欢,效死于前!"陵见其至诚,喟然叹曰:"嗟乎,义士!陵与卫律之罪上通于天!"因泣下沾衿,与武决去。赐武牛羊数十头。

汉昭帝始元六年(庚子,公元前81年)

1 春季,二月,汉昭帝下诏命有关官员陈述各郡、国举荐贤良、文学之事,并询问有关解决民间疾苦,如何教化百姓的要点,大家都建议:"希望取消盐、铁、酒类的专卖制度,罢黜均输官,不要与天下人争利,向百姓表示节俭,只有这样做,才能振兴礼义、教化。"但桑弘羊表示反对,他认为:"盐、铁、酒类的专卖制度和均输措施等,都是国家赖以控制四夷、保卫边疆,使财用充足的根本大业,不能废除。"于是,一场关于盐铁专卖等问题的辩论开始了。

2 当初,苏武被匈奴放逐到北海边以后,得不到粮食供应,便挖掘野鼠,吃鼠洞中的草籽。他手持汉朝的符节牧羊,无论睡卧还是起身都带着它,以致节杖上的毛缨全部脱落了。苏武在汉朝时,与李陵同为侍中,李陵投降匈奴后,心中惭愧,一直不敢求见苏武。过了很长时间,单于派李陵来到北海,为苏武摆下酒筵,并以乐队助兴,对苏武说:"单于听说我与你是多年好友,情谊深厚,所以派我来劝你,单于愿意对你诚心相待。你已不可能再回汉朝,白白在这荒无人烟的地方受苦受罪,你的信义节操,又有谁知道呢!你的两个兄弟,早已都因罪自杀;我来此时,你母亲也已不幸去世;你的夫人年纪尚轻,听说已经改嫁别人了;只剩下两个妹妹,两个女儿、一个儿子,如今又过了十几年,是否还在人世也不得而知。人的一生,就像早晨的露水一般短暂,你又何必如此自苦!我刚投降匈奴时,精神恍惚,痛苦得想要发疯,恨自己辜负国恩,还连累老母身受牢狱之苦。你不愿归降匈奴的心情,不见得就会超过我!况且皇上年事已高,法令变化无常,朝中大臣无罪而被抄杀满门的达数十家之多。人人安危难保,你这样做,究竟为的是谁呢!"苏武说:"我父子本无才德功绩,全靠皇上栽培,才得以身居高位,与列侯、将军并列,且使我们兄弟得以亲近皇上,所以我常常希望能够肝脑涂地,报答皇上的大恩。如今幸得有机会杀身报效皇上,即使是斧钺加身,热锅烹煮,我也心甘情愿地接受!为臣的侍奉君王,就如同儿子侍奉父亲一般。儿子为父亲而死,虽死无憾。希望你不要再说了。"李陵与苏武一连饮酒数日,又劝道:"你再听我一句话。"苏武说:"我早已料想必死无疑,你如一定要我投降,今日的欢聚到此为止,我立即就死在你的面前!"李陵见苏武出言至诚,态度坚决,便长叹道:"唉!你真是忠义之士!我与卫律实在是罪大于天!"不觉泪湿衣衿,与苏武告别而去。赐给苏武牛羊数十头。

后陵复至北海上，语武以武帝崩。武南向号哭欧血，旦夕临，数月。及壶衍鞮单于立，母阏氏不正，国内乖离，常恐汉兵袭之，于是卫律为单于谋，与汉和亲。汉使至，求苏武等，匈奴诡言武死。后汉使复至匈奴，常惠私见汉使，教使者谓单于，言："天子射上林中，得雁，足有系帛书，言武等在某泽中。"使者大喜，如惠语以让单于。单于视左右而惊，谢汉使曰："武等实在。"乃归武及马宏等。马宏者，前副光禄大夫王忠使西国，为匈奴所遮；忠战死，马宏生得，亦不肯降。故匈奴归此二人，欲以通善意。于是李陵置酒贺武曰："今足下还归，扬名于匈奴，功显于汉室，虽古竹帛所载，丹青所画，何以过子卿！陵虽驽怯，令汉贳陵罪，全其老母，使得奋大辱之积志，庶几乎曹柯之盟，此陵宿昔之所不忘也。收族陵家，为世大戮，陵尚复何顾乎！已矣，令子卿知吾心耳！"陵泣下数行，因与武决。

单于召会武官属，前已降及物故，凡随武还者九人。既至京师，诏武奉一太牢谒武帝园庙，拜为典属国，秩中二千石，赐钱二百万，公田二顷，宅一区。武留匈奴凡十九岁，始以强壮出，及还，须发尽白。霍光、上官桀与李陵素善，遣陵故人陇西任立政等三人俱至匈奴招之。陵曰："归易耳，丈夫不能再辱！"遂死于匈奴。

3　夏，旱。

后李陵又来到北海,告诉苏武汉武帝已然去世。苏武一连数月,每天早晚面对南方号啕痛哭,甚至吐血。壶衍鞮单于即位后,其母行为不正,国内分崩离析,常常害怕汉军前来征讨,于是卫律为单于定计,要求与汉朝和亲。汉使来到匈奴,要求放苏武等人回国,匈奴假称苏武已死。后来汉使又来到匈奴,常惠暗中面见汉使,报告实情,并让使者对单于说:"汉天子在上林苑射下一只大雁,脚上系着一块绸缎,上面写着苏武等人现在某湖泽之地。"使者大喜,按常惠之言责问单于。单于大吃一惊,环视左右侍从,然后向汉使道歉说:"苏武确实还活着。"只得将苏武及马宏等人放还。马宏是以前汉朝派往西域各国出使的光禄大夫王忠的副使,因使团受到匈奴军队的拦截,王忠战死,马宏被俘,也一直不肯投降匈奴。所以匈奴这次将苏武、马宏二人放回,目的是想向汉朝表示他们的诚意。于是,李陵摆设酒筵祝贺苏武说:"如今你返回祖国,英名传遍匈奴,功劳显扬于汉朝,即使是史籍所记载、丹青所描画的古代名士也难以超过你!我虽然愚笨怯懦,假如当年汉朝能宽恕我的罪过,保全我的老母,使我能够忍辱负重,春秋时曹刿劫持齐桓公于柯盟的壮举正是我当时念念不忘的志向。谁知汉朝竟将我满门抄斩,这是当世最残酷的杀戮,我对汉朝还能有什么眷恋呢!如今一切都已过去,现在不过是想让你知道我的心情罢了!"李陵泪流满面,与苏武告别。

单于召集当年随苏武前来的汉朝官员及随从,除已然归降匈奴和去世的以外,共有九人与苏武一同回到汉朝。苏武一行来到长安,汉昭帝诏令苏武用牛、羊、猪各一头,以最隆重的仪式祭拜于汉武帝的陵庙,封苏武为典属国,品秩为中二千石,并赏赐苏武钱二百万、公田二顷、住宅一所。苏武被扣留匈奴共十九年,去时正当壮年,归来时头发、胡须已全都白了。霍光、上官桀过去都和李陵关系很好,所以特派李陵的旧友陇西人任立政等三人前往匈奴劝说李陵回国。李陵对他们说:"回去容易,但大丈夫不能两次受辱!"于是老死于匈奴。

3 夏季,干旱。

4　秋,七月,罢榷酤官,从贤良、文学之议也。武帝之末,海内虚耗,户口减半。霍光知时务之要,轻徭薄赋,与民休息。至是匈奴和亲,百姓充实,稍复文、景之业焉。

5　诏以钩町侯毋波率其邑君长、人民击反者有功,立以为钩町王。赐田广明爵关内侯。

元凤元年(辛丑,前80)

1　春,武都氐人反,遣执金吾马适建、龙额侯韩增、大鸿胪田广明将三辅、太常徒,皆免刑,击之。

2　夏,六月,赦天下。

3　秋,七月乙亥晦,日有食之,既。

4　八月,改元。

5　上官桀父子既尊,盛德长公主,欲为丁外人求封侯,霍光不许。又为外人求光禄大夫,欲令得召见,又不许。长主大以是怨光,而桀、安数为外人求官爵弗能得,亦惭。又桀妻父所幸充国为太医监,阑入殿中,下狱当死。冬月且尽,盖主为充国入马二十匹赎罪,乃得减死论。于是桀、安父子深怨光而重德盖主。自先帝时,桀已为九卿,位在光右,及父子并为将军,皇后亲安女,光乃其外祖,而顾专制朝事,由是与光争权。燕王旦自以帝兄不得立,常怀怨望。及御史大夫桑弘羊建造酒榷、盐、铁,为国兴利,伐其功,欲为子弟得官,亦怨恨光。于是盖主、桀、安、弘羊皆与旦通谋。

4　秋季,七月,汉昭帝接受贤良、文学们的建议,撤销负责酒类专卖的官员。汉武帝末年,国家财富虚耗,户口减少了一半。霍光深知当前最重要的,是要减轻百姓的赋税和徭役,使百姓得到休养生息。如今与匈奴恢复和亲,百姓得到安定和充实,渐渐恢复了汉文帝、汉景帝时期的定安、繁荣局面。

5　汉昭帝颁布诏书,表彰钩町侯毋波率领其所属部落的首领和部众镇压叛乱者有功,将毋波封为钩町王。赐田广明关内侯爵位。

汉昭帝元凤元年(辛丑,公元前80年)

1　春季,武都郡所属氐族人造反,汉昭帝派执金吾马适建、龙额侯韩增、大鸿胪田广明率领三辅地区及太常所属各牢狱的刑徒,一律免其刑罚,前往镇压。

2　夏季,六月,大赦天下。

3　秋季,七月乙亥,出现日全食。

4　八月,改年号为元凤元年。

5　上官桀父子的地位日益尊贵,为表示对长公主的感激之心,便想为丁外人求得一个列侯的爵位,但却遭到霍光的反对。上官桀父子又请求任命丁外人为光禄大夫,使其取得受皇帝召见的资格,霍光仍然反对。长公主因此对霍光极为怨恨,而上官桀、上官安几次为丁外人请求官爵都因霍光的反对而未能实现,也深觉脸上无光。上官桀的岳父所宠爱的一个叫充国的人,担任太医监一职,因私自闯入皇宫之中,被逮捕下狱,定为死罪。这时,处决犯人的冬季即将过去,长公主特意为充国交纳二十匹马以赎其罪,使其被免除死刑。于是,上官桀、上官安父子更加感激长公主而深怨霍光。早在汉武帝时,上官桀已位列九卿,地位高于霍光,后上官桀父子同为将军,皇后又是上官安的亲女儿,而霍光只是皇后的外祖父,却反而专制朝政,因此上官桀父子与霍光争权。燕王刘旦觉得自己是汉昭帝的兄长,未能继承皇位,所以常常心怀怨恨。御史大夫桑弘羊创立盐、铁、酒类专卖制度,为国兴利,自认为于国有功,想为其子弟求取官职,遭到霍光拒绝,因而也怨恨霍光。于是,盖长公主、上官桀、上官安、桑弘羊都与刘旦串通一气,密谋除掉霍光。

　　且遣孙纵之等前后十馀辈，多赍金宝、走马赂遗盖主、桀、弘羊等。桀等又诈令人为燕王上书，言："光出都肄郎、羽林，道上称跸，太官先置。"又引"苏武使匈奴二十年不降，乃为典属国；大将军长史敞无功，为搜粟都尉，又擅调益莫府校尉。光专权自恣，疑有非常。臣旦愿归符玺，入宿卫，察奸臣变"。候司光出沐日奏之。桀欲从中下其事，弘羊当与诸大臣共执退光。书奏，帝不肯下。明旦，光闻之，止画室中不入。上问："大将军安在？"左将军桀对曰："以燕王告其罪，故不敢入。"有诏："召大将军。"光入，免冠，顿首谢。上曰："将军冠！朕知是书诈也，将军无罪。"光曰："陛下何以知之？"上曰："将军之广明都郎，近耳；调校尉以来，未能十日，燕王何以得知之！且将军为非，不须校尉。"是时帝年十四，尚书、左右皆惊。而上书者果亡，捕之甚急。桀等惧，白上："小事不足遂。"上不听。后桀党与有谮光者，上辄怒曰："大将军忠臣，先帝所属以辅朕身，敢有毁者，坐之！"自是桀等不敢复言。

　　李德裕论曰：人君之德，莫大于至明，明以照奸，则百邪不能蔽矣，汉昭帝是也。周成王有惭德矣，高祖、文、景俱不如也。成王闻管、蔡流言，遂使周公狼跋而东。汉高闻陈平去魏背楚，欲舍腹心臣。汉文惑季布使酒难近，

刘旦派遣孙纵之等人前后十馀批,携带大批金银、珠宝、快马等前往长安,贿赂盖长公主、上官桀、桑弘羊等人。上官桀等又命人伪造燕王上书,言称:"霍光出外校阅郎官及羽林军时,就仿佛皇上出巡一般,事先命人驱赶道路上的行人,又派太官为其布置饮食住处。"又称"苏武出使匈奴,被扣留达二十年之久,始终不肯投降,回朝后只不过给了个典属国的官职;而大将军长史杨敞,并未为国家立过什么功劳,却被任命为搜粟都尉;另外,霍光还擅自增选大将军府的校尉。霍光独揽大权,为所欲为,是否会做出不利于朝廷的非常之举,实在令人怀疑。因此,我愿意交还燕王的印玺,进入宫廷侍卫在皇上左右,监督奸臣的行动,以防有变"。乘霍光休假不在朝中的机会奏闻汉昭帝。上官桀本打算立即交有关官员查办,由桑弘羊与各大臣一起逮捕霍光,撤销其职。但上奏后,汉昭帝却扣留不发。第二天早晨,霍光入朝,听说此事后,停在朝房中不敢贸然进殿。汉昭帝问:"大将军在什么地方?"左将军上官桀回答说:"因燕王控告大将军的罪行,所以他不敢进殿。"汉昭帝下令:"召大将军进来。"霍光进殿后,脱下官帽,叩头请罪。汉昭帝说道:"将军请戴上帽子。朕知道这道奏章是假的,将军并没有罪。"霍光说:"陛下是怎么知道的呢?"汉昭帝说:"将军去广明校阅,是最近的事;选调校尉,也还不到十天,燕王怎么能知道此事呢!况且将军如要谋反,也用不着选调校尉。"此时汉昭帝年仅十四岁,左右侍从及尚书等官员无不惊讶于他的英明判断。后发现呈递这道奏章的人果然逃亡,汉昭帝下令紧急追捕。上官桀等人心虚害怕,便对汉昭帝说:"区区小事,用不着穷追不放。"汉昭帝不听。后上官桀的党羽又有说霍光坏话的,汉昭帝立即怒斥道:"大将军是忠臣,先帝托付他辅佐于我,谁再胆敢诬蔑大将军,就问他的罪!"从此,上官桀等不敢再攻击霍光。

　　李德裕评论说:君主最大的优点,莫过于明察秋毫,明察则能洞悉奸诈,使任何邪恶都无法将其蒙蔽,汉昭帝就是这样。这一点,不仅周成王应当惭愧,连汉高祖、汉文帝、汉景帝也都不如。周成王听信了管叔、蔡叔散布的流言,致使周公进退两难,只好东征。汉高祖听说陈平离开魏国,又背叛了西楚,便几乎舍弃了这位心腹之臣。汉文帝误认为季布爱发酒疯,难作天子近臣,

罢归股肱郡;疑贾生擅权纷乱,复疏贤士。景帝信诛晁错兵解,遂戮三公。所谓"执狐疑之心,来谗贼之口"。使昭帝得伊、吕之佐,则成、康不足侔矣。

6 桀等谋令长公主置酒请光,伏兵格杀之,因废帝,迎立燕王为天子。且置驿书往来相报,许立桀为王,外连郡国豪桀以千数。且以语相平,平曰:"大王前与刘泽结谋,事未成而发觉者,以刘泽素夸,好侵陵也。平闻左将军素轻易,车骑将军少而骄,臣恐其如刘泽时不能成,又恐既成反大王也。"旦曰:"前日一男子诣阙,自谓故太子,长安中民趣向之,正讙不可止。大将军恐,出兵陈之,以自备耳。我,帝长子,天下所信,何忧见反!"后谓群臣:"盖主报言,独患大将军与右将军王莽。今右将军物故,丞相病,幸事必成,征不久。"令群臣皆装。

安又谋诱燕王至而诛之,因废帝而立桀。或曰:"当如皇后何?"安曰:"逐麋之狗,当顾菟邪!且用皇后为尊,一旦人主意有所移,虽欲为家人亦不可得。此百世之一时也!"会盖主舍人父稻田使者燕仓知其谋,以告大司农杨敞。敞素谨,畏事,不敢言,乃移病卧,以告谏大夫杜延年;延年以闻。九月,诏丞相部中二千石逐捕孙纵之及桀、安、弘羊、外人等,并宗族悉诛之;盖主自杀。燕王旦闻之,召相平曰:"事败,遂发兵乎?"平曰:"左将军已死,百姓皆知之,不可发也!"王忧懑,置酒与群臣、妃妾别。会天子以玺书让旦,旦以绶自绞死,

便将其放回地方作郡太守;又怀疑贾谊专擅权柄,可能造成混乱,便又疏远了这位贤士。汉景帝相信杀死晁错能结束七国之乱,便将位列三公的晁错杀死。正所谓"先生出怀疑之心,才召来奸贼的谗言",假使汉昭帝能得到伊尹、吕尚的辅佐,那么周成王、周康王都不足以与之相比。

6　上官桀等密谋由长公主宴请霍光,预先埋伏武士,在酒宴上杀死霍光,然后乘机废掉汉昭帝,迎立燕王刘旦为皇帝。刘旦也派人送信表示同意,许诺事成后封上官桀为王,并负责联络各郡、国的豪杰之士数千人作为响应。刘旦将这一计划告诉燕国丞相,这位名叫平的燕国丞相说道:"大王以前与刘泽结为同谋,事情还未成功,消息已然走漏,就是因为刘泽平时性情浮夸,好欺凌属下。我听说左将军一向办事不稳重,车骑将军又年轻骄横,恐怕他们也与刘泽一样成不了大事,或事成之后又背叛大王。"刘旦说:"前些日子有一男子自称是前太子,闯到皇宫门前,长安城中的百姓纷纷上前,喧哗不绝。大将军非常害怕,派兵加以防备。我本先帝长子,天下共知,还怕有人反对吗!"后又对其臣下说:"盖长公主告诉我,只是担心大将军霍光与右将军王莽。如今右将军去世,丞相又有病,大事必然成功,不久就可证实。"命臣下一律整治行装,随时准备出发。

上官安又密谋将燕王刘旦引诱前来杀死,然后再废掉汉昭帝,拥立其父上官桀为皇帝。有人问他:"对皇后又当如何?"上官安说:"追逐大鹿的猎狗,还能顾及兔子吗!况且依靠皇后来维持自己尊贵的地位,一旦皇上移情别爱,即使再想做一名普通老百姓,只怕都不可能了。如今正是千载难逢的好机会!"盖长公主一位侍从的父亲、担任稻田使者的燕仓了解到上官桀等人的阴谋,将此事告诉了大司农杨敞。杨敞平时为人谨小慎微,不敢奏报朝廷,便上书称病,卧居在家,同时将此事转告谏大夫杜延年。杜延年将此事奏闻朝廷。九月,汉昭帝下诏命丞相率领中二千石大臣缉捕孙纵之及上官桀、上官安、桑弘羊、丁外人等人,全部满门抄斩,盖长公主畏罪自杀。燕王刘旦得到消息后,召燕国丞相平前来商议道:"事已败露,是否应立即兴兵造反?"平说:"左将军已被处死,老百姓都已知晓,不宜草率发兵。"刘旦忧愤懊恼,摆设酒筵,与臣下和妻妾诀别。正好汉昭帝下达正式公文责问刘旦,刘旦便用王印的绶带将自己绞死,

后、夫人随旦自杀者二十馀人。天子加恩,赦王太子建为庶人,赐旦谥曰剌王。皇后以年少,不与谋,亦霍光外孙,故得不废。

7 庚午,右扶风王䜣为御史大夫。

8 冬,十月,封杜延年为建平侯,燕仓为宜城侯,故丞相征事任宫捕得桀,为弋阳侯,丞相少史王山寿诱安入府,为商利侯。久之,文学济阴魏相对策,以为:“日者燕王为无道,韩义出身强谏,为王所杀。义无比干之亲而蹈比干之节,宜显赏其子以示天下,明为人臣之义。”乃擢义子延寿为谏大夫。

9 大将军光以朝无旧臣,光禄勋张安世自先帝时为尚书令,志行纯笃,乃白用安世为右将军兼光禄勋以自副焉。安世,故御史大夫汤之子也。光又以杜延年有忠节,擢为太仆、右曹、给事中。光持刑罚严,延年常辅之以宽。吏民上书言便宜,辄下延年平处复奏。可官试者,至为县令;或丞相、御史除用,满岁,以状闻;或抵其罪法。

10 是岁匈奴发左、右部二万骑为四队,并入边为寇。汉兵追之,斩首、获虏九千人,生得瓯脱王;汉无所失亡。匈奴见瓯脱王在汉,恐,以为道击之,即西北远去,不敢南逐水草;发人民屯瓯脱。

二年(壬寅,前79)

1 夏,四月,上自建章宫徙未央宫。

2 六月,赦天下。

刘旦的王后、夫人等二十多人也随其一起自杀。汉昭帝加恩,赦免燕王世子刘建死罪,废为平民,赐刘旦谥号称剌王。上官皇后因年纪幼小,未曾参与政变阴谋,又是霍光的外孙女,所以未被废黜。

7　庚午(初二),右扶风王䜣被任命为御史大夫。

8　冬季,十月,汉昭帝封杜延年为建平侯,燕仓为宜城侯,原任丞相征事任宫因捕获上官桀有功,被封为弋阳侯,丞相少史王山寿引诱上官安进入丞相府有功,被封为商利侯。过了一段时间,文学济阴人魏相在参加朝廷举行的以朝政大事、经典涵义等为内容的考试时,认为:"前些时燕王刘旦大逆不道,韩义挺身而出,强行劝阻,被燕王所杀。韩义不像商朝比干那样与纣王有亲属关系,但却有比干劝纣王一般的节义,所以应在天下人面前公开奖励韩义的儿子,以明确为臣应守的大义。"于是,汉昭帝擢升韩义之子韩延寿为谏大夫。

9　大将军霍光因为朝廷中缺少元老旧臣,而光禄勋张安世在汉武帝时就曾当过尚书令,心地纯正真诚,便奏请汉昭帝任命张安世为右将军兼光禄勋,作为自己的副手。张安世为前御史大夫张汤的儿子。霍光又因杜延年忠于朝廷,特擢升其为太仆、右曹、给事中。霍光执法严厉,杜延年则常常以宽厚辅之。每当一般官吏或百姓上书朝廷有所建议,总是先交杜延年研究其是否当行,再上奏汉昭帝。又称,凡参加朝廷考试合格的人,或派到地方去作县令,或交丞相、御史授予相应官职,一年后将其为官情况奏闻朝廷,不称职者依法治罪。

10　这一年,匈奴派左、右两部骑兵两万人分为四队,侵入汉朝边境进行袭扰。汉朝派兵追杀,共计斩杀、俘获匈奴兵九千人,生擒匈奴瓯脱王,汉军一方则没有什么伤亡。匈奴见瓯脱王为汉所擒,害怕他引导汉军袭击己方,便向西北方向远远退去,不敢再南下寻觅水草。汉朝征发百姓屯戍瓯脱地区。

汉昭帝元凤二年(壬寅,公元前79年)

1　夏季,四月,汉昭帝从建章宫迁居到未央宫。

2　六月,汉昭帝下诏大赦天下。

3 是岁,匈奴复遣九千骑屯受降城以备汉,北桥余吾水,令可度,以备奔走。欲求和亲,而恐汉不听,故不肯先言,常使左右风汉使者。然其侵盗益希,遇汉使愈厚,欲以渐致和亲。汉亦羁縻之。

三年(癸卯,前78)

1 春,正月,泰山有大石自起立;上林有柳树枯僵自起生,有虫食其叶成文,曰"公孙病已立"。符节令鲁国眭弘上书,言:"大石自立,僵柳复起,当有匹庶为天子者。枯树复生,故废之家公孙氏当复兴乎?汉家承尧之后,有传国之运,当求贤人禅帝位,退自封百里,以顺天命。"弘坐设妖言惑众伏诛。

2 匈奴单于使犁污王窥边,言酒泉、张掖兵益弱,出兵试击,冀可复得其地。时汉先得降者,闻其计,天子诏边警备。后无几,右贤王、犁污王四千骑分三队,入日勒、屋兰、番和。张掖太守、属国都尉发兵击,大破之,得脱者数百人。属国义渠王射杀犁污王,赐黄金二百斤,马二百匹,因封为犁污王。自是后,匈奴不敢入张掖。

3 燕、盖之乱,桑弘羊子迁亡,过父故吏侯史吴;后迁捕得,伏法。会赦,侯史吴自出系狱。廷尉王平、少府徐仁杂治反事,皆以为"桑迁坐父谋反而侯史吴臧之,非匿反者,乃匿为随者也",即以赦令除吴罪。后侍御史治实,以"桑迁通经术,知父谋反而不谏争,与反者身无异。侯史吴故三百石吏,

3　这一年,匈奴又派遣九千骑兵屯驻于受降城,以防备汉朝袭击,同时在受降城以北的余吾水上架设桥梁,准备一旦兵败时可以迅速渡河而逃。匈奴单于希望与汉朝和亲,又怕汉朝不肯答应,所以不愿先提出,只是常常命其左右侍从向汉朝派往匈奴的使节暗示。不过,匈奴对汉朝边疆地区的侵扰掳掠已越来越少,对汉朝使节的招待越来越丰厚,希望通过这样的办法来逐渐达到恢复和亲的目的。汉朝也对其采取笼络的态度,努力与之维持和平。

汉昭帝元凤三年(癸卯,公元前78年)

1　春季,正月,泰山上有一块大石头自己立了起来;上林苑中有一棵枯死倒地的柳树复活并站了起来,又有虫子在其树叶上啃咬出"公孙病已立"的字样。担任符节令一职的鲁国人眭弘,上书朝廷说:"大石自己站立,枯倒柳树复起,当有一位平民百姓成为天子。枯树复活,是不是预示着以前被废黜的公孙氏家族又要复兴了呢?汉天子为帝尧的后代,先天注定应将国家传给别人,所以应当访求贤明的人,将皇位禅让于他,自己去作一位拥有一百里封地的列侯,以顺应天意。"眭弘被以制造妖言、蛊惑人心的罪名处死。

2　匈奴单于派犁污王刺探汉朝边防情况。据犁污王报告,酒泉、张掖一带汉朝兵力日益衰弱。于是派兵作试探性攻击,希望能收复旧有地区。此时,汉朝已事先从归降的匈奴人口中得知其这一计划,汉昭帝下诏命边塞地区加强戒备。没有多久,匈奴右贤王、犁污王率领骑兵四千分为三队,侵入日勒、屋兰、番和三县。汉朝张掖太守、属国都尉发兵反击,匈奴军大败,仅数百人逃脱。附属汉朝的义渠部落首领将犁污王射死,汉朝赏赐其黄金二百斤,马二百匹,封其为犁污王。从此以后,匈奴不敢再侵犯张掖。

3　燕王刘旦和盖长公主等人谋反后,桑弘羊之子桑迁出逃,投靠桑弘羊从前的部下侯史吴;后桑迁被逮捕处死。时逢大赦,侯史吴投案自首。廷尉王平、少府徐仁共同负责处理谋反案件,都认为"桑迁是受其父谋反的牵连,侯史吴窝藏他,并非窝藏谋反者,而是窝藏因谋反而连坐者",于是按大赦令赦免了侯史吴之罪。后侍御史重新查处此事,认为"桑迁精通经典,明知其父背叛朝廷,却不加劝阻抗争,与谋反者并无两样。侯史吴原为三百石小吏,

首匿迁,不与庶人匿随从者等,吴不得赦"。奏请覆治,劾廷尉、少府纵反者。少府徐仁,即丞相车千秋女婿也,故千秋数为侯史吴言;恐大将军光不听,千秋即召中二千石、博士会公车门,议问吴法。议者知大将军指,皆执吴为不道。明日,千秋封上众议。光于是以千秋擅召中二千石以下,外内异言,遂下廷尉平、少府仁狱。朝廷皆恐丞相坐之。太仆杜延年奏记光曰:"吏纵罪人,有常法。今更诋吴为不道,恐于法深。又,丞相素无所守持而为好言于下,尽其素行也。至擅召中二千石,甚无状。延年愚以为丞相久故及先帝用事,非有大故,不可弃也。间者民颇言狱深,吏为峻诋。今丞相所议,又狱事也,如是以及丞相;恐不合众心,群下灌哗,庶人私议,流言四布。延年窃重将军失此名于天下也。"光以廷尉、少府弄法轻重,卒下之狱。夏,四月,仁自杀,平与左冯翊贾胜胡皆要斩。而不以及丞相,终与相竟。延年论议持平,合和朝廷,皆此类也。

　　4　冬,辽东乌桓反。初,冒顿破东胡,东胡馀众散保乌桓及鲜卑山为二族,世役属匈奴。武帝击破匈奴左地,因徙乌桓于上谷、渔阳、右北平、辽东塞外,为汉侦察匈奴动静。置护乌桓校尉监领之,使不得与匈奴交通。至是,部众渐强,遂反。

　　先是,匈奴三千馀骑入五原,杀略数千人。后数万骑南旁塞猎,行攻塞外亭障,略取吏民去。是时汉边郡烽火候望精明,匈奴为边寇者少利,希复犯塞。汉复得匈奴降者,言乌桓尝发先单于冢,匈奴怨之,方发二万骑击乌桓。霍光欲发兵邀击之,

胆敢窝藏桑迁,与一般百姓窝藏胁从谋反者不同,侯史吴不能赦免"。奏请朝廷重新处治侯史吴之罪,并参劾廷尉、少府放纵谋反者。少府徐仁是丞相田千秋的女婿,所以田千秋几次为侯史吴说情,又怕大将军霍光不听,便在未央宫北门前召集中二千石及博士官商议按法律应问侯史吴什么罪名。参加商议的人都知道大将军是什么意思,所以一致指控侯史吴为大逆不道。第二天,田千秋只得将众人的意见上奏朝廷。霍光认为田千秋擅自召集中二千石以下官员,朝内、朝外言论不一,于是下令将廷尉王平、少府徐仁逮捕入狱。朝廷上下都恐怕丞相会受到牵连。太仆杜延年写信给霍光说:"官吏放纵罪人,国有常法。如今一定要说侯史吴为大逆不道,只怕从法律上说是太过分了。再说,丞相也并不是有什么成见,只是一向爱为下面的人说情。至于擅自召集中二千石官员,则确实不对。但我觉得丞相在位已久,又是先帝任用的人,除非有什么重大过失,否则不应废弃。近来,百姓们纷纷议论,都说官府刑罚过重,官吏们网罗罪名,执法苛刻。而今丞相商议的又是有关刑罚之事,如果因此案而连累丞相,恐怕与民心相背,势必造成属下喧哗,小民私议,流言四起。我只怕将军因此事而在天下人面前使英名受损。"霍光坚持认为廷尉、少府玩弄法律,终于还是将他们下狱治罪。夏季,四月,徐仁在狱中自杀,王平与左冯翊贾胜胡都被腰斩。丞相田千秋则未受牵连,并一直与霍光和平共事。杜延年议论公平,使朝廷和睦,其所作所为,都类似于此。

4 冬季,辽东乌桓部落起兵反叛。当初,匈奴冒顿单于击败东胡族,东胡残馀部众分别占据乌桓及鲜卑山,逐渐形成两个部族,世代臣服于匈奴。汉武帝击破匈奴左翼地区,将乌桓迁徙到上谷、渔阳、右北平、辽东一带的塞外地区,令其为汉朝侦察匈奴动静。汉朝还专门设置护乌桓校尉一官,负责对乌桓人的监督和管辖,使他们不能与匈奴建立联系。如今,乌桓势力逐渐强大起来,于是起兵反叛汉朝。

以前,匈奴骑兵三千馀人侵入五原,杀掠当地数千人。后又派骑兵数万南下,沿着汉朝边塞移动,进攻汉朝设于塞外的堡垒,掳掠边塞地区的官吏和百姓而去。当时,汉朝边塞各郡的烽火报警设施严密,匈奴侵扰汉朝边塞的收获不大,所以很少前来滋扰。后汉朝再次获得归降的匈奴人,得知乌桓人曾经挖掘了匈奴祖先的坟墓,引起匈奴的怨恨,正派出二万骑兵袭击乌桓。霍光打算发兵迎击匈奴军队,

以问护军都尉赵充国,充国以为:"乌桓间数犯塞,今匈奴击之,于汉便。又匈奴希寇盗,北边幸无事。蛮夷自相攻击而发兵要之,招寇生事,非计也!"光更问中郎将范明友,明友言可击,于是拜明友为度辽将军,将二万骑出辽东。匈奴闻汉兵至,引去。初,光诫明友:"兵不空出;即后匈奴,遂击乌桓。"乌桓时新中匈奴兵,明友既后匈奴,因乘乌桓敝,击之,斩首六千馀级,获三王首。匈奴由是恐,不能复出兵。

四年(甲辰,前 77)

1　春,正月丁亥,帝加元服。

2　甲戌,富民定侯田千秋薨。时政事壹决大将军光,千秋居丞相位,谨厚自守而已。

3　夏,五月丁丑,孝文庙正殿火。上及群臣皆素服,发中二千石将五校作治,六日,成。太常及庙令丞、郎、吏,皆劾大不敬;会赦,太常辕阳侯德免为庶人。

4　六月,赦天下。

5　初,杅采遣太子赖丹为质于龟兹;贰师击大宛还,将赖丹入至京师。霍光用桑弘羊前议,以赖丹为校尉,将军田轮台。龟兹贵人姑翼谓其王曰:"赖丹本臣属吾国,今佩汉印绶来,迫吾国而田,必为害。"王即杀赖丹而上书谢汉。

便询问护军都尉赵充国的意见,赵充国认为:"乌桓连续几次进犯边塞,如今匈奴袭击他们,对我们很有利。再者匈奴很少前来滋扰,使我国北部边疆侥幸无事。蛮夷之族相互攻击,我们却要发兵迎战,招他们前来滋扰生事,是很不合算的。"霍光改向中郎将范明友询问,范明友说可以迎击,于是任命范明友为度辽将军,率领骑兵二万从辽东出塞,迎击匈奴军。匈奴得到汉军出塞的消息后,撤兵而去。当初,霍光曾告诫范明友说:"大军不可空手而还,如打不到匈奴军队,便袭击乌桓。"乌桓当时刚刚受到匈奴的打击,范明友既然没能打到匈奴,便乘乌桓疲惫不堪之机发动攻击,斩杀六千多人,取得乌桓三名首领的人头。从此匈奴大为惊恐,不能再派出大军攻击汉朝。

汉昭帝元凤四年(甲辰,公元前 77 年)

1　春季,正月丁亥(初二),汉昭帝举行正式加冠典礼。

2　甲戌,富民定侯田千秋去世。当时的国家大事全部由霍光一个人决定,田千秋虽然身居丞相之位,也只是谨小慎微,自我保全而已。

3　夏季,五月丁丑,汉文帝祭庙正殿失火。汉昭帝与满朝文武大臣一律身穿素服,并派中二千石官员率领左、右、前、后、中五校令所属上匠修复,六天后修复完毕。太常以及负责管理、守卫祭庙的令丞、郎及所属小吏等全部因此而被以大不敬的罪名遭到参劾,正巧遇到大赦,太常、辕阳侯江德被免除官爵,贬为平民。

4　六月,大赦天下。

5　当初,扜罙国派太子赖丹到龟兹国去做人质,贰师将军李广利攻击大宛回朝时,将赖丹带到京城长安。后霍光采用桑弘羊以前的建议,任命赖丹为校尉,率领军队前往轮台屯田。龟兹贵族姑翼对龟兹国王说:"赖丹本来是我国的臣属,如今却佩戴汉朝的印信、绶带,来到逼近我国边境的地方屯垦土地,必将给我国造成危害。"于是龟兹王派人杀死赖丹,然后上书汉朝请罪。

　　楼兰王死,匈奴先闻之,遣其质子安归归,得立为王。汉遣使诏新王令入朝,王辞不至。楼兰国最在东垂,近汉,当白龙堆,乏水草,常主发导,负水担粮,送迎汉使;又数为吏卒所寇,惩艾,不便与汉通。后复为匈奴反间,数遮杀汉使。其弟尉屠耆降汉,具言状。骏马监北地傅介子使大宛,诏因令责楼兰、龟兹。介子至楼兰、龟兹,责其王,皆谢服。介子从大宛还,到龟兹,会匈奴使从乌孙还,在龟兹,介子因率其吏士共诛斩匈奴使者。还,奏事,诏拜介子为中郎,迁平乐监。

　　介子谓大将军霍光曰:"楼兰、龟兹数反覆,而不诛,无所惩艾。介子过龟兹时,其王近就人,易得也。愿往刺之,以威示诸国!"大将军曰:"龟兹道远,且验之于楼兰。"于是白遣之。介子与士卒俱赍金币,扬言以赐外国为名,至楼兰。楼兰王意不亲介子,介子阳引去,至其西界,使译谓曰:"汉使者持黄金、锦绣行赐诸国。王不来受,我去之西国矣。"即出金、币以示译。译还报王,王贪汉物,来见使者。介子与坐饮,陈物示之,饮酒皆醉。介子谓王曰:"天子使我私报王。"王起,随介子入帐中屏语,壮士二人从后刺之,刃交匈,立死。其贵臣、左右皆散走。介子告谕以王负汉罪,"天子遣我诛王,当更立王弟尉屠耆在汉者。汉兵方至,毋敢动,自令灭国矣!"介子遂斩王安归首,驰传诣阙,悬首北阙下。

楼兰国王去世,匈奴最先听说这一消息,便将在匈奴充当人质的楼兰国王子安归护送回国,使安归当上了楼兰国王。汉朝派使臣前往楼兰国传达汉昭帝的诏令,命新即位的楼兰王来长安朝见,楼兰王拒绝前往。楼兰国位于西域的最东部,靠近汉朝,中间隔着白龙堆沙漠,其地缺乏水源、草场,以往楼兰国经常派出向导,并命人背水担粮,迎送汉朝派往西域各国的使臣;后因多次受到汉朝边塞官吏和兵卒的欺扰,楼兰国逐渐对汉朝产生了戒惧,不愿再与汉朝来往。再后来,又受了匈奴的挑拨,竟多次拦杀汉朝使臣。楼兰王安归的弟弟尉屠耆归降汉朝,将以往之事报告汉朝。担任骏马监的北地人傅介子出使大宛,汉昭帝下诏命其顺路指责楼兰、龟兹两国。傅介子来到楼兰和龟兹,责问两国国王为何背叛汉朝,两国都表示道歉服罪。傅介子从大宛回来,又到龟兹,正好匈奴使臣从乌孙回来,也在龟兹,于是傅介子率其随从人员将匈奴使臣杀死。回国后,傅介子向朝廷报告了此事,汉昭帝诏封傅介子为中郎,迁任平乐监。

　　傅介子对大将军霍光说:“楼兰、龟兹两国多次反复,如不严加惩处,不足以使其戒惧。我经过龟兹时,发现龟兹王很容易接近,轻易就能将其制服。我愿意前去刺杀他,借此向西域各国显示我国之威。”大将军说道:“龟兹路远,且先到楼兰去试试。”于是禀告汉昭帝后派傅介子前去刺杀楼兰国王。傅介子率领卫士,携带金银财物,宣称要赏赐外国,借此名义来到楼兰。楼兰王对傅介子的态度很冷淡,不肯接近他,傅介子假装离去,到达楼兰西部边界时,让翻译人员对楼兰国王说:“汉朝使者携带黄金、绸缎等前往各国进行赏赐。大王如不来接受,他们就要到西边国家去了。”并拿出黄金、财宝等给翻译观看。翻译回去向楼兰王报告,楼兰王贪图汉朝财物,便前来面见汉使。傅介子与其共坐饮酒,故意将金宝等陈列显示,一直喝到大家都醉了。傅介子对楼兰王说:“汉朝天子派我有秘密报告大王。”于是楼兰王起身随傅介子进入后帐,屏退侍从人员密谈,突然,两名壮士从背后用利刃刺向楼兰王,穿胸而过,楼兰王当场死亡。楼兰国的亲贵大臣、侍从人员等四散逃亡。傅介子宣告楼兰王背叛汉朝之罪,说道:“汉天子派我诛杀楼兰王,改立其现在汉朝的弟弟尉屠耆为王。汉军立即就到,谁都不许动,否则将自己招来灭国之祸!”傅介子将楼兰王安归的人头割下,用驿马送到长安,悬于未央宫北门之外。

乃立尉屠耆为王,更名其国为鄯善,为刻印章,赐以宫女为夫人,备车骑、辎重。丞相率百官送至横门外,祖而遣之。王自请天子曰:“身在汉久,今归单弱,而前王有子在,恐为所杀。国中有伊循城,其地肥美,愿汉遣一将屯田积谷,令臣得依其威重。”于是汉遣司马一人、吏士四十人田伊循以填抚之。

秋,七月乙巳,封范明友为平陵侯,傅介子为义阳侯。

臣光曰:王者之于戎狄,叛则讨之,服则舍之。今楼兰王既服其罪,又从而诛之,后有叛者,不可得而怀矣。必以为有罪而讨之,则宜陈师鞠旅,明致其罚。今乃遣使者诱以金币而杀之,后有奉使诸国者,复可信乎!且以大汉之强而为盗贼之谋于蛮夷,不亦可羞哉!论者或美介子以为奇功,过矣!

五年(乙巳,前76)

1 夏,大旱。

2 秋,罢象郡,分属郁林、牂柯。

3 冬,十一月,大雷。

4 十二月庚戌,宜春敬侯王䜣薨。

六年(丙午,前75)

1 春,正月,募郡国徒筑辽东、玄菟城。

2 夏,赦天下。

3 乌桓复犯塞,遣度辽将军范明友击之。

4 冬,十一月乙丑,以杨敞为丞相,少府河内蔡义为御史大夫。

汉朝立尉屠耆为楼兰王,改国名为鄯善,并颁刻印章,赐宫女作为尉屠耆的夫人,又为其准备了车马、辎重。由丞相率领文武百官送至长安横门之外,置酒饯行,然后送其回国。尉屠耆向汉昭帝请求说:"我久居汉朝,如今回国后势单力弱,况且前王之子尚在,恐怕被其报复杀害。我国有一处地方叫作伊循城,土地肥沃,希望汉朝能派一位将军,率兵在伊循城一带屯田,聚积粮草,使我能够借重汉朝的兵威。"于是汉朝派司马一名、兵卒四十人到伊循城屯田,以镇抚鄯善国。

秋季,七月乙巳(二十三日),汉昭帝封范明友为平陵侯,傅介子为义阳侯。

臣司马光说:圣明的君王,对待戎狄外族的态度应当是:如果背叛,就发兵征讨;如果臣服,就不再追究。如今楼兰王既已服罪,却又加以诛杀,则以后再有背叛者,就难使他们重新归附了。如果真是认为楼兰王有罪,需要征讨,也应派遣堂堂正正的军队,公开宣告其罪,说明惩罚的理由。而今竟派使臣用金宝财物进行引诱,然后乘机将其杀死,以后再有奉命出使各国的使臣,还能令人信任吗!况且以大汉朝的强盛,竟然使用盗贼的诡计来对付蛮夷外族,实在令人羞耻!有人评论此事,赞美傅介子立了一件奇功,未免太过分了。

汉昭帝元凤五年(乙巳,公元前 76 年)

1 夏季,大旱。

2 秋季,撤除象郡,将其地分别归属郁林、牂柯二郡。

3 冬季,十一月,大雷。

4 十二月庚戌(初六),宜春敬侯王䜣去世。

汉昭帝元凤六年(丙午,公元前 75 年)

1 春季,正月,募集各郡、国服劳役的人修筑辽东、玄菟二城。

2 夏季,大赦天下。

3 乌桓再次侵犯边塞,汉朝派度辽将军范明友率兵出击。

4 冬季,十一月乙丑(二十七日),汉昭帝任命杨敞为丞相,少府河内人蔡义为御史大夫。

卷第二十四　汉纪十六

起丁未(前74)尽癸丑(前68)凡七年

孝昭皇帝下

元平元年(丁未,前74)

1　春,二月,诏减口赋钱什三。

2　夏,四月癸未,帝崩于未央宫,无嗣。时武帝子独有广陵王胥,大将军光与群臣议所立,咸持广陵王。王本以行失道,先帝所不用,光内不自安。郎有上书言:"周太王废太伯立王季,文王舍伯邑考立武王,唯在所宜,虽废长立少可也。广陵王不可以承宗庙。"言合光意。光以其书示丞相敞等,擢郎为九江太守。即日承皇后诏,遣行大鸿胪事少府乐成、宗正德、光禄大夫吉、中郎将利汉迎昌邑王贺,乘七乘传诣长安邸。光又白皇后,徙右将军安世为车骑将军。

贺,昌邑哀王之子也。在国素狂纵,动作无节。武帝之丧,贺游猎不止。尝游方与,不半日驰二百里。中尉琅邪王吉上疏谏曰:"大王不好书术而乐逸游,冯式撙衔,驰骋不止,口倦虖叱咤,手苦于棰辔,身劳虖车舆,朝则冒雾露,

孝昭皇帝下
汉昭帝元平元年(丁未,公元前74年)

1　春季,二月,汉昭帝下诏书将口赋,即民间七岁至十四岁应交纳的人头税减少十分之三。

2　夏季,四月癸未(十七日),汉昭帝在未央宫驾崩,没有儿子。当时,汉武帝的儿子只有广陵王刘胥还在,大将军霍光与群臣商议立谁为新皇帝,大家都认为应当立广陵王。广陵王本来因行事不检点,有失皇家道统,汉武帝不喜欢他,如今却想立他为皇帝,所以霍光心中甚感不安。有一位郎官上书朝廷指出:"周太王废弃年长的儿子太伯,立太伯的弟弟王季为继承人;周文王舍去年长的儿子伯邑考,立伯邑考的弟弟周武王为继承人。这两个事例说明,只要认为谁继承皇位最合适,即使是废长立幼也完全可以。广陵王不能继承皇位。"这道奏章的内容正合霍光的心意,霍光将其拿给丞相杨敞等人观看,并提升这位郎官作了九江太守。当日,由上官皇后颁下诏书,派代理大鸿胪一职的少府乐成、宗正刘德、光禄大夫丙吉、中郎将利汉用七辆驿车将昌邑王刘贺迎接到长安的昌邑王官邸。霍光又禀明皇后,调右将军张安世为车骑将军。

刘贺为昌邑哀王刘髆之子,汉武帝之孙。他在封国中一向狂妄放纵,所作所为毫无节制。汉武帝去世时,刘贺依旧出外巡游狩猎。刘贺曾经出游方与县,不到半天时间就骑马奔驰了二百里远。中尉、琅邪人王吉上书刘贺劝说道:"大王不喜欢研读经书,却专爱游玩逸乐,每天驾驭着马车四处驰骋,口中因不停地吆喝而疲倦,两手因握缰挥鞭而疼痛,身体因马车颠簸而劳苦,清晨冒着露水雾气,

昼则被尘埃，夏则为大暑之所暴炙，冬则为风寒之所匽薄，数以晼脆之玉体犯勤劳之烦毒，非所以全寿命之宗也，又非所以进仁义之隆也。夫广厦之下，细旃之上，明师居前，劝诵在后，上论唐、虞之际，下及殷、周之盛，考仁圣之风，习治国之道，沂沂焉发愤忘食，日新厥德，其乐岂衔橛之间哉！休则俛仰屈伸以利形，进退步趋以实下，吸新吐故以练臧，专意积精以适神，于以养生，岂不长哉！大王诚留意如此，则心有尧、舜之志，体有乔、松之寿，美声广誉，登而上闻，则福禄其臻而社稷安矣。皇帝仁圣，至今思慕未息，于宫馆、囿池、弋猎之乐未有所幸，大王宜夙夜念此以承圣意。诸侯骨肉，莫亲大王，大王于属则子也，于位则臣也，一身而二任之责加焉。恩爱行义，孅介有不具者，于以上闻，非飨国之福也。"王乃下令曰："寡人造行不能无惰，中尉甚忠，数辅吾过。"使谒者千秋赐中尉牛肉五百斤、酒五石、脯五束。其后复放纵自若。

郎中令山阳龚遂，忠厚刚毅，有大节，内谏争于王，外责傅相，引经义，陈祸福，至于涕泣，蹇蹇亡已，面刺王过。王至掩耳起走，曰："郎中令善愧人！"王尝久与驺奴、宰人游戏饮食，赏赐无度，遂入见王，涕泣膝行，左右侍御皆出涕。王曰："郎中令何为哭？"遂曰："臣痛社稷危也！愿赐清闲，竭愚！"王辟左右。

白昼顶着风沙尘土,夏季忍受着炎炎烈日的烤晒,冬天被刺骨寒风吹得抬不起头来,大王总是这样以自己柔软脆弱的玉体,去承受疲劳痛苦的熬煎,绝不是保全寿命的好办法,更不是培养仁义品德的好方法。在宽敞的殿堂中,在细软的毛毡上,在明师的指导下背诵、研读经书,讨论上至尧、舜之时,下至商、周之世的胜败与兴衰,考察仁义圣贤的风范,学习治国安邦的道理,欣欣然废寝忘食,使自己的品德休养每天都有新的提高,这种快乐,岂是终日驰骋游猎所能享受到的?休息的时候,作些俯仰屈伸的动作以利于形体,用散步、慢跑等运动来充实下肢的筋骨;吸进新鲜空气,吐出腹中浊气以锻炼五脏;专心诚意,不胡思乱想以集中精神,用这样的方法进行养生,怎能不长寿呢!大王如果留心于此道,心中就会产生尧、舜的志向,身体也能像王乔、赤松子一般长寿,美名远扬,声誉广著,一旦朝廷闻知,大王就会福寿利禄一齐得到,封国也能安如泰山。当今皇上仁孝圣明,至今思念先帝不已,诸如修建行宫别馆、园林池塘或巡游狩猎等享乐之事一件未做,大王更应时时想到皇上的一片至诚心意。各诸侯王中,大王与皇上的血缘关系最近,论亲属关系,大王就如同是皇上的儿子,论地位,大王是皇上的臣僚,这两种身份和责任大王一身兼有,因此,大王的言行举止,只要有一丝一毫不符合仁爱忠义的原则,一旦被皇上知道,都不是国家之福。"刘贺阅读之后说道:"我的所作所为确有不够检点之处,中尉甚为忠诚,多次弥补我的过失。"于是命负责宾客事务的侍从千秋前去赏赐中尉王吉牛肉五百斤、酒五石、干肉五捆。然而,刘贺以后依然放纵如故。

　　郎中令山阳人龚遂忠厚刚毅,一向坚持原则,一方面不断规劝刘贺,一方面责备封国丞相、太傅没有尽到责任,常常引经据典,陈说利害,甚至声泪俱下,忠心耿耿,当面指责刘贺的过失。刘贺每每捂着耳朵起身离去,说道:"郎中令专门揭人短处!"刘贺曾经与他的车夫和厨师在一起长时间大吃大喝,游戏娱乐,毫无节制地赏赐他们,龚遂闯进去面见刘贺,跪倒在地,用双膝走到刘贺面前,痛哭不止,连刘贺的左右侍从也全都感动得流下眼泪。刘贺问道:"郎中令为什么哭?"龚遂说:"我为您的封国危亡而痛心!希望您赐给我一个详细陈说我的看法的机会。"刘贺命左右之人全部退出,

遂曰："大王知胶西王所以为无道亡乎？"王曰："不知也。"曰："臣闻胶西王有谀臣侯得，王所为拟于桀、纣也，得以为尧、舜也。王说其谄谀，常与寝处，唯得所言，以至于是。今大王亲近群小，渐渍邪恶所习，存亡之机，不可不慎也！臣请选郎通经有行义者与王起居，坐则诵《诗》、《书》，立则习礼容，宜有益。"王许之。遂乃选郎中张安等十人侍王。居数日，王皆逐去安等。

　　王尝见大白犬，颈以下似人，冠方山冠而无尾，以问龚遂，遂曰："此天戒，言在侧者尽冠狗也，去之则存，不去则亡矣。"后又闻人声曰"熊"！视而见大熊，左右莫见，以问遂，遂曰："熊，山野之兽，而来入宫室，王独见之，此天戒大王，恐宫室将空，危亡象也。"王仰天而叹曰："不祥何为数来！"遂叩头曰："臣不敢隐忠，数言危亡之戒，大王不说。夫国之存亡，岂在臣言哉！愿王内自揆度。大王诵《诗》三百五篇，人事浃，王道备。王之所行，中《诗》一篇何等也？大王位为诸侯王，行污于庶人，以存难，以亡易，宜深察之！"后又血污王坐席，王问遂，遂叫然号曰："宫空不久，妖祥数至。血者，阴忧象也，宜畏慎自省！"王终不改节。

龚遂说道:"大王可知道胶西王刘端为什么会因大逆不道而灭亡吗?"刘贺说:"不知道。"龚遂说:"我听说胶西王跟前有一个专会阿谀奉承的臣下名叫侯得,胶西王的所作所为与夏桀王、商纣王的暴行一般无二,而侯得却说是像尧、舜一样贤明。胶西王对侯得的阿谀谄媚非常欣赏,经常与他住在一起,正是因为胶西王总是听信侯得的奸邪之言,才终于落得如此下场。而今大王亲近的也都是些奸佞小人,已经逐步引导您走上了邪路,平日与什么样的人亲近,往往是一生成败存亡的关键,不能不特别慎重。我请求挑选通晓经书、品行端正仁义的郎官与大王一起生活,坐则诵读《诗经》、《尚书》,立则练习礼仪举止,对大王肯定大有益处。"刘贺点头应允。于是龚遂选择郎中张安等十人侍奉刘贺。可是没过几天,张安等就全被刘贺轰走了。

刘贺曾经见到一只白色大狗,脖颈以下长得与人相似,头戴一顶跳舞的人常戴的"方天冠",没有尾巴,刘贺因此事而问龚遂,龚遂说:"这是上天的警告,说您左右的亲信之人都是戴着人帽的狗,若是赶走他们,还能继续生存,否则必然灭亡!"后来,刘贺又听到一个人的声音叫道:"熊!"刘贺抬头一看,果然见到一只大熊,可左右侍从却谁也没看见。刘贺又向龚遂询问,龚遂说:"熊是荒山中的野兽,竟来到王宫之中,又只有大王一人看到,这是上天再次警告大王,恐怕王宫即将变成空屋,是危亡的象征!"刘贺仰天长叹道:"不祥之兆为何接连到来!"龚遂叩头说道:"我的忠心使我不敢隐瞒真相,所以几次提到危亡的警告,使大王感到不快。然而国之存亡,又岂是我的话所能决定的!希望大王好好想想。大王平日诵读《诗经》三百零五篇,内中说道,只有'人事'恰当,'王道'才能周备。大王的所作所为,与《诗经》的哪一篇相符合呢?大王身为诸侯王,行事却连平民百姓都多有不如,只怕平安生存不容易、亡国之祸却极易招至!希望大王深思!"后来,又发现在刘贺的王座上出现血污,刘贺再问龚遂,龚遂大声惊叫道:"妖异之兆不断出现,王宫荒废就在眼前!血为阴暗中的凶险之象,大王一定要知所畏惧,谨慎反省!"然而刘贺始终不知改悔。

及征书至,夜漏未尽一刻,以火发书。其日中,王发。晡时,至定陶,行百三十五里,侍从者马死相望于道。王吉奏书戒王曰:"臣闻高宗谅闇,三年不言。今大王以丧事征,宜日夜哭泣悲哀而已,慎毋有所发! 大将军仁爱、勇智、忠信之德,天下莫不闻,事孝武皇帝二十馀年,未尝有过。先帝弃群臣,属以天下,寄幼孤焉。大将军抱持幼君襁褓之中,布政施教,海内晏然,虽周公、伊尹无以加也。今帝崩无嗣,大将军惟思可以奉宗庙者,攀援而立大王,其仁厚岂有量哉! 臣愿大王事之,敬之,政事壹听之,大王垂拱南面而已。愿留意,常以为念!"

王至济阳,求长鸣鸡,道买积竹杖。过弘农,使大奴善以衣车载女子。至湖,使者以让相安乐。安乐告龚遂,遂入问王,王曰:"无有。"遂曰:"即无有,何爱一善以毁行义! 请收属吏,以湔洒大王。"即捽善属卫士长行法。

王到霸上,大鸿胪郊迎,驷奉乘舆车。王使寿成御,郎中令遂参乘。且至广明、东都门,遂曰:"礼,奔丧望见国都哭。此长安东郭门也。"王曰:"我嗌痛,不能哭。"至城门,遂复言,王曰:"城门与郭门等耳。"且至未央宫东阙,遂曰:"昌邑帐在是阙外驰道北,未至帐所,有南北行道,马足未至数步。大王宜下车,向阙西面伏哭,尽哀止。"王曰:"诺。"到,哭如仪。六月丙寅,王受皇帝玺绶,袭尊号,尊皇后曰皇太后。

皇后征召刘贺继承皇位的诏书到来时,正值初夜,刘贺在火烛下打开诏书。中午,刘贺出发前往长安。下午就到了定陶,不到半天时间,走了一百三十五里,以致沿途到处都是累死的随从人员的马匹。王吉上书劝诫刘贺说:"我听说商高宗武丁在居丧期间,三年没有说话。如今大王因丧事而受征召,应当日夜哭泣,表示悲哀,千万不可发号施令!大将军仁爱、勇智、忠信的品德,天下无人不知,他侍奉孝武皇帝二十餘年,从未有过什么过失。孝武皇帝抛弃群臣,离开人世时,将天下和幼弱孤儿全部托付给大将军。大将军扶持尚在襁褓中的幼主即皇帝位,发布政令,教化万民,使整个国家得以平安无事,即使是周公、伊尹也不能超过。而今皇上去世,没有儿子,大将军思考可以继承皇位的人,最终选中了大王,其仁义忠厚的胸怀岂有限量!我希望大王能依靠大将军,尊敬大将军,国家政事全都听从大将军的安排,大王自己则只是毫不费力地坐在皇帝宝座上而已。希望大王常常想到我这番话。"

　　刘贺行至济阳,派人四出寻找叫声洪亮长久的长鸣鸡,并在途中购买用竹子合制而成的积竹杖。经过弘农时,刘贺派一名叫作善的身材高大的奴仆将从民间弄来的美女藏在装载衣物的车上。来到湖县,朝廷派来迎接的使者以此事责备昌邑国丞相安乐。安乐转告龚遂,龚遂去向刘贺询问此事,刘贺拒不承认说:"没有的事。"龚遂说:"既然并无此事,大王又何必为了庇护一个奴才而破坏礼义呢!请将善交付有关官员惩处,以此来洗清大王的名声。"于是立即将善押送王府卫士长处死。

　　刘贺抵达霸上,朝廷派大鸿胪到郊外迎接,侍奉刘贺换乘皇帝乘坐的小车。刘贺命封国太仆寿成驾车,郎中令龚遂陪同乘坐。即将到达广明、长安东都门时,龚遂说道:"按照礼仪规定,凡是前来奔丧的人,一看到国都,便应开始痛哭。前面就是长安外郭的东郭门了。"刘贺说:"我咽喉疼痛,哭不出来。"来到城门之前,龚遂再次提醒他,刘贺说:"城门与郭门一样。"将至未央宫东门,龚遂说:"昌邑国吊丧的帐幕在宫门外御用大道的北边,帐前有一条南北通道,马匹走不了多远。大王应当下车步行,面向西方,伏地痛哭,极尽哀痛之情,方才停止。"刘贺答应道:"好吧。"于是步行上前,依礼仪的规定哭拜。六月丙寅(初一),刘贺接受皇帝玉玺,承袭帝位,尊上官皇后为皇太后。

3 壬申,葬孝昭皇帝于平陵。

4 昌邑王既立,淫戏无度。昌邑官属皆征至长安,往往超擢拜官。相安乐迁长乐卫尉。龚遂见安乐,流涕谓曰:"王立为天子,日益骄溢,谏之不复听。今哀痛未尽,日与近臣饮酒作乐,斗虎豹,召皮轩车九旒,驱驰东西,所为悖道。古制宽,大臣有隐退,今去不得,阳狂恐知,身死为世戮,奈何?君,陛下故相,宜极谏争!"

王梦青蝇之矢积西阶东,可五六石,以屋版瓦覆之,以问遂,遂曰:"陛下之《诗》不云乎:'营营青蝇,止于藩。恺悌君子,毋信谗言。'陛下左侧谗人众多,如是青蝇恶矣。宜进先帝大臣子孙,亲近以为左右。如不忍昌邑故人,信用谗谀,必有凶咎。愿诡祸为福,皆放逐之!臣当先逐矣。"王不听。

太仆丞河东张敞上书谏,曰:"孝昭皇帝蚤崩无嗣,大臣忧惧,选贤圣承宗庙,东迎之日,唯恐属车之行迟。今天子以盛年初即位,天下莫不拭目倾耳,观化听风。国辅大臣未褒,而昌邑小辈先迁,此过之大者也。"王不听。

大将军光忧懑,独以问所亲故吏大司农田延年。延年曰:"将军为国柱石,审此人不可,何不建白太后,更选贤而立之?"光曰:"今欲如是,于古尝有此不?"延年曰:"伊尹相殷,废太甲以安宗庙,后世称其忠。将军若能行此,亦汉之伊尹也。"光乃引延年给事中,阴与车骑将军张安世图计。

3　壬申(初七),将汉昭帝安葬于平陵。

4　昌邑王刘贺作了皇帝后,淫乱荒唐,毫无节制。原昌邑国官吏全部都被征召到长安,很多人得到破格提拔。昌邑国丞相安乐被任命为长乐卫尉。龚遂见到安乐,哭着对他说:"大王被立为天子之后,日益骄纵,规劝他也不再听从。如今仍在居丧期间,他却每天与亲信大臣饮酒取乐,观看虎豹搏斗,又传召悬挂着天子旌旗的虎皮轿车,坐在上面东奔西跑,所作所为无不违背礼仪正道。古代制度宽厚,作大臣的如不得志,还可以辞职隐退,如今想走走不了,想伪装疯狂,又怕被人识破,死后还要遭人唾骂,教我如何是好? 您是陛下原来的丞相,应当竭力规劝才是。"

刘贺梦见在皇宫西门的台阶东侧,有一大堆绿头苍蝇的粪便,约有五六石之多,上面盖着大片的屋瓦,刘贺向龚遂询问,龚遂说:"陛下平日所读的《诗经》中,不是有这样的话吗:'绿蝇往来落篱笆,谦谦君子不信谗。'陛下左侧奸佞之人很多,就像陛下在梦中见到的苍蝇粪便一样。因此,应该挑选先帝大臣的子孙,作为陛下身边的亲信侍从。如若总是不忍抛开昌邑国的故旧,信任并重用那些谗佞阿谀之人,必将招致不祥之祸。希望陛下能反祸为福,将那些昌邑旧人中的奸佞之徒全部逐出朝廷。我愿以身作则,第一个走。"刘贺拒不接受龚遂的劝告。

太仆丞河东人张敞上书刘贺劝说道:"孝昭皇帝英年早逝,没有儿子,朝中大臣忧虑惶恐,选择贤能圣明的人承继帝位,到东方迎接圣驾之时,唯恐迎驾的车马延误陛下的行程。如今陛下正当盛年,初即帝位,天下人无不擦亮眼睛,竖起耳朵,盼望着陛下能实施善政。然而,辅国的重臣尚未得到褒奖,而昌邑国拉车的小吏却先获得升迁,这是最大的过错。"刘贺依然不加理会。

大将军霍光见此情景,忧愁烦恼,便与以前的亲信部下大司农田延年秘密商议。田延年说:"将军身为国家柱石,既然认为此人不行,何不禀告太后,改选贤明的人拥立呢?"霍光说:"我如今正想如此,不知过去是否有人这样做过呢?"田延年说:"当年伊尹辅佐商朝,曾经为了国家的安危,将太甲废黜,后人因此而称颂伊尹忠心为国。如今将军若也能这样做,就是汉朝的伊尹。"于是霍光命田延年兼任给事中一职,与车骑将军张安世秘密计划废黜刘贺。

　　王出游，光禄大夫鲁国夏侯胜当乘舆前谏曰：“天久阴而不雨，臣下有谋上者。陛下出，欲何之？”王怒，谓胜为祅言，缚以属吏。吏白霍光，光不举法。光让安世，以为泄语，安世实不言。乃召问胜，胜对言：“在《鸿范传》曰：‘皇之不极，厥罚常阴，时则有下人伐上者。’恶察察言，故云‘臣下有谋’。”光、安世大惊，以此益重经术士。侍中傅嘉数进谏，王亦缚嘉系狱。

　　光、安世既定议，乃使田延年报丞相杨敞。敞惊惧，不知所言，汗出洽背，徒唯唯而已。延年起，至更衣。敞夫人遽从东厢谓敞曰：“此国大事，今大将军议已定，使九卿来报君侯，君侯不疾应，与大将军同心，犹与无决，先事诛矣！”延年从更衣还，敞夫人与延年参语许诺，“请奉大将军教令！”

　　癸巳，光召丞相、御史、将军、列侯、中二千石、大夫、博士会议未央宫。光曰：“昌邑王行昏乱，恐危社稷，如何？”群臣皆惊鄂失色，莫敢发言，但唯唯而已。田延年前，离席按剑曰：“先帝属将军以幼孤，寄将军以天下，以将军忠贤，能安刘氏也。今群下鼎沸，社稷将倾，且汉之传谥常为‘孝’者，以长有天下，令宗庙血食也。如汉家绝祀，将军虽死，何面目见先帝于地下乎？今日之议，不得旋踵，群臣后应者，臣请剑斩之！”光谢曰：“九卿责光是也！天下匈匈不安，光当受难。”于是议者皆叩头曰：“万姓之命，在于将军，唯大将军令！”

刘贺外出巡游,光禄大夫鲁国人夏侯胜挡在车驾前面劝阻道:
"天气久阴而不下雨,预示臣下有不利于皇上的阴谋。陛下出宫,
要到哪里去?"刘贺大怒,认为夏侯胜妖言惑众,下令将其逮捕治
罪。负责处理此事的官员向霍光报告,霍光命暂缓处理。霍光以
为是张安世将计划泄漏,便责问于他,但张安世并未泄漏。于是召
夏侯胜前来询问,夏侯胜回答说:"《鸿范传》上说:'君王有过失,上
招天罚,就会使天气阴沉,预示臣下有人要谋害君上。'我不敢明
言,只好说'臣下有不利于皇上的阴谋'。"霍光、张安世闻言大
惊,因此更加重视精通经书的知识分子。侍中傅嘉也因多次劝说
刘贺而被刘贺逮捕下狱。

　　霍光、张安世计划已定,便派田延年前去报知丞相杨敞。杨敞
闻言又惊又怕,出了一身冷汗,不知该说什么好,只是唯唯诺诺而
已。田延年起身去换衣服,杨敞的夫人急忙从东厢房出来对杨敞
说:"这是国家大事,如今大将军计议已定,派大司农来通知你,你
不赶快答应,表示与大将军同心协力,却犹豫不决,恐怕我们全家
将要先遭屠戮!"田延年换衣返回,杨敞夫人也参与谈话,表示同意
霍光的计划,"一切听大将军吩咐!"

　　癸巳(二十八日),霍光召集丞相、御史、将军、列侯、中二千石、
大夫、博士在未央宫开会。霍光说:"昌邑王行为昏乱,恐怕会危害
国家,怎么办?"群臣闻言大惊失色,全都唯唯诺诺,谁也不敢贸然
发表意见。田延年离开自己的座位,走到群臣前面,手按剑柄说
道:"孝武皇帝将幼弱孤儿托付将军,并把国家大事交与将军做主,
是因为相信将军忠义贤明,能够保全刘氏的江山。如今朝廷被一
群奸佞小人搞得乌烟瘴气,国家危亡;况且我大汉历代皇上的谥号
都有一个'孝'字,为的就是江山永存,使宗庙祭祀不断。如果汉家
祭祀断绝,将军即使亡故,又有何面目见先帝于地下呢? 今日的会
议,必须立即作出决断,群臣中谁如果再犹豫不决,我请求立即挥
剑将其斩首!"霍光点头认错,说道:"大司农责备得很对! 国家不
得安宁,责任应当由我来负。"于是参加会议的人都叩头说道:"万
民的命运,都掌握在将军手中,愿遵大将军命令行事!"

　　光即与群臣俱见,白太后,具陈昌邑王不可以承宗庙状。皇太后乃车驾幸未央承明殿,诏诸禁门毋内昌邑群臣。王入朝太后还,乘辇欲归温室,中黄门宦者各持门扇,王入,门闭,昌邑群臣不得入。王曰:"何为?"大将军跪曰:"有皇太后诏,毋内昌邑群臣!"王曰:"徐之,何乃惊人如是!"光使尽驱出昌邑群臣,置金马门外。车骑将军安世将羽林骑收缚二百馀人,皆送廷尉诏狱。令故昭帝侍中中臣侍守王。光敕左右:"谨宿卫! 卒有物故自裁,令我负天下,有杀主名。"王尚未自知当废,谓左右:"我故群臣从官安得罪,而大将军尽系之乎?"

　　顷之,有太后诏召王。王闻召,意恐,乃曰:"我安得罪而召我哉?"太后被珠襦,盛服坐武帐中,侍御数百人皆持兵,期门武士陛戟陈列殿下,群臣以次上殿,召昌邑王伏前听诏。光与群臣连名奏王,尚书令读奏曰:"丞相臣敞等昧死言皇太后陛下:孝昭皇帝早弃天下,遣使征昌邑王典丧,服斩衰,无悲哀之心,废礼谊,居道上不素食,使从官略女子载衣车,内所居传舍。始至谒见,立为皇太子,常私买鸡豚以食。受皇帝信玺、行玺大行前,就次,发玺不封。从官更持节引内昌邑从官、驺宰、官奴二百馀人,常与居禁闼内敖戏。为书曰:'皇帝问侍中君卿:使中御府令高昌奉黄金千斤,赐君卿取十妻。'

霍光遂即率领群臣晋见太后，陈述昌邑王刘贺不能承继皇位的种种无道行径。于是皇太后乘车驾前往未央宫承明殿，下诏命皇宫各门不许放原昌邑国臣属入内。刘贺朝见太后之后，准备乘车返回温室殿，此时守门太监已经接到太后的诏令，每人手握一扇宫门，刘贺进去，立即将门关闭，把跟在后面的原昌邑国臣属挡在外面。刘贺问道："这是干什么？"大将军霍光跪地回答说："皇太后有诏，不许原昌邑国群臣入宫。"刘贺说："慢慢吩咐就是了，何必如此吓人！"霍光命人将昌邑群臣全部驱赶到金马门之外。车骑将军张安世率领羽林军将被赶出宫门的昌邑群臣二百馀人全部逮捕，押送廷尉所属关押奉诏逮捕的犯人的监狱。霍光命曾在汉昭帝时担任过侍中的太监守护着刘贺，并命令手下人说："一定要严加守护！谨防昌邑王被害或自杀，让我在天下人面前担上杀主的恶名。"此时刘贺还不知道自己即将被废黜，因问身边之人说："我以前的群臣、从属犯了什么罪？大将军为什么将他们全部关押起来呢？"

　　不久，皇太后下诏召刘贺入见。刘贺一听说太后召见，才感到有些害怕，说道："我犯了什么错？太后为什么召我？"太后身披用珍珠穿成的外套，盛装打扮，坐在武帐之中，数百名侍卫全部手握兵器，与持戟的期门武士排列于殿下，文武群臣按照品位高低依次上殿，然后召昌邑王上前伏于地下，听候宣读诏书。霍光与文武群臣联名上奏皇太后参劾昌邑王，由尚书令宣读奏章："丞相杨敞等冒死言于皇太后陛下：孝昭皇帝过早去世，朝廷派使者征召昌邑王前来，身穿丧服，主持丧葬之礼，而昌邑王并无悲哀之心，不守礼法，在路上不肯吃素，甚至还派手下人虏掠民间女子藏于装载衣服的车上，在沿途驿站陪宿。初到长安，谒见皇太后之后，被立为皇太子，仍经常私下派人购买鸡、猪肉等食用。在孝昭皇帝灵柩之前接受皇帝的印玺，回到住处，打开取出后就不再封存。派侍从官手持皇帝符节前去召引昌邑国僚属、车侠头、官奴仆等二百馀人前来，一起居住在宫禁之内，肆意游戏娱乐。曾经写信说：'皇帝问候侍中君卿，特派中御府令高昌携带黄金千斤，赐给君卿娶十个妻子。'

大行在前殿,发乐府乐器,引内昌邑乐人击鼓,歌吹,作俳倡;召内泰壹、宗庙乐人,悉奏众乐。驾法驾驱驰北宫、桂宫,弄彘斗虎。召皇太后御小马车,使官奴骑乘,游戏掖庭中。与孝昭皇帝宫人蒙等淫乱,诏掖庭令:'敢泄言,要斩!'——"太后曰:"止!为人臣子,当悖乱如是邪!"王离席伏。尚书令复读曰:"——取诸侯王、列侯、二千石绶及墨绶、黄绶以并佩昌邑郎官者免奴。发御府金钱、刀剑、玉器、采缯,赏赐所与游戏者。与从官、官奴夜饮,湛沔于酒。独夜设九宾温室,延见姊夫昌邑关内侯。祖宗庙祠未举,为玺书,使使者持节以三太牢祠昌邑哀王园庙,称'嗣子皇帝'。受玺以来二十七日,使者旁午,持节诏诸官署征发凡一千一百二十七事。荒淫迷惑,失帝王礼谊,乱汉制度。臣敞等数进谏,不变更,日以益甚;恐危社稷,天下不安。臣敞等谨与博士议,皆曰:'今陛下嗣孝昭皇帝后,行淫辟不轨。"五辟之属,莫大不孝。"周襄王不能事母,《春秋》曰:"天王出居于郑。"由不孝出之,绝之于天下也。宗庙重于君,陛下不可以承天序,奉祖宗庙,子万姓,当废!'臣请有司以一太牢具告祠高庙。"皇太后诏曰:"可。"光令王起,拜受诏,王曰:"闻'天子有争臣七人,虽亡道不失天下。'"光曰:"皇太后诏废,安得称天子!"乃即持其手,解脱其玺组,奉上太后;扶王下殿,出金马门,群臣随送。

孝昭皇帝的灵柩还停在前殿,竟搬来乐府乐器,让昌邑国善于歌舞的艺人在宫中击鼓奏乐,歌唱吹弹,演戏取乐;又调来泰壹祭坛和宗庙的歌舞艺人,遍奏各种乐曲。乘坐皇帝车驾,在北宫、桂宫等处往来奔驰,并玩猪、斗虎。擅自调用皇太后乘坐的小马拉的车,命奴仆骑乘,在后宫中游戏。与孝昭皇帝的名叫蒙的宫女等淫乱,还下令给掖庭令:'有敢泄漏此事者处死!'——"太后说:"停下!作臣子的,难道竟是如此的狂悖荒唐吗!"刘贺离开自己的座位,伏地请罪。尚书令继续读道:"——取朝廷赐予诸侯王、列侯、二千石大臣的各等绶带赏给昌邑国郎官,及被免除奴仆身份的人。将皇家仓库中的金钱、刀剑、玉器、彩色丝织品等赏给与其一起游戏玩乐的人。与侍从、奴仆连夜狂饮,沉醉昏迷。在温室殿设下隆重的九宾大礼,于夜晚单独接见其姐夫昌邑关内侯。因在服丧期间,尚未在宗庙举行祭祀列祖的大礼,就颁发正式的皇帝文书,派使者携带皇帝符节,以三牛、三羊、三猪的祭祀大礼前往祭祀其父昌邑哀王的陵庙,还自称'嗣子皇帝'。从即皇帝位以来,不过二十七日,就向四面八方接连派出使者,携带皇帝符节诏令各官署为其办理各种事务,共一千一百二十七件。昌邑王如此荒淫昏乱,有失帝王的礼仪,败坏大汉的制度。杨敞等虽然多次规劝,但昌邑王不但始终不思悔改,反日益加剧。杨敞等恐怕长此下去,必将危害国家,使天下不得安宁。杨敞等与博士官商议,都说:'当今陛下承嗣孝昭皇帝,行为淫乱荒僻不轨。《孝经》上说:"五刑之罪当中,以不孝之罪最大。"昔日周襄王不孝顺母亲,所以《春秋》上说他:"天王出居郑国。"因其不孝,所以才被迫抛弃天下,出居郑国。国家的安危要比君王本身重要得多,陛下既然不能承受天命,侍奉宗庙,爱民如子,就应当废黜!'因此,我等请求太后颁下诏书,命有关部门用一牛、一羊、一猪的祭祀大礼,祭告于高祖皇帝的祭庙,将昌邑王废黜!"皇太后当即颁下诏书说:"可以。"于是霍光命刘贺站起来,拜受皇太后诏书。刘贺说道:"我听说:'天子只要有七位耿直敢言的大臣在身边,即使荒淫无道,也不会失去天下。'"霍光说:"皇太后已经下诏将你废黜,岂能再自称天子!"随即抓住刘贺的手,将他身上佩戴玉玺的绶带解下,双手捧到皇太后面前;然后扶着刘贺下殿而去,从金马门走出皇宫,文武群臣也随后相送。

王西面拜曰:"愚戆,不任汉事!"起,就乘舆副车;大将军光送
至昌邑邸。光谢曰:"王行自绝于天,臣宁负王,不敢负社稷!
愿王自爱,臣长不复左右。"光涕泣而去。

　　群臣奏言:"古者废放之人,屏于远方,不及以政。请徙
王贺汉中房陵县。"太后诏归贺昌邑,赐汤沐邑二千户,故王
家财物皆与贺;及哀王女四人,各赐汤沐邑千户;国除,为山
阳郡。
　　昌邑群臣坐在国时不举奏王罪过,令汉朝不闻知,又不
能辅道,陷王大恶,皆下狱,诛杀二百馀人;唯中尉吉、郎中令
遂以忠直数谏正,得减死,髡为城旦。师王式系狱当死,治事
使者责问曰:"师何以无谏书?"式对曰:"臣以《诗》三百五篇
朝夕授王,至于忠臣、孝子之篇,未尝不为王反复诵之也;至
于危亡失道之君,未尝不流涕为王深陈之也。臣以三百五篇
谏,是以无谏书。"使者以闻,亦得减死论。

　　霍光以群臣奏事东宫,太后省政,宜知经术,白令夏侯胜
用《尚书》授太后,迁胜长信少府,赐爵关内侯。

　　5　初,卫太子纳鲁国史良娣,生子进,号史皇孙。皇孙
纳涿郡王夫人,生子病已,号皇曾孙。皇曾孙生数月,遭巫蛊
事,太子三男一女及诸妻妾皆遇害,独皇曾孙在,亦坐收系郡
邸狱。故廷尉监鲁国丙吉受诏治巫蛊狱,吉心知太子无事
实,重哀皇曾孙无辜,择谨厚女徒渭城胡组、淮阳郭徵卿,令
乳养曾孙,置闲燥处。吉日再省视。

刘贺出宫后，面向西方叩拜道："我太愚蠢，不能担当国家大事!"拜罢之后，起身登上侍从车辆，由大将军霍光送到长安昌邑王官邸。霍光道歉说："大王的行为实属自绝于上天，我宁愿对不起大王，不敢对不起国家! 希望大王今后能自重自爱，我不能再侍奉于大王的左右了。"说完洒泪而去。

文武群臣上奏太后说："自古以来，凡是被废黜之人，都要发送到边远的地方去，使其不能再参与朝政。请将昌邑王刘贺迁徙到汉中房陵县。"太后下诏命刘贺回昌邑居住，赐给他二千户人家，原昌邑王的家财也全部发还给他；其姐妹四人，各赐一千户赋税；撤销昌邑国，改为山阳郡。

原昌邑国群臣都被指控在封国时不能向朝廷举奏刘贺的罪过，使朝廷不了解真实情况，又不能善加辅佐、引导，致使刘贺罪恶深重，一律逮捕下狱，诛杀二百馀人；只有中尉王吉、郎中令龚遂忠正耿直，多次规劝刘贺，因而被免除死罪，剃去头发，罚以"城旦"之刑，白天守城，夜晚做苦工。刘贺的老师王式也被逮捕下狱，罪应处死，审案官员责问王式道："你作为昌邑王的老师，为什么没见你上书规劝?"王式回答说："我每天早晚都为昌邑王讲授《诗经》三百零五篇，每遇有涉及忠臣、孝子的内容，总是为其反复诵读、讲解；凡说到关于无道之君危亡国家的篇章，也未尝不声泪俱下地为他详细陈说。我是用《诗经》三百零五篇来规劝昌邑王，所以没有专门上书规劝。"审案官员将王式这番话奏闻朝廷，所以王式也被免除死罪。

霍光因为国家大事都由群臣上奏于东宫，再由太后省察决定，因而认为也应使太后了解儒家经书，于是禀明太后，命夏侯胜为太后讲授《尚书》，并调夏侯胜担任长信少府，赐其关内侯爵位。

5　汉武帝时，太子刘据的姬妾当中，有一姓史的鲁国女子，被封为良娣，生了一个儿子名叫刘进，号称史皇孙。史皇孙娶涿郡女子王翁须为夫人，生一子名叫刘病已，号称皇曾孙。皇曾孙生下才几个月，就赶上武帝晚年的巫蛊案件，结果刘据及其三子一女连同他的各个妻妾全部被害，只剩下皇曾孙一人，也被关入大鸿胪所属的郡邸狱。原廷尉监鲁国人丙吉受汉武帝诏命，负责审理巫蛊一案，他知道说刘据涉嫌此案并无事实根据，又对尚在襁褓中的婴儿竟也无辜受到连累深为哀怜，便选择忠厚谨慎的女囚犯渭城人胡组、淮阳人郭徵卿，命她们住在宽敞洁净的地方哺养皇曾孙刘病已。丙吉自己也经常前往探视。

巫蛊事连岁不决，武帝疾，来往长杨、五柞宫，望气者言长安狱中有天子气，于是武帝遣使者分条中都官，诏狱系者无轻重，一切皆杀之。内谒者令郭穰夜到郡邸狱，吉闭门拒使者不纳，曰："皇曾孙在。他人无辜死者犹不可，况亲曾孙乎！"相守至天明，不得入。穰还，以闻，因劾奏吉。武帝亦寤，曰："天使之也。"因赦天下。郡邸狱系者，独赖吉得生。

既而吉谓守丞谁如："皇孙不当在官。"使谁如移书京兆尹，遣与胡组俱送；京兆尹不受，复还。及组日满当去，皇孙思慕，吉以私钱雇组令留，与郭徵卿并养，数月，乃遣组去。后少内啬夫白吉曰："食皇孙无诏令。"时吉得食米、肉，月月以给皇曾孙。曾孙病，几不全者数焉，吉数敕保养乳母加致医药，视遇甚有恩惠。吉闻史良娣有母贞君及兄恭，乃载皇曾孙以付之。贞君年老，见孙孤，甚哀之，自养视焉。

后有诏掖庭养视，上属籍宗正。时掖庭令张贺，尝事戾太子，思顾旧恩，哀曾孙，奉养甚谨，以私钱供给，教书。既壮，贺欲以女孙妻之。是时昭帝始冠，长八尺二寸。贺弟安世为右将军，辅政，闻贺称誉皇曾孙，欲妻以女，怒曰："曾孙乃卫太子后也，幸得以庶人衣食县官足矣，勿复言予女事！"于是贺止。时暴室啬夫许广汉有女，贺乃置酒请广汉，酒酣，

巫蛊案一拖数年不能结束,后汉武帝患病,往来于长杨、五柞两宫,听星象家说,长安监狱中有一股天子之气,于是汉武帝下诏命使臣分别通知京中各官府,凡各监狱在押的犯人,无论罪行轻重,一律处死。内谒者令郭穰于夜晚来到郡邸狱传达汉武帝诏令,丙吉紧闭大门,不让郭穰进去,说道:"皇曾孙在此。一般人尚且不应无辜被杀,何况是皇上的亲曾孙呢!"双方僵持到天明,郭穰终于未能进去。郭穰回去将此事奏明汉武帝,并参劾丙吉。汉武帝也已醒悟,说道:"是上天命丙吉这样做的。"于是下诏大赦天下。被关在郡邸狱中的囚犯,多亏丙吉才得以保住性命。

不久,丙吉对狱丞官谁如说:"皇曾孙不应住在监狱之中。"派谁如写信给京兆尹,将皇曾孙与胡组一起送去,但京兆尹不肯接受,只得又回到狱中。等到胡组刑期服满,应当释放,但皇曾孙对她甚为依恋,不放她走,于是丙吉自己出钱雇胡组留下,让她与郭徵卿一起继续抚养皇曾孙,又过了几个月,才放胡组离去。后少内啬夫禀告丙吉说:"没有得到皇上的诏令,不能供给皇曾孙饮食。"丙吉便将自己俸禄里的米和肉按月供给皇曾孙。皇曾孙曾好几次身患重病,几乎性命不保,丙吉每次都督促养育皇曾孙的乳母为其请医喂药,精心照料,照顾得非常周到亲密。丙吉听说皇曾孙的祖母史良娣的母亲贞君和兄长史恭尚在,便用车将皇曾孙送交他们抚养。贞君年纪已老,见女儿的孙子如此孤苦无依,极为哀怜,便留在身边亲自抚养。

后来汉武帝下诏命掌管宫女事务的掖庭负责养育皇曾孙,并命宗正为其登记皇族属籍。此时,担任掖庭令的张贺曾经作过原太子刘据宾客,感念太子旧恩,对皇曾孙甚为哀怜,于是小心奉养,自己出钱为其补充日用,教其读书。皇曾孙长大后,张贺想把自己的孙女嫁给他。此时汉昭帝刚刚举行完加冠礼,身高八尺二寸。张贺的弟弟张安世以右将军的身份辅政,听哥哥总是称赞皇曾孙,并想把女儿嫁给他,便生气地对哥哥说:"皇曾孙为卫太子的后代,如今能以一个普通人的身份由国家养着,已经是很侥幸的事,嫁女之事不必再提了!"张贺只好打消了这一念头。此时,暴室啬夫许广汉也有一个女儿,于是张贺摆下酒席,请许广汉前来赴宴,饮到兴浓时,

为言"曾孙体近,下乃关内侯,可妻也"。广汉许诺。明日,妪闻之,怒。广汉重令人为介,遂与曾孙,贺以家财聘之。曾孙因依倚广汉兄弟及祖母家史氏,受《诗》于东海澓中翁,高材好学,然亦喜游侠,斗鸡走狗,以是具知闾里奸邪,吏治得失。数上下诸陵,周遍三辅,尝困于莲勺卤中。尤乐杜、鄠之间,率常在下杜。时会朝请,舍长安尚冠里。

及昌邑王废,霍光与张安世诸大臣议所立,未定。丙吉奏记光曰:"将军事孝武皇帝,受襁褓之属,任天下之寄。孝昭皇帝早崩亡嗣,海内忧惧,欲亟闻嗣主。发丧之日,以大谊立后,所立非其人,复以大谊废之,天下莫不服焉。方今社稷、宗庙、群生之命在将军之壹举,窃伏听于众庶,察其所言诸侯、宗室在列位者,未有所闻于民间也。而遗诏所养武帝曾孙名病已在掖庭、外家者,吉前使居郡邸时,见其幼少;至今十八九矣,通经术,有美材,行安而节和。愿将军详大义,参以蓍龟岂宜,褒显先使入侍,令天下昭然知之,然后决定大策,天下幸甚!"杜延年亦知曾孙德美,劝光、安世立焉。

秋,七月,光坐庭中,会丞相以下议所立,遂复与丞相敞等上奏曰:"孝武皇帝曾孙病已,年十八,师受《诗》、《论语》、《孝经》,躬行节俭,慈仁爱人,可以嗣孝昭皇帝后,奉承祖宗庙,子万姓。臣昧死以闻!"皇太后诏曰:"可。"光遣宗正德至曾孙家尚冠里,

张贺对许广汉说,"皇曾孙为皇上近亲,将来最不济也是一个关内侯,你不如将女儿嫁给她"。许广汉一口答应。第二天,许广汉的妻子听说此事,非常生气。但许广汉主意已定,重新请人做媒,终于将女儿嫁给了皇曾孙,皇曾孙自己没钱,聘礼等事全靠张贺以自己的家财备办。从此,皇曾孙以许广汉兄弟和祖母娘家史家为依靠,又跟随东海人澓中翁学习《诗经》,他聪明好学,但也喜爱游侠之事,斗鸡走狗,所以对下层社会的奸邪丑恶和一般官吏的好坏得失了解得十分清楚。皇曾孙曾多次到各皇陵所在地游玩,足迹遍及整个三辅地区,并曾经在莲勺县盐池一带为人所困辱。他特别喜欢杜县、鄠县一带地区,经常住在下杜。有时被邀请参加朝会,就临时住在长安尚冠里。

昌邑王刘贺被废黜之后,霍光与张安世及各位大臣商议重新确定皇位继承人,但一时又找不到合适的人选。丙吉上书霍光说:"当年将军曾侍奉孝武皇帝,孝武皇帝临终前,将褓褓中的孤儿和整个国家都托付给了将军。孝昭皇帝又过早去世,没有留下后嗣,全国上下都非常忧愁恐惧,急切盼望能早立嗣君。给孝昭皇帝发丧的时候,将军秉承大义,为其确立后嗣,后发现所立之人不当,又以大义将其废黜,天下人无不由衷敬服。如今,国家、宗庙、百姓的命运全部系于将军的一举一动之中,我常听到百姓们议论现在身为诸侯,或居于高位的皇族成员,没有一个使百姓们满意的。而奉遗诏养育在掖庭及其外曾祖史家的孝武皇帝曾孙刘病已,我以前在郡邸狱时,见他年纪幼小;如今已有十八九岁了,通晓儒家经术,很有才气,举止安详,性格平和。希望将军对刘病已的主要方面详加考察,再参考占卜的结果,看让他承继帝位是否合适。如认为合适,可先让他入宫侍奉太后,以显示对他的褒扬,使天下人都知道他,然后再决定大计。若能如此,实为天下人之福。"杜延年也知道皇曾孙刘病已品德美好,也劝霍光、张安世立他为皇位继承人。

秋季,七月,霍光坐在厅堂之中,召集丞相以下文武大臣共同商议,决定立皇曾孙刘病已为皇位继承人,于是,霍光再次会同丞相杨敞等上奏皇太后说:"孝武皇帝曾孙刘病已,年十八岁,从师学习《诗经》、《论语》、《孝经》,节俭仁慈,待人宽厚,可以作为孝昭皇帝的后嗣,继承皇位,治理天下百姓。我等冒死奏明太后!"皇太后下诏表示同意。霍光派宗正刘德来到尚冠里刘病已家中,

洗沐,赐御衣;太仆以轺猎车迎曾孙,就斋宗正府。庚申,入未央宫,见皇太后,封为阳武侯。已而群臣奏上玺绶,即皇帝位,谒高庙,尊皇太后为太皇太后。

侍御史严延年劾奏"大将军光擅废立主,无人臣礼,不道。"奏虽寝,然朝廷肃然敬惮之。

6　八月己巳,安平敬侯杨敞薨。

7　九月,大赦天下。

8　戊寅,蔡义为丞相。

9　初,许广汉女适皇曾孙,一岁,生子奭。数月,曾孙立为帝,许氏为倢伃。是时霍将军有小女与皇太后亲,公卿议更立皇后,皆心拟霍将军女,亦未有言。上乃诏求微时故剑,大臣知指,白立许倢伃为皇后。十一月壬子,立皇后许氏。霍光以后父广汉刑人,不宜君国;岁馀,乃封为昌成君。

10　太皇太后归长乐宫。长乐宫初置屯卫。

中宗孝宣皇帝上之上
本始元年(戊申,前73)

1　春,诏有司论定策安宗庙功。大将军光益封万七千户,与故所食凡二万户。车骑将军富平侯安世以下益封者十人,封侯者五人,赐爵关内侯者八人。

2　大将军光稽首归政,上谦让不受,诸事皆先关白光,然后奏御。自昭帝时,光子禹及兄孙云皆为中郎将,云弟山奉车都尉、侍中,领胡、越兵,光两女婿为东、西宫卫尉,昆弟、诸婿、外孙皆奉朝请,为诸曹、大夫、骑都尉、给事中,党亲连体,根据于朝廷。及昌邑王废,光权益重,每朝见,上虚己敛容,礼下之已甚。

侍奉其洗浴，更换太后所赐御衣，由太仆用轻便车辆将刘病已迎接到宗正府进行斋戒。庚申(二十五日)，刘病已进入未央宫，谒见皇太后，被封为阳武侯。随即，由文武群臣奉上皇帝玉玺、绶带，刘病已正式即皇帝位，拜谒汉高祖陵庙，尊皇太后为太皇太后。

侍御史严延年上奏参劾大将军霍光"擅自废立君上，不守人臣之礼，大逆不道！"此奏虽然没有结果，但满朝文武对严延年的勇气无不肃然敬畏。

6　八月己巳(初五)，安平敬侯杨敞去世。

7　九月，大赦天下。

8　戊寅，蔡义被任为丞相。

9　当初，许广汉的女儿嫁给皇曾孙刘病已，一年后生下一子，名叫刘奭。数月之后，刘病已即皇帝位，封许氏为婕妤。此时，霍光有一小女儿，与皇太后有亲属关系，所以公卿大臣商议立皇后，心中都认为应立霍光的女儿，但谁都没有明说。汉宣帝下诏寻找微贱时用的宝剑，大臣们懂得皇上的心意，便奏请立许婕妤为皇后。十一月壬子(十九日)，许氏被立为皇后。霍光认为皇后的父亲许广汉是受过刑罚的人，不应封侯，所以一年多以后，才封许广汉为昌成君。

10　太皇太后回到长乐宫居住。长乐宫开始驻兵守卫。

中宗孝宣皇帝上之上
汉宣帝本始元年(戊申,公元前73年)

1　春季，汉宣帝诏令有关部门议定对安定宗庙有功人员的褒奖。大将军霍光增加食邑一万七千户，加上以前的，共享有二万户的赋税。车骑将军富平侯张安世以下，增加享有赋税户数的共十人，封为列侯的共五人，赐关内侯爵位的共八人。

2　大将军霍光在朝堂上以头触地，郑重请求归政于皇上，汉宣帝谦让再三，不肯接受，此后，朝中各项事务仍然先向霍光报告，然后上奏皇帝。汉昭帝时，霍光的儿子霍禹和霍光兄长的孙子霍云都被任命为中郎将；霍云的弟弟霍山被任命为奉车都尉，侍中，统率由胡人、越人组成的军队，霍光的两个女婿范明友、邓广汉分别担任东宫、西宫卫尉；霍光的兄弟、女婿、外孙也全都受邀参加朝会，分别担任诸曹、大夫、骑都尉、给事中等职，霍氏一家的亲戚骨肉结成一体，在朝中盘根错节，地位极为牢固。昌邑王被废黜以后，霍光权势更重，每次朝见皇帝，汉宣帝总是以谦虚恭敬的态度对待他，甚至有些礼遇过分。

3 夏,四月庚午,地震。

4 五月,凤皇集胶东、千乘。赦天下,勿收田租赋。

5 六月,诏曰:"故皇太子在湖,未有号谥,岁时祠。其议谥,置园邑。"有司奏请:"礼,为人后者,为之子也;故降其父母,不得祭,尊祖之义也。陛下为孝昭帝后,承祖宗之祀,愚以为亲谥宜曰悼,母曰悼后;故皇太子谥曰戾,史良娣曰戾夫人。"皆改葬焉。

6 秋,七月,诏立燕刺王太子建为广阳王,立广陵王胥少子弘为高密王。

7 初,上官桀与霍光争权,光既诛桀,遂遵武帝法度,以刑罚痛绳群下,由是俗吏皆尚严酷以为能,而河南太守丞淮阳黄霸独用宽和为名。上在民间时,知百姓苦吏急也,闻霸持法平,乃召为廷尉正;数决疑狱,庭中称平。

二年(己酉,前72)

1 春,大司农田延年有罪自杀。昭帝之丧,大司农僦民车,延年诈增僦直,盗取钱三千万,为怨家所告。霍将军召问延年,欲为道地,延年抵曰:"无有是事!"光曰:"即无事,当穷竟!"御史大夫田广明谓太仆杜延年曰:"《春秋》之义,以功覆过。当废昌邑王时,非田子宾之言,大事不成。今县官出三千万自乞之,何哉?愿以愚言白大将军!"延年言之大将军,大将军曰:"诚然,实勇士也! 当发大议时,

3 夏季,四月庚午(初十),地震。

4 五月,发现有凤凰聚集于胶东、千乘。汉宣帝下诏大赦天下,免收田赋。

5 六月,汉宣帝下诏说:"先皇太子葬在湖县,没有称号,不能享受每年一次的祭祀。应当为先皇太子议定谥号,建立陵园。"后有关官员奏请说:"按传统礼仪规定,作为某人的继承人,就成了这个人的儿子,所以不能再祭祀他的亲生父母,这是尊敬祖先的大义。陛下作为孝昭皇帝的继承人,接续祖宗的香火,我认为陛下的亲生父亲应定谥号为'悼',亲生母亲称为'悼后';故皇太子定谥号为'戾',史良娣称为'戾夫人'。"全部重新择地安葬。

6 秋季,七月,汉宣帝下诏立燕刺王刘旦的世子刘建为广阳王,立广陵王刘胥的小儿子刘弘为高密王。

7 当初,上官桀与霍光争权,霍光诛杀上官桀之后,便遵从汉武帝时的制度,以严刑峻法控制部下官员,从此,很多世俗官吏都以用法严苛来表现自己的才能,只有河南太守丞淮阳人黄霸以为政宽和著称于世。汉宣帝在民间时,了解百姓都为官吏的执法峻急而困苦,听说黄霸执法平和,便将其召到长安,任为廷尉正;黄霸多次裁决疑案,受到朝廷大臣的一致好评。

汉宣帝本始二年(己酉,公元前72年)

1 春季,大司农田延年畏罪自杀。为汉昭帝发丧时,大司农雇用民间车辆,田延年假称雇车费用增加,贪污了三千万钱,被与他有仇怨的人告发。霍光召田延年前来询问,本打算想办法为他开脱,可是田延年拒不承认,一口咬定说:"绝无此事!"霍光说:"既然真的没有此事,我可要派人彻底调查了!"御史大夫田广明对太仆杜延年说:"按照《春秋》大义,可以用功劳掩盖过失。当初在废黜昌邑王时,若不是田延年挺身而出,态度坚决,则大事难以成功。如今就当作是他自己向朝廷乞求赐给他三千万钱,怎么样?希望将我这番话禀告大将军。"杜延年把田广明的话告诉了大将军霍光,霍光说:"确实如此,田延年真是勇士。当初在决定大事时,

震动朝廷。"光因举手自抚心曰:"使我至今病悸。谢田大夫晓大司农,通往就狱,得公议之。"田大夫使人语延年。延年曰:"幸县官宽我耳,何面目入牢狱,使众人指笑我,卒徒唾吾背乎!"即闭阁独居斋舍,偏袒,持刀东西步。数日,使者召延年诣廷尉。闻鼓声,自刭死。

2 夏,五月,诏曰:"孝武皇帝躬仁谊,厉威武,功德茂盛,而庙乐未称,朕甚悼焉。其与列侯、二千石、博士议。"于是群臣大议庭中,皆曰:"宜如诏书。"长信少府夏侯胜独曰:"武帝虽有攘四夷、广土境之功,然多杀士众,竭民财力,奢泰无度,天下虚耗,百姓流离,物故者半,蝗虫大起,赤地数千里,或人民相食,畜积至今未复;无德泽于民,不宜为立庙乐。"公卿共难胜曰:"此诏书也。"胜曰:"诏书不可用也。人臣之谊,宜直言正论,非苟阿意顺指。议已出口,虽死不悔!"于是丞相、御史劾奏胜非议诏书,毁先帝,不道,及丞相长史黄霸阿纵胜,不举劾,俱下狱。有司遂请尊孝武帝庙为世宗庙,奏《盛德》、《文始五行之舞》。武帝巡狩所幸郡国皆立庙,如高祖、太宗焉。夏侯胜、黄霸既久系,霸欲从胜受《尚书》,胜辞以罪死。霸曰:"朝闻道,夕死可矣。"胜贤其言,遂授之。系再更冬,讲论不怠。

多亏田延年挺身而出,威震朝廷。"霍光抬手按在自己的胸口上,继续说:"想起当时的情景,我至今还心有馀悸。请你代我向田大夫道歉,并让他通知大司农田延年到监狱去,听凭公议裁决。"田广明派人通知田延年,田延年说道:"就算朝廷幸而宽恕于我,我又有何面目进入牢狱,让众人对我指点、讥笑,在我背后唾骂呢!"于是一个人住在大司农官衙旁边的屋子里,紧闭房门,露出臂膀,拿着刀在屋中徘徊等待。几天后,朝廷使者前来召田延年去见廷尉。田延年在屋中听到开读诏书的鼓声,便自刎而死。

　　2　夏季,五月,汉宣帝颁布诏书说:"孝武皇帝行仁义,振威武,功德极盛,但祭祀时所用的音乐却与此毫不相称,朕感到非常难过。此事应由列侯、二千石、博士共同商议决定。"于是文武群臣齐集朝廷讨论此事,都说:"应按诏书的意思去做。"唯独长信少府夏侯胜说道:"孝武皇帝虽然有征服四夷、开疆拓土的功绩,但使得将士们死亡枕藉,老百姓财力枯竭,奢侈无度,府库虚耗,百姓们流离失所,死亡过半,再加上蝗灾大起,数千里不见草木庄稼,以致民间竟出现杀人以食用充饥的惨景,元气至今尚未恢复;既然武帝并无恩泽于百姓,就不应为其设立祭祀乐章。"公卿大臣们都责难夏侯胜说:"这是皇上的诏命。"夏侯胜说:"虽然是诏命,也不能依从。人臣的大义,应当坚持原则,直言无隐,不能只知苟且阿谀皇上的意思。我既然说出了自己的观点,虽死也不会后悔!"因此,丞相、御史等上奏汉宣帝,参劾夏侯胜非议诏书,诋毁先帝,大逆不道,以及丞相长史黄霸包庇纵容夏侯胜,不肯举劾,于是将二人一并逮捕下狱。由主管官员出面,奏请尊孝武帝庙为世宗庙,定《盛德舞》、《文始五行之舞》为祭祀用乐。凡武帝生前出巡到过的郡、国一律建庙祭祀,与高祖皇帝、太宗皇帝一样。夏侯胜、黄霸长期被关在狱中,黄霸想跟夏侯胜学习《尚书》,夏侯胜认为已经犯下死罪,学也没用,所以推辞不愿讲授。黄霸说:"早晨明白了真理,即使晚上就死也无遗憾。"夏侯胜赞赏他的话,便开始给他讲授《尚书》。在狱中经历了两个冬天,一直讲论不止。

3 初,乌孙公主死,汉复以楚王戊之孙解忧为公主,妻岑娶。岑娶胡妇子泥靡尚小,岑娶且死,以国与季父大禄子翁归靡,曰:"泥靡大,以国归之。"翁归靡既立,号肥王,复尚楚主,生三男、两女。长男曰元贵靡,次曰万年,次曰大乐。昭帝时,公主上书言:"匈奴与车师共侵乌孙,唯天子幸救之!"汉养士马,议击匈奴。会昭帝崩,上遣光禄大夫常惠使乌孙。乌孙公主及昆弥皆遣使上书,言:"匈奴复连发大兵,侵击乌孙。使使谓乌孙,'趣持公主来!'欲隔绝汉。昆弥愿发国精兵五万骑,尽力击匈奴,唯天子出兵以救公主、昆弥!"先是匈奴数侵汉边,汉亦欲讨之。秋,大发兵,遣御史大夫田广明为祁连将军,四万馀骑,出西河;度辽将军范明友三万馀骑,出张掖;前将军韩增三万馀骑,出云中;后将军赵充国为蒲类将军,三万馀骑,出酒泉;云中太守田顺为虎牙将军,三万馀骑,出五原;期以出塞各二千馀里。以常惠为校尉,持节护乌孙兵共击匈奴。

三年(庚戌,前71)

1 春,正月癸亥,恭哀许皇后崩。时霍光夫人显欲贵其小女成君,道无从。会许后当娠,病,女医淳于衍者,霍氏所爱,尝入宫侍皇后疾。衍夫赏为掖庭户卫,谓衍:"可过辞霍夫人,行为我求安池监。"衍如言报显,显因心生,辟左右,字谓衍曰:"少夫幸报我以事,我亦欲报少夫,可乎?"衍曰:"夫人所言,何等不可者!"显曰:"将军素爱小女成君,欲奇贵之,愿以累少夫!"

3 当初,嫁到乌孙的汉朝公主去世后,汉朝又封楚王刘戊的孙女刘解忧为公主,嫁给乌孙王。乌孙王的胡人妻子所生的儿子泥靡年纪还小,乌孙王临死前,将国家交给叔父大禄的儿子翁归靡,嘱咐说:"等泥靡长大成人后,你要把国家还给他。"翁归靡即乌孙王位之后,号称肥王,又娶汉公主刘解忧为妻,并生下三儿二女。长子名叫元贵靡,次子名叫万年,三子名叫大乐。汉昭帝时,公主曾上书汉朝说:"匈奴与车师国联合进犯乌孙,请求大汉天子来救我们!"于是汉朝秣马厉兵,打算进攻匈奴。不巧汉昭帝恰于此时去世,汉宣帝派光禄大夫常惠出使乌孙。汉公主及乌孙王都派遣使臣,上书汉朝说:"匈奴又接连派出大军袭击乌孙,还派使臣来对乌孙说:'速将汉朝公主交出来!'企图断绝乌孙与汉朝的联系。乌孙王愿意派出国内精锐骑兵五万,全力抗击匈奴,请求汉天子派兵来救公主和乌孙王。"在此之前,匈奴曾几次侵扰汉朝边塞,汉朝也正想出兵征讨。秋季,汉朝派遣重兵,以御史大夫田广明为祁连将军,率骑兵四万馀,从西河出塞;度辽将军范明友率骑兵三万馀人,从张掖出塞;前将军韩增率骑兵三万馀人,从云中出塞;后将军赵充国为蒲类将军,率骑兵三万馀人,从酒泉出塞;云中太守田顺为虎牙将军,率骑兵三万馀人,从五原出塞;约定各路大军一律出塞两千馀里,对匈奴大举进攻。又派常惠为校尉,携带皇帝符节督乌孙军队共击匈奴。

汉宣帝本始三年(庚戌,公元前71年)

1 春季,正月癸亥(十三日),恭哀许皇后去世。当时,霍光的夫人叫作显,一直想要让她的小女儿霍成君成为皇后,但却苦无机会。正巧许皇后怀孕,身体不适,有一位平时与霍家关系密的女医生名叫淳于衍,曾入宫侍奉许皇后之病。淳于衍的丈夫叫作赏,担任掖庭户卫一职,对淳于衍说道:"你进宫前,可先去向霍夫人辞行,乘机为我请求安池监一职。"淳于衍果然按照丈夫的话去向霍夫人请求,霍夫人心生一计,便屏退左右,称呼着淳于衍的表字说:"少夫有事托我,我一定尽力,而我也有一事想拜托少夫,可以吗?"淳于衍说:"夫人吩咐,还有什么事不可以呢!"霍夫人说:"霍将军一直最爱小女儿成君,希望能使她成为最尊贵的人,我想把此事托少夫成全。"

衍曰：“何谓邪？”显曰：“妇人免乳，大故，十死一生。今皇后当免身，可因投毒药去也，成君即为皇后矣。如蒙力，事成，富贵与少夫共之。”衍曰：“药杂治，常先尝，安可？”显曰：“在少夫为之耳。将军领天下，谁敢言者！缓急相护，但恐少夫无意耳。”衍良久曰：“愿尽力！”即捣附子，赍入长定宫。皇后免身后，衍取附子并合大医大丸以饮皇后，有顷，曰：“我头岑岑也，药中得无有毒？”对曰：“无有。”遂加烦懑，崩。衍出，过见显，相劳问，亦未敢重谢衍。后人有上书告诸医侍疾无状者，皆收系诏狱，劾不道。显恐急，即以状具语光，因曰：“既失计为之，无令吏急衍！”光大惊，欲自发举，不忍，犹与。会奏上，光署衍勿论。显因劝光内其女入宫。

2　戊辰，五将军发长安。匈奴闻汉兵大出，老弱奔走，驱畜产远遁逃，是以五将少所得。夏，五月，军罢。度辽将军出塞千二百馀里，至蒲离候水，斩首、捕虏七百馀级。前将军出塞千二百馀里，至乌员，斩首、捕虏百馀级。蒲类将军出塞千八百馀里，西至候山，斩首、捕虏，得单于使者蒲阴王以下三百馀级。闻虏已引去，皆不至期还。天子薄其过，宽而不罪。祈连将军出塞千六百里，至鸡秩山，斩首、捕虏十九级。逢汉使匈奴还者冉弘等，言鸡秩山西有虏众，祈连即戒弘，使言无虏，欲还兵。御史属公孙益寿谏，以为不可，祈连不听，

淳于衍说:"此话怎么讲?"霍夫人说:"女人生孩子是一件大事,九死一生。如今皇后即将临盆,可以乘机下毒药将她害死,成君就能当上皇后。如蒙大力相助,事成之后,当与少夫共享富贵。"淳于衍说:"皇后吃的药,都是各位医生一起决定的,还要命人事先品尝,怎么行呢?"霍夫人说:"这就全看你的了。霍将军统领天下,谁敢说什么!即使有什么事,也有霍将军为你担待,只怕是少夫不肯帮忙罢了。"淳于衍犹豫很久,终于答应说:"愿意全力效劳。"于是淳于衍将毒药附子捣碎,带入长定宫。皇后生产后,淳于衍偷偷取出附子,掺到御医为皇后开的丸药之中,让皇后服下,过了一会儿,皇后说:"我感到头昏发闷,药里不会有毒吧?"淳于衍说:"没有。"皇后更加烦闷难受,不久死去。淳于衍出宫来见霍夫人,互相道贺慰问,但为了避免引人注意,霍夫人也不敢马上重谢淳于衍。后来有人上书朝廷,控告各御医对皇后没有尽心侍奉、诊治,汉宣帝下诏,命将所有为皇后诊治的御医,一律以大逆不道罪逮捕下狱。霍夫人大为惊恐,只得将此事的来龙去脉全部告诉霍光,并说:"既然做出如此失策之事,只能设法让审案官员不要逼迫淳于衍。"霍光听说后大惊失色,本想自己举发此事,可又于心不忍,犹豫不决。正好主管部门向朝廷奏报有关皇后病逝一案的处理意见,霍光便在奏章上批示,此事与淳于衍无关,应免于追究。霍光夫人乘机劝霍光将女儿送入皇宫。

  2　戊辰(十八日),奉命出征匈奴的五位将军从长安出发。匈奴听到汉朝派大兵前来征讨的消息后,便带着老弱妇孺,驱赶着牛羊等牲畜向远方逃奔,因此,汉朝五路大军虽然长驱直入,收获却不大。夏季,五月,汉军罢兵而还。度辽将军范明友出塞一千二百馀里,到达蒲离候水,共斩杀和俘获匈奴七百馀人。前将军韩增出塞一千二百馀里,到达乌员,共斩杀、俘获匈奴一百馀人。蒲类将军赵充国出塞一千八百馀里,向西直至候山,共斩杀、俘获匈奴单于使臣蒲阴王以下三百馀人。以上三位将军因听说匈奴已经退走,所以不到预定目标就全都退兵而回。汉宣帝认为他们的过失并不严重,所以从宽处理,未加处罚。祁连将军田广明出塞一千六百里,到达鸡秩山,共斩杀、俘获匈奴十九人,正好与从匈奴回来的汉朝使臣冉弘等相遇,据冉弘等说,鸡秩山以西地区有匈奴军队,但田广明却警告冉弘等人,让他们对别人说没有看到匈奴人的踪迹,打算退兵。御史下属官吏公孙益寿劝田广明不可退兵,田广明不听,

遂引兵还。虎牙将军出塞八百馀里,至丹馀吾水上,即止兵不进,斩首、捕虏千九百馀级,引兵还。上以虎牙将军不至期,诈增卤获,而祈连知虏在前,逗遛不进,皆下吏,自杀。擢公孙益寿为侍御史。

乌孙昆弥自将五万骑与校尉常惠从西方入,至右谷蠡王庭,获单于父行及嫂、居次、名王、犁污都尉、千长、骑将以下四万级,马、牛、羊、驴、橐佗七十馀万头。乌孙皆自取所虏获。上以五将皆无功,独惠奉使克获,封惠为长罗侯。然匈奴民众伤而去者及畜产远移死亡,不可胜数,于是匈奴遂衰耗,怨乌孙。

上复遣常惠持金币还赐乌孙贵人有功者。惠因奏请龟兹国尝杀校尉赖丹,未伏诛,请便道击之。帝不许,大将军霍光风惠以便宜从事。惠与吏士五百人俱至乌孙,还,过,发西国兵二万人,令副使发龟兹东国二万人,乌孙兵七千人,从三面攻龟兹。兵未合,先遣人责其王以前杀汉使状。王谢曰:"乃我先王时为贵人姑翼所误耳,我无罪。"惠曰:"即如此,缚姑翼来,吾置王。"王执姑翼诣惠,惠斩之而还。

3　大旱。

4　六月己丑,阳平节侯蔡义薨。

5　甲辰,长信少府韦贤为丞相。

6　大司农魏相为御史大夫。

7　冬,匈奴单于自将数万骑击乌孙,颇得老弱。欲还,会天大雨雪,一日深丈馀。人民、畜产冻死,还者不能什一。于是丁令乘弱攻其北,乌桓入其东,乌孙击其西,凡三国所杀数万级,

率兵而还。虎牙将军田顺出塞八百馀里,到达丹馀吾水,停兵不进,共斩杀、俘获匈奴一千九百馀人,率兵而还。汉宣帝认为田顺未到预定目标就退兵而回,还虚报战果;田广明明知敌人就在前面,却畏缩逗留,不敢前进,下令将二人治罪,二人畏罪自杀。汉宣帝擢升公孙益寿为侍御史。

乌孙王亲自率领骑兵五万,与校尉常惠一起从西部进攻匈奴,攻至匈奴右谷蠡王王庭,俘虏单于父辈贵族及单于之嫂、公主、著名王爵、犁污都尉、千长、骑将等共四万人,缴获马、牛、羊、驴、骆驼共七十馀万头。乌孙国将他们俘获的人、畜等全部留下自用。汉宣帝因所派五位将军都没有什么功劳,只有常惠出使乌孙,取得了惊人的战果,所以封常惠为长罗侯。匈奴经此打击,伤残逃亡的民众和在迁徙中死亡的牲畜不可胜数,损失惨重,国力衰耗,所以对乌孙深为怨恨。

汉宣帝又派常惠携带黄金财物等前往乌孙,赏赐有功的乌孙贵族。常惠因而奏请,龟兹国曾经袭杀校尉赖丹,尚未受到惩罚,请求顺便征讨。汉宣帝不许,但大将军霍光却暗示常惠可以相机行事。常惠率五百人前往乌孙,回国时,征调途中经过的龟兹以西各国的军队两万人,又命副使征调龟兹以东各国军队两万人,以及乌孙国军队七千人,从三面进攻龟兹。在三路大军对龟兹国形成包围之前,常惠先派人前往龟兹,指责先前袭杀汉使之事。龟兹王认错说:"此事是我国先王在世时,误听贵族姑翼之言而做出的错事,并不是我的罪过。"常惠说:"既然如此,将姑翼捆缚送来,我就饶了龟兹王。"于是,龟兹王命人将姑翼逮捕,送到常惠军前,常惠将姑翼斩首,然后撤兵而还。

3　大旱。

4　六月己丑(十一日),阳平节侯蔡义去世。

5　甲辰(二十六日),长信少府韦贤担任丞相。

6　大司农魏相被任命为御史大夫。

7　冬季,匈奴单于亲自率领骑兵数万袭击乌孙,俘获了不少乌孙国的老弱百姓。正准备退兵时,天降大雪,一天之中,地下积雪竟达一丈多厚。大雪使大批匈奴部众、牲畜冻死,活着回去的还不到出征时的十分之一。于是,丁令部趁匈奴力量衰弱之机攻其北部,乌桓则乘机攻其东部,乌孙攻其西部,共斩杀匈奴部众数万人,

马数万匹,牛羊甚众;又重以饿死,人民死者什三,畜产什五。匈奴大虚弱,诸国羁属者皆瓦解,攻盗不能理。其后汉出三千馀骑为三道,并入匈奴,捕虏得数千人还。匈奴终不敢取当,滋欲乡和亲,而边境少事矣。

8 是岁,颍川太守赵广汉为京兆尹。颍川俗,豪桀相朋党。广汉为缿筒,受吏民投书,使相告讦,于是更相怨咎,奸党散落,盗贼不敢发。匈奴降者言匈奴中皆闻广汉名,由是入为京兆尹。广汉遇吏,殷勤甚备,事推功善,归之于下,行之发于至诚,吏咸愿为用,僵仆无所避。广汉聪明,皆知其能之所宜,尽力与否;其或负者,辄收捕之,无所逃;案之,罪立具,即时伏辜。尤善为钩距以得事情,闾里铢两之奸皆知之。长安少年数人会穷里空舍,谋共劫人;坐语未讫,广汉使吏捕治,具服。其发奸摘伏如神。京兆政清,吏民称之不容口。长老传以为自汉兴,治京兆者莫能及。

四年(辛亥,前70)

1 春,三月乙卯,立霍光女为皇后,赦天下。初,许后起微贱,登至尊日浅,从官车服甚节俭。及霍后立,舆驾、侍从益盛,赏赐官属以千万计,与许后时悬绝矣。

马数万匹,牛羊不计其数;再加上饿死的,使匈奴人口减少了十分之三,牲畜损失了十分之五。从此匈奴更为虚弱,原来臣服于它的西域国家全部背叛,不断对其进行攻击和骚扰,而匈奴却无可奈何。后来,汉朝派出骑兵三千馀人,分三路攻入匈奴,俘虏数千人,然后退兵。匈奴始终无力报复,反而更为迫切地要求与汉朝和亲,从而使汉朝边塞的战事大为减少。

8 这一年,颍川太守赵广汉被调任京兆尹。颍川地区风俗,地方豪杰之人往往拉帮结派。赵广汉专门设置了一个竹筒,接受人们的举报控诉,鼓励人们相互揭发,使当地人士相互告发结怨,一些不法帮派瓦解散落,盗贼销声匿迹。据一些归降汉朝的匈奴人说,他们在匈奴时就都听说过赵广汉的大名,所以赵广汉被调入长安担任京兆尹。赵广汉对待其属下官吏殷勤周到,遇有功劳或奖赏之事,总是归之于部下,且并非故意做作,而是出于至诚,所以部下官吏都乐于受他差遣,无论多么危险也不逃避。赵广汉聪明过人,知人善任,对他手下人的能力、特长及是否尽力办事,了解得非常清楚;如有人蒙骗于他,往往立即就被抓住,谁也别想逃脱;审讯定案,证据确凿,立时服罪,无法抵赖。赵广汉还特别善于了解事情的真相,哪怕是市井中一些细小的不法之事他也知道得一清二楚。曾经有几个长安少年不法之徒,在一处偏僻的空房中商议抢劫活动;还未商议妥当,赵广汉已派人前来将他们逮捕治罪,一个个都招认不讳。类似情形,说明赵广汉察觉奸邪之人,揭露隐秘之事有如神灵一般。赵广汉担任京兆尹时期,长安地区政治清明,治安良好,百姓们赞不绝口。很多老辈人都说,自汉朝建立以来,治理长安地区的官吏没有一个人能比得上赵广汉。

汉宣帝本始四年(辛亥,公元前70年)

1 春季,三月乙卯(十一日),霍光的女儿霍成君被立为皇后,大赦天下。当初,许皇后出身微贱,登上皇后宝座的时间不长,所以其侍从、车马、服饰等都非常节俭。自霍成君立为皇后以来,其车驾、侍从等日益盛大,对其属下的赏赐以千万计,与许皇后时有天壤之别。

2　夏,四月壬寅,郡国四十九同日地震,或山崩,坏城郭、室屋,杀六千馀人。北海、琅邪坏祖宗庙。诏丞相、御史与列侯、中二千石博问经学之士,有以应变,毋有所讳。令三辅、太常、内郡国举贤良方正各一人。大赦天下。上素服,避正殿五日。释夏侯胜、黄霸,以胜为谏大夫、给事中,霸为扬州刺史。

胜为人,质朴守正,简易无威仪,或时谓上为君,误相字于前,上亦以是亲信之。尝见,出道上语,上闻而让胜,胜曰:"陛下所言善,臣故扬之。尧言布于天下,至今见诵。臣以为可传,故传耳。"朝廷每有大议,上知胜素直,谓曰:"先生建正言,无惩前事!"胜复为长信少府,后迁太子太傅。年九十卒,太后赐钱二百万,为胜素服五日,以报师傅之恩。儒者以为荣。

3　五月,凤皇集北海安丘、淳于。
4　广川王去坐杀其师及姬妾十馀人,或销铅锡灌口中,或支解,并毒药煮之,令糜尽,废徙上庸。自杀。

地节元年(壬子,前69)
1　春,正月,有星孛于西方。
2　楚王延寿以广陵王胥武帝子,天下有变,必得立,阴附助之,为其后母弟赵何齐取广陵王女为妻,因使何齐奉书遗广陵王曰:"愿长耳目,毋后人有天下!"何齐父长年上书告之,事下有司考验,辞服。冬,十一月,延寿自杀,胥勿治。

2　夏季,四月壬寅(二十九日),四十九个郡、国同一天发生地震,有的地方发生山崩,有的地方城郭、房屋被毁坏,共死亡六千馀人,北海、琅邪两郡的太祖、太宗庙也被震坏。汉宣帝下诏命丞相、御史与列侯、中二千石大臣等,向精通经书的学者广泛征询应付灾异事变的办法,要大家畅所欲言,不必有所避讳。又命三辅、太常、内郡国各举荐贤良、方正之士一人。大赦天下。汉宣帝身穿素服,避开皇宫正殿五天。另外,汉宣帝还下令释放夏侯胜、黄霸,任命夏侯胜为谏大夫、给事中,黄霸为扬州刺史。

夏侯胜为人正直质朴,平易近人,没有官威,有时竟称皇帝为"君",或在皇帝面前直呼别人的表字,而汉宣帝却也因此而亲信于他。有一次,夏侯胜晋见汉宣帝,出宫后将汉宣帝讲的话转告给别人,汉宣帝知道后责备夏侯胜,夏侯胜说:"因为陛下的话说得很好,我才特意转告别人。昔日帝尧的话天下传扬,至今人们还能背诵。我认为陛下的话值得传扬,所以才四处传扬。"每当朝廷商议国家大事,汉宣帝知道夏侯胜平时说话直率,便对他说:"先生想说什么只管说,不必把以前的事放在心上。"不久,夏侯胜重新担任长信少府,后调任太子太傅。夏侯胜九十岁时去世,太后特赐奠仪二百万钱,并为夏侯胜之死穿了五天素服,以报答老师的教育之恩。很多读书人都引以为荣。

3　五月,有凤凰聚集在北海郡的安丘、淳于二县。

4　广川王刘去被指控杀死自己的老师和姬妾十馀人,有的被将溶化的铅汁、锡汁灌入口中,有的被大卸八块,再掺上毒药烹煮,使之糜烂。汉宣帝废去刘去王爵,将其放逐到上庸。刘去自杀而死。

汉宣帝地节元年(壬子,公元前69年)

1　春季,正月,西方天空出现异星。

2　楚王刘延寿认为,广陵王刘胥是汉武帝的儿子,一旦天下发生变故,肯定会被立为皇帝,于是在暗中依附、帮助广陵王,又为自己后母的弟弟赵何齐娶了广陵王的女儿为妻,因而派赵何齐送信给广陵王说:"希望您密切注意朝廷动向,争天下之事千万不能落到别人的后面。"赵何齐的父亲赵长年上书朝廷,告发了此事,汉宣帝命有关部门审讯调查,刘延寿供认不讳。冬季,十一月,刘延寿自杀,刘胥免予追究。

3 十二月癸亥晦,日有食之。

4 是岁,于定国为廷尉。定国决疑平法,务在哀鳏寡,罪疑从轻,加审慎之心。朝廷称之曰:"张释之为廷尉,天下无冤民。于定国为廷尉,民自以不冤。"

二年(癸丑,前 68)

1 春,霍光病笃。车驾自临问,上为之涕泣。光上书谢恩,愿分国邑三千户以封兄孙奉车都尉山为列侯,奉兄去病祀。即日,拜光子禹为右将军。三月庚午,光薨。上及皇太后亲临光丧,中二千石治冢,赐梓宫,葬具皆如乘舆制度,谥曰宣成侯。发三河卒穿复土,置园邑三百家,长、丞奉守。下诏复其后世,畴其爵邑,世世无有所与。

御史大夫魏相上封事曰:"国家新失大将军,宜显明功臣以填藩国,毋空大位,以塞争权。宜以车骑将军安世为大将军,毋令领光禄勋事,以其子延寿为光禄勋。"上亦欲用之。夏,四月戊申,以安世为大司马、车骑将军,领尚书事。

2 凤皇集鲁,群鸟从之。大赦天下。

3 上思报大将军德,乃封光兄孙山为乐平侯,使以奉车都尉领尚书事。魏相因昌成君许广汉奏封事,言:"《春秋》讥世卿,恶宋三世为大夫及鲁季孙之专权,皆危乱国家。自后元以来,禄去王室,政由冢宰。今光死,子复为右将军,兄子秉枢机,

3 十二月癸亥(三十日),出现日食。

4 这一年,于定国担任廷尉。于定国处理疑难案件,总是非常谨慎,力求执法宽和,同情鳏寡,凡罪证不够确凿的,都从轻判决。朝廷上下一致赞扬他说:"张释之当廷尉,天下没有蒙冤之人;于定国当廷尉,人们自己就相信不会被冤枉。"

汉宣帝地节二年(癸丑,公元前68年)

1 春季,霍光病重。汉宣帝亲自前往探望,感慨伤怀,为之泪下。霍光上书谢恩,表示希望能在自己享有的赋税户数中分出三千户,封兄长霍去病的孙子奉车都尉霍山为列侯,以祀奉霍去病的香火。当日,汉宣帝任命霍光之子霍禹为右将军。三月庚午(初八),霍光去世。汉宣帝与皇太后亲自前往霍光灵堂进行祭悼,命令中二千石大臣负责霍光墓的修建事务,赏赐棺木、葬具等,都与皇帝御用的器物一样,赐霍光谥号为"宣成侯"。征调戍守三河地区的兵卒为霍光挖掘墓穴,将棺木埋葬后,在上面筑起坟茔;拨出三百家民户,以其赋税作为霍光墓地的日常费用;设置长、丞负责守墓和祭祀事务。另外,汉宣帝还下诏免除霍光后代子孙的赋税、徭役,让他们继承霍光的封爵、食邑,世世代代、永远不变。

御史大夫魏相向汉宣帝上了一道秘密奏章,其中说道:"国家最近丧失了大将军,应当对另外的有功大臣明示尊崇、显扬,以镇抚各诸侯封国,不要使大将军之位空缺,以免引起朝臣争权。我认为应任命车骑将军张安世为大将军,不要再让他兼领光禄勋事务;任命张安世之子张延寿为光禄勋。"汉宣帝也想任用张安世。夏季,四月戊申(十七日),任命张安世为大司马、车骑将军,兼领尚书事。

2 凤凰在鲁国地方聚集,成群的飞鸟追随一旁。大赦天下。

3 汉宣帝为了报答大将军霍光拥立自己做皇帝的大德,封霍光兄长霍去病的孙子霍山为乐平侯,命他以奉车都尉的身份兼领尚书事。魏相通过昌成君许广汉向汉宣帝上了一道秘密奏章,说道:"《春秋》讥讽由贵族世代担任卿大夫的制度,厌恶春秋时宋国三代人做大夫和鲁国季孙氏专擅国政,都使国家陷于危亡混乱之中。我朝自后元以来,皇室不能控制各级官员的俸禄,朝政大事都由职权最高的大臣决定。如今霍光虽死,他的儿子仍为右将军,侄儿掌管中枢事务,

昆弟、诸婿据权势,在兵官,光夫人显及诸女皆通籍长信宫,或夜诏门出入,骄奢放纵,恐浸不制,宜有以损夺其权,破散阴谋,以固万世之基,全功臣之世。"又故事:诸上书者皆为二封,署其一曰"副",领尚书者先发副封,所言不善,屏去不奏。相复因许伯白去副封以防壅蔽。帝善之,诏相给事中,皆从其议。

4　帝兴于闾阎,知民事之艰难。霍光既薨,始亲政事,厉精为治,五日一听事。自丞相以下各奉职奏事,敷奏其言,考试功能。侍中、尚书功劳当迁及有异善,厚加赏赐,至于子孙,终不改易。枢机周密,品式备具,上下相安,莫有苟且之意。及拜刺史、守、相,辄亲见问,观其所由,退而考察所行以质其言,有名实不相应,必知其所以然。常称曰:"庶民所以安其田里而亡叹息愁恨之心者,政平讼理也。与我共此者,其唯良二千石乎!"以为太守,吏民之本,数变易则下不安;民知其将久,不可欺罔,乃服从其教化。故二千石有治理效,辄以玺书勉厉,增秩、赐金,或爵至关内侯。公卿缺,则选诸所表,以次用之。是以汉世良吏,于是为盛,称中兴焉。

各个兄弟、女婿都身居权要之职，或担任军事将领，霍光的夫人显以及几个女儿都在长信宫门录有姓名，可以随时出入，甚至半夜也能叫开宫门，霍氏一门骄奢放纵，只恐渐渐难以控制，所以应设法削弱他们的权势，消灭他们可能会生出的阴谋，以巩固皇家的万世基业，也为保全功臣的后代子孙。"依照惯例：凡上书朝廷，都是一式两份，其中一份注明为副本，由领尚书事官员先打开副本审视，如所奏之事不妥，则不予上奏。魏相又通过许伯向汉宣帝建议，取消奏章副本，防止官员阻塞言路，蒙蔽朝廷。汉宣帝认为很对，下诏命魏相兼任给事中，全部采纳了魏相的意见。

4 汉宣帝在民间长大，了解下层人民的艰难困苦。霍光死后，汉宣帝开始亲自主持朝政，励精图治，每隔五天，就要召集群臣，听取他们对朝政事务的意见。自丞相以下群臣各就自己负责的事务分别奏报，再将他们陈述的意见分别下达有关部门试行，考察、检验其功效。凡任侍中、尚书的官员有功应当升迁，或有特殊才能，往往厚加赏赐，甚至及于他们的子孙，长久不予改动。对各项朝政大事的决策，周密详备，君臣上下，关系融洽，相安无事，没有人抱着苟且敷衍的态度办事。至于任命州刺史、郡太守、封国丞相等高级地方官吏，汉宣帝总是亲自召见，详加询问，了解他的抱负和打算，再考察他的行为，看是否与他当初说的一样，凡查出有言行不统一的，一定要追究其原因何在。汉宣帝常说："老百姓之所以能安居田亩，没有叹息、怨愁，主要就在于为政公平清明，处理诉讼之事合乎情理。能与我一起做到这一点的，不正是地方的优秀郡太守和封国丞相等二千石官员吗！"汉宣帝认为，郡太守是治理百姓的关键，如变换频繁则容易引起治下百姓的不安；只有让百姓知道他们的郡太守将长期留任，便不能存有欺罔蒙蔽的侥幸心理，才能使他们服从教化，各安本分。所以，凡地方二千石官员政绩斐然的，汉宣帝总是正式颁布诏书加以勉励，增加其官阶、俸禄，赏赐黄金，或赐以关内侯爵位。遇有公卿职位空缺，则按照他们平时所受奖励的先后、多少，依次挑选补任。因此，汉朝的好官，是以这一时期最多，号称中兴。

5　匈奴壶衍鞮单于死，弟左贤王立，为虚闾权渠单于，以右大将女为大阏氏，而黜前单于所幸颛渠阏氏，颛渠阏氏父左大且渠怨望。是时汉以匈奴不能为边寇，罢塞外诸城以休百姓。单于闻之，喜，召贵人谋，欲与汉和亲。左大且渠心害其事，曰：“前汉使来，兵随其后。今亦效汉发兵，先使使者入。”乃自请与呼卢訾王各将万骑，南旁塞猎，相逢俱入。行未到，会三骑亡降汉，言匈奴欲为寇。于是天子诏发边骑屯要害处，使大将军军监治众等四人将五千骑，分三队，出塞各数百里，捕得虏各数十人而还。时匈奴亡其三骑，不敢入，即引去。是岁，匈奴饥，人民、畜产死什六七，又发两屯各万骑以备汉。其秋，匈奴前所得西嗕居左地者，其君长以下数千人皆驱畜产行，与瓯脱战，所杀伤甚众，遂南降汉。

5　匈奴壶衍鞮单于死后,其弟左贤王即位,称为虚闾权渠单于,封右大将的女儿为大阏氏,废黜了前单于宠爱的颛渠阏氏,引起颛渠阏氏的父亲左大且渠的不满。这时,汉朝认为匈奴已无力侵扰边疆地区,便将塞外各城的屯守士卒取消,以使百姓休养生息。匈奴单于听到这一消息后,非常高兴,召集贵族商议,打算要求与汉朝和亲。左大且渠想要破坏此事,便对单于说:"以前汉朝使臣前面才来,往往大兵随后就到。如今我们也效法汉朝的办法,先派使臣前往汉朝,然后发兵袭击。"并请求单于派他与呼卢訾王各率骑兵万人,南下沿汉朝边塞一带打猎,遇有机会,就一齐攻入汉朝。但是,匈奴两路大军尚未到达汉朝边塞,先有三名骑兵逃到汉朝归降,报告了匈奴的入侵阴谋。于是汉宣帝下诏征调边疆骑兵屯守各要害地区,派大将军军监治众等四人率领五千骑兵,分三路出塞数百里迎击,各擒获匈奴数十人而回。此时匈奴见己方三名骑兵逃跑,知道阴谋已然败露,不敢再进入汉边,只得率兵退走。这一年,匈奴发生饥荒,人民、牲畜死亡十分之六七,又征调两路骑兵各万人以防备汉朝袭击。秋季,匈奴以前所降服、使其居住在左翼地区的西嗕族部落,数千人在其首领的率领下,驱赶着自己的牲畜向汉朝靠拢,与匈奴边防军遭遇激战,杀伤极多,向南归降汉朝。

卷第二十五　汉纪十七

起甲寅(前67)尽己未(前62)凡六年

中宗孝宣皇帝上之下
地节三年(甲寅,前67)

1　春,三月,诏曰:"盖闻有功不赏,有罪不诛,虽唐、虞不能化天下。今胶东相王成,劳来不怠,流民自占八万馀口,治有异等之效。其赐成爵关内侯,秩中二千石。"未及征用,会病卒官。后诏使丞相、御史问郡、国上计长史、守丞以政令得失,或对言:"前胶东相成伪自增加以蒙显赏。是后俗吏多为虚名"云。

2　夏,四月戊申,立子奭为皇太子,以丙吉为太傅,太中大夫疏广为少傅。封太子外祖父许广汉为平恩侯。又封霍光兄孙中郎将云为冠阳侯。

霍显闻立太子,怒恚不食,欧血,曰:"此乃民间时子,安得立! 即后有子,反为王邪?"复教皇后令毒太子。皇后数召太子赐食,保、阿辄先尝之,后挟毒不得行。

3　五月甲申,丞相贤以老病乞骸骨。赐黄金百斤、安车、驷马,罢就第。丞相致仕自贤始。

4　六月壬辰,以魏相为丞相。辛丑,丙吉为御史大夫,疏广为太子太傅,广兄子受为少傅。

中宗孝宣皇帝上之下
汉宣帝地节三年(甲寅,公元前67年)

1 春季,三月,汉宣帝颁布诏书说:"人们常听说,如果有功不赏,有罪不罚,即使是唐尧、虞舜也无法将天下治理好。如今胶东国丞相王成,工作勤奋,治理国家成效极为显著,仅在当地申报户籍定居的流民,就达八万馀人。特加封王成关内侯,并将其官阶提高到中二千石。"可惜还没等到朝廷正式征召加封,王成就因病死于任上。后来,汉宣帝命丞相、御史向各郡、国来朝廷呈送财政、户籍簿册的长史、守丞等官员询问朝廷政令的得失,有人提出:"前胶东国丞相王成虚报流民申报户籍的数目,竟获得朝廷的表彰和重赏,从那以后,很多庸碌无能的官吏都靠虚假的成绩来骗取名誉。"

2 夏季,四月戊申(二十二日),汉宣帝立儿子刘奭为皇太子,任命丙吉为太傅,太中大夫疏广为少傅。封太子刘奭的外祖父许广汉为平恩侯。又霍光的侄孙中郎将霍云为冠阳侯。

霍光的妻子霍显听说刘奭被立为太子,气得饭也吃不下,并口吐鲜血,说:"刘奭是皇上为平民时生的儿子,怎能被立为皇太子!难道将来皇后生的儿子,反倒只能做诸侯王吗?"于是霍显指使皇后霍成君毒死皇太子。皇后几次召太子前来,赐给食物,但太子的保姆和奶妈总是先尝过之后再让太子吃,使皇后虽拿着毒药,却无从下手。

3 五月甲申(二十九日),丞相韦贤因年老多病,请求辞职。汉宣帝赐给他黄金一百斤和一辆由四匹马拉的、可以坐乘的安车,将他送回家去。丞相退休,韦贤是第一个。

4 六月壬辰(初七),汉宣帝任命魏相为丞相。辛丑(十六日),任命丙吉为御史大夫,疏广为太子太傅,疏广兄长的儿子疏受为少傅。

太子外祖父平恩侯许伯，以为太子少，白使其弟中郎将舜监护太子家。上以问广，广对曰："太子，国储副君，师友必于天下英俊，不宜独亲外家许氏。且太子自有太傅、少傅，官属已备，今复使舜护太子家，示陋，非所以广太子德于天下也。"上善其言，以语魏相，相免冠谢曰："此非臣等所能及。"广由是见器重。

5　京师大雨雹，大行丞东海萧望之上疏，言大臣任政，一姓专权之所致。上素闻望之名，拜为谒者。时上博延贤俊，民多上书言便宜，辄下望之问状；高者请丞相、御史、次者中二千石试事，满岁以状闻；下者报闻，罢。所白处奏皆可。

6　冬，十月，诏曰："乃者九月壬申地震，朕甚惧焉。有能箴朕过失，及贤良方正直言极谏之士，以匡朕之不逮，毋讳有司！朕既不德，不能附远，是以边境屯戍未息。今复饬兵重屯，久劳百姓，非所以绥天下也。其罢车骑将军、右将军屯兵！"又诏："池籞未御幸者，假与贫民。郡国宫馆勿复修治。流民还归者，假公田，贷种食，且勿算事。"

太子刘奭的外祖父平恩侯许广汉，因为太子年纪幼小，便向汉宣帝建议，让自己的弟弟中郎将许舜监护太子的住处。汉宣帝询问疏广对此事的看法，疏广说："太子是国家的储君，其师、友必须由天下的优秀人才来充任，不应只与其外祖父许氏一家亲密。况且太子自有太傅、少傅，各种官员、下属都已齐备，而今再让许舜监护太子的住处，只能使天下人感到见识肤浅，恐怕不是在天下人面前传扬太子品德威信的好办法。"汉宣帝认为疏广的话很有道理，便将此语转告丞相魏相，魏相摘下帽子，请罪说："这种高超的见识是我万万不及的。"于是，疏广日益受到汉宣帝的器重。

5 京师长安下了一场冰雹，大行丞东海人萧望之向汉宣帝上了一道奏章，认为这场雹灾是由于朝政大事都由大臣把持，一姓人专权而招致上天警告。汉宣帝早就听说过萧望之的大名，于是任命他担任谒者一职。当时，汉宣帝正广泛延揽贤能才俊之人，很多百姓也纷纷上书朝廷，对各方面事情提出建议。汉宣帝总是将百姓的上书交给萧望之审查，确有真知灼见的，交给丞相、御史试行，稍次的交给中二千石大臣试行，满一年后，将试行情况奏闻朝廷；无采纳价值的不用。萧望之提出的处理意见，往往正合汉宣帝的心意，所以一律批准。

6 冬季，十月，汉宣帝颁布诏书说："九月壬申（十九日）发生的地震，使朕非常恐惧。凡是能指出朕的过失的人，以及各郡、国举荐的贤良、方正和其他能够对朕直言规劝的人，要匡正朕的失误，对有关高级官员的错误也不要回避！由于朕的德性不足，不能使远方的蛮族全部归附，因而边境的屯戍事务一直不能结束。如今又调兵增强边塞屯戍力量，使百姓长期劳苦不止，很不利于天下的安定。车骑将军张安世、右将军霍禹所属两支屯戍重兵立即罢除！"又下诏命令："凡是从未正式使用过的皇室池塘、禁苑等，一律借给贫苦百姓，让他们在其中从事生产活动。各郡、国不得再兴修宫室、宾馆。返回原籍的流民，一律由官府借给公田，贷给种子、粮食，免除他们的财产税和徭役。"

7　霍氏骄侈纵横。太夫人显,广治第室,作乘舆辇,加画,绣絪冯,黄金涂;韦絮荐轮,侍婢以五采丝挽显游戏第中;与监奴冯子都乱。而禹、山亦并缮治第宅,走马驰逐平乐馆。云当朝请,数称病私出,多从宾客,张围猎黄山苑中,使仓头奴上朝谒,莫敢谴者。显及诸女昼夜出入长信宫殿中,亡期度。

帝自在民间,闻知霍氏尊盛日久,内不能善。既躬亲朝政,御史大夫魏相给事中。显谓禹、云、山:"女曹不务奉大将军徐业,今大夫给事中,他人壹间女,能复自救邪!"后两家奴争道,霍氏奴入御史府,欲蹑大夫门;御史为叩头谢,乃去。人以谓霍氏,显等始知忧。

会魏大夫为丞相,数燕见言事;平恩侯与侍中金安上等径出入省中。时霍山领尚书,上令吏民得奏封事,不关尚书,群臣进见独往来,于是霍氏甚恶之。上颇闻霍氏毒杀许后而未察,乃徙光女婿度辽将军、未央卫尉、平陵侯范明友为光禄勋,出次婿诸吏、中郎将、羽林监任胜为安定太守。数月,复出光姊婿给事中、光禄大夫张朔为蜀郡太守,群孙婿中郎将王汉为武威太守。顷之,复徙光长女婿长乐卫尉邓广汉为少府。戊戌,更以张安世为卫将军,两宫卫尉、城门、北军兵属焉。以霍禹为大司马,冠小冠,亡印绶;罢其屯兵官属,

7 霍光死后,霍氏一家在朝中势力浩大,骄横奢侈。太夫人霍显大规模兴建府第,又制造豪华舒适的人拉辇车,绘以精美的图画,车上的褥垫都用锦绣制成,车身还涂以黄金,车轮外还裹有柔软的熟皮和棉絮,以减轻车身的颠簸,由侍女用五彩丝绸拉着霍显在府中游玩娱乐。另外,霍显还与管家冯子都淫乱。霍禹、霍山也扩建房屋,常常在平乐馆中骑马奔驰追逐。霍云几次在朝会时借口有病,自己带领众多门客私自出游,到黄山苑中行围打猎,只派奴仆前去报到,朝中竟无人敢于指责他。霍显和她的几个女儿,不分昼夜随意出入上官太后居住的长信宫,毫无顾忌。

汉宣帝早在民间时,就听说霍氏一家因长期地位尊贵,内心不觉得这是好事。亲掌朝政以后,命御史大夫魏相兼任给事中。霍显对霍禹、霍云、霍山说:"你们不能继承大将军的事业,如今御史大夫兼任给事中,一旦有人在他面前说你们的坏话,你们还能自己救自己吗!"后霍、魏两家的奴仆因争夺道路引起冲突,霍家奴仆竟闯入御史府中,要踢魏家大门,经御史叩头请罪,方才离去。有人将此事告诉霍显,霍显等才开始感到忧虑。

后来魏相当了丞相,多次被汉宣帝召入内廷谈话;平恩侯许广汉和侍中金安上等也可以径自出入宫廷。当时,霍山担任领尚书事一职,汉宣帝却下令,无论一般官吏或平民百姓,都可以直接向皇帝呈递秘密奏章,不必经过尚书,群臣也可以直接晋见皇帝陈述自己的意见,这些都使霍氏一家人极为恼火。汉宣帝已隐约听说霍显毒死许皇后之事,只是尚未仔细调查,于是将霍光的女婿度辽将军、未央卫尉、平陵侯范明友调任光禄勋,将霍光的二女婿诸吏、中郎将、羽林监任胜调任安定太守。几个月之后,又将霍光的姐夫给事中、光禄大夫张朔调任蜀郡太守,将霍光的孙女婿中郎将王汉调任武威太守。稍后,又将霍光的大女婿长乐卫尉邓广汉调任少府。八月戊戌(十四日),汉宣帝任命张安世为卫将军,未央、长乐两宫卫尉,长安十二门的警卫部队和北军都归张安世统领。任命霍禹为大司马,却不让他戴照例应戴的大官帽,只戴平常的小官帽,且不颁给印信、绶带,罢除他以前统领的屯戍部队和僚属,

特使禹官名与光俱大司马者。又收范明友度辽将军印绶,但为光禄勋。及光中女婿赵平为散骑、骑都尉、光禄大夫,将屯兵,又收平骑都尉印绶。诸领胡、越骑、羽林及两宫卫将屯兵,悉易以所亲信许、史子弟代之。

8　初,孝武之世,征发烦数,百姓贫耗,穷民犯法,奸轨不胜,于是使张汤、赵禹之属,条定法令,作见知故纵、监临部主之法,缓深、故之罪,急纵、出之诛。其后奸猾巧法转相比况,禁罔浸密,律令烦苛,文书盈于几阁,典者不能遍睹。是以郡国承用者驳,或罪同而论异,奸吏因缘为市,所欲活则傅生议,所欲陷则予死比,议者咸冤伤之。

廷尉史钜鹿路温舒上书曰:“臣闻齐有无知之祸而桓公以兴,晋有骊姬之难而文公用伯;近世赵王不终,诸吕作乱,而孝文为太宗。繇是观之,祸乱之作,将以开圣人也。夫继变乱之后,必有异旧之恩,此贤圣所以昭天命也。往者昭帝即世无嗣,昌邑淫乱,乃皇天所以开至圣也。臣闻《春秋》正即位,大一统而慎始也。陛下初登至尊,与天合符,宜改前世之失,正始受命之统,涤烦文,除民疾,以应天意。臣闻秦有十失,其一尚存,治狱之吏是也。夫狱者,天下之大命也,死者不可复生,绝者不可复属。《书》曰:‘与其杀不辜,宁失不经。’今治狱吏则不然,上下相驱,以刻为明,深者获公名,

只是表面上给他一个和霍光一样的大司马职位。又将范明友的度辽将军印信和绶带收回，只让他担任光禄勋一职。霍光的另一个女婿赵平本为散骑、骑都尉、光禄大夫，统领屯戍重兵，如今也将赵平的骑都尉印信和绶带收回。所有统领胡人和越人骑兵、羽林军以及未央、长乐两宫卫将屯兵的各位将领，都改由汉宣帝最亲信的许、史两家子弟担任。

8　当初，汉武帝时，征调频繁，百姓困乏，穷苦百姓触犯法律，行为不轨之事不胜枚举，于是，汉武帝命张汤、赵禹之类酷吏制定法令，定出有关"明知有人犯法而不举报"和"长官有罪，其僚属连坐"等惩罚条例，对犯有给人定罪过严或者栽赃陷害之罪的官吏，往往从宽处理；而对那些宽释犯人的官吏则加重惩处。后来，很多奸猾之徒以各种手段相互援引攀比，使法网日益严密，律令更加繁苛，法律文件堆得满桌满屋，主管官员根本看不过来。以至各郡、国在引用法令时出现混乱，有的罪行相同而处罚各异，一些奸猾官吏借机玩弄法令，索取贿赂，想使罪犯活命，就附会能让他活命的法令；想置其于死地，就引用使其非死不可的条文，使人们谈起来都感到冤屈悲伤。

廷尉史钜鹿人路温舒上书汉宣帝说："我听说，春秋时齐国出现姜无知杀死齐襄公之祸，却使齐桓公因此兴起；晋国发生因骊姬的谗言而造成的灾难，却使晋文公后来称霸于诸侯；近世我汉朝赵王不得善终，吕氏一家为害作乱，却造就了孝文皇帝的业绩，被尊为太宗。从这些往事看来，祸乱的发生，往往能造就出一代贤圣之人。大乱之后，必然会出现与往日大不相同的变革措施，这是贤圣之人用以昭示上天的意旨。以前孝昭皇帝去世时，没有后嗣，昌邑王淫邪悖乱，这正是上天为了造就至圣明君。我听说，《春秋》最重正统，认为君王即位之始最应慎重。陛下刚刚登上至尊之位不久，与天意正相符合，应当改正前代的失误，以显示是继承正统，删去繁杂琐碎的法令条文，解除百姓的疾苦，以顺应天意。我听说秦朝有十项重大失误，如今有一项尚存，即司法官吏的严苛。审判定罪，是治理天下的一件非常重要的事务，处死的人不可能复生，截去肢体的人也不能复原，所以《尚书》中说：'与其杀死无辜的人，宁可偶尔失之宽纵。'如今负责司法事务的官吏则并非如此，无论是上司或下属，都争相以严苛为贤明，判刑越重，越能获得'公正'的美誉，

平者多后患。故治狱之吏皆欲人死,非憎人也,自安之道在人之死。是以死人之血,流离于市,被刑之徒,比肩而立,大辟之计,岁以万数。此仁圣之所以伤也,太平之未洽,凡以此也。夫人情,安则乐生,痛则思死,棰楚之下,何求而不得!故囚人不胜痛,则饰辞以示之;吏治者利其然,则指导以明之;上奏畏却,则锻练而周内之。盖奏当之成,虽皋陶听之,犹以为死有馀辜。何则?成练者众,文致之罪明也。故俗语曰:‘画地为狱,议不入;刻木为吏,期不对。’此皆疾吏之风,悲痛之辞也。唯陛下省法制,宽刑罚,则太平之风可兴于世。”上善其言。

9 十二月,诏曰:“间者吏用法巧文浸深,是朕之不德也。夫决狱不当,使有罪兴邪,不辜蒙戮,父子悲恨,朕甚伤之!今遣廷史与郡鞫狱,任轻禄薄,其为置廷尉平,秩六百石,员四人。其务平之,以称朕意!”于是每季秋后请谳时,上常幸宣室,斋居而决事,狱刑号为平矣。

涿郡太守郑昌上疏言:“今明主躬垂明听,虽不置廷平,狱将自正;若开后嗣,不若删定律令。律令一定,愚民知所避,奸吏无所弄矣。今不正其本,而置廷平以理其末,政衰听怠,则廷平将召权而为乱首矣。”

而执法平和的人,却往往后患无穷。所以,负责司法事务的官吏都希望将案犯定为死罪,并非对犯人特别憎恨,而是不如此就不足以保全自己。因此,死人的鲜血在街市上流淌,被判刑的囚犯一个挨着一个,处以死刑的人每年都以万计。仁慈圣明的人对此深感悲哀,因为这使太平盛世不能到来。按照人之常情,生活安逸,就愿意多活几年,不堪痛苦则只求速死,严刑拷打之下,什么口供都可以得到。所以有时当囚犯无法忍受痛苦,审案官往往借词暗示其按所希望的来招供;有时审案官为使囚犯的供词对自己有利,就干脆明白告诉他应如何招供;有时为了怕向朝廷奏报时遭到批驳,就想方设法弥补漏洞,务必使定案的理由充分周备。上奏之后,即使是古代以善于审案定罪著称的皋陶听了,也会认为该犯是死有馀辜。为什么呢?因为屈打成招,罗织捏造的罪行既多且明。因此,俗话说:'即使是在地上画一个圆圈作为监狱,也不能进去;削一个木头人作为审讯官,也不要去面对。'这些都是人们对严刑酷法痛心疾首的悲愤之词。陛下只有减省法令,放宽刑罚,太平盛世的风范才能呈现于当今。"汉宣帝认为他说得很有道理。

9　十二月,汉宣帝下诏书说:"近来,官吏们舞文弄法的现象越来越严重,这都是朕的错误。官吏们对许多案狱处理不当,使有罪者继续逍遥法外,无辜者遭受严刑处罚,父子兄弟悲伤愤恨,对此,朕也甚为难过。如今虽派廷尉史参与各郡的司法事务,但职权小俸禄少,应再专门设置廷尉平四名,俸禄为六百石。务必使刑罚诉讼的审理判决公正平和,以符合朕的心意。"于是每年秋天,当对一年中的案狱做最后的处理决定时,汉宣帝常常住在未央宫宣室殿,斋戒沐浴,亲自裁决,对各类刑罚案狱的判决号称公平。

涿郡太守郑昌上奏章说:"如今圣明的主上亲自对刑罚诉讼作最后的判决,即使不设廷尉平一职,也能够做到判决公正;但若想为后世确立规范,则不如从删改、修定法律条文着手。各项法令一经确定,百姓们知道怎样才能不触犯国家法律,那些奸猾官吏也就无计可施了。如今不从根本上加以纠正,却只是靠设置廷尉平来做一般性的补救,一旦将来朝政荒疏,陛下对判决案狱感到倦怠,则廷尉平必将专权弄法,成为祸乱天下的罪首。"

10　昭帝时，匈奴使四千骑田车师。及五将军击匈奴，车师田者惊去，车师复通于汉。匈奴怒，召其太子军宿，欲以为质。军宿，焉耆外孙，不欲质匈奴，亡走焉耆，车师王更立子乌贵为太子。及乌贵立为王，与匈奴结婚姻，教匈奴遮汉道通乌孙者。

是岁，侍郎会稽郑吉与校尉司马憙，将免刑罪人田渠犁，积谷，发城郭诸国兵万馀人与所将田士千五百人共击车师，破之；车师王请降。匈奴发兵攻车师，吉、憙引兵北逢之，匈奴不敢前。吉、憙即留一候与卒二十人留守王，吉等引兵归渠犁。车师王恐匈奴兵复至而见杀也，乃轻骑奔乌孙。吉即迎其妻子，传送长安。匈奴更以车师王昆弟兜莫为车师王，收其馀民东徙，不敢居故地，而郑吉始使吏卒三百人往田车师地以实之。

11　上自初即位，数遣使者求外家；久远，多似类而非是。是岁，求得外祖母王媪及媪男无故、武。上赐无故、武爵关内侯。旬日间，赏赐以巨万计。

四年（乙卯，前66）

1　春，二月，赐外祖母号为博平君，封舅无故为平昌侯，武为乐昌侯。

2　夏，五月，山阳、济阴雹如鸡子，深二尺五寸，杀二十馀人，飞鸟皆死。

3　诏："自今子有匿父母、妻匿夫、孙匿大父母，皆勿治。"

4　立广川惠王孙文为广川王。

10　汉昭帝时,匈奴曾派四千骑兵以行围打猎为名前往车师国。后汉朝派五将军出击匈奴,在车师打猎的匈奴骑兵惊恐不安,撤兵而去,车师国因而恢复了与汉朝的联系。匈奴得知后大为恼火,召车师国太子军宿前往匈奴,打算扣为人质。军宿是焉耆王的外孙,不愿去匈奴充当人质,便逃离焉耆,于是车师王改立另一个儿子乌贵为太子。乌贵当上车师国王之后,与匈奴结成婚姻,并建议匈奴截断汉朝与乌孙的联系通道。

　　这一年,侍郎会稽人郑吉和校尉司马憙,率领被免除刑罚的罪犯在渠犁屯田,积存谷物,并征调西域各城市国家的军队一万馀人,会合二人率领的屯田兵卒一千五百人共同攻击车师国,结果车师国大败,车师王乌贵请求归降。匈奴听到消息后,派兵进攻车师,郑吉、司马憙率兵北进迎击匈奴军,匈奴不敢向前逼近。郑吉、司马憙留下一名下级军官率领二十名兵卒负责监视车师王,自己率兵返回渠犁。车师王害怕匈奴再派军队前来将他杀死,便轻骑逃往乌孙。郑吉遂即将车师王的妻子、儿女用驿马送往长安。匈奴改立车师王乌贵的弟弟兜莫为车师王,又将车师国馀下的百姓向东迁徙,不敢再留居原来的地方,而郑吉便开始派官吏和兵卒共三百人到车师屯田,以充实该地。

　　11　汉宣帝自即皇位以来,多次派使者四处查访其外祖父家的消息。然而,因时间已相隔太久,查访到的人家,大多初看虽像,实际却都不是。这一年,终于找到了其外祖母王媪和王媪的儿子王无故和王武。汉宣帝赐王无故、王武关内侯爵。短短十天时间,对王家的赏赐就以万计。

汉宣帝地节四年(乙卯,公元前66年)

　　1　春季,二月,汉宣帝赐其外祖母"博平君"称号,封其舅父王无故为平昌侯、王武为乐昌侯。

　　2　夏季,五月,山阳、济阴两地下了一场鸡蛋般大小的冰雹,深二尺五寸,共有二十多人被冰雹砸死,当地的飞鸟也全部丧生。

　　3　汉宣帝下诏书说:"从今以后,凡属儿子窝藏父母、妻子窝藏丈夫、孙子窝藏祖父母的,一律不加治罪。"

　　4　汉宣帝立广川惠王的孙子刘文为广川王。

5　霍显及禹、山、云自见日侵削，数相对啼泣自怨。山曰："今丞相用事，县官信之，尽变易大将军时法令，发扬大将军过失。又，诸儒生多寠人子，远客饥寒，喜妄说狂言，不避忌讳，大将军常雠之。今陛下好与诸儒生语，人人自书对事，多言我家者。尝有上书言我家昆弟骄恣，其言绝痛，山屏不奏。后上书者益黠，尽奏封事，辄使中书令出取之，不关尚书，益不信人。又闻民间灌言'霍氏毒杀许皇后'，宁有是邪？"显恐急，即具以实告禹、山、云。禹、山、云惊曰："如是，何不早告禹等！县官离散、斥逐诸婿，用是故也。此大事，诛罚不小，奈何？"于是始有邪谋矣。

云舅李竟所善张赦，见云家卒卒，谓竟曰："今丞相与平恩侯用事，可令太夫人言太后，先诛此两人。移徙陛下，在太后耳。"长安男子张章告之，事下廷尉、执金吾，捕张赦等。后有诏，止勿捕。山等愈恐，相谓曰："此县官重太后，故不竟也。然恶端已见，久之犹发，发即族矣，不如先也。"遂令诸女各归报其夫，皆曰："安所相避！"

会李竟坐与诸侯王交通，辞语及霍氏，有诏："云、山不宜宿卫，免就第。"山阳太守张敞上封事曰："臣闻公子季友有功于鲁，赵衰有功于晋，田完有功于齐，皆畴其庸，延及子孙。终后田氏篡齐，赵氏分晋，季氏颛鲁。故仲尼作《春秋》，迹盛衰，讥世卿最甚。乃者大将军决大计，安宗庙，定天下，功亦不细矣。夫周公七年耳，而大将军二十岁，海内之命断于掌握。

5　霍显和霍禹、霍山、霍云眼看霍家的权势日益被削弱,多次聚在一起痛哭流涕,自怨自艾。霍山说:"如今丞相当权,受到皇上的信任,不但将大将军在世时的法令全部更改,还专门宣扬大将军的过失。再者,那些儒家士大夫大都为贫贱出身,从偏远的地方来到京中,衣食无着,专爱胡说八道,不知避讳,大将军对他们非常痛恨。但如今皇上却专爱和这些腐儒谈话,他们每人都提写奏章,议论国事,纷纷指责我们霍家。曾经有人上书说我们兄弟骄横霸道,言词十分激烈,被我压下没有呈奏。后来上书者越来越狡猾,都改成秘密奏章,由中书令直接收取进呈,不再通过尚书,使我更加不受信任。又听说民间纷纷传言'霍氏毒死许皇后',难道真有这回事吗?"霍显心中焦急恐惧,只得将实情告诉霍禹、霍山、霍云。霍禹、霍山、霍云大为惊恐,说道:"果真如此,为什么不早告诉我们!皇上将霍家女婿都贬斥放逐,就是为了这个缘故。这是大事,一旦事发,必遭严惩,怎么办?"于是开始策划反叛朝廷的阴谋。

霍云的舅父李竟有一位要好的朋友,名叫张赦,看到霍云一家人惊慌不安,便对李竟说:"如今是丞相魏相和平恩侯许广汉当权,可以让霍太夫人向上官太后进言,先将这两人杀死。废掉当今皇上,改立新君,全在皇太后一句话。"此事被长安男子张章告发,汉宣帝将此事交给廷尉和执金吾处理,廷尉等派人逮捕张赦等人。汉宣帝后来下诏命不必抓人。霍山等更加惶恐,商议说:"这是皇上看在太后的面子上,不愿深究。但已可看出苗头不妙,将来肯定会爆发,一旦爆发,就是灭门之祸,不如先下手为强。"于是命霍家女儿各自回家告知自己的丈夫,霍家各位女婿都说:"大祸一来,我们谁也跑不了!"

正巧李竟因受指控结交诸侯王而被朝廷治罪,审问中供词涉及霍氏一家,汉宣帝因而下诏命令:"霍云、霍山不适合再在宫中供职,免职回家。"山阳太守张敞向汉宣帝上了一道秘密奏章,说道:"我听说,春秋时期,公子季友有功于鲁国,赵衰有功于晋国,田完有功于齐国,都受到本国的酬劳,并延及子孙。但是后来,田氏子孙篡夺了齐国政权,赵氏子孙瓜分了晋国,季氏则世代专权于鲁国。因此,孔子作《春秋》,最注重反映各国的兴衰存亡,严厉批判传统的卿大夫世袭制度。过去,幸赖大将军霍光做出重大决策,才使宗庙、国家得到安定,功劳也不算小。当年周公辅政七年,就归政于周成王,而大将军掌握国家的命运竟长达二十年之久。

方其隆盛时,感动天地,侵迫阴阳。朝臣宜有明言曰:'陛下褒宠故大将军以报功德足矣。间者辅臣颛政,贵戚太盛,君臣之分不明,请罢霍氏三侯皆就第;及卫将军张安世,宜赐几杖归休,时存问召见,以列侯为天子师。'明诏以恩不听,群臣以义固争而后许之。天下必以陛下为不忘功德而朝臣为知礼,霍氏世世无所患苦。今朝廷不闻直声,而令明诏自亲其文,非策之得者也。今两侯已出,人情不相远,以臣心度之,大司马及其枝属必有畏惧之心。夫近臣自危,非完计也。臣敢愿于广朝白发其端,直守远郡,其路无由。唯陛下省察!"上甚善其计,然不召也。

禹、山等家数有妖怪,举家忧愁。山曰:"丞相擅减宗庙羔、菟、蛙,可以此罪也!"谋令太后为博平君置酒,召丞相、平恩侯以下,使范明友、邓广汉承太后制引斩之,因废天子而立禹。约定,未发,云拜为玄菟太守,太中大夫任宣为代郡太守。会事发觉。秋,七月,云、山、明友自杀。显、禹、广汉等捕得,禹要斩,显及诸女昆弟皆弃市,与霍氏相连坐诛灭者数十家。太仆杜延年以霍氏旧人,亦坐免官。八月己酉,皇后霍氏废,处昭台宫。乙丑,诏封告霍氏反谋者男子张章、期门董忠、左曹杨恽、侍中金安上、史高皆为列侯。恽,丞相敞子;安上,车骑将军日磾弟子;高,史良娣兄子也。

在他执掌大权的鼎盛时期，威严震撼天地，势力侵凌日月。应由朝廷大臣明确提出：'陛下褒奖、宠信已故大将军，报答他对国家的功德已足够了。而近来辅政大臣专擅朝政，外戚势力过大，君臣之间没有明显的区别，请求解除霍氏三侯的职务，送他们回家；对卫将军张安世，也应赐给几案与手杖，让他退休回家，以列侯的身份充当天子的老师，由陛下时常召见慰问。'陛下则公开下诏表示：因他们有大功于国家，所以大臣所请，不宜听从。群臣再据理力争，然后陛下予以批准。这样一来，天下人肯定会认为陛下不忘大臣的功德而群臣又颇知礼义，霍氏一家也可以世世代代无忧无患。如今，朝中听不到直言，却由陛下自己下诏解除霍云、霍山的职务，这是很失策的。现在霍氏两侯已被赶出宫廷，人们的心情和想法大致相同，所以以我的想法猜度，大司马霍禹和他的亲戚僚属等必然会心怀畏惧。使天子的近臣恐慌自危，总不是万全的办法。我愿在朝中公开提出我的意见，只是身在遥远的山阳郡，无法实现。希望陛下仔细考虑。"汉宣帝对张敞的建议甚为欣赏，然而却没有召他来京。

霍禹、霍山等家中多次出现妖怪之事，全家人都非常忧虑。霍山说："丞相擅自减少宗庙祭祀用的羊羔、兔子和青蛙，可以用此事作为借口问罪于他。"于是，密谋让上官太后出面设宴款待博平君王媪，召丞相魏相、平恩侯许广汉以下群臣作陪，然后由范明友、邓广汉宣称奉太后之命将他们杀死，乘机废掉汉宣帝，立霍禹为皇帝。密谋已定，尚未发动，汉宣帝任命霍云为玄菟太守，太中大夫任宣为代郡太守。就在此时，霍氏的政变阴谋被发觉。秋季，七月，霍云、霍山、范明友自杀。霍显、霍禹、邓广汉等被逮捕，霍禹被腰斩，霍显及霍氏兄弟姐妹全部被当众处死，因与霍氏有牵连而被满门抄斩的共数十家。太仆杜延年因为是霍家旧友，也被罢免官职。八月己酉（初一），皇后霍成君被废，囚禁于昭台宫。乙丑（十七日），汉宣帝下诏封告发霍氏政变密谋的男子张章、期门董忠、左曹杨恽、侍中金安上、史高为列侯。其中杨恽是前丞相杨敞的儿子，金安上是前车骑将军金日碑弟弟的儿子，史高是史良娣哥哥的儿子。

初，霍氏奢侈，茂陵徐生曰："霍氏必亡。夫奢则不逊，不逊则侮上。侮上者，逆道也。在人之右，众必害之。霍氏秉权日久，害之者多矣。天下害之，而又行以逆道，不亡何待！"乃上疏言："霍氏泰盛，陛下即爱厚之，宜以时抑制，无使至亡！"书三上，辄报闻。其后霍氏诛灭，而告霍氏者皆封，人为徐生上书曰："臣闻客有过主人者，见其灶直突，傍有积薪，客谓主人：'更为曲突，远徙其薪，不者且有火患！'主人嘿然不应。俄而家果失火，邻里共救之，幸而得息。于是杀牛置酒，谢其邻人，灼烂者在于上行，馀各以功次坐，而不录言曲突者。人谓主人曰：'向使听客之言，不费牛酒，终亡火患。今论功而请宾，曲突徙薪无恩泽，焦头烂额为上客邪？'主人乃寤而请之。今茂陵徐福，数上书言霍氏且有变，宜防绝之。乡使福说得行，则国无裂土出爵之费，臣无逆乱诛灭之败。往事既已，而福独不蒙其功，唯陛下察之，贵徙薪曲突之策，使居焦发灼烂之右！"上乃赐福帛十匹，后以为郎。

帝初立，谒见高庙，大将军光骖乘，上内严惮之，若有芒刺在背。后车骑将军张安世代光骖乘，天子从容肆体，甚安近焉。及光身死而宗族竟诛，故俗传霍氏之祸萌于骖乘。后十二岁，霍后复徙云林馆，乃自杀。

当初，霍氏一家骄横奢侈，茂陵人徐福就曾指出："霍氏必亡。凡奢侈无度，必然傲慢不逊；傲慢不逊，必然冒犯主上。冒犯主上就是大逆不道。身居高位的人，必然会受到别人的嫉恨。霍氏一家长期把持朝政，遭到很多人的嫉恨。众人嫉恨，又做出大逆不道的事，怎么可能不灭亡呢！"于是，徐福上书朝廷说："霍氏一家权势太大，陛下既然厚爱于他们，就应随时加以约束限制，不要让他们发展到招致灭亡的地步。"一连上书三次，都只批复知道了。后霍氏一家满门抄斩，凡曾告发霍氏的人都被封赏，有人上书汉宣帝，为徐福鸣不平说："听说，有一位客人到主人家拜访，见主人家炉灶的烟囱是直的，旁边又堆满了柴薪，这位客人便对主人说：'您的烟囱应改为弯的，并将柴薪搬到别处去，不然的话，恐怕会发生火灾。'主人不加理会。不久，主人家果然失火，经邻居们共同抢救，才将大火扑灭。于是，主人家杀牛摆酒，对帮助救火的邻居表示感谢，凡在救火中被烧伤的都被请到上座，其余则各按出力大小依次就座，却单单没有请那位建议他将烟囱改弯的人。有人对这家主人说：'当初要是听了那位客人的劝告，就不会发生这场火灾，也不必杀牛摆酒这样费事了。如今论功请客酬谢，而建议改变烟囱、移走柴薪以防患于未然的人没有功劳，得不到酬谢，只将救火时被烧得焦头烂额的人请为上客，这合适吗？'主人这才醒悟，将那位客人请来表示感谢。茂陵人徐福多次上书提醒陛下，霍氏可能会有叛逆行为，应预先加以防范制止。假如陛下接受徐福的劝告，则国家可以节省划出土地分封列侯的费用，臣下也可以避免谋逆叛乱，满门抄斩的大祸。现在事情已经过去，而只有徐福的功劳没有受到奖赏，希望陛下明察，嘉许其'弯曲烟囱、移走柴薪'的远见，使他居于那些'焦头烂额'的人之上！"汉宣帝这才赐给徐福绸缎十匹，后又任命他为郎官。

汉宣帝初即皇位时，前往汉高祖庙祭拜，由大将军霍光同车陪乘，汉宣帝心中十分畏惧，有如芒刺在背，很不舒服。后改由车骑将军张安世同车陪乘，汉宣帝这才觉得轻松从容，安心亲近。等到霍光死后，其宗族最终遭灭门之祸，所以民间传说，霍家的灾祸早在霍光陪同汉宣帝乘车时就已萌芽了。十二年后，霍皇后又被迁到云林馆囚居，自杀身亡。

班固赞曰:霍光受襁褓之托,任汉室之寄,匡国家,安社稷,拥昭,立宣,虽周公、阿衡何以加此!然光不学亡术,暗于大理;阴妻邪谋,立女为后,湛溺盈溢之欲,以增颠覆之祸,死财三年,宗族诛夷,哀哉!

臣光曰:霍光之辅汉室,可谓忠矣,然卒不能庇其宗,何也?夫威福者,人君之器也,人臣执之,久而不归,鲜不及矣。以孝昭之明,十四而知上官桀之诈,固可以亲政矣,况孝宣十九即位,聪明刚毅,知民疾苦,而光久专大柄,不知避去,多置私党,充塞朝廷,使人主蓄愤于上,吏、民积怨于下,切齿侧目,待时而发,其得免于身,幸矣,况子孙以骄侈趣之哉!虽然,向使孝宣专以禄秩赏赐富其子孙,使之食大县,奉朝请,亦足以报盛德矣;乃复任之以政,授之以兵,及事丛衅积,更加裁夺,遂至怨惧以生邪谋,岂徒霍氏之自祸哉?亦孝宣酝酿以成之也。昔斗椒作乱于楚,庄王灭其族而赦箴尹克黄,以为子文无后,何以劝善。夫以显、禹、云、山之罪,虽应夷灭,而光之忠勋不可不祀;遂使家无噍类,孝宣亦少恩哉!

6 九月,诏减天下盐贾。又令郡国岁上系囚以掠笞若瘐死者,所坐县、名、爵、里,丞相、御史课殿最以闻。

班固评论说：霍光身受汉武帝的托孤重任，负担着汉朝安危存亡的重任，匡扶国家，安定社稷，维护汉昭帝，拥立汉宣帝，即使是周公、伊尹也不过如此！然而，霍光不学无术，不明大理；隐瞒妻子的邪恶逆谋，立自己的女儿为皇后，沉溺在日益满盈的无穷欲望之中，致使覆亡的灾祸不断加剧，身死不过三年，宗族就遭诛灭，实在令人叹息！

　　臣司马光说：霍光辅佐汉朝，可以说是忠心耿耿，然而却终究未能庇护其宗族免遭祸患，什么原因呢？威严权柄，只有君王才能享有，如果由臣下长期享有，不肯归还君王，则很少能逃脱灭亡的命运。以汉昭帝的贤明，十四岁就能洞察上官桀的奸诈行为，已经完全可以亲理朝政了，更何况汉宣帝十九岁即皇位，聪明刚毅，了解民间疾苦，而霍光却依然长期专擅大权，不知自动引退，反在朝中广植私党，致使君王积蓄怨愤于上，官、民增长不满于下，咬牙切齿，侧目而视，都在等待时机，准备将其置于死地，霍光自己能够幸免，已然是十分侥幸了，何况子孙更加骄横奢侈，怎能不加速灾祸的降临呢！尽管如此，假如汉宣帝专用官阶和俸禄赏赐霍光的子孙，让他们享用大县的赋税，定期前来朝见皇帝，也就足以报答霍光的盛德了；而汉宣帝仍然让他们主持朝政，授以兵权，等到他们越来越不像话，积怨也日益增加，这才对他们的职权加以裁夺，以至他们恐惧怨恨，终于生出反叛朝廷的阴谋，这难道只是霍氏一家自己招致的灾祸吗？也是汉宣帝故意放纵酿成的。春秋时，斗椒在楚国作乱，楚庄王灭其宗族，却赦免了担任箴尹一职的斗克黄，认为如果不让当初于国有功的斗縠於菟留下后代，就不利于勉励人们行善立功。以霍显、霍禹、霍云、霍山犯下的罪行，当然应诛灭全族，但霍光的功勋却不可不加以纪念，汉宣帝竟将其全族老小全部处死，一个不留，也未免过于刻薄寡恩了！

　　6　九月，汉宣帝下诏降低天下盐价。又下令各郡、国，每年将本地因受刑或病饿而死的囚犯的姓名、官爵、籍贯和所属县呈报朝廷，由丞相、御史审查后，将最重要的奏报汉宣帝。

7　十二月，清河王年坐内乱废，迁房陵。

8　是岁，北海太守庐江朱邑以治行第一入为大司农，勃海太守龚遂入为水衡都尉。先是，勃海左右郡岁饥，盗贼并起，二千石不能禽制。上选能治者，丞相、御史举故昌邑郎中令龚遂，上拜为勃海太守。召见，问："何以治勃海，息其盗贼？"对曰："海濒遐远，不沾圣化，其民困于饥寒而吏不恤，故使陛下赤子盗弄陛下之兵于潢池中耳。今欲使臣胜之邪，将安之也？"上曰："选用贤良，固欲安之也。"遂曰："臣闻治乱民犹治乱绳，不可急也，唯缓之，然后可治。臣愿丞相、御史且无拘臣以文法，得一切便宜从事。"上许焉，加赐黄金赠遣。乘传至勃海界，郡闻新太守至，发兵以迎。遂皆遣还，移书敕属县："悉罢逐捕盗贼吏，诸持锄、钩、田器者皆为良民，吏毋得问；持兵者乃为贼。"遂单车独行至府。盗贼闻遂教令，即时解散，弃其兵弩而持钩、锄，于是悉平，民安土乐业。遂乃开仓廪假贫民，选用良吏尉安牧养焉。遂见齐俗奢侈，好末技，不田作，乃躬率以俭约，劝民务农桑，各以口率种树畜养。民有带持刀剑者，使卖剑买牛，卖刀买犊，曰："何为带牛佩犊！"劳来循行，郡中皆有畜积，狱讼止息。

7 十二月，清河王刘年因被指控乱伦，被废去王爵，贬居房陵。

8 这一年，北海太守庐江人朱邑，以治理地方政绩和个人品行都居第一等，被调入朝中担任大司农，勃海太守龚遂也调入朝中担任水衡都尉。当初，勃海周围各郡遇到荒年，百姓饥馑，盗贼并起，二千石官员不能擒获制止。汉宣帝下令征选贤能官员前往主持当地事务，丞相、御史共同举荐前昌邑国郎中令龚遂，于是汉宣帝任命龚遂为勃海太守。召见时，汉宣帝问龚遂："你用什么办法来治理勃海郡，平息各地的盗贼呢？"龚遂说："勃海郡地处海滨，远离京师，得不到圣明君主的教化，当地百姓为饥寒所困苦，而地方官吏却不加体恤，这才使陛下的子民盗取陛下的兵器，在池塘边挥舞作乱。如今陛下是打算派我用兵威剿灭他们呢？还是以教化安抚他们呢？"汉宣帝说："我征选贤良大臣，当然是要安抚他们。"龚遂说："我听说，治理作乱的百姓，就如同整理一团乱绳一般，不能操之过急，只有先将紧张的局势缓和下来，然后才能谈到治理。我希望丞相、御史不要用严格的法令约束我的行动，准许我相机行事。"汉宣帝批准了龚遂的请求，并加赏黄金，派他前往。龚遂乘坐国家的驿车，来到勃海郡界，郡中官员听说新太守来到，派军队前往迎接。龚遂将军队全部遣还，并下达文书给所属各县，命令："将所有负责缉捕盗贼的官吏一律撤销，凡是手持锄头、镰刀和其他农具的，一律视为良民百姓，地方官吏不得刁难；只有手持兵器的才算是盗贼。"然后，龚遂单人独车前往郡衙门就职。盗贼们听说新太守的命令后，纷纷解散，抛弃兵器弓箭，拿起镰刀、锄头，各地盗贼全部平息，百姓们得以安居乐业。于是，龚遂下令打开官仓，赈济贫苦百姓，选派品行优良的官吏对百姓进行安抚、管理。龚遂发现齐地风俗奢侈，人们喜欢经营工商一类末业，不愿在田间劳作，便以身作则，提倡勤俭节约，劝导百姓从事农业生产，规定农民每人必须种树若干，养家畜若干。凡百姓有带刀持剑的，一律让他们卖剑买耕牛，卖刀买牛犊，说道："与其带刀佩剑，何不'带牛佩犊'！"经过龚遂的辛勤劝勉，身体力行，终于使勃海郡内各家各户都有了积蓄，各类刑罚狱讼也大为减少。

9　乌孙公主女为龟兹王绛宾夫人。绛宾上书言："得尚汉外孙,愿与公主女俱入朝。"

元康元年（丙辰,前65）

1　春,正月,龟兹王及其夫人来朝,皆赐印绶,夫人号称公主,赏赐甚厚。

2　初作杜陵,徙丞相、将军、列侯、吏二千石、訾百万者杜陵。

3　三月,诏以凤皇集泰山、陈留,甘露降未央宫,赦天下。

4　有司复言悼园宜称尊号曰皇考。夏,五月,立皇考庙。

5　冬,置建章卫尉。

6　赵广汉好用世吏子孙新进年少者,专厉强壮蠭气,见事风生,无所回避,率多果敢之计,莫为持难,终以此败。广汉以私怨论杀男子荣畜,人上书言之,事下丞相、御史按验。广汉疑丞相夫人杀侍婢,欲以此胁丞相,丞相按之愈急。广汉乃将吏卒入丞相府,召其夫人跪庭下受辞,收奴婢十馀人去。丞相上书自陈,事下廷尉治,实丞相自以过谴笞傅婢,出至外第乃死,不如广汉言。帝恶之,下广汉廷尉狱。吏民守阙号泣者数万人："臣生无益县官,愿代赵京兆死,使牧养小民!"广汉竟坐要斩。广汉为京兆尹,廉明,威制豪强,小民得职,百姓追思歌之。

9 嫁给乌孙国王的汉朝公主刘解忧的女儿是龟兹国王绛宾的夫人。绛宾上书汉宣帝说:"我有幸娶汉朝外孙女为妻,愿与公主的女儿一齐前去朝见圣上。"

汉宣帝元康元年(丙辰,公元前65年)

1 春季,正月,龟兹王及其夫人前来朝见汉宣帝。汉宣帝赐给他们印信、绶带,封其夫人公主称号,并给予丰厚的赏赐。

2 汉宣帝开始为自己修建陵墓杜陵,并将丞相、将军、列侯、二千石官员以及拥有百万以上家财的人迁往杜陵。

3 三月,汉宣帝下诏,因有凤凰聚集于泰山、陈留一带,又有神仙降甘露于未央宫中,所以大赦天下。

4 有关官员再次奏请汉宣帝,应尊称汉宣帝的父亲刘进为"皇考"。夏季,五月,建立皇考庙。

5 冬季,设置建章卫尉。

6 京兆尹赵广汉喜欢任用那些世代为吏者的子孙中刚开始在官府任职的少年人,对他们的强壮和锐气,办事雷厉风行,不避权贵,果敢决断,从不知犹豫为难的作风甚为赏识,然而最终却因此而败亡。赵广汉出于自己私人的怨恨,将一名叫作荣畜的男子判处死刑,有人上书朝廷告发此事,汉宣帝命丞相、御史负责调查。赵广汉怀疑丞相魏相的夫人曾杀死府中婢女,便打算用此事来威胁丞相,但丞相不怕胁迫,反而加紧调查。于是,赵广汉亲自率领官吏、兵卒闯入丞相府,召丞相夫人前来,跪在院中,由他严加盘问,并抓走了相府奴婢十余人。丞相魏相上书汉宣帝报告此事,汉宣帝命廷尉负责处理,后经调查证明,是丞相自己因一名婢女犯有过失,加以责打,送到外宅后不幸死去,并非像赵广汉说的那样。汉宣帝对赵广汉的行为极为厌恶,下令将赵广汉逮捕,关押在廷尉狱中。长安城中的小吏和百姓听说赵广汉被捕,纷纷来到皇宫门前嚎啕大哭,先后竟达数万人,有人甚至说:"我活着对朝廷毫无益处,情愿代替赵京兆去死,留下他继续养育百姓!"然而,赵广汉终于被朝廷腰斩。赵广汉身为京兆尹,廉洁明察,抑制豪强,维护百姓,虽被朝廷处死,却深受百姓的思念和歌颂。

7　是岁，少府宋畴坐议“凤皇下彭城，未至京师，不足美”，贬为泗水太傅。

8　上选博士、谏大夫通政事者补郡国守相，以萧望之为平原太守。望之上疏曰：“陛下哀愍百姓，恐德之不究，悉出谏官以补郡吏，朝无争臣则不知过，所谓忧其末而忘其本者也。”上乃征望之入守少府。

9　东海太守河东尹翁归，以治郡高第入为右扶风。翁归为人，公廉明察，郡中吏民贤、不肖及奸邪罪名尽知之。县县各有记籍，自听其政。有急名则少缓之。吏民小解，辄披籍。取人必于秋冬课吏大会中及出行县，不以无事时。其有所取也，以一警百，吏民皆服，恐惧，改行自新。其为扶风，选用廉平疾奸吏以为右职，接待有礼，好恶与同之，其负翁归，罚亦必行。然温良谦退，不以行能骄人，故尤得名誉于朝廷。

10　初，乌孙公主少子万年有宠于莎车王。莎车王死而无子，时万年在汉，莎车国人计，欲自托于汉，又欲得乌孙心，上书请万年为莎车王。汉许之，遣使者奚充国送万年。万年初立，暴恶，国人不说。

上令群臣举可使西域者，前将军韩增举上党冯奉世以卫候使持节送大宛诸国客至伊循城。会故莎车王弟呼屠徵与旁国共杀其王万年及汉使者奚充国，自立为王。时匈奴又发兵攻

7 这一年,少府宋畸因被指控扬言"凤凰飞集彭城,未至长安,不足以赞美",被贬为泗水国太傅。

8 汉宣帝征选通晓政务的博士、谏大夫充任郡太守和封国丞相,任命萧望之为平原太守。萧望之上书汉宣帝说:"陛下哀怜百姓,唯恐恩德不能遍及全国,将朝中职掌劝谏事务的官员全部派到各郡、国掌管地方事务,使朝中缺少直谏之臣,不利于陛下了解朝政的缺失,等于只知忧虑细枝末节,忘记了根本大事。"于是汉宣帝征调萧望之担任少府。

9 东海太守河东人尹翁归,因治理郡务成绩突出,被调入京中担任右扶风一职。尹翁归平日公正廉洁,明察秋毫,对郡中小吏和普通百姓的好坏及奸邪之徒的罪状无不尽知。他对治下每个县的情况都有专门记载,常常直接处理各县的政务。凡遇下属处理事务过于苛急,他总是命其稍加平缓。如属下官吏办事稍有懈怠,他则亲自查阅有关记载进行督促。尹翁归逮捕罪犯,都在秋冬对官吏供职情况进行考察之际或出巡各县时,从不在平日无事时进行。他逮捕罪犯,目的在于以一儆百,使其他犯罪者知所恐惧,改过自新,所以官吏百姓无不敬服。尹翁归出任右扶风,选用清廉公正,嫉恶如仇的官员担任高级职务;待人接物,注重礼节,无论自己喜欢还是厌恶,一律一视同仁;对违抗命令的,必加处罚。尹翁归为人温和谦虚,从不依恃自己的才能看不起别人,因此在朝中尤其受人赞誉。

10 当初,嫁与乌孙王的汉朝公主的小儿子万年受到莎车王的宠爱。莎车王死后,没有儿子,当时万年正在汉朝,莎车国人商议,既想托庇于汉朝的保护,又想取得乌孙国的欢心,于是上书汉朝廷,请求立万年为莎车王。汉朝同意所请,派使者奚充国护送万年前往莎车。万年刚当上莎车国王,就非常残暴凶恶,莎车人深为不满。

汉宣帝命群臣举荐能够出使西域的人选。经前将军韩增举荐上党人冯奉世以卫候身份充当使者,携带皇帝符节,护送大宛等国客人回到伊循城。正巧莎车王的弟弟呼屠徵联合邻国势力杀死其王万年和汉朝使者奚充国,自立为莎车王。此时,匈奴再次出兵攻打

车师城,不能下而去。莎车遣使扬言:"北道诸国已属匈奴矣。"于是攻劫南道,与歙盟畔汉,从鄯善以西皆绝不通。都护郑吉、校尉司马憙皆在北道诸国间,奉世与其副严昌计,以为不亟击之,则莎车日强,其势难制,必危西域,遂以节谕告诸国王,因发其兵,南北道合万五千人,进击莎车,攻拔其城。莎车王自杀,传其首诣长安,更立他昆弟子为莎车王。诸国悉平,威振西域,奉世乃罢兵以闻。帝召见韩增曰:"贺将军所举得其人。"

奉世遂西至大宛。大宛闻其斩莎车王,敬之异于他使,得其名马象龙而还。上甚说,议封奉世。丞相、将军皆以为可,独少府萧望之以为:"奉世奉使有指,而擅制违命,发诸国兵,虽有功效,不可以为后法。即封奉世,开后奉使者利以奉世为比,争逐发兵,要功万里之外,为国家生事于夷狄,渐不可长。奉世不宜受封。"上善望之议,以奉世为光禄大夫。

二年(丁巳,前64)

1　春,正月,赦天下。

2　上欲立皇后,时馆陶主母华婕伃及淮阳宪王母张婕伃、楚孝王母卫婕伃皆爱幸。上欲立张婕伃为后,久之,惩艾霍氏欲害皇太子,乃更选后宫无子而谨慎者。二月乙丑,立长陵王婕伃为皇后,令母养太子;封其父奉光为邛成侯。后无宠,希得进见。

车师城，未能攻下，撤兵而还。莎车国派人四出扬言："西域北路各国已归属匈奴了。"于是派兵攻打南路各国，强迫各国背叛汉朝，使西域自鄯善国以西全部与汉朝绝交。此时都护郑吉、校尉司马憙都在北路各国之间，冯奉世与其副使严昌商议，认为如不立即攻击莎车，必使其日益强盛，难以控制，危及整个西域，于是以皇帝符节告谕各国国王，征调各国军队，会合南北两路共一万五千人进攻莎车，结果莎车城被攻克，莎车王自杀，首级被送至长安，改立前莎车王其他兄弟的儿子为莎车王。冯奉世率兵将各国全部平定，威震西域，然后罢兵，奏闻朝廷。汉宣帝召见韩增说："恭喜将军，你举荐的人非常出色。"

冯奉世西至大宛。大宛王听说他杀死了莎车王，所以对他特别恭敬，大大超过别的使臣，大宛国向汉朝皇帝进献了一匹名叫象龙的宝马，冯奉世将其带回长安。汉宣帝大为高兴，与朝臣商议，打算封冯奉世为侯。丞相、将军等都认为应该，只有少府萧望之表示反对，他认为："冯奉世作为朝廷的使臣，其使命只是护送各国客人，而他却擅自用皇上的名义征调各国军队，虽然建立功勋，却不能鼓励后人效法。如封冯奉世为侯，以后奉命出使的人必然以他为榜样，争相征调各国军队，以图建功于万里之外，使国家在外族地区多生事端，此风断不可长。因此，冯奉世不宜加封。"汉宣帝认为萧望之的话很有道理，于是任命冯奉世为光禄大夫，打消了封侯的念头。

二年(丁巳，公元前64年)

1　春季，正月，大赦天下。

2　汉宣帝打算重立皇后，当时馆陶公主的母亲华倢伃以及淮阳宪王的母亲张倢伃、楚孝王的母亲卫倢伃都受到汉宣帝的宠爱。汉宣帝想立张倢伃为皇后，但又迟疑不决，鉴于前皇后霍成君企图害死皇太子刘奭的教训，便改变想法，挑选后宫中没有儿子且又行为谨慎的人立为皇后。二月乙丑(二十六日)，汉宣帝立长陵人王倢伃为皇后，命她作为皇太子的母亲，负起养育太子的责任；封其父王奉光为邛成侯。新皇后因为不受宠爱，所以很少能见到皇上。

3　五月，诏曰："狱者，万民之命。能使生者不怨，死者不恨，则可谓文吏矣。今则不然，用法或持巧心，析律贰端，深浅不平，奏不如实，上亦亡由知，四方黎民将何仰哉！二千石各察官属，勿用此人。吏或擅兴徭役，饰厨传，称过使客，越职逾法以取名誉，譬如践薄冰以待白日，岂不殆哉！今天下颇被疾疫之灾，朕甚愍之，其令郡国被灾甚者毋出今年租赋。"

4　又曰："闻古天子之名，难知而易讳也。其更讳询。"

5　匈奴大臣皆以为"车师地肥美，近匈奴，使汉得之，多田积谷，必害人国，不可不争"，由是数遣兵击车师田者。郑吉将渠犁田卒七千馀人救之，为匈奴所围。吉上言："车师去渠犁千馀里，汉兵在渠犁者少，势不能相救，愿益田卒。"上与后将军赵充国等议，欲因匈奴衰弱，出兵击其右地，使不得复扰西域。

魏相上书谏曰："臣闻之：救乱诛暴，谓之义兵，兵义者王。敌加于己，不得已而起者，谓之应兵，兵应者胜。争恨小故，不忍愤怒者，谓之忿兵，兵忿者败。利人土地货宝者，谓之贪兵，兵贪者破。恃国家之大，务民人之众，欲见威于敌者，谓之骄兵，兵骄者灭。此五者，非但人事，乃天道也。间者匈奴尝有善意，所得汉民，辄奉归之，未有犯于边境，虽争屯田车师，不足致意中。今闻诸将军欲兴兵入其地，臣愚不知此兵何名者也！

3 五月,汉宣帝颁布诏书说:"国家的刑狱,关系着万民的生命。只有能使被释放的人不抱怨,判死刑的人不怨恨,才可以称得上是称职的官吏。如今却不是这样,有的官吏用诈使巧,玩弄法令,根据自己的需要,随意解释法律条文,判决案狱轻重不公,又不如实上奏,连朕都无法了解真相,天下万民还有什么仰仗、指望呢!二千石官员要分别督察自己的属下,凡是这样的人,一律不得任用。还有的官吏擅自征发徭役,装饰宾馆驿站,大摆酒宴,招待过往使者和官员,超越职权,违反规定,就为博取别人对他的赞誉。这种情况,就如同站在薄冰上等待太阳出来,岂不危险!现在全国多有疾病和瘟疫流行,朕深为忧虑,各郡、国凡是受灾重的地区,免除百姓今年的赋税。"

4 汉宣帝在诏书上又说道:"听说,古代天子的名字所用之字,民间都不常用,容易避讳,所以我决定改名刘询。"

5 匈奴国的大臣们都认为"车师国土地肥沃,又靠近匈奴,如被汉朝长期占据,在那里大力垦荒屯田,积聚谷物,必为我国之害,所以不能不将车师从汉朝手中夺过来",于是多次派兵袭击在车师屯田的汉朝军民。郑吉闻讯,率领在渠犁屯田的汉朝兵卒七千馀人前来援救,被匈奴兵围困。郑吉派人向汉宣帝报告说:"车师距渠犁一千馀里,在渠犁的汉军兵力单薄,难以援救车师,希望能增派屯田军队。"汉宣帝与后将军赵充国等商议,打算乘匈奴国力衰弱的机会,出兵袭击其右翼地区,迫使其不能再骚扰西域各国。

丞相魏相上书劝阻汉宣帝说:"我听说,为人解救危乱,诛除凶暴,可以称之为'义兵',兵行仁义,称王于天下。如果受到敌人的侵略,不得已起而应战,则称之为'应兵',也可以取得胜利。为了一点小小的仇恨,忍不住愤怒的心情而起兵,称之为'忿兵',忿兵往往招致失败。垂涎别国的土地、财富,起兵去抢夺,称之为'贪兵',贪兵必为别人所破。自恃国家强大,人口众多,企图靠武力在别人面前显示自己的威力,称之为'骄兵',骄兵最终必然灭亡。这五种情况,并非人为的因素,实为上天的意志。近来,匈奴曾不断向我国表明善意,将落入他们手中的汉朝兵民送还,也未曾侵略我国边塞地区,虽与我国争夺屯田的车师,我认为不足介意。现在听说各位将军打算兴兵攻入匈奴境内,恕我愚昧,不知此兵名义何在!

今边郡困乏，父子共犬羊之裘，食草莱之实，常恐不能自存，难以动兵。'军旅之后，必有凶年'，言民以其愁苦之气伤阴阳之和也。出兵虽胜，犹有后忧，恐灾害之变因此以生。今郡国守相多不实选，风俗尤薄，水、旱不时。按今年子弟杀父兄、妻杀夫者凡二百二十二人，臣愚以为此非小变也。今左右不忧此，乃欲发兵报纤介之忿于远夷，殆孔子所谓'吾恐季孙之忧不在颛臾而在萧墙之内也'。"上从相言，止遣长罗侯常惠将张掖、酒泉骑往车师，迎郑吉及其吏士还渠犁。召故车师太子军宿在焉耆者，立以为王。尽徙车师国民令居渠犁，遂以车师故地与匈奴。以郑吉为卫司马，使护鄯善以西南道。

6　魏相好观汉故事及便宜章奏，数条汉兴已来国家便宜行事及贤臣贾谊、晁错、董仲舒等所言，奏请施行之。相敕掾史按事郡国，及休告，从家还至府，辄白四方异闻。或有逆贼、风雨灾变，郡不上，相辄奏言之。与御史大夫丙吉同心辅政，上皆重之。

丙吉为人深厚，不伐善。自曾孙遭遇，言绝口不道前恩，故朝廷莫能明其功也。会掖庭宫婢则令民夫上书，自陈尝有阿保之功，章下掖庭令考问，则辞引使者丙吉知状。掖庭令将则诣御史府以视吉，吉识，谓则曰："汝尝坐养皇曾孙不谨，督笞汝，汝安得有功！独渭城胡组、淮阳郭徵卿有恩耳。"分别奏组等共养劳苦状。诏吉求组、徵卿；已死，有子孙，皆受厚赏。诏免则为庶人，赐钱十万。上亲见问，然后知吉有旧恩而终不言，上大贤之。

如今边塞各郡都很困乏，百姓们父子同穿一件狗皮或羊皮衣服取暖，靠挖掘野草野果充饥，他们连自己的生存能力都常常感到忧心，又怎能被征调去当兵打仗呢！《老子》说'军事行动之后，必然会出现灾年'，就是说百姓以他们的愁苦怨恨之气伤害了天地间的阴阳协调。所以一旦兴兵，即使取得了胜利，也会带来无穷后患，只怕天灾、民变从此产生。如今各郡太守、各封国丞相多不称职，风俗尤为不正，水、旱灾害不时发生。仅今年之内，儿子杀父亲、弟弟杀哥哥、妻子杀丈夫的共二百二十二人，我认为这种情况绝不是小事。现在陛下左右的人不为此事担忧，却想发兵到遥远的蛮夷之地去报复细小的怨忿，正如孔子所说'我担心季孙氏的忧患，不在颛臾国，而在萧墙之内'。"汉宣帝接受了魏相的劝告，只派长罗侯常惠率领张掖、酒泉的骑兵前往车师，迎接郑吉及其所率将士退回渠犁。又召前车师太子、正在焉耆的军宿立为车师王。将车师国百姓全部迁徙到渠犂居住，将原车师国地区让给匈奴。汉宣帝任命郑吉为卫司马，负责鄯善以西南路地区的安全事务。

6 魏相喜欢阅读有关汉朝掌故的记载和前人的奏章，将汉朝建国以来推行的于国有益的措施以及贤臣贾谊、晁错、董仲舒等的见解总结、归纳成若干条，奏请汉宣帝批准推行。魏相还命因事前往各郡、国，或退休还乡的官员前往相府，将各地发生的奇闻异事随时报告给他。如有的地区出现叛逆、盗贼，有的地区发生自然灾害等，郡、国不向朝廷报告，总是由魏相奏闻朝廷。魏相与御史大夫丙吉同心协力，辅佐朝政，汉宣帝对他二人也实心倚重。

丙吉为人深沉忠厚，从不夸耀自己的功劳。自汉宣帝即皇帝位以来，以前对汉宣帝的恩惠，丙吉绝口不提，所以朝中无人知晓。正巧一个名叫则的掖庭所属婢女让自己从前的丈夫上书朝廷，陈述自己对皇帝曾有抚育之功，汉宣帝命掖庭令负责查问此事，婢女则提到丙吉了解当时的情况。掖庭令将婢女则带到御史府请丙吉证实，丙吉认识她，对她说："你当年抚育皇曾孙即当今皇上时，因照顾不周，我还曾责打过你，你有什么功劳！只有渭城人胡组、淮阳人郭徵卿对皇曾孙有恩。"于是将胡组等当年共同辛勤抚养的情况上奏汉宣帝。汉宣帝下诏命丙吉寻访胡组、郭徵卿，但二人已经去世，只有子孙尚在，都受到丰厚的赏赐。汉宣帝又下诏恢复了官奴婢则的平民身份，赐给她钱十万，并亲自召见，询问当年情况，这才知道丙吉对自己有大恩，却一直不肯透露，不觉对丙吉的贤德大为感动。

7 帝以萧望之经明持重，议论有馀，材任宰相，欲详试其政事，复以为左冯翊。望之从少府出为左迁，恐有不合意，即移病。上闻之，使侍中成都侯金安上谕意曰："所用皆更治民以考功。君前为平原太守日浅，故复试之于三辅，非有所闻也。"望之即起视事。

8 初，掖庭令张贺数为弟车骑将军安世称皇曾孙之材美及征怪，安世辄绝止，以为少主在上，不宜称述曾孙。及帝即位而贺已死，上谓安世曰："掖庭令平生称我，将军止之，是也。"上追思贺恩，欲封其冢为恩德侯，置守冢二百家。贺有子蚤死，子安世小男彭祖。彭祖又小与上同席研书指，欲封之，先赐爵关内侯。安世深辞贺封，又求损守冢户数，稍减至三十户。上曰："吾自为掖庭令，非为将军也！"安世乃止，不敢复言。

9 上心忌故昌邑王贺，赐山阳太守张敞玺书，令谨备盗贼，察往来过客，毋下所赐书。敞于是条奏贺居处，著其废亡之效曰："故昌邑王为人，青黑色，小目，鼻末锐卑，少须眉，身体长大，疾痿，行步不便。臣敞尝与之言，欲动观其意，即以恶鸟感之曰：'昌邑多枭。'故王应曰：'然。前贺西至长安，殊无枭；复来，东至济阳，乃复闻枭声。'察故王衣服、言语、跪起，清狂不惠。臣敞前言：'哀王歌舞者张修等十人无子，留守哀王园，请罢归。'故王闻之曰：'中人守园，疾者当勿治，相杀伤者当勿法，欲令亟死。太守奈何而欲罢之？'其天资喜由乱亡，终不见仁义如此。"上乃知贺不足忌也。

7　汉宣帝认为萧望之精明持重,很会分析议论,才能堪为丞相,打算仔细考察他处理政务的能力,便又任命他为左冯翊。萧望之本为少府,如今忽然被降为左冯翊,以为皇上对自己有不满意之处,便上书汉宣帝,以有病为理由,打算辞去官职。汉宣帝知道后,派侍中成都侯金安上向萧望之解释自己的意思说:"朝廷所用大臣都需要通过管理民政事务来考核功绩。你以前虽当过平原太守,但时间太短,所以再调你到三辅地区试用,并非听到什么不利于你的议论。"于是萧望之立即起身赴任。

8　当初,掖庭令张贺多次在其弟车骑将军张安世面前称赞皇曾孙的才干,并谈到与皇曾孙有关的一些奇异征兆,张安世总是禁止他说这些,认为上有年轻的皇上,不应总是称赞皇曾孙。到汉宣帝即位时,张贺已去世,汉宣帝对张安世说:"掖庭令当初无端称赞于我,将军制止他是对的。"汉宣帝追念张贺对自己的恩惠,打算追封他为恩德侯,为他设置二百家守墓人员。张贺的儿子去世很早,过继张安世的小儿子张彭祖为养子。张彭祖幼年时曾与汉宣帝一起读书,所以汉宣帝打算封张彭祖为侯,先赐给他关内侯。张安世对张贺封侯之事坚决辞谢,又请求将为张贺守墓的户数减为三十户。汉宣帝说:"我为的是掖庭令,并不是为将军你!"张安世这才不敢再说。

9　汉宣帝心中对原昌邑王刘贺很是忌惮,便赐给山阳太守张敞盖有皇帝玺印的文书,命他严防盗贼,密切注意来往的人,并命张敞不得将赐其文书一事泄露出去。于是,张敞将刘贺被废之后的情况以及现在的起居行止一一向汉宣帝奏报说:"原昌邑王肤色青黑,眼睛很小,鼻梁塌陷,眉毛胡须都很稀少,身材高大,因曾中风而行走不便。我曾经与他交谈,想乘机观察他的内心活动,便借用一种恶鸟引诱他说:'昌邑地区猫头鹰很多。'原昌邑王说:'是啊,以前我西至长安,一只猫头鹰也见不到;回来时,走到济阳,才重又听到猫头鹰的叫声。'仔细观察他的衣着、言语、举止行动,就像一个白痴一样。我曾经对他说:'令尊昌邑哀王的歌舞宫女张修等十人都没有儿女,一直留守哀王的墓地,请你放她们回家吧。'他听到后说道:'宫女守墓,有病的不必医治,相互打架杀伤的也不必处置,让她们早早死光就是了。太守何必要放她们走呢?'可见其天性喜好由乱而亡,不懂得什么叫作仁义。"于是汉宣帝知道刘贺不足忌惮。

三年(戊午,前63)

1　春,三月,诏封故昌邑王贺为海昏侯。

2　乙未,诏曰:"朕微眇时,御史大夫丙吉、中郎将史曾、史玄、长乐卫尉许舜、侍中、光禄大夫许延寿皆与朕有旧恩,及故掖庭令张贺,辅导朕躬,修文学经术,恩惠卓异,厥功茂焉。《诗》不云乎,'无德不报',封贺所子弟子侍中、中郎将彭祖为阳都侯,追赐贺谥曰阳都哀侯,吉为博阳侯,曾为将陵侯,玄为平台侯,舜为博望侯,延寿为乐成侯。"贺有孤孙霸,年七岁,拜为散骑、中郎将,赐爵关内侯。故人下至郡邸狱复作尝有阿保之功者,皆受官禄、田宅、财物,各以恩深浅报之。

　　吉临当封,病,上忧其不起,将使人就加印绂而封之,及其生存也。太子太傅夏侯胜曰:"此未死也! 臣闻有阴德者必飨其乐,以及子孙。今吉未获报而疾甚,非其死疾也。"后病果愈。

　　张安世自以父子封侯,在位太盛,乃辞禄,诏都内别藏张氏无名钱以百万数。安世谨慎周密,每定大政,已决,辄移病出。闻有诏令,乃惊,使吏之丞相府问焉,自朝廷大臣,莫知其与议也。尝有所荐,其人来谢,安世大恨,以为"举贤达能,岂有私谢邪!"绝弗复为通。有郎功高不调,自言安世,安世应曰:"君之功高,明主所知,人臣执事,何长短而自言乎!"绝不许。已而郎果迁。安世自见父子尊显,怀不自安,为子延寿求出补吏,上以为北地太守。岁馀,上闵安世年老,复征延寿为左曹、太仆。

汉宣帝元康三年(戊午,公元前63年)

1 春季,三月,汉宣帝下诏封原昌邑王刘贺为海昏侯。

2 乙未(初二),汉宣帝下诏说:"朕当年身份低微时,御史大夫丙吉,中郎将史曾、史玄,长乐卫尉许舜,侍中、光禄大夫许延寿都对朕有旧恩,已故掖庭令张贺对朕辅导教育,帮助朕研习儒家经术、文学,恩惠更是不同寻常,功劳很大。《诗经》上说,'没有不应报答的恩情',所以今日特封张贺的养子侍中、中郎将张彭祖为阳都侯,追赐张贺谥号为阳都哀侯,丙吉为博阳侯,史曾为将陵侯,史玄为平台侯,许舜为博望侯,许延寿为乐成侯。"张贺有一孤孙名叫张霸,年仅七岁,也被任命为散骑、中郎将,赐给关内侯爵。凡是汉宣帝从前的老相识,下至当初在郡邸狱中按刑律服劳役的妇女中,曾对他有抚育之恩的人,都被赐予官禄、土地、房屋、财物,分别按照恩德的深浅予以报答。

丙吉在受封时身患疾病,汉宣帝担心他一病不起,准备派人将博阳侯印信送到他的病床之前,让他能在生前受封。太子太傅夏侯胜说:"丙吉这次不会死!我听说,凡是积有阴德的人,必然能在生前受到回报,并延及子孙。如今丙吉尚未得到陛下的报答,所以尽管病势沉重,却不会死亡。"后来丙吉的病果然痊愈。

张安世感到自己父子都被封侯,身居高位过于引人注目,便向汉宣帝请求辞去俸禄,汉宣帝命大司农所属都内衙门为张安世储存数百万无名钱。张安世为官谨慎周密,每次与皇帝商议大事,决定后,他总是称病退出。等皇帝颁布诏令后,再假装大吃一惊,派人到丞相府去询问,所以朝廷大臣谁都不知他曾参与此事的决策。张安世曾向朝廷举荐过一个人,此人前来道谢,张安世非常生气,认为"为国家举荐贤能,怎可私相酬谢!"从此与此人绝交。有一位郎官功劳很大,却没有被升官,便去求张安世为他说情,张安世对他说道:"你的功劳很大,皇上是知道的,我们作大臣的,怎能自己说长道短!"坚决不答应。可不久之后,这位郎官果然就升官了。张安世见自己父子地位尊显,内心深感不安,便为儿子张延寿请求出任地方官,汉宣帝任命张延寿为北地太守。一年多后,汉宣帝怜恤张安世年纪已大,又将张延寿调回朝廷,担任左曹、太仆。

3　夏，四月丙子，立皇子钦为淮阳王。皇太子年十二，通《论语》《孝经》。太傅疏广谓少傅受曰："吾闻'知足不辱，知止不殆'，今仕宦至二千石，官成名立，如此不去，惧有后悔。"即日，父子俱移病，上疏乞骸骨。上皆许之，加赐黄金二十斤，皇太子赠以五十斤。公卿故人设祖道供张东都门外，送者车数百两。道路观者皆曰："贤哉二大夫！"或叹息为之下泣。

广、受归乡里，日令其家卖金共具，请族人、故旧、宾客，与相娱乐。或劝广以其金为子孙颇立产业者，广曰："吾岂老悖不念子孙哉！顾自有旧田庐，令子孙勤力其中，足以共衣食，与凡人齐。今复增益之以为赢馀，但教子孙怠堕耳。贤而多财则损其志，愚而多财则益其过。且夫富者，众之怨也，吾既无以教化子孙，不欲益其过而生怨。又此金者，圣主所以惠养老臣也，故乐与乡党、宗族共飨其赐，以尽吾馀日，不亦可乎！"于是族人悦服。

4　颍川太守黄霸使邮亭、乡官皆畜鸡、豚，以赡鳏、寡、穷者；然后为条教，置父老、师帅、伍长，班行之于民间，劝以为善防奸之意，及务耕桑、节用、殖财、种树、畜养，去浮淫之费。其治，米盐靡密，初若烦碎，然霸精力能推行之。吏民见者，语次寻绎，问他阴伏以相参考。聪明识事，吏民不知所出，咸称神明，豪厘不敢有所欺。奸人去入他郡，盗贼日少。霸力行教化而后诛罚，务在成就全安长吏。许丞老，病聋，

3　夏季,四月丙子(十四日),汉宣帝立皇子刘钦为淮阳王。皇太子刘奭十二岁,已通晓《论语》、《孝经》。太傅疏广对少傅疏受说:"我听说'知道满足的人不会受辱,知道适可而止的人不会遇到危险',而今我们做官已做到二千石高位,功成名就,如此时再贪图富贵,不肯离去,恐怕将来一定会后悔。"于是,当天,叔侄二人就一起以身体患病为理由,上书汉宣帝请求辞职。汉宣帝批准所请,赏给他们黄金二十斤,皇太子也赠送黄金五十斤。一些与他们长期共事的公卿大臣在东都门外设摆酒宴,为他们饯行,前来相送的官员乘坐的车辆达数百辆之多。路边看热闹的人都赞道:"两位大夫真是贤明极了!"有人甚至为之感叹落泪。

疏广和疏受回到家乡,每天都命家人变卖黄金,设摆酒宴,请族人、旧友、门客等一起饮酒取乐。有人劝疏广用黄金为子孙购置产业,疏广说:"不是我年迈昏庸,不顾子孙,我家原本就有土地房屋,子孙们只要在上面勤劳耕作,足够供他们饮食穿戴,与普通人过同样的生活。如今再要增加产业,使有盈馀,只会使子孙们懒惰懈怠。贤能的人,如果财产太多,就会磨损他们的志气;愚蠢的人,如果财产太多,就会增加他们的过错。况且富有的人,往往会成为众人怨恨的目标,我既然没有教化子孙的才能,也不愿增加他们的过错而落下怨恨。再说这些金钱,乃是皇上用来恩养老臣的,所以我愿与同乡、同族的人共享皇上的恩典,以度过我的馀生,这不是很好吗!"于是族人都很敬服。

4　颍川太守黄霸命郡内驿站和乡村管理部门一律畜养鸡、猪,用以救济独身男子、寡妇和其他贫穷之人;后来又定立规章制度,设置父老、师帅、伍长,在民间广泛推行,教育百姓行善去恶,务农养蚕,节俭用度,增加财富,种树植麻,饲养家畜,不要将钱财浪费在表面或无益之处。黄霸治理地方,既杂且细,看上去似乎繁琐细碎之事,黄霸却能有条不紊地贯彻推行。接见属下官吏、百姓时,总是利用线索,从谈论的事当中印证别的情况。黄霸聪明而识时务,属吏及百姓们不明所以,都称赞他如神明一般,不敢有丝毫欺瞒之心。奸邪坏人纷纷逃到别的郡,颍川地区盗贼日益减少。黄霸对下属官吏首先致力于教育和感化,如有人不遵教化,再对其施以刑罚,对下属官吏力求不轻易替代和伤害。许县县丞年老耳聋,

督邮白欲逐之。霸曰："许丞廉吏，虽老，尚能拜起送迎，正颇重听何伤！且善助之，毋失贤者意！"或问其故，霸曰："数易长吏，送故迎新之费，及奸吏因缘，绝簿书，盗财物，公私费耗甚多，皆当出于民。所易新吏又未必贤，或不如其故，徒相益为乱。凡治道，去其泰甚者耳。"霸以外宽内明，得吏民心，户口岁增，治为天下第一，征守京兆尹。顷之，坐法，连贬秩，有诏复归颍川为太守，以八百石居。

四年(己未,前62)

1　春，正月，诏："年八十以上，非诬告、杀伤人，他皆勿坐。"

2　右扶风尹翁归卒，家无馀财。秋，八月，诏曰："翁归廉平乡正，治民异等。其赐翁归子黄金百斤，以奉祭祀。"

3　上令有司求高祖功臣子孙失侯者，得槐里公乘周广汉等百三十六人，皆赐黄金二十斤，复其家，令奉祭祀，世世勿绝。

4　丙寅，富平敬侯张安世薨。

5　初，扶阳节侯韦贤薨，长子弘有罪系狱，家人矫贤令，以次子大河都尉玄成为后。玄成深知其非贤雅意，即阳为病狂，卧便利，妄笑语，昏乱。既葬，当袭爵，以狂不应召。大鸿胪奏状，章下丞相、御史按验。按事丞相史乃与玄成书曰："古之辞让，必有文义可观，故能垂荣于后。今子独坏容貌，

郡督邮禀告黄霸,打算将其斥逐不用。黄霸说:"许县县丞是个清廉官吏,虽然年老,但尚能出入起坐,送往迎来,只不过有些耳聋,又有什么关系呢? 应妥善帮助他,不要使贤能的人失望。"有人问他这样做的原因,他说:"频繁地变更重要官吏,会增加送旧迎新的费用,也会给奸猾官吏藏匿档案记载、盗取国家财物造成可乘之机,公私费用耗费过多,全要由百姓承担。再说新换的官吏也未必贤能,若是还不如原来的,更是徒然增加混乱。治理地方的要点,不过是去掉太不称职的官吏而已。"黄霸外表宽厚,内心明察,很得下属之心,郡内户口年年增加,政绩天下第一,被汉宣帝调去担任京兆尹。不久,因被指控有违法行为,连续受到降级处分。后汉宣帝下诏将其又调回颍川,以八百石的官位充任颍川太守。

汉宣帝元康四年(己未,公元前62年)

1 春季,正月,汉宣帝颁布诏书说:"年纪在八十以上的人,除犯有诬告、杀人、伤人之罪以外,其他罪责一概免予刑罚。"

2 右扶风尹翁归去世,家无馀财。秋季,八月,汉宣帝下诏说:"尹翁归廉洁公正,治理百姓成绩优异,赐给尹翁归之子黄金百斤,作为祭祀之用。"

3 汉宣帝命有关部门查访汉高祖功臣的子孙中失去侯爵的人,共查出槐里公乘周广汉等一百三十六人,各赐黄金二十斤,免除其家徭役赋税,命其负责祖先的祭祀事务,世世不绝。

4 丙寅(十一日),富平敬侯张安世去世。

5 当初,扶阳节侯韦贤去世后,韦贤的长子韦弘因罪被逮捕下狱,韦家怕失去爵位,假托韦贤生前有令,以二儿子大河都尉韦玄成作为自己的继承人。韦玄成深知这并不是父亲的本意,便假装疯癫,躺在粪尿之中,胡言乱语,又哭又笑。安葬了韦贤之后,韦玄成本应正式继承扶阳侯爵位,但他却继续假装疯癫,不肯应召前去袭爵。大鸿胪向汉宣帝奏报此事,汉宣帝命丞相、御史调查是否属实。具体负责此事的丞相史写信给韦玄成说:"古人辞让爵位的,都著有文章,说明自己的仁义行为,因此才能流芳后世。如今你却只是毁坏容貌,

蒙耻辱为狂痴,光曜晻而不宣,微哉,子之所托名也!仆素愚陋,过为丞相执事,愿少闻风声。不然,恐子伤高而仆为小人也。"玄成友人侍郎章亦上疏言:"圣王贵以礼让为国,宜优养玄成,勿枉其志,使得自安衡门之下。"而丞相、御史遂以玄成实不病,劾奏之。有诏勿劾,引拜。玄成不得已,受爵。帝高其节,以玄成为河南太守。

6　车师王乌贵之走乌孙也,乌孙留不遣。汉遣使责乌孙,乌孙送乌贵诣阙。

7　初,武帝开河西四郡,隔绝羌与匈奴相通之路,斥逐诸羌,不使居湟中地。及帝即位,光禄大夫义渠安国使行诸羌,先零豪言:"愿时渡湟水北,逐民所不田处畜牧。"安国以闻。后将军赵充国劾安国奉使不敬。是后羌人旁缘前言,抵冒渡湟水,郡县不能禁。

既而先零与诸羌种豪二百馀人解仇、交质、盟诅,上闻之,以问赵充国,对曰:"羌人所以易制者,以其种自有豪,数相攻击,势不壹也。往三十馀岁西羌反时,亦先解仇合约攻令居,与汉相距五六年乃定。匈奴数诱羌人,欲与之共击张掖、酒泉地,使羌居之。间者匈奴困于西方,疑其更遣使至羌中与相结。臣恐羌变未止此,且复结联他种,宜及未然为之备。"后月馀,羌侯狼何果遣使至匈奴藉兵,欲击鄯善、敦煌以绝汉道。充国以为"狼何势不能独造此计,疑匈奴使已至羌中,先零、罕、开乃解仇作约。到秋马肥,变必起矣。

忍受耻辱而伪装疯癫,有如微细的光亮,照不了多远,所能得到的名声是很小的。我从来愚昧浅陋,只在相府充当一名执事小吏,但也希望能少听到外界对你的议论。不然的话,恐怕你会因清高而受到伤害,我也不得不做检举你的小人。"韦玄成的朋友、一个名叫章的侍郎也上书为他说好话道:"圣明的君王为国尊崇礼让行为,应当优待韦玄成,不必违背他的意志,使他得以安于清贫的生活。"而丞相、御史则以韦玄成本没有疯癫之病为理由参劾于他。汉宣帝下诏命不必参劾,仍坚持要他承袭爵位。韦玄成迫不得已,只得奉命袭爵。汉宣帝欣赏他的高风亮节,任命他为河南太守。

6 车师王乌贵逃到乌孙后,乌孙将其收留。汉朝派使臣前去责问乌孙,乌孙将乌贵送往长安。

7 当初,汉武帝开辟河西四郡,隔断了西羌与匈奴之间的通道,并驱逐西羌各部,不让他们居住在湟中地区。汉宣帝即位后,派光禄大夫义渠安国出使西羌各部。西羌先零部落首领对义渠安国说:"我们希望能立即北渡湟水,迁到该地没有耕地的地方放牧。"义渠安国表示同意,并奏闻朝廷。后将军赵充国参劾义渠安国"奉使不敬",擅作主张。后羌人以汉使曾经许诺为借口,强行渡过湟水,当地郡县无力禁止。

不久,西羌先零部落与其他各部首领二百馀人宣布将以往相互间怨仇一笔勾销,彼此交换人质,订立盟约。消息传到长安,汉宣帝就此询问赵充国的看法,赵充国说:"羌人之所以容易控制,就是因为其各部都有自己的首领,互不统属,彼此间多次发生争战。三十多年前,西羌背叛朝廷,也是先化解自身内部的仇怨,然后合力进攻令居,与汉朝对抗,历时五六年方才平定。匈奴多次引诱羌人,企图与羌人联合进攻张掖、酒泉地区,然后让羌人在此居住。近年来,匈奴西部地区受到乌孙的困扰,我怀疑他们可能会派人到羌中加紧与羌人部落联系。恐怕西羌事变并不局限于此,还会和其他部族再次联合,我们应提前作好准备。"一个多月以后,羌人首领羌侯狼何果然派使者到匈奴去借兵,企图进攻鄯善、敦煌,隔断汉朝通往西域的道路。赵充国认为"狼何不可能独自订出此计,我怀疑匈奴使者已经到达羌中,先零、早、开等羌人部落才化解仇恨,订立盟约。一到秋季马匹肥壮之时,必有大规模事变发生。

宜遣使者行边兵,豫为备敕,视诸羌毋令解仇,以发觉其谋。"
于是两府复白遣义渠安国行视诸羌,分别善恶。

　　8　是时,比年丰稔,谷石五钱。

应派出使臣,巡视边塞防御情况,并设法阻止羌人各部落化解仇恨,瓦解他们的联盟,揭露匈奴的阴谋。"于是丞相、御史再次禀明汉宣帝,派义渠安国前往边塞各地,观察羌人各部落的动向,区分哪些是叛逆首恶,哪些不愿背叛汉朝。

  8 这时,因农业连年丰收,一石谷物的价格只有五钱。

卷第二十六　汉纪十八

起庚申（前61）尽壬戌（前59）凡三年

中宗孝宣皇帝中
神爵元年(庚申，前61)

1　春，正月，上始行幸甘泉，郊泰畤。三月，行幸河东，祠后土。上颇修武帝故事，谨斋祀之礼，以方士言增置神祠。闻益州有金马、碧鸡之神，可醮祭而致，于是遣谏大夫蜀郡王褒使持节而求之。

初，上闻褒有俊才，召见，使为《圣主得贤臣颂》。其辞曰："夫贤者，国家之器用也。所任贤，则趋舍省而功施普；器用利，则用力少而就效众。故工人之用钝器也，劳筋苦骨，终日矻矻；及至巧冶铸干将，使离娄督绳，公输削墨，虽崇台五层、延袤百丈而不溷者，工用相得也。庸人之御驽马，亦伤吻、敝策而不进于行；及至驾啮膝、骖乘旦，王良执靶，韩哀附舆，周流八极，万里一息，何其辽哉？人马相得也。故服絺绤之凉者，不苦盛暑之郁燠；袭貂狐之暖者，不忧至寒之凄怆。何则？有其具者易其备。贤人、君子，亦圣王之所以易海内也。昔周公躬吐捉之劳，故有圉空之隆；齐桓设庭燎之礼，故有匡合之功。由此观之，

中宗孝宣皇帝中

汉宣帝神爵元年(庚申,公元前61年)

1 春季,正月,汉宣帝第一次前往甘泉宫,在泰畤祭祀天神。三月,前往河东郡,祭祀地神。汉宣帝对汉武帝时求神、求仙、求长生不老药等事非常羡慕,小心谨慎地遵守斋戒祭祀之礼,又采纳方士的意见,增修了不少祭坛和神祠。汉宣帝听说益州有金马神和碧鸡神,可以通过虔诚的祭祀请到,于是派谏大夫蜀郡人王褒携带皇帝符节前去寻找。

当初,汉宣帝听说王褒很有才干,特意召见他,命他作了一篇《圣主得贤臣颂》。文中说到:"贤才,是国家的工具。任用的官吏贤能,既可以省去对国家律令的改易更张,又能普遍获得良好的功效;使用的工具锋利,花费很少的力量就能取得很大的成果。所以,工匠使用的工具如果不够锋利,即使劳筋动骨,终日辛苦,也将收效甚微;而使用精巧的工匠,则能铸造出'干将'宝剑。假使派眼神好的离娄负责测量,以鲁班刻画墨线,即使是修建五层高台,测量百丈距离,也不会失误,就是因为用人得当。愚蠢的人骑着资质低劣的马,即使勒破马嘴,抽坏马鞭,也难以前进;但让宝马良驹驾车,让古代最擅于驾驭马车的王良、韩哀作驭手,周游天下,即使是万里之遥,也不过喘口气的工夫就能到达,为什么这么快呢? 因为人马相得益彰之故。所以,身穿凉爽的布衣的人,不苦于盛夏的暑热;身穿温软的貂、狐皮衣的人,不担忧严冬的寒冷。原因何在? 因为他们拥有相应的工具而易于防备。贤人、君子,正是圣明的君王容易治理天下的工具。从前,周公为了接待宾客,吃一顿饭要停顿三次,沐浴一次要束起三次头发,所以才会出现监狱空闲的盛世;齐桓公在庭院中燃起火炬,为的是不分昼夜地接待贤士,所以才能九合诸侯,称霸天下。由此看来,

君人者勤于求贤而逸于得人。人臣亦然。昔贤者之未遭遇也，图事揆策，则君不用其谋；陈见悃诚，则上不然其信；进仕不得施效，斥逐又非其愆。是故伊尹勤于鼎俎，太公困于鼓刀，百里自鬻，宁子饭牛，离此患也。及其遇明君、遭圣主也，运筹合上意，谏诤即见听，进退得关其忠，任职得行其术，剖符锡壤而光祖考。故世必有圣知之君而后有贤明之臣。故虎啸而风冽，龙兴而致云，蟋蟀俟秋吟，蜉蝤出以阴。《易》曰：'飞龙在天，利见大人。'《诗》曰：'思皇多士，生此王国。'故世平主圣，俊艾将自至。明明在朝，穆穆布列，聚精会神，相得益章，虽伯牙操递钟，逢门子弯乌号，犹未足以喻其意也。故圣主必待贤臣而弘功业，俊士亦俟明主以显其德。上下俱欲，欢然交欣，千载壹合，论说无疑，翼乎如鸿毛遇顺风，沛乎如巨鱼纵大壑；其得意若此，则胡禁不止，曷令不行！化溢四表，横被无穷。是以圣主不遍窥望而视已明，不殚倾耳而听已聪，太平之责塞，优游之望得，休征自至，寿考无疆，何必偃仰屈伸若彭祖，呴嘘呼吸如侨、松，眇然绝俗离世哉！"是时上颇好神仙，故褒对及之。

京兆尹张敞亦上疏谏曰："愿明主时忘车马之好，斥远方士之虚语，游心帝王之术，太平庶几可兴也。"上由是悉罢尚方待诏。初，赵广汉死后，为京兆尹者皆不称职，唯敞能继其迹，其方略、耳目不及广汉，然颇以经术儒雅文之。

作为君王，只有首先不辞辛苦地访求贤才，然后才能享受所得贤才给他带来的安逸。作为人臣也是如此。过去，贤能的人在没有受到君王的赏识之前，贡献策略，君王不用；陈述建议，君王不听；做官不能施展他的抱负，遭斥逐也并非有什么过失。所以，伊尹曾做过厨子，姜太公曾在街市上杀牛卖肉，百里奚曾被以五张羊皮的价格卖到秦国，宁戚曾喂过牛，他们都遭遇过这种忧患。一旦遇到圣主明君，出谋划策都符合主上的心意，规劝进谏立即被主上接受，无论进退都能显示其忠心，担任官职也能施展其本领，他们就能得到君王赐给的封爵、土地，光宗耀祖。所以，世间必须先有圣明智慧的君王，然后才有贤能忠诚的大臣。虎啸深山而兴风，龙飞天际而行云，蟋蟀到秋天才鸣叫，蜉蝣在阴湿天气才会出现。《周易》上说：'飞龙在天，有利于会见君主。'《诗经》上说：'济济贤才，生于周国。'所以，世道太平，君主圣明，才俊之士自会来临。君王勉力于上，人臣恭谨于下，聚精会神，相得益彰，即使用伯牙演奏他的'递钟'名琴，逢蒙使用他的'乌号'神弓来比喻君臣之间的融洽，也不足以表达。所以圣主必须靠贤臣来辅佐，才能光大功业；贤臣只有得圣主的赏识，才能施展抱负。上下见解一致，相互欢欣、信任，无论何时都能一拍即合，无论说什么都没有怀疑，犹如羽毛遇到顺风，巨鲸纵横大海，如此称心如意，还有什么邪恶不能禁止，什么政令不能推行？圣贤的教化，必将传播四方，泽被无边。所以，圣主不必暗中监视就已看得明白，不必私下查问就已听得清楚，使天下太平的责任已经尽到，过安乐悠闲生活的愿望已经实现，祥瑞自然降临，寿命自然无疆，何必费力地俯仰屈伸、呼吸吐纳，向彭祖、王侨、赤松子那样去寻觅与世隔绝的仙境呢！"此时，汉宣帝正喜好神仙之术，所以王褒在文中特别提及。

京兆尹张敞也上书规劝汉宣帝说："希望明主经常忘掉乘车骑马的嗜好，疏远方士的虚言妄语，留心于帝王之术，太平盛世才可能出现。"于是汉宣帝将负责修炼长生不老之药的方士全部罢斥。自赵广汉死后，担任京兆尹一职的人都不称职，只有张敞能继续赵广汉的政绩，他的谋略、聪明虽不如赵广汉，但能以儒家经术加以辅助。

2 上颇修饰,宫室、车服盛于昭帝时。外戚许、史、王氏贵宠。谏大夫王吉上疏曰:"陛下躬圣质,总万方,惟思世务,将兴太平,诏书每下,民欣然若更生。臣伏而思之,可谓至恩,未可谓本务也。欲治之主不世出,公卿幸得遭遇其时,言听谏从,然未有建万世之长策,举明主于三代之隆也。其务在于期会、簿书、断狱、听讼而已,此非太平之基也。臣闻民者,弱而不可胜,愚而不可欺也。圣主独行于深宫,得则天下称诵之,失则天下咸言之,故宜谨选左右,审择所使。左右所以正身,所使所以宣德,此其本也。孔子曰:'安上治民,莫善于礼。'非空言也。王者未制礼之时,引先王礼宜于今者而用之。臣愿陛下承天心,发大业,与公卿大臣延及儒生,述旧礼,明王制,驱一世之民跻之仁寿之域,则俗何以不若成、康,寿何以不若高宗!窃见当世趋务不合于道者,谨条奏,唯陛下财择焉。"吉意以为:"世俗聘妻、送女无节,则贫人不及,故不举子。又,汉家列侯尚公主,诸侯则国人承翁主,使男事女,夫屈于妇,逆阴阳之位,故多女乱。古者衣服、车马,贵贱有章。今上下僭差,人人自制,是以贪财诛利,不畏死亡。周之所以能致治刑措而不用者,以其禁邪于冥冥,绝恶于未萌也。"又言:"舜、汤不用三公、九卿之世而举皋陶、伊尹,不仁者远。今使俗吏得任子弟,率多骄骜,不通古今,无益于民,

2　汉宣帝很注重修饰,其宫室、车马、服饰都超过汉昭帝之时。外戚许、史、王氏家族尊贵受宠。谏大夫王吉上书说:"陛下以圣明的资质总揽万方事务,专心思虑天下大事,以实现太平盛世,主要是由于每次颁下诏书,百姓们就如同生命重新开始一样欢欣鼓舞。我想,这种情况可以说是陛下对百姓的最大恩德,却不能说是为政的根本。想要致国家于太平的圣主并不经常出现,而如今的公卿大臣有幸遇到圣主出现,言听计从,但未能制定出建立万世基业的长远规划,未能辅助圣明君主创立可与夏、商、周三代媲美的太平盛世。主要是由于当今的政务主要着眼于朝会、财政报告、司法事务等方面,这并非建立太平盛世的基础。我听说,老百姓虽然软弱,却无法最终战胜他们;虽然愚昧,却不可能欺骗他们。圣主独处深宫,所作的决定,恰当则受到天下人的称颂,失当则被天下人议论纷纷,所以应谨慎地选择身边参与决策的大臣,严格审视奉命执行政令的官员。使身边的决策大臣能够以身作则,奉命执行政令的官员能够宣示圣德,这才是君王为政的根本要务。孔子说:'使君王安逸、百姓得到治理,没有比推行礼更好的了。'这绝不是一句空话。作为君王,在尚未制定出新的礼仪之前,应先将从前的圣明君王制定的、与当今情况相适应的礼仪付诸实施。我希望陛下能上承天心,发展祖业,与公卿大臣以及儒生一起研究古代贤王的礼仪、制度,以仁义治天下,使全体百姓都能生活安逸,长命百岁,果真如此,国家的风俗怎会不如周成王、周康王之时,而陛下又怎能不像殷高宗武丁那样长寿!谨将我看到的当前人们所追求的不合于正道的现象分别列出,奏明陛下,请陛下裁决。"王吉还认为:"当今世俗,娶妻、嫁女的费用没有节制,使贫苦的人无力承担,以至于不敢生孩子。再有,列侯娶天子的女儿,称为'尚公主',其他人娶诸侯王之女,称为'承翁主',让男子服侍妇女,丈夫屈服于妻子,颠倒了阴阳之位,所以才多次发生女人为乱的情况。古人在衣服、车马方面,严格规定了尊卑贵贱的区别。如今却上下不分,混乱一团,全凭自己的喜好,没有限制,于是,人们为了贪图财物,追求利禄,甚至连死都不怕。周朝之所以能不用刑罚而使天下大治,是因为他们都将邪恶禁绝在发生之前。"又说:"舜、汤不用三公、九卿的后代而重用皋陶、伊尹,使不仁之人远离。如今却使庸俗官吏的子弟因其父兄的关系得以担任官职,这些人大多骄横傲慢,不通古今,无益百姓,

宜明选求贤，除任子之令。外家及故人，可厚以财，不宜居位。去角抵，减乐府，省尚方，明示天下以俭。古者工不造雕瑑，商不通侈靡，非工、商之独贤，政教使之然也。"上以其言为迂阔，不甚宠异也。吉遂谢病归。

3　义渠安国至羌中，召先零诸豪三十馀人，以尤桀黠者皆斩之；纵兵击其种人，斩首千馀级。于是诸降羌及归义羌侯杨玉等怨怒，无所信向，遂劫略小种，背畔犯塞，攻城邑，杀长吏。安国以骑都尉将骑二千屯备羌，至浩亹，为虏所击，失亡车重、兵器甚众。安国引还，至令居，以闻。

时赵充国年七十馀，上老之，使丙吉问谁可将者。充国对曰："无逾于老臣者矣！"上遣问焉，曰："将军度羌虏何如？当用几人？"充国曰："百闻不如一见，兵难遥度，臣愿驰至金城，图上方略。羌戎小夷，逆天背畔，灭亡不久，愿陛下以属老臣，勿以为忧！"上笑曰："诺。"乃大发兵诣金城。夏，四月，遣充国将之，以击西羌。

4　六月，有星孛于东方。

5　赵充国至金城，须兵满万骑，欲渡河，恐为虏所遮，即夜遣三校衔枚先渡，渡，辄营陈；会明毕，遂以次尽渡。虏数十百骑来，出入军傍，充国曰："吾士马新倦，不可驰逐，此皆骁骑难制，又恐其为诱兵也。击虏以殄灭为期，小利不足贪！"令军勿击。遣骑候四望陿中无虏，夜，引兵上至落都，召诸校司马谓曰："吾知羌虏不能为兵矣！使虏发数千人守杜四望陿中，兵岂得入哉！"

应公开征选贤能人才,废除有关保荐子弟为官的'任子令'。陛下的外家和故旧,可以赏赐丰厚的财富,却不宜让他们担任重要官职。除去角抵游戏,减少乐府艺人,节省宫廷用度,在天下人面前明确表示提倡节俭。古代的工匠不雕刻细致的装饰,商贾不贩卖奢侈物品,并非古代的工匠和商贾多么贤明,而是政令教化造成的。"汉宣帝认为王吉的话迂腐可笑,并不重视。于是王吉以有病为借口,辞职回乡。

3 义渠安国到达羌中,召集先零各部首领三十余人前来,将其中凶悍狡猾者全部杀死,又纵兵袭击先零人,斩首一千余级。于是引起归附汉朝的各羌人部落和归义羌侯杨玉的愤怒怨恨,不再信任、归顺汉朝,纷纷劫掠弱小种族,侵犯汉朝边塞,攻打城池,杀伤官吏。义渠安国以骑都尉身份率领二千骑兵防备羌人,进至浩亹,遭到羌人袭击,损失了很多车马辎重和武器。义渠安国率兵撤退,退至令居,奏闻朝廷。

此时,赵充国已七十有余,汉宣帝认为他年纪已老,派丙吉前去问他谁能担任大将。赵充国回答说:"谁也不如我合适。"汉宣帝又派人问他说:"你估计羌人会怎样?应当派多少人?"赵充国说:"百闻不如一见,行兵打仗之事难以预测,我愿亲自前往金城,画出地图,制定方略,再上奏陛下。羌人不过是戎夷小种,逆天背叛,不久就会灭亡,希望陛下将此事交给我办,不必担忧。"汉宣帝笑着说:"可以。"于是派大兵直抵金城。夏季,四月,派赵充国率领金城军队进攻西羌。

4 六月,东方天空出现异星。

5 赵充国来到金城,集结了一万骑兵,打算渡过黄河,又怕遭到羌军的拦击,便于夜晚派出三名校尉带着他们的部队悄无声息地先行偷渡,渡河后立即陈设大营,正巧天色已明,于是全军依次渡河。羌军将近百名骑兵出现在汉军附近,赵充国说:"我军现在兵马劳乏,不能奔驰追击,这都是敌人的精锐骑兵,不易制服,又怕是敌人的诱敌之策。我们此战的目标是要将敌军全部消灭,不能贪图小利!"下令全军不准出击。赵充国派探马到四望峡侦察,发现峡中并无敌兵,当晚,赵充国率军穿过四望峡,抵达落都山,召集各位军校、司马说道:"我就知道羌人不懂用兵之法。假如羌人派兵数千,堵住四望峡,我军怎么进得去呢!"

充国常以远斥候为务,行必为战备,止必坚营壁,尤能持重,爱士卒,先计而后战。遂西至西部都尉府,日飨军士,士皆欲为用。虏数挑战,充国坚守。捕得生口,言羌豪相数责曰:“语汝无反,今天子遣赵将军来,年八九十矣,善为兵,今请欲壹斗而死,可得邪!”初,罕、开豪靡当儿使弟雕库来告都尉曰:“先零欲反。”后数日,果反。雕库种人颇在先零中,都尉即留雕库为质。充国以为无罪,乃遣归告种豪:“大兵诛有罪者,明白自别,毋取并灭。天子告诸羌人:犯法者能相捕斩,除罪,仍以功大小赐钱有差;又以其所捕妻子、财物尽与之。”充国计欲以威信招降罕、开及劫略者,解散虏谋,徼其疲剧,乃击之。

时上已发内郡兵屯边者合六万人矣。酒泉太守辛武贤奏言:“郡兵皆屯备南山,北边空虚,势不可久。若至秋冬乃进兵,此虏在境外之册。今虏朝夕为寇,土地寒苦,汉马不耐冬,不如以七月上旬赍三十日粮,分兵出张掖、酒泉,合击罕、开在鲜水上者。虽不能尽诛,但夺其畜产,虏其妻子,复引兵还,冬复击之。大兵仍出,虏必震坏。”天子下其书充国,令议之。充国以为:“一马自负三十日食,为米二斛四斗,麦八斛,又有衣装、兵器,难以追逐。虏必商军进退,稍引去,逐水草,入山林。随而深入,虏即据前险,守后厄,以绝粮道,必有伤危之忧,为夷狄笑,千载不可复。而武贤以为可夺其畜产,虏其妻子,此殆空言,非至计也。先零首为畔逆,他种劫略,故臣愚册,欲捐罕、开暗昧之过,隐而勿章,先行先零之诛以震动之。宜悔过反善,因赦其罪,选择良吏知其俗者,抚循和辑。此全师保胜安边之册。”

赵充国经常注意向远处派出侦察兵,行军时随时做好战斗准备,扎营后特别重视营垒的坚固,老成持重,爱护士卒,必先制定好作战计划,然后再进行战斗。他率军向西来到西部都尉府,每天都让将士们饱餐战饭,所以将士们都愿意为他所用。羌军多次挑战,赵充国坚守不出。汉军从抓到的羌军俘虏口中得知,羌人各部首领多次相互责备说:"告诉你不要造反,如今天子派赵将军率军前来,赵将军已然八九十岁了,善于用兵,现在我们就是想一战而死,也办不到!"最初,罕、开两部首领靡当儿派其弟雕库来报告西部都尉说:"先零人企图造反。"几天后,先零果然造反。雕库同族的人有不少在先零人中,于是都尉将雕库留为人质。赵充国认为雕库无罪,将其放回,让他转告羌人各部首领说:"大兵前来,只杀有罪之人,请你们自相区别,不要与有罪者一同自取灭亡。天子要我转告各部羌人,犯法者只要能主动捕杀同党,就可免去罪责,仍按功劳大小赐给钱财,并将捕杀之人的妻子儿女和财物全部赐给他。"赵充国打算先以威信招降罕、开及其他被先零胁迫的羌人部落,瓦解羌人联合叛汉的计划,等到他们疲惫不堪时,再发动最后的攻击。

　　此时,汉宣帝已征发内地郡国的军队共六万人屯戍边塞。酒泉太守辛武贤上奏说:"各郡军队都屯扎在南山,使北部边塞空虚,其势难以长久。如等到秋冬季节再出兵,那是敌人远在边境之外的策略。如今羌人日夜不停地进行侵扰,气候寒冷,汉军马匹不耐寒苦,不如等到七月上旬,携带三十日粮,自张掖、酒泉分路出兵,合击鲜水一带的罕、开两部羌人。即使不能全部剿灭,但可夺其畜产,掳其妻子儿女,然后率兵退还,到冬天再次出击。大军频繁出击,羌人必定恐惧震惊。"汉宣帝将辛武贤的奏章交给赵充国,征求他的意见。赵充国上奏认为:"每匹马要载负一名战士三十日的粮食,计米二斛四斗,麦八斛,再加上衣服、武器,势必难以奔驰追击。敌人必然会估计出我军进退的时间,暂时撤退,追逐水草,深入山林。如我军随之深入,则敌人占据前方险要,扼守后方通路,断绝我军粮道,使我军陷入危亡境地,必被夷狄之人嘲笑,且永远无法报复。至于辛武贤认为可以掳夺羌人的畜产、妻子儿女等,更只是一派空话,绝非最好的计策。先零为叛逆祸首,其他部族只是被其胁迫,所以,我的计划是:舍弃罕、开两部昏昧不明的过失,暂时隐忍不宣,先诛讨先零,以震动羌人。他们应该会悔过自新,我们便顺势赦免其罪,挑选了解他们风俗的优秀官吏,前往安抚和睦。这才是既能保全部队,又能获取胜利、保证边塞安定的策略。"

天子下其书，公卿议者咸以为"先零兵盛而负罕、开之助，不先破罕、开，则先零未可图也"。上乃拜侍中许延寿为强弩将军，即拜酒泉太守武贤为破羌将军，赐玺书嘉纳其册。以书敕让充国曰："今转输并起，百姓烦扰，将军将万馀之众，不早及秋共水草之利，争其畜食，欲至冬，虏皆当畜食，多臧匿山中，依险阻，将军士寒，手足皲瘃，宁有利哉！将军不念中国之费，欲以岁数而胜敌，将军谁不乐此者！今诏破羌将军武贤等将兵，以七月击罕羌。将军其引兵并进，勿复有疑！"

充国上书曰："陛下前幸赐书，欲使人谕罕，以大军当至，汉不诛罕，以解其谋。臣故遣开豪雕库宣天子至德，罕、开之属皆闻知明诏。今先零羌杨玉阻石山木，候便为寇，罕羌未有所犯，乃置先零，先击罕，释有罪，诛无辜，起壹难，就两害，诚非陛下本计也！臣闻兵法：'攻不足者守有馀。'又曰：'善战者致人，不致于人。'今罕羌欲为敦煌、酒泉寇，宜饬兵马，练战士，以须其至，坐得致敌之术，以逸击劳，取胜之道也。今恐二郡兵少，不足以守，而发之行攻，释致虏之术而从为虏所致之道，臣愚以为不便。先零羌虏欲为背畔，故与罕、开解仇结约，然其私心不能无恐汉兵至而罕、开背之也。臣愚以为其计常欲先赴罕、开之急以坚其约。先击罕羌，先零必助之。今虏马肥、粮食方饶，击之恐不能伤害，适使先零得施德于罕羌，坚其约，合其党。虏交坚党，合精兵二万馀人，迫胁诸小种，附著者稍众，莫须之属不轻得离也。如是，虏兵浸多，诛之用力数倍。臣恐国家忧累由十年数，不二三岁而已。

汉宣帝将赵充国的奏章交给公卿大臣们讨论，大家都认为"先零兵力强盛，又依仗罕、开的帮助，如不先破罕、开，就不能进攻先零"。于是汉宣帝任命侍中许延寿为强弩将军，酒泉太守辛武贤为破羌将军，颁赐盖有皇帝印玺的文书，嘉勉辛武贤的建议。又写信责备赵充国说："如今到处都在向前方输送军粮，使百姓受到困扰，将军率领大军一万余人，不及早利用秋季水草茂盛的时机，争夺羌人的牲畜、粮食，却准备等到冬季再行出击，但那时羌人早已积蓄了充足的粮食，藏匿于深山之中，据守险要，而将军士卒寒苦，手足皲裂，怎能利于作战呢！将军不念国家耗费巨大，只想拖延数年而取胜，这样的将军，谁不愿当！现在诏令破羌将军辛武贤等率兵于七月进击罕、开。将军率兵同时出击，不得再有迟疑！"

赵充国上书汉宣帝说："陛下上次赐我书信，打算派人劝谕罕部羌人，说大军即将前来，但并不是要征讨他们，只是要瓦解羌人联合叛汉的计划。所以我派开部首领雕库回去宣示天子盛德，罕、开两部羌人都已听到了天子的明诏。如今先零羌首领杨玉凭借山中树木岩石自保，并寻机出山骚扰，而罕羌并无冒犯行为，却放过有罪的先零，先打无辜的罕羌，一个部族造成的灾难，却给两族留下伤害，实在违背陛下原来的计划！我听说兵法上讲：'不足以进攻的力量，用于防守却能有余。'又说：'善于打仗的人，能主动引诱敌人，而不被敌人所引诱。'如今罕羌企图进犯敦煌、酒泉，本应整顿兵马，训练士卒，等待敌人前来，用引诱敌人的战术，以逸击劳，这才是取胜之道。现在唯恐二郡兵力单薄，不足防守，却反而出兵进攻，放弃引诱敌人的战术，而被敌人所引诱，我认为十分不利。先零羌打算背叛我朝，所以才与罕、开化解怨仇，缔结盟约，然而其内心深处未尝不害怕汉军一到，罕、开背叛他们。我认为先零时常希望能先为罕、开解救危急，以坚定他们的联盟。先攻罕羌，先零肯定会援助他们。现在，羌人的马匹正肥，粮食正多，攻击他们，恐怕不但不能伤害他们，反而正好使先零有机会施德于罕羌，坚定其联盟，团结其党羽。先零巩固其联盟之后，会合精兵两万余人，胁迫其他弱小部族，归附者逐渐增多，像莫须部羌人之类的弱小部族，要想脱离其控制就更不容易了。果真如此，则羌人兵力逐渐增多，要征讨他们，就需增加几倍的力量。我恐怕国家的忧烦困扰，当以十年计，而并非二三年。

于臣之计,先诛先零已,则罕、开之属不烦兵而服矣。先零已诛而罕、开不服,涉正月击之,得计之理,又其时也。以今进兵,诚不见其利!"戊申,充国上奏。秋,七月甲寅,玺书报,从充国计焉。

充国乃引兵至先零在所。虏久屯聚,懈弛,望见大军,弃车重,欲渡湟水,道厄狭,充国徐行驱之。或曰:"逐利行迟。"充国曰:"此穷寇,不可迫也。缓之则走不顾,急之则还致死。"诸校皆曰:"善。"虏赴水溺死者数百,降及斩首五百馀人。虏马、牛、羊十万馀头,车四千馀两。兵至罕地,令军毋燔聚落,刍牧田中。罕羌闻之,喜曰:"汉果不击我矣!"豪靡忘使人来言:"愿得还复故地。"充国以闻,未报。靡忘来自归,充国赐饮食,遣还谕种人。护军以下皆争之曰:"此反虏,不可擅遣!"充国曰:"诸君但欲便文自营,非为公家忠计也!"语未卒,玺书报,令靡忘以赎论。后罕竟不烦兵而下。

上诏破羌、强弩将军诣屯所,以十二月与充国合,进击先零。时羌降者万馀人矣,充国度其必坏,欲罢骑兵,屯田以待其敝。作奏未上,会得进兵玺书。充国子中郎将卬惧,使客谏充国曰:"诚令兵出,破军杀将,以倾国家,将军守之可也。即利与病,又何足争!一旦不合上意,遣绣衣来责将军,将军之身不能自保,何国家之安!"充国叹曰:"是何言之不忠也!本用吾言,羌虏得至是邪!往者举可先行羌者,吾举辛武贤;丞相御史复白遣义渠安国,竟沮败羌。金城、湟中谷斛八钱,

按我的计划,先征讨先零之后,则罕、开之流不必再劳烦一兵一卒,就可屈服。如先零已经平伏,而罕、开等仍不肯屈服,等到明年正月再攻击他们,则不但合理,而且适时。现在进兵,实在不见得有利。"戊申(二十八日),赵充国奏闻朝廷。秋季,七月甲寅(初五),汉宣帝颁赐盖有皇帝印玺的文书,采纳赵充国的计划。

赵充国率兵进抵先零地区。羌人屯兵已久,戒备松懈,忽见汉军大兵来到,慌忙抛弃车马辎重,企图渡湟水撤退,道路狭窄,赵充国率军缓缓进逼。有人对赵充国说:"要取得战果,推进速度不宜迟缓。"赵充国说:"走投无路的敌兵,不可逼迫太急。缓慢追击,他们只顾逃跑;逼迫太急,则回头死战。"各位军校都说:"有理。"羌人掉入水中淹死数百人,投降及被汉军所杀达五百余人,汉军缴获马、牛、羊十万余头,车四千余辆。汉军行至罕地,赵充国下令不得焚烧羌人村落,不得在羌人耕地中牧马。罕羌听说后,高兴地说:"汉军果然不打我们!"其首领靡忘派人前来对赵充国说:"希望能让我们回到原来的地方。"赵充国奏闻朝廷,尚未得到回音。靡忘亲自前来归降,赵充国赐其饮食,派他回去告谕本部羌人。护军以下将领都说:"靡忘是国家叛逆,不能随便放走!"赵充国说:"你们都只是为了自己方便,并非为国家着想!"话音未落,盖有皇帝印玺的文书来到,命靡忘将功赎罪。后来罕羌终于未用兵而平定。

汉宣帝下诏书命破羌将军辛武贤、强弩将军许延寿率兵前往赵充国屯兵之处,于十二月与赵充国合兵进攻先零。此时,羌人投降汉军已一万有余,赵充国估计羌人肯定要失败,打算撤除骑兵,以步兵在当地屯垦戍卫,等待羌人因自身疲惫而败亡。奏章写好,还未上奏,恰于此时接到汉宣帝命其进兵的诏令。赵充国的儿子中郎将赵卬害怕其父抗命不遵,便让门客去劝赵充国说:"假如此次出兵,肯定要损兵折将,倾覆国家,将军坚持己见,防守不出也还可以。然而现在却只是利与弊的区别,又有什么可争执的呢?况且一旦违背了皇上之意,派御史前来问罪,将军自保尚且不能,又怎能保证国家的安全!"赵充国叹息说:"你怎能说出这种不忠之言!若是及早采纳我的意见,羌人怎能发展到这一步!当初,皇上命推荐出使西羌的人选,我推荐了辛武贤;而丞相、御史却又奏请皇上,派义渠安国前去,结果败坏了大事。金城、湟中地区谷物一斛八钱,

吾谓耿中丞:'籴三百万斛谷,羌人不敢动矣!'耿中丞请籴百万斛,乃得四十万斛耳;义渠再使,且费其半。失此二册,羌人致敢为逆。失之豪厘,差以千里,是既然矣。今兵久不决,四夷卒有动摇,相因而起,虽有知者不能善其后,羌独足忧邪!吾固以死守之,明主可为忠言。"

遂上屯田奏曰:"臣所将吏士、马牛食所用粮谷、茭稿,调度甚广,难久不解,徭役不息,恐生他变,为明主忧,诚非素定庙胜之册。且羌易以计破,难用兵碎也,故臣愚心以为击之不便!计度临羌东至浩亹,羌虏故田及公田,民所未垦,可二千顷以上,其间邮亭多坏败者。臣前部士入山,伐林木六万馀枚,在水次。臣愿罢骑兵,留步兵万二百八十一人,分屯要害处,冰解漕下,缮乡亭,浚沟渠,治湟陜以西道桥七十所,令可至鲜水左右。田事出,赋人三十亩;至四月草生,发郡骑及属国胡骑各千,就草为田者游兵,以充入金城郡,益积畜,省大费。今大司农所转谷至者,足支万人一岁食,谨上田处及器用簿。"

上报曰:"即如将军之计,虏当何时伏诛?兵当何时得决?孰计其便,复奏!"

充国上状曰:"臣闻帝王之兵,以全取胜,是以贵谋而贱战。'百战而百胜,非善之善者也,故先为不可胜以待敌之可胜。'蛮夷习俗虽殊于礼义之国,然其欲避害就利,爱亲戚,畏死亡,一也。今虏亡其美地荐草,愁于寄托,远遁,骨肉心离,人有畔志。而明主班师罢兵,万人留田,顺天时,因地利,以待可胜之虏,

我曾对司农中丞耿寿昌说:'只要我们购买三百万斛谷物储备,羌人必不敢轻举妄动。'而耿寿昌只请求购买一百万斛,实际不过四十万斛,义渠安国再次出使,又用去一半。这两项计划都未实现,才使羌人敢于叛逆。正所谓失之毫厘,谬以千里! 如今战事长期不能结束,如果四方蛮夷突然动摇,借机相继起兵造反,即使高明的人也无法收拾,岂只是羌人值得忧虑! 我誓死也要坚持我的意见,皇上圣明,可以向他陈述我的忠言。"

于是,赵充国将请求屯田的本章奏闻汉宣帝说:"我率领的将士、马牛食用的粮食、草料数量极大,如长期得不到补充,势必难以维持,而徭役无止无息,又恐发生其他变故,为陛下增加忧虑,确实不是定计于庙堂之内,胜敌于千里之外的上策。况且,羌人之叛,用智谋瓦解较易,用武力镇压则较难,所以我认为全力进攻不是上策! 据估计,从临羌向东至浩亹,原羌人的土地及无人开垦的荒地,约有二千顷以上,其间驿站多数额坏。我以前曾派士卒入山砍伐林木六万馀株,存于湟水之滨。我建议:撤除骑兵,留步兵一万二千八百八十一人,分别屯驻在要害地区,待到河水解冻,木材顺流而下,正好用来修缮亭驿,疏浚沟渠,在湟水峡谷以西建造桥梁七十座,使至鲜水的道路畅通。明年春耕时,每名屯田兵卒分给三十亩土地;四月草木长出后,征调郡属骑兵和属国胡人骑兵各一千,趁草木茂盛,为屯田者充当警卫,屯田收获的粮食,运入金城郡,增加积蓄,节省大量费用。现在大司农运来的粮食,足够一万人一年所食,谨呈上屯田区划及需用器具清册。"

汉宣帝下诏询问赵充国说:"如按照将军的计划,羌人叛乱何时可以剿灭? 战事何时能够结束? 仔细研究出最佳方案,再次上奏。"

赵充国上奏说:"我听说,帝王的军队,应当不受什么损失就能取得胜利,所以重视谋略,轻视拼杀。'百战百胜,并非高手中的高手,所以应先使自己立于不败之地,再等待可以战胜敌人的机会。'蛮夷外族的习俗虽与我们礼义之邦有所不同,但希望能躲避危害,争取有利,爱护亲属,惧怕死亡,则与我们一样。现在,羌人丧失了他们肥美的土地和茂盛的牧草,逃到遥远的荒山野地,为自己的栖身之地而发愁,骨肉离心,人人都产生了背叛之念。而此时陛下班师罢兵,留下万人屯田于此,顺应天时,利用地利,等待战胜羌人的机会,

虽未即伏辜,兵决可期月而望。羌虏瓦解,前后降者万七百馀人,及受言去者凡七十辈,此坐支解羌虏之具也。臣谨条不出兵留田便宜十二事:步兵九校、吏士万人留屯,以为武备,因田致谷,威德并行,一也。又因排折羌虏,令不得归肥饶之地,贫破其众,以成羌虏相畔之渐,二也。居民得并田作,不失农业,三也。军马一月之食,度支田士一岁,罢骑兵以省大费,四也。至春,省甲士卒,循河、湟漕谷至临羌,以示羌虏,扬威武,传世折冲之具,五也。以闲暇时,下先所伐材,缮治邮亭,充入金城,六也。兵出,乘危徼幸;不出,令反畔之虏窜于风寒之地,离霜露、疾疫、瘃堕之患,坐得必胜之道,七也。无经阻、远追、死伤之害,八也。内不损威武之重,外不令虏得乘间之势,九也。又亡惊动河南大开使生他变之忧,十也。治隍陿中道桥,令可至鲜水以制西域,伸威千里,从枕席上过师,十一也。大费既省,徭役豫息,以戒不虞,十二也。留屯田得十二便,出兵失十二利,唯明诏采择!"

上复赐报曰:"兵决可期月而望者,谓今冬邪,谓何时也?将军独不计虏闻兵颇罢,且丁壮相聚,攻扰田者及道上屯兵,复杀略人民,将何以止之?将军孰计复奏!"

充国复奏曰:"臣闻兵以计为本,故多算胜少算。先零羌精兵,今馀不过七八千人,失地远客,分散饥冻,畔还者不绝。臣愚以为虏破坏可日月冀,远在来春,故曰兵决可期月而望。窃见北边自敦煌至辽东万一千五百馀里,乘塞列地有吏卒数千人,

羌人虽未立即剿灭,然可望于一个月之内结束战事。羌人已在迅速瓦解之中,前后共有一万七百馀人投降,接受我方劝告,回去说服自己的同伴不再与朝廷为敌的又有七十,这些人都将成为瓦解羌人力量的工具。我谨归纳了不出兵而留兵屯田的十二项有益之处:九位步兵官校和万名兵卒留此屯田,武装戒备,耕田积粮,威德并行,此其一。因屯田而排斥羌人,不让他们回到肥沃的土地上去,使其部众贫困破败,以促成羌人相互背叛的趋势,此其二。百姓们能够安于农业生产,不失农时,此其三。骑兵,包括战马一个月的食用,足够屯田士兵维持一年,撤除骑兵可以节省大批费用,此其四。春天以后,调集士卒,顺黄河和湟水将粮食运到临羌,向羌人显示威力,作为以后镇压或谈判的资本,此其五。农闲时,将以前砍伐的木材运来,修缮驿站,充实金城,此其六。如果现在出兵,冒险而无必胜把握;暂不出兵而观其变,使叛逆羌人流窜于风寒之地,遭受霜露、瘟疫、冰冻的灾患,我们则坐等必胜的机会,此其七。可以避免遭遇险阻、深入追击和将士死伤的损失,此其八。对内不使朝廷的威严受到损害,对外不给羌人以可乘之机,此其九。不会惊动黄河南岸大开部落,致使产生新的事变,增加陛下之忧,此其十。修建湟水峡谷中的桥梁,使至鲜水道路畅通,以控制西域,扬威千里之外,使军队从此经过如同经过自家的床头一般,此其十一。节省大批费用,停息徭役,以防止出现预想不到的变故,此其十二。留兵屯田可得此十二项便利,出兵攻击则失此十二项便利,希望陛下采纳我的建议!"

汉宣帝再次回复说:"你说可望于一个月之中结束战事,是指今年冬季?还是何时?难道你不考虑羌人听说我们罢息骑兵,会集结精锐,攻袭骚扰屯田兵卒和道路上的守军,再次杀掠百姓,我们将用什么来制止?将军深入思考后再次复奏。"

赵充国再次上奏说:"我听说,军事行动以谋略为根本,所以多算胜于少算。先零羌之精兵,如今剩下不过七八千人,丧失了原有的土地,分散于远离家乡的地区,挨饿受冻,不断有人逃回家乡。我认为他们崩溃败亡的时间可望以日月计算,最远也不过明年春天,所以说可望于一个月中结束战事。我国北部边塞自敦煌直到辽东,共一万一千五百多里,守卫边塞的将士有数千人,

虏数以大众攻之而不能害。今骑兵虽罢，虏见屯田之士精兵万人，从今尽三月，虏马羸瘦，必不敢捐其妻子于他种中，远涉河山而来为寇，亦不敢将其累重，还归故地。是臣之愚计所以度虏且必瓦解其处，不战而自破之册也。至于虏小寇盗，时杀人民，其原未可卒禁。臣闻战不必胜，不苟接刃；攻不必取，不苟劳众。诚令兵出，虽不能灭先零，但能令虏绝不为小寇，则出兵可也。即今同是，而释坐胜之道，从乘危之势，往终不见利，空内自罢敝，贬重以自损，非所以示蛮夷也。又大兵一出，还不可复留，湟中亦未可空，如是，徭役复更发也。臣愚以为不便。臣窃自惟念：奉诏出塞，引军远击，穷天子之精兵，散车甲于山野，虽亡尺寸之功，偷得避嫌之便，而亡后咎馀责，此人臣不忠之利，非明主社稷之福也！"

充国奏每上，辄下公卿议臣。初是充国计者什三，中什五，最后什八。有诏诘前言不便者，皆顿首服。魏相曰："臣愚不习兵事利害。后将军数画军册，其言常是，臣任其计必可用也。"上于是报充国，嘉纳之；亦以破羌、强弩将军数言当击，以是两从其计，诏两将军与中郎将卬出击。强弩出，降四千馀人；破羌斩首二千级；中郎将卬斩首降者亦二千馀级；而充国所降复得五千馀人。诏罢兵，独充国留屯田。

6　大司农朱邑卒。上以其循吏，闵惜之，诏赐其子黄金百斤，以奉其祭祀。

羌人多次以大兵攻击,都不能取胜。现在即使罢除骑兵,而羌人见有屯田戍卫的精兵万人,且从现在开始,三个月内,羌人马匹瘦弱,必不敢将妻子儿女安顿在其他部族,远涉山河前来侵扰;也不敢将其家属送还家乡。这正是我预计他们将就地瓦解,不战自破而制定的计划。至于羌人小规模的侵扰掳掠,偶尔杀伤百姓,原本就无法完全禁绝。我听说,打仗如无必胜的把握,就不能轻易与敌人短兵相接;进攻如无必取的把握,也不能轻易劳师动众。如果发兵出击,虽不能灭亡先零,但能禁绝羌人小规模的侵扰活动,则可以出兵。如今既然同样不能禁绝,却放弃坐而取胜的机会,采取危险的行动,不仅得不到好处,还白白使自己陷于疲惫、破败的地步,自损国家威严,对付蛮夷外族,绝不能这样。再者大兵一出,无论胜败,退兵时必然人心思归,不能再留于此地,而湟中又不能无人戍守,如果这样,则徭役又将兴起。我认为实无益处。我常想,如果尊奉陛下的诏令,率兵出塞,远袭羌人,用尽天子的精兵,将车马、甲胄散落在山野之中,即使立不下尺寸之功,也能避免嫌疑,过后还能不负责任,不受指责,然而,这些个人的好处却是对陛下的不忠,实非明主和国家之福!"

赵充国每次上奏,汉宣帝都给公卿大臣讨论研究。开始,认为赵充国意见正确的人不过十分之三,后增加到十分之五,最后更增至十分之八。汉宣帝询问开始不同意赵充国意见的人为什么改变观点,这些人都叩首承认自己原来的意见不对。丞相魏相说:"我对军事上的利害关系不了解,后将军赵充国曾多次筹划军事方略,他的意见通常都很正确,我担保他的计划一定行得通。"于是汉宣帝回复赵充国,嘉勉并采纳了赵充国的计划,又因破羌将军辛武贤、强弩将军许延寿多次建议进兵攻击,所以也同时批准,下诏命两将军与中郎将赵卬率部出击。许延寿出击羌人,招降四千余人;辛武贤斩首两千级;赵卬斩首及招降也有两千余人;而赵充国又招降了五千余人。汉宣帝下诏罢兵,只留下赵充国在当地负责屯田事务。

6　大司农朱邑去世。汉宣帝因他是个奉职守法的官吏,甚为怜惜,特下诏赐其子黄金一百斤,作为祭祀之用。

7　是岁,前将军、龙额侯韩增为大司马、车骑将军。

8　丁令比三岁钞盗匈奴,杀略数千人。匈奴遣万馀骑往击之,无所得。

二年(辛酉,前60)

1　春,正月,以凤皇、甘露降集京师,赦天下。

2　夏,五月,赵充国奏言:"羌本可五万人军,凡斩首七千六百级,降者三万一千二百人,溺河湟、饿死者五六千人,定计遗脱与煎巩、黄羝俱亡者不过四千人。羌靡忘等自诡必得,请罢屯兵!"奏可。充国振旅而还。

所善浩星赐迎说充国曰:"众人皆以破羌、强弩出击,多斩首、生降,虏以破坏。然有识者以为虏势穷困,兵虽不出,即自服矣。将军即见,宜归功于二将军出击,非愚臣所及。如此,将军计未失哉。"充国曰:"吾年老矣,爵位已极,岂嫌伐一时事以欺明主哉!兵势,国之大事,当为后法。老臣不以馀命壹为陛下明言兵之利害,卒死,谁当复言之者!"卒以其意对。上然其计,罢遣辛武贤归酒泉太守,官充国复为后将军。

秋,羌若零、离留、且种、儿库共斩先零大豪犹非、杨玉首,及诸豪弟泽、阳雕、良儿、靡忘皆帅煎巩、黄羝之属四千馀人降。汉封若零、弟泽二人为帅众王,馀皆为侯、为君。初置金城属国以处降羌。

7 这一年,汉宣帝任命前将军、龙额侯韩增为大司马、车骑将军。

8 丁令国连续三年出兵劫掠匈奴,杀死及掳掠数千人。匈奴派遣骑兵一万馀人攻击丁令国军队,但毫无收获。

汉宣帝神爵二年(辛酉,公元前60年)

1 春季,正月,因有凤凰飞集京师长安,仙人降下的甘露也在长安发现,所以大赦天下。

2 夏季,五月,赵充国上奏说:"羌人部众和军队本有五万,前后共被斩首七千六百级,投降三万一千二百人,在黄河、湟水中淹死以及饿死的共有五六千人,计算起来,跟随其首领煎巩、黄羝一起逃亡的不过四千人。现已归降的羌人首领靡忘等保证可以擒获这些人,所以我请求罢除屯田部队。"汉宣帝批准所奏。赵充国班师而还。

赵充国的好友浩星赐前往迎接赵充国,对他说:"大家都认为破羌、强弩二将军率兵出击,多有斩获、招降,所以才使羌人败亡。然而,见识高超的人则认为羌人早已穷途末路,即使不发兵出击,也会很快自行投降。将军见到皇上时,应表示归功于破羌、强弩二位将军率兵出击,你自己并不能与之相比。这样做对你并无什么损失。"赵充国说:"我年岁已很大了,爵位也到头了,岂能为避一时的嫌疑而欺骗皇上!军事措施是国家大事,应当为后人所效法。我如不利用自己的馀生为皇上明白分析军事上的利害,一旦去世,还有谁能再对皇上说这些呢!"终于将自己的想法奏明汉宣帝。汉宣帝接受了他的意见,免除辛武贤破羌将军职务,派其仍回酒泉太守原任,赵充国也恢复了后将军职务。

秋季,羌人若零、离留、且种、儿库共同将先零首领犹非、杨玉杀死。羌人各部首领弟泽、阳雕、良儿、靡忘分别率领煎巩、黄羝所属四千馀人归降汉朝。汉宣帝封若零、弟泽二人为帅众王,其他人都被封侯、封君。开始设置金城属国,安置归降的羌人。

诏举可护羌校尉者。时充国病,四府举辛武贤小弟汤。充国遽起,奏:"汤使酒,不可典蛮夷。不如汤兄临众。"时汤已拜受节,有诏更用临众。后临众病免,五府复举汤。汤数醉酗羌人,羌人反畔,卒如充国之言。辛武贤深恨充国,上书告中郎印泄省中语,下吏,自杀。

3　司隶校尉魏郡盖宽饶,刚直公清,数干犯上意。时上方用刑法,任中书官,宽饶奏封事曰:"方今圣道浸微,儒术不行,以刑馀为周、召,以法律为《诗》、《书》。"又引《易传》言:"五帝官天下,三王家天下。家以传子孙,官以传贤圣。"书奏,上以为宽饶怨谤,下其书中二千石。时执金吾议,以为"宽饶旨意欲求禅,大逆不道!"谏大夫郑昌愍伤宽饶忠直忧国,以言事不当意而为文吏所诋挫,上书讼宽饶曰:"臣闻山有猛兽,藜藿为之不采;国有忠臣,奸邪为之不起。司隶校尉宽饶,居不求安,食不求饱,进有忧国之心,退有死节之义,上无许、史之属,下无金、张之托,职在司察,直道而行,多仇少与。上书陈国事,有司劾以大辟。臣幸得从大夫之后,官以谏为名,不敢不言!"上不听。九月,下宽饶吏,宽饶引佩刀自刭北阙下,众莫不怜之。

4　匈奴虚闾权渠单于将十馀万骑旁塞猎,欲入边为寇。未至,会其民题除渠堂亡降汉言状,汉以为言兵鹿奚鹿卢侯,而遣后将军赵充国将兵四万馀骑屯缘边九郡备虏。月馀,单于病欧血,因不敢入,还去,即罢兵。乃使题王都犁胡次等入汉请

汉宣帝下诏命保举能够担任护羌校尉一职的官员。此时赵充国正在生病，丞相、御史、车骑将军、前将军共同保举辛武贤的小弟弟辛汤。赵充国听说后，急忙从病床上起来，上奏说："辛汤酗酒任性，不能派他负责蛮夷事务。不如派辛汤的哥哥辛临众担任此职。"此时辛汤已拜受了护羌校尉的印信和皇帝符节，汉宣帝下诏命改任辛临众。后辛临众因病免职，丞相、御史、车骑将军、前将军、后将军再次保举辛汤。辛汤多次在酒醉之后虐待羌人，使羌人再度反叛，如赵充国预料的一样。辛武贤深恨赵充国，上书朝廷，告发中郎将赵印泄露中枢机密。赵印被交有关官员审讯，自杀而死。

3 司隶校尉魏郡人盖宽饶刚直清正，数次冒犯汉宣帝。此时，汉宣帝正注重刑法事务，任用宦官担任中书官，盖宽饶上了一道秘密奏章说："如今圣贤之道逐渐衰微，儒家经术难以推行，把宦官当作周公、召公，把法律当作《诗经》、《尚书》。"又引用《易传》说："五帝将天下视为公有，三王将天下视为私有。视为私有则传给子孙，视为公有则传给圣贤。"奏章写好呈上后，汉宣帝认为盖宽饶怨恨诽谤，将其奏章交中二千石大臣处理。当时，执金吾认为"盖宽饶是想让皇上将皇位禅让于他，实属大逆不道！"谏大夫郑昌怜悯感伤盖宽饶忠直忧国，因议论国事辞不达意而遭人诋毁陷害，于是上书为盖宽饶鸣冤说："我听说，山中有猛兽，人们因此而不敢去摘采野菜；国家有忠臣，奸邪之辈因此而不敢抬头。司隶校尉盖宽饶，居不求安，食不求饱，进有忧国之心，退有死节之义；上无许、史两家与陛下的亲属关系，下无金、张两家作为皇家近侍的特殊地位；而身负监察职责，秉公行事，所以仇人多而朋友少。如今他上书陈述对国事的意见，竟被有关官员以死罪参劾。我既然有幸跟随在各位大夫之后，作为谏官，所以不敢不说出自己的看法。"汉宣帝执意不听。九月，盖宽饶被交给司法官吏，他即用佩刀自刭于未央宫北门之外，人们无不怜惜。

4 匈奴虚闾权渠单于率领十几万骑兵沿汉朝边塞进行围猎，企图侵入汉境掳掠。大军到达之前，正好有一个名叫题除渠堂的匈奴人逃到汉朝来归降，将此事报告汉朝，汉宣帝封其为"言兵鹿奚鹿卢侯"，并派后将军赵充国率骑兵四万馀人屯驻于沿边九郡以防备匈奴。一个多月之后，单于身患吐血之病，因而不敢侵入汉境，罢兵退还。匈奴又派题王都犁胡次等来到汉朝，请求

和亲，未报，会单于死。虚闾权渠单于始立，而黜颛渠阏氏。颛渠阏氏即与右贤王屠耆堂私通，右贤王会龙城而去，颛渠阏氏语以单于病甚，且勿远。后数日，单于死，用事贵人郝宿王刑未央使人召诸王，未至，颛渠阏氏与其弟左大将且渠都隆奇谋，立右贤王为握衍朐鞮单于。握衍朐鞮单于者，乌维单于耳孙也。

握衍朐鞮单于立，凶恶，杀刑未央等而任用都隆奇，又尽免虚闾权渠子弟近亲而自以其子弟代之。虚闾权渠单于子稽侯狦既不得立，亡归妻父乌禅幕。乌禅幕者，本康居、乌孙间小国，数见侵暴，率其众数千人降匈奴，狐鹿姑单于以其弟子日逐王姊妻之，使长其众，居右地。日逐王先贤掸，其父左贤王当为单于，让狐鹿姑单于，狐鹿姑单于许立之，国人以故颇言日逐王当为单于。日逐王素与握衍朐鞮单于有隙，即帅其众欲降汉，使人至渠犁，与骑都尉郑吉相闻。吉发渠犁、龟兹诸国五万人迎日逐王口万二千人、小王将十二人，随吉至河曲。颇有亡者，吉追斩之，遂将诣京师。汉封日逐王为归德侯。

吉既破车师，降日逐，威震西域，遂并护车师以西北道，故号都护。都护之置，自吉始焉。上封吉为安远侯。吉于是中西域而立莫府，治乌垒城，去阳关二千七百馀里。匈奴益弱，不敢争西域，僮仆都尉由此罢。都护督察乌孙、康居等三十六国动静，有变以闻，可安辑，安辑之，不可者诛伐之，汉之号令班西域矣。

握衍朐鞮单于更立其从兄薄胥堂为日逐王。

5　乌孙昆弥翁归靡因长罗侯常惠上书："愿以汉外孙元贵靡为嗣，得令复尚汉公主，结婚重亲，畔绝匈奴。"诏下公卿议。大鸿胪萧望之以为："乌孙绝域，变故难保，不可许。"

和亲,尚未得到答复,单于就去世了。虚闾权渠单于初即位时,贬黜了颛渠阏氏。颛渠阏氏便与右贤王屠耆堂私通,右贤王参与龙城大会后离去,颛渠阏氏告诉他单于病重,暂时不要远离。几天后单于去世,掌权的贵族郝宿王刑未央派人召诸王前来,尚未到达,颛渠阏氏与其弟左大将且渠都隆奇商议,立右贤王为握衍朐鞮单于。握衍朐鞮单于是乌维单于的曾孙。

握衍朐鞮单于即位后,凶恶残暴,杀死刑未央等人,任用且渠都隆奇,又将虚闾权渠单于的子弟近亲全部罢免,用自己的子弟代替。虚闾权渠单于的儿子稽侯狦未能当上单于,逃到岳父乌禅幕那里。乌禅幕本为康居、乌孙之间一个小国的国王,因多次受到邻国的侵凌,便率其众数千人归降匈奴,狐鹿姑单于将自己弟弟之子日逐王先贤掸的姐姐嫁给乌禅幕为妻,命其统领原来的部众,居住在右翼地区。先贤掸的父亲左贤王本当立为单于,让位给狐鹿姑单于,所以狐鹿姑单于曾许诺将来再传位给左贤王,因而匈奴人都说日逐王先贤掸应当作单于。日逐王平时就与握衍朐鞮单于有矛盾,所以打算率其众归降汉朝,特派人前往渠犁,与骑都尉郑吉取得联系。郑吉征发渠犁、龟兹等国五万人前往迎接日逐王率领的一万二千人、小王将十二人,跟随郑吉来到河曲。中途很多人逃亡,郑吉派人追杀了他们,于是带领日逐王等来到京师长安。汉宣帝封日逐王为归德侯。

郑吉攻破车师国,招降日逐王,威震西域,于是兼管车师以西西域北路,所以号称"都护"。汉朝设置都护一职,即从郑吉开始。汉宣帝封郑吉为安远侯。郑吉在西域中部设立幕府,修筑乌垒城,离阳关两千七百馀里。从此匈奴更加衰弱,不敢与汉朝争夺西域,便取消了僮仆都尉一职。汉西域都护负责督察乌孙、康居等三十六国动静,如发生事变,则奏闻朝廷,能安抚则安抚,不能安抚的即调兵讨伐,从而使汉朝的号令得以颁布于整个西域。

握衍朐鞮单于改立其堂兄薄胥堂为日逐王。

5 乌孙昆弥王翁归靡通过长罗侯常惠上书汉朝廷说:"愿以汉朝外孙元贵靡为继承人,希望他能再娶汉公主为妻,结成两代婚姻,与匈奴断绝关系。"汉宣帝下诏命公卿大臣商议此事。大鸿胪萧望之认为:"乌孙地处遥远绝域,难保不发生变故,不能答应。"

上美乌孙新立大功，又重绝故业，乃以乌孙主解忧弟相夫为公主，盛为资送而遣之，使常惠送之至敦煌。未出塞，闻翁归靡死，乌孙贵人共从本约立岑娶子泥靡为昆弥，号狂王。常惠上书："愿留少主敦煌。"惠驰至乌孙，责让不立元贵靡为昆弥，还迎少主。事下公卿，望之复以"乌孙持两端，难约结。今少主以元贵靡不立而还，信无负于夷狄，中国之福也。少主不止，繇役将兴。"天子从之，征还少主。

三年（壬戌，前59）

1　春，三月丙辰，高平宪侯魏相薨。夏，四月戊辰，丙吉为丞相。吉上宽大，好礼让，不亲小事，时人以为知大体。

2　秋，七月甲子，大鸿胪萧望之为御史大夫。

3　八月，诏曰："吏不廉平，则治道衰。今小吏皆勤事而俸禄薄，欲无侵渔百姓，难矣！其益吏百石已下俸十五。"

4　是岁，东郡太守韩延寿为左冯翊。始，延寿为颍川太守，颍川承赵广汉构会吏民之后，俗多怨雠。延寿改更，教以礼让；召故老，与议定嫁娶、丧祭仪品，略依古礼，不得过法，百姓遵用其教。卖偶车马、下里伪物者，弃之市道。黄霸代延寿居颍川，霸因其迹而大治。延寿为吏，上礼义，

汉宣帝赞赏乌孙新立大功,又断绝了与匈奴的老关系,便封乌孙公主刘解忧的妹妹刘相夫为公主,赐给她丰厚的嫁妆,命她嫁往乌孙,派常惠护送她到敦煌。尚未出塞,听说翁归靡去世,乌孙贵族共同遵从原来的约定,立岑娶之子泥靡为昆弥王,号称"狂王"。于是常惠上书说:"希望将少公主暂时留在敦煌。"常惠赶到乌孙,责问为何不立元贵靡为昆弥王,并宣称,如不立元贵靡,则将送少公主回长安。汉宣帝命公卿大臣商议此事,萧望之再次提出:"乌孙首鼠两端,难以用婚姻关系进行约束。如今少公主因元贵靡未立为王而回,并不算失信于夷狄,反而是我国之福。少公主如不回来,又将兴起徭役。"汉宣帝接受了萧望之的意见,召还少公主。

汉宣帝神爵三年(壬戌,公元前59年)

1 春季,三月丙辰(十六日),高平宪侯魏相去世。夏季,四月戊辰,丙吉被任命为丞相。丙吉崇尚宽大,讲究礼节谦让,一般小事并不过问,当时人普遍认为他识大体。

2 秋季,七月甲子(二十六日),大鸿胪萧望之被任命为御史大夫。

3 八月,汉宣帝下诏书说:"官吏如不清廉公正,国家就不能得到很好的治理。现在低级官吏的事务都很繁忙,而薪俸却很微薄,若想不让他们侵夺、敲诈百姓,实在很难! 从今以后,百石以下低级官吏一律增加俸禄百分之五十。"

4 这一年,东郡太守韩延寿被任命为左冯翊。当初,韩延寿担任颍川太守时,颍川郡在前任太守赵广汉鼓励人民相互告发之后,民间多结怨仇。韩延寿改变作法,教导百姓们讲究礼仪谦让,又征召年纪大、阅历丰富的长者共同研究、决定嫁娶、丧葬、祭祀的仪式和礼品,基本上依照古礼,不许超过限度,百姓们都遵从韩延寿的教导。凡贩卖纸车纸马以及其他陪葬用的各种假器物者,一律将物品没收,抛弃于街市之上。后黄霸代韩延寿为颍川太守,继续遵循韩延寿的方法,将颍川治理得非常出色。韩延寿为官崇尚礼义,

好古教化,所至必聘其贤士,以礼待,用广谋议,纳谏争;表孝弟有行,修治学官,春秋乡射陈钟鼓、管弦,盛升降、揖让;及都试讲武,设斧钺、旌旗,习射御之事;治城郭,收赋租,先明布告其日,以期会为大事,吏民敬畏,趋乡之。又置正、五长,相率以孝弟,不得舍奸人,闾里阡陌有非常,吏辄闻知,奸人不敢入界。其始若烦,后吏无追捕之苦,民无棰楚之忧,皆便安之。接待下吏,恩施甚厚而约誓明。或欺负之者,延寿痛自刻责:"岂其负之,何以至此!"吏闻者自伤悔,其县尉至自刺死。及门下掾自刭,人救不殊,延寿涕泣,遣吏医治视,厚复其家。在东郡三岁,令行禁止,断狱大减,由是入为冯翊。

延寿出行县至高陵,民有昆弟相与讼田,自言。延寿大伤之,曰:"幸得备位,为郡表率,不能宣明教化,至令民有骨肉争讼,既伤风化,重使贤长吏、啬夫、三老、孝弟受其耻,咎在冯翊,当先退!"是日,移病不听事,因入卧传舍,闭阁思过。一县莫知所为,令、丞、啬夫、三老亦皆自系待罪。于是讼者宗族传相责让,此两昆弟深自悔,皆自髡,肉袒谢,愿以田相移,终死不敢复争。郡中歙然,莫不传相敕厉,不敢犯。延寿恩信周遍二十四县,莫敢以辞讼自言者。推其至诚,吏民不忍欺绐。

爱好古代礼法教化，每到一地，必定聘请当地贤士，以礼相待，请他们出谋划策，采纳他们的意见。韩延寿还注意表彰孝顺父母、友爱兄弟的品行高尚之人，修建地方学校。每年春秋两季，都要进行"乡射"之礼，用比赛射箭的办法选拔人才。届时，赛场上陈列钟鼓、管弦，选手们上下赛场时，都相互作揖礼让。又于每年立秋之日，考试武士技艺，考场上设置斧钺、旌旗，命将士们演练骑马射箭之事。修理城池，收取赋税，都于事前明白布告日期，把指定期限作为一件大事，所以下级官吏和百姓非常敬服畏惧，都争相前往，准时完成。又在民间设置"正"、"伍长"等管理人员，督率百姓孝顺父母，友爱兄弟，禁止留奸邪之人住宿，街巷、村落之中如有不寻常之事发生，当地小吏立即向官府报告，所以奸邪之人不敢进入韩延寿管辖地界。开始时，各项事务似乎有些繁琐，但后来官吏却因此而不受追捕奸寇之苦，百姓也因此而不必担忧遭受刑罚杖责，所以都感到安全便利。韩延寿对待下级官吏，既施以深厚恩德，又加以严格约束。如有人欺瞒、辜负于他，韩延寿总是首先痛切自责："一定是我有什么事对不起他，否则他怎会如此！"属下听说后，自然深自愧悔，其下属某县尉竟因此而自杀。有一位门下官吏也因此而自刎，被人救活，韩延寿感动得流下眼泪，派医生前去治伤，并赠送其家人丰厚的礼物。韩延寿在东郡三年，有令必行，有禁必止，刑狱大为减少，因此而调任左冯翊。

韩延寿出外巡视各县，来到高陵县，百姓中有两兄弟，因争夺田产而相互控告，并在韩延寿面前申诉。韩延寿为此深感悲伤，说道："我有幸被摆在左冯翊这一职位上，本应作为全郡的表率，而今却不能宣明教化，致使民间出现亲骨肉因争夺产业而相互控告的事，有伤风化，更使贤德的地方长官及啬夫、三老、孝弟等民间乡官蒙受耻辱，责任在我，我应首先闭门思过。"当天就自称有病，不再处理公事，躺在住宿之处闭门自我反省。全县官员见韩延寿如此，都不知如何是好，县令、县丞、啬夫、三老也都自己把自己关了起来，等待处罚。于是诉讼的两兄弟同宗族的人相互责备，两兄弟也深自悔恨，自己剃去头发，袒露身体，前来领罪，都表示愿将土地让给对方，终生不再相争。全郡上下呈现一片和睦气氛，都以此事自我警戒，不敢再犯同样错误。韩延寿的恩德威信从此遍及所属二十四县，无人再敢自己挑起诉讼争端。韩延寿以他的至诚感化官吏民众，人们都不忍再欺骗他。

5　匈奴单于又杀先贤掸两弟;乌禅幕请之,不听,心恚。其后左奥鞬王死,单于自立其小子为奥鞬王,留庭。奥鞬贵人共立故奥鞬王子为王,与俱东徙。单于右丞相将万骑往击之,失亡数千人,不胜。

5　匈奴单于又杀死先贤掸的两个弟弟,乌禅幕为其求情,遭到单于拒绝,因此心怀怨恨。后匈奴左奥鞬王去世,单于立自己的小儿子为奥鞬王,留居王庭。奥鞬部落贵族共同拥立已故奥鞬王之子为王,率部众一同向东迁徙。单于派右丞相率骑兵万人追击,损失数千人,未能取胜。

卷第二十七　汉纪十九

起癸亥(前58)尽壬申(前49)凡十年

中宗孝宣皇帝下
神爵四年(癸亥,前58)

1　春,二月,以凤皇、甘露降集京师,赦天下。

2　颍川太守黄霸在郡前后八年,政事愈治。是时凤皇、神爵数集郡国,颍川尤多。夏,四月,诏曰:"颍川太守霸,宣明诏令,百姓向化,孝子、弟弟、贞妇、顺孙日以众多,田者让畔,道不拾遗,养视鳏寡,赡助贫穷,狱或八年无重罪囚;其赐爵关内侯、黄金百斤、秩中二千石。"而颍川孝弟有行义民,三老、力田皆以差赐爵及帛。后数月,征霸为太子太傅。

3　五月,匈奴单于遣弟呼留若王胜之来朝。

4　冬,十月,凤皇十一集杜陵。

5　河南太守严延年为治阴鸷酷烈,众人所谓当死者一朝出之,所谓当生者诡杀之,吏民莫能测其意深浅,战栗不敢犯禁。冬月,传属县囚会论府上,流血数里,河南号曰"屠伯"。延年素轻黄霸为人,及比郡为守,褒赏反在己前,心内不服。河南界中又有蝗虫,府丞义出行蝗,还,见延年。延年曰:"此蝗岂凤皇食邪?"义年老,颇悖,素畏延年,

中宗孝宣皇帝下

汉宣帝神爵四年(癸亥,公元前58年)

1　春季,二月,凤凰飞集京师长安,神仙所降甘露也在长安发现,因而大赦天下。

2　颍川太守黄霸在颍川郡前后八年,郡中事务治理得愈加出色。这段时间中,凤凰、神雀多次飞集各郡国,其中以颍川郡最多。夏季,四月,汉宣帝颁布诏书说:"颍川太守黄霸,对各项诏令都明确宣示,大力推行,属下百姓向往礼义教化,孝顺父母的子女、相互友爱的兄弟、贞节的妇女、尊敬老人的孙子日益增多,土地相连的相互谦让,在路上见到别人遗失的东西也不贪心拾取,奉养照顾孤寡老人,主动帮助贫苦病弱,有的监狱连续八年没有重罪囚犯,特赐黄霸关内侯爵位,黄金一百斤和中二千石俸禄。"对颍川郡中孝顺、友爱和其他具有仁义品行的百姓,以及三老、力田等乡官,都分别赐予不等的爵位和财帛。几个月后,汉宣帝又征调黄霸担任太子太傅。

3　五月,匈奴单于派其弟呼留若王胜之前来朝见汉宣帝。

4　冬季,十月,十一只凤凰飞集杜陵。

5　河南太守严延年治理郡务阴狠酷烈,一般认为应处死罪的,往往被他突然释放;本无死罪的人,却常被他无端处死,属吏、百姓谁都无法探知其心意如何,所以大家都战战兢兢,不敢违犯其禁令。每到冬季,严延年即将所属各县的囚犯传到郡衙判罪,血流数里,所以河南郡百姓都称其为"屠伯"。严延年素来轻视黄霸的为人,二人分别在相邻二郡担任太守,见朝廷对黄霸的褒奖赏赐都超过自己,内心更加不服。河南郡中出现蝗虫,名叫义的府丞出外巡视蝗灾,回来后,去见严延年。严延年说:"这些蝗虫岂不正好是凤凰的食物吗?"义年纪已老,有些荒悖糊涂,平时对严延年就很畏惧,

恐见中伤。延年本尝与义俱为丞相史，实亲厚之，馈遗之甚厚。义愈益恐，自筮，得死卦，忽忽不乐，取告至长安，上书言延年罪名十事。已拜奏，因饮药自杀，以明不欺。事下御史丞按验，得其语言怨望、诽谤政治数事。十一月，延年坐不道，弃市。

初，延年母从东海来，欲从延年腊。到洛阳，适见报囚，母大惊，使止都亭，不肯入府。延年出至都亭谒母，母闭阁不见。延年免冠顿首阁下，良久，母乃见之，因数责延年："幸得备郡守，专治千里，不闻仁爱教化，有以全安愚民，顾乘刑罚，多刑杀人，欲以立威，岂为民父母意哉！"延年服罪，重顿首谢，因为母御归府舍。母毕正腊，谓延年曰："天道神明，人不可独杀。我不意当老见壮子被刑戮也！行矣，去汝东归，扫除墓地耳！"遂去。归郡，见昆弟、宗人，复为言之。后岁馀，果败，东海莫不贤智其母。

6　匈奴握衍朐鞮单于暴虐，好杀伐，国中不附。及太子、左贤王数谮左地贵人，左地贵人皆怨。会乌桓击匈奴东边姑夕王，颇得人民，单于怒。姑夕王恐，即与乌禅幕及左地贵人共立稽侯狦为呼韩邪单于，发左地兵四五万人，西击握衍朐鞮单于，至姑且水北。未战，握衍朐鞮单于兵败走，使人报其弟右贤王曰："匈奴共攻我，若肯发兵助我乎？"右贤王曰："若不爱人，杀昆弟、诸贵人，各自死若处，无来污我！"握衍朐鞮单于恚，自杀。左大且渠都隆奇亡之右贤王所，

生怕遭到严延年的中伤陷害。本来,严延年曾与义一起当过丞相史,对他甚为亲厚,这次又送给义非常丰厚的礼品。但义却更加恐惧,自己算了一卦,偏又得一死卦,于是闷闷不乐,请假前往长安,上书控告严延年十大罪状。呈上奏章后,便服毒自杀,以表明自己没有欺骗朝廷。此事被交与御史丞调查核实,果然发现严延年在言谈话语中对朝廷心怀怨望,诽谤朝政等几桩罪名。十一月,严延年以"大逆不道"的罪名斩首示众。

当初,严延年的母亲从东海郡来看儿子,打算与严延年一起祭神度岁。刚到洛阳,正遇到处决囚犯,其母大吃一惊,便留在驿站中,不肯进府。严延年来到驿站谒见母亲,其母紧闭房门,不肯见他。严延年摘下帽子,在门外叩头请罪,过了很长时间,其母才与他相见,并一再责备严延年说:"你侥幸当了郡太守,独自管辖方圆一千里的地区,从未听说你以仁爱之心教育、感化百姓,使百姓们得到安定和保全,反而依恃刑罚,杀人如麻,企图借此为自己树立威严,这岂是作百姓父母官的本意?"严延年再次叩头,表示服罪,并亲自为母亲驾车回到住所。其母待祭祀完毕以后,对严延年说:"天道悠悠,神明在上,多杀人者,也必将为人所杀。想不到我到了暮年,却将看到正当壮年的儿子遭受刑戮!我要走了,离开你东归故乡,打扫墓地去了!"于是离去。回到东海郡,见到严延年的兄弟和族人,又将上面的话说与他们。一年多以后,严延年果然被杀,东海郡人无不赞叹其母的贤明、智慧。

6 匈奴握衍朐鞮单于暴虐凶残,喜好杀人,全国上下都离心离德。太子、左贤王又多次诬陷左翼地区的大小贵族,因而引起这些人的怨恨。正在此时,乌桓派兵袭击居于匈奴东部边疆的姑夕王,获得大批人口,使单于极为恼怒。姑夕王害怕单于降罪,便与乌禅幕及左翼地区贵族拥立稽侯狦为呼韩邪单于,并征发左翼地区军队四五万人,向西进攻握衍朐鞮单于,直抵姑且水北岸。尚未交战,握衍朐鞮单于的军队已先行败退,只得派人通知其弟右贤王说:"匈奴人一起攻击我,你肯不肯发兵帮助我?"右贤王说:"你不爱惜别人,屠杀兄弟和各位贵族,就死在你那里吧,不要来玷污我!"握衍朐鞮单于愤恨交集,自杀而死。左大且渠都隆奇逃到右贤王住地,

其民尽降呼韩邪单于。呼韩单于归庭;数月,罢兵,使各归故
地,乃收其兄呼屠吾斯在民间者,立为左谷蠡王,使人告右贤
贵人,欲令杀右贤王。其冬,都隆奇与右贤王共立日逐王薄
胥堂为屠耆单于,发兵数万人东袭呼韩邪单于,呼韩邪单于
兵败走。屠耆单于还,以其长子都涂吾西为左谷蠡王,少子
姑瞀楼头为右谷蠡王,留居单于庭。

五凤元年(甲子,前57)

1　春,正月,上幸甘泉,郊泰畤。

2　皇太子冠。

3　秋,七月,匈奴屠耆单于使先贤掸兄右奥鞬王与乌藉
都尉各二万骑屯东方,以备呼韩邪单于。是时西方呼揭王来
与唯犁当户谋,共谗右贤王,言欲自立为单于。屠耆单于杀
右贤王父子,后知其冤,复杀唯犁当户,于是呼揭王恐,遂畔
去,自立为呼揭单于。右奥鞬王闻之,即自立为车犁单于。
乌藉都尉亦自立为乌藉单于。凡五单于。屠耆单于自将兵
东击车犁单于,使都隆奇击乌藉。乌藉、车犁皆败,西北走,
与呼揭单于兵合为四万人。乌藉、呼揭皆去单于号,共并力
尊辅车犁单于。屠耆单于闻之,使左大将、都尉将四万骑分
屯东方,以备呼韩邪单于,自将四万骑西击车犁单于。车犁
单于败,西北走。屠耆单于即引兵西南留阗敦地。

汉议者多曰:“匈奴为害日久,可因其坏乱,举兵灭之。”
诏问御史大夫萧望之,对曰:“《春秋》,晋士匄帅师侵齐,闻齐
侯卒,引师而还。君子大其不伐丧,以为恩足以服孝子,谊足
以动诸侯。前单于慕化乡善,称弟,遣使请求和亲,海内欣然,

属下部众全部归降呼韩邪单于。呼韩邪单于回到王庭,数月之后,将军队遣散,命各回本地,找到在民间的兄长呼屠吾斯,立为左谷蠡王,并派人煽动右贤王属下贵族,打算命其杀死右贤王。这年冬天,都隆奇与右贤王拥立日逐王薄胥堂为屠耆单于,发兵数万向东进攻呼韩邪单于,呼韩邪单于兵败退走。屠耆单于返回本地,立其长子都涂吾西为左谷蠡王,小儿子姑瞀楼头为右谷蠡王,命二人留居单于王庭。

汉宣帝五凤元年(甲子,公元前 57 年)

1　春季,正月,汉宣帝前往甘泉,在泰畤祭祀天神。

2　皇太子刘奭举行加冠典礼。

3　秋季,七月,匈奴屠耆单于派先贤掸的哥哥右奥鞬王与乌藉都尉各率二万骑兵屯驻于东部地区,以防备呼韩邪单于。此时,匈奴西部呼揭王找到唯犁当户,商议一同陷害右贤王,说他想自立为单于。屠耆单于杀死右贤王父子,后得知右贤王冤枉,便又将唯犁当户处死,于是呼揭王心中害怕,叛逃而去,自立为呼揭单于。右奥鞬王听说后,便自立为车犁单于。乌藉都尉也自立为乌藉单于。从而匈奴一共有了五位单于。屠耆单于亲自率兵向东进攻车犁单于,派都隆奇率兵进攻乌藉单于。乌藉、车犁两单于战败,向西北方向退走,与呼揭单于合兵一处,共四万人。乌藉、呼揭都去掉单于称号,共同全力辅助车犁单于。屠耆单于听说后,派左大将、都尉率领骑兵四万分别屯驻于东部,以防备呼韩邪单于,自己亲率骑兵四万向西进攻车犁单于。车犁单于兵败,向西北方向退去。屠耆单于遂即率兵转向西南,留居阗敦地区。

汉朝公卿大臣议论匈奴的形势,多数人认为:“匈奴为害多年,可乘其衰败内乱的机会兴兵将其灭亡。”汉宣帝下诏向御史大夫萧望之询问,萧望之回答说:“《春秋》上记载,晋国士匄率兵征伐齐国,听说齐侯去世的消息,马上率兵撤回。君子称赞他不乘敌国丧乱的机会去进攻,并认为只有这样,恩德才足以使孝子心服,情谊才足以使诸侯感动。匈奴前任单于仰慕汉朝的礼仪教化,一心向善,自称是汉的小弟弟,派使臣前来请求和亲,使天下之人同感欣慰,

夷狄莫不闻。未终奉约,不幸为贼臣所杀。今而伐之,是乘乱而幸灾也,彼必奔走远遁。不以义动兵,恐劳而无功。宜遣使者吊问,辅其微弱,救其灾患,四夷闻之,咸贵中国之仁义。如遂蒙恩得复其位,必称臣服从,此德之盛也。"上从其议。

4　冬,十有二月乙酉朔,日有食之。

5　韩延寿代萧望之为左冯翊。望之闻延寿在东郡时放散官钱千馀万,使御史案之。延寿闻知,即部吏案校望之在冯翊时廪牺官钱放散百馀万。望之自奏:"职在总领天下,闻事不敢不问,而为延寿所拘持。"上由是不直延寿,各令穷竟所考。望之卒无事实。而望之遣御史案东郡者,得其试骑士日奢僭逾制;又取官铜物,候月食铸刀剑,效尚方事;及取官钱私假徭使吏;及治饰车甲三百万以上。延寿竟坐狡猾不道,弃市。吏民数千人送至渭城,老小扶持车毂,争奏酒炙。延寿不忍距逆,人人为饮,计饮酒石馀,使掾、史分谢送者:"远苦吏民,延寿死无所恨!"百姓莫不流涕。

二年(乙丑,前56)

1　春,正月,上幸甘泉,郊泰畤。

2　车骑将军韩增薨。五月,将军许延寿为大司马、车骑大将军。

3　丞相丙吉年老,上重之。萧望之意常轻吉,上由是不悦。丞相司直奏望之遇丞相礼节倨慢,又使吏买卖,私所附益凡十万三千,请逮捕系治。秋,八月壬午,诏左迁望之为太子太傅,以太子太傅黄霸为御史大夫。

此事四方夷狄外族也无不知晓。不幸的是,尚未最后缔结良缘,他已被奸臣所杀。如今若去征伐匈奴,实属幸灾乐祸,乘人之危,他们肯定要向远方逃遁。我们兴此不义之师,只怕会劳而无功。应派使者前去吊丧慰问,并扶助他们于衰弱之中,为之解救灾患,四方外夷听说后,必然对我国的仁义行为钦服敬仰。假如能使其子孙因汉的恩德复位,必定会向我朝称臣归附,这才称得上是天子的盛德。"汉宣帝采纳了萧望之的建议。

4 冬季,十二月乙酉(初一),出现日食。

5 韩延寿代替萧望之担任左冯翊。萧望之听说韩延寿在东郡太守任上,曾擅自动用官府之钱一千馀万,便派御史前去调查。韩延寿听到消息,也派人调查萧望之在左冯翊任内擅自动用属于廪牺衙门的一百多万钱之事。萧望之上奏说:"我的职责是总领天下监察事务,既听到有人检举,就不敢不闻不问,而今却受到韩延寿的要挟。"汉宣帝因此对韩延寿颇为不满,下令分别调查到底。调查结果指控萧望之动用官钱一事并无事实根据。而萧望之派到东郡的御史却查出韩延寿在考试骑兵之日,奢侈豪华,超过规定;又动用官铜,仿照宫中铸造御用刀剑之法,等到月食时铸造刀剑;还动用官钱,私自雇用劳役;并置办车辆铠甲等事物,花费在三百万钱以上。韩延寿竟因此被指控犯有"狡猾不道"之罪,斩首示众。行刑时,属下官吏和百姓数千人一直送他到渭城,人们扶老携幼,攀住韩延寿的囚车车轴不放,争相进奉酒肉。韩延寿不忍拒绝,一一饮用,共计喝酒一石有馀,并让属下官吏向前来送他的百姓们致谢,说道:"辛苦各位远程相送,我死而无恨!"百姓们无不痛哭流涕。

汉宣帝五凤二年(乙丑,公元前56年)

1 春季,正月,汉宣帝前往甘泉,在泰畤祭祀天神。

2 车骑将军韩增去世。五月,将军许延寿被任命为大司马、车骑大将军。

3 丞相丙吉年事已高,汉宣帝很尊重他。萧望之常轻视丙吉,汉宣帝对此很不高兴。丞相司直上奏参劾萧望之,说他见到丞相时傲慢无礼,又曾派属下官吏给自己家买东西,被派者私下贴钱,前后共十万三千钱,请求将萧望之逮捕治罪。秋季,八月壬午(初二),汉宣帝下诏将萧望之降为太子太傅,任命太子太傅黄霸为御史大夫。

4　匈奴呼韩邪单于遣其弟右谷蠡王等西袭屠耆单于屯兵，杀略万馀人。屠耆单于闻之，即自将六万骑击呼韩邪单于。屠耆单于兵败，自杀。都隆奇乃与屠耆少子右谷蠡王姑瞀楼头亡归汉。车犁单于东降呼韩邪单于。冬，十一月，呼韩邪单于左大将乌厉屈与父呼遬累乌厉温敦皆见匈奴乱，率其众数万人降汉；封乌厉屈为新城侯，乌厉温敦为义阳侯。是时李陵子复立乌藉都尉为单于，呼韩邪单于捕斩之；遂复都单于庭，然众裁数万人。屠耆单于从弟休旬王自立为闰振单于，在西边；呼韩邪单于兄左贤王呼屠吾斯亦自立为郅支骨都侯单于，在东边。

5　光禄勋平通侯杨恽，廉洁无私，然伐其行能，又性刻害，好发人阴伏，由是多怨于朝廷。与太仆戴长乐相失，人有上书告长乐罪，长乐疑恽教人告之，亦上书告恽罪曰："恽上书讼韩延寿，郎中丘常谓恽曰：'闻君侯讼韩冯翊，当得活乎？'恽曰：'事何容易，胫胫者未必全也！我不能自保，真人所谓"鼠不容穴，衔窦数"者也。'又语长乐曰：'正月以来，天阴不雨，此《春秋》所记，夏侯君所言。'"事下廷尉。廷尉定国奏恽怨望，为妖恶言，大逆不道。上不忍加诛，有诏皆免恽、长乐为庶人。

三年(丙寅，前55)

1　春，正月癸卯，博阳定侯丙吉薨。

　　班固赞曰：古之制名，必由象类，远取诸物，近取诸身。故《经》谓君为元首，臣为股肱，明其一体，相待而成也。是故君臣相配，古今常道，自然之势也。近观汉相，高祖开基，萧、曹为冠；孝宣中兴，丙、魏有声。是时黜陟有序，众职修理，公卿多称其位，海内兴于礼让。览其行事，岂虚虏哉！

4　匈奴呼韩邪单于派其弟右谷蠡王等向西进攻屠耆单于的军队，斩杀、掳掠一万馀人。屠耆单于得知后，立即亲自率领骑兵六万袭击呼韩邪单于。结果屠耆单于兵败自杀。都隆奇与屠耆单于的小儿子右谷蠡王姑瞀楼头逃到汉朝归降。车犁单于向东归降呼韩邪单于。冬季，十一月，呼韩邪单于属下左大将乌厉屈与其父呼邀累乌厉温敦见匈奴内乱不止，率领部众数万人归降汉朝，汉宣帝封乌厉屈为新城侯，乌厉温敦为义阳侯。此时，李陵之子又拥立乌藉都尉为单于，被呼韩邪单于捕杀。于是，呼韩邪单于重新定都单于王庭，但所属人口只有数万人。屠耆单于的堂弟休旬王在匈奴西部边疆自立为闰振单于；呼韩邪单于的兄长左贤王呼屠吾斯也在东部边疆自立为郅支骨都侯单于。

5　光禄勋平通侯杨恽，廉洁无私，但自恃才干，为人尖刻，爱揭人隐私，所以在朝中结怨很多。杨恽与太仆戴长乐互不相容，有人上书控告戴长乐之罪，戴长乐怀疑是杨恽指使，便也上书控告杨恽说："杨恽上书为韩延寿辩护，郎中丘常对杨恽说：'听说你为韩延寿辩解，能不能救他一命？'杨恽说：'谈何容易！正直的人往往未必能保全！我恐怕连自己也难以保全，正如人们所说："老鼠不为洞穴所容，只因它嘴里衔的东西太大。"'又曾对我说：'正月以来，天气久阴不下雨，这类事，《春秋》上有过记载，夏侯胜也说到过，意味着将有臣下犯上作乱。'"此事交给廷尉处理。廷尉于定国上奏参劾杨恽心怀怨望，恶言诽谤，大逆不道。汉宣帝不忍心杀人，下诏将杨恽、戴长乐一齐贬为平民。

汉宣帝五凤三年(丙寅，公元前55年)

1　春季，正月癸卯(二十六日)，博阳定侯丙吉去世。

班固评论说：古代确定一件事物的名称，必定从与此相类似的事物中得来，远的取之于其他事物，近的取之于自身。所以在儒家经典中，将君王比喻为头颅，臣下比喻为大腿和手臂，即为表明君臣一体，相辅相成的关系。所以君臣之间的密切配合，是古今的通常之理，自然之势。考察汉朝各位丞相，自汉高祖开创基业以来，应属萧何、曹参政绩第一；汉宣帝中兴汉朝，以丙吉、魏相最有声誉。他们在职时，各级官员的降黜、升迁都有相应的标准，各类机构健全、适当，公卿大臣大部分都各称其职，天下盛行礼让风气。观察他们的所作所为，就可知道他们的政绩、名誉，绝非偶然所致。

2　二月壬辰，黄霸为丞相。霸材长于治民，及为丞相，功名损于治郡。时京兆尹张敞舍鹖雀飞集丞相府，霸以为神雀，议欲以闻。敞奏霸曰："窃见丞相请与中二千石、博士杂问郡、国上计长史、守丞为民兴利除害，成大化，条其对。有耕者让畔，男女异路，道不拾遗，及举孝子、贞妇者为一辈，先上殿；举而不知其人数者，次之；不为条教者在后。叩头谢丞相，口虽不言，而心欲其为之也。长史、守丞对时，臣敞舍有鹖雀飞止丞相府屋上，丞相以下见者数百人。边吏多知鹖雀者，问之，皆阳不知。丞相图议上奏曰：'臣问上计长史、守丞以兴化条，皇天报下神爵。'后知从臣敞舍来，乃止。郡国吏窃笑丞相仁厚有知略，微信奇怪也。臣敞非敢毁丞相也，诚恐群臣莫白，而长史、守丞畏丞相指，归舍法令，各为私教，务相增加，浇淳散朴，并行伪貌，有名亡实，倾摇解怠，甚者为妖。假令京师先行让畔、异路、道不拾遗，其实亡益廉贪、贞淫之行，而以伪先天下，固未可也。即诸侯先行之，伪声轶于京师，非细事也。汉家承敝通变，造起律令，所以劝善禁奸，条贯详备，不可复加。宜令贵臣明饬长史、守丞，归告二千石，举三老、孝弟、力田、孝廉、廉吏，务得其人，郡事皆以法令为检式，毋得擅为条教。敢挟诈伪以干名誉者，必先受戮，以正明好恶。"天子嘉纳敞言，召上计吏，使侍中临饬，如敞指意。霸甚惭。

2　二月壬辰,黄霸被任命为丞相。黄霸的才能主要在治理百姓,当了丞相以后,声誉比作郡守时有所下降。当时,京兆尹张敞家的鹖雀飞集丞相府,黄霸以为是神雀,与人商议,准备奏闻汉宣帝。张敞上奏说:"我看到丞相与中二千石大臣及博士等向来京报告本年度工作情况的各郡、国长史、守丞询问其为民兴利除害、推行教化的情形,把他们的回答一条条记录下来。凡报告当地农民谦让田地界线,男女不走一条道路,路不拾遗,以及能举出当地孝顺子孙、贞节妇女人数的,列为一等,首先请入殿中上坐;虽然举出,却不知其人数的,列为二等;说不出这方面政绩的,列在最后。向丞相叩头请罪,丞相虽未明言,心中却是希望他们也能举出这方面的例子。长史、守丞对答时,我家中一群鹖雀飞到丞相府,落在屋顶上,自丞相以下,看到的不下数百人。那些从外地来的官吏,大多知道是什么鹖鸟,但丞相问他们,却都装作不知道。丞相与人商议,准备上奏说:'我问各郡、国来京报告工作的长史、守丞各地的情况,礼义教化大兴,所以上天派下神雀以回报陛下的盛德。'后来得知是从我家飞来,方才停止。各郡、国官吏都在暗笑丞相虽然仁厚有智,但有些轻信奇闻怪事。并不是我敢于诋毁丞相,只是怕群臣谁都不敢说明此事,而各郡、国长史、守丞又畏惧丞相指责,回去后废弃国家法令,一心表现自己,增加虚假政绩,使原本淳朴的风气变得日益浮薄,人人争作有名无实的表面文章,对实质性事务则敷衍懈怠,严重的甚至妖言惑众。假如京师长安率先大力倡导农民互相谦让土地界线,男女不同走一路,道不拾遗等等,实际上对区分廉洁贪酷、贞节淫乱的行为并无益处,反倒以虚伪的政绩列为天下第一,这当然是不对的。即使是各郡、国先这样做,竞相以虚假政绩欺骗朝廷,也绝非小事。我大汉在秦朝的各种弊端基础上,通过变通而制定法令,目的在于鼓励善行,禁止奸恶,条理详实周密,已不能再有增加。所以我认为,应派地位尊贵的大臣明确指示各郡、国长史、守丞,回去转告各地郡守,凡保举、任命地方三老、孝弟、力田、孝廉及其他廉洁官吏,务必选人得当,处理郡、国事务都应以国家法令为依据,不得擅自增加、修改。如有敢于靠弄虚作假来欺世盗名者,必须先受惩处,用以明确是非善恶的标准。"汉宣帝对张敞的建议极为赞赏,立即采纳,召集各地来京报告工作的官员,派侍中前往,按张敞的建议发布指示。黄霸为此深感惭愧。

又,乐陵侯史高以外属旧恩侍中,贵重,霸荐高可太尉。天子使尚书召问霸:"太尉官罢久矣。夫宣明教化,通达幽隐,使狱无冤刑,邑无盗贼,君之职也。将相之官,朕之任焉。侍中、乐陵侯高,帷幄近臣,朕之所自亲,君何越职而举之?"尚书令受丞相对,霸免冠谢罪,数日,乃决,自是后不敢复有所请。然自汉兴,言治民吏,以霸为首。

3　三月,上幸河东,祠后土。减天下口钱,赦天下殊死以下。

4　六月辛酉,以西河太守杜延年为御史大夫。

5　置西河、北地属国以处匈奴降者。

6　广陵厉王胥使巫李女须祝诅上,求为天子。事觉,药杀巫及宫人二十馀人以绝口。公卿请诛胥。

四年(丁卯,前54)

1　春,胥自杀。

2　匈奴单于称臣,遣弟右谷蠡王入侍。以边塞亡寇,减戍卒什二。

3　大司农中丞耿寿昌奏言:"岁数丰穰,谷贱,农人少利。故事:岁漕关东谷四百万斛以给京师,用卒六万人。宜籴三辅、弘农、河东、上党、太原郡谷,足供京师,可以省关东漕卒过半。"上从其计。寿昌又白:"令边郡皆筑仓,以谷贱增其贾而籴,谷贵时减贾而粜,名曰常平仓。"民便之。上乃下诏赐寿昌爵关内侯。

再有,乐陵侯史高依靠外戚的身份及对汉宣帝旧时的恩义,担任侍中,地位尊贵、显赫,黄霸推荐史高担任太尉。汉宣帝派尚书召见黄霸问道:"太尉一职早已撤销。你的职责是宣示政教风化,沟通上下渠道,使国家无冤狱,城乡无盗贼。将相一类官员的任免是朕的权限范围。侍中、乐陵侯史高,是朕的亲近大臣,朕对他非常了解,你为何越权保举?"命尚书令听取黄霸的回答,黄霸只得摘下帽子,请求恕罪。数日之后,汉宣帝才下令对此事不予追究。从此以后,黄霸再也不敢请求任免官吏。然而,自汉朝建立以来,在治理百姓方面,应推黄霸第一。

3　三月,汉宣帝巡游河东郡,祭祀后土神。下诏减少天下人头税,赦免天下死刑以下罪犯。

4　六月辛酉(十六日),汉宣帝任命西河太守杜延年为御史大夫。

5　设置西河、北地附属国,以安置归降汉朝的匈奴人。

6　广陵厉王刘胥让巫师李女须诅咒汉宣帝,求神灵保佑他自己作皇帝。此事被人发觉,刘胥将巫师李女须以及宫女二十馀人毒死,企图杀人灭口。公卿大臣请求将刘胥处死。

汉宣帝五凤四年(丁卯,公元前54年)

1　春季,刘胥畏罪自杀。

2　匈奴单于向汉朝称臣,派其弟右谷蠡王到长安来侍奉汉宣帝,并充当人质。汉朝因边塞地区没有了外族入侵的战事,将边塞屯戍兵卒减少十分之二。

3　大司农中丞耿寿昌上奏说:"接连几年农业丰收,粮食价格便宜,农民收入减少。按以往惯例,每年从函谷关以东地区转运粮食四百万斛以供应京师,需调用差役六万人。应从三辅、弘农、河东、上党、太原等郡购买粮食,已经足以供应京师,可以节省函谷关以东转运差役一半以上。"汉宣帝接受了耿寿昌的建议。耿寿昌又禀告说:"命令沿边各郡一律修建粮仓,在粮价低时加价买进,粮价高时减价售出,名为'常平仓'。"百姓受益不浅。汉宣帝因此下诏赐耿寿昌关内侯爵。

4　夏,四月辛丑朔,日有食之。

5　杨恽既失爵位,家居治产业,以财自娱。其友人安定太守西河孙会宗与恽书,谏戒之,为言"大臣废退,当阖门惶惧,为可怜之意,不当治产业,通宾客,有称誉。"恽,宰相子,有材能,少显朝廷,一朝以晻昧语言见废,内怀不服,报会宗书曰:"窃自思念,过已大矣,行已亏矣,常为农夫以没世矣,是故身率妻子,戮力耕桑,不意当复用此为讥议也!夫人情所不能止者,圣人弗禁。故君父至尊亲,送其终也,有时而既。臣之得罪,已三年矣,田家作苦,岁时伏腊,烹羊,炰羔,斗酒自劳,酒后耳热,仰天拊缶而呼乌乌,其诗曰:'田彼南山,芜秽不治;种一顷豆,落而为萁。人生行乐耳,须富贵何时!'诚荒淫无度,不知其不可也。"又恽兄子安平侯谭谓恽曰:"侯罪薄,又有功,且复用!"恽曰:"有功何益!县官不足为尽力。"谭曰:"县官实然。盖司隶、韩冯翊皆尽力吏也,俱坐事诛。"会有日食之变,驺马猥佐成上书告"恽骄奢,不悔过。日食之咎,此人所致"。章下廷尉,按验,得所予会宗书,帝见而恶之。廷尉当恽大逆无道,要斩,妻子徙酒泉郡,谭坐免为庶人,诸在位与恽厚善者,未央卫尉韦玄成及孙会宗等,皆免官。

臣光曰:以孝宣之明,魏相、丙吉为丞相,于定国为廷尉,而赵、盖、韩、杨之死皆不厌众心,其为善政之累大矣!《周官》司寇之法,有议贤、议能,若广汉、延寿之治民,可不谓能乎!宽饶、恽之刚直,可不谓贤乎!然则虽有死罪,犹将宥之,况罪不足以死乎!扬子以韩冯翊之诉萧为臣之自失。夫所以使延寿犯上者,望之激之也。上不之察,而延寿独蒙其辜,不亦甚哉!

4 夏季,四月辛丑(初一),出现日食。

5 杨恽失掉爵位后,住在家里购置产业,用财富来自我娱乐。杨恽的朋友安定太守西河人孙会宗写信劝诫他说:"大臣被罢黜贬谪之后,应当在家诚惶诚恐地闭门思过,以示可怜之意,不应购置产业,交结宾客,使名声在外。"杨恽为丞相杨敞之子,很有才干,年轻时就在朝廷中崭露头角,一时受到暗昧语言的中伤,竟遭罢黜,内心很不服气,便回信给孙会宗说:"我暗自思量,自己的过错太大,行为更有亏欠,只能做一名农夫,默默无闻地度过一生,所以才率领妻子儿女,致力于农桑之事,想不到又因此受人讥评!人情所不能克制的事,连圣人都不加禁止。所以即使是至尊无上的君王,至亲无比的父亲,为他们送终,也有一定的时限。我得罪皇上,已有三年,田间劳作甚为辛苦,每当三伏、腊月,煮羊杀羔,配上美酒一斗,自我犒劳,乘着酒兴,仰面朝天,敲击着瓦盆,放声高歌:'田彼南山,荒秽不治;种一顷豆,落而为萁。人生行乐耳,须富贵何时!'就算是荒淫无度,也不知有何不可!"再有,杨恽兄长的儿子安平侯杨谭对杨恽说:"你的罪并不大,又曾于国有功,将来还会被任用。"杨恽说:"有功有什么用!没必要为皇上尽力!"杨谭说:"皇上确实如此。司隶校尉盖宽饶、左冯翊韩延寿都是尽力国事的大臣,还不是都被找借口杀了!"正巧出现日食,一个名叫成的马夫头上书控告"杨恽骄傲奢侈,不思悔过。这次出现日食,就是因为杨恽的关系"。奏章交给廷尉调查处理,发现杨恽写给孙会宗的信,汉宣帝看了以后,对杨恽深恶痛绝。廷尉判处杨恽大逆不道之罪,腰斩;妻、儿放逐酒泉郡;杨谭受其牵连,也被贬为平民;几位与杨恽关系友善的在职官员,如未央卫尉韦玄成和孙会宗等,都被罢免官职。

臣司马光说:以汉宣帝的英明,加上魏相、丙吉当丞相、于定国当廷尉,而赵广汉、盖宽饶、韩延寿、杨恽的被杀都不能使人心服,实在是汉宣帝善政的最大污点!《周官》上关于司寇职责的规定,有"议贤"、"议能"两项,像赵广汉、韩延寿在治理百姓方面,能不说他们有才能吗!而盖宽饶、杨恽的刚直性格,能不说他们贤明吗!即使真有死罪,也应宽恕,何况罪不至死!扬雄认为,韩延寿控诉萧望之是自取其祸。但韩延寿之所以冒犯上官,则是被萧望之逼的。汉宣帝不察究竟,使韩延寿独受其辜,确实太过分了。

6 匈奴闰振单于率其众东击郅支单于。郅支与战,杀之,并其兵,遂进攻呼韩邪。呼韩邪兵败走,郅支都单于庭。

甘露元年(戊辰,前53)

1 春,正月,行幸甘泉,郊泰畤。

2 杨恽之诛也,公卿奏京兆尹张敞,恽之党友,不宜处位。上惜敞材,独寝其奏,不下。敞使掾絮舜有所案验,舜私归其家曰:"五日京兆耳,安能复案事!"敞闻舜语,即部吏收舜系狱,昼夜验治,竟致其死事。舜当出死,敞使主簿持教告舜曰:"五日京兆竟何如?冬月已尽,延命乎?"乃弃舜市。会立春,行冤狱使者出,舜家载尸并编敞教,自言使者。使者奏敞贼杀不辜。上欲令敞得自便,即先下敞前坐杨恽奏,免为庶人。敞诣阙上印绶,便从阙下亡命。数月,京师吏民解弛,枹鼓数起,而冀州部中有大贼。天子思敞功效,使使者即家在所召敞。敞身被重劾,及使者至,妻子家室皆泣,而敞独笑曰:"吾身亡命为民,郡吏当就捕。今使者来,此天子欲用我也。"装随使者,诣公车上书曰:"臣前幸得备位列卿,待罪京兆,坐杀掾絮舜。舜本臣敞素所厚吏,数蒙恩贷,以臣有章劾当免,受记考事,便归卧家,谓臣'五日京兆',背恩忘义,伤薄俗化。臣窃以舜无状,枉法以诛之。臣敞贼杀不辜,鞫狱故不直,虽伏明法,死无所恨!"天子引见敞,拜为冀州刺史。敞到部,盗贼屏迹。

6 匈奴闰振单于率领军队向东进攻郅支单于。郅支单于与其交战,杀死闰振单于,兼并了闰振单于的军队,于是进攻呼韩邪单于。呼韩邪单于兵败退走,郅支单于建都单于王庭。

汉宣帝甘露元年(戊辰,公元前53年)

1 春季,正月,汉宣帝前往甘泉,在泰畤祭祀天神。

2 杨恽被杀之后,公卿大臣上奏参劾京兆尹张敞,说他是杨恽的朋党,不应再占据官位。汉宣帝爱惜张敞的才干,将奏章压下不发。张敞派下属官员絮舜调查某事,絮舜私自回家,说道:"张敞这个京兆尹最多再干五天,怎能再来查问!"张敞听说絮舜如此说他,立即派官吏将絮舜逮捕下狱,昼夜审讯,竟将他罗织成死罪。絮舜被杀之前,张敞派主簿给他送去一张字条,说道:"我这个'五日京兆'怎么样? 冬季已将过去,你不想多活几天吗?"于是将絮舜斩首示众。等到立春时,朝廷派出调查冤狱使者,絮舜的家属抬着絮舜的尸体,将张敞写给絮舜的字条贴在辩冤状上,向使者控告张敞。使者上奏汉宣帝,参劾张敞滥杀无辜。汉宣帝打算对张敞从轻发落,便先将以前参劾张敞为杨恽朋党的奏章发下,将其贬为平民。张敞到宫门前交还印绶,然后从宫门前逃走。数月之后,京师官员懈怠职守,治安废弛,多次敲响追捕盗贼的警鼓,冀州也出现巨盗。汉宣帝想起张敞在时的功效,派使臣前往张敞家征召张敞。张敞身遭严厉参劾,听说朝廷使臣到来,其妻子、家属等都以为大祸临头,吓得哭泣不止,只有张敞笑着说:"我是一个逃亡的平民,要逮捕我,应由郡中派官员前来。如今朝廷使臣到来,一定是天子又要起用我了。"于是整治行装,随使臣来到公车门前,上书汉宣帝说:"我以前有幸位列九卿,职任京兆尹,被指控杀死属员絮舜。絮舜本是我平时重用的官吏,曾几次加恩宽恕他的过失,他认为我受人参劾,应被免官,所以我派他去查办某事,他竟然回家睡大觉,称我为'五日京兆',实在是忘恩负义,伤风败俗。我因他态度恶劣,便借法令以泄私愤,将他杀死。我滥杀无辜,判案不公,即使被明正典刑,也是罪有应得,死而无恨!"汉宣帝召见张敞,任命他为冀州刺史。张敞到任后,盗贼敛迹不敢再出。

3　皇太子柔仁好儒，见上所用多文法吏，以刑绳下，常侍燕从容言："陛下持刑太深，宜用儒生。"帝作色曰："汉家自有制度，本以霸王道杂之，奈何纯任德教，用周政乎！且俗儒不达时宜，好是古非今，使人眩于名实，不知所守，何足委任！"乃叹曰："乱我家者，太子也！"

　　臣光曰：王霸无异道。昔三代之隆，礼乐、征伐自天子出，则谓之王。天子微弱不能治诸侯，诸侯有能率其与国同讨不庭以尊王室者，则谓之霸。其所以行之也，皆本仁祖义，任贤使能，赏善罚恶，禁暴诛乱，顾名位有尊卑，德泽有深浅，功业有巨细，政令有广狭耳，非若白黑、甘苦之相反也。汉之所以不能复三代之治者，由人主之不为，非先王之道不可复行于后世也。夫儒有君子，有小人。彼俗儒者，诚不足与为治也，独不可求真儒而用之乎！稷、契、皋陶、伯益、伊尹、周公、孔子，皆大儒也，使汉得而用之，功烈岂若是而止邪！孝宣谓太子懦而不立，暗于治体，必乱我家，则可矣；乃曰王道不可行，儒者不可用，岂不过哉！非所以训示子孙，垂法将来者也。

4　淮阳宪王好法律，聪达有材，王母张倢伃尤幸。上由是疏太子而爱淮阳宪王，数嗟叹宪王曰："真我子也！"常有意欲立宪王，然用太子起于微细，上少依倚许氏，及即位而许后以杀死，故弗忍也。久之，上拜韦玄成为淮阳中尉，以玄成尝让爵于兄，欲以感谕宪王；由是太子遂安。

3　皇太子刘奭性格温柔仁厚,喜欢儒家经术,看到汉宣帝任用的官员大多为精通法令的人,依靠刑法控制臣下,曾经利用与汉宣帝一同进餐的机会,从容进言说:"陛下过于依赖刑法,应重用儒生。"汉宣帝生气地说:"我大汉自有大汉的制度,本来就是'王道'与'霸道'兼用,怎能像周朝那样,纯用所谓'礼义教化'呢! 何况俗儒不识时务,喜欢古人古事,总认为今不如昔,使人分不清何为'名',何为'实',不知所循,怎能委以重任!"于是叹息道:"败坏我家基业的人将是太子!"

臣司马光说:"王道"与"霸道",并无实质的不同。过去,夏、商、周三代昌盛时,无论是制礼作乐,还是发动战争,都由天子决定,则称之为"王道"。天子微弱不能控制诸侯时,诸侯中有能力的就率领与之定立盟约的各国共同征讨不遵循理义者,以尊奉王室,则称之为"霸道"。无论是遵行"王道",还是遵行"霸道",都应本着仁义之心,选任贤明,使用人才,奖赏善美,惩罚邪恶,禁绝凶暴,诛除败乱,二者只不过于名位上有尊卑之分,德泽上有深浅之别,功业上有大小之差,政令上有广狭之异,并非像黑白、甜苦那样截然相反。汉朝之所以不能恢复夏、商、周三代那样的盛世,是因为君王未向那个方向努力,并不是古代圣贤之王的治国之道不能再行于后世。在儒生中,有君子,也有小人。像汉宣帝所说的那种"俗儒",当然不能靠他们治理天下,但难道就不能访求"真儒"而任用吗? 像后稷、契、皋陶、伯益、伊尹、周公、孔子,都是大儒,假如汉朝能得到并且重用,则汉朝的功业岂能只像现在这样! 汉宣帝说太子懦弱不能自立,不懂得治国的方法,必然将败坏刘氏基业,这还说得过去;可是说"王道"不可实行,儒生不可任用,岂不是太过分了! 实不能用来训示子孙,留给后人效法。

4　淮阳宪王刘钦喜欢研究法律,聪明通达,很有才干,其母张健伃特别受汉宣帝宠爱。因此,汉宣帝疏远太子刘奭,疼爱淮阳宪王刘钦,曾几次赞叹刘钦说:"这才真是我的儿子!"曾有意要立刘钦为太子,但因刘奭生于自己微贱之时,那时自己全靠刘奭的母亲许氏娘家照顾,即皇位后,许皇后又被人害死,所以不忍心。过了很长一段时间,汉宣帝任命韦玄成为淮阳中尉,想用韦玄成曾让侯爵给其兄长的事暗示和感动刘钦,刘钦这才感到自己的太子地位是稳固了。

5　匈奴呼韩邪单于之败也，左伊秩訾王为呼韩邪计，劝令称臣入朝事汉，从汉求助，如此，匈奴乃定。呼韩邪问诸大臣，皆曰："不可。匈奴之俗，本上气力而下服役，以马上战斗为国，故有威名于百蛮。战死，壮士所有也。今兄弟争国，不在兄则在弟，虽死犹有威名，子孙常长诸国。汉虽强，犹不能兼并匈奴，奈何乱先古之制，臣事于汉，卑辱先单于，为诸国所笑！虽如是而安，何以复长百蛮！"左伊秩訾曰："不然，强弱有时。今汉方盛，乌孙城郭诸国皆为臣妾。自且鞮侯单于以来，匈奴日削，不能取复，虽屈强于此，未尝一日安也。今事汉则安存，不事则危亡，计何以过此！"诸大人相难久之，呼韩邪从其计，引众南近塞，遣子右贤王铢娄渠堂入侍。郅支单于亦遣子右大将驹于利受入侍。

6　二月丁巳，乐成敬侯许延寿薨。

7　夏，四月，黄龙见新丰。

8　丙申，太上皇庙火；甲辰，孝文庙火；上素服五日。

9　乌孙狂王复尚楚主解忧，生一男鸱靡，不与主和；又暴恶失众。汉使卫司马魏和意、副侯任昌至乌孙。公主言："狂王为乌孙所患苦，易诛也。"遂谋置酒，使士拔剑击之。剑旁下，狂王伤，上马驰去。其子细沈瘦会兵围和意、昌及公主于赤谷城。数月，都护郑吉发诸国兵救之，乃解去。汉遣中郎将张遵持医药治狂王，赐金帛；因收和意、昌系琐，从尉犁槛车至长安，斩之。

5 匈奴呼韩邪单于被郅支单于打败之后,左伊秩訾王为呼韩邪单于出谋划策,劝他称臣归附汉朝,请求汉朝帮助,只有这样,才能平定匈奴内乱。呼韩邪单于征求各位大臣的意见,都说:"不行。我们匈奴的风俗,历来崇尚力量,耻于在下面服侍别人,从马上征战建立国家,所以威名才传遍蛮夷各国。战死沙场,本是好男儿的本分。如今我们内部兄弟争国,不是哥哥得到,就是弟弟得到,即使战死,也能留名于后世,子孙永远统辖蛮夷各国。汉朝虽然强大,尚不能吞并匈奴,我们何必自己败坏先祖的制度,向汉朝称臣,使历代单于蒙受羞辱于地下,且被各国耻笑呢!即使能因此而得到安定,又怎能再统辖蛮夷各国!"左伊秩訾王说道:"不对,强弱之势,随时间的推移而改变。如今汉朝正当兴盛,乌孙等各城市国家都已向汉朝称臣。我国自且鞮侯单于以来,土地日益削减,一直无力收复,尽管倔强不屈,却未曾有一天安宁。而今,称臣于汉,则得以安全生存;如果不肯屈服,必陷于危亡境地,还有什么妙计比这样做更好呢?"各位大臣不断对左伊秩訾王提出诘难,最后,呼韩邪单于终于接受了左伊秩訾王的建议,率众南下,向汉朝边塞靠近,派其子右贤王铢娄渠堂到长安侍奉汉宣帝。郅支单于听说后,也派其子右大将驹于利受到长安入侍。

6 二月丁巳(二十一日),乐成敬侯许延寿去世。

7 夏季,四月,在新丰发现黄龙。

8 丙申(初一),太上皇祭庙失火;甲辰(初九),汉文帝祭庙失火。汉宣帝为此素服五日。

9 乌孙狂王泥靡又娶楚公主刘解忧为妻,生下一子,取名鸱靡。狂王与公主关系不和睦,又暴戾凶恶,不得众人之心。汉朝派卫司马魏和意为使臣,卫侯任昌为副使来到乌孙。公主说:"狂王给乌孙造成灾患困苦,要杀他很容易。"于是定计,在酒席宴上,派武士拔剑直刺狂王。但剑锋刺偏,狂王受伤,上马奔驰而去。狂王之子细沈瘦率兵将魏和意、任昌以及公主等包围在赤谷城中。数月之后,都护郑吉征调西域各国军队前来救援,围城之兵方才离去。汉朝派中郎将张遵携带医药来给狂王医治,并赏赐黄金钱财;将魏和意、任昌锁拿,从尉犁用囚车押解到长安,处死。

初,肥王翁归靡胡妇子乌就屠,狂王伤时,惊,与诸翎侯俱去,居北山中,扬言母家匈奴兵来,故众归之。后遂袭杀狂王,自立为昆弥。是岁,汉遣破羌将军辛武贤将兵万五千人至敦煌,通渠积谷,欲以讨之。

初,楚主侍者冯嫽,能史书,习事,尝持汉节为公主使,城郭诸国敬信之,号曰冯夫人,为乌孙右大将妻。右大将与乌就屠相爱,都护郑吉使冯夫人说乌就屠,以汉兵方出,必见灭,不如降。乌就屠恐,曰:"愿得小号以自处!"帝征冯夫人,自问状;遣谒者竺次、期门甘延寿为副,送冯夫人。冯夫人锦车持节,诏乌就屠诣长罗侯赤谷城,立元贵靡为大昆弥,乌就屠为小昆弥,皆赐印绶。破羌将军不出塞,还。后乌就屠不尽归翎侯人众,汉复遣长罗侯将三校屯赤谷,因为分别人民地界,大昆弥户六万馀,小昆弥户四万馀,然众心皆附小昆弥。

二年(己巳,前52)

1 春,正月,立皇子嚣为定陶王。

2 诏赦天下,减民算三十。

3 珠崖郡反。夏,四月,遣护军都尉张禄将兵击之。

4 杜延年以老病免。五月己丑,廷尉于定国为御史大夫。

5 秋,七月,立皇子宇为东平王。

6 冬,十二月,上行幸萯阳宫、属玉观。

当初，乌孙肥王翁归靡与匈奴妻子生的儿子乌就屠，在狂王受伤时，惊恐不安，与乌孙诸翎侯一齐逃走，藏在北部山中，扬言其母亲娘家匈奴派兵前来，所以乌孙百姓纷纷归附于他。后乌就屠袭杀狂王，自立为昆弥王。这一年，汉朝派破羌将军辛武贤率兵一万五千来到敦煌，疏通河道，积聚粮食，准备征讨乌就屠。

当初，刘解忧的侍女冯嫽因有文化，了解汉朝与西域各国事务，所以曾携带汉朝符节为公主出使各国，各国对她很是尊敬信任，称其为冯夫人。她是乌孙右大将的妻子。右大将与乌就屠是亲密朋友，所以都护郑吉派冯嫽劝说乌就屠：汉朝军队即将出击，我国必将被汉军所灭，不如归降汉朝。乌就屠大为恐慌，说道："希望汉朝封我一个小王名号，使我得以安身立命。"汉宣帝征召冯嫽来京师，亲自询问乌孙情况，然后派冯嫽乘坐锦车，携带皇帝符节作为正使，以谒者竺次、期门甘延寿为副使，护送冯嫽来到乌孙，传达汉宣帝诏令，命乌就屠到赤谷城会见长罗侯常惠，立元贵靡为大昆弥，乌就屠为小昆弥，各赐印信、绶带。破羌将军辛武贤未曾出塞，即率兵撤回。后乌就屠不肯将民众全部归还翎侯，于是汉朝又派长罗侯常惠率领三位军校所属部队屯兵赤谷城，将乌孙各部民众划分地界，大昆弥统辖六万馀户，小昆弥统辖四万馀户，然而，乌孙民众全都心向小昆弥。

汉宣帝甘露二年(己巳，公元前52年)

1　春季，正月，汉宣帝立皇子刘嚣为定陶王。

2　汉宣帝颁布诏书，大赦天下，百姓纳税每人一百二十钱，现减少三十钱。

3　珠崖郡造反。夏季，四月，汉宣帝派护军都尉张禄率兵镇压。

4　杜延年因年老多病，被免除职务。五月己丑(初一)，廷尉于定国被任命为御史大夫。

5　秋季，七月，汉宣帝立皇子刘宇为东平王。

6　冬季，十二月，汉宣帝巡游贲阳宫、属玉观。

7 是岁,营平壮武侯赵充国薨。先是,充国以老乞骸骨,赐安车、驷马、黄金,罢就弟。朝廷每有四夷大议,常与参兵谋、问筹策焉。

8 匈奴呼韩邪单于款五原塞,愿奉国珍,朝三年正月。诏有司议其仪。丞相、御史曰:"圣王之制,先京师而后诸夏,先诸夏而后夷狄。匈奴单于朝贺,其礼仪宜如诸侯王,位次在下。"太子太傅萧望之以为:"单于非正朔所加,故称敌国,宜待以不臣之礼,位在诸侯王上。外夷稽首称藩,中国让而不臣,此则羁縻之谊,谦亨之福也。《书》曰:'戎狄荒服。'言其来服荒忽亡常。如使匈奴后嗣卒有鸟窜鼠伏,阙于朝享,不为畔臣,万世之长策也。"天子采之,下诏曰:"匈奴单于称北藩,朝正朔。朕之不德,不能弘覆。其以客礼待之,令单于位在诸侯王上,赞谒称臣而不名。"

荀悦论曰:《春秋》之义,王者无外,欲一于天下也。戎狄道里辽远,人迹介绝,故正朔不及,礼教不加,非尊之也,其势然也。《诗》云:"自彼氏、羌,莫敢不来王。"故要荒之君必奉王贡;若不供职,则有辞让号令加焉,非敌国之谓也。望之欲待以不臣之礼,加之王公之上,僭度失序,以乱天常,非礼也!若以权时之宜,则异论矣。

9 诏遣车骑都尉韩昌迎单于,发所过七郡二千骑为陈道上。

7　这一年,营平壮武侯赵充国去世。早些时候,赵充国因年老请求辞职还乡,汉宣帝赐给他四匹马、安车和黄金,送他回家休养。每当朝廷有关于四方外夷的大事商议,赵充国仍参与军事谋划,为朝廷顾问、筹划。

8　匈奴呼韩邪单于抵达五原郡边塞,表示愿奉献本国珍宝,于甘露三年正月来长安朝见汉宣帝。汉宣帝下诏命有关部门商议朝见仪式。丞相、御史大夫都说:"依古代圣王的制度,先京师而后诸侯,先诸侯而后夷狄。匈奴单于前来朝贺,其礼仪应与诸侯王相同,位次排在诸侯王之后。"太子太傅萧望之认为:"单于本不是我国的臣属,所以称为对等之国,不应用臣属的礼仪对待他,位次应在诸侯王之上。外夷向我国低头,自愿居于藩属地位;我国谦让,不以臣属之礼对待他,为的是笼络于他,显示我国的谦虚大度。《尚书》有言:'戎狄外族很难驯服。'说明外夷的归附反复无常。如果将来匈奴的后代子孙像飞鸟远窜、老鼠潜伏一般不再前来朝见,也不算我国的背叛之臣,这才是子孙万代的长远策略。"汉宣帝采纳了萧望之的意见,下诏说:"匈奴单于自称我国北方藩属,将于明年正月初一前来朝见。朕自问恩德不够,不能受此隆重大礼。应以国宾之礼相待,位次在诸侯王之上,拜谒时只称臣,不具名。"

　　荀悦评论说:按照《春秋》大义,君王应不分内外,以表示天下一统。戎狄外族因相距遥远,人事隔绝,所以不尊中国的年号制度,也不必将中国的礼义教化加之于他们身上,并非是特别尊重他们,而是形势所致,不得不然。《诗经》上说:"氐族、羌族全在内,谁敢不来朝天子。"所以距离再远的外族君主,也不能不向天子朝贡;如不前来朝贡,则会加以斥责,强迫其来朝,而不是称之为对等之国。萧望之打算不以臣属之礼相待,使其位居王公之上,实在是僭越制度,丧失秩序,扰乱纲常,违背礼仪! 但如果只是一时的权宜之计,则又当别论。

9　汉宣帝下诏派车骑都尉韩昌前去迎接单于,征调沿途七郡二千名骑兵陈列于道旁。

三年(庚午,前51)

1 春,正月,上行幸甘泉,郊泰畤。

2 匈奴呼韩邪单于来朝,赞谒称藩臣而不名;赐以冠带、衣裳,黄金玺、繺绶,玉具剑、佩刀,弓一张,矢四发,棨戟十,安车一乘,鞍勒一具,马十五匹,黄金二十斤,钱二十万,衣被七十七袭,锦绣、绮縠、杂帛八千匹,絮六千斤。礼毕,使使者道单于先行宿长平,上自甘泉宿池阳宫。上登长平阪,诏单于毋谒,其左右当户皆得列观,及诸蛮夷君长、王、侯数万、咸迎于渭桥下,夹道陈。上登渭桥,咸称万岁。单于就邸长安。置酒建章宫,飨赐单于,观以珍宝。二月,遣单于归国。单于自请:"愿留居幕南光禄塞下;有急,保汉受降城。"汉遣长乐卫尉、高昌侯董忠、车骑都尉韩昌将骑万六千,又发边郡士马以千数,送单于出朔方鸡鹿塞。诏忠等留卫单于,助诛不服,又转边谷米糒,前后三万四千斛,给赡其食。先是,自乌孙以西至安息诸国近匈奴者,皆畏匈奴而轻汉;及呼韩邪朝汉后,咸尊汉矣。

上以戎狄宾服,思股肱之美,乃图画其人于麒麟阁,法其容貌,署其官爵、姓名;唯霍光不名,曰"大司马、大将军、博陆侯,姓霍氏",其次张安世、韩增、赵充国、魏相、丙吉、杜延年、刘德、梁丘贺、萧望之、苏武,凡十一人,皆有功德,知名当世,是以表而扬之,明著中兴辅佐,列于方叔、召虎、仲山甫焉。

3 凤皇集新蔡。

4 三月己巳,建成安侯黄霸薨。五月甲午,于定国为丞相,封西平侯。太仆沛郡陈万年为御史大夫。

汉宣帝甘露三年(庚午,公元前51年)

1　春季,正月,汉宣帝前往甘泉,在泰畤祭祀天神。

2　匈奴呼韩邪单于前来朝见,拜见汉宣帝时,自称藩臣而不具名;汉宣帝赐给他朝冠、朝服、腰带,黄金印玺、绿色绶带,玉石装饰的宝剑、佩刀、一张弓、四十八支箭,十支用于仪仗的戟,安车一辆,马鞍一副,马十五匹,黄金二十斤,钱二十万,衣衫被褥七十七套,锦绣、绸缎、布帛八千匹,丝绵六千斤。朝会典礼结束后,汉宣帝派使臣带领单于先至长平阪住宿,自己也从甘泉前往池阳宫住宿。汉宣帝登上长平阪,下诏命单于不必参拜,随同单于前来朝见的匈奴大臣以及蛮夷各国的国君,各诸侯王、列侯等数万人,全部来到渭桥下夹道迎接。汉宣帝登上渭桥,众人齐呼万岁。过后单于回到长安居住。汉宣帝在建章宫设宴款待单于,请他观赏珍奇异宝。二月,送单于回国。单于自己请求:"希望留居于大沙漠以南光禄塞之下,遇有紧急情况,退入汉受降城自保。"汉宣帝派长乐卫尉高昌侯董忠、车骑都尉韩昌率领骑兵一万六千,又征发边塞各郡数以千计的兵卒、马匹,送单于自朔方郡鸡鹿塞出塞。下诏命董忠等留在当地保卫单于,帮助单于征讨不服其统治的匈奴人,又转运边塞的粮食、干饭,前后共三万四千斛,供给单于及其部众食用。以前,自乌孙以西直到安息,与匈奴亲近的西域各国,全都畏惧匈奴,轻视汉朝;自呼韩邪单于至汉朝朝见后,则全部遵从汉朝号令。

汉宣帝因四方戎狄相继臣服,想起朝廷大臣辅佐的功劳,便命人在麒麟阁上,为曾作出重大贡献的大臣绘制画像,描绘容貌,注明官爵、姓名,只有霍光不注名字,只写"大司马、大将军、博陆侯,姓霍氏",其次为张安世、韩增、赵充国、魏相、丙吉、杜延年、刘德、梁丘贺、萧望之、苏武,共十一人,因他们都为国立过大功,在当世享有盛誉,所以表彰他们对中兴汉朝的辅佐之功,表示他们可以媲美于古代的方叔、召虎、仲山甫。

3　凤凰飞集新蔡县。

4　三月己巳,建成安侯黄霸去世。五月甲午(十二日),于定国被任命为丞相,封西平侯。太仆沛郡人陈万年任御史大夫。

5　诏诸儒讲五经同异，萧望之等平奏其议，上亲称制临决焉。乃立梁丘《易》、大小夏侯《尚书》、穀梁《春秋》博士。

6　乌孙大昆弥元贵靡及鸱靡皆病死，公主上书言："年老土思，愿得归骸骨，葬汉地！"天子闵而迎之。冬，至京师，待之一如公主之制。后二岁卒。

元贵靡子星靡代为大昆弥，弱。冯夫人上书："愿使乌孙，镇抚星靡。"汉遣之。都护奏乌孙大吏大禄、大监皆可赐以金印紫绶，以尊辅大昆弥。汉许之。其后段会宗为都护，乃招还亡叛，安定之。星靡死，子雌栗靡代立。

7　皇太子所幸司马良娣病，且死，谓太子曰："妾死非天命，乃诸娣妾、良人更祝诅杀我。"太子以为然。及死，太子悲恚发病，忽忽不乐。帝乃令皇后择后宫家人子可以娱侍太子者，得元城王政君，送太子宫。政君，故绣衣御史贺之孙女也。见于丙殿；壹幸有身。是岁，生成帝于甲馆画堂，为世適皇孙，帝爱之，自名曰骜，字大孙，常置左右。

四年(辛未，前50)

1　夏，广川王海阳坐禽兽行、贼杀不辜废，徙房陵。
2　冬，十月，未央宫宣室阁火。
3　是岁，徙定陶王嚣为楚王。
4　匈奴呼韩邪、郅支两单于俱遣使朝献，汉待呼韩邪使有加焉。

5　汉宣帝下诏命各位儒家学者分别讲述他们对五经解释的相同和不同之处，由萧望之等公正上奏，再由汉宣帝作最后的裁决。结果，决定为梁丘贺注解的《易经》、夏侯胜、夏侯建注解的《尚书》、穀梁赤注解的《春秋》，分别设置博士。

6　乌孙大昆弥元贵靡及鸱靡都已病死，公主刘解忧上书汉宣帝说："我年纪已老，思念故乡，希望能让我返回家乡，死在汉朝的土地上！"汉宣帝很觉可怜，派人将她接回汉朝。冬季，刘解忧回到长安，所受待遇与真正的公主一般无二。两年后死去。

元贵靡死后，其子星靡代替他作了乌孙大昆弥，但年纪尚小。冯嫽上书汉宣帝说："我愿出使乌孙，帮助星靡镇抚乌孙。"汉宣帝批准所请，派她出使乌孙。都护韩宣上奏请赐给乌孙大禄、大监等大臣黄金印信、紫色绶带，让他们对大昆弥尽心辅佐。汉宣帝批准所请。后来段会宗担任都护，帮助乌孙招回逃亡在外的民众，使乌孙形势逐渐安定下来。星靡死去，其子雌栗靡代替他成为乌孙大昆弥。

7　皇太子刘奭最宠爱的司马良娣病重，临死前对太子说："我死并不是因为寿数已尽，而是被其他妃妾轮番诅咒所杀。"太子认为她说得很对。司马良娣死后，太子悲痛愤怒，染病在床，闷闷不乐。汉宣帝命皇后在后宫没有官职名号的宫人中，挑选可以侍奉太子的女子，挑到元城人王政君，送入太子宫。王政君为前绣衣御史王贺的孙女。太子在丙殿见到王政君，甚为宠幸，不久身怀有孕。这一年，王政君在甲馆画堂生下汉成帝，因是嫡皇孙，汉宣帝非常疼爱他，亲自给他取名叫作刘骜，字大孙，常常将他带在身边。

汉宣帝甘露四年(辛未，公元前50年)

1　夏季，广川王刘海阳，因被指控行为如同禽兽，滥杀无辜，废去王爵，贬到房陵县。

2　冬季，十月，未央宫宣室阁失火。

3　这一年，汉宣帝将定陶王刘嚣迁封为楚王。

4　匈奴呼韩邪、郅支两单于都派使臣前来朝贡，汉朝对待呼韩邪单于的使臣礼敬有加。

黄龙元年(壬申,前49)

1 春,正月,上行幸甘泉,郊泰畤。

2 匈奴呼韩邪单于来朝,二月,归国。始,郅支单于以为呼韩邪兵弱,降汉,不能复自还,即引其众西,欲攻定右地。又屠耆单于小弟本侍呼韩邪,亦亡之右地,收两兄馀兵,得数千人,自立为伊利目单于。道逢郅支,合战,郅支杀之,并其兵五万馀人。郅支闻汉出兵谷助呼韩邪,即遂留居右地,自度力不能定匈奴,乃益西,近乌孙,欲其并力,遣使见小昆弥乌就屠。乌就屠杀其使,发八千骑迎郅支。郅支觉其谋,勒兵逢击乌孙,破之,因北击乌揭、坚昆、丁令,并三国。数遣兵击乌孙,常胜之。坚昆东去单于庭七千里,南至车师五千里,郅支留都之。

3 三月,有星孛于王良、阁道,入紫微宫。

4 帝寝疾,选大臣可属者,引外属侍中乐陵侯史高、太子太傅萧望之、少傅周堪至禁中,拜高为大司马、车骑将军,望之为前将军、光禄勋,堪为光禄大夫,皆受遗诏辅政,领尚书事。冬,十二月甲戌,帝崩于未央宫。

> 班固赞曰:孝宣之治,信赏必罚,综核名实。政事、文学、法理之士,咸精其能。至于技巧、工匠、器械,自元、成间鲜能及之。亦足以知吏称其职,民安其业也。遭值匈奴乖乱,推亡固存,信威北夷,单于慕义,稽首称藩。功光祖宗,业垂后嗣,可谓中兴,侔德殷宗、周宣矣!

5 癸巳,太子即皇帝位,谒高庙,尊皇太后曰太皇太后,皇后曰皇太后。

汉宣帝黄龙元年(壬申,公元前49年)

1　春季,正月,汉宣帝前往甘泉,在泰畤祭祀天神。

2　匈奴呼韩邪单于前来朝见汉宣帝,二月回国。开始,郅支单于认为呼韩邪单于兵力单薄,又已归降汉朝,不能再返回旧地,于是便率领其众向西方推进,打算攻占匈奴右翼地区。屠耆单于的小弟弟本为呼韩邪单于部下,也逃到右翼地区,收服屠耆单于和闰振单于两位兄长的馀部,共得数千人,因而自立为伊利目单于。途中遇到郅支单于,双方交战,郅支单于杀死伊利目单于,兼并其部下,共有五万馀人。郅支单于听说汉朝出兵出粮帮助呼韩邪单于,便留居右翼地区,他估计靠自己的力量不能控制整个匈奴,于是继续向西推进,靠近乌孙,想与乌孙联合力量,因而派使臣去见乌孙小昆弥乌就屠。乌就屠杀其使臣,派八千骑兵假意迎接郅支单于。郅支单于识破了乌就屠的企图,率兵迎战,大败乌孙军队,随即向北部的乌揭、坚昆、丁令发动进攻,吞并了这三个国家。郅支单于多次派兵进攻乌孙,经常取得胜利。坚昆国东距单于王庭七千里,南至车师五千里,郅支单于建都于此。

3　三月,有异星出现于王良星、阁道星座,进入紫微星座。

4　汉宣帝卧病在床,挑选可以嘱托后事的大臣,召外戚侍中乐陵侯史高、太子太傅萧望之、少傅周堪来到宫中,任命史高为大司马、车骑将军,萧望之为前将军、光禄勋,周堪为光禄大夫,共同接受遗诏,辅佐朝政,兼领尚书事。冬季,十二月甲戌(初七),汉宣帝在未央宫驾崩。

　　　班固评论说:汉宣帝治理国家,有功必赏,有罪必罚,注重综合考核事物名称和实际的关系。主持政务的大臣、学者,以及执掌法令的官员,全都精通自己的本职工作。在技巧、工匠、器械方面,以后的汉元帝、汉成帝时,很少能与之相比。这也足以证明汉宣帝时确实做到了官吏各称其职,百姓各安其业。遇到匈奴内乱,汉宣帝讨伐无道,扶助有道,伸张威严震慑北方夷狄之国,匈奴单于仰慕汉朝仁义,俯首称臣,自居藩属地位。功勋光耀祖先,业绩永垂后世,实可称之为"中兴",其功德可与商高宗、周宣王相比!

5　癸巳(二十六日),皇太子刘奭即皇帝位,拜谒汉高祖祭庙,尊皇太后为太皇太后,皇后为皇太后。

卷第二十八　汉纪二十

起癸酉(前48)尽己卯(前42)凡七年

孝元皇帝上
初元元年(癸酉,前48)

1　春,正月辛丑,葬孝宣皇帝于杜陵;赦天下。

2　三月丙午,立皇后王氏,封后父禁为阳平侯。

3　以三辅、太常、郡国公田及苑可省者振业贫民;赀不满千钱者,赋贷种、食。

4　封外祖平恩戴侯同产弟子中常侍许嘉为平恩侯。

5　夏,六月,以民疾疫,令太官损膳,减乐府员,省苑马,以振困乏。

6　关东郡、国十一大水,饥,或人相食;转旁郡钱谷以相救。

7　上素闻琅邪王吉、贡禹皆明经洁行,遣使者征之。吉道病卒。禹至,拜为谏大夫。上数虚己问以政,禹奏言:"古者人君节俭,什一而税,无他赋役,故家给人足。高祖、孝文、孝景皇帝,宫女不过十馀人,厩马百馀匹。后世争为奢侈,转转益甚;臣下亦稍放效。臣愚以为如太古难,宜少放古以自节焉。方今宫室已定,无可奈何矣;其馀尽可减损。故时齐三服官,输物不过十笥;方今齐三服官,作工各数千人,一岁费数巨万。

孝元皇帝上
汉元帝初元元年(癸酉,公元前48年)

1　春季,正月辛丑(初四),把汉宣帝安葬在杜陵,大赦天下。

2　三月丙午(初十),汉元帝立王政君做皇后,赐封皇后的父亲王禁为阳平侯。

3　元帝颁布诏令:把三辅、太常、各郡、各封国的公田,以及皇家苑囿可以节省的经费,救济贫民,帮助就业;资财不满一千钱的,给予或借给他们种子或粮食。

4　元帝赐封外祖父已故平恩侯许广汉同胞弟弟的儿子中常侍许嘉,继承平恩侯的爵号。

5　夏季,六月,因为传染病流行,元帝命令太官减省菜饭,裁减乐府人员,削减皇家马匹,用以救济难民。

6　函谷关以东十一个郡与封国大水成灾,发生饥荒,以至出现人吃人的惨景;朝廷转运邻近地区的粮食救灾。

7　元帝以往听说琅邪王吉、贡禹都精通儒家经典,品行廉洁,便派遣使节征召二人到京师长安。王吉在途中病逝。贡禹到达之后,被任命为谏大夫。元帝屡次虚心地向他请教如何治理国家,贡禹说:"古代君王节约俭朴,只征收十分之一的赋税,没有其他额外的赋税和徭役,所以家家户户都过着自给自足的生活。高祖、孝文帝、孝景帝,宫女不过十馀人,御马不过百馀匹。但是后世奢侈成风,日益严重,上行下效,臣属也奢侈起来。我愚昧地认为:完全仿效远古,当然困难,但至少也应仿效近代祖先的榜样,厉行节俭。现在宫殿已经落成,无可奈何了,其馀的开支,可以尽量减少。过去设立在齐郡的皇家织造厂,每年为皇室制作的高级丝织服装,不过十只竹箱;而今,这三座织造厂,其工人各有数千人,一年耗资数以亿计。

厩马食粟将万匹。武帝时，又多取好女至数千人，以填后宫。及弃天下，多藏金钱、财物，鸟兽、鱼鳖凡百九十物；又皆以后宫女置于园陵。至孝宣皇帝时，陛下恶有所言，群臣亦随故事，甚可痛也！故使天下承化，取女皆大过度：诸侯妻妾或至数百人，豪富吏民畜歌者至数十人，是以内多怨女，外多旷夫。及众庶葬埋，皆虚地上以实地下。其过自上生，皆在大臣循故事之罪也。唯陛下深察古道，从其俭者：大减损乘舆服御器物，三分去二；择后宫贤者，留二十人，馀悉归之，及诸陵园女无子者，宜悉遣；厩马可无过数十匹，独舍长安城南苑地，以为田猎之囿。以方今天下饥馑，可无大自损减以救之称天意乎！天生圣人，盖为万民，非独使自娱乐而已也。"天子纳善其言，下诏，令诸宫馆希御幸者勿缮治；太仆减谷食马；水衡减肉食兽。

臣光曰：忠臣之事君也，责其所难，则其易者不劳而正；补其所短，则其长者不劝而遂。孝元践位之初，虚心以问禹，禹宜先其所急，后其所缓。然则优游不断，谗佞用权，当时之大患也，而禹不以为言；恭谨节俭，孝元之素志也，而禹孜孜言之；何哉！使禹之智不足以知，乌得为贤！知而不言，为罪愈大矣。

8 匈奴呼韩邪单于复上书，言民众困乏。诏云中、五原郡转谷二万斛以给之。

而皇家饲养的御马,已将近一万匹。武帝时,又广泛征集美女达数千人,用来充实后宫。到他去世,陪葬的金钱、财物、鸟兽、鱼鳖很多,总共一百九十种;而所有的宫女,都被送到陵园,看守陵墓。到宣帝安葬时也是这样,陛下不能提出任何减省的意见,臣子们也援照先例,太令人痛惜了!这种风气影响全国,娶妻纳妾,往往大大超过正常限度:诸侯王的妻妾有的多到数百人,豪强官吏以及富民,有的拥有歌女达数十人,因此,闺房内多有怨女,而单身汉也随之增多。至于庶民百姓,丧葬都把钱财珍宝作为随葬品,埋于地下。这一过失,来自天子,全是大臣们援例厚葬的结果。我建议陛下,深入考察古代的道理,遵从节约的方法,大大减少御用车子、衣服、器物的开支——三分减去二分。选择后宫贤德的美女,只留下二十人,其余都送回各自的家;凡看守陵园没有生育过的宫女,应都遣散。御马可以不要超过数十匹,只留长安城南苑地,作为打猎场所。因为天下而今正值饥馑荒年,难道不应该大大地缩小支出,用来拯救困苦的人民,以称天意吗?上天降生圣人,是为广大人民谋福利,不是使他自己一个人享乐。"元帝采纳贡禹的建议,下诏:凡是皇帝很少游息的离宫别馆,不要修缮,太仆减少御用马匹,水衡减少供皇帝打猎或观赏用的野兽。

臣司马光说:忠臣侍奉君王,应请求君王去作困难的事,那么容易的事,用不着费大力气,便可以纠正;只要君王能弥补自己的短缺,那么他的长处不必劝勉就自然可以发扬。元帝开始即位,向贡禹虚心请教,贡禹应该把急事放在首要位置,把缓事摆在第二位。优柔寡断、邪恶之辈掌权,是当时的大患,而贡禹不在这方面发言;谦恭谨慎、节约俭朴,是元帝本来所具有的品质,贡禹却煞费苦心,提出建议。这是为什么?假如他的智慧连这些都不知道,怎么可称贤能!假如他知道而不肯说,罪就更大了。

8 匈奴呼韩邪单于再次上书西汉朝廷,陈述部众生活困难。西汉朝廷命令云中、五原两郡,运送米谷二万斛,给予救济。

9　是岁,初置戊已校尉,使屯田车师故地。

二年(甲戌,前47)

1　春,正月,上行幸甘泉,郊泰畤。乐陵侯史高以外属领尚书事,前将军萧望之、光禄大夫周堪为之副。望之名儒,与堪皆以师傅旧恩,天子任之,数宴见,言治乱,陈王事。望之选白宗室明经有行散骑、谏大夫刘更生给事中,与侍中金敞并拾遗左右。四人同心谋议,劝导上以古制,多所欲匡正;上甚乡纳之。史高充位而已,由此与望之有隙。

中书令弘恭、仆射石显,自宣帝时久典枢机,明习文法。帝即位多疾,以显久典事,中人无外党,精专可信任,遂委以政,事无大小,因显白决,贵幸倾朝,百僚皆敬事显。显为人巧慧习事,能深得人主微指,内深贼,持诡辩,以中伤人,忤恨睚眦,辄被以危法;亦与车骑将军高为表里,议论常独持故事,不从望之等。

望之等患苦许、史放纵,又疾恭、显擅权,建白以为:"中书政本,国家枢机,宜以通明公正处之。武帝游宴后庭,故用宦者,非古制也。宜罢中书宦官,应古不近刑人之义。"由是大与高、恭、显忤。上初即位,谦让,重改作,议久不定,出刘更生为宗正。

9 本年,西汉朝廷在西域都护下,开始增设戊校尉和己校尉,主持原车师军队屯垦。

汉元帝初元二年(甲戌,公元前47年)

1 春季,正月,元帝前往甘泉,在泰畤祀天神。乐陵侯史高以外戚的缘由主管尚书事宜,前将军萧望之、光禄大夫周堪,做他的副手。萧望之是当时著名的大儒,与周堪曾担任过元帝的老师,情谊很深,元帝对二人很信任,屡次宴请接见二人,谈论历代的安危兴衰,陈述国家的大政方针。萧望之推荐皇族出身,精通儒家经典,品行纯正的散骑、谏大夫刘向兼任给事中,又推荐侍中金敞,同在元帝左右,纠正元帝的过失。四人同心合力,筹谋商议,规劝引导元帝实行古代制度,打算多方纠正政治上的失误,元帝对此心意向往,且纳用其言。史高不过在高位上充数罢了,因此跟萧望之有了嫌隙。

中书令弘恭、仆射石显,从宣帝时代,就长期掌管中枢机要,熟悉法令条文。元帝即位后,常常患病,因为石显长期担任要职,又是宦官,无婚姻之家,少骨肉之亲,在朝廷中没有党羽,精明干练,可以信任,于是就把大权托付给他,朝廷事无大小,都通过石显转奏,再由皇帝裁断,因而石显的权势,超越所有朝臣,文武百官,都对他恭敬地侍奉。石显为人,灵巧聪明,通晓事理,很能领会皇帝隐藏在内心深处的旨意。他心肠阴险狠毒,以似是而非的狡辩,诬陷他人,任何一点小小的怨恨,就会被他滥用法律加害。他跟车骑将军史高内外相勾结,在讨论国家大事时,常坚持奉行旧制度,不接受萧望之等人的主张。

萧望之等人憎恶许嘉、史高的骄奢,又痛恨弘恭、石显的专权,于是向元帝建议:"中书是传宣诏书的地方,位居朝廷中枢,掌管机要,应该由光明正大的人士担任那里的工作。武帝因为常在后宫宴饮欢乐,才改用宦官,这不是古代的制度。请解除宦官兼任中书官职的规定,这才符合古代君主不接近因受刑罚致残之人的礼制。"这项建议激化了萧望之与史高、弘恭、石显的矛盾。而元帝刚即位不久,谦让谨慎,不想轻易改变祖先的安排,所以这件事久议不决,最后还是把刘向由中朝调出,改任外朝官宗正。

　　望之、堪数荐名儒、茂材以备谏官,会稽郑朋阴欲附望之,上书言车骑将军高遣客为奸利郡国,及言许、史子弟罪过。章视周堪,堪白:"令朋待诏金马门。"朋奏记望之曰:"今将军规模,云若管、晏而休,遂行日昃,至周、召乃留乎?若管、晏而休,则下走将归延陵之皋,没齿而已矣。如将军兴周、召之遗业,亲日昃之兼听,则下走其庶几愿竭区区奉万分之一!"望之始见朋,接待以意;后知其倾邪,绝不与通。朋,楚士,怨恨,更求入许、史,推所言许、史事,曰:"皆周堪、刘更生教我;我关东人,何以知此!"于是侍中许章白见朋。朋出,扬言曰:"我见言前将军小过五,大罪一。"待诏华龙行污秽,欲入堪等,堪等不纳,亦与朋相结。

　　恭、显令二人告望之等谋欲罢车骑将军,疏退许、史状,候望之出休日,令朋、龙上之。事下弘恭问状,望之对曰:"外戚在位多奢淫,欲以匡正国家,非为邪也。"恭、显奏:"望之、堪、更生朋党相称举,数谮诉大臣,毁离亲戚,欲以专擅权势。为臣不忠,诬上不道,请谒者召致廷尉。"时上初即位,不省召致廷尉为下狱也,可其奏。后上召堪、更生,曰:"系狱。"上大惊曰:"非但廷尉问邪!"以责恭、显,皆叩头谢。上曰:"令出视事。"恭、显因使史高言:"上新即位,未以德化闻天下,

萧望之、周堪多次向元帝推荐著名学者和秀才,作为谏官人选,会稽郡人郑朋试图投靠萧望之,于是上书元帝,揭发车骑将军史高派遣门客到各地营私,以及许、史两大家族子弟的罪恶。元帝把这份奏章拿给周堪过目,周堪建议说:"命令郑朋在金马门等待召见。"郑朋遂上一份笺呈给萧望之,说:"现在将军为国家谋划法制,只不过当个管仲、晏婴,便心满意足? 还是忙得过了中午才吃饭,直追周公、召公的勋业才停止? 如果目标不过是当管仲、晏婴,那么我马上将回到故乡延陵,去看守祖先的坟墓,以终天年。如果在于复兴周公、召公留下的事业,那么我也许愿意竭尽小小的力量,奉献给您!"萧望之开始接见郑朋,推心置腹相待;可是不久就看出他是一个投机取巧的邪恶之徒,与他断绝了往来。郑朋是楚地士人,由失望而怨恨,于是就改而投靠许嘉、史高,对他过去所做的事解释说:"那都是周堪、刘向教唆我干的,我远在函谷关以东,怎么知道朝廷里的事?"侍中许章于是奏请元帝亲自召见郑朋。在跟元帝对话后,郑朋出了皇宫,宣称:"我向圣上检举萧望之有五项小过,一项大罪。"待诏华龙,品行恶劣,也想加入周堪等人组成的派系,周堪等不肯接纳,他就与郑朋勾结在一起。

　　弘恭、石显命令郑朋、华龙联合控告萧望之等密谋罢黜车骑将军史高,使圣上疏远许、史两大家族,等到萧望之休假那天,郑朋、华龙把奏章呈递。元帝交付弘恭查办,在询问萧望之时,萧望之回答说:"外戚身居高位,大多荒淫奢侈,我期望圣上疏远他们,是为了扶正国家,并没有邪恶的意念。"在取得口供后,弘恭、石显联合上奏说:"萧望之、周堪、刘向,结党营私,互相称许推荐,多次诋毁国家重臣,离间陛下的骨肉至亲,图谋控制朝廷,独揽权势。作为一个臣子是不忠,陷陛下于不义是无道,请派谒者把全案移送廷尉。"当时元帝即位不久,不了解移送廷尉是关进监狱,于是就批准了奏请。后来,元帝要召唤周堪、刘向,左右回答说:"他们已被逮捕关押。"元帝大惊说:"不是说廷尉仅仅问话呀!"责备弘恭、石显,二人都叩头请罪。元帝说:"快请他们出来办公!"弘恭、石显唆使史高对元帝说:"陛下刚刚即位,没有以德感人而闻名全国,

而先验师傅。既下九卿、大夫狱,宜因决免。"于是制诏丞相、御史:"前将军望之,傅朕八年,无他罪过,今事久远,识忘难明,其赦望之罪,收前将军、光禄勋印绶;及堪、更生皆免为庶人。"

2　二月丁巳,立弟竟为清河王。

3　戊午,陇西地震,败城郭、屋室,压杀人众。

4　三月,立广陵厉王子霸为王。

5　诏罢黄门乘舆狗马,水衡禁囿、宜春下苑、少府佽飞外池、严籞池田假与贫民。又诏赦天下,举茂材异等、直言极谏之士。

6　夏,四月,立子骜为皇太子。待诏郑朋荐太原太守张敞,先帝名臣,宜傅辅皇太子。上以问萧望之,望之以为敞能吏,任治烦乱,材轻,非师傅之器。天子使使者征敞,欲以为左冯翊,会病卒。

7　诏赐萧望之爵关内侯,给事中,朝朔望。

8　关东饥,齐地人相食。

9　秋,七月己酉,地复震。

10　上复征周堪、刘更生,欲以为谏大夫。弘恭、石显白,皆以为中郎。

上器重萧望之不已,欲倚以为相;恭、显及许、史兄弟、侍中、诸曹皆侧目于望之等。更生乃使其外亲上变事,言:"地震殆为恭等,不为三独夫动。臣愚以为宜退恭、显以章蔽善之罚,

就用法律处理师傅。既然已把九卿、大夫级官员下狱,不如就此将他们免职。"元帝于是下诏给丞相、御史:"前将军萧望之,作过我八年的师傅,没有其他罪过,只因年纪已老,记忆力减退,赦免他的罪过,撤销他的前将军、光禄勋职务;而周堪、刘向一律贬为庶人。"

2 二月丁巳(二十七日),元帝赐封弟刘竟为清河王。

3 戊午(二十八日),陇西郡发生地震,城郭、房屋倒塌,压死很多百姓。

4 三月,元帝赐封已故广陵厉王刘胥的儿子刘霸继承王位。

5 元帝颁布诏令:撤销黄门寺所管理的御车、御狗、御马;水衡所属的皇家花园,宜春宫所属的御花园,少府所属的皇家伄飞外池,以及皇家弋射苑中的田地,统统租赁给贫民耕种。又大赦天下,命有关部门推荐优秀人才和有特别能力的人,以及直言进谏人士。

6 夏季,四月,元帝赐封刘骜为皇太子。待诏郑朋推荐太原太守张敞,是先帝时代有名的重臣,可以做皇太子的师傅并辅佐皇太子。元帝询问萧望之,征求他的意见,萧望之认为张敞是一位能干的官员,可以胜任治理头绪繁杂纷乱的工作,但是行为轻佻,不具备师傅的器量和资质。元帝于是改变主意,征召张敞,准备任命他为左冯翊,不巧张敞因病去世。

7 元帝赐萧望之封爵关内侯,兼给事中,每月初一、十五日朝见。

8 关东发生饥荒,齐国地区出现人吃人的惨景。

9 秋季,七月己酉,地震再次发生。

10 元帝再次征召周堪、刘向,准备任命他们当谏大夫。弘恭、石显从中作梗,元帝于是改命二人当中郎。

元帝一直非常尊重萧望之,想请他担任丞相,弘恭、石显与许史两大家族的子弟,以及侍中、诸曹,都嫉妒萧望之等人。而这时刘向指使他的外亲,就地震灾难,上书说:"地震发生,大概是针对弘恭等来的,而不是因为萧望之、周堪、刘向这三个老独夫。我非常愚昧,但我认为,应该罢黜弘恭、石显,以示对于压制善良的惩罚;

进望之等以通贤者之路。如此，则太平之门开，灾异之原塞矣。"书奏，恭、显疑其更生所为，白请考奸诈，辞果服；遂逮更生系狱，免为庶人。

　　会望之子散骑、中郎伋亦上书讼望之前事，事下有司，复奏："望之前所坐明白，无谮诉者，而教子上书，称引亡辜之诗，失大臣体，不敬；请逮捕。"弘恭、石显等知望之素高节，不诎辱，建白："望之前幸得不坐，复赐爵邑，不悔过服罪，深怀怨望，教子上书，归非于上，自以托师傅，终必不坐。非颇屈望之于牢狱，塞其怏怏心，则圣朝无以施恩厚！"上曰："萧太傅素刚，安肯就吏！"显等曰："人命至重，望之所坐，语言薄罪，必无所忧。"上乃可其奏。冬，十二月，显等封诏以付谒者，敕令召望之手付。因令太常急发执金吾车骑驰围其第。使者至，召望之。望之以问门下生鲁国朱云，云者，好节士，劝望之自裁。于是望之仰天叹曰："吾尝备位将相，年逾六十矣。老入牢狱，苟求生活，不亦鄙乎！"字谓云曰："游，趣和药来，无久留我死！"遂饮鸩自杀。天子闻之惊，拊手曰："曩固疑其不就牢狱，果然杀吾贤傅！"是时，太官方上昼食，上乃却食，为之涕泣，哀动左右。于是召显等责问；以议不详，皆免冠谢，良久然后已。上追念望之不忘，每岁时遣使者祠祭望之冢，终帝之世。

应该进升萧望之等，以便疏通贤能上进的道路。如果是这样，则天下太平的大门洞开，自然灾害的泉源也就阻塞了。"奏章呈上之后，弘恭、石显怀疑是刘向干的，要求元帝准许追究其中的奸诈真相，据查，果然受到刘向指使，于是逮捕刘向，囚禁于牢狱，免官，贬为平民。

　　恰好萧望之的儿子散骑、中郎萧伋也上书为其父诉冤，奏章交付给有关部门，有关部门复查后上奏说："萧望之以前被指控的罪证很明确，并不是诬告陷害，他却教唆儿子，向陛下上书，引用《诗经》上关于无罪的诗篇，有失大臣的体面，大不敬，请逮捕审讯。"弘恭、石显等了解萧望之平素气节高尚，不可能接受下狱的屈辱，因此建议说："萧望之侥幸没有牵连进前案中去，而又得赐赐爵位封邑，他不悔过认罪，反而满腹牢骚，教唆儿子上书，把过失推到陛下身上，自以为是陛下的师傅，无论怎么都不会治罪。如果不用监狱的痛苦抑制他的骄傲自信，那么陛下就再也无法施厚恩于臣子了！"元帝说："萧太傅素来性情刚烈，怎么肯去坐牢？"石显等人说："人，谁不看重性命，而萧望之被指控的，不过语言上的轻罪，必定不会有任何意外。"元帝于是同意奏请。冬季，十二月，石显等把诏书封好，交给谒者，命令让萧望之亲自拆封。同时下令太常迅速调发执金吾所属部队，包围萧望之住宅。谒者到了萧宅，召唤萧望之。萧望之就此问他的学生鲁国人朱云，朱云崇尚节操，建议萧望之自杀。于是萧望之仰天长叹："我曾经立于丞相之列，而今年纪已超过六十。这么大的年纪被关进监狱，去苟且求生，岂不鄙贱？"于是称呼朱云的字说："游，快把药和好，不要延长我等死的时间！"于是饮下鸩酒，自杀身死。元帝接到报告，大为震惊，拍手说："我本来就怀疑他不会去坐牢，果然杀了我的好师傅。"这时，太官正呈上午餐，元帝拒不进食，泪流满面，悲哀感动了旁边的人。于是召唤石显等责问，石显等承认当初判断错误，都摘掉官帽，叩头请罪，过了很久，事情才算了结。元帝追思哀悼萧望之，不能忘情，每年四季都派使节去他坟墓前祭祀，直到自己去世方止。

臣光曰：甚矣孝元之为君，易欺而难悟也！夫恭、显之谮诉望之，其邪说诡计，诚有所不能辨也。至于始疑望之不肯就狱，恭、显以为必无忧，已而果自杀，则恭、显之欺亦明矣。在中智之君，孰不感动奋发以厎邪臣之罚！孝元则不然，虽涕泣不食以伤望之，而终不能诛恭、显，才得其免冠谢而已。如此，则奸臣安所惩乎！是使恭、显得肆其邪心而无复忌惮者也。

11　是岁，弘恭病死，石显为中书令。

12　初，武帝灭南越，开置珠崖、儋耳郡，在海中洲上；吏卒皆中国人，多侵陵之。其民亦暴恶，自以阻绝，数犯吏禁，率数年壹反，杀吏；汉辄发兵击定之。二十馀年间，凡六反。至宣帝时，又再反。上即位之明年，珠崖山南县反，发兵击之。诸县更叛，连年不定。上博谋于群臣，欲大发军。待诏贾捐之曰："臣闻尧、舜、禹之圣德，地方不过数千里，西被流沙，东渐于海，朔南暨声教。言欲与声教则治之，不欲与者不强治也。故君臣歌德，含气之物各得其宜。武丁、成王，殷、周之大仁也，然地东不过江、黄，西不过氐、羌，南不过蛮荆，北不过朔方，是以颂声并作，视听之物咸乐其生，越裳氏重九译而献，此非兵革之所能致也。以至于秦，兴兵远攻，贪外虚内而天下溃畔。孝文皇帝偃武行文，

臣司马光说:元帝这位君王,太奇怪了,容易受欺骗,而又
难以醒悟。弘恭、石显诬陷萧望之,其阴谋诡计,诚然有时候
很难分辨。然而,元帝开始已经怀疑萧望之不会愿意入狱,弘
恭、石显却以为不必担心出现意外,不久果然自杀,则弘恭、石
显的欺诈,已至为明显。即令是中等智慧的君王,也会情绪激
动,勃然大怒,给奸邪的臣子以应得的惩罚。而元帝则不然,
虽然以痛哭流涕、拒不进食来哀悼师傅,却终究不能杀掉弘
恭、石显,只不过使他们脱下官帽,跪下请罪而已。如此,奸臣
又怎么惩治呢? 这正是导致弘恭、石显肆意妄为,毫无忌惮的
原因所在。

11 这年,弘恭因病而死,石显继任中书令。

12 起初,汉武帝吞并南越,在海南岛上,开始设置珠崖郡、儋
耳郡,官吏以及士兵全是中国人,对当地土著,多有侵夺凌辱之事。
而土著人民,也很强悍,认为海南岛隔绝在大海之外,所以无视法
令,不断起来抗暴,大约每隔几年,就起事一次,击杀官吏。汉朝廷
每次都出动军队,予以平定。二十余年之间,共发生过六次起事。
到宣帝在位期间,又有两次起事。元帝即位的第二年,珠崖郡山南
县叛乱,汉朝出兵镇压。而其他各县也跟着叛乱,接连数年,不能
平定。元帝广泛征求大臣的意见,准备出动大军镇压。待诏贾捐
之说:“我曾经听说,尧、舜、禹这些圣明有德的君王,其版图的范
围,不过方圆数千里,西接流沙,东濒大海,朔方以南都是中国声威
和教化普及的地区。声明愿接受中国声威和教化的,中国就去治
理;不愿接受中国声威和教化的,中国决不强迫。因此君王和臣
子,都有德可以歌颂,凡有生命的动物,都各得其宜。武丁、成王,
是商朝和周朝至仁的君王,然而版图东方不过到达江国、黄国,西
方不过到达氐、羌二部落,南方不过到达蛮人的楚部落,北方不过
到达朔方,因此颂扬的声音遍起,凡是会听会看的生物,都乐于生
存,以至越裳部落经过九重翻译,而向中国进贡,这不是兵力可以
得到的。后来到了秦王朝,出动军队远征,贪功于千万里之外,却使
国内的防卫虚弱,天下背叛。到了汉孝文皇帝,停息武备,修明文教,

当此之时,断狱数百,赋役轻简。孝武皇帝厉兵马以攘四夷,天下断狱万数,赋烦役重,寇贼并起,军旅数发,父战死于前,子斗伤于后,女子乘亭障,孤儿号于道,老母、寡妇饮泣巷哭,是皆廓地泰大,征伐不休之故也。今关东民众久困,流离道路。人情莫亲父母,莫乐夫妇;至嫁妻、卖子,法不能禁,义不能止,此社稷之忧也。今陛下不忍悁悁之忿,欲驱士众挤之大海之中,快心幽冥之地,非所以救助饥馑,保全元元也。《诗》云:‘蠢尔蛮荆,大邦为仇。’言圣人起则后服,中国衰则先畔,自古而患之,何况乃复其南方万里之蛮乎!骆越之人,父子同川而浴,相习以鼻饮,与禽兽无异,本不足郡县置也。颛颛独居一海之中,雾露气湿,多毒草、虫蛇、水土之害;人未见虏,战士自死。又非独珠崖有珠、犀、玳瑁也。弃之不足惜,不击不损威。其民譬犹鱼鳖,何足贪也!臣窃以往者羌军言之,暴师曾未一年,兵出不逾千里,费四十馀万万;大司农钱尽,乃以少府禁钱续之。夫一隅为不善,费尚如此,况于劳师远攻,亡士毋功乎!求之往古则不合,施之当今又不便,臣愚以为非冠带之国,《禹贡》所及,《春秋》所治,皆可且无以为。愿遂弃珠崖,专用恤关东为忧!”上以问丞相、御史。御史大夫陈万年以为当击;丞相于定国以为:

在那个时代,审理和判决的案件,不过几百起,赋税和徭役,少而简单。到了孝武皇帝,磨好武器,喂饱战马,用以打击东西南北四方夷族,审理和判决的案件,多达几万起,赋税频繁,徭役沉重,盗贼四起,而大军不断出击,做父亲的刚刚在前方战死,做儿子又相继为战事而负伤,女人守卫边塞的堡垒,孤儿在道路上啼哭,老母、寡妇在破陋的小巷里泪流满面,吞声而哭,这都是开拓的疆土太大,战争不能停止的原因。而现在,函谷关以东的人民,长期困穷,流离失所。人情,最亲莫过于父母,最乐莫过于夫妇;到了卖妻子、卖儿女,法律不能禁止,道义无法责备的地步,这是国家的忧患啊。现在陛下不能忍受一时的愤怒,准备驱使壮士,把他们推入大海之中,在那个蛮荒黑暗的孤岛上,显示威力,逞一时之快,并不是拯救饥馑,保全百姓的好方法。《诗经》说:'愚蠢的蛮荆人,竟敢与大国为敌。'意思是说:圣人出现,各族自然归服;中国衰落,各族首先背叛。从古代起,担忧的就是这个,何况更在楚部落南方万里之外的各蛮族呢!骆越的黎民,父亲与儿子同在一条河里洗澡,习惯上都用鼻子饮水,与禽兽没有什么不同,本来没有条件设置郡县。单独地孤悬在大海之中,雾大露重,气候潮湿,多有毒草、毒虫、毒蛇,以及水土灾害。还没有看见敌人,战士已经病死。而且,也并不是只有珠崖郡才出产珍珠、犀牛、玳瑁。抛弃它,一点也不可惜。不加征伐,一点也不损害朝廷的威望。那里的百姓好像鱼鳖,不值得争取。我私下再用以前平定西羌叛乱的军事行动作为例证,军队在前线作战,还不满一年,而战场距京师长安,还没有超过一千里,军费已达四十多亿。大司农所辖国库积蓄,全部用光,更动用少府征收的山海池泽之税。解决一个角落的问题,费用尚且这么多,更何况长途跋涉去攻击敌人,只会造成伤亡,不可能有功。从古代寻找同类的事,则找不到,在现代干这类事,也绝无好处,我很愚蠢,认为除非是懂得文明礼教的国家,《禹贡》谈到的地方,《春秋》所载治理的地方,都可以放到一边。因此建议:放弃珠崖郡,专心救济函谷关以东的受灾饥民,排除国家的忧患。”元帝询问丞相、御史。御史大夫陈万年认为应当出击;丞相于定国认为:

"前日兴兵击之连年,护军都尉、校尉及丞凡十一人,还者二人,卒士及转输死者万人以上,费用三万万馀,尚未能尽降。今关东困乏,民难摇动,捐之议是。"上从之。捐之,贾谊曾孙也。

三年(乙亥,前 46)

1 春,诏曰:"珠崖虏杀吏民,背畔为逆。今廷议者或言可击,或言可守,或欲弃之,其指各殊。朕日夜惟思议者之言,羞威不行,则欲诛之;狐疑辟难,则守屯田;通乎时变,则忧万民。夫万民之饥饿与远蛮之不讨,危孰大焉?且宗庙之祭,凶年不备,况乎辟不嫌之辱哉!今关东大困,仓库空虚,无以相赡,又以动兵,非特劳民,凶年随之。其罢珠崖郡,民有慕义欲内属,便处之;不欲,勿强。"

2 夏,四月乙未晦,茂陵白鹤馆灾;赦天下。

3 夏,旱。

4 立长沙炀王弟宗为王。

5 长信少府贡禹上言:"诸离宫及长乐宫卫,可减其太半以宽徭役。"六月,诏曰:"朕惟烝庶之饥寒,远离父母妻子,劳于非业之作,卫于不居之宫,恐非所以佐阴阳之道也。其罢甘泉、建章宫卫,令就农。百官各省费。条奏,毋有所讳。"

6 是岁,上复擢周堪为光禄勋,堪弟子张猛为光禄大夫、给事中,大见信任。

"朝廷连年发兵出击珠崖郡叛变,护军都尉、校尉和丞,共十一人,只有二人生还,战士和转运粮草的人,死亡达万人以上,费用达三亿多钱,还不能全都平服。而今函谷关以东又遭灾荒,严重缺粮,民心动摇,贾捐之的建议是正确的,应予采纳。"元帝批准。贾捐之是贾谊的曾孙。

汉元帝初元三年(乙亥,公元前46年)

1　春季,元帝颁诏:"珠崖郡匪徒杀害官吏人民,背叛国家。在朝廷会议上,臣僚们有的主张镇压,有的主张坚守城池,有的主张放弃,意见不同。我日夜思考他们的意见:为了维护朝廷的威严,只有诛杀;为了长期相持,只有实行屯田;通达时局的变迁,则忧虑民众的处境。现在的问题是,人民饥馑,与不讨伐远方蛮族的叛乱,哪一个危险大?连朕祭祀祖先处所的祭品,都因荒年的缘由不能全备,何况边境上小小的羞辱挫败?现在函谷关以东人民正逢困难,仓库空虚,无法维持生活,如果再征集丁壮作战,不仅使人民疲劳,而且还要发生荒年。现在决定撤销珠崖郡,百姓有向慕仁义,愿意迁到中国内地的,可以随处定居。不愿意迁移的,不要勉强。"

2　夏季,四月乙未(十一日)夜,茂陵白鹤馆失火;大赦天下。

3　夏季,发生旱灾。

4　元帝赐封已故长沙炀王刘旦的弟弟刘宗,继任长沙王。

5　长信少府贡禹上书建议:"各离宫跟长乐宫的警卫部队,可以减少大半,用以减轻百姓的劳役负担。"六月,元帝下诏:"朕顾念到民众饥寒,远离父母妻子,从事不是他们本行的工作,保卫君王不常居住的宫殿,恐怕不是促进阴阳合和的办法。现在,撤销甘泉、建章两宫的守卫部队,命令他们回乡务农。朝廷官员应在节约经费上,提出方案奏报,不要有所忌讳。"

6　本年,元帝又提拔周堪任光禄勋。周堪的学生张猛为光禄大夫,兼给事中,大受信任。

四年(丙子,前45)

1　春,正月,上行幸甘泉,郊泰畤。三月,行幸河东,祠后土;赦汾阴徒。

五年(丁丑,前44)

1　春,正月,以周子南君为周承休侯。

2　上行幸雍,祠五畤。

3　夏,四月,有星孛于参。

4　上用诸儒贡禹等之言,诏太官毋日杀,所具各减半;乘舆秣马,无乏正事而已。罢角抵、上林宫馆希御幸者、齐三服官、北假田官、盐铁官、常平仓。博士弟子毋置员,以广学者;令民有能通一经者,皆复。省刑罚七十馀事。

5　陈万年卒。六月辛酉,长信少府贡禹为御史大夫。禹前后言得失书数十上,上嘉其质直,多采用之。

6　匈奴郅支单于自以道远,又怨汉拥护呼韩邪而不助己,困辱汉使者江乃始等;遣使奉献,因求侍子。汉议遣卫司马谷吉送之,御史大夫贡禹、博士东海匡衡以为:"郅支单于乡化未醇,所在绝远,宜令使者送其子,至塞而还。"吉上书言:"中国与夷狄有羁縻不绝之义,今既养全其子十年,德泽甚厚,空绝而不送,近从塞还,示弃捐不畜,使无乡从之心。弃前恩,立后怨,不便!议者见前江乃始无应敌之数,智勇俱困,以致耻辱,即豫为臣忧。臣幸得建强汉之节,承明圣之诏,宣谕厚恩,

汉元帝初元四年(丙子,公元前45年)

1　春季,正月,元帝前往甘泉,在泰畤祭祀天帝。三月,前往河东,祭祀地神,赦免汾阴刑徒。

汉元帝初元五年(丁丑,公元前44年)

1　春季,正月,擢升周子南君姬延为周承休侯。

2　元帝到雍城,在五畤祭祀天帝。

3　夏季,四月,有异星出现在参宿之旁。

4　元帝采用儒家学者和贡禹等人的建议,下令:太官不要每天都宰杀牲畜,供应的饮食,减少一半。皇帝使用的御车御马,只要维持正事使用就够了。撤销角抵这种表演游戏,释放上林宫内很少有机会同皇帝见面的宫女,撤销位于齐郡的三座皇家织造厂,放弃北假一带皇家农田,撤销盐铁官,撤销常平粮仓。博士弟子的名额不加限制,黎民对儒家经典,能精通其中任何一经的,都免除赋税徭役。废除刑罚七十多项判例。

5　御史大夫陈万年去世。六月辛酉(二十日),提拔长信少府贡禹为御史大夫。贡禹曾前后数十次上书,对元帝的得失进行规劝。元帝赏识他的坦率正直,多数都予采纳。

6　匈奴郅支单于栾提呼屠吾斯认为他跟汉朝距离遥远,加之怨恨汉朝帮助呼韩邪单于栾提稽侯狦,而不帮助他,因此,使汉朝使节江乃始等陷于艰难屈辱之中;同时,派使节进贡,要求送还在汉朝当人质的儿子栾提驹于利受。朝廷商议派卫司马谷吉护送人质回国。御史大夫贡禹、博士东海人匡衡一致认为:"郅支单于对汉朝并没有心悦诚服,所居又在遥远绝域,我们的使节送他的儿子,送到边塞就可以回来了。"谷吉上书说:"汉朝对蛮族,有长期笼络和约束的关系,我们已经养育郅支单于的儿子十年之久,恩德很厚。如果不送他到家,而只送到边塞,那就显示出永远跟他断绝关系,使他无法再向往并从命汉朝。抛弃从前的恩德,却结下以后的怨仇,似不相宜!参与意见的人,鉴于江乃始缺乏对敌人应变的才能,智慧勇敢都无法施展,以致受到羞辱,事先替我担忧。我有幸手执大汉的旌节,承奉圣明的诏书,传布汉朝对匈奴深厚的恩德,

不宜敢桀。若怀禽兽心，加无道于臣，则单于长婴大罪，必遁逃远舍，不敢近边。没一使以安百姓，国之计，臣之愿也。愿送至庭。"上许焉。既至，郅支单于怒，竟杀吉等；自知负汉，又闻呼韩邪益强，恐见袭击，欲远去。会康居王数为乌孙所困，与诸翕侯计，以为："匈奴大国，乌孙素服属之。今郅支单于困厄在外，可迎置东边，使合兵取乌孙而立之，长无匈奴忧矣。"即使使至坚昆，通语郅支。郅支素恐，又怨乌孙，闻康居计，大说，遂与相结，引兵而西。郅支人众中寒道死，馀财三千人。到康居，康居王以女妻郅支；郅支亦以女予康居王。康居甚尊敬郅支，欲倚其威以胁诸国。郅支数借兵击乌孙，深入至赤谷城，杀略民人，驱畜产去。乌孙不敢追，西边空虚不居者五千里。

7　冬，十二月丁未，贡禹卒。丁巳，长信少府薛广德为御史大夫。

永光元年(戊寅，前 43)

1　春，正月，上行幸甘泉，郊泰畤。礼毕，因留射猎。薛广德上书曰："窃见关东困极，人民流离；陛下日撞亡秦之钟，听郑、卫之乐，臣诚悼之。今士卒暴露，从官劳倦，愿陛下亟反宫，思与百姓同忧乐，天下幸甚！"上即日还。

预料郅支单于不敢无礼。如果狼子野心，加暴虐于我，那么，他就犯下了滔天大罪，必然逃得很远，不敢接近边塞。牺牲一个使节，而使普天下老百姓获得安宁，这是国家的利益所在，也是我个人的志愿。因此，我愿把郅支单于的儿子送到王庭。"元帝批准了谷吉的请求。谷吉把郅支单于的儿子送到王庭，不料郅支单于以怨报德，竟杀害谷吉等人；他感到自己有负汉恩，又听说呼韩邪单于的势力正日益强盛，恐怕受到袭击，想向西迁移。恰恰在这个时候，康居王国不断受到乌孙王国的侵略，处境窘迫，康居王跟诸翕侯商议，认为："匈奴是一个大国，乌孙一向臣属于它。而今，郅支单于困处在国境之外，我们可以迎请他驻防东部边界，然后共同攻灭乌孙，由郅支单于当乌孙王，这样对匈奴的忧患也就可以永远解除了。"计议一定，就派使节到坚昆王国，传话给郅支单于。郅支单于一向恐惧，又怨恨乌孙王国，听到康居王国的计划，大喜，于是就与康居王国结盟，率领部队向西进发。途中，因天气寒冷，不少人被冻死，最后只剩下三千人。到达康居王国后，康居王把女儿嫁给郅支单于，郅支单于也把女儿嫁给康居王。康居对郅支单于非常尊敬，打算借匈奴的武力，威胁各邻国。郅支单于多次率领康居和匈奴联军，攻击乌孙王国，一度攻陷乌孙王国京师赤谷城，屠杀及掳掠人民、财产、牲畜。乌孙王国无力反击，西部五千里广大地区，完全残破，无人居住。

7　冬季，十二月丁未（初九），御史大夫贡禹去世。丁巳（十九日），提升长信少府薛广德为御史大夫。

汉元帝永光元年（戊寅，公元前43年）

1　春季，正月，元帝前往甘泉，在泰畤祭祀天神。祭祀完毕，就留在那里举行围猎。薛广德上书说："函谷关以东地区，困顿已达极点，百姓流离失所，而陛下却每天撞着被灭亡的秦国的大钟，听着郑国、卫国的音乐，我对此实在害怕。卫护陛下的大军，暴露在原野之上，随从的官员，疲劳困倦，希望陛下火速回宫，心里想着跟百姓同忧同乐。这样，才是天下的大福。"元帝当天即回到长安。

2 二月,诏:"丞相、御史举质朴、敦厚、逊让、有行者,光禄岁以此科第郎、从官。"

3 三月,赦天下。

4 雨雪、陨霜,杀桑。

5 秋,上酎祭宗庙,出便门,欲御楼船。薛广德当乘舆车,免冠顿首曰:"宜从桥。"诏曰:"大夫冠。"广德曰:"陛下不听臣,臣自刎,以血污车轮,陛下不得入庙矣!"上不说。先驱光禄大夫张猛进曰:"臣闻主圣臣直。乘船危,就桥安;圣主不乘危。御史大夫言可听!"上曰:"晓人不当如是邪!"乃从桥。

6 九月,陨霜杀稼,天下大饥。丞相于定国,大司马、车骑将军史高,御史大夫薛广德俱以灾异乞骸骨;赐安车、驷马、黄金六十斤,罢。太子太傅韦玄成为御史大夫。广德归,县其安车,以传示子孙为荣。

7 帝之为太子也,从太中大夫孔霸受《尚书》。及即位,赐霸爵关内侯,号褒成君,给事中。上欲致霸相位,霸为人谦退,不好权势,常称:"爵位泰过,何德以堪之!"御史大夫屡缺,上辄欲用霸;霸让位,自陈至于再三。上深知其至诚,乃弗用。以是敬之,赏赐甚厚。

8 戊子,侍中、卫尉王接为大司马、车骑将军。

9 石显惮周堪、张猛等,数谮毁之。刘更生惧其倾危,上书曰:"臣闻舜命九官,济济相让,和之至也。众臣和于朝则万物和于野,故箫《韶》九成,凤皇来仪。至周幽、厉之际,朝廷

2 二月，元帝下诏："丞相、御史荐举质朴、忠厚、逊让、德行良好的四类人士，光禄勋每年比照这四项要求，考核郎官和从官，按成绩排列等第。"

3 三月，大赦天下。

4 下雪，降霜，桑树落叶纷纷。

5 秋季，元帝用重酿之酒祭祀祖庙，出便门，准备乘楼船。薛广德拦着皇家卫队，脱下官帽，叩头说："请走河桥。"元帝传下话来，说："请御史大夫戴上官帽！"薛广德说："陛下如果不接受我的建议，我就在此自杀，用鲜血污染车轮，陛下就进不了祖庙啦！"元帝不高兴。负责开道的光禄大夫张猛说："我听说主上圣明，臣子自然正直。坐船危险，而过桥却安全，圣明的君主不冒危险。御史大夫的话，可以听从！"元帝说："劝告别人，应像这样把道理说清楚！"于是改从桥上走。

6 九月，严霜再降，毁掉农田庄稼，天下发生大的饥荒。丞相于定国，大司马、车骑将军史高，御史大夫薛广德，都因为这场天灾，引咎辞职，元帝批准，分别赏赐他们安车、四匹马、黄金六十斤，罢了官。提升太子太傅韦玄成担任御史大夫。薛广德回到故乡，把皇上赏赐给他的安车悬挂起来，留传给子孙，以示荣幸。

7 元帝当太子的时候，跟太中大夫孔霸学习《尚书》。等到即位，封孔霸关内侯，号褒成君，兼给事中。元帝想请孔霸当丞相，可是孔霸为人谦逊退让，不喜爱权势，常说："如果爵位太高贵，我的品德和能力都不能胜任！"御史大夫屡次空缺，元帝屡次都拟任命孔霸，孔霸坚决辞让，至于两次三次。元帝确知他出于诚心，才不再勉强。但因此对他更为尊敬，赏赐更加丰厚。

8 九月戊子（二十四日），元帝任命侍中、卫尉王接当大司马，兼车骑将军。

9 中书令石显忌惮光禄勋周堪、光禄大夫张猛等，不断在元帝面前诬陷诽谤他俩。已经被罢黜成了平民的刘向，害怕有一天会被陷害，于是上书说："我听说舜任命九官，大家济济一堂，互相礼让，和睦达到了顶点。众多的臣子在朝廷中互相和睦，万物则在原野上欣欣向荣，所以洞箫吹出名叫《韶》的乐章，只要九章，凤凰便会飞来朝拜。到了周厉王、周幽王的时候，朝廷臣僚

不和，转相非怨，则日月薄食，水泉沸腾，山谷易处，霜降失节。由此观之，和气致祥，乖气致异，祥多者其国安，异众者其国危，天地之常经，古今之通义也。今陛下开三代之业，招文学之士，优游宽容，使得并进。今贤不肖浑殽，白黑不分，邪正杂糅，忠谗并进；章交公车，人满北军，朝臣舛午，胶戾乖剌，更相谗诉，转相是非；所以营惑耳目，感移心意，不可胜载，分曹为党，往往群朋将同心以陷正臣。正臣进者，治之表也；正臣陷者，乱之机也。乘治乱之机，未知孰任，而灾异数见，此臣所以寒心者也。初元以来六年矣，按《春秋》六年之中，灾异未有稠如今者也。原其所以然者，由谗邪并进也。谗邪之所以并进者，由上多疑心，既已用贤人而行善政，如或谮之，则贤人退而善政还矣。夫执狐疑之心者，来谗贼之口；持不断之意者，开群枉之门。谗邪进则众贤退，群枉盛则正士消。故《易》有《否》、《泰》，小人道长，君子道消，则政日乱；君子道长，小人道消，则政日治。昔者鲧、共工、驩兜与舜、禹杂处尧朝，周公与管、蔡并居周位，当是时，迭进相毁，流言相谤，岂可胜道哉！帝尧、成王能贤舜、禹、周公而消共工、管、蔡，故以大治，荣华至今。孔子与季、孟偕仕于鲁，李斯与叔孙俱宦于秦，定公、始皇贤季、孟、李斯而消孔子、

不再和睦，转而互相排斥怨恨，则日食、月食相继发生，冷冽的泉水沸腾翻涌，高山深谷改变位置，降霜不合节令。由此看来，和睦可以招来祥瑞，互相抵触则会造成灾异，祥瑞多则国家安定，灾异多则国家自然陷于危境，这是天地运转的规律，古今一贯的公理。而今，陛下开创三代盛世的宏业，招揽儒家学派的学者，给他们优厚的待遇，宽容他们的过失，使大家同时进取。然而，今天贤能的人跟一些坏人混杂在一起，黑白不分，正邪不辨，使忠奸同时进入政界。臣民上书，由公车接待，因上书不妥而被捕的，满满地囚禁在北军监狱。朝廷臣僚意见不一，互相拆台，甚至谗言陷害，惹出不少是非。以不实之词欺骗主上，影响主上判断，这类事情很多，无法一一陈述。他们结党搭帮，往往同心合力，去陷害正直大臣。正直大臣进升，是国家治的表现；正直大臣遭受陷害，是国家乱的所由。面对治乱契机，却不知道任用谁，而天灾变异屡屡出现，我所以寒心的原因在此。陛下登极以来已有六年，《春秋》记载的六年之中，天灾变异从没有像如今这么密集。所以如此，是因为说别人坏话的人和邪恶的人都进入朝廷的缘故。说别人坏话的人和邪恶的人之所以同时进入朝廷，是因为陛下心怀猜疑。既然任用贤能去推行妥善的政令措施，如果受到陷害，贤能的人被排除，妥善的政令措施也就终止。由于陛下有怀疑之心，所以才招来奸臣陷害之口；由于陛下不能当机立断，才给群邪打开大门。说别人坏话的人和邪恶的人得意，则有德行和有才能的人失意，群邪增多则正人减少。所以《易经》上有《否》卦和《泰》卦，小人那一套如果得到欣赏，君子的主张就无法实行，则政治日益混乱；君子的主张如果得到欣赏，小人那一套就无法实行，则政治日益走上轨道。从前鲧、共工、骥兜，跟舜、禹同在尧的朝廷中当官，周公跟管叔、蔡叔一同居于周朝的高位。当时，他们之间，互相诋毁，流言中伤，不可胜言！帝尧、成王能够肯定舜、禹、周公的德行才能，而排除共工、管叔、蔡叔，所以国家十分安定，荣耀显达永垂，直到今日。孔子与季孙斯、孟孙何忌，同时在鲁国做官，李斯和叔孙通，都在秦朝当官，鲁定公、秦始皇认为季孙斯、孟孙何忌、李斯贤能，而排除孔子、

叔孙,故以大乱,污辱至今。故治乱荣辱之端,在所信任。信任既贤,在于坚固而不移。《诗》云:'我心匪石,不可转也。'言守善笃也。《易》曰:'涣汗其大号。'言号令如汗,汗出而不反者也。今出善令未能逾时而反,是反汗也;用贤未能三旬而退,是转石也。《论语》曰:'见不善如探汤。'今二府奏佞谄不当在位,历年而不去。故出令则如反汗,用贤则如转石,去佞则如拔山;如此,望阴阳之调,不亦难乎!是以群小窥见间隙,缘饰文字,巧言丑诋,流言、飞文哗于民间。故《诗》云:'忧心悄悄,愠于群小。'小人成群,诚足愠也。昔孔子与颜渊、子贡更相称誉,不为朋党;禹、稷与皋陶传相汲引,不为比周;何则?忠于为国,无邪心也。今佞邪与贤臣并交戟之内,合党共谋,违善依恶,歙歙訿訿,数设危险之言,欲以倾移主上。如忽然用之,此天地之所以先戒,灾异之所以重至者也。自古明圣未有无诛而治者也,故舜有四放之罚,孔子有两观之诛,然后圣化可得而行也。今以陛下明知,诚深思天地之心,览《否》、《泰》之卦,历周、唐之所进以为法,原秦、鲁之所消以为戒,考祥应之福,灾异之祸,以揆当世之变,放远佞邪之党,坏散险诐之聚,杜闭群枉之门,广开众正之路,决断狐疑,分别犹豫,使是非炳然可知,则百异消灭而众祥并至,太平之基,万世之利也。"显见其书,愈与许、史比而怨更生等。

叔孙通，所以国家大乱，羞辱一直流传到今天。这可以证明：治和乱，荣和辱，首先在于人主信任什么人。已经信任贤能，就要坚持，而不再动摇。《诗经》说：'我的心虽非磐石，但却不可逆转。'说明坚持善行的忠实态度。《周易》说：'出令如出汗。'说明君王发号施令，犹如出汗，汗既流出，就不再返回体内。可是现在的情形是，有关善政的命令，颁布之后不到三个月，即行取消，是一种'返汗'现象；任用贤能的人，不到三十天便逐出朝廷，是转动了大石。《论语》说：'看见邪恶，好像用手去探试滚水。'而今，二府所弹劾的谄佞之辈，不应再留在朝廷，可是历经数年，并没有离开。所以颁布命令，如同返汗；任用贤能，却跟转石头一样；而排除邪恶，简直像拔起一座大山。在这种情形下，希望阴阳调和，不也是很困难的吗！因此一群小人，到处寻找漏洞，运用文字技巧，丑化、诋毁别人，制造谣言，写匿名信，在民间广为流传。所以《诗经》说：'我心乱如麻忧愁如焚，只因为触怒一群小人。'小人猖獗到如此程度，实在使人愤慨。从前，孔子跟他的学生颜渊、子贡互相推荐赞扬，没有人攻击他们结党营私。禹、后稷、皋陶互相提拔，也没有人攻击他们勾结同类。为什么呢？因为他们忠心为国，没有邪念。而今，奸佞的小人跟贤德的君子，手拿剑戟同时在宫内担任禁卫官；奸佞的小人勾结在一起，共设阴谋，违背善良，走向罪恶，不干本职工作，不断设下险恶的谗言，决心使人主动摇。如果有一天忽然人主相信他们的忠诚，这正是天地用变异先行提出警告，而灾难不断发生的原因。自古以来，圣明的君主从来没有不经过诛杀，就可以使国家治理好的，所以舜对于'四凶'有四种流放的刑罚，而孔子也曾在两观之下诛杀少正卯，然后圣贤的教化，才得以推行。而今，以陛下的贤明智慧，诚能深思天地大公无私之心，警惕《易经》中《否》、《泰》二卦的立意，参考唐尧和周成王的兴盛，作为榜样，而以秦王朝和鲁国的衰亡，作为借鉴，注意到祥瑞带给国家的幸福，与自然灾害带给国家的祸患，用以考察当前局势的变化，放逐奸佞邪恶的小人，击破专门从事阴险构陷的集团，关闭群邪幸进之门，广开正大光明的道路，坚决果断，不再犹豫怀疑，使是非明显可知，则百种奇异的天灾都会消灭，众多祥瑞都会来临，这是太平的基础，万代的利益。"石显看到这份奏章，与许、史两姓皇亲勾结得更紧，而把刘向等恨入骨髓。

是岁,夏寒,日青无光,显及许、史皆言堪、猛用事之咎。上内重堪,又患众口之寖润,无所取信。时长安令杨兴以材能幸,常称誉堪,上欲以为助,乃见问兴:"朝臣断断不可光禄勋,何邪?"兴者,倾巧士,谓上疑堪,因顺指曰:"堪非独不可于朝廷,自州里亦不可也!臣见众人闻堪与刘更生等谋毁骨肉,以为当诛。故臣前书言堪不可诛伤,为国养恩也。"上曰:"然此何罪而诛?今宜奈何?"兴曰:"臣愚以为可赐爵关内侯,食邑三百户,勿令典事。明主不失师傅之恩,此最策之得者也。"上于是疑之。

司隶校尉琅邪诸葛丰始以刚直特立著名于朝,数侵犯贵戚,在位者多言其短;后坐春夏系治人,徙城门校尉。丰于是上书告堪、猛罪。上不直丰,乃制诏御史:"城门校尉丰,前与光禄勋堪、光禄大夫猛在朝之时,数称言堪、猛之美。丰前为司隶校尉,不顺四时,修法度,专作苛暴以获虚威。朕不忍下吏,以为城门校尉。不内省诸己,而反怨堪、猛以求报举,告按无证之辞,暴扬难验之罪,毁誉恣意,不顾前言,不信之大也。朕怜丰之耆老,不忍加刑,其免为庶人!"又曰:"丰言堪、猛贞信不立,朕闵而不治,又惜其材能未有所效,其左迁堪为河东太守,猛槐里令。"

臣光曰:诸葛丰之于堪、猛,前誉而后毁,其志非为朝廷进善而去奸也,欲比周求进而已矣;斯亦郑朋、杨兴之流,乌在其为刚直哉!人君者,察美恶,辨是非,赏以劝善,罚以惩奸,所以为治也。使丰言得实,则丰不当黜;若其诬罔,则堪、猛何辜焉!今两责而俱弃之,则美恶、是非果安在哉!

这年夏季,天气寒冷,太阳呈青色,黯淡无光,石显跟许、史二大家族,都说这是周堪、张猛当权引起的天变。元帝尊重周堪,可是面对众口一词的攻击,又无法堵他们的嘴。当时,长安令杨兴以才干能力受到赏识,而且常常称赞宣扬周堪,元帝想得到他的帮助,于是召见杨兴,问他:"有些大臣忿恨、反对光禄勋周堪,这是为什么?"杨兴是官场上的狡诈而看风行事的人物,认为皇帝对周堪已经不信任了,于是顺势指责说:"周堪不但没有能力当光禄勋,就是当一个乡下的里长邻长,也不适宜。我从前听说,人们认为周堪跟刘向等人挑拨离间陛下的骨肉亲情,应当诛杀。我之所以持不同意见,并不是赞成他们,只是为国家培养恩德。"元帝问:"那么用什么罪名可以杀他?现在应当怎么办?"杨兴答道:"我愚昧的意见是,赐封周堪关内侯,给他三百户人家的采邑,不让他掌权管事。这样的话,圣上可以仍维持师傅的旧恩,应是最上等的策略。"元帝于是对周堪、张猛开始怀疑。

司隶校尉琅邪人诸葛丰,以刚强正直、不随波逐流而闻名朝野,多次冒犯皇亲国戚,所以权贵大都说他的坏话;后来被控为在春季和夏季逮捕犯人,不顺天时,被贬为城门校尉。他于是上书控告周堪、张猛有罪。元帝认为诸葛丰不正直,于是下诏:"城门校尉诸葛丰,以前与光禄勋周堪、光禄大夫张猛,同在朝廷的时候,多次称赞周堪、张猛的美德。诸葛丰当司隶校尉时,不顺应四时天意,不遵守法令制度,专用苛刻凶暴的手段来树立威严的外貌。我不忍心法办,令他改任城门校尉,想不到他不自知反省,反而怨恨周堪、张猛,以求报复,控告的全是没有证据的话,揭发的全是无法证明的罪,随心所欲地毁谤和赞扬,不顾从前的言论,全无信义到了极点。我怜悯诸葛丰年纪衰老,不忍施刑,立即贬作平民。"又颁布诏书:"诸葛丰指控周堪、张猛毫无忠贞信守,朕心怀悯恻,不肯追究,而又惋惜二人的才干无法报效国家,决定贬周堪当河东太守,张猛当槐里令。"

臣司马光说:诸葛丰对于周堪、张猛,从前赞扬,后来毁谤,其目的不是为国家进贤除奸,不过是投靠皇亲集团,企图飞黄腾达而已,他也属于郑朋、杨兴一类人,何来的刚烈正直?作为君主,应该察看善恶,明辨是非,用奖赏鼓励善行,用刑罚惩治奸邪,这样才是治理国家的原则。如果诸葛丰的话属实,则他不应被罢官。如果他是以不实之词诬陷人,则周堪、张猛又有什么罪呢!而今双方都受到责罚,同时废弃,那么善与恶,是与非,区别又在哪里!

10 贾捐之与杨兴善。捐之数短石显,以故不得官,稀复进见;兴新以材能得幸。捐之谓兴曰:"京兆尹缺,使我得见,言君兰,京兆尹可立得。"兴曰:"君房下笔,言语妙天下。使君房为尚书令,胜五鹿充宗远甚。"捐之曰:"令我得代充宗,君兰为京兆,京兆,郡国首,尚书,百官本,天下真大治,士则不隔矣!"捐之复短石显,兴曰:"显方贵,上信用之;今欲进,第从我计,且与合意,即得入矣!"捐之即与兴共为荐显奏,称誉其美,以为宜赐爵关内侯,引其兄弟以为诸曹;又共为荐兴奏,以为可试守京兆尹。石显闻知,白之上,乃下兴、捐之狱,令显治之,奏"兴、捐之怀诈伪,更相荐誉,欲得大位,罔上不道!"捐之竟坐弃市;兴髡钳为城旦。

臣光曰:君子以正攻邪,犹惧不克;况捐之以邪攻邪,其能免乎!

11 徙清河王竟为中山王。

12 匈奴呼韩邪单于民众益盛,塞下禽兽尽。单于足以自卫,不畏郅支,其大臣多劝单于北归者。久之,单于竟北归庭,民众稍稍归之,其国遂定。

二年(己卯,前42)

1 春,二月,赦天下。

2 丁酉,御史大夫韦玄成为丞相;右扶风郑弘为御史大夫。

3 三月壬戌朔,日有食之。

10　贾捐之与杨兴友好。贾捐之多次抨击石显，因此不得做官，更很少有机会见到皇上；而杨兴正因才能受到皇上的赏识。贾捐之对杨兴说："京兆尹出缺已久，如果我能面见圣上推荐你，这个职位马上就可以得到。"杨兴说："你笔下生花，言语精妙。假如你能当尚书令，可比五鹿充宗高明得多。"贾捐之说："我如果能取代五鹿充宗，你当京兆尹，京师是郡与封国的中心，而尚书掌握全国官员的政治命运，天下一定局势安定，经济繁荣，士人与皇上就再不会隔阂。"说完，又抨击石显，杨兴说："石显权势如日中天，圣上正信任他。我们如果谋求上进，必须听从我的计划，只要能称他的心，合他的意，就可以成功。"于是二人联名上书，赞扬石显美德，建议应封爵关内侯，而使他的兄弟入宫充任中书或尚书的下属官员。然后，二人又呈上共同拟定，而由贾捐之单独署名的奏章，保荐杨兴，认为应考虑由他担任京兆尹。石显看透二人钻营的心计，报告元帝，元帝于是把杨兴、贾捐之逮捕下狱，命石显审讯，审讯后，石显上奏说："杨兴、贾捐之心怀奸诈，互相标榜，企图攫取朝廷高官，欺骗陛下，大逆不道！"结果贾捐之竟然被绑赴市上斩首，杨兴被剃光头发，罚作苦工。

　　臣司马光说：君子用正道攻击邪道，还怕不能取胜；何况贾捐之用邪道攻击邪道，怎能避免祸殃！

11　元帝改封清河王刘竟为中山王。

12　匈奴呼韩邪单于的民众日益增多，而塞下的飞禽野兽，也几乎绝尽。同时，单于足以自卫，不再害怕郅支单于的袭击，很多大臣建议北归故土。又过了一段时间，呼韩邪单于终于北返王庭，散布在其他地区的部落，渐渐归附于他，国家于是安定。

汉元帝永光二年(己卯,公元前42年)

1　春季，二月，大赦天下。

2　丁酉(初五)，元帝提升御史大夫韦玄成为丞相，右扶风郑弘当御史大夫。

3　三月壬戌朔(初一)，发生日食。

4　夏,六月,赦天下。

5　上问给事中匡衡以地震日食之变,衡上疏曰:"陛下躬圣德,开太平之路,闵愚吏民触法抵禁,比年大赦,使百姓得改行自新,天下幸甚!臣窃见大赦之后,奸邪不为衰止,今日大赦,明日犯法,相随入狱,此殆导之未得其务也。今天下俗,贪财贱义,好声色,上侈靡,亲戚之恩薄,婚姻之党隆,苟合徼幸,以身设利。不改其原,虽岁赦之,刑犹难使错而不用也,臣愚以为宜壹旷然大变其俗。夫朝廷者,天下之桢干也。朝有变色之言,则下有争斗之患;上有自专之士,则下有不让之人;上有克胜之佐,则下有伤害之心;上有好利之臣,则下有盗窃之民;此其本也。治天下者,审所上而已。教化之流,非家至而人说之也。贤者在位,能者布职,朝廷崇礼,百僚敬让,道德之行,由内及外,自近者始,然后民知所法,迁善日进而不自知也。《诗》曰:'商邑翼翼,四方之极。'今长安,天子之都,亲承圣化,然其习俗无以异于远方,郡国来者无所法则,或见侈靡而放效之。此教化之原本,风俗之枢机,宜先正者也。臣闻天人之际,精祲有以相荡,善恶有以相推,事作乎下者象动乎上,阴变则静者动,阳蔽则明者暗,水旱之灾随类而至。陛下祗畏天戒,哀闵元元,宜省靡丽,考制度,近忠正,远巧佞,以崇至仁,匡失俗,道德弘于京师,淑问扬乎疆外,然后大化可成、礼让可兴也。"上说其言,迁衡为光禄大夫。

4　夏季,六月,大赦天下。

5　元帝向给事中匡衡询问地震、日食等天地变化的缘故,匡衡上书说:"陛下身体力行圣明德政,为国家开辟太平道路。怜悯愚昧的官吏平民触犯法禁,连年都有赦免,使人民得到改过自新的机会,这是国家的大幸。不过,据我私下的考察,大赦以后,作奸犯科并没有减少,更没有停止,今日刚刚释放出狱,明天却又犯法,前后相随,重新坐牢,这是由于训导他们没有抓住要点。现在天下的社会风气,贪图财利,轻视道义,喜欢音乐女色,崇尚豪华奢侈;亲戚的关系日益淡薄,而婚姻的关系却十分深厚;苟且结合,用身家来攫取财富。如不从根本上改变这种状况,虽然一年赦免一次,仍不能使刑法搁置不用,我愚昧地认为改正之道,在于大刀阔斧,改变社会风气。朝廷对于国家,宛如筑墙时所用的模版。朝廷的高官如果怒目相视,在下级官吏和平民中就会发生斗争的祸害;上层有专权弄势之人,则下层有不谦让之人;在上位的人如果暗藏杀机,在下位的人就会互相伤害;上层如果有贪图财富的大臣,下层必然有偷窃财物的平民。这就是朝廷所显示的根本作用。治理国家的人,最应该慎重的是崇尚什么。教育感化一类事,不用挨家挨户拜访,也不必见人就去劝说。贤德的人在位,有才能的人忠于职守,朝廷崇尚礼义,文武官员互敬谦让,道德的推行,由内心发展到体外,从最亲近的人开始,然后人民才知道以谁做榜样,善行日益增加,但自己还不知道。《诗经》说:'商朝京城的礼仪是那么威严,实在是四方效法的榜样。'而今,在京城长安,天子亲自推行圣人的教化,可是社会风气跟边远地方没有什么不同,各郡、各封国的人到了京城,不知道效法什么,有的却学会了奢侈浪费。这是推行教化最根本的地方,也是培养社会风气最关键的地方,应该最先纠正。我听说天与人之间,精气互相激荡,善恶互相推展,下面有所行动时,在上面可以看出迹象,太阴变化则地震,太阳被遮蔽则日食,而水灾、旱灾之类的灾祸随之而至。陛下敬畏上天的警告,怜悯天下百姓,应当节省奢华开支,考究国家制度,接近忠良正直的人,疏远以巧言导人邪恶的人,推重大仁大义,匡正败坏的风俗习惯,使高尚的道德在京师先得到弘扬,美好的声誉传扬到国境之外,然后广大的教化可以完成,礼义谦让的美德可以复兴。"元帝赞赏匡衡的意见,提升他为光禄大夫。

荀悦论曰:夫赦者,权时之宜,非常典也。汉兴,承秦兵革之后,大愚之世,比屋可刑,故设三章之法,大赦之令,荡涤秽流,与民更始,时势然也。后世承业,袭而不革,失时宜矣。若惠、文之世,无所赦之。若孝景之时,七国皆乱,异心并起,奸诈非一。及武帝末年,赋役繁兴,群盗并起,加以太子之事,巫蛊之祸,天下纷然,百姓无聊。及光武之际,拨乱之后:如此之比,宜为赦矣。

6 秋,七月,陇西羌乡姐旁种反,诏召丞相韦玄成等入议。是时,岁比不登,朝廷方以为忧,而遭羌变,玄成等漠然,莫有对者。右将军冯奉世曰:“羌虏近在竟内背畔,不以时诛,无以威制远蛮,臣愿帅师讨之!”上问用兵之数,对曰:“臣闻善用兵者,役不再兴,粮不三载,故师不久暴而天诛亟决。往者数不料敌,而师至于折伤,再三发调,则旷日烦费,威武亏矣。今反虏无虑三万人,法当倍,用六万人。然羌戎,弓矛之兵耳,器不犀利,可用四万人。一月足以决。”丞相、御史、两将军皆以为:“民方收敛时未可多发;发万人屯守之,且足。”奉世曰:“不可。天下被饥馑,士马赢耗,守战之备久废不简。夷狄皆有轻边吏之心,而羌首难。今以万人分屯数处,虏见兵少,

荀悦评论说:对于罪犯的赦免,是一种暂时的合乎时宜的措施,不是正常的司法典范。汉王朝崛起之初,恰在秦王朝战乱之后,几乎每个人都身负重罪,如果一定要依法处理,那么挨家逐户都应受刑,所以刘邦约法三章,颁布大赦之令,洗刷社会上的污秽罪恶,与人民除旧布新,这是由当时的形势造成的。后世只知承袭祖先的制度,不知道改革,已经与时代需要不相适应。在惠帝、文帝时代,根本没有赦免。在景帝时代,发生七国之乱,人心反常,奸诈百出。到了武帝末年,赋税沉重,徭役频繁,盗贼四起,再加上戾太子刘据事件,巫蛊大祸,天下震惊,百姓生活困难,无所依赖。等到光武帝上台,拨乱反正以后,用来跟前世相比,由他赦免罪犯才最适当。

　　6　秋季,七月,陇西羌族乡姐部落造反,元帝召集丞相韦玄成等高级官员,举行御前会议。这时,粮食连年歉收,朝廷正在忧虑,突然传来羌族兵变的消息,韦玄成以下所有高级官员,震惊不知所措,没有人敢先开口。右将军冯奉世说:"羌民近在境内背叛,如果不及时扑灭,就无法控制远方蛮族,我愿率大军前往讨伐。"元帝问他需要多少部队,冯奉世说:"我听说,一个善于统兵的大将,不会作第二次动员,所载负的粮秣,不会超过三年所需,所以大军不至于长期被羁绊在原野之外,而是速战速决。从前,我们每每不能正确估计对手,大军才遭到挫败,不得不一而再、再而三地增派援兵,不但拖延的日子长,所需的军费多,而且国家的威望也受到损害。现在叛军约有三万人,依据兵法,攻击部队必须超过一倍,需要六万人。然而羌族军队的武器落后,只有弓箭与长矛,我们的部队可以减少为四万人。一个月足以解决。"然而,丞相、御史、车骑将军王接、左将军许嘉,都以为:"民间正逢秋收,不便在农忙时多征调人入伍,征发一万人前往屯守,也就足够了。"冯奉世说:"不可。天下百姓受到天灾饥馑的袭击,兵士战马不但体力瘦弱,而且数量也大都消耗,很久以来,战斗训练与武器、工事都已废弛。夷民狄民对边塞的汉朝官吏,早已不放在眼里,所以羌民才首先发难。而今我们用一万人,分开驻防几个地方,敌人发现我们兵力单薄,

必不畏惧。战则挫兵病师，守则百姓不救，如此，怯弱之形见。羌人乘利，诸种并和，相扇而起，臣恐中国之役不得止于四万，非财币之所能解也。故少发师而旷日，与一举而疾决，利害相万也。"固争之，不能得。有诏，益二千人。于是遣奉世将万二千人骑，以将屯为名，典属国任立、护军都尉韩昌为偏裨，到陇西，分屯三处。昌先遣两校尉与羌战，羌众盛多，皆为所破，杀两校尉。奉世具上地形部众多少之计，愿益三万六千人，乃足以决事。书奏，天子大为发兵六万馀人。八月，拜太常弋阳侯任千秋为奋武将军以助之。冬，十月，兵毕至陇西。十一月，并进，羌虏大破，斩首数千级，馀皆走出塞。兵未决间，汉复发募士万人，拜定襄太守韩安国为建威将军；未进，闻羌破而还。诏罢吏士，颇留屯田，备要害处。

必然不会害怕。我们如果进攻,一定遭受挫折,损兵折将,如果固守,则不能拯救边民,这样,胆怯衰弱的形象完全暴露。羌民将抓着对他们有利的机会,各种族各部落,势将互相呼应,纷纷起兵,到那时候,我恐怕朝廷集结四万人的兵力都不够,花再多的钱都不能解决。所以,少发兵而拖延时日,与多发兵而一举解决,利与害之间,相差万倍。"他据理力争,然而,得不到支持。结果,元帝下诏,增加两千人的军队。于是派遣冯奉世率领一万二千兵马,以领兵屯田为名,任命典属国任立、护军都尉韩昌作为助手,抵达陇西,分别屯驻在三处要塞。韩昌先派遣两个校尉,向羌民出击,羌民大举迎战,击溃汉朝军队,杀死两位校尉。冯奉世呈报山川地图和兵力分配计划,请求增援三万六千人,认为只有这样,才有把握取得决定性的胜利。元帝看到冯奉世的上奏,发兵六万多人参战。八月,元帝任命太常弋阳侯任千秋为奋武将军,作冯奉世的助手。冬季,十月,大军都到了陇西。十一月,数路并进,大破叛军,斩杀数千人,残馀部众逃出边塞。在两军尚未决战的时候,朝廷又招募战士一万人,任命定襄太守韩安国为建威将军,还没有出发,听说羌族已经溃败,于是停止前进。元帝下诏复员,但也留部分部队开荒屯垦,防卫重要边塞。

卷第二十九　汉纪二十一

起庚辰(前41)尽戊子(前33)凡九年

孝元皇帝下

永光三年(庚辰,前41)

1　春,二月,冯奉世还京师,更为左将军,赐爵关内侯。

2　三月,立皇子康为济阳王。

3　夏,四月,平昌考侯王接薨。秋,七月壬戌,以平恩侯许嘉为大司马、车骑将军。

4　冬,十一月己丑,地震,雨水。

5　复盐铁官。置博士弟子员千人。以用度不足,民多复除,无以给中外徭役故也。

四年(辛巳,前40)

1　春,二月,赦天下。

2　三月,上行幸雍,祠五畤。

3　夏,六月甲戌,孝宣园东阙灾。

4　戊寅晦,日有食之。上于是召诸前言日变在周堪、张猛者责问,皆稽首谢。因下诏称堪、猛之美,征诣行在所,拜为光禄大夫,秩中二千石,领尚书事;猛复为太中大夫、给事中。中书令石显管尚书,尚书五人皆其党也。堪希得见,常因显白事,事决显口。会堪疾瘖,不能言而卒。显诬谮猛,令自杀于公车。

孝元皇帝下

汉元帝永光三年(庚辰,公元前41年)

1 春季,二月,冯奉世凯旋回长安,调任左将军,封关内侯。

2 三月,元帝赐封皇子刘康当济阳王。

3 夏季,四月,大司马、车骑将军、平昌考侯王接去世。秋季,七月壬戌,任命平恩侯许嘉当大司马、车骑将军。

4 冬季,十一月己丑(初八),地震,降雨。

5 恢复盐铁专卖制度。博士弟子限制不超过一千人。这是因为朝廷经费不够开支,而民间又有许多人免除田赋徭役,朝廷财力不足,无法负担的原因。

汉元帝永光四年(辛巳,公元前40年)

1 春季,二月,大赦天下。

2 三月,元帝前往雍城,在五畤祭祀天帝。

3 夏季,六月甲戌(二十六日),孝宣皇帝陵园东门失火。

4 戊寅晦(三十日),出现日食。元帝召集以前那些说天变灾难都是因周堪、张猛而发的官员,要求他们解释,他们都长时间跪拜于地请罪。于是,元帝下诏褒扬周堪、张猛,调回京师长安,任命周堪担任光禄大夫,领取中二千石俸禄,主管尚书事宜;任命张猛当太中大夫、给事中。而这时候,中书令石显兼管尚书,尚书五人都是石显的党羽。周堪很难见到元帝,虽有建议,往往不得不拜托石显代为转达,大政方针的决定权被石显控制。正巧周堪得了失音病,不能说话而去世。石显乘势诬陷,强迫张猛自杀于公车官署。

5　初,贡禹奏言:"孝惠、孝景庙皆亲尽宜毁,及郡国庙不应古礼,宜正定。"天子是其议。秋,七月戊子,罢昭灵后、武哀王、昭哀后、卫思后、戾太子、戾后园,皆不奉祠,裁置吏卒守焉。冬,十月乙丑,罢祖宗庙在郡国者。

6　诸陵分属三辅。以渭城寿陵亭部原上为初陵;诏勿置县邑及徙郡国民。

五年(壬午,前39)

1　春,正月,上行幸甘泉,郊泰畤。三月,幸河东,祠后土。

2　秋,颍川水流杀人民。

3　冬,上幸长杨射熊馆,大猎。

4　十二月乙酉,毁太上皇、孝惠皇帝寝庙园,用韦玄成等之议也。

5　上好儒术、文辞,颇改宣帝之政。言事者多进见,人人以为得上意。又傅昭仪及子济阳王康爱幸,逾于皇后、太子。太子少傅匡衡上疏曰:"臣闻治乱安危之机,在乎审所用心。盖受命之王,务在创业垂统,传之无穷;继体之君,心存于承宣先王之德而褒大其功。昔者成王之嗣位,思述文、武之道以养其心,休烈盛美归之二后,而不敢专其名,是以上天歆享,鬼神佑焉。陛下圣德天覆,子爱海内,然而阴阳未和、奸邪未禁者,殆议者未丕扬先帝之盛功,争言制度不可用也,务变更之。所更或不可行而复复之,是以群下更相是非,

5　当初,贡禹上奏章说:"孝惠帝、孝景帝的祭庙,因为亲情已尽,应该撤除,各郡、各封国所设置的皇帝祭庙,不合古代礼制规定,应该校正审定。"元帝认为有理。秋季,七月戊子(初十),撤除昭灵后、武哀王、昭哀后、卫思后、戾太子、戾后的祭庙,都不再祭祀,解散祭礼官员和守护人员。冬季,十月乙丑(十九日),撤除设置在各郡、各封国的皇帝祭庙。

6　元帝下诏,各皇帝的陵园,以其所在地区,分属三辅管理。在渭城寿陵亭部原上预设坟墓,下诏不要把它发展成为一个县,也不要强迫各郡、各封国移民到那里。

汉元帝永光五年(壬午,公元前 39 年)

1　春季,正月,元帝前往甘泉,在泰畤祭祀天帝。三月,再往河东,祭祀地神。

2　秋季,颍川郡水灾,淹死百姓。

3　冬季,元帝前往长杨宫射熊馆,大肆游猎。

4　十二月乙酉(十六日),元帝采用丞相韦玄成等的建议,下诏拆毁太上皇、孝惠皇帝的祭庙。

5　元帝喜好儒家的学说,又喜爱文章辞语,对宣帝的法令制度多有改变。谈论政事,直言规劝的人,多数都被召见,每人都认为受到皇帝的注意。这时候,傅昭仪和她的儿子刘康,正受到元帝特别的宠爱,超过皇后和皇太子刘骜。太子少傅匡衡上书说:"我曾经听说,治乱安危的关键,在于人主是不是慎重用心。接受上天旨意的君王,任务在于开创大业,使它世代相承,无穷无尽地传下去;而继任的君王,心思要放到继承和发扬祖先的恩德功勋上。从前,周成王继承王位之后,追思祖父周文王、父亲周武王成功的道理,用以培养自己的心性,把美好的声誉和荣耀,都归功于祖父和父亲,而不敢自己居功,因此,上天享受他的供品,连鬼神也都保佑他。陛下圣明的恩德,像天一样覆盖大地,像爱护儿女一样爱护四海之内的百姓,可是阴阳没有调和,奸诈邪恶也没有禁止,这大概是因为臣子不能发扬光大先帝的盛大功业,反而争先恐后地抨击过去的法令规章,一定要去加以改变。然而,很多制度改变了之后,无法执行,只好再恢复原状,结果是,在下位的人发生纠纷,

吏民无所信。臣窃恨国家释乐成之业而虚为此纷纷也！愿陛下详览统业之事，留神于遵制扬功，以定群下之心。《诗·大雅》曰：'无念尔祖，聿修厥德。'盖至德之本也。《传》曰：'审好恶，理情性，而王道毕矣。'治性之道，必审己之所有馀而强其所不足。盖聪明疏通者戒于太察，寡闻少见者戒于壅蔽，勇猛刚强者戒于太暴，仁爱温良者戒于无断，湛静安舒者戒于后时，广心浩大者戒于遗忘。必审己之所当戒而齐之以义，然后中和之化应，而巧伪之徒不敢比周而望进。唯陛下戒之，所以崇圣德也！

"臣又闻室家之道修，则天下之理得，故《诗》始《国风》，《礼》本冠、婚。始乎《国风》，原情性以明人伦也；本乎冠、婚，正基兆以防未然也。故圣王必慎妃后之际，别适长之位，礼之于内也。卑不逾尊，新不先故，所以统人情而理阴气也。其尊适而卑庶也，适子冠乎阼，礼之用醴，众子不得与列，所以贵正体而明嫌疑也。非虚加其礼文而已，乃中心与之殊异，故礼探其情而见之外也。圣人动静游燕所亲，物得其序，则海内自修，百姓从化。如当亲者疏，当尊者卑，则佞巧之奸因时而动，以乱国家。故圣人慎防其端，禁于未然，不以私恩害公义。《传》曰：'正家而天下定矣！'"

官吏和平民无所遵循。我常在内心痛恨,国家放弃了行之有效的制度,而纷纷去变乱更张。但愿陛下仔细回顾汉室世代相继的事业,留意遵守先帝的法制,弘扬先帝的功业,用以安定臣僚的心。《诗经·大雅》说:'不要忘记祖先的教诲,努力修养自己的德行。'恩德才是根本。《诗传》说:'知道喜爱什么,厌恶什么,一切使性情变好,圣王的道路就是如此。'疏理性情的方法,必定先知道自己的长处,而全力弥补自己的欠缺。聪明通达的人,警惕明察秋毫;见识不广的人,警惕眼界狭窄;勇猛刚强的人,警惕性情暴烈;仁爱温良的人,警惕难下决心;恬淡安静的人,警惕贻误时机;胸襟广阔的人,警惕疏忽大意。必须了解自己所应当注意纠正的缺失,以大义来弥补它,然后才能达到万事和谐的美好境界,而那些伪善的乖巧之徒,也无法结党搭帮,企望挤进朝廷。务请陛下警惕自己,使陛下的盛大恩德更受到推崇。

　　"我又曾经听说,家庭如果安详和睦,天下自然治理得好,所以《诗经》开头就是《国风》,《礼记》开头就讲冠礼、婚礼。用《国风》开头,追溯性情的根本,表明人伦之间的关系;用冠礼、婚礼开头,为安详的家庭奠立基础,以防患于乱起之前。所以圣明的君王,必须慎重处理妃嫔与皇后之间的关系,注意区分嫡子与庶子的不同地位,把礼仪纳入自己家内。卑贱的不能超过尊贵的,新来的不能排在旧有的之前,必如此,才合乎人情,顺乎阴阳。体现嫡尊庶卑的做法,就是嫡子成年举行加冠礼时,在高台上隆重举行,使用甜酒祝贺,其他的儿子,不能用这种仪式,其目的就在于显示嫡子的尊贵,使立于无可怀疑的地位。这不仅仅是表面的礼节仪式而已,而是内心对待嫡子与其他儿子截然不同,所以礼仪的意思是,把内心的真情呈现出来。圣人的一举一动,和谁亲近,和谁欢宴娱乐,都要使尊贵卑贱有一定次序,这样的话,全国百姓都会自我修养,顺从归化。如果应当亲近的反而疏远,应当尊重的反而放到卑贱的地位,那么乖巧的邪恶之徒就会乘机而动,使国家混乱。所以圣人谨慎小心,不愿有一个坏的开头,用心防范于乱起之前,决不因私人的恩情,伤害正大的原则。正如《易传》所说:'家庭端正,则天下就安定了。'"

6　初,武帝既塞宣房,后河复北决于馆陶,分为屯氏河,东北入海,广深与大河等,故因其自然,不堤塞也。是岁,河决于清河灵鸣犊口,而屯氏河绝。

建昭元年(癸未,前 38)

1　春,正月戊辰,陨石于梁。

2　三月,上行幸雍,祠五畤。

3　冬,河间王元坐贼杀不辜废,迁房陵。

4　罢孝文太后寝祠园。

5　上幸虎圈斗兽,后宫皆坐。熊逸出圈,攀槛欲上殿。左右、贵人、傅婕妤等皆惊走;冯婕妤直前,当熊而立。左右格杀熊。上问:"人情惊惧,何故前当熊?"婕妤对曰:"猛兽得人而止;妾恐熊至御坐,故以身当之。"帝嗟叹,倍敬重焉。傅婕妤惭,由是与冯婕妤有隙。冯婕妤,左将军奉世之女也。

二年(甲申,前 37)

1　春,正月,上行幸甘泉,郊泰畤。三月,行幸河东,祠后土。

2　夏,四月,赦天下。

3　六月,立皇子兴为信都王。

4　东郡京房学《易》于梁人焦延寿。延寿常曰:"得我道以亡身者,京生也。"其说长于灾变,分六十卦,更直日用事,以风雨寒温为候,各有占验。房用之尤精,以孝廉为郎,上疏屡言灾异,有验。天子说之,数召见问。房对曰:

6　当初，武帝曾经堵塞黄河决口，筑宣房宫；后来，黄河又在馆陶决口，形成屯氏河，沿东北方向注入渤海，因为河床广度深度跟黄河相同，所以听其自由发展，不再堵塞决口。本年，黄河在清河郡所属灵县鸣犊堤再度决口，屯氏河于是逐渐干涸。

汉元帝建昭元年(癸未,公元前38年)

1　春季，正月戊辰(二十九日)，陨石坠在梁国。

2　三月，元帝前往雍城，在五畤祭祀天帝。

3　冬季，河间王刘元，被控滥杀无罪平民，撤销爵位，贬逐房陵。

4　元帝下令撤除文帝母亲薄太后的陵园。

5　元帝前往虎圈，观赏野兽搏斗，妃嫔们都在座奉陪。不料一只熊突然跳出圈外，攀着阑杆想上殿堂。元帝左右的贵族、侍从、妃嫔们，包括傅婕妤在内，都惊慌逃命；只有冯婕妤，毅然走到熊面前。就在这时，武士已把熊杀死。元帝惊魂初定后，问她："人人恐惧，你为什么单独上前阻挡熊？"冯婕妤说："猛兽凶性发作，只要抓着一个人，就会停止攻击，我恐怕它直扑陛下的座位，所以愿意以身阻挡它。"元帝感激嗟叹，对冯婕妤倍加敬重。而傅婕妤大为惭愧，从此与冯婕妤产生隔阂。冯婕妤是左将军冯奉世的女儿。

汉元帝建昭二年(甲申,公元前37年)

1　春季，正月，元帝前往甘泉，在泰畤祭祀天神。三月，前往河东，祭祀地神。

2　夏季，四月，大赦天下。

3　六月，元帝赐封皇子刘兴为信都王。

4　东郡人京房跟从梁人焦延寿学习《易经》。焦延寿常说："得到我的学问而丧失生命的，就是京房。"他的学说长于占卜天灾人祸，共分六十卦，轮流交替地指定日期，用风雨冷热作为验证，都很准确。京房运用这种学说，尤其功力深厚，被地方官府推荐为"孝廉"之后，他到朝廷充当郎，屡次上书元帝，议论天象变异，十分灵验。元帝喜欢他，数次召见他，向他询问。京房回答说：

"古帝王以功举贤,则万化成,瑞应著;末世以毁誉取人,故功业废而致灾异。宜令百官各试其功,灾异可息。"诏使房作其事,房奏考功课吏法。上令公卿朝臣与房会议温室,皆以房言烦碎,令上下相司,不可许;上意乡之。时部刺史奏事京师,上召见诸刺史,令房晓以课事;刺史复以为不可行。唯御史大夫郑弘、光禄大夫周堪初言不可,后善之。

是时,中书令石显颛权,显友人五鹿充宗为尚书令,二人用事。房尝宴见,问上曰:"幽、厉之君何以危?所任者何人也?"上曰:"君不明而所任者巧佞。"房曰:"知其巧佞而用之邪,将以为贤也?"上曰:"贤之。"房曰:"然则今何以知其不贤也?"上曰:"以其时乱而君危知之。"房曰:"若是,任贤必治,任不肖必乱,必然之道也。幽、厉何不觉悟而更求贤,曷为卒任不肖以至于是?"上曰:"临乱之君,各贤其臣;令皆觉寤,天下安得危亡之君?"房曰:"齐桓公、秦二世亦尝闻此君而非笑之;然则任竖刁、赵高,政治日乱,盗贼满山,何不以幽、厉卜之而觉寤乎?"上曰:"唯有道者能以往知来耳。"房因免冠顿首曰:"《春秋》纪二百四十二年灾异,以示万世之君。今陛下即位以来,日月失明,星辰逆行,山崩,泉涌,地震,石陨,夏霜,冬雷,春凋,秋荣,陨霜不杀,水、旱、螟虫,民人饥、疫,盗贼不禁,刑人满市,《春秋》所记灾异尽备。

"古代帝王按功劳选拔贤能，万事都有成就，祥瑞显现；衰亡的时期，任用官员则以遭诋毁还是受称赞为依据，所以政治腐败，因而招致天灾变异。最好是考察文武百官的行政效率及其政绩，天灾变异才可停止。"元帝命京房主持这件事，京房于是拟定了考功课吏法。元帝下令，公卿朝臣与京房在未央宫前殿温室殿举行讨论会，大家都认为京房的办法过于琐碎，使上级和下级互相监督侦察，不可施行，但元帝却赞成京房的办法。当时，正好各州刺史向朝廷奏报事宜，集中在京师长安。元帝召见他们，命京房向他们宣布考核办法的实行细则，刺史们也认为不可施行。只有御史大夫郑弘，光禄大夫周堪，开始时反对，后来才转为支持。

这时，中书令石显正独揽大权，石显的好友五鹿充宗任尚书令，二人联合执政。有一次，元帝闲暇宴饮时召见京房，京房问元帝："周幽王、周厉王为什么导致国家出现危机？他们任用的是些什么人？"元帝说："君王昏庸，任用的都是善于伪装的奸佞。"京房进一步问："君王是明知奸佞而仍用他们？还是认为贤能才用他们？"元帝回答说："当然是认为他们贤能。"京房说："可是，今天为什么我们却知道他们不是贤能呢？"元帝说："根据当时局势混乱，君王身处险境便可以知道。"京房说："如果是这样的话，任用贤能时国家必然治理得好，任用奸邪时国家必定混乱，这是事物发展的必然轨迹。为什么幽王、厉王不觉悟而另外任用贤能，一定要任用奸佞以致后来陷入困境？"元帝说："乱世君王，认为他所任用的官员全是贤能，假如都能觉悟到自己的错误，天下怎么还会有亡国的君王？"京房说："齐桓公、秦二世也曾经知道周幽王、周厉王的故事，并讥笑过他们，可是，齐桓公任用竖刁，秦二世任用赵高，以致政治日益混乱，盗贼满山遍野，为什么不能把周幽王、周厉王当作一面镜子，而觉悟到用人的不当？"元帝说："只有治国有法的君王，才能依据往事而预测将来。"京房脱下官帽，叩头说："《春秋》一书，记载二百四十二年间的天变灾难，以给后世君王看。而今陛下登极以来，日食月食，星辰逆转；山崩泉涌，大地震动，天落陨石；夏季降霜，冬季响雷，春季百花凋谢，秋季树叶茂盛，霜降不能肃杀害虫；水灾、旱灾、蝗灾，百姓饥馑，瘟疫流行；盗贼制伏不住，受过刑罚的人充满市内；《春秋》所记载的天灾人祸，现在应有尽有。

陛下视今为治邪,乱邪?"上曰:"亦极乱耳,尚何道!"房曰:"今所任用者谁与?"上曰:"然,幸其愈于彼,又以为不在此人也。"房曰:"夫前世之君,亦皆然矣。臣恐后之视今,犹今之视前也!"上良久,乃曰:"今为乱者谁哉?"房曰:"明主宜自知之。"上曰:"不知也;如知,何故用之!"房曰:"上最所信任,与图事帷幄之中,进退天下之士者是矣。"房指谓石显,上亦知之,谓房曰:"已谕。"房罢出,后上亦不能退显也。

　　臣光曰:人君之德不明,则臣下虽欲竭忠,何自而入乎!观京房所以晓孝元,可谓明白切至矣,而终不能寤,悲夫!《诗》曰:"匪面命之,言提其耳。匪手携之,言示之事。"又曰:"诲尔谆谆,听我藐藐。"孝元之谓矣!

　　5　上令房上弟子晓知考功、课吏事者,欲试用之。房上"中郎任良、姚平,愿以为刺史,试考功法;臣得通籍殿中,为奏事,以防壅塞。"石显、五鹿充宗皆疾房,欲远之,建言,宜试以房为郡守。帝于是以房为魏郡太守,得以考功法治郡。

　　房自请"岁竟,乘传奏事",天子许焉。房自知数以论议为大臣所非,与石显等有隙,不欲远离左右,乃上封事曰:"臣出之后,恐为用事所蔽,身死而功不成,故愿岁尽乘传奏事,蒙哀见许。乃辛巳,蒙气复乘卦,太阳侵色,此上大夫覆阳而上意疑也。己卯、庚辰之间,必有欲隔绝臣,令不得乘传奏事者。"

陛下看现在是治世,还是乱世?"元帝说:"已经乱到极点了,这还用问?"京房说:"陛下现在任用的是些什么人?"元帝说:"今天的灾难变异和为政之道,幸而胜过前代,但我认为责任不在他们身上。"京房说:"前世的那些君王,也是陛下这种想法。我恐怕后代人看现代,犹如现代人看古代。"元帝思考了一会,问:"现在扰乱国家的是谁?"京房回答说:"陛下自己应该知道。"元帝说:"我不知道;如果知道,哪里还会用他?"京房说:"陛下最信任,跟他在宫廷之中共商国家大事,掌握用人权柄的人,就是他。"京房所指的是石显,元帝也知道,他对京房说:"我晓得你的意思。"京房告退,后来,汉元帝还是不能让石显退位。

臣司马光说:君王的德行不昌明,则臣属虽然想竭尽忠心,又从何着手呢?观察京房对元帝的诱导,可以说是把道理说得十分清楚透彻了,而最终仍不能使元帝觉悟,可悲啊!《诗经》说:"我不但当面把你教训过,而且提起过你的耳朵。不但是用手携带着你,而且指示了你许多事。"又说:"我教导你是那么的恳切细致,而你却漫不经心、听不进去。"这说的就是汉元帝啊!

5 元帝命京房推荐他的学生中了解考课办法,有行政经验的人才,准备试用。京房上奏:"中郎任良、姚平,希望能用为刺史,在各州试行考绩制度;请准许我留在朝廷,转报他们的奏章,免得下情不能上达。"然而石显、五鹿充宗都痛恨京房,想使京房远离元帝,于是向元帝建议,应该试任京房为郡守。元帝遂任命京房当魏郡太守,以他的考绩方案去治理地方。

京房请求"年终时候,请准许我乘坐朝廷的驿车,向陛下当面报告",元帝许可。京房自知数次因为议论受到大臣的非议,跟石显之间怨恨已成,不想远离元帝,于是上密封的奏章:"我一出京师,恐怕被当权大臣所障,身死而事败,所以盼望在年终之时,得以乘朝廷驿车,到京师向陛下奏事,幸而蒙陛下允许。然而,六月辛巳(二十日),阴云乱风四起,太阳光芒暗淡,显示高级官员蒙蔽天子,而天子心里怀疑。六月己卯(十八日)、庚辰(十九日)之间,定有想隔绝陛下与我的关系,使我不得乘坐朝廷驿车奏事的权贵。"

　　房未发，上令阳平侯王凤承制诏房止无乘传奏事。房意愈恐。秋，房去至新丰，因邮上封事曰："臣前以六月中言《遁卦》不效，法曰：'道人始去，寒涌水为灾。'至其七月，涌水出。臣弟子姚平谓臣曰：'房可谓知道，未可谓信道也。房言灾异，未尝不中。涌水已出，道人当逐死，尚复何言！'臣曰：'陛下至仁，于臣尤厚，虽言而死，臣犹言也。'平又曰：'房可谓小忠，未可谓大忠也。昔秦时赵高用事，有正先者，非刺高而死，高威自此成，故秦之乱，正先趣之。'今臣得出守郡，自诡效功，恐未效而死，惟陛下毋使臣塞涌水之异，当正先之死，为姚平所笑。"

　　房至陕，复上封事曰："臣前白愿出任良试考功，臣得居内。议者知如此于身不利，臣不可蔽，故云：'使弟子不若试师。'臣为刺史，又当奏事，故复云：'为刺史，恐太守不与同心，不若以为太守。'此其所以隔绝臣也。陛下不违其言而遂听之，此乃蒙气所以不解、太阳无色者也。臣去稍远，太阳侵色益甚，愿陛下毋难还臣而易逆天意！邪说虽安于人，天气必变，故人可欺，天不可欺也，愿陛下察焉！"

　　房去月馀，竟征下狱。初，淮阳宪王舅张博，倾巧无行，多从王求金钱，欲为王求入朝。博从京房学，以女妻房。房每朝见，退辄为博道其语。博因记房所说密语，令房为王作求朝奏草，皆持秦与王，以为信验。石显知之，告"房与张博通谋，非谤政治，归恶天子，诖误诸侯王"。皆下狱，弃市，妻子徙边。郑弘坐与房善，免为庶人。

京房还没有出发,元帝命阳平侯王凤通知京房,不要年终乘驿车回京师奏事。京房心中更加惊恐。秋季,京房出发,走到新丰,托朝廷传送文书的差人再上密封的奏章:"我于六月间曾上书陛下,所说《遁卦》虽未应验,但占候之法说:'有道术的人离去,天气寒冷,大水涌出成灾。'到了七月,果然大水涌出。我的学生姚平告诉我:'你可以说通晓道术,却不能说笃信道术。你所预测的天灾变异,没有一件事不应验。现在,大水已经涌出,有道术的人就要被放逐而死在外边,还有什么话可说!'我说:'陛下最仁最爱,对我尤其宽厚,即令因进言而死,我还是要进言。'姚平又说:'你只能说是小忠,不算大忠。从前,秦朝赵高执政,有一位叫正先的人,因讥讽赵高而被处死,赵高的淫威从此形成,所以秦朝的衰乱,是正先促成的。'而今我出任郡守,把考核功效引为自己的责任,只恐怕还没有着手便被诛杀,求陛下不要使我应验大水上涌的预言,充当正先的角色,让姚平作为笑料。"

　　京房到陕县,再上密封奏章:"我先前推荐任良可以负责官员考绩制度,使我留在朝廷。高官显贵知道这样对于他们自身不利,而且不可能把我和陛下隔绝开来,所以说:'与其学生出面,不如老师亲自主持。'可是,如果派我当刺史,又怕我面见陛下奏报,于是又说:'当刺史,可能太守不肯合作,不如索性当太守。'目的在于隔绝我们君臣。陛下忽略他们的用心,接受了他们的建议,这正是阴云乱风所以不散,太阳失去光辉的原因。我离京师长安越远,太阳的昏暗越重,盼望陛下不要以征我回京师为难而轻易违背天意。邪恶阴谋,人主虽然不觉,上天却必有变化,所以可以欺人,不可以欺天,请陛下详察。"

　　京房赴任一月馀,竟被逮捕入狱。当初,淮阳宪王的舅父张博是一个见风使舵、品行不端的人物,向淮阳宪王要了许多金银财宝和钱币,到京师长安活动征召淮阳宪王入朝。张博曾跟随京房学习《易经》,而且把女儿嫁给京房。京房每次朝见,回家之后,都把跟元帝之间问答的话告诉张博。张博于是暗中记下京房所说的机密语言,让京房代淮阳宪王草拟请求入朝的奏章。他把这些密语记录和奏章草稿,送给淮阳宪王过目,作为他工作的证明。石显得到这个情报指控"京房跟张博通谋,诽谤治国措施,把罪恶推到皇帝身上,贻误连累诸侯王"。于是京房跟张博都被捕入狱,在街市上斩首,妻子放逐到边塞。御史大夫郑弘,被控跟京房是朋友,遭免职,贬作平民。

6　御史中丞陳咸數毀石顯，久之，坐與槐里令朱雲善，漏泄省中語，石顯微伺知之，與雲皆下獄，髡為城旦。

石顯威權日盛，公卿以下畏顯，重足一迹。顯與中書僕射牢梁、少府五鹿充宗結為黨友，諸附倚者皆得寵位。民歌之曰："牢邪，石邪！五鹿客邪！印何累累，綬若若邪！"

顯內自知擅權，事柄在掌握，恐天子一旦納用左右耳目以間己，乃時歸誠，取一信以為驗。顯嘗使至諸官，有所征發，顯先自白："恐後漏盡宮門閉，請使詔吏開門。"上許之。顯故投夜還，稱詔開門入。後果有上書告"顯顓命，矯詔開宮門"，天子聞之，笑以其書示顯。顯因泣曰："陛下過私小臣，屬任以事，群下無不嫉妒，欲陷害臣者，事類如此非一，唯獨明主知之。愚臣微賤，誠不能以一軀稱快萬眾，任天下之怨。臣願歸樞機職，受後宮掃除之役，死無所恨。唯陛下哀憐財幸，以此全活小臣！"天子以為然而憐之，數勞勉顯，加厚賞賜，賞賜及賂遺訾一萬萬。初，顯聞眾人匈匈，言己殺前將軍蕭望之，恐天下學士訕己，以諫大夫貢禹明經著節，乃使人致意，深自結納，因薦禹天子，歷位九卿，禮事之甚備。議者于是或稱顯，以為不妒譖望之矣。顯之設變詐以自解免，取信人主者，皆此類也。

荀悅曰：夫佞臣之惑君主也甚矣，故孔子曰："遠佞人。"非但不用而已，乃遠而絕之，隔塞其源，戒之極也。孔子曰："政者，

6　御史中丞陈咸不断抨击石显,过了一段时间,石显指控他跟槐里令朱云是好友,泄露宫禁之中的机密,这是石显暗暗侦察得知的,于是陈咸、朱云都被捕下狱,判处髡刑,罚做苦工。

石显的淫威和权势日益增长,公卿以下的官员都害怕他,人人自危,不敢稍有宽纵。石显与中书仆射牢梁、少府五鹿充宗结为死党密友,凡依附这些权贵的人,都得到了高官厚禄。民间有歌谣说:"牢邪,石邪! 五鹿客邪! 印何累累,绶若若邪!"

石显深知自己专权,把持朝政,唯恐元帝一旦听取亲信的抨击而被疏远,于是找了个机会来表示忠诚,借用一件事作凭据以为验证。石显曾经奉命到宫中诸官府,征集人力和物资,他先向元帝请求:"恐怕有时回宫太晚,漏壶滴尽,宫门关闭,我可不可以说奉陛下之命,教他们开门!"元帝允许。一天石显故意回来很迟,宣称元帝命令,唤开宫门。稍后,果然有人上书控告"石显专擅皇命,假传圣旨,私开宫门",元帝听说了这件事,不禁笑了起来,把奏章拿给石显。石显抓着时机,流泪说:"陛下过度宠爱我,委任我办事,很多人妒火中烧,想陷害我,类似这种情形已不止一次,只有圣明的主上才知道我的忠心。我出身微贱,实在不能以我一个人去使万人称心快意,担负起全国所有的怨恨。请允许我辞去中枢机要职务,只负责后宫的清洁洒扫,死而无恨。唯求陛下哀怜裁择,再给我一次宠幸,以此保全我的性命。"元帝认为石显说得对,而深为同情,不断安慰勉励,又重重赏赐,这样的赏赐及百官赠送资金高达一亿。当初,石显听说人们议论愤激,都说是他逼死前将军萧望之,他唯恐招来全国儒生的抨击,听说谏大夫贡禹深明儒家经典,节操高尚,石显便托人向贡禹表示问候之意,用心结交,并向元帝推荐,贡禹于是擢升九卿,对他以礼相待,很是周详。于是舆论也有赞扬石显的,认为他对萧望之不致有陷害的行为。石显谋略变诈,善于为自己解围,以取得皇帝的信任,用的都是此类手法。

荀悦说:奸佞迷惑君主的方法太多了。所以孔子说:"教奸佞离你远点!"不仅不用他而已,还要驱逐到远方,跟他隔绝,把源头塞住,态度至为坚决。孔子说:"政治的意思,

正也。"夫要道之本,正己而已矣。平直真实者,正之主也。故德必核其真,然后授其位;能必核其真,然后授其事;功必核其真,然后授其赏;罪必核其真,然后授其刑;行必核其真,然后贵之;言必核其真,然后信之;物必核其真,然后用之;事必核其真,然后修之。故众正积于上,万事实于下,先王之道,如斯而已矣!

7 八月癸亥,以光禄勋匡衡为御史大夫。

8 闰月丁酉,太皇太后上官氏崩。

9 冬,十一月,齐、楚地震,大雨雪,树折,屋坏。

三年(乙酉,前36)

1 夏,六月甲辰,扶阳共侯韦玄成薨。

2 秋,七月,匡衡为丞相。戊辰,卫尉李延寿为御史大夫。

3 冬,使西域都护、骑都尉北地甘延寿、副校尉山阳陈汤共诛斩郅支单于于康居。

始,郅支单于自以大国,威名尊重,又乘胜骄,不为康居王礼,怒杀康居王女及贵人、人民数百,或支解投都赖水中;发民作城,日作五百人,二岁乃已。又遣使责阖苏、大宛诸国岁遗,不敢不予。汉遣使三辈至康居,求谷吉等死。郅支困辱使者,不肯奉诏;而因都护上书,言:"居困厄,愿归计强汉,遣子入侍。"其骄嫚如此。

就是端正。"治理国家最基本的一件事,无非端正自己而已。耿直诚实,则是端正的主干。对于品德,必须核实是真实的,才授给他官位;对于能力,必须核实是真实的,才教他做事;对于功劳,必须核实是真实的,才颁发奖赏;对于罪恶,必须核实是真实的,才加以惩罚;对于贡献,必须核实是真实的,才可以擢升;对于言谈,必须核实是真实的,然后才能相信。对于器具,必须核实是真实的,才可以使用;对于政事和职事,必须核实是真实的,然后才能去干。所以各种端正风气都汇集到朝廷,则全国没有虚伪,古代帝王的道理,不过如此而已。

7 八月癸亥(初三),元帝擢升光禄勋匡衡任御史大夫。

8 闰八月丁酉(初八),太皇太后上官氏驾崩。

9 冬季,十一月,古齐国地区、楚国地区地震,下大雪,树木折断,民房倒塌。

汉元帝建昭三年(乙酉,公元前36年)

1 夏季,六月甲辰(十九日)丞相扶阳共侯韦玄成去世。

2 秋季,七月,元帝擢升匡衡做丞相。戊辰(十四日),擢升卫尉李延寿当御史大夫。

3 冬季,西域都护、骑都尉、北地郡人甘延寿,和副校尉、山阳郡人陈汤,率军向康居王国挺进,杀死郅支单于。

最初,郅支单于自以为匈奴汗国是一个大国,威名远扬,颇受别国尊重,又乘军事胜利而骄傲不可一世,因为不得康居王礼敬,一怒之下杀了康居王的女儿,还斩杀康居贵族、平民共数百人,有的还截其四肢,砍下人头,扔到都赖水里。还强迫康居人为他建筑城垣,每日有五百名工匠施工,历时二年才算完成。又派出使节,前往阖苏王国、大宛王国,责令他们进贡。二国畏惧郅支单于,不敢不给。汉朝前后派出三批使节,前往康居郅支单于处,查问谷吉等人的遗体下落。郅支对于汉朝使节窘困侮辱,不肯接受汉朝皇帝的诏书,只通过西域都护上书,说:"居住的地方环境困苦,愿意归顺强大的汉朝,还打算派儿子去当人质。"其态度傲慢如此。

　　汤为人沉勇,有大虑,多策略,喜奇功,与延寿谋曰:"夷狄畏服大种,其天性也。西域本属匈奴,今郅支单于威名远闻,侵陵乌孙、大宛,常为康居画计,欲降服之。如得此二国,数年之间,城郭诸国危矣。且其人剽悍,好战伐,数取胜;久畜之,必为西域患。虽所在绝远,蛮夷无金城、强弩之守。如发屯田吏士,驱从乌孙众兵,直指其城下,彼亡则无所之,守则不足自保,千载之功可一朝而成也!"延寿以为然,欲奏请之。汤曰:"国家与公卿议,大策非凡所见,事必不从。"延寿犹与不听。会其久病,汤独矫制发城郭诸国兵、车师戊己校尉屯田吏士。延寿闻之,惊起,欲止焉。汤怒,按剑叱延寿曰:"大众已集会,竖子欲沮众邪!"延寿遂从之。部勒行陈,汉兵、胡兵合四万馀人。延寿、汤上疏自劾奏矫制,陈言兵状。即日引军分行,别为六校:其三校从南道逾葱岭,径大宛;其三校都护自将,发温宿国,从北道入赤谷,过乌孙,涉康居界,至阗池西。而康居副王抱阗将数千骑寇赤谷城东,杀略大昆弥千馀人,驱畜产甚多,从后与汉军相及,颇寇盗后重。汤纵胡兵击之,杀四百六十人,得其所略民四百七十人,还付大昆弥,其马、牛、羊以给军食。又捕得抱阗贵人伊奴毒。入康居东界,令军不得为寇。间呼其贵人屠墨见之,谕以威信,与饮、

陈汤为人沉着勇敢,深思熟虑,富有计策谋略,渴望建立奇特的功勋,他向甘延寿建议说:"边境各族畏惧匈奴,这是天性。西域各国,本来都属匈奴管辖,而今郅支单于的威名传播很远,不断侵略乌孙王国和大宛王国,经常给康居王国出谋划策,企图使乌孙、大宛投降归顺匈奴。一旦把这两国征服,只要几年时间,西域各国都会陷于危险的境地。郅支单于性情剽悍,喜好战争,不断取得胜利,日子一久,必将成为西域的灾难。虽然他现在距我们路途遥远,幸而他们没有坚固的城堡和坚强的弓箭,无法固守。我们如果征发屯田的军队,及乌孙王国的军队,挺进到他新筑的城堡之下,他要逃没有地方可逃,要守则兵力不足以自保,千载难逢的功业可以在一天早上完成。"甘延寿认为有理,准备先行奏请朝廷批准。陈汤说:"圣上一定会召集公卿商议,远大的策略,不是平庸的官僚所能了解,肯定不同意。"甘延寿迟疑,不敢决定。正好甘延寿久病卧床,陈汤单独行动,假传圣旨,征发各国军队、车师戊己校尉屯田部队。甘延寿听说了这件事,大惊失色,要加阻止。陈汤怒发冲冠,手按剑柄,叱责甘延寿说:"大军已经集中会合,你小子是不是打算阻止大军?"甘延寿于是顺从。他俩开始部署,集结汉朝和西域多国兵力,共有四万多人。甘延寿、陈汤上奏章自我弹劾假传圣旨之罪,陈述所以如此做的理由。发出奏章的当天,大军出发,分成六路纵队,其中三路纵队沿南道越过葱岭,穿过大宛王国;另三路纵队,由都护甘延寿亲自率领,从温宿国出发,由北道经过乌孙王国首府赤谷城,横穿乌孙王国,进入康居王国边界,挺进到阗池西岸。而这时康居王国的副王抱阗,率领数千骑兵,在赤谷城东方攻击乌孙王国大昆弥地区,屠杀及俘虏千馀人,抢走牛、羊、马等大批牲畜,然后跟在后面追上汉军,夺取汉军后部大批辎重。陈汤命西域兵迎战,杀四百六十人,夺回抱阗所掳掠的乌孙人四百七十人,交给大昆弥,而夺回的牛、羊、马匹,则留下来作为军队食物补给。又逮捕到抱阗手下贵族伊奴毒。进入康居王国东部国土后,陈汤严明军纪,不准烧杀抢掠。秘密跟康居王国的贵族屠墨会晤,向他展示汉朝的威力与决心,摆下筵席,开怀饮酒,

盟,遣去。径引行,未至单于城可六十里,止营。复捕得康居贵人具色子男开牟以为导。具色子,即屠墨母之弟,皆怨单于,由是具知郅支情。明日,引行,未至城三十里,止营。

单于遣使问:"汉兵何以来?"应曰:"单于上书言:'居困厄,愿归计强汉,身入朝见。'天子哀闵单于,弃大国,屈意康居,故使都护将军来迎单于妻子。恐左右惊动,故未敢至城下。"使数往来相答报,延寿、汤因让之:"我为单于远来,而至今无名王、大人见将军受事者,何单于忽大计,失客主之礼也!兵来道远,人畜罢极,食度且尽,恐无以自还,愿单于与大臣审计策!"

明日,前至郅支城都赖水上,离城三里,止营傅陈。望见单于城上立五采幡帜,数百人被甲乘城。又出百馀骑往来驰城下,步兵百馀人夹门鱼鳞陈,讲习用兵。城上人更招汉军曰:"斗来!"百馀骑驰赴营,营皆张弩持满指之,骑引却。颇遣吏士射城门骑、步兵,骑、步兵皆入。延寿、汤令军:"闻鼓音,皆薄城下,四面围城,各有所守,穿堑,塞门户,卤楯为前,戟弩为后,仰射城楼上人。"楼上人下走;土城外有重木城,从木城中射,颇杀伤外人,外人发薪烧木城。夜,数百骑欲出,外迎射,杀之。

共同盟誓,然后送他回去。大军继续挺进,在距新筑的单于城六十里处,安营扎寨。这时,又俘虏康居王国另一贵族具色子男开牟,具色子男开牟愿做向导。具色子男开牟是屠墨的舅父,也痛恨郅支单于的凶暴,汉朝军队于是对郅支单于内部的情况,了如指掌。第二天,大军继续挺进,距单于城三十里,扎营。

郅支单于派使节前来询问:"汉朝军队到这里来的目的何在?"汉军的官员回答说:"你们单于曾经上书汉朝皇帝,说:'居住环境困苦,很愿意归降强大的汉朝,亲身到长安朝见。'皇帝怜悯单于放弃幅员广大的国土,委屈地住在康居,所以派遣西域都护率军前来迎接单于的妻子儿女。恐怕单于的左右受到惊恐,所以没有敢于直接到达城下。"双方使节来往了几次之后,甘延寿、陈汤出面,责备郅支单于的使节说:"我们为了单于,不远万里来到此地,然而,一直到今天,他还没有派出一位名王、显贵,前来晋见都护的幕僚,为什么单于这么快就忘记他当初的请求,竟不知道主人待客人的礼貌!我们从遥远的地方到此,人困马乏,而粮草又快用完,恐怕连回程都不够用,请单于跟大臣们慎重考虑!"

次日,大军挺进到都赖水畔,在距单于城三里外扎营,构筑阵地,看见单于城上,五色旗帜迎风飘扬,数百匈奴人披甲戴胄,登上城楼守备。又从城中冲出一百馀名骑兵,往来奔驰城下;一百馀名匈奴步兵,在城门两侧,结成"鱼鳞阵",正作战斗演习。城上守军还向汉朝军队挑战:"来打吧!"另外,一百馀人的匈奴骑兵,直冲汉朝营垒。汉营强弓全部拉满,箭矢外指,匈奴骑兵不敢攻击,撤退。强弩部队射击城门外操练的匈奴骑兵、步兵,匈奴兵立即退入城内,城门紧闭。甘延寿、陈汤下令总攻:"听到鼓声,都直扑城下,四面包围,各军记住所分配的位置,开凿洞穴,堵塞射击孔。盾牌在前,戟弩在后,由弩兵负责射杀城楼上的守军。"攻击开始,城楼上的匈奴守军不能立足,溃逃,土城之外,还有由两层木墙构成的重木城,匈奴人由木城射击,使汉朝远征军多有伤亡,于是远征军以薪纵火,烧毁木城。入夜,匈奴守军骑兵数百名突围,汉军予以迎头痛击,箭如雨下,全部歼灭。

初,单于闻汉兵至,欲去,疑康居怨己,为汉内应,又闻乌孙诸国兵皆发,自以无所之。郅支已出,复还,曰:"不如坚守。汉兵远来,不能久攻。"单于乃被甲在楼上,诸阏氏、夫人数十皆以弓射外人。外人射中单于鼻,诸夫人颇死;单于乃下。夜过半,木城穿;中人却入土城,乘城呼。时康居兵万馀骑,分为十馀处,四面环城,亦与相应和。夜,数奔营,不利,辄却。平明,四面火起,吏士喜,大呼乘之,钲、鼓声动地。康居兵引却。汉兵四面推卤楯,并入土城中。单于男女百馀人走入大内,汉兵纵火,吏士争入,单于被创死。军候假丞杜勋斩单于首。得汉使节二及谷吉等所赍帛书,诸卤获以畀得者。凡斩阏氏、太子、名王以下千五百一十八级;生虏百四十五人,降虏千馀人,赋予城郭诸国所发十五王。

四年(丙戌,前35)

1 春,正月,郅支首至京师。延寿、汤上疏曰:"臣闻天下之大义当混为一,昔有唐、虞,今有强汉。匈奴呼韩邪单于已称北藩,唯郅支单于叛逆,未伏其辜,大夏之西,以为强汉不能臣也。郅支单于惨毒行于民,大恶通于天;臣延寿,臣汤,将义兵,行天诛,赖陛下神灵,阴阳并应,天气精明,陷陈克敌,斩郅支首及名王以下。宜县头槀街蛮夷邸间,以示万里,明犯强汉者,

当初，郅支单于听说汉朝军队到达，打算迅速离开，但又怀疑康居王对他怨恨，与汉朝勾结，里应外合，又听说乌孙王国等西域各国，都派出军队，自以为无处可以投奔。所以，他已逃出单于城，却又返回，说："不如坚守。汉朝军队远征万里，绝不可能持久。"郅支单于全身披甲，在城楼上指挥作战，他的阏氏、夫人共数十名，也都用弓箭外射汉军。汉朝的弩兵射中郅支单于的鼻子，而他的夫人也多有死亡，郅支单于于是从城楼下来。午夜之后，木城全毁，匈奴守军退入土城，再登城墙，呼号呐喊。这时，康居王国一万多人的骑兵援军来到郅支城附近，分为十馀队，环绕城的东西南北四面部署，跟城上的匈奴守军互相呼应。乘着夜色，多次向汉朝军队的营地冲击，然而不能得手，只得都向后撤退。天将亮时，四面火起，官兵振奋，乘火势大喊，钲鼓之声，震天动地。康居军队再向后撤。汉朝军队推举盾牌，从四面冲入土城中。郅支单于率匈奴男女一百多人退入王宫，汉朝军队纵火焚烧王宫，官兵争先冲入，郅支单于身受重伤而死。军候假丞杜勋，砍下郅支单于人头。在王宫中搜出汉朝使臣的节两只以及谷吉等携带的写在帛上的书信，凡是抢掠的金银财宝，都归抢掠者所有。计算斩阏氏、太子、名王以下一千五百一十八人，生擒一百四十五人，投降的一千多人，分配给领兵共围单于的西域十五个国王。

汉元帝建昭四年(丙戌,公元前35年)

1　春季，正月，郅支单于的人头，送到长安。甘延寿、陈汤上书说："我们曾经听说，天下的大道理莫过于统一，从前有唐尧、虞舜，今有强大的汉朝。匈奴呼韩邪单于已成为我们北方的藩属，只有郅支单于背叛汉朝，没有伏罪，他逃亡到大夏王国以西，认为强大的汉朝不能使他称臣归顺。郅支单于对百姓残忍狠毒，巨大的罪恶上通于天，臣甘延寿、陈汤，率领仁义的军队，替天讨伐，幸赖陛下神异威灵，阴阳配合，天气晴明，攻陷敌人堡垒，粉碎敌人反抗，砍下郅支单于的人头，诛杀名王以下。应该把郅支单于的头悬挂在长安槀街蛮夷馆舍之间，以便昭示天下，胆敢冒犯强大汉朝的，

虽远必诛!"丞相匡衡等以为:"方春掩骼、埋胔之时,宜勿县。"诏县十日,乃埋之。仍告祠郊庙,赦天下。群臣上寿,置酒。

2 六月甲申,中山哀王竟薨。哀王者,帝之少弟,与太子游学相长大。及薨,太子前吊。上望见太子,感念哀王,悲不能自止。太子既至前,不哀,上大恨曰:"安有人不慈仁,而可以奉宗庙,为民父母者乎!"是时驸马都尉、侍中史丹护太子家,上以责谓丹,丹免冠谢曰:"臣诚见陛下哀痛中山王,至以感损。向者太子当进见,臣窃戒属,毋涕泣,感伤陛下。罪乃在臣,当死!"上以为然,意乃解。

3 蓝田地震,山崩,雍霸水;安陵岸崩,雍泾水,泾水逆流。

五年(丁亥,前34)

1 春,三月,赦天下。

2 夏,六月庚申,复戾园。

3 壬申晦,日有食之。

4 秋,七月庚子,复太上皇寝庙园、原庙、昭灵后、武哀王、昭哀后、卫思后园。时上寝疾,久不平,以为祖宗谴怒,故尽复之,唯郡国庙遂废云。

5 是岁,徙济阳王康为山阳王。

6 匈奴呼韩邪单于闻郅支既诛,且喜且惧,上书,愿入朝见。

距离虽远也必诛杀!"丞相匡衡等认为:"现在春季,正是掩埋骨骼之时,不应悬挂人头。"元帝下令悬挂郅支单于的头示众十日,然后掩埋。奉告并祭祀位于郊外的祖先祭庙,大赦天下。满朝文武向元帝祝贺,举行宴会。

2 六月甲申(初五),中山哀王刘竟去世。刘竟是元帝的幼弟,跟皇太子刘骜年龄相仿,在一起长大,又在一起读书。刘竟去世后,刘骜前往吊丧。元帝看到太子,感慨怀念幼弟,悲哀不能自我克制。可是已经走到面前的太子,却并不悲哀,元帝对此非常怨恨,说:"天下哪有一点慈爱心肠都没有的人,可以继承祖宗祭庙香火,做人民父母的?"这时,驸马都尉、侍中史丹,正充当太子刘骜的监护人,元帝责问史丹,史丹脱下官帽,请罪说:"我确实看见陛下哀痛幼弟中山王,以致身体瘦损。前些时,太子应当进见,我特别嘱咐他,不要流泪哭泣,免得引起陛下伤感。罪过在我,我应该被处死。"元帝认为史丹说的是事实,才息怒。

3 蓝田发生地震,山崩,霸水壅塞。安陵堤岸崩塌,泾水壅塞,向西逆流。

汉元帝建昭五年(丁亥,公元前34年)

1 春季,三月,大赦天下。

2 夏季,六月庚申(十七日),恢复刘据陵园庪园。

3 壬申晦(二十九日),出现日食。

4 秋季,七月庚子(二十八日),恢复太上皇祭庙及陵园、原庙,恢复昭灵后、武哀王、昭哀后、卫思后的陵园。当时元帝卧病,长时间不能痊愈,认为是祖宗因发怒而责问,所以恢复以上祭庙、陵园,但各郡、各封国的祭庙没有恢复。

5 本年,元帝改封济阳王刘康为山阳王。

6 匈奴呼韩邪单于得到郅支单于被诛杀的消息,既高兴,又恐惧,于是向汉朝皇帝上书,请求入朝觐见。

竟宁元年(戊子,前33)

1 春,正月,匈奴呼韩邪单于来朝,自言愿婿汉氏以自亲。帝以后宫良家子王嫱字昭君赐单于。单于欢喜,上书:"愿保塞上谷以西至敦煌,传之无穷。请罢边备塞吏卒,以休天子人民。"天子下有司议,议者皆以为便。郎中侯应习边事,以为不可许。上问状,应曰:"周、秦以来,匈奴暴桀,寇侵边境,汉兴,尤被其害。臣闻北边塞至辽东,外有阴山,东西千馀里,草木茂盛,多禽兽,本冒顿单于依阻其中,治作弓矢,来出为寇,是其苑囿也。至孝武世,出师征伐,斥夺此地,攘之于幕北,建塞徼,起亭隧,筑外城,设屯戍以守之,然后边境用得少安。幕北地平,少草木,多大沙,匈奴来寇,少所蔽隐;从塞以南,径深山谷,往来差难。边长老言:'匈奴失阴山之后,过之未尝不哭也!'如罢备塞吏卒,示夷狄之大利,不可一也。今圣德广被,天覆匈奴,匈奴得蒙全活之恩,稽首来臣。夫夷狄之情,困则卑顺,强则骄逆,天性然也。前已罢外城,省亭隧,才足以候望,通烽火而已。古者安不忘危,不可复罢,二也。中国有礼义之教,刑罚之诛,愚民犹尚犯禁;又况单于,能必其众不犯约哉!三也。自中国尚建关梁以制诸侯,所以绝臣下之觊欲也。设塞徼,置屯戍,非独为匈奴而已,亦为诸属国降民本故匈奴之人,恐其思旧逃亡,四也。近西羌保塞,与汉人交通,吏民贪利,侵盗其畜产、

汉元帝竟宁元年(戊子,公元前33年)

1 春季,正月,匈奴呼韩邪单于入朝,请求准许他当汉家女婿,使他有缘亲近汉朝。元帝把皇宫良家女子王嫱,别名王昭君,赏赐给呼韩邪单于。呼韩邪单于非常欢喜,上书汉元帝:"愿保护东起上谷,西至敦煌的汉朝边塞,永远相传。请撤销边塞防务,战士复员,使天子的小民获得休息。"元帝把呼韩邪单于的意愿交给官吏去讨论,参与讨论的官吏都认为可以接受。郎中侯应了解边塞事务,认为不可以允许。元帝问他原因,侯应说:"周朝和秦朝以来,匈奴暴戾强悍,不断侵略边境,汉王朝建立之初,尤其受到它的伤害。据我了解,北方边塞,东起辽东,西到阴山,东西长达一千多里,草木茂盛,禽兽众多,本来冒顿单于依赖这里地势险要,制造弓箭,出来抢劫,正是匈奴畜养禽兽的园地。直到孝武皇帝出军北征,把那一带夺到手,将匈奴赶到大漠以北,在新的版图内,建立城堡,修筑道路,兴建外城,派遣军队前往屯田戍守,然后,边境才比从前稍稍安宁。漠北土地平坦,草木稀少,沙漠相连,匈奴前来侵扰,缺少隐蔽之地;边塞之南,山高谷深,交通运输十分困难。边塞老一辈的人说:'匈奴丧失阴山之后,每次经过那里都伤心痛哭。'如果撤销边防军队,正是给夷狄卷土重来以可乘之机,这是不能答应的理由之一。现在,圣上的恩德宽阔广大,如天一样覆盖着匈奴,匈奴人得到拯救,才能活下去,感激救命之恩,叩头称臣。不过,夷狄的性情,穷困时谦卑顺从,强大时骄傲横逆,天性如此。前些时候,已撤除了外城,减少了亭、燧等军事建筑,现在的边防军队,仅够担任瞭望,互通烽火而已。古人居安思危,不能再减少,这是理由之二。中国有礼义的教育,有刑罚的惩处,愚昧的小民还要犯禁,何况匈奴单于,他能约束部下不犯中国法律吗?这是理由之三。即令在中国境内,还在水陆要道设立关卡,用以控制封国王侯,使做臣属的断绝非分之想。在边塞设置亭障,屯田戍守,不仅为了防备匈奴,也因为各属国的降民,本是匈奴的人,恐怕他们想念故土旧友而逃亡,这是理由之四。近来,接近边塞的西羌若干部落,与汉人来往做生意,汉朝的官吏小民贪图财利,掠夺他们的牛羊牲畜,

妻子,以此怨恨,起而背畔。今罢乘塞,则生嫚易分争之渐,五也。往者从军多没不还者,子孙贫困,一旦亡出,从其亲戚,六也。又边人奴婢愁苦,欲亡者多,曰:'闻匈奴中乐,无奈候望急何!'然时有亡出塞者,七也。盗贼桀黠,群辈犯法,如其窘急,亡走北出,则不可制,八也。起塞以来百有馀年,非皆以土垣也,或因山岩、石、木、溪谷、水门,稍稍平之,卒徒筑治,功费久远,不可胜计。臣恐议者不深虑其终始,欲以壹切省徭戍,十年之外,百岁之内,卒有他变,障塞破坏,亭隧灭绝,当更发屯缮治,累岁之功不可卒复,九也。如罢戍卒,省候望,单于自以保塞守御,必深德汉,请求无已;小失其意,则不可测。开夷狄之隙,亏中国之固,十也。非所以永持至安,威制百蛮之长策也!"对奏,天子有诏:"勿议罢边塞事。"使车骑将军嘉口谕单于曰:"单于上书愿罢北塞吏士屯戍,子孙世世保塞。单于乡慕礼义,所以为民计者甚厚,此长久之策也。朕甚嘉之!中国四方皆有关梁障塞,非独以备塞外也,亦以防中国奸邪放纵,出为寇害,故明法度以专众心也。敬谕单于之意,朕无疑焉。为单于怪其不罢,故使嘉晓单于。"单于谢曰:"愚不知大计,天子幸使大臣告语,甚厚!"

甚至强占他们的妻子儿女,因为这些怨恨,激起他们叛变。现在如果全部撤除边防军队,可能发生这种欺骗诬陷、纠缠不清的纷争,这是理由之五。过去,从军的战士,很多人没有回来,留在匈奴,他们的子孙生活贫困,可能大批前往匈奴投靠亲友,这是理由之六。沿边一带,奴仆婢子忧愁悲苦,想逃亡的人多,都说:'听说匈奴那里快乐,无可奈何的是官军土堡中的监视太紧!'然而时常仍有逃出边塞的人,这是理由之七。窃贼强盗凶暴狡诈,结成团伙触犯法令,被追捕得急了,定会北逃匈奴,则不可以制裁,这是理由之八。自从沿边设立要塞,已有一百多年,并不完全用土筑墙,有的利用悬崖绝壁,有的利用石木,有的利用山谷,有的利用水闸,稍加连接增补,征发士兵、刑徒修建,长年累月,用去的劳力经费,无法计算。我恐怕主张撤除边塞的官员,没有深刻考虑到事情的来龙去脉,只打算用快刀斩乱麻的手段,停止人民戍边的负担,十年之后,百年之内,如果突然发生变化,而屏障要塞已经破坏,亭和道路已经湮没,只好重建,可是,百馀年累积下来的工程,不可能马上恢复,这是理由之九。如果撤销边防军队,废除边境上用于伺望侦察的土堡,匈奴单于自认为保塞守边,对汉朝有恩德,将不断请求赏赐,如果稍有失望,那么后果就难以推测。引起夷狄与汉族感情上的裂痕,毁坏中国的防卫,这是理由之十。由于以上十项理由,我认为撤除边防军队,不是保持永久和平安定,控制百蛮的长远策略!"奏对上去后,元帝下诏:"停止讨论撤除边塞这件事。"派车骑将军许嘉,向单于传达口谕说:"单于上书,请求汉朝撤走北方边塞屯田戍守的军队,愿意子子孙孙永远保卫边陲。单于一向爱慕礼节大义,所以为人民的幸福安乐想得很周到,的确是一个有久远意义的计划,朕非常赞美。中国四方都有关卡、要塞、亭障,不是专门为防备来自长城以北的侵扰,也是为了防备中国的奸民和邪恶之徒,到匈奴肆无忌惮,胡作非为,造成祸害,所以使他们了解朝廷的法令制度,消灭邪念。单于的心意朕已晓知,决不怀疑。恐怕单于误会中国不撤退边塞军队的原因,因此派遣许嘉向单于解释。"单于道歉说:"我愚昧,没有想到这些重大的谋划,幸亏天子派大臣告诉我,待我这么优厚!"

初,左伊秩訾为呼韩邪画计归汉,竟以安定。其后或谗伊秩訾自伐其功,常鞅鞅,呼韩邪疑之。伊秩訾惧诛,将其众千馀人降汉,汉以为关内侯,食邑三百户,令佩其王印绶。及呼韩邪来朝,与伊秩訾相见,谢曰:"王为我计甚厚,令匈奴至今安宁,王之力也,德岂可忘! 我失王意,使王去,不复顾留,皆我过也。今欲白天子,请王归庭。"伊秩訾曰:"单于赖天命,自归于汉,得以安宁,单于神灵,天子之祐也,我安得力! 既已降汉,又复归匈奴,是两心也。愿为单于侍使于汉,不敢听命!"单于固请,不能得而归。

单于号王昭君为宁胡阏氏;生一男伊屠智牙师,为右日逐王。

2　皇太子冠。

3　二月,御史大夫李延寿卒。

4　初,石显见冯奉世父子为公卿著名,女又为昭仪在内;显心欲附之,荐言:"昭仪兄谒者逡修敕,宜侍幄帷。"天子召见,欲以为侍中。逡请间言事。上闻逡言显专权,大怒,罢逡归郎官。及御史大夫缺,在位多举逡兄大鸿胪野王。上使尚书选第中二千石,而野王行能第一。上以问显,显曰:"九卿无出野王者。然野王,亲昭仪兄,臣恐后世必以陛下度越众贤,私后宫亲以为三公。"上曰:"善,吾不见是!"

当初，左伊秩訾建议呼韩邪单于归附汉朝，匈奴竟然因此安定。后来，有人进谗言，说左伊秩訾自以为他有安定匈奴的功劳，却没有得到什么封赏，心里不满，呼韩邪对他产生怀疑。左伊秩訾恐怕被杀，于是率领他的部下一千多人投降汉朝，朝廷封他关内侯，收取三百户人家的赋税而食，佩戴王爵的官印和系印的丝带。等到呼韩邪单于到汉朝朝见，与左伊秩訾会面，呼韩邪单于向他道歉说："大王为我谋划策略，待我非常厚道，匈奴能有今天太平安宁的局面，都是大王的力量，恩德岂能忘记？我却使大王失意，离我而去，不再顾念而留住匈奴，都是我的过失。我想向圣上报告，请大王重回王庭。"左伊秩訾说："单于承受上天的旨意，自从归附汉朝，使匈奴得到安定太平，是单于神异威灵，跟汉朝圣上的保护扶助，我怎么会有这种力量？既然已经归降汉朝，而又再回匈奴，是有二心。愿留在汉朝作为单于的一个使臣，不敢听从您的命令。"呼韩邪单于坚决请求，不能得到左伊秩訾的允许，于是自行回国。

呼韩邪单于称王昭君为宁胡阏氏；生下一个男孩，名叫伊屠智牙师，被封为右日逐王。

2　皇太子刘骜行加冠礼。

3　二月，御史大夫李延寿去世。

4　当初，中书令石显，看到冯奉世父子都当公卿，名声显著，女儿又是元帝的昭仪，存心要亲近这家权贵，于是向元帝推荐："冯昭仪的哥哥谒者冯逡，品格美好，行为端正，应该侍奉左右。"于是，元帝召见冯逡，打算任命为侍中。冯逡请求单独面对面地谈事情。元帝听他抨击石显专擅权力，大怒，让他仍然回到原来郎官的位置。等到御史大夫出缺，很多官员推荐冯逡的哥哥大鸿胪冯野王继任。元帝命尚书在二千石官员中遴选，冯野王以品行好、能力强又被评为第一。元帝询问石显的意见，石显说："九卿中，没有比冯野王更恰当的人选。然而冯野王是冯昭仪的亲哥，我恐怕后世评论起来，必然认为陛下压制许多贤能，专看裙带关系，把他们提升到三公的高位。"元帝说："好，我没有看到这一点！"

因谓群臣曰:"吾用野王为三公,后世必谓我私后宫亲属,以野王为比。"三月丙寅,诏曰:"刚强坚固,确然亡欲,大鸿胪野王是也。心辨善辞,可使四方,少府五鹿充宗是也。廉洁节俭,太子少傅张谭是也。其以少傅为御史大夫。"

5 河南太守九江召信臣为少府。信臣先为南阳太守,后迁河南,治行常第一。视民如子,好为民兴利,躬劝耕稼,开通沟渎,户口增倍。吏民亲爱,号曰"召父"。

6 癸卯,复孝惠皇帝寝庙园、孝文太后、孝昭太后寝园。

7 初,中书令石显尝欲以姊妻甘延寿,延寿不取。及破郅支还,丞相、御史亦恶其矫制,皆不与延寿等。陈汤素贪,所卤获财物入塞,多不法。司隶校尉移书道上,系吏士,按验之。汤上疏言:"臣与吏士共诛郅支单于,幸得禽灭,万里振旅,宜有使者迎劳道路。今司隶反逆收系按验,是为郅支报雠也!"上立出吏士,令县、道出酒食以过军。既至,论功,石显、匡衡以为:"延寿、汤擅兴师矫制,幸得不诛;如复加爵土,则后奉使者争欲乘危徼幸,生事于蛮夷,为国招难。"帝内嘉延寿、汤功而重违衡、显之议,久之不决。

故宗正刘向上疏曰:"郅支单于囚杀使者、吏士以百数,事暴扬外国,伤威毁重,群臣皆闵焉。陛下赫然欲诛之,

于是，告诉众位大臣说："我如果用冯野王当三公，后世一定抨击我任用后宫亲属，会把冯野王的事拿出来作为例证。"三月丙寅，元帝下诏说："刚强正直，宁静淡泊，大鸿胪冯野王就是这种人。心辨于是非，又善于辞令，可以代表皇帝出使四方，少府五鹿充宗就是这种人。廉洁而又节俭，太子少傅张谭就是这种人。现在，提拔少傅张谭当御史大夫。"

5 河南郡太守九江人召信臣，被任命当少府。召信臣原先是南阳郡太守，后来才调到河南郡，考绩在全国常常列于第一。他看待黎民跟看待儿女一样，热心为百姓谋求福利，亲自劝导人们耕田下种，开凿疏通灌溉用的沟渠，户口成倍增加。无论官员和平民都对他敬爱，称他"召父"。

6 三月癸卯，恢复孝惠皇帝祭庙陵园、孝文太后陵园、孝昭太后陵园。

7 当初，中书令石显，曾经打算把姐姐嫁给甘延寿，甘延寿不娶。等到甘延寿破斩郅支单于，返回长安，丞相、御史对假传圣旨这件事深恶痛绝，对甘延寿的功勋并不赞许。而陈汤又一向贪财，把在外国不依军法掳掠的金银财宝带回中原。司隶校尉通知沿途郡县，逮捕陈汤的部下，加以审问。陈汤上书元帝说："我和我的部下共同奋斗，诛杀郅支单于，幸而擒获奸灭，从万里之外，凯旋班师，应有朝廷派出的官员在道上迎接慰劳。然而今天司隶校尉反而大批逮捕审问，这是替郅支单于报仇啊！"元帝下令，立即释放所有被捕官兵，命沿途地方官府用美酒食品慰劳通过的军队。甘延寿、陈汤既返长安，评论功劳，石显、匡衡认为："甘延寿、陈汤擅自假传圣旨，调动军队，不诛杀他们，已是宽大，如果再赐他们爵号，封他们土地，那么以后派出的使节，恐怕都要争先恐后地采取冒险行动，以图侥幸成功，在蛮夷中间制造纠纷，给国家招来大难。"元帝内心赏识甘延寿、陈汤，而又难于违反匡衡、石显的意见，过了很久，事情仍不能定下来。

前任宗正刘向上书说："郅支单于囚禁和杀害的中国使节以及随从官员，为数将近一百人，这种事在外国广为传播，严重地伤害中国的威望，朝廷命官都为此而痛苦难过。陛下大怒，有要诛杀郅支单于的意念，

意未尝有忘。西域都护延寿,副校尉汤,承圣指,倚神灵,总百蛮之君,揽城郭之兵,出百死,入绝域,遂蹈康居,屠三重城,搴歙侯之旗,斩郅支之首,县旌万里之外,扬威昆山之西,埽谷吉之耻,立昭明之功,万夷慑伏,莫不惧震。呼韩邪单于见郅支已诛,且喜且惧,乡风驰义,稽首来宾,愿守北藩,累世称臣。立千载之功,建万世之安,群臣之勋莫大焉。昔周大夫方叔、吉甫为宣王诛㺐狁而百蛮从,其诗曰:'啴啴焞焞,如霆如雷。显允方叔,征伐㺐狁,蛮荆来威。'《易》曰:'有嘉折首,获匪其丑。'言美诛首恶之人,而诸不顺者皆来从也。今延寿、汤所诛震,虽《易》之折首,《诗》之雷霆,不能及也。论大功者不录小过,举大美者不疵细瑕。《司马法》曰:'军赏不逾月。'欲民速得为善之利也。盖急武功,重用人也。吉甫之归,周厚赐之,其诗曰:'吉甫燕喜,既多受祉。来归自镐,我行永久。'千里之镐犹以为远,况万里之外,其勤至矣。延寿、汤既未获受祉之报,反屈捐命之功,久挫于刀笔之前,非所以厉有功,劝戎士也。昔齐桓前有尊周之功,后有灭项之罪,君子以功覆过而为之讳。贰师将军李广利,捐五万之师,靡亿万之费,经四年之劳,而仅获骏马三十匹,虽斩宛王毋寡之首,犹不足以复费,其私罪恶甚多。孝武以为万里征伐,不录其过,

并没有忘记。西域都护甘延寿,副校尉陈汤,秉承圣上的旨意,倚仗着陛下的神异威灵,统率百蛮的君主,集结各城邦的军队,百死一生,深入极远的地域,于是击破康居,攻破郅支单于的三层城池,拔掉歙侯大旗,砍下郅支单于人头,悬挂战旗在万里之外,使国家的声威张扬到昆仑山之西,洗刷掉谷吉被杀的耻辱,建立了与日月争辉的功勋,所有夷民没有不害怕慑服的。呼韩邪单于看到郅支单于伏诛,既高兴又害怕,归化慕义,驱驰而来,低头朝觐,愿为中国守卫北方边疆,世代做中国的臣属。建立千年永垂的功劳,为国家奠定万世和平,所有官员都没有这么大的贡献。从前,周王朝大夫方叔、尹吉甫,为周宣王姬靖诛杀猃狁部落首长,而后四方的蛮民全都归附,所以《诗经》赞扬说:'战车是那么众多威武,犹如雷霆轰鸣一般。如此光明诚实的方叔,率师征伐猃狁,荆地的蛮人畏威都来归附。'《周易》说:'应该嘉奖的是:斩敌首级、获匪徒。'说的是赞美诛杀首恶,则所有不愿顺从的人都会来归顺的。而今,甘延寿、陈汤,他们的诛杀所引起的震动,即令《周易》的'折首',《诗经》的'雷霆',都无法相比。评价一项重大的功勋,不能斤斤计较小的过失错误,推举重大的善行,不能抓着一点瑕疵不放。《司马法》说:'对于军事上的赏赐,不要超过一个月。'目的在于使功利立见,鼓励士气。对军事上的功勋,必须迅速反应,才可以培养人才。尹吉甫班师,周王朝对他重赏,《诗经》上形容说:'尹吉甫既得宴乐的喜庆,又多受周宣王赏赐。从得胜旋而归,功勋卓著旷日持久。'千里之外的镐城已经认为路远,何况万里之外,辛苦已到极限。可是,甘延寿、陈汤不但没有受到祝福,得到奖赏,反而抹杀他们浴血奋战的功劳,在舞文弄墨的刀笔吏前被挑剔,这不是奖励有功,劝勉战士的方法。从前齐桓公,前有尊崇周王室的功劳,后有消灭项国的罪过,儒家学派的君子,认为他功大于过,故意为他掩饰。贰师将军李广利,丧失五万军队的性命,耗费了亿万钱的费用,经过四年之久的辛劳,而战果不过仅仅获得三十匹好马而已,虽然砍下大宛王国国王毋寡的人头,还不足以抵销他的耗费,而他自身的罪恶多不胜数。武帝认为,万里之外的征讨,不追究小的过失,

遂封拜两侯、三卿、二千石百有馀人。今康居之国，强于大宛，郅支之号，重于宛王，杀使者罪，甚于留马。而延寿、汤不烦汉士，不费斗粮；比于贰师，功德百之。且常惠随欲击之乌孙，郑吉迎自来之日逐，犹皆裂土受爵。故言威武勤劳，则大于方叔、吉甫；列功覆过，则优于齐桓、贰师；近事之功，则高于安远、长罗。而大功未著，小恶数布，臣窃痛之！宜以时解县，通籍，除过勿治，尊宠爵位，以劝有功。"于是天子下诏赦延寿、汤罪勿治，令公卿议封焉。议者以为宜如军法捕斩单于令，匡衡、石显以为"郅支本亡逃失国，窃号绝域，非真单于"。帝取安远侯郑吉故事，封千户；衡、显复争。夏，四月戊辰，封延寿为义成侯，赐汤爵关内侯，食邑各三百户，加赐黄金百斤。拜延寿为长水校尉，汤为射声校尉。

于是杜钦上疏追讼冯奉世前破莎车功。上以先帝时事，不复录。钦，故御史大夫延年子也。

　　荀悦论曰：诚其功义足封，追录前事可也。《春秋》之义，毁泉台则恶之，舍中军则善之，各由其宜也。夫矫制之事，先王之所慎也，不得已而行之。若矫大而功小者，罪之可也；矫小而功大者，赏之可也；功过相敌，如斯而已可也。权其轻重而为之制宜焉。

于是赐封两位侯爵,擢升三位卿,提拔二千石一百多人。而今,康居王国,比大宛强大,郅支单于的地位,比大宛国王尊贵,诛杀中国使节的罪行,超过不向汉朝献出汗血马。而甘延寿、陈汤,并没有调用汉朝内地的部队,也没有由中国供应一斗粮食,比起李广利来,他们的功业与德行要超过百倍。而且常惠凭他个人的意见,从乌孙王国进攻龟兹;郑吉没有得到命令,擅自接受匈奴日逐王的投降;他们都享受采邑,晋封侯爵。甘延寿、陈汤,威武功劳,大于方叔、尹吉甫;功大过小,优于齐桓公、李广利;比之于近世,其功劳更高过常惠、郑吉。想不到震动天下的功勋还没有受到褒扬,而微小的过失却不断传播,我深感痛惜。建议陛下,应立即解除对甘延寿、陈汤的惩处,恢复他们的自由之身,不再搜寻他们的过失,赐给他们爵位,用以奖励功业。"于是元帝下诏赦免甘延寿、陈汤,不准指控,命公卿讨论如何赐封他们爵位。大家认为应该按照军法"捕斩单于令",可是匡衡、石显认为"郅支本来只不过是一个逃犯,早已失去国土,在极远的地域盗用单于名号,而不是真单于"。元帝援用安远侯郑吉的前例,要封给甘延寿、陈汤各一千户的采邑,匡衡、石显再次争执。夏季,四月戊辰(三十日),元帝赐封甘延寿义成侯,赐封陈汤关内侯,采邑各三百户人家,加赐黄金各一百斤。任命甘延寿当长水校尉,陈汤当射声校尉。

杜钦上书回溯歌颂冯奉世从前击破莎车王国,击斩莎车王的功勋。元帝认为那是他父亲汉宣帝在位时的往事,不再受理。杜钦是原御史大夫杜延年的儿子。

荀悦评论说:如果冯奉世的功勋大义应该封爵,纵是过去的事,照样应该受理。《春秋》大义,姬兴拆毁泉台,应受谴责,而撤销中军,则应受到表彰,各有各的原因。假传圣旨这件事,先王看得很严重,但那是在不得已的情况下才这样做。如果功勋太小,处罚他当然应该;如果功勋太大,就应该赏赐;功过相等,如此也就算了。应该权衡功过大小,再作决定。

8　初，太子少好经书，宽博谨慎；其后幸酒，乐燕乐，上不以为能。而山阳王康有才艺，母傅昭仪又爱幸，上以故常有意欲以山阳王为嗣。上晚年多疾，不亲政事，留好音乐。或置鼙鼓殿下，天子自临轩槛上，隤铜丸以擿鼓，声中严鼓之节。后宫及左右习知音者莫能为，而山阳王亦能之，上数称其材。史丹进曰："凡所谓材者，敏而好学，温故知新，皇太子是也。若乃器人于丝竹鼙鼓之间，则是陈惠、李微高于匡衡，可相国也！"于是上嘿然而笑。

及上寝疾，傅昭仪、山阳王康常在左右，而皇后、太子希得进见。上疾稍侵，意忽忽不平，数问尚书以景帝时立胶东王故事。是时太子长舅阳平侯王凤为卫尉、侍中，与皇后、太子皆忧，不知所出。史丹以亲密臣得侍视疾，候上间独寝时，丹直入卧内，顿首伏青蒲上，涕泣而言曰："皇太子以適长立，积十馀年，名号系于百姓，天下莫不归心臣子。见山阳王雅素爱幸，今者道路流言，为国生意，以为太子有动摇之议。审若此，公卿以下必以死争，不奉诏。臣愿先赐死以示群臣！"天子素仁，不忍见丹涕泣，言又切至，意大感寤，喟然太息曰："吾日困劣，太子、两王幼少，意中恋恋，亦何不念乎！然无有此议。且皇后谨慎，先帝又爱太子，吾岂可违指！驸马都尉安所受此语？"丹即却，顿首曰："愚臣妄闻，罪当死！"上因纳，谓丹曰："吾病寖加，恐不能自还，善辅道太子，毋违我意！"丹嘘唏而起，太子由是遂定为嗣。而右将军、光禄大夫王商、中书令石显亦拥佑太子，颇有力焉。夏，五月壬辰，帝崩于未央宫。

8　当初，太子刘骜从小就喜爱儒家经典，宽厚、博学、谨慎；可是后来却喜爱饮酒，喜爱安乐，元帝认为他没有能力。而另一位皇子山阳王刘康有才干，他的母亲傅昭仪又受到宠爱，元帝因此常有意改封刘康为太子。元帝晚年多病，不过问国家大事，却特别喜爱音乐。有时候把战鼓搬进宫廷，元帝亲自走到廊上，凭倚栏杆，一连串地用铜丸从远处投击鼓面，立刻响出紧密的声调，仿佛用手直接敲打。侍妾们与左右对音乐有素养的人，都办不到，可是刘康却能够，元帝多次夸奖他的才干。史丹进言说："才干的意义是，聪明而喜好学问，温习旧的知识，能够得到新的理解和体会，皇太子就是这样的人。如果是用演奏乐器的能力衡量人，那么陈惠、李微比匡衡高明，可以治理国家了。"元帝沉默不语，一笑了之。

后来，元帝卧病，长久不能起床，傅昭仪和她的儿子山阳王刘康，经常在病床前侍奉；而皇后王政君和太子刘骜，却很少能够觐见。元帝的病势渐渐沉重，忽然不耐烦起来，几次向尚书查问汉景帝废掉皇太子刘荣，改立刘彻当皇太子的往事。这时，太子的大舅父阳平侯王凤当卫尉、侍中，和皇后、太子忧心忡忡，不知道用什么方法才能挽救危局。乐陵侯史丹是元帝最亲密的大臣之一，能够直接进入寝殿探病，等到元帝单独在房间时，他闯入寝殿，一直走到青蒲之上，跪拜在地，伤心流泪地说："刘骜以嫡长子的身份，被封做太子，十多年来，他的尊号家喻户晓，天下没有不归心的。我见山阳王刘康得到陛下的宠爱，听到道路纷纷流言，为国生机，认为太子的地位不稳。如果是这样，三公、九卿及其以下高级官员，必然以死相争，拒绝接受这样的诏令。我请求陛下先赐我死刑，作为群臣的表率。"元帝素来心肠柔软，不忍看到年老的史丹伤心流泪，而史丹的话又恳切中肯，甚为感动，有所觉悟，喟然叹息说："我的病日益沉重，太子刘骜、山阳王刘康、信都王刘兴，年纪都小，心中思恋，对他们的未来怎不悬念！可是，并没有改立太子的念头。而皇后王政君一向谨慎小心，我过世的父亲又喜爱刘骜，我怎么能违背他的意旨？你从什么地方听到这些话？"史丹立即向后退，叩头说："我愚昧，所信传言，罪当处死。"汉元帝于是接受劝谏，对史丹说："我的病势沉重，恐不能痊愈，还请你好好辅导刘骜，不要辜负了我的重托。"史丹唏嘘告退，太子的地位，从此才告巩固。而右将军、光禄大夫王商，中书令石显，也都站在刘骜一边，用力拥戴保助。夏季，五月壬辰(二十四日)，汉元帝在未央宫驾崩。

班彪赞曰：臣外祖兄弟为元帝侍中，语臣曰："元帝多材艺，善史书，鼓琴瑟，吹洞箫，自度曲，被歌声，分刌节度，穷极幼眇。少而好儒；及即位，征用儒生，委之以政。贡、薛、韦、匡迭为宰相。而上牵制文义，优游不断，孝宣之业衰焉。然宽弘尽下，出于恭俭，号令温雅，有古之风烈。"

9　匡衡奏言："前以上体不平，故复诸所罢祠；卒不蒙福。案卫思后、戾太子、戾后园，亲未尽。孝惠、孝景庙，亲尽，宜毁。及太上皇、孝文、孝昭太后、昭灵后、昭哀后、武哀王祠，请悉罢勿奉。"奏可。

10　六月己未，太子即皇帝位，谒高庙。尊皇太后曰太皇太后，皇后曰皇太后。以元舅侍中、卫尉、阳平侯王凤为大司马、大将军、领尚书事。

11　秋，七月丙戌，葬孝元皇帝于渭陵。

12　大赦天下。

13　丞相衡上疏曰："陛下秉至孝，哀伤思慕，不绝于心，未有游虞弋射之宴，诚隆于慎终追远，无穷已也。窃愿陛下虽圣性得之，犹复加圣心焉！《诗》云：'茕茕在疚。'言成王丧毕思慕，意气未能平也。盖所以就文、武之业，崇大化之本也。臣又闻之师曰：'妃匹之际，生民之始，万福之原。婚姻之礼正，然后品物遂而天命全。'孔子论《诗》以《关雎》为始，此纲纪之首，王教之端也。自上世以来，三代兴废，

班彪评论说:我外祖父的兄弟,曾当过元帝的侍中,告诉我说:"元帝多才多艺,能写一笔好篆书,会弹琴鼓瑟,吹奏洞箫,自己谱出曲调,就能让人唱,他厘定音节位置,巧妙精密。从小就喜欢儒学,即位后任用儒生,把国家的大政交给他们。贡禹、薛广德、韦玄成、匡衡,相继担任宰相。但是,他为文章的内容和涵义所牵制,缺少判断,迟疑不决,汉宣帝的大业因此衰退。然而,宽厚能容人,表现谦恭节约,态度温和典雅,有古代君王的风范。"

　　9　丞相匡衡奏称:"前些时候,因为先帝身体不适,所以把废除的祭庙和陵园予以恢复,结果仍不能蒙受祖先的赐福。据查,卫思后陵园、戾太子陵园、戾后陵园,亲情没完,不当撤除。孝惠皇帝、孝景皇帝的祭庙,亲情已尽,应该撤除。至于太上皇、孝文帝、孝昭太后、昭灵后、昭哀王、武哀王的庙堂,也请一并撤除,不再奉祭。"刘骜批准。

　　10　六月己未(二十二日),太子刘骜即帝位,拜谒汉高祖的祭庙。尊祖母皇太后张氏为太皇太后,尊母亲皇后王政君为皇太后。任命大舅父侍中、卫尉、阳平侯王凤为大司马、大将军,主管尚书事宜。

　　11　秋季,七月丙戌(十九日),将元帝安葬于渭陵。

　　12　大赦天下。

　　13　丞相匡衡上书说:"陛下天性非常孝顺,对先帝的哀伤思念,永存内心,从没有声色犬马的欢娱,确实是重视孝道的始终,不忘祖先的功业,要把它传之久远。陛下虽然得到了上天赐予的圣人之性,但仍望陛下不断以圣人之心去加强它。《诗经》说:'悲伤忧郁犹如大病在身。'这是形容周成王姬诵服丧后思念祖先,内心的忧郁难解。这正是他之所以能够继承周文王、周武王的勋业,并加以发扬光大的根本原因所在。我听我的老师告诉我:'夫妻婚配的时候,是人生的开始,千万幸福的源头。婚姻的礼仪端正,然后事物完成,而天命全备。'孔子研究《诗经》,从《关雎》入手,因为这是确立国家法度的起首,是推行礼教的开端。自从上古以来,三代的兴起和衰落,

未有不由此者也。愿陛下详览得失盛衰之效,以定大基,采有德,戒声色,近严敬,远技能!臣闻《六经》者,圣人所以统天地之心,著善恶之归,明吉凶之分,通人道之正,使不悖于其本性者也。及《论语》、《孝经》,圣人言行之要,宜究其意。臣又闻圣王之自为,动静周旋,奉天承亲,临朝享臣,物有节文,以章人伦。盖钦翼祗栗,事天之容也;温恭敬逊,承亲之礼也;正躬严恪,临众之仪也;嘉惠和说,飨下之颜也。举错动作,物遵其仪,故形为仁义,动为法则。今正月初,幸路寝,临朝贺,置酒以飨万方。《传》曰:‘君子慎始。’愿陛下留神动静之节,使群下得望盛德休光,以立基桢,天下幸甚!”上敬纳其言。

没有不以此为依据的。希望陛下考查过去得失兴衰的效验用以巩固根本，物色有品德的人，排除靡靡之音和女色，接近严肃自尊的人，远离花言巧语、诡计多端的人。我又听说，儒家的《六经》，是圣人用来统御天下人心，把善恶分别归类，显明吉凶祸福，指示做人的大道正路，使人不违背本性的著作。还有《论语》《孝经》，也都是圣人们重要言行的记录，应该探求他们的启示。我还听说：圣明君王的作为，无论动静，周旋于天地之间，奉天之命，承亲之意，当朝处理国事，面对群臣，事事都有节制法度，以便发扬人伦的美德。敬重小心，是侍奉上天的仪容；和悦恭顺敬谨，是事奉祖先的礼仪；严以律己，正直谨慎，是统御文武百官的原则；给予恩惠，和颜悦色，是待下的态度。举止行为，凡事都遵循一定的礼仪，因而在形貌上就是一派仁义气象，一举一动都可以成为效法的榜样。今年正月初一，陛下驾临正殿，接受百官朝贺，设置筵席，慰劳四方。《礼记》上说：'君子开始时就要谨慎。'建议陛下留意动静时的仪节，使臣子们得以仰望高贵品德的光彩，为国家奠立坚固的基础，则天下万福。"成帝谦敬地采纳了他的规劝。

卷第三十　汉纪二十二

起己丑(前32)尽戊戌(前23)凡十年

孝成皇帝上之上

建始元年(己丑,前32)

1　春,正月乙丑,悼考庙灾。

2　石显迁长信中太仆,秩中二千石。显既失倚,离权,于是丞相、御史条奏显旧恶。及其党牢梁、陈顺皆免官,显与妻子徙归故郡,忧懑不食,道死。诸所交结以显为官者,皆废罢。少府五鹿充宗左迁玄菟太守,御史中丞伊嘉为雁门都尉。

司隶校尉涿郡王尊劾奏:"丞相衡,御史大夫谭,知显等颛权擅势,大作威福,为海内患害,不以时白奏行罚,而阿谀曲从,附下罔上,怀邪迷国,无大臣辅政之义,皆不道! 在赦令前。赦后,衡、谭举奏显,不自陈不忠之罪,而反扬著先帝任用倾覆之徒,妄言'百官畏之,甚于主上';卑君尊臣,非所宜称,失大臣体!"于是衡惭惧,免冠谢罪,上丞相、侯印绶。天子以新即位,重伤大臣,乃左迁尊为高陵令。然群下多是尊者。衡嘿嘿不自安,每有水旱,连乞骸骨让位。上辄以诏书慰抚,不许。

3　立故河间王元弟上郡库令良为河间王。

孝成皇帝上之上

汉成帝建始元年(己丑,公元前 32 年)

1 春季,正月乙丑(初一),史皇孙刘进的祭庙发生火灾。

2 石显调任长信中太仆,官秩为中二千石。石显已失去了靠山,又被调离中枢要职,于是丞相、御史上奏成帝,列数石显过去的罪恶。石显的党羽牢梁、陈顺均被免官,石显与妻子也被逐归原郡。石显忧郁愤懑,不进饮食,死在途中。那些因结交石显而得到官位的人,全部被罢黜。少府五鹿充宗被贬为玄菟郡太守,御史中丞伊嘉被谪调雁门都尉。

司隶校尉、涿郡人王尊上书弹劾:"丞相匡衡,御史大夫张谭,明知石显等专权擅势,作威作福,是海内祸害,却不及时奏报皇上,予以惩罚,反而百般诌媚,曲意奉承,攀附臣下,欺瞒主上,心怀邪恶,迷惑君王,没有大臣辅政附和时宜的言行,都为大逆不道!这些罪恶发生在大赦之前,尚可不究。然而,在大赦之后,匡衡、张谭指控石显时,不自责不忠之罪,反而故意宣扬突出先帝任用倾覆小人的失误,妄言什么'文武百官畏惧石显,超过了皇上',这种卑君尊臣的言论,是不该说的,有失大臣体统!"于是匡衡惭愧恐惧,脱掉官帽谢罪,缴还丞相、侯爵的印信、绶带。成帝因新即位,不愿伤害大臣,就下令贬王尊为高陵县令。可是百官中很多人都认为王尊之言有道理。匡衡沉默而心不自安,每逢遇到水旱天灾,都接连请求退休让位。而皇上则下诏安抚慰留,不批准他辞职。

3 汉成帝封已故河间王刘元的弟弟、上郡库令刘良为河间王。

4　有星孛于营、室。

5　赦天下。

6　壬子,封舅诸吏、光禄大夫、关内侯王崇为安成侯;赐舅谭、商、立、根、逢时爵关内侯。夏,四月,黄雾四塞,诏博问公卿大夫,无有所讳。谏大夫杨兴、博士驷胜等皆以为"阴盛侵阳之气也。高祖之约,非功臣不侯。今太后诸弟皆以无功为侯,外戚未曾有也,故天为见异。"于是大将军凤惧,上书乞骸骨,辞职。上优诏不许。

7　御史中丞东海薛宣上疏曰:"陛下至德仁厚,而嘉气尚凝,阴阳不和,殆吏多苛政。部刺史或不循守条职,举错各以其意,多与郡县事,至开私门,听谗佞,以求吏民过,谴呵及细微,责义不量力。郡县相迫促,亦内相刻,流及众庶。是故乡党阙于嘉宾之欢,九族忘其亲亲之恩,饮食周急之厚弥衰,送往劳来之礼不行。夫人道不通则阴阳否隔,和气不通,未必不由此也!《诗》云:'民之失德,乾糇以愆。'鄙语曰:'苛政不亲,烦苦伤恩。'方刺史奏事时,宜明申敕,使昭然知本朝之要务。"上嘉纳之。

8　八月,有两月相承,晨见东方。

9　冬,十二月,作长安南、北郊,罢甘泉、汾阴祠,及紫坛伪饰、女乐、鸾路、驿驹、龙马、石坛之属。

二年(庚寅,前31)

1　春,正月,罢雍五畤及陈宝祠,皆从匡衡之请也。辛巳,上始郊祀长安南郊。赦奉郊县及中都官耐罪徒;减天下赋钱,算四十。

4 有异星出现于营、室二星旁。

5 大赦天下。

6 壬子,成帝封舅父诸吏、光禄大夫、关内侯王崇为安成侯;赐舅父王谭、王商、王立、王根、王逢时为关内侯。夏季,四月,黄雾四起,遮天盖日,成帝下诏广泛地征求公卿大夫的意见,希望大臣们各谈因由,不得隐讳。谏大夫杨兴、博士驷胜等都认为"是阴气太盛,侵抑阳气的缘故。高祖曾立约:臣属非功臣不得封侯。如今太后诸弟全都无功而封侯,如此施恩外戚,是从未有先例的。因而上天为示警而显现异象。"大将军王凤闻奏恐惧,上书请求退休,辞去官职。成帝不准,下诏慰留。

7 御史中丞、东海人薛宣上书说:"陛下至德仁厚,然而祥和之气仍然未通,阴阳不和,大概是因为官吏多实行苛政的缘故。被委派巡查地方的刺史,有人不遵循规则,随心所欲地行事,过多干预郡县行政,甚至开私门,听信谗言,来搜求吏民的过失,严词呵责,对细微的过错也不放过;苛求吏民,而不考虑他们是否力所能及。郡县在压力的逼迫下,也不得不互相采取严厉苛刻的手段,流毒祸及百姓。因此,乡党邻里缺少互敬和睦的欢悦,家族亲属也忘了亲戚之间的血缘亲情,互相帮助、周济急难的淳厚风俗衰落了,送往迎来的礼节也不再实行。人情不通,那么阴阳自然阻隔,和气不通,未必不是由此而引起!《诗经》说:'民之失德,乾糇之愆。'俚语说:'苛政不亲,烦苦伤恩。'陛下在刺史奏事时,应明确敕告他们,使他们明了本朝施政的切要所在。"成帝欣然采纳。

8 八月,某天清晨,东方一上一下出现两个月亮。

9 冬季,十二月,汉成帝在长安南郊、北郊兴建祭天、祭地之所,下令撤除甘泉和汾阴两地的祭祀之所,以及甘泉泰畤紫坛的装饰、女子歌乐、鸾辂、驷驹、龙马、石坛等。

汉成帝建始二年(庚寅,公元前31年)

1 春季,正月,撤除位于雍城的五帝祭坛及陈宝祠,这些都是匡衡的建议。辛巳,成帝初次到长安南郊祭天。赦免侍奉郊祀之县及在京师诸官府的保留鬓发的轻罪刑徒,又减天下赋钱,人口税减少了四十钱。

2 闰月,以渭城延陵亭部为初陵。

3 三月辛丑,上始祠后土于北郊。

4 丙午,立皇后许氏。后,车骑将军嘉之女也。元帝伤母恭哀后居位日浅而遭霍氏之辜,故选嘉女以配太子。

5 上自为太子时,以好色闻。及即位,皇太后诏采良家女以备后宫。大将军武库令杜钦说王凤曰:"礼,一娶九女,所以广嗣重祖也。娣侄虽缺不复补,所以养寿塞争也。故后妃有贞淑之行,则胤嗣有贤圣之君;制度有威仪之节,则人君有寿考之福。废而不由,则女德不厌;女德不厌,则寿命不究于高年。男子五十,好色未衰;妇人四十,容貌改前。以改前之容待于未衰之年,而不以礼为制,则其原不可救而后徕异态;后徕异态,则正后自疑而支庶有间適之心。是以晋献被纳谗之谤,申生蒙无罪之辜。今圣主富于春秋,未有適嗣,方乡术入学,未亲后妃之议。将军辅政,宜因始初之隆,建九女之制,详择有行义之家,求淑女之质,毋必有声色技能,为万世大法。夫少戒之在色,《小卞》之作,可为寒心。唯将军常以为忧!"凤白之太后,太后以为故事无有。凤不能自立法度,循故事而已。凤素重钦,故置之莫府,国家政谋常与钦虑之,数称达名士,裨正阙失。当世善政多出于钦者。

6 夏,大旱。

2　闰正月,成帝下令在渭城延陵亭兴建自己的陵墓。

3　三月辛丑(十四日),成帝初次在长安北郊祭祀后土。

4　丙午(十九日),成帝立许氏为皇后。许后是车骑将军许嘉的女儿。汉元帝哀悼母亲恭哀后在位时间很短而惨遭霍氏毒手,因此特选许嘉之女婚配太子。

5　成帝从当太子时,就以好色出名。等到即位后,皇太后诏令挑选良家女子充实后宫。大将军武库令杜钦劝王凤说:"按古礼,天子大婚,一次就娶九个女子,是为了让她们多生儿子,以对得起祖宗。其中有人死亡,虽空缺其位,也不再补充,为的是使君王保养长寿,也避免后宫争宠。因此皇后嫔妃有贞洁贤淑的德行,而子孙后裔有圣贤之君;只要制度有严格的节制,则君王就会有高寿之福。废弃而不采用这些古礼,君王就会沉湎于女色;沉湎于女色,就不会享有高寿。男子到了五十岁,好色之心仍未衰退;可是妇人到了四十岁,容貌便不如从前。以变丑了的容貌,去侍奉处在好色之心未衰年龄的君王,如果不以古礼去约束克制,就不能挽救君王本来的好色,而后还要发生不正常的变化。发生不正常变化的结果是,正宫皇后自我猜疑,恐怕后位不稳,而庶妻宠妃产生夺嫡的野心。这正是晋献公被人指责采纳谗言,使申生无罪而蒙受冤死的原因。现在圣主正青春鼎盛,还没有嫡子,刚刚开始研习学问,还没有因亲近后妃而受到批评。将军身为辅政大臣,应该趁着本朝初期的隆盛,建立九妻制度,仔细选择德行高尚的仁义之家,物色品貌端庄的淑女,不一定非要有声色技能,把这个制度定为万世不改之法。孔子说,君子年少时要戒色,《诗经·小弁》这首诗,就是讽刺周幽王废申后立褒姒,哀伤太子被放逐,使人听了十分寒心。请将军常以此为忧!"王凤将杜钦之言转告皇太后,太后认为九妻之制,汉朝没有前例。王凤不能自立法度,只好因循惯例而已。王凤一向器重杜钦,因此把他安置在幕府做官,国家的政治大计,常与他一起研究考虑,杜钦多次称美推荐学识渊博、见解精辟之士,使他们补救改正政治上的欠缺和失误。当世的善政,多出于杜钦的建议和筹划。

6　夏季,大旱。

7 匈奴呼韩邪单于娶左伊秩訾兄女二人。长女颛渠阏氏,生二子,长曰且莫车,次曰囊知牙斯。少女为大阏氏,生四子,长曰雕陶莫皋,次曰且麋胥,皆长于且莫车;少子咸、乐二人,皆小于囊知牙斯。又他阏氏子十馀人。颛渠阏氏贵,且莫车爱。呼韩邪病且死,欲立且莫车。颛渠阏氏曰:"匈奴乱十馀年,不绝如发,赖蒙汉力,故得复安。今平定未久,人民创艾战斗。且莫车年少,百姓未附,恐复危国。我与大阏氏一家共子,不如立雕陶莫皋。"大阏氏曰:"且莫车虽少,大臣共持国事。今舍贵立贱,后世必乱。"单于卒从颛渠阏氏计,立雕陶莫皋,约令传国与弟。呼韩邪死,雕陶莫皋立,为复株累若鞮单于。复株累若鞮单于以且麋胥为左贤王,且莫车为左谷蠡王,囊知牙斯为右贤王。复株累单于复妻王昭君,生二女,长女云为须卜居次,小女为当于居次。

三年(辛卯,前30)

1 春,三月,赦天下徒。

2 秋,关内大雨四十馀日。京师民相惊,言大水至。百姓奔走相蹂躏,老弱号呼,长安中大乱。天子亲御前殿,召公卿议。大将军凤以为:"太后与上及后宫可御船,令吏民上长安城以避水。"群臣皆从凤议,左将军王商独曰:"自古无道之国,水犹不冒城郭。今政治和平,世无兵革,上下相安,何因当有大水一日暴至,此必讹言也!不宜令上城,重惊百姓。"上乃止。有顷,长安中稍定;问之,果讹言。上于是美壮商之固守,数称其议。而凤大惭,自恨失言。

7 匈奴呼韩邪单于宠爱左伊秩訾的两位侄女。长女为颛渠阏氏,生二子:长子且莫车、幼子囊知牙斯。幼女为大阏氏,生四子:长子雕陶莫皋、次子且麋胥,二人都比且莫车年长;三子咸、四子乐,都比囊知牙斯年幼。此外还有其他阏氏所生的儿子十多人。颛渠阏氏的地位最高,长子且莫车也深受单于喜爱。呼韩邪病危将死,打算立且莫车为继承人。颛渠阏氏说:"匈奴内乱十多年,国家命脉像发丝一样,勉强维持,依赖汉朝的力量,才重新转危为安。如今平定未久,人民畏惧战争。且莫车年少,不能令百姓心服归附,立他恐怕又会给国家带来灾难。我与大阏氏是亲姐妹,他的儿子,也就是我的儿子,不如立雕陶莫皋。"大阏氏说:"且莫车虽年幼,但可由大臣们共同主持国事。如今舍弃高贵的嫡子,而立低贱的庶子,后世必然要发生内乱。"单于最后采纳了颛渠阏氏的建议,立雕陶莫皋为继承人,并立约,命令雕陶莫皋将来把汗位传给弟弟且莫车。呼韩邪死,雕陶莫皋即位,称复株累若鞮单于。他任命且麋胥为左贤王,且莫车为左谷蠡王,囊知牙斯为右贤王。复株累单于按照匈奴的习俗,再娶王昭君为妻,生下二女:长女云公主,嫁匈奴贵族须卜氏;小女嫁匈奴贵族当于氏。

汉成帝建始三年(辛卯,公元前 30 年)

1 春季,三月,赦免天下囚犯。

2 秋季,关内大雨连绵四十馀日。京师百姓惊恐相告,传言洪水就要来到。百姓纷纷奔逃,混乱中互相践踏,老弱呼号,长安城中大乱。天子亲临前殿,召集公卿商议。大将军王凤认为:"太后跟皇上以及后宫嫔妃可以登上御船。命令官吏百姓登上长安城墙,以避洪水。"群臣都赞成王凤的意见,只有左将军王商说:"自古以来,即令是无道的王朝,大水都没有淹没过城郭。如今政治和平,世上没有战争,上下相安,凭什么会有洪水一天内突然涌来?这一定是谣言!不应该下令让官吏百姓登城墙,那样会更增加百姓的惊恐。"皇上于是作罢。不久,长安城中逐渐平定下来,经查问,果然是谣言。成帝因而对王商固守不动的建议十分赞赏,多次称赞不已。而王凤则大感惭愧,自己后悔说错了话。

3 上欲专委任王凤,八月,策免车骑将军许嘉,以特进侯就朝位。

4 张谭坐选举不实,免。冬,十月,光禄大夫尹忠为御史大夫。

5 十二月戊申朔,日有食之。其夜,地震未央宫殿中。诏举贤良方正能直言极谏之士。杜钦及太常丞谷永上对,皆以为:"后宫女宠太盛,嫉妒专上,将害继嗣之咎。"

6 越嶲山崩。

7 丁丑,匡衡坐多取封邑四百顷,监临盗所主守直十金以上,免为庶人。

四年(壬辰,前29)

1 春,正月癸卯,陨石于亳四,陨于肥累二。

2 罢中书宦官,初置尚书员五人。

3 三月甲申,以左将军乐昌侯王商为丞相。

4 夏,上悉召前所举直言之士,诣白虎殿对策。是时上委政王凤,议者多归咎焉。谷永知凤方见柄用,阴欲自托,乃曰:"方今四夷宾服,皆为臣妾,北无荤粥、冒顿之患,南无赵佗、吕嘉之难,三垂晏然,靡有兵革之警。诸侯大者乃食数县,汉吏制其权柄,不得有为,无吴、楚、燕、梁之势。百官盘互,亲疏相错,骨肉大臣有申伯之忠,洞洞属属,小心畏忌,无重合、安阳、博陆之乱。三者无毛发之辜,

3 成帝打算把国家大事完全委托给王凤,八月,下策书免去车骑将军许嘉的官职,命他以特进侯的身份参加朝见。

4 张谭因举荐人才不真实而获罪,被免去官职。冬季,十月,擢升光禄大夫尹忠为御史大夫。

5 十二月戊申朔(初一),出现日食。当夜,未央宫发生地震。成帝下诏,要求举荐贤良、方正和能直言规谏的人士。杜钦及太常丞谷永上书,都认为:"发生日食地震,是因为皇上过于宠爱后宫美女的缘故,受宠之人心怀嫉妒,使皇帝专宠自己。这样下去,将会有危害皇位继承人的灾祸。"

6 越巂发生山崩。

7 丁丑(三十日),匡衡因多取封邑土地四百顷,及手下属官盗取所主管的公款十金以上而获罪,免官,贬为平民。

汉成帝建始四年(壬辰,公元前29年)

1 春季,正月癸卯(二十六日),有四颗陨石在毫县坠落,有两颗陨石在肥累坠落。

2 撤销中书宦官,初次设置五名尚书。

3 三月甲申(初八),任用左将军、乐昌侯王商为丞相。

4 夏季,皇上把前些时候所举荐的直言之士,都召集到白虎殿,进行考试,回答皇帝的策问。此时,成帝把国家大事都委托给王凤,直言之士在回答策问时,很多人将天变归咎于王凤。谷永知道王凤正受信用,掌握权柄,想暗中投靠,于是上书说:"而今四方外族都已降服,均成为汉朝的臣属,北方没有匈奴荤粥、冒顿那样的灾祸,南方也没有赵佗、吕嘉那样的发难,三边晏然,没有战争的警报。大的诸侯国食邑不过数县,由朝廷委派的官吏控制那里的权柄,使诸侯王不能有所作为,不会形成当年吴、楚、燕、梁等诸侯国尾大不掉的局势。文武百官互相交结制衡,与皇帝有亲戚关系的官员与没有亲戚关系的官员互相掺杂,皇亲国戚中有像申伯那样的忠臣,他们恭敬谨慎、小心翼翼,没有重合侯莽通、安阳侯上官桀、博陆侯霍禹那样的阴谋。以上三种人都没有丝毫的罪行,

窃恐陛下舍昭昭之白过,忽天地之明戒,听暗昧之瞽说,归咎乎无辜,倚异乎政事,重失天心,不可之大者也。陛下诚深察愚臣之言,抗湛溺之意,解偏驳之爱,奋乾刚之威,平天覆之施,使列妾得人人更进,益纳宜子妇人,毋择好丑,毋避尝字,毋论年齿。推法言之,陛下得继嗣于微贱之间,乃反为福。得继嗣而已,母非有贱也。后宫女史、使令有直意者,广求于微贱之间,以遇天所开右,慰释皇太后之忧愠,解谢上帝之谴怒,则继嗣蕃滋,灾异讫息!"杜钦亦仿此意。上皆以其书示后宫,擢永为光禄大夫。

5　夏,四月,雨雪。

6　秋,桃、李实。

7　大雨水十馀日,河决东郡金堤。先是清河都尉冯逡奏言:"郡承河下流,土壤轻脆易伤,顷所以阔无大害者,以屯氏河通,两川分流也。今屯氏河塞,灵鸣犊口又益不利,独一川兼受数河之任,虽高增堤防,终不能泄。如有霖雨,旬日不霁,必盈溢。九河故迹,今既灭难明,屯氏河新绝未久,其处易浚;又其口所居高,于以分杀水力,道里便宜,可复浚以助大河,泄暴水,备非常。不豫修治,北决病四、五郡,南决病十馀郡,然后忧之,晚矣!"事下丞相、御史,白遣博士许商行视,以为:"方用度不足,可且勿浚。"后三岁,河果决于馆陶及东郡金堤,泛滥兖、豫及平原、千乘、济南,凡灌四郡、三十二县,水居地十五万馀顷,深者三丈。坏败官亭、室庐且四万所。

我深恐陛下放过显然的错误,忽略天地的明显警告,听信愚昧盲目之言,归罪于无辜,把政事托付给不可靠的人,那将大失上天之心,是太不应该了。陛下如果能深思我的建议,抗拒沉溺之心,解除专宠之爱,振奋起阳刚之威,将天子之恩平均施布,使后宫各位嫔妃人人有侍奉君王的机会,增添选纳能生男孩的妇人,不挑剔美丑,不在意曾否嫁过人,也不论年龄。照古法推算来说,陛下若能使出身微贱的嫔妃生下皇嗣,则反而为福。目的只是要得到皇位继承人,勿论其母的贵贱。后宫女史、使令中若有皇上中意的女子,也可选纳,广泛地求嗣于微贱者之中,遇上天保佑,生下皇子,皇太后的忧虑和烦恼,因得到安慰而解除,上帝的谴责和愤怒也会平息化解,后代繁衍,灾异自然消除。"杜钦也仿效谷永的意思上书。皇上把他们两人的奏书都拿给后宫看,擢升谷永为光禄大夫。

5 夏季,四月,降雪。

6 秋季,桃树、李树结果。

7 大雨连下十馀日,黄河在东郡金堤决口。在此之前,清河郡都尉冯逡奏报说:"清河郡位于黄河下游,土壤松脆,容易崩塌,以往之所以很久没有发生大灾害,是由于屯氏河通畅,可以两河分流。如今屯氏河已经淤塞,灵鸣犊口也越来越不通畅,只有一条黄河,却要兼容数条河流的水量,虽然加高堤防,最终却无法使它顺畅宣泄。若有大雨,十日不停,河水必然满盈泛滥。夏禹时代的九河故道,如今既已湮没难寻,而屯氏河刚刚淤塞不久,容易疏通。再有,黄河与屯氏河分流的岔口处地势较高,实施分杀水力的工程,施工起来也方便,我建议重新疏通屯氏河,以帮助黄河宣泄洪水,防备非常情况的发生。如果不预先修治,黄河一旦在北岸决口,将危害四、五郡;在南岸决口,将危害十馀郡。事后再忧虑,就太晚了!"成帝将冯逡的奏章交给丞相和御史去处理,他们奏请派遣博士许商去巡视那一地区,根据视察结果,他们认为:"现在国家经费不足,可暂且不疏通。"三年后,黄河果然在馆陶及东郡金堤决口,洪水泛滥兖州、豫州以及平原郡、千乘郡、济南郡,共淹没四郡三十二县,十五万馀顷土地变为泽国,水深的地方达三丈。冲毁官府屋宇及民间房舍四万所。

冬,十一月,御史大夫尹忠以对方略疏阔,上切责其不忧职,自杀。遣大司农非调调均钱谷河决所灌之郡,谒者二人发河南以东船五百艘,徙民避水居丘陵九万七千馀口。

8 壬戌,以少府张忠为御史大夫。

9 南山群盗傰宗等数百人为吏民害。诏发兵千人逐捕,岁馀不能禽。或说大将军凤,以"贼数百人在毂下,讨不能得,难以示四夷;独选贤京兆尹乃可。"于是凤荐故高陵令王尊,征为谏大夫,守京辅都尉,行京兆尹事。旬月间,盗贼清;后拜为京兆尹。

10 上即位之初,丞相匡衡复奏:"射声校尉陈汤以吏二千石奉使,颛命蛮夷中,不正身以先下,而盗所收康居财物,戒官属曰:'绝域事不覆校。'虽在赦前,不宜处位。"汤坐免。

后汤上言:"康居王侍子,非王子。"按验,实王子也。汤下狱当死。太中大夫谷永上疏讼汤曰:"臣闻楚有子玉得臣,文公为之仄席而坐;赵有廉颇、马服,强秦不敢窥兵井陉;近汉有郅都、魏尚,匈奴不敢南乡沙幕。由是言之,战克之将,国之爪牙,不可不重也。盖君子闻鼓鼙之声,则思将帅之臣。窃见关内侯陈汤,前斩郅支,威震百蛮,武畅西海。汉元以来,征伐方外之将,未尝有也!今汤坐言事非是,幽囚久系,历时不决,执宪之吏欲致之大辟。昔白起为秦将,南拔郢都,北坑赵括,以纤介之过,赐死杜邮;

冬季,十一月,由于御史大夫尹忠的救灾方案疏漏而不切实际,成帝严厉斥责他不尽心职守,尹忠自杀。成帝派大司农非调调拨均平钱谷救济受灾各郡,又派两名谒者向河南以东地区征调船舶五百艘,从洪灌区中抢救灾民九万七千多人,把他们迁移到丘陵高地。

8 壬戌(二十日),任命少府张忠为御史大夫。

9 南山一带盗匪傰宗等数百人为害地方。成帝诏令发兵一千人剿捕,费时一年多,仍不能擒灭。有人向大将军王凤建议说:"盗匪数百人在天子脚下作乱,而讨伐不能奏效,这难以向四边蛮族显示汉朝之威,只有选任贤明能干的京兆尹才行。"于是王凤推荐前高陵令王尊,征召入京任命为谏大夫,署理京辅都尉,代行京兆尹的职责。他上任不到一个月,盗匪肃清,而后正式擢升为京兆尹。

10 成帝即位初期,丞相匡衡还曾上奏说:"射声校尉陈汤,以二千石官员的身份出使西域,专门负责西域蛮夷事务,他不能持身以正,做部下的表率,反而盗取所没收的康居王国财物,并告诫下属官员说:'远在外域发生的事,不会核查追究。'此事虽发生在大赦之前,但他已不适宜再担任官职。"陈汤获罪被免官。

后来,陈汤上书说:"康居王送来当人质的王子,并不是真王子。"然而经过查验,确实是真王子。陈汤被捕入狱,依罪应被处死。太中大夫谷永上书为陈汤辩护说:"我听说楚国因为有子玉得臣,晋文公因此坐不安席;赵国有廉颇和马服君赵奢,强大的秦国便不敢进犯井陉;近代汉朝有郅都、魏尚,匈奴则不敢从沙漠南下。因此可说,能征善战、克敌制胜的将领,是国家的爪牙,不可以不重视他们。这正是:君子听到战鼓之声,则思念将帅之臣。我看关内侯陈汤,从前击斩郅支单于,威震各国,所向披靡,一直打到西海。自汉朝开国以来,在疆域之外作战的将领,还从未有过这样的战功!如今,陈汤因报告失实而获罪,长期囚禁监狱,历时这么久仍不能结案,执掌刑法的官吏意欲致他于死罪。从前,白起为秦国的大将,南伐楚国,攻陷郢都,北击赵国,坑杀赵括降卒四十万,却因极微小的过失,在杜邮被赐死,

秦民怜之,莫不陨涕。今汤亲秉钺,席卷、喋血万里之外,荐功祖庙,告类上帝,介胄之士靡不慕义。以言事为罪,无赫赫之恶。《周书》曰:'记人之功,忘人之过,宜为君者也。'夫犬马有劳于人,尚加帷盖之报,况国之功臣者哉!窃恐陛下忽于鼙鼓之声,不察《周书》之意,而忘帷盖之施,庸臣遇汤,卒从吏议,使百姓介然有秦民之恨,非所以厉死难之臣也!"书奏,天子出汤,夺爵为士伍。

会西域都护段会宗为乌孙兵所围,驿骑上书,愿发城郭、敦煌兵以自救。丞相商、大将军凤及百僚议数日不决。凤言:"陈汤多筹策,习外国事,可问。"上召汤见宣室。汤击郅支时中寒,病两臂不屈申;汤入见,有诏毋拜,示以会宗奏。汤对曰:"臣以为此必无可忧也。"上曰:"何以言之?"汤曰:"夫胡兵五而当汉兵一,何者?兵刃朴钝,弓弩不利。今闻颇得汉巧,然犹三而当一。又《兵法》曰:'客倍而主人半,然后敌。'今围会宗者人众不足以胜会宗,唯陛下勿忧!且兵轻行五十里,重行三十里,今会宗欲发城郭、敦煌,历时乃至,所谓报雠之兵,非救急之用也。"上曰:"奈何?其解可必乎?度何时解?"汤知乌孙瓦合,不能久攻,故事不过数日,因对曰:"已解矣!"屈指计其日,曰:"不出五日,当有吉语闻。"居四日,军书到,言已解。大将军凤奏以为从事中郎,莫府事壹决于汤。

秦国百姓怜惜他，无不流涕。而今陈汤亲执斧钺，席卷匈奴，喋血于万里之外，把战功呈献在皇家祖庙，向上帝禀告，天下武士无不思慕。他不过因为说错话而获罪，并不是什么严重的罪恶。《周书》说：'记人之功，忘人之过，这才适合当人君。'犬马对人有劳苦之功，死后尚且要用车帷伞盖将它们好好埋葬，作为回报，更何况是国家的功臣呢！我恐怕陛下忽略了战鼓的声音，不领会《周书》的深意，忘记报答功臣的效劳，像对待平庸臣子那样对待陈汤，终于听从掌刑官吏的建议，将他处死，使百姓心中耿耿，有秦国百姓那样的遗恨，这不是勉励大臣为国赴难效死的作法！"奏章上去后，天子下令释放陈汤，但剥夺爵位，贬为士伍。

正好，西域都护段会宗被乌孙王国的军队围困，段会宗用驿马上书，请求天子征发西域诸国军队，以及汉朝在敦煌的军队来救援。丞相王商、大将军王凤以及百官会议数天也作不出决定。王凤说："陈汤富于谋略，又熟悉外国的情况，可以询问他。"成帝在宣室召见陈汤。陈汤在进攻郅支单于时，中了风寒，两臂不能屈伸，陈汤入见时，成帝下诏准许他不必跪拜，然后把段会宗的奏书拿给他看。陈汤回答说："我认为这件事一定没什么可忧虑的。"皇上说："你为什么这样讲？"陈汤说："五个胡兵才能抵挡一名汉兵，为什么呢？因为他们的兵器笨拙，刀剑不锋利，弓箭也不强。最近听说颇学得一些汉人制作兵器的技巧，然而仍是三个胡兵抵挡一个汉兵。再说，《兵法》上说：'客兵必须是守军人数的两倍，才能对敌。'现在围困段会宗的敌兵人数不足以战胜他，请陛下不必忧虑！况且军队轻装日行五十里，重装备则日行三十里，现在段会宗打算征发西域诸国和敦煌的军队，部队行军需较长时间才能赶到，这成了所谓报仇之军，而不是救急之兵了。"皇上说："那怎么办呢？围困一定可以解除吗？你估计什么时候可以解围？"陈汤知道乌孙之兵，不过是乌合之众，不能久攻，以经验推测，不过数日可解，因此回答说："现在已经解围了！"又屈指计算日期，然后说："不出五日，就会听到好消息。"第四天，军书到，声称已经解围。大将军王凤上奏，要求任命陈汤为从事中郎，从此大将军幕府的大事，均由陈汤一人决定。

河平元年(癸巳,前28)

1 春,杜钦荐犍为王延世于王凤,使塞决河。凤以延世为河堤使者。延世以竹落长四丈,大九围,盛以小石,两船夹载而下之。三十六日,河堤成。三月,诏以延世为光禄大夫,秩中二千石,赐爵关内侯、黄金百斤。

2 夏,四月己亥晦,日有食之。诏公卿百僚陈过失,无有所讳;大赦天下。光禄大夫刘向对曰:"四月交于五月,月同孝惠,日同孝昭,其占恐害继嗣。"是时许皇后专宠,后宫希得进见,中外皆忧上无继嗣,故杜钦、谷永及向所对皆及之。上于是减省椒房、掖庭用度,服御、舆驾所发诸官署及所造作,遗赐外家、群臣妾,皆如竟宁以前故事。

皇后上书自陈,以为:"时世异制,长短相补,不出汉制而已,纤微之间未必可同。若竟宁前与黄龙前,岂相放哉!家吏不晓,今壹受诏如此,且使妾摇手不得。设妾欲作某屏风张于某所,曰:'故事无有。'或不能得,则必绳妾以诏书矣。此诚不可行,唯陛下省察!故事,以特牛祠大父母,戴侯、敬侯皆得蒙恩以太牢祠,今当率如故事,唯陛下哀之!今吏甫受诏读记,直豫言使后知之,非可复若私府有所取也。其萌牙所以约制妾者,恐失人理。唯陛下深察焉!"

汉成帝河平元年(癸巳,公元前28年)

1 春季,杜钦向王凤推荐犍为人王延世,让他负责堵塞黄河决口的工程。王凤任命王延世为河堤使者。王延世命人用竹子编成四丈长的竹篾笆,做成九人合抱的竹筐,里面装上小石头,用两条船夹着搬运沉入决口处。三十六天后,河堤修好。三月,成帝下诏任命王延世为光禄大夫,官秩为中二千石,封为关内侯,赐黄金一百斤。

2 夏季,四月己亥晦(三十日),出现日食。成帝下诏要求公卿百官指陈过失,不得有所隐讳,又传命大赦天下。光禄大夫刘向上书说:"四月衔接五月,出现日食的月份与孝惠帝时相同,出现日食的日子与孝昭帝时相同,孝惠、孝昭二帝均无嗣,这种巧合,预示不利于继嗣。"此时成帝专宠许皇后,后宫其他美女很少有机会侍奉皇帝,朝廷内外都为皇上没有继承人而忧愁,所以杜钦、谷永以及刘向的上书都提及这个问题。成帝于是削减皇后椒房殿跟整个后宫的经费,由各官署征调及制作的衣服用具、轿舆车马等,以及给皇后的亲属和众嫔妃的赏赐,与竟宁元年以前的先例完全相同。

皇后上书为自己辩解说:"时代不同,制度也不一样,有长有短,互相补充,只要不超出汉家的制度就行,细微之间不一定要求一致。比如元帝竟宁年之前与宣帝黄龙年之前,难道是一样的吗?主管皇后宫的官吏并不了解这个道理,如今一旦接受这样的诏书,将使我连摇手都不成了。比如我想做个屏风摆放在某个地方,他们就会说:'没有这种先例。'我有所需要,他们不肯备办,就一定会拿诏书来限制我。这种办法实在不可行,请陛下明察!按照原先的规定,我的祖父母是用特牛来祭祀的,后来祖父戴侯、敬侯都蒙恩准许用太牢就是一牛一猪一羊祭祀。而今要一律依照旧例,两位祖父就只能用特牛祭祀了,请陛下哀怜!现在宫廷官吏刚刚接受诏书,宣读完毕,就径直来预先告诫我,让我知道,以后对宫廷财物不可再像对私家财物一样随意索取。这些规定的初始用意,就是要约束限制我,恐怕会失去人情常理。请陛下明察!"

上于是采谷永、刘向所言灾异咎验皆在后宫之意以报之，且曰："吏拘于法，亦安足过！盖矫枉者过直，古今同之。且财币之省，特牛之祠，其于皇后，所以扶助德美，为华宠也。咎根不除，灾变相袭，祖宗且不血食，何戴侯也！传不云乎：'以约失之者鲜。'审皇后欲从其奢与？朕亦当法孝武皇帝也，如此，则甘泉、建章可复兴矣。孝文皇帝，朕之师也。皇太后，皇后成法也。假使太后在彼时不如职，今见亲厚，又恶可以逾乎！皇后其刻心秉德，谦约为右，垂则列妾，使有法焉！"

3　给事中平陵平当上言："太上皇，汉之始祖，废其寝庙园，非是。"上亦以无继嗣，遂纳当言。秋，九月，复太上皇寝庙园。

4　诏曰："今大辟之刑千有馀条，律令烦多，百有馀万言。奇请、他比，日以益滋。自明习者不知所由，欲以晓喻众庶，不亦难乎！于以罗元元之民，夭绝无辜，岂不哀哉！其议减死刑及可蠲除约省者，令较然易知，条奏！"时有司不能广宣上意，徒钩摭微细，毛举数事，以塞诏而已。

5　匈奴单于遣右皋林王伊邪莫演等奉献，朝正月。

二年（甲午，前27）

1　春，伊邪莫演罢归，自言欲降，"即不受我，我自杀，终不敢还归。"使者以闻，下公卿议。议者或言："宜始故事，受其降。"

成帝于是将谷永、刘向奏章所说灾异责任全在后宫的意思,转告给皇后,并且说:"官吏按照法制行事,又怎么可以怪罪呢!要矫枉,就要过正,古今同理。况且节省钱财,改用特牛祭祀,对于皇后而言,正有助于发扬美德,为你博得更多的赞誉。如果不铲除祸根,灾变接连发生,祖宗的祭祀尚且不保,还谈什么你的祖父戴侯呢!古书中不是说:'节俭之人,犯过失的很少。'皇后果真要追求奢侈吗?那我也该效法孝武皇帝了,这样的话,甘泉宫、建章宫可就要重新兴建了。不过,节俭的孝文皇帝才是我的老师。皇太后,就是皇后待遇的现成榜样。假使皇太后在当年做皇后时,不能达到规定的标准,而你如今受到宠爱,又怎么可以超过她呢!皇后应当着意修德,以谦和节俭为上,这样才能做诸妃的榜样,使她们得以效法!"

3 给事中、平陵人平当上奏说:"太上皇是汉王朝的始祖,废除他的祭庙墓园是不对的。"成帝也正在为没有继嗣而忧愁,就采纳了平当的建议。秋季,九月,恢复了太上皇的墓园、祭庙。

4 成帝下诏说:"如今,关于死刑的规定有千馀条,律令繁多,有百馀万言。条文之外的'奇请'、'他比'等附加条文,日益增多。即使专门研究和熟悉法律的官吏,都弄不清头绪,想让天下百姓都知晓,岂不是太难了!用这么繁琐的刑律,去对付善良的百姓,斩杀无辜之人,岂不可悲!主管机关应讨论减少死刑,及刬除可以取消或省略的法令,使法律条文简明易懂,具体开列回奏!"当时主管官吏不能弘扬皇上的旨意,只是在细微枝节上,举出数件毫毛般的小事,以敷衍诏书而已。

5 匈奴单于派右皋林王伊邪莫演等来朝进贡,并参加元旦的朝贺大典。

汉成帝河平二年(甲午,公元前27年)

1 春季,伊邪莫演朝贡完毕,回国前,自称想归降汉朝,说:"如果汉朝不接受我归降,我就自杀,我至死不敢回匈奴。"使者据实奏报,成帝让公卿讨论。有人说:"应该按照以前的惯例,接受他归降。"

光禄大夫谷永、议郎杜钦以为："汉兴，匈奴数为边害，故设金爵之赏以待降者。今单于屈体称臣，列为北藩，遣使朝贺，无有二心。汉家接之，宜异于往时。今既享单于聘贡之质，而更受其逋逃之臣，是贪一夫之得而失一国之心，拥有罪之臣而绝慕义之君也。假令单于初立，欲委身中国，未知利害，私使伊邪莫演诈降以卜吉凶，受之，亏德沮善，令单于自疏，不亲边吏。或者设为反间，欲因以生隙，受之，适合其策，使得归曲而责直。此诚边境安危之原，师旅动静之首，不可不详也。不如勿受，以昭日月之信，抑诈谖之谋，怀附亲之心，便！"对奏，天子从之。遣中郎将王舜往问降状，伊邪莫演曰："我病狂，妄言耳。"遣去。归到，官位如故，不肯令见汉使。

2　夏，四月，楚国雨雹，大如釜。

3　徙山阳王康为定陶王。

4　六月，上悉封诸舅：王谭为平阿侯，商为成都侯，立为红阳侯，根为曲阳侯，逢时为高平侯。五人同日封，故世谓之"五侯"。太后母李氏更嫁为河内苟宾妻，生子参；太后欲以田蚡为比而封之。上曰："封田氏，非正也！"以参为侍中、水衡都尉。

5　御史大夫张忠奏京兆尹王尊暴虐倨慢，尊坐免官，吏民多称惜之。湖三老公乘兴等上书讼："尊治京兆，拨剧整乱，诛暴禁邪，皆前所希有，名将所不及。虽拜为真，未有殊绝褒赏

光禄大夫谷永、议郎杜钦则认为:"自汉王朝兴起以来,匈奴多次为害边疆,因此才设立黄金、爵位的赏赐,以优待归降者。如今单于低头称臣,匈奴成为中国北方的藩国,派遣使者朝贺进贡,没有二心。汉朝对待匈奴的政策,就应与过去不同。如今既然接受了单于朝贡的诚意,却又收纳他的反叛逃亡之臣,为了贪图得到一个人,而将失却一国之心;为了拥有一个有罪之臣,而与一位仰慕中国的君王绝交。此外,还可作这样的假设,单于新即位,想依靠中国,但不知这样做的利害,暗中指使伊邪莫演诈降,以占卜吉凶,中国如果接受,便有亏道义,败坏美德,使单于同中国疏远,不与中国边疆的官员友好相处。或许是单于故意设下的反间计,想借此生仇,如果中国接纳他的归降,正好中了单于的计策,使匈奴可以把过错归到中国头上,从而理直气壮地责备我们。此事实在是边境安危的本源,是战争与和平的关键,不可以不慎重。不如不接受,以显示我们的光明磊落和信义,抑制欺诈的阴谋,安抚单于的归附亲善之心,这样才有利!"他们将此意见上奏,被采纳。派中郎将王舜去查问归降的情况,伊邪莫演说:"我有发狂的病,只是胡说罢了。"汉朝遣送他回国。回到匈奴后,他的官职仍和从前一样,但单于不再准许他会见汉朝的使者。

2 夏季,四月,楚国降下冰雹,大的如同饭锅。

3 改封山阳王刘康为定陶王。

4 六月,成帝给他的舅父们全部封侯:王谭封为平阿侯;王商封为成都侯;王立封为红阳侯;王根封为曲阳侯;王逢时封为高平侯。五人同日封侯,因此世人称他们为"五侯"。皇太后的母亲李氏,改嫁给河内人苟宾为妻,生子叫苟参,太后想比照田蚡的先例封苟参为侯爵。成帝说:"封田蚡,并不合正理!"只任命苟参为侍中、水衡都尉。

5 御史大夫张忠上奏,弹劾京兆尹王尊残暴傲慢,王尊获罪被免官,官吏百姓对此多称惋惜。湖县三老公乘兴等上书,为王尊辩护说:"王尊治理京师,清理繁难的事务,整顿混乱的局面,诛灭凶暴,禁止邪恶,这都是前所罕见的功绩,很多有名的郡太守都比不上。虽然被正式任命为京兆尹,却并没有特别的奖赏

加于尊身。今御史大夫奏尊'伤害阴阳,为国家忧,无承用诏书意,"靖言庸违,象恭滔天。"'原其所以,出御史丞杨辅。素与尊有私怨,外依公事建画为此议,傅致奏文,浸润加诬,臣等窃痛伤。尊修身洁己,砥节首公,刺讥不惮将相,诛恶不避豪强,诛不制之贼,解国家之忧,功著职修,威信不废,诚国家爪牙之吏,折冲之臣。今一旦无辜制于仇人之手,伤于诋欺之文,上不得以功除罪,下不得蒙棘木之听,独掩怨雠之偏奏,被共工之大恶,无所陈冤诉罪。尊以京师废乱,群盗并兴,选贤征用,起家为卿;贼乱既除,豪猾伏辜,即以佞巧废黜。一尊之身,三期之间,乍贤乍佞,岂不甚哉!孔子曰:'爱之欲其生,恶之欲其死,是惑也。''浸润之谮不行焉,可谓明矣。'愿下公卿、大夫、博士、议郎定尊素行!夫人臣而'伤害阴阳',死诛之罪也;'靖言庸违',放殛之刑也。审如御史章,尊乃当伏观阙之诛,放于无人之域,不得苟免。及任与尊者,当获选举之辜,不可但已。即不如章,饰文深诋以诉无罪,亦宜有诛,以惩谗贼之口,绝诈欺之路。唯明主参详,使白黑分别!"书奏,天子复以尊为徐州刺史。

6　夜郎王兴、钩町王禹、漏卧侯俞更举兵相攻。牂柯太守请发兵诛兴等。议者以为道远不可击,乃遣太中大夫蜀郡张匡持节和解。兴等不从命,刻木象汉吏,立道旁,射之。

授予给他。如今御史大夫指控王尊'伤害阴阳,令国家忧愁,没有接受执行皇帝诏令的心意,如经书所说"托言治理,实际上行为违拗,外表恭敬,实际上傲慢欺天"'。究其来源,这些攻击是出自御史丞杨辅。杨辅一向与王尊有私人怨恨,利用职权,策划这一指控,罗织罪名,写成弹劾的奏章,逐步对王尊加以诬陷,使我们十分痛心。王尊廉洁自爱,砥砺节操,一心为公,讥刺过失,不畏将相;诛除邪恶,不避豪强,消灭了难以制服的盗匪,解除了国家之忧,功勋卓著,忠于职守,维护了朝廷的威信,他实在是国家的锐利爪牙和御敌之臣。而今一旦无辜陷入仇人之手,被诬陷不实的奏文中伤,上不能以功赎罪,下不能在公堂上为自己辩冤,只能独自对着仇家的片面之辞而掩卷叹息,蒙受着共工所受的恶名,无处陈诉冤屈。王尊在京师秩序混乱、法令不行、盗匪蜂起之时,被推选为贤才,受到征召,担任重要官职;盗匪叛乱既已铲除,大奸巨猾也都伏罪,他却随即被指控奸佞狡猾而遭罢黜。同是一个王尊,三年之间,一会儿被称赞贤能,一会儿被指斥奸佞,岂不是太过分了!孔子说:'爱他时,要他活下去;恨他时,希望他死。这是一种迷惑。'孔子又说:'如能使如水渗透般无孔不入的谗言,无法奏效,那就可称得上是明智了。'请陛下下令让公卿、大夫、博士、议郎审定王尊平素的行为!作为人臣,如果能'伤害阴阳'是诛杀之罪,'托言治理,实际上行动违拗',则应流放极边。果真如御史奏章所指控,王尊就应伏诛示众,或流放蛮荒绝域,不能让他侥幸免刑。至于保荐王尊的人,则应获举荐不实之罪责,不可原谅。假如查出奏章与事实不符,是在巧饰文字,着意诬蔑陷害无辜,也应对诬陷者予以处罚,以惩戒好进谗言的小人之口,断绝欺诈之路。请求明主详细考虑,使黑白分明。"奏章呈上,成帝就又任命王尊为徐州刺史。

6 夜郎王兴、钩町王禹、漏卧侯俞,先后起兵互相攻击。牂柯太守请求朝廷发兵讨伐兴等。朝廷会议时,发言的人认为路途太远,不可以动兵讨伐,于是派遣太中大夫、蜀郡人张匡持符节前往,劝说他们和解。兴等不听从命令,还用木头雕刻成汉朝官吏的形象,树立道旁,用箭射击。

杜钦说大将军王凤曰："蛮夷王侯轻易汉使，不惮国威，恐议者选耎，复守和解；太守察动静有变，乃以闻。如此，则复旷一时。王侯得收猎其众，申固其谋，党助众多，各不胜忿，必相殄灭。自知罪成，狂犯守尉，远臧温暑毒草之地；虽有孙、吴将，贲、育士，若入水火，往必焦没，智勇亡所施。屯田守之，费不可胜量。宜因其罪恶未成，未疑汉家加诛，阴敕旁郡守尉练士马，大司农豫调谷积要害处，选任职太守往，以秋凉时入，诛其王侯尤不轨者。即以为不毛之地，无用之民，圣王不以劳中国，宜罢郡，放弃其民，绝其王侯勿复通。如以先帝所立累世之功不可堕坏，亦宜因其萌牙，早断绝之。及已成形然后战师，则万姓被害。"于是凤荐金城司马临邛陈立为牂柯太守。

立至牂柯谕告夜郎王兴，兴不从命。立请诛之，未报。乃从吏数十人出行县，至兴国且同亭，召兴。兴将数千人往至亭，从邑君数十人入见立。立数责，因断头。邑君曰："将军诛无状，为民除害，愿出晓士众！"以兴头示之，皆释兵降。钩町王禹、漏卧侯俞震恐，入粟千斛、牛羊劳吏士。立还归郡。

兴妻父翁指，与子邪务收馀兵，迫胁旁二十二邑反。至冬，立奏募诸夷，与都尉、长史分将攻翁指等。翁指据厄为垒，立使奇兵绝其饷道，纵反间以诱其众。都尉万年曰："兵久不决，费不可共。"引兵独进；败走，趋立营。立怒，叱戏下令格之。

杜钦向大将军王凤献策说:"蛮夷王侯轻视汉使,不惧怕朝廷的权威,我担心参议这个问题的人胆小怯懦,仍然坚持和解之策;等太守觉察情况有变,呈报上来,则又要耽搁三个月的时间。蛮夷王侯利用这段时间,可以集结部众,宣布并完善他们的计划,蛮夷各国党羽众多,各不相容,定会互相残杀。他们自知罪恶已经铸成,便疯狂地进攻郡守尉,并远远地藏身于暑热毒草地区,即令军事家孙武、吴起为将,古代勇士孟贲、夏育为兵,也会如入火坑深潭,被烧焦淹没,智慧和勇敢都无处施展。而如果屯田戍守,费用将会大得无法计算。应当趁他们还未铸成大错,还没疑心朝廷会对他们进行讨伐,暗中命令邻近各郡守尉操练兵马,大司农预先征调军粮,储积在要害地点;遴选胜任的太守前往,在秋凉时节进兵,诛杀蛮夷王侯中特别横暴的人。倘若认为这是不毛之地,无用之民,那么圣王就不必因此而劳动中国,应撤销郡县,放弃当地的人民,与蛮夷王侯断交,不再来往。如果认为是先帝所建立的万世功业,不可堕毁,也应该趁变乱处在萌芽之时,及早扑灭。等到变乱已经形成,然后再劳师作战,则万民要蒙受战祸。"于是王凤推荐金城司马、临邛人陈立为牂柯太守。

陈立到达牂柯郡,下令给夜郎王兴,兴不从命。陈立请求朝廷准许他诛杀兴,没有得到答复。于是他率领随从官吏数十人出巡属县,到达了夜郎王兴控制地区的且同亭,召兴面见。兴率数千部众来到且同亭,由数十位部落王陪同进见。陈立对他进行谴责,并乘机将他砍头。部落王们说:"将军诛杀这种悖逆无行的人,是为民除害,我们愿出去告知部众!"他们把兴的人头拿给部众看,部众全都放下武器投降。钩町王禹、漏卧侯俞十分震惊恐惧,于是献上粟米千斛及牛羊来慰劳官吏将士。陈立返回郡城。

兴的岳父翁指,和他的儿子邪务,收集残兵,胁迫周围二十二村落谋反。到了冬季,陈立奏报朝廷,征募各部落夷人当兵,由他与都尉、长史分别率领,进攻翁指等。翁指据塞设险为堡垒,陈立用奇兵切断了他的粮道,又施反间计引诱翁指的部众。都尉万年说:"大军迟迟不决战,军费粮草将无法供给。"于是独自率兵进攻翁指,败退而逃,奔向陈立的大营。陈立大怒,喝令部下将他打出。

都尉复还战,立救之。时天大旱,立攻绝其水道。蛮夷共斩翁指,持首出降,西夷遂平。

三年(乙未,前 26)

1　春,正月,楚王嚣来朝。二月乙亥,诏以嚣素行纯茂,特加显异,封其子勋为广戚侯。

2　丙戌,犍为地震,山崩,壅江水,水逆流。

3　秋,八月乙卯晦,日有食之。

4　上以中秘书颇散亡,使谒者陈农求遗书于天下。诏光禄大夫刘向校经传、诸子、诗赋,步兵校尉任宏校兵书,太史令尹咸校数术,侍医李柱国校方技。每一书已,向辄条其篇目,撮其指意,录而奏之。

5　刘向以王氏权位太盛,而上方向《诗》、《书》古文,向乃因《尚书·洪范》,集合上古以来,历春秋、六国至秦、汉符瑞、灾异之记,推迹行事,连傅祸福,著其占验,比类相从,各有条目,凡十一篇,号曰《洪范五行传论》,奏之。天子心知向忠精,故为凤兄弟起此论也;然终不能夺王氏权。

6　河复决平原,流入济南、千乘,所坏败者半建始时。复遣王延世与丞相史杨焉及将作大匠许商、谏大夫乘马延年同作治,六月乃成。复赐延世黄金百斤。治河卒非受平贾者,为著外繇六月。

四年(丙申,前 25)

1　春,正月,匈奴单于来朝。

万年回军再战,陈立率军救援。当时天正大旱,陈立攻占水源,断敌水道。蛮夷部众一同斩杀翁指,手持人头出来投降,于是西夷平定。

汉成帝河平三年(乙未,公元前26年)

1 春季,正月,楚王刘嚣到长安朝见。二月,乙亥(十六日),成帝下诏,因刘嚣一向行为良好,特意给予特殊奖赏,封他的儿子刘勋为广戚侯。

2 丙戌,犍为发生地震,引起山崩,壅塞了长江,使江水逆流。

3 秋季,八月乙卯晦(三十日),出现日食。

4 成帝因为皇宫藏书有许多已经散失,派谒者陈农到全国去搜求失传的书籍。诏令光禄大夫刘向校正经传、诸子、诗赋;步兵校尉任宏校正兵书;太史令尹咸校正占卜之书;侍医李柱国校正医药书。每一部书校正完毕,刘向就条列出它的篇目,写出内容摘要,呈报成帝。

5 刘向因外戚王氏权位太盛,而皇上现在正在留意《诗经》、《书经》等古书,就根据《尚书·洪范》篇,汇集自上古以来,历经春秋战国,直至秦汉,所有关于祥瑞、天灾、变异等的记载,推测天象变迁的原因,联系比附人间的祸福,特别突出其中的占卜、应验部分,分门别类,各立条目,共十一篇,书名为《洪范五行传论》,呈献成帝。成帝心里明白刘向忠心耿耿,是因为王凤兄弟权势太盛,才著作此书,然而他到底不忍剥夺王氏的权柄。

6 黄河再次在平原郡决口,洪水灌入济南、千乘,所造成的损失达建始年间洪灾的一半。朝廷再次派遣王延世跟丞相史杨焉,以及将作大匠许商、谏大夫乘马延年,共同负责治理工程,六个月后,工程才完工。再次赏赐王延世黄金百斤。治河卒没有发给工钱的,都登记姓名在册,折合抵销徭戍六个月。

汉成帝河平四年(丙申,公元前25年)

1 春季,正月,匈奴单于到长安朝见。

2　赦天下徒。

3　三月癸丑朔,日有食之。

4　琅邪太守杨肜与王凤连昏,其郡有灾害,丞相王商按问之。凤以为请,商不听,竟奏免肜,奏果寝不下。凤以是怨商,阴求其短,使频阳耿定上书,言“商与父傅婢通;及女弟淫乱,奴杀其私夫,疑商教使。”天子以为暗昧之过,不足以伤大臣。凤固争,下其事司隶。太中大夫蜀郡张匡,素佞巧,复上书极言诋毁商。有司奏请召商诣诏狱。上素重商,知匡言多险,制曰:“勿治!”凤固争之。夏,四月壬寅,诏收商丞相印绶。商免相三日,发病,欧血薨,谥曰戾侯。而商子弟亲属为驸马都尉、侍中、中常侍、诸曹、大夫、郎吏者,皆出补吏,莫得留给事、宿卫者。有司奏请除国邑,有诏:“长子安嗣爵为乐昌侯。”

5　上之为太子也,受《论语》于莲勺张禹,及即位,赐爵关内侯,拜为诸吏、光禄大夫,秩中二千石,给事中,领尚书事。禹与王凤并领尚书,内不自安,数病,上书乞骸骨,欲退避凤。上不许,抚待愈厚。六月丙戌,以禹为丞相,封安昌侯。

6　庚戌,楚孝王嚣薨。

7　初,武帝通西域,罽宾自以绝远,汉兵不能至,独不服,数剿杀汉使。久之,汉使者文忠与容屈王子阴末赴合谋攻杀其王;立阴末赴为罽宾王。后军候赵德使罽宾,与阴末赴相失;阴末赴锁琅当德,杀副已下七十馀人,遣使者上书谢。孝元帝以其绝域,不录,放其使者于县度,绝而不通。

2 赦免天下囚犯。

3 三月癸丑朔（初一），发生日食。

4 琅邪太守杨肜，与王凤是姻亲，琅邪郡发生灾害，由丞相王商查问此事。王凤为杨肜向王商说情，王商不听，竟上奏请求罢免杨肜的官职，奏章上去后，果然留中不下。王凤因此怨恨王商，秘密搜求他的短处，指使频阳人耿定上书弹劾王商说："王商与他父亲身边的婢女通奸。他妹妹淫乱，奴仆把奸夫杀死，我怀疑奴仆杀人是王商教唆指使的。"天子认为，这些都是无法证明的暧昧过失，不足以构成大罪而伤害大臣。王凤则极力争辩，坚持把此事交付司隶查办。太中大夫、蜀郡人张匡，一向险恶谄媚，也上书极力诋毁王商。主管官员上奏要求召王商到诏狱，进行审讯。成帝一向器重王商，知道张匡的话多为阴险不实之词，于是批示说："不许究治！"王凤仍坚持追究。夏季，四月，壬寅（二十日），成帝下诏，收缴王商的丞相印信、绶带。王商被免相三天后，发病，吐血而死，谥号为戾侯。而王商的子弟亲属担任驸马都尉、侍中、中常侍、诸曹、大夫、郎吏等官职的，全部被调放外郡补官，不许留在给事、宿卫等可接近皇帝的职位上。有关主管官员还上奏，要求撤销王商的封地，成帝却下诏说："王商长子王安继承爵位为乐昌侯。"

5 成帝当太子时，由莲勺人张禹教授《论语》，即位后，就赐张禹为关内侯，拜为诸吏、光禄大夫，官秩中二千石，兼任给事中，主管尚书事务。张禹与王凤共同主管尚书事务，张禹内心不自安，多次称病，上书请求退休，想退让避开王凤。成帝不准，反而待他愈加优厚。六月，丙戌（初五），成帝任命张禹为丞相，封安昌侯。

6 庚戌（二十九日），楚孝王刘嚣去世。

7 最初，汉武帝通西域，罽宾王国自以为地处绝远，汉兵不能到达，因此只有它一国不归顺汉朝，还多次拦劫杀害汉使。很久以后，汉朝使者文忠与容屈国王的儿子阴末赴合谋攻杀了罽宾王，于是立阴末赴为罽宾王。后军候赵德出使罽宾国，与阴末赴失和，阴末赴用铁链把赵德锁起来，又诛杀汉副使以下七十多人，然后派使者赴长安上书谢罪。孝元帝因罽宾远在域外，无法审核此案，就把使节放逐到县度，断绝与罽宾的来往。

及帝即位，复遣使谢罪。汉欲遣使者报送其使。杜钦说王凤曰："前罽宾王阴末赴，本汉所立，后卒畔逆。夫德莫大于有国子民，罪莫大于执杀使者。所以不报恩，不惧诛者，自知绝远，兵不至也。有求则卑辞，无欲则骄慢，终不可怀服。凡中国所以为通厚蛮夷，慊快其求者，为壤比而为寇。今县度之厄，非罽宾所能越也。其乡慕，不足以安西域；虽不附，不能危城郭。前亲逆节，恶暴西域，故绝而不通。今悔过来，而无亲属、贵人，奉献者皆行贾贱人，欲通货市买，以献为名，故烦使者送至县度，恐失实见欺。凡遣使送客者，欲为防护寇害也。起皮山，南更不属汉之国四、五，斥候士百馀人，五分夜击刁斗自守，尚时为所侵盗。驴畜负粮，须诸国禀食，得以自赡。国或贫小不能食，或桀黠不肯给，拥强汉之节，馁山谷之间，乞丐无所得，离一、二旬，则人畜弃捐旷野而不反。又历大头痛、小头痛之山，赤土、身热之阪，令人身热无色，头痛呕吐，驴畜尽然。又有三池盘、石阪道，狭者尺六七寸，长者径三十里，临峥嵘不测之深，行者骑步相持，绳索相引，二千馀里，乃到县度。畜坠，未半坑谷尽靡碎；人堕，势不得相收视。险阻危害，不可胜言。圣王分九州，制五服，务盛内，不求外。今遣使者承至尊之命，送蛮夷之贾，劳吏士之众，涉危难之路，罢敝所恃以事无用，非久长计也。使者业已受节，可至皮山而还。"于是凤白从钦言。罽宾实利赏赐贾市，其使数年而壹至云。

等到成帝即位后，罽宾王再次派遣使节到长安谢罪。作为答礼，汉朝打算派使者护送罽宾使节回国。杜钦劝王凤说："从前，罽宾王阴末赴本是汉朝所立，后来却突然反叛，世上最大的恩德，莫过于使其拥有王位和人民；而最大的罪恶，莫过于拘杀使者。阴末赴之所以不肯报恩，也不怕讨伐，是由于自认为离中国遥远，汉兵无法到达。他有求于汉朝时，就卑辞谦恭；无求时，就骄横傲慢，始终无法使他们降服。中国之所以交往厚待周边蛮夷，满足他们的要求，是因为疆土相邻，他们易于入境劫掠。如今县度的要塞，罽宾军队不能越过。他们即使仰慕归顺，对整个西域的安定也起不了太大作用；即令不归顺汉朝，也不能威胁西域诸国的安全。从前，罽宾王亲自冒犯汉朝使节，罪恶暴露在西域各国面前，中国因此断绝与其来往。如今他们宣称悔过来朝，但所派之人，不是国王的亲属和重要官员，奉献者全是从事商业的贱民，他们是想通商贸易，而以进贡为名，因此本朝烦劳使者护送他们到县度，恐怕不符合他们低微的身份，受了他们的欺骗。凡派使者护送客使，目的是保护他们不受盗匪伤害。自皮山国往南走，要经过四五个不受汉朝管辖的王国，屯驻的斥候与汉军士卒有一百多名，入夜后轮班五次击刁斗警戒守卫，行旅仍然时常遭到劫掠。用驴子驮载口粮，须由沿途诸国供给食物，才能满足。有些王国又小又贫穷，无法供应食物；有些王国奸猾不肯供给，使者带着强大的汉朝的符节，在山谷之间忍受着饥饿的煎熬，乞讨无门，缺粮十天或二十天，人畜就会倒毙旷野，不得生还。沿途还要经过大头痛山、小头痛山、赤土坂、身热坂，走到这里，会让人浑身发烧，面无人色，头痛呕吐，驴畜也都如此。又有三池盘、石坂道，窄的地方只有一尺六、七寸，而长者却有三十里，山径旁是陡峭不测的深谷，马匹与行人互相扶持，用绳索前后牵引，走两千多里，才能到达县度。牲畜失足坠落，在离谷底还不到一半距离时，就已粉身碎骨；人坠落，便不能为他收殓尸体。种种艰难险阻，无法尽言。圣王将天下分为九州，又制定五服，是务求本国的强盛，而不管域外之事。如今派遣使者，奉天子之命，护送外族商贾，劳动众多中国官员士卒，跋涉艰险危难的路程，使所倚赖的中国人疲惫，去为无用的外族效劳，这不是长久之计。既然使者已经派定，可以护送到皮山国就回来。"于是王凤将杜钦的建议转告成帝，被成帝采纳。罽宾王国实际上是贪图中国的赏赐，想跟中国通商，它的使者数年来中国一次。

阳朔元年(丁酉,前24)

1　春,二月丁未晦,日有食之。

2　三月,赦天下徒。

3　冬,京兆尹泰山王章下狱,死。

时大将军凤用事,上谦让无所颛。左右尝荐光禄大夫刘向少子歆通达有异材,上召见,歆诵读诗赋,甚悦之,欲以为中常侍;召取衣冠,临当拜,左右皆曰:"未晓大将军。"上曰:"此小事,何须关大将军!"左右叩头争之,上于是语凤,凤以为不可,乃止。

王氏子弟皆卿、大夫、侍中、诸曹,分据势官,满朝廷。杜钦见凤专政泰重,戒之曰:"愿将军由周公之谦惧,损穰侯之威,放武安之欲,毋使范睢之徒得间其说!"凤不听。

时上无继嗣,体常不平。定陶共王来朝,太后与上承先帝意,遇共王甚厚,赏赐十倍于他王,不以往事为纤介;留之京师,不遣归国。上谓共王:"我未有子,人命不讳,一朝有他,且不复相见,尔长留侍我矣!"其后天子疾益有瘳,共王因留国邸,旦夕侍上,上甚亲重之。大将军凤心不便共王在京师,会日食,凤因言:"日食,阴盛之象。定陶王虽亲,于礼当奉藩在国;今留侍京师,诡正非常,故天见戒,宜遣王之国!"上不得已于凤而许之。共王辞去,上与相对涕泣而决。

王章素刚直敢言,虽为凤所举,非凤专权,不亲附凤,乃奏封事,言:"日食之咎,皆凤专权蔽主之过。"上召见章,延问以事。章对曰:

汉成帝阳朔元年(丁酉,公元前24年)

1　春季,二月丁未晦(三十日),出现日食。

2　三月,赦免天下囚犯。

3　冬季,京兆尹泰山人王章被捕入狱,处死。

这时,大将军王凤掌握国家大权,成帝谦让软弱,没有实权。成帝身边的侍臣,曾向他推荐光禄大夫刘向的幼子刘歆,说他博学卓识有奇才,成帝召见刘歆,刘歆为他诵读诗赋,成帝非常喜欢他,想任命他为中常侍,命左右取来中常侍的衣冠,正准备行拜官礼时,左右侍从之人都说:"还没有让大将军知道。"成帝说:"这是小事,何必通报大将军!"左右之人叩头力争,于是成帝便告诉了王凤,王凤认为不可以,此事便作罢。

王氏子弟全都当上公卿、大夫、侍中、诸曹,分别占据显官要职,达官显贵充满朝廷。杜钦见王凤过于专权,告诫他说:"我希望将军采取周公的谦恭谨慎态度,减少穰侯的威风,放弃武安侯的贪欲,不要使范雎之流得以从中挑拨离间!"王凤不听。

这时,成帝没有继嗣,身体又常患病。定陶共王来朝见,太后与成帝秉承先帝的遗愿,待他十分优厚,给予的赏赐是其他诸侯王的十倍,对当初夺嫡之事,也不存丝毫芥蒂,还让他留在京师,不让他归国。成帝对他说:"我没有儿子,人命无常,不必避讳,一旦有别的变化,将再也看不见你了。你就长期留在京师,随侍在我身边吧!"后来,成帝病情渐渐减轻,共王于是留居在封国驻京府邸,日夜进宫服侍成帝,成帝对他分外亲近看重。大将军王凤对共王留居京师感到不快,恰好发生日食,王凤就乘机说:"发生日食,是阴气过盛的征象。定陶王虽亲,按礼应当在自己的封国当藩王,如今留在京师侍奉天子,是不正常的,因此天现异象发出警告,陛下应遣送共王返回封国!"成帝无法违抗王凤,只好同意。共王辞行时,成帝和他相对流泪而别。

王章一向刚直敢言,他虽由王凤举荐,但不赞成王凤专权,不亲近依附王凤,上密封奏书说:"发生日食,都应归咎于王凤专权,蒙蔽主上。"成帝召见王章,进一步询问。王章回答说:

"天道聪明,佑善而灾恶,以瑞应为符效。今陛下以未有继嗣,引近定陶王,所以承宗庙,重社稷,上顺天心,下安百姓,此正议善事,当有祥瑞,何故致灾异!灾异之发,为大臣专政者也。今闻大将军猥归日食之咎于定陶王,建遣之国,苟欲使天子孤立于上,颛擅朝事以便其私,非忠臣也。且日食,阴侵阳,臣颛君之咎。今政事大小皆自凤出,天子曾不壹举手,凤不内省责,反归咎善人,推远定陶王。且凤诬罔不忠,非一事也。前丞相乐昌侯商,本以先帝外属,内行笃,有威重,位历将相,国家柱石臣也。其人守正,不肯屈节随凤委曲;卒用闺门之事为凤所罢,身以忧死,众庶愍之。又凤知其小妇弟张美人已尝适人,于礼不宜配御至尊,托以为宜子,内之后宫,苟以私其妻弟;闻张美人未尝任身就馆也。且羌、胡尚杀首子以荡肠正世,况于天子,而近已出之女也!此三者皆大事,陛下所自见,足以知其馀及他所不见者。凤不可令久典事,宜退使就第,选忠贤以代之!"

自凤之白罢商,后遣定陶王也,上不能平;及闻章言,天子感寤,纳之,谓章曰:"微京兆尹直言,吾不闻社稷计。且唯贤知贤,君试为朕求可以自辅者。"于是章奏封事,荐信都王舅琅邪太守冯野王,忠信质直,智谋有馀。上自为太子时,数闻野王名,方倚以代凤。章每召见,上辄辟左右。时太后从弟子侍中音独侧听,

"上天行事,耳聪目明,保佑善良,惩罚邪恶,用祥瑞或灾异作为效验的征兆。如今陛下因为没有亲子,而召见亲近定陶王,这是为了承接宗庙,以国家为重,上顺天意,下安民心,这是正确的决定和善事,上天应当报以祥瑞,怎么会招致灾异! 灾异的发生,是因为大臣专权的缘故。现在听说大将军错将日食的发生归咎于定陶王,建议遣送共王回封国,假如是想使天子在上面孤立,而由他专擅朝政,以便实现私欲,那他就不是忠臣了。而且发生日食,是阴气侵抑阳气,应归咎于臣下专权而压抑君王。如今大小政事都由王凤决定,天子连手都没有举过一次,王凤不从内心反省自责,反而归咎于善良的人,把定陶王排挤到远方。而且王凤诬陷欺骗不忠之事,不止一件。前丞相、乐昌侯王商,本是先帝的亲戚,品行敦厚,威望很高,历任将相,是国家栋梁之臣。他坚持正义,不肯违心地屈膝追随王凤,最后被王凤用闺房阴私之事而致罪罢黜,王商忧伤而死,百姓为他悲哀惋惜。又如,王凤明知他小妾的妹妹张美人已嫁过人,按礼不适宜上配至尊的皇帝,王凤却托言张美人适宜生男孩,将她献入后宫,用不正当的手段为小妾的妹妹谋取私利。然而,听说到现在张美人也未曾怀孕。即使是羌人、胡人,尚且要杀死头胎婴儿,以洗涤女人的肠肚,使未来所生之子血统纯正,更何况是天子,怎能亲近已嫁过人的女子! 以上所说的三件都是大事,是陛下亲眼所见到的,根据它们,足以推知其馀和另外那些所看不到的事情。陛下不可让王凤长期主持国事,应让他退官回到府第,另选忠诚贤能的人代替他。"

自从因王凤的弹劾,王商被罢黜,到后来遣送定陶王归国,成帝心里一直郁愤不平,此时听了王章的话,深有感悟,采纳他的建议,成帝对王章说:"若不是京兆尹直言,我听不到有关国家大计的真实情况。况且只有贤者才了解贤者,请你试为朕找一位能辅政的人。"于是王章再上密封奏书,举荐信都王刘兴的舅父、琅邪太守冯野王,说他忠诚正直,又富于谋略。成帝从当太子时,就多次听说冯野王的声名,于是准备依靠他代替王凤。王章每次进见,成帝都命左右随从退出。但当时太后堂弟之子、侍中王音独自窃听,

具知章言,以语凤。凤闻之,甚忧惧。杜钦令凤出就第,上疏乞骸骨,其辞指甚哀。太后闻之,为垂涕,不御食。上少而亲倚凤,弗忍废,乃优诏报凤,强起之;于是凤起视事。

上使尚书劾奏章:"知野王前以王舅出补吏,而私荐之,欲令在朝,阿附诸侯。又知张美人体御至尊,而妄称引羌胡杀子荡肠,非所宜言。"下章吏。廷尉致其大逆罪,以为:"比上夷狄,欲绝继嗣之端;背畔天子,私为定陶王。"章竟死狱中,妻子徙合浦。自是公卿见凤,侧目而视。

冯野王惧不自安,遂病;满三月,赐告,与妻子归杜陵就医药。大将军凤风御史中丞劾奏:"野王赐告养病而私自便,持虎符出界归家,奉诏不敬。"杜钦奏记于凤曰:"二千石病,赐告得归,有故事;不得去郡,亡著令。《传》曰'赏疑从予',所以广恩劝功也;'罚疑从去',所以慎刑,阙难知也。今释令与故事而假不敬之法,甚违'阙疑从去'之意。即以二千石守千里之地,任兵马之重,不宜去郡,将以制刑为后法者,则野王之罪在未制令前也。刑赏大信,不可不慎!"凤不听,竟免野王官。

时众庶多冤王章讥朝廷者,钦欲救其过,复说凤曰:"京兆尹章,所坐事密,自京师不晓,况于远方!恐天下不知章实有罪,而以为坐言事。如是,塞争引之原,损宽明之德。钦愚

全部了解王章谈话的内容,并报告了王凤。王凤听了甚为忧虑恐惧。杜钦劝王凤搬出大将军府,回到原来的侯府,上书请求辞职退休,措词十分哀痛。太后闻讯,为王凤流下眼泪,不肯进食。成帝从小就亲近倚靠王凤,不忍心罢黜他,就下诏优礼安抚,勉强让他继续任职,于是王凤又开始掌政务。

成帝让尚书弹劾王章,说:"王章明知冯野王先前因为是诸侯王的舅父,而外放补官,而却因私心,违制推荐,想让他在朝中任职,以阿谀攀附诸侯。又明知张美人已入宫侍奉皇帝,却狂妄地引述羌胡杀子涤肠的风俗,这不是所应说的话。"成帝把王章交付司法官吏处理。廷尉罗织成大逆罪,认为:"把皇帝比作羌胡蛮族,想使皇上绝嗣,背叛天子,私心为定陶王打算。"王章终于死在狱中,妻子儿女流放到合浦。从此,公卿见到王凤,都侧目而视,敢怒不敢言。

冯野王恐惧不自安,就得了疾病,病假满三个月后,成帝批准他带职养病,他就跟妻子回到故乡杜陵就医。大将军王凤暗示御史中丞弹劾他说:"冯野王被皇上赐准带职养病,却私自趁便拿着虎符越过郡界回家,犯了奉诏不敬之罪。"杜钦给王凤上书说:"官秩为二千石的官员得了病,被批准带职养病而就此回家的,有前例可援。法令中并没有不许离郡的条文。《传》说'拿不准该不该赏赐的,姑且给予赏赐',目的在于广施恩德,勉励有功之人,还说'拿不准该不该惩罚的,姑且赦免',目的在于谨慎刑罚,免生差错。现在,不顾法令和前例,而以不敬的法条治罪,完全违背了'拿不准该不该惩罚的,姑且赦免'的古训。即使认为二千石的高级官员管辖千里之地,负有军事上的重任,不应轻易离开辖郡,准备制定新的律条作为以后的法令,然而冯野王的罪过,发生在新的条文制定之前。刑罚和赏赐,关系国家的重大信誉,不可不慎重!"王凤不听,最终罢免了冯野王的官职。

当时百姓大多认为王章讽刺朝廷冤枉,杜钦为了补救王凤的过错,再次劝王凤说:"京兆尹王章,被指控的罪状密不外传,京师的人都不知道,何况远方的人呢!恐怕天下人不了解王章确实有罪,而以为他直言规谏才蒙祸下狱。这样的话,就会堵塞谏争的言路,有损宽容贤明的圣德。我

以为宜因章事举直言极谏,并见郎从官,展尽其意,加于往前,以明示四方,使天下咸知主上圣明,不以言罪下也。若此,则流言消释,疑惑著明。"凤白行其策焉。

4 是岁,陈留太守薛宣为左冯翊。宣为郡,所至有声迹。宣子惠为彭城令,宣尝过其县,心知惠不能,不问以吏事。或问宣:"何不教戒惠以吏职?"宣笑曰:"吏道以法令为师,可问而知。及能与不能,自有资材,何可学也!"众人传称,以宣言为然。

二年(戊戌,前 23)

1 春,三月,大赦天下。

2 御史大夫张忠卒。

3 夏,四月丁卯,以侍中、太仆王音为御史大夫。于是王氏愈盛,郡国守相、刺史皆出其门下。五侯群弟争为奢侈,赂遗珍宝,四面而至,皆通敏人事,好士养贤,倾财施予以相高尚。宾客满门,竞为之声誉。刘向谓陈汤曰:"今灾异如此,而外家日盛,其渐必危刘氏。吾幸得以同姓末属,累世蒙汉厚恩,身为宗室遗老,历事三主。上以我先帝旧臣,每进见,常加优礼。吾而不言,孰当言者!"遂上封事极谏曰:"臣闻人君莫不欲安,然而常危;莫不欲存,然而常亡;失御臣之术也。夫大臣操权柄,持国政,未有不为害者也。故《书》曰:'臣之有作威作福,害于而家,凶于而国。'孔子曰:'禄去公室,

认为,应该借王章这件事,命令举荐直言极谏之士,加上郎、从官,也让他们尽量发表意见,使朝廷的言路比前加宽,以向四方显示,使天下都知道主上圣明,不会因直言而责罚臣下。若能如此,则流言便会消释,疑惑之心也会明白。"王凤将杜钦的意见报告成帝,并施行了他的建议。

4　本年,任用陈留太守薛宣为左冯翊。薛宣担任郡长官,所到之处有治绩政声。薛宣的儿子薛惠当彭城令,薛宣曾经过彭城,他心里清楚儿子没有才干,便不问他行政方面的事。有人问薛宣说:"你为何不指教、告诫儿子官吏的职责?"薛宣笑着说:"为吏之道,以法令为师,可向法令讨教而学会。至于能干不能干,自有天分,怎么能够学呢?"众人传播称赞他的这番话,认为他的见解正确。

汉成帝阳朔二年(戊戌,公元前23年)

1　春季,三月,大赦天下。

2　御史大夫张忠去世。

3　夏季,四月丁卯(二十七日),任命侍中、太仆王音为御史大夫。于是王氏家族的权势越来越盛,郡和封国的太守、国相及州刺史都出自王氏门下。五侯的弟弟们争竞奢华,行贿之人呈献的珍宝,从四面八方涌来,他们全都聪敏而通达人事,喜好奇士,供养贤才,不惜倾财施予,互相攀比,以此为荣。宾客满门,竞相为王氏家族传播声誉。刘向对陈汤说:"如今灾异如此严重,而外戚权势日盛,发展下去,必然危害刘氏。我有幸是刘姓皇族的后裔,几代人蒙受汉朝的厚恩,身为宗室遗老,前后侍奉过三位天子。皇上因为我是先帝旧臣,每次进见,总以优礼待我。我若不说,还有谁应当说呢!"于是上密封奏书,极力劝谏成帝说:"我听说,君王没有不希望国家安定的,然而却常常出现危机;没有不希望国家长存的,然而却常常亡国,这是失去了驾驭臣下的手段。大臣掌握权柄,主持国政,没有不危害君王的。因此《书经》说:'作为臣子而作威作福,就会危害君王的家族,给国家带来凶险。'孔子说:'皇家不能支配俸禄,

政逮大夫。'危亡之兆也。今王氏一姓，乘朱轮华毂者二十三人，青、紫、貂、蝉充盈幄内，鱼鳞左右。大将军秉事用权，五侯骄奢僭盛，并作威福，击断自恣，行污而寄治，身私而托公，依东宫之尊，假甥舅之亲，以为威重。尚书、九卿、州牧、郡守皆出其门，管执枢机，朋党比周。称誉者登进，忤恨者诛伤；游谈者助之说，执政者为之言。排摈宗室，孤弱公族，其有智能者，尤非毁而不进，远绝宗室之任，不令得给事朝省，恐其与己分权。数称燕王、盖主以疑上心，避讳吕、霍而弗肯称。内有管、蔡之萌，外假周公之论。兄弟据重，宗族磐互，历上古至秦、汉，外戚僭贵未有如王氏者也。物盛必有非常之变先见，为其人微象。孝昭帝时，冠石立于泰山，仆柳起于上林，而孝宣帝即位。今王氏先祖坟墓在济南者，其梓柱生枝叶，扶疏上出屋，根垂地中，虽立石起柳，无以过此之明也。事势不两大，王氏与刘氏亦且不并立，如下有泰山之安，则上有累卵之危。陛下为人子孙，守持宗庙，而令国祚移于外亲，降为皂隶，纵不为身，奈宗庙何！妇人内夫家而外父母家，此亦非皇太后之福也。孝宣皇帝不与舅平昌侯权，所以全安之也。夫明者起福于无形，销患于未然，宜发明诏，吐德音，援近宗室，亲而纳信，

政事都由大夫主持。'这是危亡的征兆啊！如今王氏一姓，乘坐红色车轮彩色车毂的华车的，就有二十三人；佩青、紫绶带，帽上有貂尾跟绣蝉的，充满朝廷，像鱼鳞一样排列左右。大将军主持国事，操持权柄，五侯骄傲奢侈，超过制度的规定，共同作威作福，肆意攻击诛杀大臣，品行卑鄙肮脏却声称为治国效劳，身怀私心却假托为公，依靠太后的至尊权位，凭借与皇帝的甥舅之亲，树立自己重大的权威。尚书、九卿、州牧、郡守全都出自他的门下，主管掌握国家中枢机要部门，结党营私。受他们夸奖的，得以拜官高升；被他们憎恨的，受到诛杀伤害；游说帮闲者帮他们宣传；掌权者为他们说话。排斥宗室，使刘氏皇族孤立、削弱，对皇族中有智慧才干的人，尤其要加以非难诋毁，决不使他们得到提升，让他们同宗室的责任远远隔绝，不让他们在朝廷和宫中任职，生怕他们与自己分权。多次提起昭帝时发生的燕王、盖主之乱，使天子对宗室产生疑心，但却避讳吕氏、霍光等外戚擅权之事，不肯涉及。内心如管、蔡那样，反叛企图已经萌芽，外表却借用周公的言论。王氏兄弟占据重要位置，家族盘根错节，从上古至秦汉，外戚越分尊贵没有像王氏这样严重的。事物发展态势旺盛则必然会有非常的变异事先显现，成为预示其人隐微的征兆。孝昭帝时，泰山上忽然有大石矗立，上林苑枯倒的柳树复苏而起，接着昭帝驾崩，宣帝即位。而今王氏在济南的先祖坟墓，木柱生出枝叶，枝叶茂盛上出屋顶，根扎地中，这种异象，即令大石起立，枯柳复活，也没有比这更明显了。根据事物的规律，两大势不共存，王氏与刘氏也不能并立，如果王氏家族有泰山那样的安稳，则皇上就有累卵那样的危险。陛下身为刘姓子孙，有守持宗庙的责任，而让国统转移到外戚手中，反使刘姓皇族降为卑贱的皂隶，陛下纵然不为自身打算，又怎样对待祖先宗庙！妇人本应亲近夫家，而疏远父母家，今天的状况，也不是皇太后的福气。孝宣皇帝不把权柄交给舅父平昌侯，目的是为了保全他。明智的人，为人造福于幸福还未形成之时，消灾于灾祸还未发生之前，陛下应公开下诏，作出有德于祖宗天下的决定，引进任用宗室为左右辅臣，亲近信任他们，采纳他们正确的建议，

黜远外戚,毋授以政,皆罢令就弟,以则效先帝之所行,厚安外戚,全其宗族,诚东宫之意,外家之福也。王氏永存,保其爵禄,刘氏长安,不失社稷,所以褒睦外内之姓,子子孙孙无疆之计也。如不行此策,田氏复见于今,六卿必起于汉,为后嗣忧,昭昭甚明。唯陛下深留圣思!"书奏,天子召见向,叹息悲伤其意,谓曰:"君且休矣,吾将思之!"然终不能用其言。

4　秋,关东大水。

5　八月甲申,定陶共王康薨。

6　是岁,徙信都王兴为中山王。

罢黜疏远外戚,不把国家的权柄授予他们,全部罢免他们的官职,让他们回到府邸,以效法先帝的作法,厚待外戚,保全他们的宗族,这才真正是太后的本意,外戚的福分。王氏可以永存,保持爵位和俸禄;刘氏可以长安,不失皇位国统,这正是褒美和睦内外亲属,使刘氏皇统子子孙孙绵延不绝的办法。如果不实行此策,春秋时田氏篡齐的事件会再次出现于今世,六卿必崛起于汉代,给后世子孙带来忧患,事情已十分明显,请陛下留意三思。"奏章呈上去后,成帝召见刘向,为刘向的心意叹息悲伤。他对刘向说:"你暂时不必再说了,我会考虑的!"然而最终仍不能采用刘向的建议。

4　秋季,关东大水泛滥成灾。

5　八月甲申,定陶共王刘康去世。

6　本年,改封信都王刘兴为中山王。

卷第三十一 汉纪二十三

起己亥(前22)尽丁未(前14)凡九年

孝成皇帝上之下

阳朔三年(己亥,前22)

1 春,三月壬戌,陨石东郡八。

2 夏,六月,颍川铁官徒申屠圣等百八十人杀长吏,盗库兵,自称将军,经历九郡。遣丞相长史、御史中丞逐捕,以军兴从事,皆伏辜。

3 秋,王凤疾,天子数自临问,亲执其手涕泣曰:"将军病,如有不可言,平阿侯谭次将军矣!"凤顿首泣曰:"谭等虽与臣至亲,行皆奢僭,无以率导百姓,不如御史大夫音谨敕,臣敢以死保之!"及凤且死,上疏谢上,复固荐音自代,言谭等五人必不可用;天子然之。初,谭倨,不肯事凤,而音敬凤,卑恭如子,故凤荐之。八月丁巳,凤薨。九月甲子,以王音为大司马、车骑将军,而王谭位特进,领城门兵。安定太守谷永以谭失职,劝谭辞让,不受城门职。由是谭、音相与不平。

4 冬,十一月丁卯,光禄勋于永为御史大夫。永,定国之子也。

四年(庚子,前21)

1 春,二月,赦天下。

2 夏,四月,雨雪。

孝成皇帝上之下

汉成帝阳朔三年(己亥,公元前22年)

1 春季,三月壬戌,东郡坠落八块陨石。

2 夏季,六月,颍川铁官徒申屠圣等一百八十人,杀官员,盗取军械库兵器,自称"将军",揭竿反叛,经历九个郡。成帝派遣丞相长史、御史中丞追捕,按战时征调军队的有关规定行事,申屠圣等全部伏诛。

3 秋季,王凤患病,成帝数次亲临探望,握着王凤的手流泪说:"将军染病,如有意外,我想让平阿侯王谭接替大将军!"王凤叩头哭泣说:"王谭等虽与我是至亲,但他们行事追求奢侈,超越本分,无法统率百姓,不如御史大夫王音谨慎小心,行事走正道,我请用生命保举他!"及至王凤将死时,上书感谢皇恩,再次坚决推荐王音接替自己,说王谭等五人必不可用,成帝同意了。当初,王谭倨傲,不肯奉迎王凤,而王音则对王凤礼敬有加,像儿子一样谦卑恭敬,所以王凤保举他。八月丁巳(二十四日),王凤去世。九月,甲子(初二),任命王音为大司马、车骑将军,赐王谭为特进,兼主管城门兵。安定太守谷永,因为王谭没有得到大将军的职位,劝他辞让,不接受主管城门的职务。自此王谭、王音互相不满,结下怨恨。

4 冬季,十一月,丁卯(初六),任命光禄勋于永为御史大夫。于永是于定国的儿子。

汉成帝阳朔四年(庚子,公元前21年)

1 春季,二月,大赦天下。

2 夏季,四月,降雪。

3　秋,九月壬申,东平思王宇薨。

4　少府王骏为京兆尹。骏,吉之子也。先是,京兆有赵广汉、张敞、王尊、王章,至骏,皆有能名,故京师称曰:"前有赵、张,后有三王。"

5　闰月壬戌,于永卒。

6　乌孙小昆弥乌就屠死,子拊离代立,为弟日贰所杀。汉遣使者立拊离子安日为小昆弥。日贰亡阻康居。安日使贵人姑莫匿等三人诈亡从日贰,刺杀之。于是西域诸国上书,愿复得前都护段会宗;上从之。城郭诸国闻之,皆翕然亲附。

7　谷永奏言:"圣王不以名誉加于实效。御史大夫任重职大,少府宣达于从政,唯陛下留神考察!"上然之。

鸿嘉元年(辛丑,前20)

1　春,正月癸巳,以薛宣为御史大夫。

2　二月壬午,上行幸初陵,赦作徒;以新丰之戏乡为昌陵县,奉初陵。

3　上始为微行,从期门郎或私奴十馀人,或乘小车,或皆骑,出入市里郊野,远至旁县甘泉、长杨、五柞,斗鸡、走马,常自称富平侯家人。富平侯者,张安世四世孙放也。放父临,尚敬武公主,生放。放为侍中、中郎将,娶许皇后女弟,当时宠幸无比,故假称之。

4　三月庚戌,张禹以老病罢,以列侯朝朔、望,位特进,见礼如丞相,赏赐前后数千万。

5　夏,四月庚辰,薛宣为丞相,封高阳侯;京兆尹王骏为御史大夫。

3　秋季，九月壬申（十六日），东平王刘宇去世。

4　任命少府王骏为京兆尹。王骏是王吉的儿子。先前，担任过京兆尹的有赵广汉、张敞、王尊、王章，到王骏，全都以才干出名，因而京师人称赞说："前有赵、张，后有三王。"

5　闰十二月壬戌（初七），于永去世。

6　乌孙王国小昆弥乌就屠去世，他的儿子拊离接替小昆弥，拊离又被弟弟日贰杀死。汉朝派遣使者扶立拊离的儿子安日为小昆弥。日贰逃亡到康居王国，以逃避安日的追杀。安日指使贵族姑莫匿等三人，诈作反叛，逃亡追随日贰，将他刺杀。于是西域诸国纷纷上书，要求仍派原先的都护段会宗担任西域都护；成帝答应了他们的要求。西域诸城邦王国听到消息，都一致亲近归附汉朝。

7　谷永上奏说："圣明的君王用人时，不仅注意声誉，更重要的是考察办事的实际能力和效果。御史大夫责任重大，我看少府薛宣，处理政事通达干练，请陛下对他留意考察！"成帝同意了。

汉成帝鸿嘉元年（辛丑，公元前20年）

1　春季，正月癸巳（初九），任命薛宣为御史大夫。

2　二月壬午（二八日），成帝前往自己的陵墓初陵，赦免在墓园做工的刑徒；把新丰的戏乡改为昌陵县，负责供奉初陵。

3　成帝开始微服出行，跟随的期门郎或私奴有十馀人，或乘小车，或全部骑马，出入市内街巷和郊野，远到邻县的甘泉、长杨、五柞，斗鸡、走马，成帝还常自称是富平侯家人。所谓富平侯，是张安世的四世孙张放。张放的父亲张临，娶敬武公主为妻，生下张放。张放为侍中、中郎将，又娶许皇后的妹妹为妻，当时所受荣宠，没有可以比得上的，因此成帝假称自己是富平侯家人。

4　三月庚戌（二十七日），张禹因年老多病免官，以列侯的身份，在每月一日、十五日朝见皇帝，并加位特进，朝见时的礼节一如丞相，前后赏赐数千万钱。

5　夏季，四月庚辰（二十七日），任命薛宣为丞相，封高阳侯；任命京兆尹王骏为御史大夫。

6 王音既以从舅越亲用事,小心亲职。上以音自御史大夫入为将军,不获宰相之封,六月乙巳,封音为安阳侯。

7 冬,黄龙见真定。

8 是岁,匈奴复株累单于死,弟且麋胥立,为搜谐若鞮单于;遣子左祝都韩王呴留斯侯入侍,以且莫车为左贤王。

二年(壬寅,前19)

1 春,上行幸云阳、甘泉。

2 三月,博士行大射礼,有飞雉集于庭,历阶登堂而雊;后雉又集太常、宗正、丞相、御史大夫、车骑将军之府,又集未央宫承明殿屋上。车骑将军音、待诏宠等上言:"天地之气,以类相应,谴告人君,甚微而著。雉者听察,先闻雷声,故《月令》以纪气。《经》载高宗雊雉之异,以明转祸为福之验。今雉以博士行礼之日历阶登堂,万众睢睢,惊怪连日,径历三公之府,太常、宗正典宗庙骨肉之官,然后入宫。其宿留告晓人,具备深切。虽人道相戒,何以过是!"后帝使中常侍晁闳诏音曰:"闻捕得雉,毛羽颇摧折,类拘执者,得无人为之?"音复对曰:"陛下安得亡国之语! 不知谁主为佞谄之计,诬乱圣德如此者! 左右阿谀甚众,不待臣音复诣而足。公卿以下,保位自守,莫有正言。如令陛下觉寤,惧大祸且至身,深责臣下,绳以圣法,臣音当先诛,岂有以自解哉! 今即位十五年,继嗣不立,

6 王音既然以堂舅的身份，超过其他亲舅得到重用，因而小心供职。成帝因王音是从御史大夫直接擢升为将军，没有得到宰相应当封的爵位，六月乙巳，封王音为安阳侯。

7 冬季，真定发现黄龙。

8 本年，匈奴复株累单于去世，弟弟且糜胥继位，为搜谐若鞮单于。单于派遣儿子左祝都韩王呴留斯侯到长安，作为人质侍奉皇帝，又任命且莫车为左贤王。

汉成帝鸿嘉二年(壬寅，公元前19年)

1 春季，成帝前往云阳、甘泉。

2 三月，在博士举行大射礼时，有野鸡飞来，群集于庭院，沿台阶登上大堂鸣叫；尔后，又飞集于太常、宗正、丞相、御史大夫、车骑将军的府邸，接着，又飞集于未央宫承明殿的屋顶上。车骑将军王音、待诏孙宠等上奏说："天地之气，以类别互相呼应验证，示警君王的变异，虽然很是微小，但又很显著。野鸡听觉敏锐，能最先听到雷声，因而《月令》用野鸡的鸣叫来记录节气。《书经》记载：高宗武丁祭成汤时，曾出现野鸡飞到鼎耳上鸣叫的不祥异象，而高宗坚守正道，从而消弭了灾祸，这是转祸为福的明显验证。而今，野鸡在博士举行典礼之日，顺台阶登堂，在万人瞩目之下，引起连日的惊怪，一直飞过三公之府，飞过太常、宗正等主持宗庙祭典和皇族事务的官署，然后入宫。野鸡的飞临停留所告诫人们的内容，是深刻而切要的。虽然人们之间也常常互相告诫，但哪里能赶上这个呢！"随后，成帝派中常侍晁闳传诏询问王音说："听说捕捉到的野鸡，很多羽毛都折断了，好像曾被抓住关过，难道有人故意制造变异？"王音回答说："陛下怎能说这种亡国的话！不知谁敢主谋策划这种奸巧的计策，诬蔑扰乱圣德到如此地步！圣上左右善阿谀的大有人在，不必等我王音再逢迎也已足够。公卿以下，为保官位，人人自守，不敢说出一句正直的话。如果能让陛下觉悟，惧怕大祸就要降到身上，从而深责臣下，绳之以法，我王音理当首先被诛，岂有自我解脱的道理！陛下即位已十五年，没有继承皇位的嗣子，

日日驾车而出,失行流闻;海内传之,甚于京师。外有微行之害,内有疾病之忧,皇天数见灾异,欲人变更,终已不改。天尚不能感动陛下,臣子何望!独有极言待死,命在朝暮而已。如有不然,老母安得处所,尚何皇太后之有!高祖天下当以谁属乎!宜谋于贤智,克己复礼,以求天意,继嗣可立,灾变尚可销也。"

3 初,元帝俭约,渭陵不复徙民起邑。帝起初陵,数年后,乐霸陵曲亭南,更营之。将作大匠解万年使陈汤为奏,请为初陵徙民起邑,欲自以为功,求重赏。汤因自请先徙,冀得美田宅。上从其言,果起昌陵邑。

夏,徙郡国豪桀赀五百万以上五千户于昌陵。

4 五月癸未,陨石于杜邮三。

5 六月,立中山宪王孙云客为广德王。

6 是岁,城阳哀王云薨;无子,国除。

三年(癸卯,前18)

1 夏,四月,赦天下。

2 大旱。

3 王氏五侯争以奢侈相尚。成都侯商尝病,欲避暑,从上借明光宫。后又穿长安城,引内沣水,注第中大陂以行船,立羽盖,张周帷,楫棹越歌。上幸商第,见穿城引水,意恨,内衔之,

却天天驾车出游,干些有失德行的不道之举,这些传闻在社会上流传,海内共传,更甚于京师。陛下外有微服出游的恶行,内有疾病缠身的忧愁,上天屡次降下灾异,希望人们改正过失,然而终至不改。上天尚且不能感动陛下,臣子又能企盼什么呢!只有直言极谏,等候处死,命在旦夕间而已。如有不测,我的老母都没有安身的地方,更何况皇太后,就更没有安全的处所了。到那时,高祖的天下该当托嘱给谁呢?陛下应当与贤能智慧之人磋商,像孔子所说那样,克制个人的欲望,恢复以礼治国的正道,以求天意保佑,那样太子就会降生,灾害变异也才会消失。"

3　最初,汉元帝十分俭省节约,他的陵墓渭陵,不再强迫迁移居民,建立县邑。而成帝建筑他的初陵,经营数年后,又看上霸陵曲亭以南一带的风水,就更改地点,重新营建。将作大匠解万年让陈汤替他上奏,请求为成帝新建陵墓迁移居民,建立县邑,想以此为自己邀功,求得重赏。陈汤因而请求准许他最先搬迁,希图分到肥沃的田地和美好的住宅。皇上听从他们的建议,果然设立了昌陵邑。

夏季,下令迁移郡国豪族资产在五百万以上的五千户,充实昌陵地区。

4　五月癸未(初六),杜邮坠落三颗陨石。

5　六月,封中山宪王的孙子刘云客为广德王。

6　本年,城阳哀王刘云去世,由于没有儿子,封国撤除。

汉成帝鸿嘉三年(癸卯,公元前 18 年)

1　夏季,四月,大赦天下。

2　大旱。

3　王氏五侯竞相崇尚奢华。成都侯王商曾得病,想找个避暑的地方,就向皇上借用明光宫。后来,他又凿穿长安城墙,引来沣水,注入他家宅第中的大水池,使可以行船取乐,游船上树立羽毛华盖,四周全都张挂帷幔,还命令划船的人唱越歌。有一次,成帝到王商的府第,看见池水是穿城挖渠引来的,十分恼怒,但只含恨隐忍,

未言。后微行出,过曲阳侯第,又见园中土山、渐台,象白虎殿,于是上怒,以让车骑将军音。商、根兄弟欲自黥、劓以谢太后。上闻之,大怒,乃使尚书责问司隶校尉、京兆尹,知成都侯商等奢僭不轨,藏匿奸猾,皆阿纵,不举奏正法。二人顿首省户下。又赐车骑将军音策书曰:"外家何甘乐祸败!而欲自黥、劓,相戮辱于太后前,伤慈母之心,以危乱国家!外家宗族强,上一身寖弱日久,今将一施之,君其召诸侯,令待府舍!"是日,诏尚书奏文帝诛将军薄昭故事。车骑将军音藉稿请罪,商、立、根皆负斧质谢,良久乃已。上特欲恐之,实无意诛也。

4 秋,八月乙卯,孝景庙北阙灾。

5 初,许皇后与班倢伃皆有宠于上。上尝游后庭,欲与倢伃同辇载,倢伃辞曰:"观古图画,贤圣之君皆名臣在侧,三代末主乃有嬖妾。今欲同辇,得无近似之乎!"上善其言而止。太后闻之,喜曰:"古有樊姬,今有班倢伃!"班倢伃进侍者李平得幸,亦为倢伃,赐姓曰卫。

其后,上微行过阳阿主家,悦歌舞者赵飞燕,召入宫,大幸;有女弟,复召入,姿性尤醲粹,左右见之,皆啧啧嗟赏。有宣帝时披香博士淖方成在帝后,唾曰:"此祸水也,灭火必矣!"姊、弟俱为倢伃,贵倾后宫。许皇后、班倢伃皆失宠。

没有发作。后来,成帝微服出行时,经过曲阳侯府第,看见园中修筑土山、渐台,屋宇建筑模仿白虎殿,于是成帝大怒,用五侯僭越的罪行指责车骑将军王音。王商、王根兄弟十分恐慌,就想用在自己脸上刺字割鼻的办法,向太后谢罪。成帝听说后,更加怒不可遏,就派尚书去责问司隶校尉和京兆尹,明知成都侯王商等奢侈、僭越等种种不轨行为,甚至窝藏坏人,却都阿谀纵容,不举奏揭发,将他们绳之以法。司隶校尉和京兆尹两人在禁宫门外叩头请罪。成帝又给车骑将军王音下策书说:"外戚为什么自己甘愿犯罪从而败落呢? 竟然打算给自己刺面割鼻,在太后面前摆出一副受戮辱的样子,大伤太后的慈母之心,从而危害搅乱国家! 外戚宗族势力过强,朕在他们的包围熏染下,很长一段时间都软弱无所作为,今天我要对他们一一处罚,你立即把王商等人召到你这里来等待处理。"这天,成帝还诏令尚书,奏报汉文帝诛杀将军薄昭的旧事。车骑将军王音坐在草垫子上,请罪待刑,王商、王立、王根都背负刀斧和砧板,表示谢罪待刑,过了很久,不了了之。原来,成帝不过特意要恐吓他们一下,实在并没有诛杀他们的意思。

4　秋季,八月乙卯(十五日),孝景帝祭庙北门失火。

5　最初,许皇后与班健仔都受成帝宠爱。有一次,成帝在后宫庭院游玩,想跟班健仔同乘一辆车,班健仔推辞说:"我观看古代的图画,圣贤的君王身旁都跟随着名臣,而三代末世的君王身旁,才有宠妾。现在陛下想让我同车,岂不是有些相似了吗!"成帝对她的回答很赞赏,也就不再勉强。太后听说了,高兴地说:"古代有樊姬,今天有班健仔!"班健仔又把侍者李平进献成帝,也被封为健仔,赐姓"卫"。

此后,成帝微服出行,经过阳阿公主的家,又喜欢上公主家的歌舞女赵飞燕,把她召入宫中,大加宠爱。赵飞燕有个妹妹,也被召入宫,姿容美艳绝世,毫无瑕疵,成帝左右的人看见她,都禁不住惊叹赞赏不已。有位汉宣帝时的披香博士淖方成,当时正站在成帝身后,却唾口水说:"这是祸水呀,定会扑灭汉王朝之火!"赵飞燕姐妹俩都被封为健仔,一时尊贵荣宠,压倒后宫。许皇后、班健仔都失宠了。

于是赵飞燕谮告许皇后、班健仔挟媚道，祝诅后宫，詈及主上。冬，十一月甲寅，许后废处昭台宫，后姊谒皆诛死，亲属归故郡。考问班健仔，健仔对曰："妾闻'死生有命，富贵在天'，修正尚未蒙福，为邪欲以何望！使鬼神有知，不受不臣之诉；如其无知，诉之何益！故不为也。"上善其对，赦之，赐黄金百斤。赵氏姊、弟骄妒，健仔恐久见危，乃求共养太后于长信宫。上许焉。

6　广汉男子郑躬等六十馀人攻官寺，篡囚徒，盗库兵，自称山君。

四年(甲辰，前 17)

1　秋，勃海、清河、信都河水溢溢，灌县、邑三十一，败官亭、民舍四万馀所。平陵李寻奏言："议者常欲求索九河故迹而穿之。今因其自决，可且勿塞，以观水势，河欲居之，当稍自成川，跳出沙土，然后顺天心而图之，必有成功，而用财力寡。"于是遂止不塞。朝臣数言百姓可哀，上遣使者处业振赡之。

2　广汉郑躬党与寝广，犯历四县，众且万人，州郡不能制。冬，以河东都尉赵护为广汉太守，发郡中及蜀郡合三万人击之，或相捕斩除罪。旬月平。迁护为执金吾，赐黄金百斤。

3　是岁，平阿安侯王谭薨。上悔废谭使不辅政而薨也，乃复进成都侯商，以特进领城门兵，置幕府，得举吏如将军。

于是赵飞燕向成帝进谗言说,许皇后、班婕妤用妖术诅咒后宫得宠的美人,甚至连皇上都骂到了。冬季,十一月甲寅(十六日),许后被废,迁居昭台宫,许后的姐姐许谒等人全被诛杀,许后亲属被逐归原郡。审讯班婕妤时,班婕妤回答说:"我听说'死生有命,富贵在天',我修行持正,尚且没有享到福分,如果做妖术诅咒的邪事,就更不用想有好结果了。假使鬼神有知,不会听取诅咒主上的恶诉;假使鬼神无知,向鬼神诉说又有什么用呢?所以用妖术诅咒之事,我是不会做的。"成帝认为她说得有道理,就赦免了她,并赐黄金百斤。赵氏姐妹骄横妒嫉,班婕妤怕时间长了,终为所害,就请求到长信宫侍奉太后。皇上予以批准。

6　广汉男子郑躬等六十馀人,攻打官府,劫走囚犯,盗取军械库兵,自称山君。

汉成帝鸿嘉四年(甲辰,公元前17年)

1　秋季,黄河在勃海、清河、信都泛滥成灾,淹没了三十一个县、邑,冲毁官亭、民房四万馀所。平陵人李寻上奏说:"讨论治河之策的人,总想寻找九河故迹,按照故道挖掘治理。而今趁着黄河自己决口,可以暂时不堵塞缺口,以观察水的走势,黄河水流到哪里,应当慢慢自己形成河川,沿河川挑出河床的沙土,然后按照上天的意愿加以规划治理,必能取得成功,而且所用财力、人力都可节省。"于是就停止工程,不堵塞黄河缺口。朝臣屡次提出灾区百姓处境悲惨,皇上派使者安置赈济灾区百姓。

2　广汉郑躬的党羽日益增加,势力范围愈来愈广,曾攻击四个县,人众达万人,州郡也镇压不住。冬季,朝廷任命河东都尉赵护为广汉太守,征发广汉郡及蜀郡官兵共三万人,攻击郑躬,有贼人互相捕捉斩杀,官府赦免其罪。不到一个月,叛乱平息。擢升赵护为执金吾,赐黄金百斤。

3　这一年,平阿安侯王谭去世。成帝深悔弃置王谭,使他没有担任辅政大臣就去世了,于是再次任用成都侯王商,让他以特进身份主管城门兵,设置幕府,使他与将军同样有举荐官吏的权力。

魏郡杜邺时为郎,素善车骑将军音,见音前与平阿侯有隙,即说音曰:"夫戚而不见殊,孰能无怨?昔秦伯有千乘之国而不能容其母弟,《春秋》讥焉。周、召则不然,忠以相辅,义以相匡,同己之亲,等己之尊,不以圣德独兼国宠,又不为长专受荣任;分职于陕,并为弼疑,故内无感恨之隙,外无侵侮之羞,俱享天祐,两荷高名者,盖以此也。窃见成都侯以特进领城门兵,复有诏得举吏如五府,此明诏所欲必宠也。将军宜承顺圣意,加异往时,每事凡议,必与及之。发于至诚,则孰不说谕!"音甚嘉其言,由是与成都侯商亲密。二人皆重邺。

永始元年(乙巳,前 16)

1　春,正月癸丑,太官凌室火。戊午,戾后园南阙火。

2　上欲立赵倢伃为皇后,皇太后嫌其所出微甚,难之。太后姊子淳于长为侍中,数往来通语东宫;岁馀,乃得太后指,许之。夏,四月乙亥,上先封倢伃父临为成阳侯。谏大夫河间刘辅上书,言:"昔武王、周公,承顺天地以飨鱼、乌之瑞,然犹君臣祗惧,动色相戒。况于季世,不蒙继嗣之福,屡受威怒之异者乎!虽夙夜自责,改过易行,畏天命,念祖业,妙选有德之世,考卜窈窕之女,以承宗庙,顺神祗心,塞天下望,子孙之祥犹恐晚暮!今乃触情纵欲,

魏郡人杜邺,当时官职为郎,他一向与车骑将军王音要好,见王音从前与平阿侯有嫌隙,就劝王音说:"亲人之间不特殊对待,谁能没有点怨恨呢? 从前秦景公拥有千乘战车那么强大的国家,却容不下自己的同母胞弟,《春秋》也对他给予讥刺。周公、召公则不然,忠心为国而互相辅助,深明大义而互相匡扶,相互间把对方当作自身一样亲密,一样尊重,不因自己德高望重而专享国家的种种荣宠,又不因自己年长而独揽所有显要的职务;当时分职权为陕东、陕西,二人并肩为天子的左辅右弼,因此内无遗憾怨恨的嫌隙,外无遭受抨击侮辱的羞耻,同享上天的福佑,也同时负有高名的原因,就在于此吧。我看成都侯王商,以特进的身份主管城门兵,皇上还下诏,使他一如五府有举荐官吏的职权,诏书的意思十分明显,说明圣上一定会对他格外宠信。将军应该秉承顺从圣上的旨意,加倍改变过去的做法,每件政事,凡有建议奏章,都必与王商磋商。只要发自内心的至诚,谁还会不高兴呢!"王音非常赞许他的看法,从此与成都侯王商亲密。两人都很看重杜邺。

汉成帝永始元年(乙巳,公元前16年)

1 春季,正月癸丑(二十二日),太官冰室发生火灾。戊午(二十七日),戾后陵园南门发生火灾。

2 成帝想封赵飞燕为皇后,但皇太后嫌她出身太微贱,从中阻拦。太后姐姐的儿子淳于长任侍中,多次往来于东宫,为成帝传话,经过一年多,才得到太后的旨意,予以允许。夏季,四月乙亥(十五日),成帝先封赵飞燕的父亲赵临为成阳侯。谏大夫、河间人刘辅上书说:"往昔武王、周公承顺天地,因而有白鱼入王舟、火焰变乌鸦的祥瑞,然而君臣仍然对天地心怀恭敬和恐惧,脸为变色,互相戒勉。何况现在正处末世,没有太子降生的福气,却屡次遭受皇天降威震怒的变异呢! 虽然日夜自责检讨,改过易行,敬畏天命,思念祖宗大业,精选品德高尚的家族,从中稽考挑选窈窕淑女,以承奉宗庙,顺从神灵,恭敬诚心,满足天下人的希望,然而要想有生子生孙的福气,仍然恐怕来得太晚了。可是陛下现在却放纵情欲,

倾于卑贱之女,欲以母天下,不畏于天,不愧于人,惑莫大焉!里语曰:'腐木不可以为柱,人婢不可以为主。'天人之所不予,必有祸而无福,市道皆共知之,朝廷莫肯壹言。臣窃伤心,不敢不尽死!"书奏,上使侍御史收缚辅,系掖庭秘狱,群臣莫知其故,于是左将军辛庆忌、右将军廉褒、光禄勋琅邪师丹、太中大夫谷永俱上书曰:"窃见刘辅前以县令求见,擢为谏大夫,此其言必有卓诡切至当圣心者,故得拔至于此。旬月之间,收下秘狱。臣等愚以为辅幸得托公族之亲,在谏臣之列,新从下土来,未知朝廷体,独触忌讳,不足深过。小罪宜隐忍而已,如有大恶,宜暴治理官,与众共之。今天心未豫,灾异屡降,水旱迭臻,方当隆宽广问,褒直尽下之时也,而行惨急之诛于谏争之臣,震惊群下,失忠直心。假令辅不坐直言,所坐不著,天下不可户晓。同姓近臣,本以言显,其于治亲养忠之义,诚不宜幽囚于掖庭狱。公卿以下,见陛下进用辅亟而折伤之暴,人有惧心,精锐销耎,莫敢尽节正言,非所以昭有虞之听,广德美之风!臣等窃深伤之,惟陛下留神省察!"上乃徙辅系共工狱,减死罪一等,论为鬼薪。

3 初,太后兄弟八人,独弟曼早死,不侯。太后怜之,曼寡妇渠供养东宫;子莽幼孤,不及等比。其群兄弟皆将军、五侯子,乘时侈靡,以舆马声色佚游相高。莽因折节为恭俭,勤身博学,

倾心迷恋卑贱之女,甚至还想让这样的女子作天下之母,既不畏惧上天,又不为人们的议论而惭愧,陛下的迷惑,没有比现在更大的了!俚语说:'腐木不可以为柱,人婢不可以为主。'上天和人民都不赞成的事情,必然有祸而无福,这是街市小民和路人都懂得的道理,朝廷却没有一个人肯说出来。我为此实在痛心,不敢不冒死劝谏。"奏章上去后,成帝派侍御史逮捕了刘辅,囚禁在宫廷秘密监狱里,群臣都不知道他被捕的原因,于是左将军辛庆忌、右将军廉褒、光禄勋琅邪人师丹、太中大夫谷永都上书说:"我们看到刘辅从前以县令的身份求见陛下,被陛下擢升为谏大夫,这说明他的话必具卓异的见识,正好深合圣心,所以才能够被提拔到这样的地位。不到一个月的时间,却突然被逮捕,关押在秘密监狱。我们愚昧地认为,刘辅有幸托福为皇族宗亲之一,位列谏臣,他新近才从下面的县邑来到,不懂朝廷规矩,独他触犯了陛下的忌讳,不足以深加追究。若是小罪,陛下还是应该隐忍一下,如有大罪,就应公开揭露,让刑官去处治,使大家都知道他的罪恶。现在天心不悦,屡降灾异,水旱迭至,正处在应该施恩宽容,广求建议,褒奖直言,使臣下尽言,却反而对谏诤之臣施以惨痛急切的诛杀,使群臣震惊,丧失尽忠直言之心。假如刘辅不是因直言获罪,但罪行又不公开,那么就不能使天下家喻户晓。刘辅是同姓近臣,本因直言而获显达,从管理亲族、培养忠良的意义上说,也实在不该把他幽禁在宫廷监狱。公卿以下官员,见陛下很快地擢升任用刘辅,又粗暴激烈地加以摧折,人人怀有恐惧之心,精气顿销,锐气减弱,都不敢为国尽忠直言了,这就不能显示出陛下具有有虞倾听直谏的贤德,也不能推广美好的道德风范。我们深深为此伤心,希望陛下留意考察。"成帝于是把刘辅转移到共工狱,减免死罪,判处做三年苦工的"鬼薪"徒刑。

3 最初,太后有兄弟八人,唯独弟弟王曼早死,没有封侯。太后怜惜他,把王曼的遗孀渠供养在东宫;王曼的儿子王莽,从小成孤儿,不能与其他人相比。那些兄弟都是将军、王侯的儿子,可以凭父亲的地位恣意奢华,在车马声色放荡游乐方面互相竞赛。而王莽是屈己下人,态度谦恭,勤学苦修,学识渊博,

被服如儒生；事母及寡嫂，养孤兄子，行甚敕备；又外交英俊，内事诸父，曲有礼意。大将军凤病，莽侍疾，亲尝药，乱首垢面，不解衣带连月。凤且死，以托太后及帝，拜为黄门郎，迁射声校尉。久之，叔父成都侯商上书，愿分户邑以封莽。长乐少府戴崇、侍中金涉、中郎陈汤等皆当世名士，咸为莽言。上由是贤莽，太后又数以为言。五月乙未，封莽为新都侯，迁骑都尉、光禄大夫、侍中。宿卫谨敕，爵位益尊，节操愈谦，散舆马、衣裘振施宾客，家无所馀；收赡名士，交结将、相、卿、大夫甚众。故在位者更推荐之，游者为之谈说，虚誉隆洽，倾其诸父矣。敢为激发之行，处之不惭恶。尝私买侍婢，昆弟或颇闻知，莽因曰："后将军朱子元无子，莽闻此儿种宜子。"即日以婢奉朱博。其匿情求名如此。

4　六月丙寅，立皇后赵氏，大赦天下。

皇后既立，宠少衰。而其女弟绝幸，为昭仪，居昭阳舍，其中庭彤朱而殿上髹漆；切皆铜沓，黄金涂；白玉阶；壁带往往为黄金釭，函蓝田璧、明珠、翠羽饰之，自后宫未尝有焉。赵后居别馆，多通侍郎、宫奴多子者。昭仪尝谓帝曰："妾姊性刚，有如为人构陷，则赵氏无种矣！"因泣下凄恻，帝信之。有白后奸状者，帝辄杀之。由是后公为淫恣，无敢言者，然卒无子。

穿着像普通的儒生;侍奉母亲和寡嫂,抚养亡兄的孩子,十分尽心周到;同时,在外结交的都是些俊杰之士,在内对待诸位伯父叔父,能委曲迁就,礼敬有加。大将军王凤病重时,王莽在床前侍候,亲口尝药,一连几个月都不能解衣入睡,因而蓬头垢面。王凤将死时,把王莽托付给太后及成帝,王莽因此被封为黄门郎,以后又升任射声校尉。很久以后,叔父成都侯王商上书,表示愿分出自己封地上的土地和百姓,请求皇上封给王莽。长乐少府戴崇、侍中金涉、中郎陈汤等,都是当代名士,也都为王莽美言。成帝因而认为王莽贤能,太后又屡次以此嘱咐成帝。五月乙未(六日),封王莽为新都侯,升为骑都尉、光禄大夫、侍中。王莽值宿、守卫宫廷谨慎尽心,爵位越尊贵,他的礼节操守越谦恭,把自己的车马、衣物、裘皮周济给门下宾客,而自己却家无馀财;延请赡养名士,结交很多将、相、卿、大夫。因而在位的朝廷官员,交相向皇帝推荐他,善游说的人也为他到处宣传,虚假不实的声誉,一时隆盛无比,压过了他的诸位伯父叔父。他敢于做违俗立异的事情,而又安然处之,毫无愧色。王莽曾私下买了一个婢女,兄弟中有人打听到了,王莽辩解说:"后将军朱子元没有儿子,我听说此女有宜男相。"当天就把婢女奉送给朱博。他隐匿真情博取名声往往如此。

4 六月丙寅(七日),成帝封赵飞燕为皇后,大赦天下。

赵飞燕既然已当上了皇后,成帝对她的宠爱开始衰退。而她的妹妹却受宠空前,被封为昭仪,赐住在昭阳舍,居处中庭全用朱红色,而殿上则漆成黑色;门限全用铜包,再涂以黄金;台阶用白玉雕成;屋内墙壁上带状的横木,大量嵌有黄金环,环内镶上蓝田玉、明珠、翠羽来装饰,其奢华是后宫从来没有过的。赵皇后居住在另外一个宫殿,跟多子的侍郎、宫奴屡次私通。赵昭仪曾对成帝说:"我姐姐性格刚烈,假如被人构陷,则我们赵氏就要绝种了!"趁势哭得十分凄恻,成帝相信了她的话。有报告皇后奸情的人,成帝就把他杀死。从此,赵皇后公然恣意宣淫,没有人敢报告了,然而始终不生孩子。

光禄大夫刘向以为王教由内及外,自近者始,于是采取《诗》、《书》所载贤妃、贞妇兴国显家及孽、嬖乱亡者,序次为《列女传》,凡八篇;及采传记行事,著《新序》、《说苑》,凡五十篇,奏之。数上疏言得失,陈法戒。书数十上,以助观览,补遗阙。上虽不能尽用,然内嘉其言,常嗟叹之。

5　昌陵制度奢泰,久而不成。刘向上疏曰:"臣闻王者必通三统,明天命所授者博,非独一姓也。自古及今,未有不亡之国。孝文皇帝尝美石椁之固,张释之曰:'使其中有可欲,虽锢南山犹有隙。'夫死者无终极而国家有废兴,故释之之言为无穷计也。孝文寤焉,遂薄葬。棺椁之作,自黄帝始。黄帝、尧、舜、禹、汤、文、武、周公,丘垅皆小,葬具甚微;其贤臣孝子亦承命顺意而薄葬之,此诚奉安君父忠孝之至也。孔子葬母于防,坟四尺。延陵季子葬其子,封坟掩坎,其高可隐。故仲尼孝子而延陵慈父,舜、禹忠臣,周公弟弟,其葬君、亲、骨肉皆微薄矣,非苟为俭,诚便于体也。秦始皇葬于骊山之阿,下锢三泉,上崇山坟,水银为江、海,黄金为凫、雁,珍宝之臧,机械之变,棺椁之丽,宫馆之盛,不可胜原。天下苦其役而反之,骊山之作未成,而周章百万之师至其下矣。项籍燔其宫室、营宇,牧儿持火照求亡羊,失火烧其臧椁。自古及今,葬未有盛如始皇者也;数年之间,外被项籍之灾,内离牧竖之祸,岂不哀哉!是故德弥厚者葬弥薄,知愈深者葬愈微。

光禄大夫刘向认为,国家的道德风化教育,应该由内及外,先从皇帝身边的人开始,于是摘录《诗经》《尚书》所记载的贤妃、贞妇使国家振兴、家族显达的事迹,以及君王因宠爱嫔妃造成天下大乱、国家灭亡的故事,按次序,编成《列女传》,共八篇;其他采录的传、记、行事,著《新序》《说苑》,共五十篇,书成奏请成帝阅览。他还屡次上书,谈论国家政治得失,陈述应取消或戒鉴的事情。前后上书数十次,想帮助天子观察政事,补救错误和遗漏。成帝对他的建议,虽不能都采用,但内心却很赞同,常感叹不已。

5 昌陵工程规划宏大、奢华,历时很久都难以完成。刘向上书说:"我听说君王必须通达天时、地势、人事三统,明白天命可以授与的人是很多的,并非只一姓。自古到今,没有不灭亡的王朝。孝文皇帝曾经赞美石棺石椁的坚固,张释之说:'假使其中有人们想得到的东西,就是用铜铁浇铸成的南山,人们仍会凿出隙缝。'死亡的事永远不会有完,而国家却有兴有废,因此张释之的话是为文帝作长远的打算。孝文帝醒悟了,于是采用薄葬。安葬使用棺椁,自黄帝开始。黄帝、尧、舜、禹、汤、文、武、周公,坟冢都很小,葬具极简单;他们的贤臣孝子也秉承顺从他们本人的意愿和遗命,实行薄葬,这才是令君父平安的至为忠孝的做法。孔子把母亲安葬在防,坟高四尺。延陵人季子埋葬他的儿子,隐蔽坟丘,低矮得几乎看不出来。所以说,孔子是孝子,而季子是慈父,舜、禹是忠臣,而周公能友爱兄弟,他们安葬君王、父母、骨肉亲人都很简单微薄,并非草率而实行节俭,实在是为遗体着想。秦始皇葬在骊山旁,堵塞了地下的三个泉水,把坟丘堆得像山一样高,墓室里用水银做成江、海,用黄金做成野鸭、飞雁,珍宝的收藏、机械的巧妙、棺椁的华丽、宫殿的宏伟,空前绝后。天下不堪修陵徭役的苦虐,纷纷反叛,骊山坟墓还没修完,周章率领的百万抗秦大军就已打到骊山脚下。项籍烧毁了宫殿、屋宇,牧童手持火把到墓中寻找丢失的羊,失火烧毁了埋藏其中的棺椁。自古到今,厚葬没有超过秦始皇的,然而数年之间,外受项籍纵火之灾,内遭牧童失火之祸,岂不可悲! 因而恩德越深厚者,安葬越简陋,智慧越高深者,安葬越微薄。

无德寡知,其葬愈厚,丘垄弥高,宫阙甚丽,发掘必速。由是观之,明暗之效,葬之吉凶,昭然可见矣!陛下即位,躬亲节俭,始营初陵,其制约小,天下莫不称贤明;及徙昌陵,增庳为高,积土为山,发民坟墓,积以万数,营起邑居,期日迫卒,功费大万百馀。死者恨于下,生者愁于上,臣甚愍焉!以死者为有知,发人之墓,其害多矣;若其无知,又安用大!谋之贤知则不说;以示众庶则苦之;若苟以说愚夫淫侈之人,又何为哉!唯陛下上览明圣之制以为则,下观亡秦之祸以为戒,初陵之模,宜从公卿大臣之议,以息众庶!"上感其言。

　　初,解万年自诡昌陵三年可成,卒不能就。群臣多言其不便者。下有司议,皆曰:"昌陵因卑为高,度便房犹在平地上。客土之中,不保幽冥之灵,浅外不固。卒徒工庸以巨万数,至然脂夜作,取土东山,且与谷同贾,作治数年,天下遍被其劳。故陵因天性,据真土,处势高敞,旁近祖考,前又已有十年功绪,宜还复故陵,勿徙民,便!"秋,七月,诏曰:"朕执德不固,谋不尽下,过听将作大匠万年言'昌陵三年可成',作治五年,中陵、司马殿门内尚未加功,天下虚耗,百姓罢劳,客土疏恶,终不可成,朕惟其难,恒然伤心。夫'过而不改,是谓过矣'。其罢昌陵,及故陵勿徙吏民,令天下毋有动摇之心!"

反而是无德又无智慧的人,安葬越奢华,坟墓也越高大,宫殿愈加宏丽,而被发掘也必然越快。由此观之,明显与隐蔽的不同效果,安葬的吉祥与凶险,不是昭然若揭吗?陛下即位之初,亲自推行节俭,最早营建的陵,规模很小,用费俭省,天下没有不称颂陛下贤明的;然而后来改建昌陵,把低下的地方增高,堆土成山,挖掘人民的坟墓,累计上万,设立县邑、营造居民房屋,期限紧迫仓猝,功费有百馀亿之巨。这使死者在地下怀恨,生者在地上忧愁,我为他们感到甚为痛惜!若认为死者是有知的,那么挖掘人家的坟墓,害处就多了;若认为死者是无知的,那又何必把陵墓修得那么大呢!厚葬之事,若去与贤明智慧之人磋商筹划,他们会不高兴;若在庶民百姓中公布,他们会叫苦怀怨;若勉强为了取悦愚夫和穷奢极欲之人,又何必去做呢!希望陛下上览圣贤的葬制作为准则,下观秦朝灭亡的惨祸作为警戒,营建陵墓的规模,应该听从公卿大臣们的建议,让百姓得以休息。"成帝览奏,很有感触。

当初,解万年诡称昌陵三年可以建成,最后不能完工。群臣大多认为修筑昌陵不利。成帝把群臣的奏议交付有关官署讨论,都认为:"昌陵把低地堆土增高,但估计地宫中的宝座位置仍不过与地面保持水平。由于堆坟的土从别处运来,难以保护幽灵的平安,陵墓的浅表外层也不坚固。修筑陵墓使用了数万的士卒、罪徒、夫役、工匠,甚至燃点油脂照明,连夜赶工,要远到东山去取土,运费昂贵,土价与谷价几乎相等,兴工数年,天下都感疲劳。原来的初陵,由于天然条件有利,坟土都是原地之土,所处地势高亢开阔,又在祖、父陵墓近旁,又已有从前十年兴作的基础,应该仍恢复从前的初陵,不再强迫移民,才是上策!"秋季,七月,成帝下诏说:"朕不能坚持以德治国,又没有广泛征求臣下的意见,过于听信将作大匠解万年所说'昌陵三年便可修成'的话,修筑昌陵五年,中陵、司马殿门现在还没开始修建,使得天下虚耗,百姓疲劳,从远处运来的坟土疏松而质地差,陵墓终究不能修成,朕想到修陵的艰难,感到惊骇而又伤心。古人说:'有过失而不改正,才是真正的过失。'朕命令撤销昌陵,恢复以前的初陵,而且不再迁移吏民,使天下人心安定。"

6 初,鄼侯萧何之子嗣为侯者,无子及有罪,凡五绝祀。高后、文帝、景帝、武帝、宣帝思何之功,辄以其支庶绍封。是岁,何七世孙鄼侯获坐使奴杀人,减死,完为城旦。先是,上诏有司访求汉初功臣之后,久未省录。杜业说上曰:"唐、虞、三代皆封建诸侯,以成太平之美,是以燕、齐之祀与周并传,子继弟及,历载不堕。岂无刑辟,繇祖之竭力,故支庶赖焉。迹汉功臣,亦皆剖符世爵,受山、河之誓;百馀年间,而袭封者尽。朽骨孤于墓,苗裔流于道,生为愍隶,死为转尸。以往况今,甚可悲伤。圣朝怜闵,诏求其后,四方忻忻,靡不归心。出入数年而不省察,恐议者不思大义,徒设虚言,则厚德掩息,咎简布章,非所以示化劝后也。虽难尽继,宜从尤功。"上纳其言。癸卯,封萧何六世孙南繺长喜为鄼侯。

7 立城阳哀王弟俚为王。

8 八月丁丑,太皇太后王氏崩。

9 九月,黑龙见东莱。

10 丁巳晦,日有食之。

11 是岁,以南阳太守陈咸为少府,侍中淳于长为水衡都尉。

二年(丙午,前 15)

1 春,正月己丑,安阳敬侯王音薨。王氏唯音为修整,数谏正,有忠直节。

6 从前,酂侯萧何的子孙继承爵位的,或因无子,或因犯罪,被免去爵位撤销封国的情况,共有五次。吕后、文帝、景帝、武帝、宣帝思念萧何的功劳,就让萧何的旁支或庶子庶孙继承爵位。这一年,萧何的七世孙酂侯萧获,因指使奴仆杀人而触犯刑法,被减免死刑,判处修缮三年城墙的苦刑。此前,成帝下诏要求有关官署寻找汉初功臣的后裔,很久也没有查访收录到。杜业劝成帝说:"唐、虞、三代都分封诸侯,成为太平盛世之美谈,使得燕国、齐国的祭祀香火,与周天子的祭祀香火同时留传下来,或子继父爵,或弟承兄位,爵位经过多少年也不中断。不是没有刑罚、死刑,但君王思念他们祖先的功劳,照顾后裔,使爵位能延续下去。追溯以往,汉朝的功臣,也全都剖符受封,世袭侯爵,并接受高祖的山、河誓言,到现在仅百馀年,袭封爵位的后裔却散亡殆尽。功臣的朽骨在坟墓中孤零凄凉,后裔则流落在道路上,活着充当愁苦的差役,死后成为流转沟壑的尸体。用古代比较今天,实在令人悲伤。幸蒙圣明朝廷怜悯,下诏寻访功臣后裔,四方欢悦,无不归心。但忙碌数年,却探访不到,恐怕是研究执行的人不从大义着想,空设虚言,使陛下的厚德被掩盖消失,从而没把封赐的布告公布天下,这就不能宣示教化,劝勉后人了。虽然此事难以做到全部袭封,但也应从功勋尤为卓著者的后裔开始做起。"成帝采纳了他的建议。癸卯(十五日),封萧何六世孙、南乐长萧喜为酂侯。

7 立城阳哀王的弟弟刘俚为王。

8 八月丁丑(十九日),太皇太后王氏去世。

9 九月,东莱发现黑龙。

10 丁巳晦(三十日),发生日食。

11 本年,任命南阳太守陈咸为少府,任命侍中淳于长为水衡都尉。

汉成帝永始二年(丙午,公元前15年)

1 春季,正月己丑(三日),安阳敬侯王音去世。外戚王氏中,唯有王音修身严整,屡次劝谏成帝改正错误,有忠心正直的气节。

2　二月癸未夜,星陨如雨,绎绎,未至地灭。

3　乙酉晦,日有食之。

4　三月丁酉,以成都侯商为大司马、卫将军;红阳侯王立位特进,领城门兵。

5　京兆尹翟方进为御史大夫。

6　谷永为凉州刺史,奏事京师,讫,当之部,上使尚书问永,受所欲言。永对曰:"臣闻王天下、有国家者,患在上有危亡之事而危亡之言不得上闻。如使危亡之言辄上闻,则商、周不易姓而迭兴,三正不变改而更用。夏、商之将亡也,行道之人皆知之;晏然自以若天有日,莫能危,是故恶日广而不自知,大命倾而不寤。《易》曰:'危者有其安者也,亡者保其存者也。'陛下诚垂宽明之听,无忌讳之诛,使刍荛之臣得尽所闻于前,群臣之上愿,社稷之长福也!

"元年,九月,黑龙见;其晦,日有食之。今年二月己未夜,星陨;乙酉,日有食之。六月之间,大异四发,二二而同月。三代之末,春秋之乱,未尝有也。臣闻三代所以陨社稷,丧宗庙者,皆由妇人与群恶沉湎于酒;秦所以二世、十六年而亡者,养生泰奢,奉终泰厚也。二者,陛下兼而有之,臣请略陈其效:

"建始、河平之际,许、班之贵,倾动前朝,熏灼四方,女宠至极,不可上矣。今之后起,什倍于前。废先帝法度,听用其言,官秩不当,纵释王诛,骄其亲属,假之威权,从横乱政,刺举之吏,

2 　二月癸未(二十八日)夜晚,陨星坠落如雨,光彩夺目,还没降至地面就消失了。

3 　乙酉晦(三十日),发生日食。

4 　三月丁酉(十二日),任命成都侯王商为大司马、卫将军;赐红阳侯王立官位特进,主管城门兵。

5 　任命京兆尹翟方进为御史大夫。

6 　谷永为凉州刺史,到京师奏事完毕,正准备返回凉州,成帝派尚书去问谷永,有什么想说的话可由尚书转告。谷永回答说:"我听说君临天下、主宰国家的人,他的忧患在于,上面有使国家危亡的事情,而指出危机、挽救危亡的建议却不能上达君王。如若能很快上达,那么商、周就不会改姓而轮流兴起,历法也不会作三次改变而更换使用。夏、商行将灭亡,行路之人都很清楚;而君王却安然自得,自以为就像天上永远有太阳一样,没有谁能危害他,因此罪恶日增而自己还毫无觉察,直到王位倾覆,仍不醒悟。《周易》说:'危机出现时,有使其转危为安的办法;国家将亡时,有使其保全长存的措施。'陛下若能宽容地垂听下面的建议,不因言论触犯忌讳就加以诛杀,使地位低下如草芥的大臣也能在陛下面前畅所欲言,那就是群臣最大的愿望,也是国家的长久福气!

"去年九月,出现黑龙,同月三十日,发生日食。今年二月二十八日夜晚,有陨星坠落;同月三十日,又发生日食。六个月之间,大的变异就发生四次,而且两两同月发生。三代之末,春秋之乱,也未曾见过。我听说三代之所以国家灭亡、宗庙丧失,都是由于妇人与一群恶人沉湎于酒;秦王朝之所以仅传二世、历十六年就灭亡,是由于奉养活着的皇帝太过奢侈,埋葬死去的皇帝又太过丰厚。以上两方面,陛下都兼而有之,请陛下听我略加陈述其后果:

"建始、河平年间,许氏、班氏显贵,权倾朝廷,势焰熏灼四方,对美女宠爱之甚,无以复加。如今对后来的美女的宠爱,更十倍于前。废除先帝的法令制度,听信采用她们的话,不妥当地擢升或罢贬官员,甚至纵容释放触犯王法应处死刑的人,使她们的亲属骄横不可一世,借天子的威权,横行霸道,扰乱国政,负责监察和举荐的官员,

莫敢奉宪。又以掖庭狱大为乱阱，榜棰瘝于炮烙，绝灭人命，主为赵、李报德复怨。反除白罪，建治正吏，多系无辜，掠立迫恐。至为人起责，分利受谢，生入死出者，不可胜数。是以日食再既，以昭其辜。

"王者必先自绝，然后天绝之。今陛下弃万乘之至贵，乐家人之贱事，厌高美之尊号，好匹夫之卑字，崇聚儇轻无义小人以为私客，数离深宫之固，挺身晨夜，与群小相随，乌集杂会，醉饱吏民之家，乱服共坐，沉湎媟嫚，溷淆无别，黾勉遁乐，昼夜在路，典门户、奉宿卫之臣执干戈而守空宫，公卿百僚不知陛下所在，积数年矣。

"王者以民为基，民以财为本，财竭则下畔，下畔则上亡。是以明王爱养基本，不敢穷极，使民如承大祭。今陛下轻夺民财，不爱民力，听邪臣之计，去高敞初陵，改作昌陵，役百乾溪，费拟骊山，靡敝天下，五年不成而后反故。百姓愁恨感天，饥馑仍臻，流散冗食，馁死于道，以百万数。公家无一年之畜，百姓无旬月之储，上下俱匮，无以相救。《诗》云：'殷监不远，在夏后之世。'愿陛下追观夏、商、周、秦所以失之，以镜考己行，有不合者，臣当伏妄言之诛！

也不敢按法令行事。她们使用宫廷秘密监狱,大肆乱设陷阱捕人,用棍棒捶击拷打,比炮烙之刑还要痛苦,甚至打人至死,国家的法律,成了替赵、李两家报恩复仇的工具。罪证确凿的,反而被免除;受到处治的,反而是正直的官员,狱中关押的多是无辜之人,对他们严刑拷打,罗立罪名,逼迫恐吓,无所不用。赵、李二家甚至为人放债,分取利钱和接受谢礼,活着入狱,死后才出牢者,不可胜数。因此日食才接连发生,以昭示他们的冤枉。

"君王必须首先自绝于上天,然后上天才会使其灭亡。而今陛下放弃了拥有万乘兵车的天子至尊身份,津津乐道于家人女子所做的下贱之事,厌恶崇高美好的尊号,却喜好用匹夫的贱名来称呼自己,推崇和聚集一些轻佻无义的无赖小人,作为私人门客,多次离开禁卫森严的皇宫,不顾危险,不分早晚,和恶棍无赖混在一起,像乌鸦聚集似的,乱七八糟的人会合在一起,跑到吏民家里大吃大喝,穿着混乱的服装共同坐在一起,沉湎于轻狂的嬉闹,混作一团,分不出君王、无赖,尽力追逐跑闹取乐,陛下白天黑夜都跑出宫去,让掌管门户、奉命宿卫的大臣,手执武器而守护着空宫,公卿百官也不知道皇帝在什么地方。这种状况,已存在数年了。

"君临天下的人以人民为基础,人民以财产为根本,财源枯竭,则下面反叛,下面反叛,则君王就要灭亡。因此圣明的君王十分注意爱护培养根基,不敢无穷尽地盘剥,役使人民像举行祭祀大典那样谨慎。而今陛下轻易地夺取人民的财物,不爱惜民力,听信奸邪之臣的诡计,舍去地势高亢开阔的初陵,改修昌陵,工役百倍于楚灵王,费用可与秦始皇骊山陵相比,使天下疲惫,五年还没修成,而又返回修筑原先的初陵。百姓的愁恨感刺上天,上天频降饥馑,人民乏食流散逃亡,饿死于道者,数以百万计。国家府库没有一年的储备,百姓没有十天半月的存粮,上下都匮乏,没有办法互相救济。《诗经》说:'殷商所需的前车之鉴不远,只看夏朝如何灭亡便知。'愿陛下追溯夏、商、周、秦之所以失天下的原因,用它做镜子来检查自己的行为,如果有不合乎他们的做法,我就甘愿接受妄言死罪!

"汉兴九世，百九十馀载，继体之主七，皆承天顺道，遵先祖法度，或以中兴，或以治安。至于陛下，独违道纵欲，轻身妄行，当盛壮之隆，无继嗣之福，有危亡之忧，积失君道，不合天意，亦以多矣。为人后嗣，守人功业如此，岂不负哉！方今社稷、宗庙祸福安危之机在于陛下，陛下诚能昭然远寤，专心反道，旧愆毕改，新德既章，则赫赫大异庶几可销，天命去就庶几可复，社稷、宗庙庶几可保！唯陛下留神反覆，熟省臣言！"

帝性宽，好文辞，而溺于宴乐，皆皇太后与诸舅夙夜所常忧。至亲难数言，故推永等使因天变而切谏，劝上纳用之。永自知有内应，展意无所依违，每言事辄见答礼。至上此对，上大怒。卫将军商密摛永令发去，上使侍御史收永，敕过交道厩者勿追；御史不及永，还。上意亦解，自悔。

7　上尝与张放及赵、李诸侍中共宴饮禁中，皆引满举白，谈笑大噱。时乘舆幄坐张画屏风，画纣醉踞妲己，作长夜之乐。侍中、光禄大夫班伯久疾新起，上顾指画而问伯曰："纣为无道，至于是乎？"对曰："《书》云'乃用妇人之言'，何有踞肆于朝！所谓众恶归之，不如是之甚者也！"上曰："苟不若此，此图何戒？"对曰："'沉湎于酒'，微子所以告去也。'式号式呼'，《大雅》所以流连也。《诗》、《书》淫乱之戒，其原皆在于酒！"上乃喟然叹曰："吾久不见班生，今日复闻谠言！"放等不怿，稍自引起更衣，因罢出。

"汉朝兴起,已传九世,一百九十馀年,直接继承王位的君主有七位,他们都是承天命顺正道,遵奉先祖的法度,或使国家中兴,或使天下大治安定。到了陛下,唯独不走正道,纵欲贪欢,看轻自己的身份,胡行妄为,正当盛壮之年,却没有生下太子的福气,反而有危亡的忧虑,合计起来,陛下丧失君王之道,不合天意的地方,也太多了。作为刘姓后嗣,守护祖先功业竟如此糟糕,岂不有负于祖先!现在,关系国家宗庙祸福安危的关键,正掌握在陛下手里,陛下如能明白过来,深深地悔悟,一心回到正道上,将过去的恶习全部改正,让新的恩德很快就显著起来,则巨大的灾异也许可以消除,准备抛弃陛下的天命也许可以复回,国家、宗庙也许可以保全。请陛下留神反复考虑,好好想一下我的话。"

成帝性情宽厚,喜好文学,而沉溺于欢宴娱乐之中,这都使皇太后和诸位舅父日夜忧虑不安。可是作为至亲,不好再三劝说,因此就推给谷永等人,请他们趁天变恳切地劝谏,使成帝能采纳实行他们的建议。谷永自知宫内有人支持,因而畅所欲言,毫无顾忌,他往常每次奏事,总是得到有礼的回答。到这次上奏,成帝却大发怒火。卫将军王商秘密指使谷永赶快离开,成帝派侍御史逮捕谷永,并敕令追过交道厩就不要再追了;御史没有追上谷永,便回来了。成帝的怒气也平息下来,暗自懊悔。

7　成帝与张放以及赵、李诸位侍中一起在宫中饮宴,都要举满杯一饮而尽,大家谈笑风生。当时成帝车子的帐座张挂一幅带画屏风,上面画着殷纣王喝醉酒后,依偎着妲己作长夜之乐。侍中、光禄大夫班伯,久病刚刚痊愈,成帝回头指着画问班伯说:"纣王无道,达到这种程度吗?"班伯回答说:《尚书》里说纣王'听信采用妇人的话',哪有在大堂上如此放肆的呢!正所谓众恶归于他一人之身,事实上,远远没有这么严重。"成帝说:"假若不是这样的话,这幅画有什么戒鉴呢?"班伯回答说:"纣王'沉湎于酒',这就是微子请求离去的原因。纣王一班人喝醉了'大喊大闹',《大雅》诗中为此嗟叹涕泣不止。《诗经》《尚书》劝诫淫乱,认为淫乱之源全在于酒。"成帝于是喟然叹息说:"很久不见班生了,今日才又听到善言。"张放等人很感不快,逐渐各自离开座位上去上厕所,借机罢宴离去。

时长信庭林表适使来,闻见之。后上朝东宫,太后泣曰:"帝间颜色瘦黑。班侍中本大将军所举,宜宠异之;益求其比,以辅圣德! 宜遣富平侯且就国!"上曰:"诺。"上诸舅闻之,以风丞相、御史,求放过失。于是丞相宣、御史大夫方进奏:"放骄蹇纵恣,奢淫不制,拒闭使者,贼伤无辜,从者支属并乘权势,为暴虐,请免放就国。"上不得已,左迁放为北地都尉。其后比年数有灾变,故放久不得还,玺书劳问不绝。敬武公主有疾,诏征放归第视母疾。数月,主有瘳,后复出放为河东都尉。上虽爱放,然上迫太后,下用大臣,故常涕泣而遣之。

8 邛成太后之崩也,丧事仓卒,吏赋敛以趋办,上闻之,以过丞相、御史。冬,十一月己丑,策免丞相宣为庶人,御史大夫方进左迁执金吾。二十馀日,丞相官缺,群臣多举方进者,上亦器其能,十一月壬子,擢方进为丞相,封高陵侯。以诸吏、散骑、光禄勋孔光为御史大夫。方进以经术进,其为吏,用法刻深,好任势立威;有所忌恶,峻文深诋,中伤甚多。有言其挟私诋欺不专平者,上以方进所举应科,不以为非也。光,褒成君霸之少子也,领尚书,典枢机十馀年,守法度,修故事。上有所问,据经法,以心所安而对,不希指苟合。如或不从,不敢强谏争,以是久而安。时有所言,辄削草稿,以为章主之过以奸忠直,人臣大罪也。有所荐举,唯恐其人之闻知。沐日归休,兄弟妻子燕语,终不及朝省政事。或问光:"温室省中树,皆何木也?"光嘿不应,更答以他语,其不泄如是。

这时长信宫的庭林表女官恰好有事被太后派来,看见了此事。后来,成帝朝见太后时,太后哭泣着说:"皇上近来脸色又黑又瘦。班侍中本来是大将军保荐的,应该特别宠任他;还要更多寻找像他那样的人,以辅助圣德! 应该遣送富平侯回封地去!"成帝说:"是。"成帝诸位舅父听说后,就暗示丞相、御史,让他们搜集张放的过失。于是丞相薛宣、御史大夫翟方进上奏说:"张放骄横顽劣,恣意放纵,奢侈宣淫不加节制,藏匿盗贼,并闭门拒绝捕盗使者,还指使奴仆打伤无辜,随从和亲属都凭借他的权势,横行肆虐,请罢免张放官职,遣回封国。"成帝不得已,把张放降职为北地都尉。此后连年多次发生灾变,因此张放很长时间不能回长安,但皇上慰问张放的盖着玺印的诏书却不断送往北地。后来,敬武公主患病,下诏准许张放回来探望母亲的疾病。数月后,公主病愈,然后再次把张放派出京师,担任河东都尉。成帝虽然喜欢张放,但是上迫于太后的严令,下格于大臣的规谏,因而经常是哭泣着把张放送走。

8 邛成太后去世,丧事仓猝,治丧官吏敛取赋钱匆忙办理,成帝听说后,责备丞相和御史。冬季,十一月己丑,成帝下策书,免丞相薛宣为平民,贬御史大夫翟方进为执金吾。二十多天,丞相官位空缺,群臣中举荐翟方进的很多,成帝也很器重他的才能,于是在十一月壬子(初二),擢升翟方进为丞相,封高陵侯。任命诸吏、散骑、光禄勋孔光为御史大夫。翟方进由于精通儒学经术而得以迁升,他做官,引用法令严厉苛刻,喜好凭借官势树威;凡被他忌恨嫌恶的,都用最严厉的条文深加诋毁,很多人都被他中伤。有人说他挟有私心,诬陷欺骗,处理事务不专一公平,成帝认为翟方进所作的决定,都以律条为根据,并无错处。孔光是褒成君孔霸的小儿子,主管尚书,负责中枢机要事务有十余年,遵守法度,凡事依照成规前例行事。皇上有所提问,孔光都引据经典和法令,用心安理得的话回答,从不揣测天子意图而苟且迎合。成帝有时不听从采纳,他从不敢强自谏诤,因此长期安然无祸。有时也想有所建议,奏书写完,马上毁掉草稿,认为显示主上的过错,来巧取忠直的名声,实为人臣的大罪。有时向成帝举荐人才,唯恐本人知道感恩。假日回家休息,与兄弟、妻子说起家常话,始终只字不提朝廷和尚书省的政事。甚至有人问孔光:"温室省中的树木,都是些什么树?"他都默然不应,或回答些其他的话,孔光不泄露朝中之事的情形如此。

9 上行幸雍,祠五畤。

10 卫将军王商恶陈汤,奏:"汤妄言昌陵且复发徙;又言黑龙冬出,微行数出之应。"廷尉奏:"汤非所宜言,大不敬。"诏以汤有功,免为庶人,徙边。

上以赵后之立也,淳于长有力焉,故德之,乃追显其前白罢昌陵之功,下公卿,议封长。光禄勋平当以为:"长虽有善言,不应封爵之科。"当坐左迁钜鹿太守。上遂下诏,以常侍闳、卫尉长首建至策,赐长、闳爵关内侯。

将作大匠万年佞邪不忠,毒流众庶,与陈汤俱徙敦煌。

初,少府陈咸,卫尉逢信,官簿皆在翟方进之右;方进晚进,为京兆尹,与咸厚善。及御史大夫缺,三人皆名卿,俱在选中,而方进得之。会丞相薛宣得罪,与方进相连,上使五二千石杂问丞相、御史,咸诘责方进,冀得其处,方进心恨。陈汤素以材能得幸于王凤及王音,咸、信皆与汤善,汤数称之于凤、音所,以此得为九卿。及王商黜逐汤,方进因奏:"咸、信附会汤以求荐举,苟得无耻。"皆免官。

11 是岁,琅邪太守朱博为左冯翊。博治郡,常令属县各用其豪桀以为大吏,文、武从宜。县有剧贼及他非常,博辄移书以诡责之,其尽力有效,必加厚赏;怀诈不称,诛罚辄行。以是豪强慑服,事无不集。

三年(丁未,前14)

1 春,正月己卯晦,日有食之。

9　成帝前往雍城,在五畤祠祭祀天帝。

10　卫将军王商厌恶陈汤,上奏说:"陈汤妄言昌陵马上又要再强迫移民;又说,黑龙在冬季出现,是皇帝屡次微行出宫的反应。"廷尉上奏说:"这些不是陈汤应该说的话,犯了大不敬罪。"成帝下诏说,因为陈汤有功,只免官贬为平民,迁居到边疆。

成帝因为赵飞燕立为皇后,淳于长出了大力,因此很感谢他,于是特地回顾宣扬他从前建议撤销昌陵的大功,让公卿讨论封淳于长爵位。光禄勋平当认为:"淳于长虽有好的建议,但仍不合封爵的规定。"平当因而获罪,被贬为钜鹿太守。于是成帝下诏说,由于常侍王闳、卫尉淳于长首先提出至善的建议,赐封淳于长、王闳为关内侯。

将作大匠解万年,因为奸佞不忠,流毒民间,罢官,与陈汤一起放逐到敦煌。

原先,少府陈咸、卫尉逢信,做官的资历都在翟方进之上;翟方进较晚才进朝做官,在担任京兆尹时,与陈咸要好。等到御史大夫职位出缺,三人都是著名的公卿,全在候选人名单之列,而只有翟方进取得御史大夫的官位。不久,丞相薛宣获罪,事情牵连到翟方进,皇上派五名二千石俸禄的朝臣交相责问丞相、御史,陈咸乘机对翟方进穷追切责,希图得到他的高位,翟方进心里非常忿恨。陈汤素以才能深得王凤以及王音的欣赏,而陈咸、逢信都与陈汤友善,陈汤在王凤、王音面前也多次称赞陈咸、逢信,使他们因此官列九卿。等到王商被罢黜、陈汤被放逐之后,翟方进乘势上奏说:"陈咸、逢信附会陈汤,以求得被举荐升官,苟且无耻。"陈、逢二人都被免官。

11　本年,任命琅邪太守朱博为左冯翊。朱博治郡,往往命令所属县邑各用本地豪强作为大吏,文、武各视才而任官。县里出现大盗及其他非常情况,朱博立即传书责成他们处理,若他们尽力且有成效,必给予丰厚的赏赐;若心怀奸诈不尽力称职,则立即诛杀或处罚。因此豪强慑服,办事没有不成功的。

汉成帝永始三年(丁未,公元前14年)

1　春季,正月己卯晦(三十日),发生日食。

2　初，帝用匡衡议，罢甘泉泰畤，其日，大风坏甘泉竹宫，折拔畤中树木十围以上百馀。帝异之，以问刘向，对曰："家人尚不欲绝种祠，况于国之神宝旧畤！且甘泉、汾阴及雍五畤始立，皆有神祇感应，然后营之，非苟而已也。武、宣之世奉此三神，礼敬敕备，神光尤著。祖宗所立神祇旧位，诚未易动。前始纳贡禹之议，后人相因，多所动摇。《易·大传》曰：'诬神者殃及三世。'恐其咎不独止禹等！"上意恨之，又以久无继嗣，冬，十月庚辰，上白太后，令诏有司复甘泉泰畤、汾阴后土如故。及雍五畤、陈宝祠、长安及郡国祠著明者，皆复之。

是时，上以无继嗣，颇好鬼神、方术之属，上书言祭祀方术得待诏者甚众，祠祭费用颇多。谷永说上曰："臣闻明于天地之性，不可惑以神怪；知万物之情，不可罔以非类。诸背仁义之正道，不遵五经之法言，而盛称奇怪鬼神，广崇祭祀之方，求报无福之祠，及言世有仙人，服食不终之药，遥兴轻举、黄冶变化之术者，皆奸人惑众，挟左道，怀诈伪，以欺罔世主，听其言，洋洋满耳，若将可遇，求之，荡荡如系风捕景，终不可得。是以明王距而不听，圣人绝而不语。昔秦始皇使徐福发男女入海求神采药，因逃不还，天下怨恨。汉兴，新垣平、齐人少翁、公孙卿、栾大等皆以术穷诈得，诛夷伏辜。唯陛下距绝此类，毋令奸人有以窥朝者！"上善其言。

2 最初，成帝采用匡衡的建议，撤销了甘泉泰畤，那天，大风刮坏了甘泉竹宫，刮折和连根拔出泰畤中的树木，十围以上的就有一百多根。成帝感到奇怪，就用此事去询问刘向，刘向回答说："庶民之家尚且不愿断绝宗祠香火，更何况国家的神宝旧畤呢！而且当初甘泉、汾阴及雍城五畤的修建，都是因为有神灵感应，然后才营建的，并非随意而建。武帝、宣帝时，侍奉此三神，礼仪尊敬、隆重、齐备，神光因此尤其明显。祖宗所设立的旧有的神灵牌位，实在不能轻易挪动。从前，最初先采纳贡禹的建议，使汉家祭礼多不依古礼，后人再因循，对祭仪又多加改动。《易·大传》说：'诬蔑神灵的人，三代都要遭受灾祸。'恐怕神灵的归咎降祸，不会只限于贡禹一人。"成帝悔恨不已，又因久无嗣子而焦虑，在冬季，十月庚辰（初五），成帝告诉太后，准备命令有关官署恢复甘泉泰畤、汾阴后土祠，祭祀一如以往。至于雍城五畤、陈宝祠，长安及各郡国较著名的祭祠，也全部恢复。

这时，成帝因为没有儿子，特别喜好鬼神、方术之类的事，上书谈论祭祀、方术而得到待诏官职的人很多，祭祠的费用也十分浩大。谷永规劝成帝说："我听说应该洞明天地的本性，而不要被神怪所迷惑；察知万物的真情，而不受不伦不类的人蒙骗。那些人违背仁义的正道，不遵照儒家五经的法言，却大讲什么奇怪鬼神，到处推崇祭祀的方法，向没有福气的祠庙求取什么报应，甚至说什么世上有仙人，服了他们的长生不死药，身子可以轻飘升起远去，还有人声称精通炼丹术，能炼出黄金，都是妖言惑众挟旁门左道之术，怀作假欺诈之心，去蒙骗世人和君王，听他们谈论，洋洋洒洒的美言充满了耳朵，似乎马上可以遇到仙人鬼神，如果真去寻求，则空空荡荡有如捕风捉影，终究不可得到。因此，贤明的君王拒而不听，圣贤之人闭口不谈鬼神。从前，秦始皇派徐福征发、率领男女，入海去访求神仙，采摘长生不死的药，那些人却乘机逃跑，再也不回来，使天下人对秦始皇充满了怨恨。汉王朝兴起后，方术家新垣平、齐人少翁、公孙卿、栾大等，都因方术不灵，被主上获知诈骗真情，而被治罪诛灭。望陛下拒绝此类骗子，不要让奸人有觊觎朝廷官职的机会。"成帝认为他的话有理。

3 十一月，尉氏男子樊并等十三人谋反，杀陈留太守，劫略吏民，自称将军。徒李谭、称忠、锺祖、訾顺共杀并，以闻，皆封为侯。

4 十二月，山阳铁官徒苏令等二百二十八人攻杀长吏，盗库兵，自称将军。经郡国十九，杀东郡太守及汝南都尉。汝南太守严诉捕斩令等。迁诉为大司农。

5 故南昌尉九江梅福上书曰："昔高祖纳善若不及，从谏如转圜，听言不求其能，举功不考其素。陈平起于亡命而为谋主，韩信拔于行陈而建上将，故天下之士云合归汉，争进奇异，知者竭其策，愚者尽其虑，勇士极其节，怯夫勉其死。合天下之知，并天下之威，是以举秦如鸿毛，取楚若拾遗，此高祖所以无敌于天下也。孝武皇帝好忠谏，说至言，出爵不待廉、茂，庆赐不须显功，是以天下布衣各厉志竭精以赴阙庭，自衒鬻者不可胜数，汉家得贤，于此为盛。使孝武皇帝听用其计，升平可致，于是积尸暴骨，快心胡、越，故淮南王安缘间而起；所以计虑不成而谋议泄者，以众贤聚于本朝，故其大臣势陵，不敢和从也。方今布衣乃窥国家之隙，见间而起者，蜀郡是也。及山阳亡徒苏令之群，蹈藉名都、大郡，求党与，索随和，而无逃匿之意，此皆轻量大臣，无所畏忌。国家之权轻，故匹夫欲与上争衡也。

3　十一月,尉氏男子樊并等十三人谋反,击杀陈留太守,劫夺吏民,自称将军。犯人李谭、称忠、锺祖、訾顺共同杀死了樊并,成帝得到消息,把他们全部封为侯爵。

4　十二月,山阳铁官徒苏令等二百二十八人攻击杀死长吏,盗取军械库兵器,自称将军。经历十九个郡国,杀死东郡太守和汝南都尉。汝南太守严䜣逮捕并斩杀了苏令等人。严䜣因此被擢升为大司农。

5　原南昌尉、九江人梅福上书说:"从前,汉高祖接纳善言,犹恐来不及,从谏如流犹如转环,听取建言,不求本人一定有才能,奖励功劳,不追究其平素行为。陈平出身于亡命之徒,而能成为重要谋臣;韩信被提拔于行伍中,拜为上将,因此天下人才云集归汉,争献奇策异能。智者竭尽其谋略,愚者也尽心献上一得之虑,勇士极力显示不怕死的气概,懦夫受到勉励也去拼命效死。合天下人的智慧,集天下人的威力,因此,攻秦就像拿起一根羽毛,取楚犹如拣起路上的失物,这正是汉高祖之所以无敌于天下的原因。孝武皇帝好听忠言极谏,喜欢听人讲至深的道理,封爵不必非等待举荐孝廉、茂才,颁赏也不须非有显功,因此天下百姓各自磨砺意志,竭尽精力,来到京城宫阙,要求贡献才能的人,不可胜数,汉朝吸收贤能有才干的人,以此时为最盛。假使孝武皇帝能真正听信采用这些人的计策,升平景象马上可以来到,可惜没有这样做,于是连年征战,积尸暴骨,使胡人越人得以称心快意,因而淮南王刘安乘机反叛;他的企图之所以没有成功,反而使密谋泄露出去的原因,就是因为众多贤能的人才都汇聚于朝廷,造成他手下大臣势力孤弱,因此就没人敢附和服从他们的阴谋了。这几年,百姓窥视国家的空隙,乘机起来造反的,有蜀郡之人。等到山阳亡命徒苏令群小,践踏名都大郡,寻找党羽,搜索追随附和之人,而毫无逃跑藏匿的心思,这都是轻视文武大臣,因而才无所畏惧和顾忌。国家的权势变轻了,因此匹夫也想跟朝廷抗衡。

"士者，国之重器；得士则重，失士则轻。《诗》云：'济济多士，文王以宁。'庙堂之议，非草茅所言也；臣诚恐身涂野草，尸并卒伍，故数上书求见，辄报罢。臣闻齐桓之时，有以九九见者，桓公不逆，欲以致大也。今臣所言，非特九九也；陛下距臣者三矣，此天下士所以不至也。昔秦武王好力，任鄙叩关自鬻；缪公行霸，由余归德。今欲致天下之士，民有上书求见者，辄使诣尚书问其所言，言可采取者，秩以升斗之禄，赐以一束之帛。若此，则天下之士，发愤懑，吐忠言，嘉谋日闻于上，天下条贯，国家表里，烂然可睹矣。

"夫以四海之广，士民之数，能言之类至众多也；然其隽桀指世陈政，言成文章，质之先世而不缪，施之当世合时务，若此者亦无几人。故爵禄束帛者，天下之砥石，高祖所以厉世摩钝也。

"孔子曰：'工欲善其事，必先利其器。'至秦则不然，张诽谤之罔以为汉驱除，倒持泰阿，授楚其柄。故诚能勿失其柄，天下虽有不顺，莫敢触其锋，此孝武皇帝所以辟地建功，为汉世宗也。
"今陛下既不纳天下之言，又加戮焉。夫鸢鹊遭害，则仁鸟增逝；愚者蒙戮，则智士深退。间者愚民上书，多触不急之法，或下廷尉而死者众。自阳朔以来，天下以言为讳，朝廷尤甚，群臣皆承顺上指，莫有执正。何以明其然也？取民所上书，

"人才,是国家的重要工具;得到人才国家的分量就重,失去人才国家的分量就轻。《诗经》说:'济济一堂的人才,使文王得以安宁。'有关国家大事的讨论,不是我这个茅草一样轻微的人所应当谈论的;但我深怕有朝一日身上涂满野草,尸体与士兵们混埋在一起,因而屡次上书求见,但都没有批准。我听说齐桓公之时,有人进献九九乘法表,齐桓公不因事小而不见,想因此而引出更重要的建议。现在我所谈的,并非仅仅是九九乘法表那样的小事;陛下三次拒绝我的建议,这正是天下人才所以不来的原因。从前,秦武王喜好武勇蛮力,任鄙就叩关自我推荐;秦穆公推行霸业,由余就来报效有德之君。如今陛下若想网罗天下人才,人民有上书求见的,就应让他们到尚书那里,问他们有什么建言,若有可供采纳的,赏给升斗那么微薄俸禄的官职,赐予一束丝帛的奖赏。若能如此,则天下有才能的贤士一舒怨气,倾吐忠言,皇上可以天天听到好的谋略,把天下治理得有条有理,国内外的局势,就会灿然改观了。

"陛下拥有广阔的疆土,众多的人民,能言之辈会很多的;但是那种才智出众,指点世情,陈述政事,出口成章,与古代圣贤的话对照而毫不谬误,施行于当代也合乎时务的人,却也没有几个。因此所谓爵位、俸禄、丝帛,不过是天下的磨刀石,是高祖用来鼓励世人、磨砺俊杰的工具而已。

"孔子说:'做工要想做得好,必须先使工具锋利。'到了秦朝则不是如此,大张诽谤之网,反而为汉王朝的兴起扫清了道路,倒拿着泰阿宝剑,把剑柄交给了西楚。假使当初秦朝不失去剑柄的话,天下虽有不顺服,也不敢轻触其锋刃,这也是孝武皇帝开疆拓土建立功业,成为汉王朝的世宗的原因。

"而今陛下既不采纳天下人的建议,反而对进言之人加以杀戮。即使鸢鹊那种恶鸟遭到伤害,也会使飞走的仁鸟增多;愚昧者被刑戮,则智士也会深深引退。近来,有些愚民上书,因触犯了不重要的法令,很多人被廷尉究治处死。自阳朔年间以来,天下就以进言为忌讳,朝廷上这种情况就更严重,群臣都承顺君王的意旨说话,没有敢坚持正理的。如何说明这种情况呢?请陛下任取小民上书,

陛下之所善,试下之廷尉,廷尉必曰:'非所宜言,大不敬。'以此卜之,一矣。故京兆尹王章,资质忠直,敢面引廷争,孝元皇帝擢之,以厉具臣而矫曲朝。及至陛下,戮及妻子,且恶恶止其身,王章非有反畔之辜而殃及室家,折直士之节,结谏臣之舌。群臣皆知其非,然不敢争,天下以言为戒,最国家之大患也!

"愿陛下循高祖之轨,杜亡秦之路,除不急之法,下无讳之诏,博览兼听,谋及疏贱,令深者不隐,远者不塞,所谓'辟四门,明四目'也。往者不可及,来者犹可追。方今君命犯而主威夺,外戚之权,日以益隆。陛下不见其形,愿察其景!建始以来,日食、地震,以率言之,三倍春秋,水灾亡与比数。阴盛阳微,金铁为飞,此何景也?汉兴以来,社稷三危:吕、霍、上官,皆母后之家也。亲亲之道,全之为右,当与之贤师良傅,教以忠孝之道;今乃尊宠其位,授以魁柄,使之骄逆,至于夷灭,此失亲亲之大者也。自霍光之贤,不能为子孙虑,故权臣易世则危。《书》曰:'毋若火,始庸庸。'势陵于君,权隆于主,然后防之,亦无及已!"上不纳。

把陛下认为还不错的挑出来，试着交给廷尉去处理，廷尉定会说：
'这不是应该说的话，犯了大不敬罪。'用这种方法占验，可知一般。
已故京兆尹王章，资质忠诚正直，敢于在朝廷上与皇帝当面争论，
孝元皇帝擢升他，以此来鞭策居其位却无益于事的大臣，矫正被歪
曲的朝廷风气。可是到了陛下手中，不仅将王章处死，甚至连妻子
都不免牵累，况且惩恶应仅限本人，王章并没有犯反叛那样的重
罪，而竟连家室都遭牵累，这样做，会摧折忠直之士的气节，锁住谏
臣的舌头。群臣都知道此事不对，但不敢争辩，天下以进言为戒，
实是国家的大患！

　　"愿陛下遵循高祖的做法，杜绝秦王朝那种覆亡的道路，废除
言事不重要判罪的法令，发布进言不必忌讳的诏书，博览兼听，甚
至听取疏远和低贱之人的意见，使深藏的智者不再隐退，疏远的人
才进身之路变得畅通，所谓'四门大开，招揽贤才，肯观四方，心明
眼亮'。过去的事已经无法补救，未来还可迎头追上。而今大臣已
侵犯了君王的权力，夺去了主上的威严，外戚之权，日益隆盛。陛
下若不能看到具体形迹，请观察一下周围的影响。自建始年间以
来，日食、地震，用直率的话说，三倍于春秋时期，而水灾之多，更无
法相比。阴盛阳衰，连铸钱的铜铁都如星飞，这是什么样的情景
呢？自汉朝兴起以来，国家政权有三次大的危机：吕氏、霍氏、上官
氏，都是皇太后的娘家。爱护亲戚之道，以保全为上，应当派给他
们贤良的老师，以忠孝之道教育他们；现在却赐与尊贵荣宠的地
位，授与国家重要的权柄，使他们骄横悖逆，终至判罪处死，这就失
去了爱护亲戚的主要方面。以霍光的贤能，尚不能有保全子孙的
远虑，所以说权势太重的大臣，到新皇帝登极后，他就面临危险。
《尚书》说：'不要小看星星之火。'如果等到大臣的势力已足以侵侮
欺压君王，权力之隆盛已超过主上，然后再防范他，已经来不及
了。"成帝没有采纳他的建议。

卷第三十二　汉纪二十四

起戊申(前 13)尽癸丑(前 8)凡六年

孝成皇帝中

永始四年(戊申,前 13)

1　春,正月,上行幸甘泉,郊泰畤;大赦天下。三月,行幸河东,祠后土。

2　夏,大旱。

3　四月癸未,长乐临华殿、未央宫东司马门皆灾。六月甲午,霸陵园门阙灾。

4　秋,七月辛未晦,日有食之。

5　冬,十一月庚申,卫将军王商病免。

6　梁王立骄恣无度,至一日十一犯法。相禹奏:"立对外家怨望,有恶言。"有司按验,因发其与姑园子奸事,奏:"立禽兽行,请诛。"太中大夫谷永上书曰:"臣闻礼,天子外屏,不欲见外也。是以帝王之意,不窥人闺门之私,听闻中冓之言。《春秋》为亲者讳。今梁王年少,颇有狂病,始以恶言按验,既无事实,而发闺门之私,非本章所指。王辞又不服,猥强劾立,傅致难明之事,独以偏辞成罪断狱,无益于治道。污蔑宗室以内乱之恶,披布宣扬于天下,非所以为公族隐讳,增朝廷之荣华,昭圣德之风化也。臣愚以为王少而父同产长,年齿不伦;梁国之富足以厚聘美女,招致妖丽;父同产亦有耻辱之心;

孝成皇帝中

汉成帝永始四年(戊申,公元前13年)

1 春季,正月,成帝前往甘泉,郊祀泰畤;大赦天下。三月,又前往河东,祭祀后土。

2 夏季,大旱。

3 四月癸未(十一日),长乐宫临华殿和未央宫东司马门都发生火灾。六月甲午(二十三日),霸陵墓园大门发生火灾。

4 秋季,七月辛未晦(三十日),发生日食。

5 冬季,十一月庚申(二十一日),卫将军王商因病免职。

6 梁王刘立骄横放纵,没有节制,甚至一天之内犯法十一次。梁相禹奏报说:"刘立对外戚抱有怨恨,恶言相加。"主管机关追查验证,由此还揭露出刘立与姑妈刘园子通奸乱伦的丑事。奏报说:"刘立有禽兽行为,请求处以死刑。"太中大夫谷永上书说:"臣听说依照礼仪,天子要在门外修建屏障之墙,是不想直接看见外面的情景。帝王的本意,是不愿窥视别人的闺门隐私,窃听人家在寝室的闲话。《春秋》为亲者讳言过失。而今梁王年少,疯癫病很厉害,最初追查验证的是对外戚恶言相加的事,既然无事实证据,却又转而揭露起闺门隐私,已不属原本指控的内容了。梁王的诉辞又不承认,用如此鄙陋的手段勉强弹劾刘立,附会罗织一些难以查明的事,仅仅以片面之辞,就行定罪,对国家的法治之道是无益的。污蔑宗室,把内部淫乱的恶行,披露宣扬于天下,这不能为皇族掩饰过失,也不会为朝廷增加光彩,更不能彰明圣德之风化。我愚昧地认为,梁王年少,而姑母年长,两人辈分年龄不相当;以梁国的富裕,足可以用金钱厚聘美女,或招致艳妇;姑母也有耻辱之心,

按事者乃验问恶言,何故猥自发舒!以三者揆之,殆非人情,疑有所迫切,过误失言,文吏蹑寻,不得转移。萌牙之时,加恩勿治,上也。既已按验举宪,宜及王辞不服,诏廷尉选上德通理之吏更审考清问,著不然之效,定失误之法,而反命于下吏,以广公族附疏之德,为宗室刷污乱之耻,甚得治亲之谊。"天子由是寝而不治。

7　是岁,司隶校尉蜀郡何武为京兆尹。武为吏,守法尽公,进善退恶,所居无赫赫名,去后常见思。

元延元年(己酉,前 12)

1　春,正月己亥朔,日有食之。

2　壬戌,王商复为大司马、卫将军。

3　三月,上行幸雍,祠五畤。

4　夏,四月丁酉,无云而雷;有流星从日下东南行,四面耀耀如雨,自晡及昏而止。

5　赦天下。

6　秋,七月,有星孛于东井。

上以灾变,博谋群臣。北地太守谷永对曰:"王者躬行道德,承顺天地,则五征时序,百姓寿考,符瑞并降;失道妄行,逆天暴物,则咎征著邮,妖孽并见,饥馑荐臻;终不改寤,恶洽变备,不复谴告,更命有德。此天地之常经,百王之所同也。

追查者本来是追问诟骂外戚的事,她为什么突然卑鄙地揭发起自己那些乱伦之事呢? 从这三点揣测,通奸之事,不合人情。我怀疑供词是在逼迫的情况下,过于受惑而失言,文吏抓住不放,顺此穷追,使供词没有回转的余地。在事情还处于萌芽之时,请陛下开恩,不要处治,这才是上策。既然已对此事进行了追查验证,打算依法处理,那就应以梁王对罪状不服为理由,下诏命令廷尉挑选道德高尚、通情达理的官员,重新审理,详加讯问,公布查不属实的结论,制定误定人罪的法令,命令有关官员推翻以前的供词,这样才能显出陛下广为施恩和亲附疏远皇族的美德,洗刷宗室被诬蔑的耻辱,从而深得亲族之间的深厚情意。"成帝于是把此案搁置不予处理。

7 这年,任命司隶校尉、蜀郡人何武为京兆尹。何武做官吏,奉公守法,引进良善之人,斥退邪恶之辈,在位时虽没有赫赫名声,但离开后,常常被人怀念。

汉成帝元延元年(己酉,公元前 12 年)

1 春季,正月己亥朔(初一),发生日食。

2 壬戌(二十四日),再次任命王商为大司马、卫将军。

3 三月,成帝前往雍城,在五畤祭祀天帝。

4 夏季,四月丁酉(初一),天空无云而响雷声,有流星从太阳下面划过,直奔东南而去,光辉照耀四面天空,像在下星雨,自申时直到天黑才停止。

5 赦天下。

6 秋季,七月,有异星出现于井宿。

因为发生灾害和变异,成帝广泛地征求群臣的意见。北地太守谷永回答说:"作为君王,若亲身实行道德,承顺天地的旨意,那么自然的五种征候,会按顺序正常运转,百姓会长寿,祥瑞征兆会同时降临;若不按正道行事,违背上天的旨意,浪费财物,则罪责的征兆就会尤其显著,妖孽同时出现,饥馑屡次降临;若终不醒悟改悔,恶行遍施,上天就不再发生谴责的警告,而将天命归于另一位有德的君王。这是天地行事的正常规律,它对所有的君王都是一视同仁的。

加以功德有厚薄,期质有修短,时世有中季,天道有盛衰。陛下承八世之功业,当阳数之标季,涉三七之节纪,遭《无妄》之卦运,直百六之灾厄,三难异科,杂焉同会。建始元年以来,二十载间,群灾大异,交错锋起,多于《春秋》所书。内则为深宫后庭,将有骄臣悍妾、醉酒狂悖卒起之败;北宫苑囿街巷之中、臣妾之家幽闲之处徵舒、崔杼之乱;外则为诸夏下土,将有樊并、苏令、陈胜、项梁奋臂之祸。安危之分界,宗庙之至忧,臣永所以破胆寒心,豫言之累年,下有其萌,然后变见于上,可不致慎!祸起细微,奸生所易。愿陛下正君臣之义,无复与群小媟黩宴饮;勤三纲之严,修后宫之政,抑远骄妒之宠,崇近婉顺之行;朝觐法驾而后出,陈兵清道而后行,无复轻身独出,饮食臣妾之家。三者既除,内乱之路塞矣。诸夏举兵,萌在民饥馑而吏不恤,兴于百姓困而赋敛重,发于下怨离而上不知。《传》曰:‘饥而不损,兹谓泰,厥咎亡。’比年郡国伤于水灾,禾麦不收,宜损常税之时,而有司奏请加赋,甚缪经义,逆于民心,市怨趋祸之道也。臣愿陛下勿许加赋之奏,益减奢泰之费,流恩广施,振赡困乏,敕劝耕桑,以慰绥元元之心,诸夏之乱庶几可息!”

此外,还会考虑到君王的功德有厚有薄,期限有长有短,资质有高有低,所处时代有中期、晚期,同时天道本身的变化也有盛有衰。陛下继承西汉八位皇帝的功业,正当阳数中的末季,接近二百一十年的劫数,遭逢《易经》上'无妄'卦的命运,正当'百六'之灾难,三种灾难性质都一样,但却掺杂会合在一起。建始元年以来,二十年间,各种灾害和大的天象变异,交错蜂起,比《春秋》记载的还要多。这表示:对内来说,深宫后庭之中,将有骄横的内臣和凶悍的姬妾,醉酒狂乱悖行,猝起败坏国家;北宫花园街巷之中,侍臣和姬妾家里的幽暗闲静之处,将会发生夏微舒、崔杼那样的变乱;对外来说,普天之下,将会发生樊并、苏令、陈胜、项梁之辈奋臂造反的灾祸。现在正处在平安和危机的分界线上,是宗庙能否保存的最为忧愁的时期,我谷永之所以甘冒胆破心寒的杀头之祸,连年发出这种预言,是因为下面存在变乱的萌芽,然后上面才会演化成变乱,要慎之又慎!祸患是从细微逐渐发展而来,奸恶是因轻视忽略而产生。愿陛下理正君臣大义,再不要与那群小人混在一起宴会豪饮;应严格按照'三纲'的原则,勤加治理后宫,压制疏远那些骄横妒嫉的宠妃,尊崇贞婉、端庄、顺服的德行;出门时,要先朝见皇太后,使用皇帝仪仗,然后才可出宫,要等街上完全戒严之后才可走上街头,不要仅带几个随从就独自出宫,跑到近臣家和后妃娘家吃饭饮酒。以上三点若能除去,则发生内乱的道路就被堵死了。而今天下到处举兵谋反,变乱萌发于人民饥馑而官吏不加体恤,产生于百姓困苦而赋敛沉重,发端于下层人民怨恨背离,而上面却不知道。《洪范传》说:'人民饥馑,不减少赋税,却反而宣称国泰民安,一定蒙祸而死。'郡国连年遭受水灾的损失,禾麦不收,这正是应该减免常税的时候,而有关官署却奏请增加赋税,这与儒家经典的大义甚为不符,不顺民心,是招怨惹祸的做法。我请求陛下不批准加赋的奏文,再减少一些奢华的费用,广泛地布施恩泽,赈济赡给困乏之人,下敕书劝民勤于耕田植桑,以此来安抚小民之心,各地的叛乱也许就可平息!"

中垒校尉刘向上书曰："臣闻帝舜戒伯禹'毋若丹朱傲'，周公戒成王'毋若殷王纣'，圣帝明王常以败乱自戒，不讳废兴，故臣敢极陈其愚，唯陛下留神察焉！

"谨按《春秋》二百四十二年，日食三十六。今连三年比食，自建始以来，二十岁间而八食，率二岁六月而一发，古今罕有。异有小大希稠，占有舒疾缓急。观秦、汉之易世，览惠、昭之无后，察昌邑之不终，视孝宣之绍起，皆有变异著于汉纪。天之去就，岂不昭昭然哉！臣幸得托末属，诚见陛下宽明之德，冀销大异而兴高宗、成王之声，以崇刘氏，故恳恳数奸死亡之诛！天文难以相晓，臣虽图上，犹须口说，然后可知；愿赐清燕之间，指图陈状！"上辄入之，然终不能用也。

7 红阳侯立举陈咸方正；对策，拜为光禄大夫、给事中。丞相方进复奏"咸前为九卿，坐为贪邪免，不当蒙方正举，备内朝臣"，并劾"红阳侯立选举故不以实。"有诏免咸，勿劾立。

8 十二月乙未，王商为大将军。辛亥，商薨，其弟红阳侯立次当辅政。先是立使客因南郡太守李尚占垦草田数百顷，上书以入县官，贵取其直一亿万以上。丞相司直孙宝发之，上由是废立，而用其弟光禄勋曲阳侯根。庚申，以根为大司马、骠骑将军。

中垒校尉刘向上书说:"我听说,帝舜曾警告伯禹:'不要像丹朱那么骄傲',周公曾告诫成王'不要学殷纣王',圣明的帝王,常以败亡变乱的事例警戒自己,不忌讳谈论王朝的废兴,因此我才敢极力陈述愚昧的见解,请陛下留神考察!

"查考《春秋》二百四十二年里,日食不过才三十六次。可是现在连续三年屡屡发生日食,自建始年间以来,二十年的时间,就发生日食八次,平均每两年六个月就发生一次,古今罕有。天象变异有大小、疏密之分,而占验结果也有迟早、缓急的区别。观秦、汉的改朝换代,看汉惠帝、昭帝都没有后嗣,察昌邑王刘贺被废夺皇帝位,览孝宣皇帝承天命而崛起,都有变异明确地记载在汉纪年上。上天的舍弃和俯就,岂不是十分清楚么!我有幸托福为皇族弱枝后裔,诚然看到陛下有宽厚贤明的圣德,希望变异消除,而中兴商高宗、周成王那样的声誉,以增加刘氏的功业,因此才不断恳切地冒死上书。天文难以向陛下述说清楚,我虽呈献上天文图表,但仍需口说解释,然后才能使陛下明白,请陛下抽点娱乐闲暇,让我指着图表向陛下详述。"成帝立即召刘向进宫,但是终于不能采纳他的建议。

7 红阳侯王立举荐陈咸为方正,通过御前殿试,被任命为光禄大夫、给事中。丞相翟方进再次上奏说,"陈咸从前位列九卿,因为贪鄙邪恶而获罪免官,不该以方正资格被举荐,并担任朝廷侍从大臣"。同时弹劾说,"红阳侯王立,在选拔举荐人才时,故意不报告真实情况"。成帝下诏免去陈咸的官职,但不许弹劾王立。

8 十二月乙未(初二),任命王商为大将军。辛亥(十八日),王商去世,他的弟弟红阳侯王立,按照顺序应被任命为辅政大臣。先前,王立曾派他的门客通过南郡太守李尚以草田名义占夺百姓已开垦田数百顷,然后上书朝廷,把这些田入官,多收取田价约一亿万以上。丞相司直孙宝揭发了这件事,成帝因此废黜王立,而任用他的弟弟光禄勋、曲阳侯王根。庚申(二十七日),任命王根为大司马、骠骑将军。

9　特进、安昌侯张禹请平陵肥牛亭地。曲阳侯根争，以为此地当平陵寝庙，衣冠所出游道，宜更赐禹他地。上不从，卒以赐禹。根由是害禹宠，数毁恶之。天子愈益敬厚禹，每病，辄以起居闻，车驾自临问之，上亲拜禹床下，禹顿首谢恩。禹小子未有官，禹数视其小子；上即禹床下拜为黄门郎、给事中。禹虽家居，以特进为天子师，国家每有大政，必与定议。

时吏民多上书言灾异之应，讥切王氏专政所致。上意颇然之，未有以明见，乃车驾至禹弟，辟左右，亲问禹以天变，因用吏民所言王氏事示禹。禹自见年老，子孙弱，又与曲阳侯不平，恐为所怨，则谓上曰："《春秋》日食、地震，或为诸侯相杀，夷狄侵中国。灾变之意，深远难见，故圣人罕言命，不语怪神。性与天道，自子贡之属不得闻，何况浅见鄙儒之所言？陛下宜修政事，以善应之，与下同其福喜，此经义意也。新学小生，乱道误人，宜无信用，以经术断之。"上雅信爱禹，由此不疑王氏。后曲阳侯根及诸王子弟闻知禹言，皆喜说，遂亲就禹。

故槐里令朱云上书求见，公卿在前，云曰："今朝廷大臣，上不能匡主，下无以益民，皆尸位素餐，孔子所谓'鄙夫不可与事君，苟患失之，亡所不至'者也！臣愿赐尚方斩马剑，断佞臣一人头以厉其馀！"上问："谁也？"对曰："安昌侯张禹！"

9 官位特进的安昌侯张禹,请求成帝把平陵肥牛亭那片土地赐给他。曲阳侯王根表示反对,认为此片地在平陵墓园寝庙附近,正当皇帝祭祀衣冠出游的必经之路,应换一块地赐给他。成帝不听,终于把那块地赐给了张禹。王根因此对张禹的得宠十分妒恨,多次在成帝面前污毁张禹。但是,成帝却越发尊敬厚待张禹,张禹每次患病,成帝都关心他的饮食休息情况,甚至坐车到张禹家问候,亲自在病床前拜见张禹,张禹叩头谢恩。张禹的幼子没有官职,张禹频频用眼看那个孩子,成帝就在张禹床前封他为黄门郎、给事中。张禹虽然家居,但以"特进"的身份当天子的老师,国家每有大的政事,成帝必与他磋商后才决定。

当时吏民中有很多人上书,谈论灾异的暗示,讽刺指摘王氏专权招致灾变。成帝也认为颇有道理,但又觉得,事实不明显,就坐车来到张禹的宅邸,屏退左右,亲自询问张禹关于天象变异的事,顺便把吏民上书谈到的王氏之事告诉张禹。张禹清楚自己已年老,子孙太弱,又与曲阳侯王根不和,恐怕被王氏怨恨,就对成帝说:"《春秋》上记载的日食、地震,或者因为诸侯互相攻杀,或者因为夷狄侵犯中国。上天降下灾害变异,含意十分深远,难以明见,因此圣人很少谈论天命,也不说有关鬼神的事。性命与天道,连子贡之辈,也从未听到孔子谈论,更何况那些见识肤浅鄙陋的儒生所说的话呢?陛下应该使政治修明,用善事来应对上天的警戒,与臣下共同多做善举,这才是儒家经义的本意。那些新学小生,胡言乱语,误人不浅,不要相信和任用他们,一切只按儒学经术去判断决定。"成帝非常信任爱戴张禹,自此不再怀疑王氏。后来曲阳侯王根以及诸位王氏子弟听说了张禹的话,都大为欢喜,于是亲近张禹。

曾做过槐里令的朱云,上书求见皇帝,在公卿面前,朱云对成帝说:"现今朝廷大臣,上不能匡扶主上,下不能有益于人民,都是些白占着官位领取俸禄而不干事的人,正如孔子所说:'卑鄙的人不可让他侍奉君王,他们害怕失去官位,会无所不为。'我请求陛下赐给我尚方斩马剑,斩断一个佞臣的头颅,以激励其他人!"成帝问:"谁是佞臣?"朱云回答说:"安昌侯张禹!"

上大怒曰："小臣居下讪上,廷辱师傅,罪死不赦!"御史将云下;云攀殿槛,槛折。云呼曰："臣得下从龙逢、比干游于地下,足矣! 未知圣朝何如耳!"御史遂将云去。于是左将军辛庆忌免冠,解印绶,叩头殿下曰："此臣素著狂直于世,使其言是,不可诛;其言非,固当容之。臣敢以死争!"庆忌叩头流血;上意解,然后得已。及后当治槛,上曰："勿易,因而辑之,以旌直臣!"

10 匈奴搜谐单于将入朝,未入塞,病死。弟且莫车立,为车牙若鞮单于,以囊知牙斯为左贤王。

11 北地都尉张放到官数月,复征入侍中。太后与上书曰："前所道尚未效,富平侯反复来,其能默乎?"上谢曰："请今奉诏!"上于是出放为天水属国都尉;引少府许商、光禄勋师丹为光禄大夫,班伯为水衡都尉,并侍中,皆秩中二千石。每朝东宫,常从;及大政,俱使谕指于公卿。上亦稍厌游宴,复修经书之业。太后甚悦。

12 是岁,左将军辛庆忌卒。庆忌为国虎臣,遭世承平,匈奴、西域亲附,敬其威信。

二年(庚戌,前11)

1 春,正月,上行幸甘泉,郊泰畤。三月,行幸河东,祠后土。既祭,行游龙门,登历观,陟西岳而归。

2 夏,四月,立广陵孝王子守为王。

成帝勃然大怒,说:"小小官员,位居下流,竟敢诽谤国家重臣,公然在朝廷之上侮辱帝师,处以死罪,决不宽恕!"御史将朱云逮下,朱云紧抓住宫殿栏杆,栏杆被他拉断。朱云大呼说:"我能够追随龙逄、比干游于地下,也心满意足了!却不知圣明的汉王朝,将会有什么下场!"御史挟持着朱云押下殿去。于是左将军辛庆忌脱下官帽,解下印信绶带,伏在殿下叩头说:"朱云这个人,一向以狂癫直率闻名于世,假使他的话说得对,不可以杀他;即使他的话说得不对,诚然也该宽容他。我敢以死请求陛下!"辛庆忌叩头流血;成帝怒意稍解,杀朱云之事遂作罢。后来,当要修理宫殿栏杆时,成帝说:"不要变动!就原样连缀一下,我要用它来表彰直臣!"

10 匈奴搜谐单于将要到长安朝贡,还没进入边塞,就在半途得病而死。弟弟且莫车继位,为车牙若鞮单于,他任命囊知牙斯为左贤王。

11 北地都尉张放到任才数月,就又被征召入宫当侍中。皇太后给成帝下书说:"前次我交待你的事,你尚未办,怎么富平侯反而又回到京师,我还能再沉默吗?"成帝谢罪说:"请让我现在就奉诏去办!"于是命令张放出任天水属国都尉;引进少府许商、光禄勋师丹为光禄大夫,任命班伯为水衡都尉,并兼侍中,他们都成为官秩中二千石的朝廷官员。成帝每次朝见太后,常常让他们跟从前去;遇有国家大事,都派他们向公卿传达皇帝的谕旨。成帝也稍为厌倦了游玩宴饮,又重新学习儒家经书。太后大为欢喜。

12 本年,左将军辛庆忌去世。辛庆忌为朝廷武臣虎将,适逢天下承平之世,匈奴、西域都亲附中国,也都崇敬他的威信。

汉成帝元延二年(庚戌,公元前11年)

1 春季,正月,成帝前往甘泉,在泰畤祭天。三月,前往河东,祭祀后土。祭毕,游览龙门,登上历观,归途又登华山,然后回长安。

2 夏季,四月,命广陵孝王的儿子刘守继承王位。

3 初,乌孙小昆弥安日为降民所杀,诸翎侯大乱。诏征故金城太守段会宗为左曹、中郎将、光禄大夫,使安辑乌孙。立安日弟末振将为小昆弥,定其国而还。时大昆弥雌栗靡勇健,末振将恐为所并,使贵人乌日领诈降,刺杀雌栗靡。汉欲以兵讨之而未能,遣中郎将段会宗立公主孙伊秩靡为大昆弥。久之,大昆弥、翎侯难栖杀末振将,安日子安犁靡代为小昆弥。汉恨不自诛末振将,复遣段会宗发戊己校尉诸国兵,即诛末振将太子番丘。会宗恐大兵入乌孙,惊番丘,亡逃不可得,即留所发兵垫娄地,选精兵三十弩径至昆弥所在,召番丘,责以末振将之罪,即手剑击杀番丘。官属以下惊恐,驰归。小昆弥安犁靡勒兵数千骑围会宗,会宗为言来诛之意,"今围守杀我,如取汉牛一毛耳。宛王、郅支头县槀街,乌孙所知也。"昆弥以下服,曰:"末振将负汉,诛其子可也,独不可告我,令饮食之邪?"会宗曰:"豫告昆弥,逃匿之,为大罪。即饮食以付我,伤骨肉恩。故不先告。"昆弥以下号泣罢去。会宗还,奏事,天子赐会宗爵关内侯、黄金百斤。会宗以难栖杀末振将,奏以为坚守都尉。责大禄、大监以雌栗靡见杀状,夺金印、紫绶,更与铜、墨云。末振将弟卑爰疐本共谋杀大昆弥,将众八万北附康居,谋欲借兵兼并两昆弥。汉复遣会宗与都护孙建并力以备之。

3 最初,乌孙王国小昆弥安日,被投降乌孙的人杀死,各翎侯大乱。成帝下诏征召原先的金城太守段会宗为左曹、中郎将、光禄大夫,命他恢复乌孙秩序,使各方和睦。段会宗扶立安日的弟弟末振将为小昆弥,待乌孙安定之后,就返回了。当时乌孙大昆弥雌栗靡勇猛剽悍,末振将害怕被他吞并,就派遣贵族乌日领诈降,乘机刺杀了雌栗靡。汉朝准备出兵讨伐,而一时未能做到,便派遣中郎将段会宗扶立解忧公主的孙子伊秩靡为大昆弥。很久之后,大昆弥和翎侯难栖杀死了末振将,让安日的儿子安犁靡代替末振将为小昆弥。汉朝悔恨没有亲自诛杀末振将,就又派遣段会宗征发戊己校尉统领的诸国兵马,前往诛杀末振将的太子番丘。段会宗恐怕大军进入乌孙,会使番丘受惊,若亡命逃跑,就找不到他了,于是让大军留驻垫娄地,仅挑选三十名精兵,人人带着弓弩,迅速进入昆弥住地附近,召见番丘,向他谴责末振将的罪状,随即亲手举剑刺杀了番丘。番丘手下官兵惊恐万分,骑马逃奔回去。小昆弥安犁靡率领数千骑兵包围了段会宗,段会宗向他讲了诛杀番丘的来意,又说:"今天你们包围了我们,若抓住我,杀死我,就像拔下汉朝的一根牛毛。可是大宛国王、郅支单于的人头高挂在长安槁街上,也是你们乌孙所知道的。"昆弥及手下人等都畏服了,小昆弥说:"末振将有负于汉朝,诛杀他的儿子当然也是可以的,为什么偏偏不告诉我呢? 也好让我为他饯别!"段会宗说:"预先告诉昆弥,你会让他逃跑藏起来,这就犯了大罪。即使你为他饯别后,再把他交给我,也会大伤你们骨肉恩情。因此没有事先告诉你。"昆弥和手下人等号哭撤兵而去。段会宗回到长安,奏报事情经过,成帝赐给段会宗关内侯的爵位,赏黄金百斤。段会宗奏告:由于难栖诛杀了末振将,请封他为坚守都尉。并谴责大禄、大监,眼见雌栗靡被杀,却不能救护,请求撤回他们的金印、紫绶,换为铜印、墨绶。末振将的弟弟卑爰疐,本是共谋刺杀大昆弥的主凶,他率领部众八万人逃往北边,依附康居王国,图谋借用康居兵马兼并两昆弥。汉朝又再一次派遣段会宗,与都护孙建合力防范卑爰疐。

4　自乌孙分立两昆弥，汉用忧劳，且无宁岁。时康居复遣子侍汉，贡献。都护郭舜上言："本匈奴盛时，非以兼有乌孙、康居故也；及其称臣妾，非以失二国也。汉虽皆受其质子，然三国内相输遗，交通如故；亦相候司，见便则发。合不能相亲信，离不能相臣役。以今言之，结配乌孙，竟未有益，反为中国生事。然乌孙既结在前，今与匈奴俱称臣，义不可距。而康居骄黠，讫不肯拜使者；都护吏至其国，坐之乌孙诸使下，王及贵人先饮食已，乃饮啖都护吏，故为无所省以夸旁国。以此度之，何故遣子入侍？其欲贾市，为好辞之诈也。匈奴，百蛮大国，今事汉甚备；闻康居不拜，且使单于有悔自卑之意。宜归其侍子，绝不复使，以章汉家不通无礼之国！"汉为其新通，重致远人，终羁縻不绝。

三年(辛亥，前 10)

1　春，正月丙寅，蜀郡岷山崩，壅江三日，江水竭。刘向大恶之，曰："昔周岐山崩，三川竭，而幽王亡。岐山者，周所兴也。汉家本起于蜀、汉，今所起之地，山崩川竭，星孛又及摄提、大角，从参至辰，殆必亡矣！"

2　二月丙午，封淳于长为定陵侯。

3　三月，上行幸雍，祠五畤。

4　自从乌孙王国分立两个昆弥,汉朝大费忧虑和辛劳,而且没有一年安宁。这时,康居王国又派王子到长安,作为人质入侍汉朝皇帝,并向汉朝进贡。都护郭舜上书说:"过去匈奴强盛,并非因为兼并了乌孙和康居两国;现在他向中国称臣归降,也不是因为失去了这两国。汉朝虽然都接受了他们作为人质的王子,但三国之间互相赠送、贸易、往来、交通,跟从前一样;当然也互相窥伺、等待,一有机会即发动攻击。合作时不能互相亲近信任,分离时也不能互相臣服役使。以现在的状况来说,汉朝与乌孙缔结婚姻,竟然没有得到利益,反而为中国惹事。然而乌孙与汉朝早已结好,现在和匈奴都臣服于中国,从大义出发,不可拒绝他们朝贡。而康居傲慢狡猾,直到现在仍不肯对汉使行叩拜礼;都护府官员到他们国都,接见时座位排在乌孙等国使者之下,吃饭时,国王以及贵族先饮食完毕,才让都护府官员进餐,故意做出对汉使无所谓的样子,向旁国夸耀。由此推测,他们为什么要派王子入侍呢?真实目的不过是想做买卖,却用遣子入侍的好话来行诈而已。匈奴是外族中最强大的国家,而今侍奉汉朝特别谨慎周详;假使听说康居不拜汉使,就会使匈奴单于产生后悔自卑之心。应该送回康居王子,和康居断绝关系,不再派使者前去,以表示汉朝不跟不懂礼仪的国家交往。"朝廷认为,康居第一次派遣王子入侍,汉王朝应重视远方之人,终于还是采取笼络政策,没有断绝交往。

汉成帝元延三年(辛亥,公元前 10 年)

1　春季,正月丙寅(初十),蜀郡岷山发生山崩,土石堵塞长江达三日之久,下游江水枯竭。刘向对此异常现象非常厌恶,说:"从前,周朝时,岐山发生山崩,三条河川都枯竭了,结果周幽王被杀。岐山是周王朝的王业初兴之地。汉王朝本由蜀、汉兴起,而今初兴之地发生山崩川竭,彗星长尾又扫过摄提、大角,从参宿一直走到辰宿的位置,汉王朝恐怕一定要覆亡了。"

2　二月丙午(二十日),封淳于长为定陵侯。

3　三月,成帝前往雍城,在五畤祭祀天帝。

4　上将大夸胡人以多禽兽,秋,命右扶风发民入南山,西自褒、斜,东至弘农,南驱汉中,张罗罔罝罘,捕熊罴禽兽,载以槛车,输之长杨射熊馆,以罔为周阹,纵禽兽其中,令胡人手搏之,自取其获。上亲临观焉。

四年(壬子,前9)

1　春,正月,上行幸甘泉,郊泰畤。

2　中山王兴、定陶王欣皆来朝,中山王独从傅,定陶王尽从傅、相、中尉。上怪之,以问定陶王,对曰:“令:诸侯王朝,得从其国二千石。傅、相、中尉,皆国二千石,故尽从之。”上令诵《诗》,通习,能说。他日,问中山王:“独从傅在何法令?”不能对;令诵《尚书》,又废;及赐食于前,后饱;起下,袜系解。帝由此以为不能,而贤定陶王,数称其材。是时诸侯王唯二人于帝为至亲,定陶王祖母傅太后随王来朝,私赂遗赵皇后、昭仪及票骑将军王根。后、昭仪、根见上无子,亦欲豫自结,为长久计,皆更称定陶王,劝帝以为嗣。帝亦自美其材,为加元服而遣之,时年十七矣。

3　三月,上行幸河东,祠后土。

4　陨石于关东二。

5　王根荐谷永,征入,为大司农。永前后所上四十馀事,略相反覆,专攻上身与后宫而已;党于王氏,上亦知之,不甚亲信也。为大司农岁馀,病;满三月,上不赐告,即时免。数月,卒。

4 成帝准备在胡人面前夸耀自己有很多禽兽,秋季,命令右扶风发动百姓深入南山,西自褒、斜二谷,东到弘农,南达汉中,张设罗网,捕猎熊黑等禽兽,用槛车装运至长杨宫射熊馆,用网围成围障,把禽兽放到里面,命胡人空手与野兽搏斗,能杀死野兽,就归他所有。成帝亲临观看取乐。

汉成帝元延四年(壬子,公元前9年)

1 春季,正月,成帝前往甘泉,在泰畤祭天。

2 中山王刘兴和定陶王刘欣,都到长安朝见,中山王只由师傅陪同,而定陶王则把师傅、丞相、中尉都带来了。成帝奇怪,就询问定陶王,他回答说:"汉朝法令规定:诸侯王朝见天子,可以由王国中官秩在二千石的官员陪同。师傅、丞相、中尉都是国中二千石的官员,因此让他们全都来了。"成帝又命令他背诵《诗经》,他不仅能熟练地背诵,而且还能解释。另一天,成帝问中山王刘兴说:"你只由师傅一人陪同前来,有什么法令根据?"刘兴不能回答;命他背诵《尚书》,又背不下去。成帝赐与饮食与他共餐,成帝已用完餐,他还在吃,吃饱才罢休;吃完起身下去,袜带松开了,他还不知道。成帝因此认为刘兴没有能力,而认为刘欣贤能,屡次称赞他的才干。当时诸侯王中,只有他们两人跟皇帝血缘关系最为亲近,定陶王祖母傅太后随王一起来朝见,私下馈赠礼物贿赂赵皇后、赵昭仪以及票骑将军王根。皇后、昭仪和王根见皇帝无子,也想预先私自结交诸侯王,以为长久之计,因而轮流在成帝面前称赞定陶王,劝说成帝立他为继嗣。成帝自己也很欣赏他的才能,亲自为他主持加冠礼后送他回国,刘欣这年十七岁。

3 三月,成帝前往河东,祭祀后土。

4 关东一带,坠落两颗陨石。

5 王根推荐谷永,征召谷永入朝,被任命为大司农。谷永前后上书四十馀次,内容略有区别,大致相同,专门抨击成帝与后宫美女之事;谷永是王氏党羽,成帝也清楚,因此不怎么亲近信用他。谷永任大司农一年多,患了病,休假三个月后,成帝不批准他继续带职病休,即时免去他的官职。谷永数月后去世。

绥和元年(癸丑,前8)

1　春,正月,大赦天下。

2　上召丞相翟方进、御史大夫孔光、右将军廉褒、后将军朱博入禁中,议:"中山、定陶王谁宜为嗣者?"方进、根、褒、博皆以为:"定陶王,帝弟之子。《礼》曰:'昆弟之子,犹子也。为其后者,为之子也。'定陶王宜为嗣。"光独以为:"礼,立嗣以亲。以《尚书·盘庚》殷之及王为比,兄终弟及。中山王,先帝之子,帝亲弟,宜为嗣。"上以"中山王不材;又礼,兄弟不得相入庙",不从光议。二月癸丑,诏立定陶王欣为皇太子,封中山王舅谏大夫冯参为宜乡侯,益中山国三万户,以慰其意。使执金吾任宏守大鸿胪,持节征定陶王。定陶王谢曰:"臣材质不足以假充太子之宫。臣愿且得留国邸,旦夕奉问起居,俟有圣嗣,归国守藩。"书奏,天子报"闻"。戊午,孔光以议不合意,左迁廷尉;何武为御史大夫。

3　初,诏求殷后,分散为十馀姓,推求其嫡,不能得。匡衡、梅福皆以为宜封孔子世为汤后,上从之,封孔吉为殷绍嘉侯。三月,与周承休侯皆进爵为公,地各百里。

4　上行幸雍,祠五畤。

5　初,何武之为廷尉也,建言:"末俗之敝,政事烦多,宰相之材不能及古,而丞相独兼三公之事,所以久废而不治也。宜建三公官。"上从之。夏,四月,赐曲阳侯根大司马印绶,置官属,罢票骑将军官;以御史大夫何武为大司空,封汜乡侯。皆增奉如丞相,以备三公焉。

汉成帝绥和元年(癸丑,公元前 8 年)

1 春季,正月,大赦天下。

2 成帝召丞相翟方进、御史大夫孔光、右将军廉褒、后将军朱博进宫,讨论:"中山王刘兴和定陶王刘欣,谁更适合继承帝位?"翟方进、王根、廉褒、朱博都认为:"定陶王是皇上弟弟的儿子,《礼记》说:'兄弟的儿子,也就如同自己的儿子。立为谁的后嗣,也就是谁的儿子了。'定陶王适合立为嗣子。"只有孔光表示反对,他认为:"依礼,立后嗣应以血缘关系亲疏为根据。《尚书·盘庚》记载,殷商王朝王位的继承人,是从君王的兄弟中挑选,采取兄终弟及的办法。中山王刘兴,是先帝的儿子,皇上的亲弟弟,应选他为后嗣。"成帝以"中山王没有才干,再者依礼兄弟的牌位不能同时进入宗庙"为理由,没有听从孔光的建议。二月癸丑(初九),成帝下诏立定陶王刘欣为皇太子,封中山王的舅父、谏大夫冯参为宜乡侯,再增加中山国采邑三万户人家,以示安慰。成帝派执金吾任宏暂时署理大鸿胪职,持符节征召定陶王入京。定陶王上书辞谢说:"以我的才能资质,不足以充当太子大位。我请求暂时留住定陶王在京的府邸,早晚进宫问安,等到皇上有了亲子,我就返回藩国守土。"成帝览奏,批复说:"已阅。"戊午(十四日),成帝因为孔光的建议不合自己心意,将他贬调为廷尉,任命何武为御史大夫。

3 最初,成帝下诏访求殷商的后裔,发现已分散为十馀个姓,无法推算寻找出嫡系子孙。匡衡、梅福都认为,应该封孔子的后代为商汤的后裔,成帝听从他们的建议,封孔吉为殷朝绍嘉侯。三月,孔吉与周朝承休侯都晋封为公爵,采邑各一百里。

4 成帝前往雍城,在五畤祭祀天帝。

5 最初,何武担任廷尉时,曾上书建议说:"我们正处在凋敝的末世,政事繁多,当今宰相的才能又赶不上古代,而丞相一人却独兼三公所主管的事务,因而造成长时间百事废弛,管理不善的局面。应该重新建立三公官职。"成帝听从了他的建议。夏季,四月,赐曲阳侯王根大司马印信绶带,设置大司马官属,取消票骑将军官职;任命御史大夫何武为大司空,封汜乡侯。大司马、大司空的俸禄都增加到与丞相相同,以使三公编制齐备。

6　秋，八月庚戌，中山孝王兴薨。

7　匈奴车牙单于死；弟囊知牙斯立，为乌珠留若鞮单于。乌珠留单于立，以弟乐为左贤王，舆为右贤王，汉遣中郎将夏侯藩、副校尉韩容使匈奴。

或说王根曰："匈奴有斗入汉地，直张掖郡，生奇材箭竿、鹫羽。如得之，于边甚饶，国家有广地之实，将军显功垂于无穷！"根为上言其利，上直欲从单于求之，为有不得，伤命损威。根即但以上指晓藩，令从藩所说而求之。藩至匈奴，以语次说单于曰："窃见匈奴斗入汉地，直张掖郡，汉三都尉居塞上，士卒数百人，寒苦，候望久劳，单于宜上书献此地，直断割之，省两都尉士卒数百人，以复天子厚恩，其报必大。"单于曰："此天子诏语邪，将从使者所求也？"藩曰："诏指也，然藩亦为单于画善计耳。"单于曰："此温偶駼王所居地也，未晓其形状、所生，请遣使问之。"藩、容归汉后，复使匈奴，至则求地。单于曰："父兄传五世，汉不求此地，至知独求，何也？已问温偶駼王，匈奴西边诸侯作穹庐及车，皆仰此山材木，且先父地，不敢失也。"藩还，迁太原太守。单于遣使上书，以藩求地状闻。诏报单于："藩擅称诏，从单于求地，法当死。更大赦二，今徙藩为济南太守，不令当匈奴。"

8　冬，十月甲寅，王根病免。

6　秋季,八月庚戌(初九),中山孝王刘兴去世。

7　匈奴车牙单于死,弟弟囊知牙斯继位,为乌珠留若鞮单于。乌珠留单于继位后,任命弟弟乐为左贤王,舆为右贤王,汉朝派遣中郎将夏侯藩、副校尉韩容出使匈奴。

有人劝王根说:"匈奴有块楔入汉边的土地,正面对着张掖郡,出产奇异的木材、箭竿和鹫鹰羽毛。如果能得到这块地,可使边疆大为富饶,国家有开疆拓土的实惠,将军也可因功业卓著而名垂千古。"王根就对成帝陈述了要这块地的利益,成帝想直接向单于求地,又担心单于不答应,有伤诏命尊严,也损害中国的威信。王根就将皇帝求地的意思告诉夏侯藩,指示他以他个人的意见向单于求地。夏侯藩到匈奴后,与单于交谈,逐渐把话题引到求地之事,说:"我看匈奴有块土地突出楔入汉朝边地,直逼张掖郡,汉朝要委派三名都尉驻守在塞上,士卒则需数百人,在这种苦寒之地,守候时间长了,非常辛苦,单于应主动上书,呈献此地,划道直线,把突出部分割让,可以省去两名都尉数百士卒,以此报答天子的厚恩,天子的回报也必然更为丰厚。"单于说:"这是天子给你的诏书上所说的话,还是你作为使者提出的要求呢?"夏侯藩说:"天子诏书上是有这个意思,不过,我也是替单于筹划了一个好计策。"单于说:"这是温偶骎王居住的地方,我不清楚它的地形、物产等情况,等我派人打听以后再说。"夏侯藩、韩容归国后,又再一次出使匈奴,到匈奴后,就提出求地的要求。单于说:"我们匈奴父子兄弟已传位五世,汉朝从不要求此地,偏偏到我继位就提出要求,这是为什么? 我已问过温偶骎王,匈奴西部各诸侯制作帐幕及车子,都依赖此地山上出产的木材,况且这是先父留下的土地,不敢轻易丢掉。"夏侯藩回国复命,被调任太原太守。单于派使者到长安上书,讲了夏侯藩求地的情况。成帝下诏回复单于说:"夏侯藩擅自假称诏旨,向单于求地,依法应当处死。因为经过两次大赦,现在把他调往济南,任太守,不使他再面对匈奴。"

8　冬季,十月甲寅(十四日),王根患病,被免去官职。

9　上以太子既奉大宗后,不得顾私亲,十一月,立楚孝王孙景为定陶王。太子议欲谢,少傅阎崇以为"为人后之礼,不得顾私亲,不当谢",太傅赵玄以为"当谢",太子从之。诏问所以谢状,尚书劾奏玄,左迁少府;以光禄勋师丹为太傅。

初,太子之幼也,王祖母傅太后躬自养视;及为太子,诏傅太后、丁姬自居定陶国邸,不得相见。顷之,王太后欲令傅太后、丁姬十日一至太子家,帝曰:"太子承正统,当共养陛下,不得复顾私亲。"王太后曰:"太子小而傅太后抱养之;今至太子家,以乳母恩耳,不足有所妨!"于是令傅太后得至太子家,丁姬以不养太子,独不得。

10　卫尉、侍中淳于长有宠于上,大见信用,贵倾公卿。外交诸侯、牧、守,赂遗、赏赐累巨万,淫于声色。许后姊嬻为龙雒思侯夫人,寡居;长与嬻私通,因取为小妻。许后时居长定宫,因嬻赂遗长,欲求复为婕妤。长受许后金钱乘舆、服御物前后千馀万,诈许为白上,立为左皇后。嬻每入长定宫,辄与嬻书,戏侮许后,嫚易无不言。交通书记,赂遗连年。

时曲阳侯根辅政,久病,数乞骸骨。长以外亲居九卿位,次第当代根。侍中、骑都尉、光禄大夫王莽心害长宠,私闻其事。莽侍曲阳侯病,因言:"长见将军久病意喜,自以

9 成帝因太子既然已承奉大宗,就不能再顾念自己的骨肉亲人,于是在十一月,封楚孝王的孙子刘景为定陶王,使刘欣生父一脉得以延续。刘欣与左右商议,准备上书叩谢皇恩,少傅阎崇认为"既当别人的继承人,依礼,就不能再顾念自己的骨肉亲人,不应当叩谢",太傅赵玄却认为"应当叩谢",太子听从了赵玄的建议。成帝诏问太子因何叩谢的情况后,尚书上奏弹劾赵玄,赵玄被贬降为少府,而任命光禄勋师丹为太傅。

最初,太子幼年时,是由祖母傅太后亲自抚养;等到成为太子,成帝诏令傅太后和太子亲母丁姬留居京师定陶王府邸,不许相见。不久,皇太后想让傅太后、丁姬每隔十天去一次太子宫探望,成帝说:"太子已承继正统,理当奉养太后陛下,不能再顾念自己的骨肉亲人。"太后说:"太子小时候是傅太后抱养大的,现在允许他到太子宫探望,不过是以乳娘的恩情对待她,不足以造成什么妨碍。"于是下令傅太后可以到太子家探望,丁姬因为没有抚养太子,只有她不能去。

10 卫尉、侍中淳于长在成帝面前很得宠,大受信任和重用,权贵压倒公卿。他在外结交诸侯、州牧、太守,那些诸侯外官贿赂他的钱财,和皇帝给予的赏赐,累积巨万,他整日放纵于声色之中。许皇后的姐姐许嬷,是龙雒思侯夫人,现寡居在家,淳于长与她私通,因而娶她为妾。许皇后这时居住在长定宫,利用姐姐许嬷的关系贿赂淳于长,想求淳于长在成帝面前为她说情,使她再当婕妤。淳于长接受了许后的金钱车马、衣物器具等,前后约千馀万钱的贿赂,欺骗许后,假装许诺为她向成帝请求,立为左皇后。许嬷每次到长定宫探望许后,淳于长就让许嬷捎书信给许后,戏弄侮辱她,甚至一些轻佻污秽的话都无所不言。这种书信、贿赂以及往来,连续很多年。

这时曲阳侯王根为辅政大臣,久病在床,多次请求辞职。淳于长以外戚的身份,又位居九卿,按顺序应当代替王根而掌权柄。侍中、骑都尉、光禄大夫王莽对淳于长的得宠心怀妒忌,就暗中打听他的那些坏事。王莽在伺候曲阳侯王根的病时,趁机说:"淳于长见将军久病,颇含喜色,自以为

当代辅政,至对衣冠议语署置。"具言其罪过。根怒曰:"即如是,何不白也!"莽曰:"未知将军意,故未敢言!"根曰:"趣白东宫!"莽求见太后,具言长骄佚,欲代曲阳侯;私与长定贵人姊通,受取其衣物。太后亦怒曰:"儿至如此!往,白之帝!"莽白上;上以太后故,免长官,勿治罪,遣就国。

初,红阳侯立不得辅政,疑为长毁谮,常怨毒长;上知之。及长当就国,立嗣子融从长请车骑,长以珍宝因融重遗立。立因上封事,为长求留曰:"陛下既托文以皇太后故,诚不可更有他计。"于是天子疑焉,下有司按验。吏捕融,立令融自杀以灭口。上愈疑其有大奸,遂逮长系洛阳诏狱,穷治。长具服戏侮长定宫,谋立左皇后,罪至大逆,死狱中。妻子当坐者徙合浦;母若归故郡。上使廷尉孔光持节赐废后药,自杀。丞相方进复劾奏:"红阳侯立,狡猾不道,请下狱。"上曰:"红阳侯,朕之舅,不忍致法;遣就国。"于是方进复奏立党友后将军朱博、钜鹿太守孙闳,皆免官,与故光禄大夫陈咸皆归故郡。咸自知废锢,以忧死。

方进智能有馀,兼通文法吏事,以儒雅缘饰,号为通明相,天子器重之。又善求人主微指,奏事无不当意。方淳于长

应当代替您当辅政大臣,甚至已对士大夫及贵族子弟谈论到任官设署等事。"接着全部抖落出淳于长的罪过。王根大怒说:"竟然有这等事,为什么不早告诉我!"王莽说:"不知将军心里的想法,因此没敢说。"王根说:"快去禀告太后!"王莽求见太后,详细讲述了淳于长骄奢淫逸,想代替曲阳侯,与废后许氏的姐姐许嬺私通,接受废后许氏贿赂的衣物等罪恶。太后也发怒说:"这孩子竟然如此放肆!快去奏告皇帝!"王莽又报告了成帝,成帝因为淳于长是太后的亲属的缘故,虽免去了他的官职,但不治其罪,把他遣送回封国。

最初,红阳侯王立不能得到辅政大臣的位置,怀疑是淳于长诽谤诬陷的结果,时常怨恨他;这种情况,成帝也清楚。等到淳于长将回封国,王立的嫡长子王融,请求淳于长把仪仗车辆马匹送给他,淳于长借机让王融捎回赠送给王立的珍宝等极贵重的礼物。王立因此上密封奏书,请求成帝把淳于长留在京师,他说:"陛下的诏书既然托言因皇太后的缘故,不加罪淳于长,就实在不应该再给他其他惩罚。"于是引起成帝怀疑,就把此事交付有关官署去追查验证。主管官吏逮捕了王融,王立即逼令王融自杀以灭口。成帝愈发怀疑这其中有大的奸谋,就逮捕了淳于长,关押在洛阳诏狱,对他严加拷问。淳于长全部供出戏弄侮辱废后许氏,承诺立她为左皇后等罪行,罪状达到"大逆",就在狱中处死。妻儿们依法当牵连的,被放逐到合浦;母亲王若遣送回原郡。成帝派廷尉孔光持节前往长定宫,赐废后许氏毒药,许氏自杀。丞相翟方进又弹劾说:"红阳侯王立,狡猾不遵正道,请求将他逮捕,关进监狱。"成帝说:"红阳侯是朕的亲舅父,我不忍心让他受法律制裁,遣送回封国就行了。"于是翟方进又上奏弹劾王立的党羽和密友后将军朱博、钜鹿太守孙闳,他们都被免去官职,和以前的光禄大夫陈咸一起回归原郡。陈咸自知从此被废黜禁锢,忧愤而死。

翟方进智谋才能绰绰有余,又精通法令条文和行政事务,善用儒学经典装饰自己的谈吐,使其高雅不俗,被人称为通达明理的丞相,深受天子的器重。他又善于揣摩皇帝的心思,所奏之事,没有不合皇上心意的。当淳于长

用事，方进独与长交，称荐之。及长坐大逆诛，上以方进大臣，为之隐讳。方进内惭，上疏乞骸骨，上报曰："定陵侯长已伏其辜，君虽交通，传不云乎：'朝过夕改，君子与之'，君何疑焉！其专心壹意，毋怠医药，以自持。"方进起视事，复条奏长所厚善京兆尹孙宝、右扶风萧育、刺史二千石以上，免二十馀人。函谷都尉、建平侯杜业，素与方进不平，方进奏"业受红阳侯书听请，不敬"，免，就国。

上以王莽首发大奸，称其忠直；王根因荐莽自代。丙寅，以莽为大司马，时年三十八。莽既拔出同列，继四父而辅政，欲令名誉过前人，遂克己不倦。聘诸贤良以为掾、史，赏赐、邑钱悉以享士，愈为俭约。母病，公卿列侯遣夫人问疾，莽妻迎之，衣不曳地，布蔽膝，见之者以为僮使，问知其夫人。其饰名如此。

11 丞相方进、大司空武奏言："《春秋》之义，用贵治贱，不以卑临尊。刺史位下大夫而临二千石，轻重不相准。臣请罢刺史，更置州牧以应古制！"十二月，罢刺史，更置州牧，秩二千石。

12 犍为郡于水滨得古磬十六枚，议者以为善祥。刘向因是说上："宜兴辟雍，设庠序，陈礼乐，隆雅颂之声，盛揖让之容，以风化天下。如此而不治者，未之有也。或曰：'不能具礼。'礼以养人为本，如有过差，是过而养人也。

受重用时，翟方进只与淳于长结交，在成帝面前称赞和推荐他。等到淳于长犯大逆罪被处死，成帝因为翟方进是朝廷重臣，特意为他隐瞒掩饰。翟方进内心惭愧，上疏请求辞职，成帝回报说："定陵侯淳于长已伏罪，你虽与他交往密切，传上不是说：'早上的过失，晚上改正了，君子都赞许。'你还疑心什么呢！请专心一意休养，不要耽误了医药，自己保重。"于是翟方进起来办公，再次上奏，分列条目弹劾与淳于长交厚友善的京兆尹孙宝、右扶风萧育等人，因他指控而被罢免的刺史、二千石以上高级官员有二十馀人。函谷都尉、建平侯杜业，一向与翟方进不合，翟方进上奏说："杜业接受红阳侯书信嘱托，犯了不敬罪。"杜业因而被罢免，遣回封国。

成帝因为王莽首先揭发淳于长的奸恶，称赞他忠心正直；王根因而保荐王莽代替自己。丙寅（二十六日），任命王莽为大司马，时年三十八岁。王莽既然超出同列受到提拔，继四位伯父叔父，成为首辅大臣，就想让自己的名誉超越前人，于是克制自己的欲望，刻苦修养，自励不倦。聘请各种贤良人才作为掾、史，以协助自己处理政事；皇帝的赏赐和封国的收入，全部用来供养名士，自己越发俭朴节约。母亲患病，公卿列侯都派夫人去探问，王莽的妻子出来迎客，衣裙长不拖地，穿着布围裙，看见她的人，还以为是奴婢，询问之下，才知是王莽夫人。他伪饰作假、巧取虚名，竟达如此地步。

11　丞相翟方进、大司空何武奏称："《春秋》所昭示的大义，是用尊贵者治理卑贱者，而不是让卑贱者控制尊贵者。刺史的官位低于大夫，却能够监视督察二千石的官员，轻重贵贱的标准不相符。我请求撤销刺史，而在州郡再设置州牧的官职，以符合古制。"十二月，下诏撤销刺史，改设州牧，官秩二千石。

12　犍为郡有人在水畔得到十六枚古磬，议论者认为这是一种祥瑞。刘向因而劝成帝说："应该在京城设立学府，在地方设立学堂，在学府学堂中陈列礼器乐器，大力提倡《雅》《颂》之类的诗歌，使礼貌谦让的举止盛行起来，以教化天下。如果这样做了，仍治理不好天下，还从未有过。或许会有人说：'置备礼器无法周全。'礼以培养人为根本目的，如有些差错欠缺，也是为了培养人。

刑罚之过或至死伤，今之刑非皋陶之法也，而有司请定法，削则削，笔则笔，救时务也。至于礼乐，则曰'不敢'，是敢于杀人、不敢于养人也。为其俎豆、管弦之间小不备，因是绝而不为，是去小不备而就大不备，惑莫甚焉！夫教化之比于刑法，刑法轻，是舍所重而急所轻也。教化，所恃以为治也；刑法，所以助治也；今废所恃而独立其所助，非所以致太平也。自京师有悖逆不顺之子孙，至于陷大辟，受刑戮者不绝，由不习五常之道也。夫承千岁之衰周，继暴秦之馀敝，民渐渍恶俗，贪饕险诐，不闲义理，不示以大化而独驱以刑罚，终已不改！"帝以向言下公卿议，丞相、大司空奏请立辟雍，按行长安城南营表；未作而罢。时又有言："孔子布衣，养徒三千人，今天子太学弟子少。"于是增弟子员三千人；岁馀，复如故。

刘向自见得信于上，故常显讼宗室，讥刺王氏及在位大臣，其言多痛切，发于至诚。上数欲用向为九卿，辄不为王氏居位者及丞相、御史所持，故终不迁，居列大夫官前后三十馀年而卒。后十三岁而王氏代汉。

刑罚出现过错，或许会致人死伤，今天的刑法也不是皋陶时代的刑法了，而有关机构请求制定刑法，删的删，加的加，用其救治时弊。只是一提到礼乐，就推辞说'不敢轻举妄动'，这是敢于杀人，而不敢于培养人啊。就因为俎、豆等礼器，管、弦等乐器稍有不备，因而放弃不做礼乐之事，这是舍弃小不备而趋就于大不备，受迷惑没有比这更严重的了！教化与刑法比较起来，刑法为轻，不兴礼乐就是舍弃重的而急于捡起轻的。教化是治理国家的依靠，而刑法是治理国家的辅助，而今废弃了依靠，而单单把辅助树立起来，不可能达到太平。自京城说起，都存在悖逆不孝顺的子孙，尽管把他们处以死刑，而因不孝受刑戮的人仍然不绝，都是因为不学习五常——仁、义、礼、智、信道理的缘故。汉代承袭了千年衰落的周朝，又继承了残暴的秦朝遗留下的弊端，人民逐渐浸染上恶劣的风俗，贪婪奸险，不懂得仁义道理，如果不用儒家的崇高道德去教化他们，而单靠刑罚，这种状况终究不会改变！"成帝把刘向的建议拿到公卿中讨论，丞相、大司空奏请设立京师学府，并请巡行长安城南郊选址和树立标记；还未开工，即作罢。这时，又有人说："孔子是一介平民，却有门徒三千人，如今天子太学的弟子太少。"于是又增加太学弟子名额到三千人；实行一年多，又恢复原来的名额。

刘向见自己得到成帝的信任，因而常常为刘氏宗室打抱不平，讥刺王氏及在位大臣，言词往往沉痛恳切，出于内心至诚。成帝多次想任用刘向为九卿，然而得不到王氏占据高位的人，以及丞相、御史的附和支持，因此刘向始终得不到升迁，他处在大夫的行列前后三十馀年而死。过了十三年后，王氏取代汉朝。

卷第三十三　汉纪二十五

起甲寅(前7)尽乙卯(前6)凡二年

孝成皇帝下

绥和二年(甲寅,前7)

1　春,正月,上行幸甘泉,郊泰畤。

2　二月壬子,丞相方进薨。

时荧惑守心,丞相府议曹平陵李寻奏记方进,言:"灾变迫切,大责日加,安得保斥逐之戮? 阖府三百馀人,唯君侯择其中,与尽节转凶。"方进忧之,不知所出。会郎贲丽善为星,言大臣宜当之。上乃召见方进。还归,未及引决,上遂赐册,责让以政事不治,灾害并臻,百姓穷困,曰:"欲退君位,尚未忍,使尚书令赐君上尊酒十石,养牛一,君审处焉!"方进即日自杀。上秘之,遣九卿策赠印绶,赐乘舆秘器、少府供张,柱槛皆衣素。天子亲临吊者数至,礼赐异于他相故事。

臣光曰:晏婴有言:"天命不慆,不贰其命。"祸福之至,安可移乎! 昔楚昭王、宋景公不忍移灾于卿佐,曰:"移腹心之疾,置诸股肱,何益也!"藉其灾可移,仁君犹不忍为,况不可乎! 使方进罪不至死而诛之,以当大变,是诬天也;方进有罪当刑,隐其诛而厚其葬,是诬人也。孝成欲诬天、人而卒无所益,可谓不知命矣。

孝成皇帝下
汉成帝绥和二年(甲寅,公元前7年)

1 春季,正月,成帝前往甘泉,在泰畤祭天。

2 二月壬子(十三日),丞相翟方进去世。

当时星象显示火星停留在心宿,丞相府议曹、平陵人李寻向翟方进上呈文说:"灾害天变逼迫日紧,严厉的谴责天天增加,怎样才能保全自己,以免遭受比斥逐更严重的惩罚呢?合府属官三百馀人,只有从中挑选合适的人自尽,才可转移凶险。"翟方进万分忧愁,不知如何是好。正好郎官贲丽精通天文星象,说大臣应当代替天子身当灾祸。于是成帝召见翟方进。翟方进从宫里回来,还没来得及自裁,成帝就下策书,斥责他把国家管理得乱七八糟,天灾人祸同时并作,百姓穷困,并说:"本打算把你免职,但尚未忍心,现在派尚书令赐与你上等好酒十石,肥牛一头,你看着办吧!"翟方进即日自杀。成帝对此事严加保密,派九卿拿着皇帝的策书,赠翟方进印信、绶带,赐车马冥器、皇家祭庙陈设等,允许房柱和栏杆都裹以白布。成帝数次亲临吊唁,礼仪之隆重,赏赐之多,是其他丞相前所未有的。

臣司马光说:晏婴有句话说:"天命不容怀疑,命运只有一个,无法改变。"祸福降临,难道可以转移吗?从前楚昭王、宋景公不忍将灾祸转移到公卿大臣身上,说:"把心腹的疾患,转移到四肢,又有什么好处呢!"假如灾祸可以转移,仁慈的君王还不忍心那样做,何况根本不可转移呢!假使翟方进罪不至死而诛杀了他,用他的死承当天变,是诬蔑上天;假使翟方进有罪应当处以死刑,却隐瞒他的罪状,秘密毒杀,又赐以厚葬,是欺骗人心。孝成皇帝想诬蔑天道、人心,最后也没得到好结果,可以说是不知天命。

3　三月，上行幸河东，祠后土。

4　丙戌，帝崩于未央宫。

帝素强无疾病。是时，楚思王衍、梁王立来朝，明旦，当辞去。上宿供张白虎殿；又欲拜左将军孔光为丞相，已刻侯印，书赞。昏夜，平善，乡晨，傅绔袜欲起，因失衣，不能言，昼漏上十刻而崩。民间灌哗，咸归罪赵昭仪。皇太后诏大司马莽杂与御史、丞相、廷尉治，问皇帝起居发病状；赵昭仪自杀。

　　班彪赞曰：臣姑充后宫为婕妤，父子、昆弟侍帷幄，数为臣言："成帝善修容仪，升车正立，不内顾，不疾言，不亲指，临朝渊嘿，尊严若神，可谓穆穆天子之容矣。博览古今，容受直辞，公卿奏议可述。遭世承平，上下和睦。然湛于酒色，赵氏乱内，外家擅朝，言之可为於邑！"建始以来，王氏始执国命，哀、平短祚，莽遂篡位，盖其威福所由来者渐矣！

5　是日，孔光于大行前拜受丞相、博山侯印绶。

6　富平侯张放闻帝崩，思慕哭泣而死。

　　荀悦论曰：放非不爱上，忠不存焉。故爱而不忠，仁之贼也！

7　皇太后诏南、北郊长安如故。

8　夏，四月丙午，太子即皇帝位，谒高庙；尊皇太后曰太皇太后，皇后曰皇太后。大赦天下。

哀帝初立，躬行俭约，省减诸用，政事由己出，朝廷翕然望至治焉。

3　三月,成帝前往河东,祭祀后土。

4　丙戌(十八日),成帝在未央宫驾崩。

成帝一向身体强壮,没有疾病。当时,楚思王刘衍、梁王刘立来京朝见,第二天早晨就应当辞行归国。成帝铺设帷帐,宿于白虎殿;成帝又想拜左将军孔光为丞相,已刻好侯爵的印信,还准备好了封拜诏书。黄昏和夜间,还一切平静如常,清晨,成帝穿裤袜要起床,突然衣服滑落,不能言语,当计时的昼漏走到十刻时,成帝死去。民间喧哗,都归罪于赵昭仪。皇太后诏令大司马王莽,再加御史、丞相、廷尉一起追究审查,查问皇帝起居和发病的情况;赵昭仪自杀。

　　班彪评论说:我的姑母曾在后宫充当婕妤,她的父亲、兄弟都在宫廷皇帝身边侍奉,他们多次对我说:"成帝喜爱修饰,注重仪表,坐车或站立,不向内回顾,说话不急,不指指划划,临朝时仪态深沉、平静,像天神般尊严,正所谓肃穆温和的天子之容。成帝博览群书,融贯古今,对臣下直率的言辞,也能宽容接受,公卿们的奏议,他也可依照去做。正逢承平之世,上下和睦。然而,耽于酒色,被赵氏秽乱于内宫,外戚擅权于朝廷,说起来令人叹息!"建始元年以来,王氏开始执掌国家命运,哀帝、平帝都短命,于是王莽篡夺了皇位,王氏的威福有一个由小到大逐渐发展的过程。

5　成帝驾崩当天,孔光在大行皇帝灵柩前,拜受丞相、博山侯印信、绶带。

6　富平侯张放听到成帝去世的消息,追思仰慕哭泣,悲痛而死。

　　荀悦评论说:张放并非不爱成帝,而是光有爱,没有忠。所以爱而不忠,是仁义的大害!

7　皇太后下诏:恢复长安南北郊祭祀天地大典。

8　夏季,四月丙午(八日),太子即皇帝位,进谒汉高祖刘邦的祭庙;尊皇太后为太皇太后,皇后为皇太后。大赦天下。

哀帝即位之初,亲自厉行节俭,减省各项费用,政事由自己裁决处理,朝廷上下和谐,大家都希望能天下大治。

9 己卯,葬孝成皇帝于延陵。

10 太皇太后令傅太后、丁姬十日一至未央宫。

有诏问丞相、大司空:"定陶共王太后宜当何居?"丞相孔光素闻傅太后为人刚暴,长于权谋,自帝在襁褓,而养长教道至于成人,帝之立又有力;光心恐傅太后与政事,不欲与帝旦夕相近,即议以为:"定陶太后宜改筑宫。"大司空何武曰:"可居北宫。"上从武言。北宫有紫房复道通未央宫,傅太后果从复道朝夕至帝所,求欲称尊号,贵宠其亲属,使上不得由直道行。高昌侯董宏希指,上书言:"秦庄襄王,母本夏氏,而为华阳夫人所子,及即位后,俱称太后。宜立定陶共王后为帝太后。"事下有司,大司马王莽、左将军、关内侯、领尚书事师丹劾奏宏:"知皇太后至尊之号,天下一统,而称引亡秦以为比喻,诖误圣朝,非所宜言,大不道!"上新立,谦让,纳用莽、丹言,免宏为庶人。傅太后大怒,要上,欲必称尊号。上乃白太皇太后,令下诏尊定陶恭王为恭皇。

11 五月丙戌,立皇后傅氏,傅太后从弟晏之子也。

12 诏曰:"《春秋》,母以子贵。宜尊定陶太后曰恭皇太后、丁姬曰恭皇后,各置左右詹事,食邑如长信宫、中宫。"追尊傅父为崇祖侯,丁父为褒德侯;封舅丁明为阳安侯,舅子满为平周侯,皇后父晏为孔乡侯,皇太后弟侍中、光禄大夫赵钦为新城侯。太皇太后诏大司马莽就第,避帝外家;莽上疏乞骸骨。帝遣尚书令诏起莽,又遣丞相孔光、大司空何武、左将军师丹、卫尉傅喜白太皇太后曰:"皇帝闻太后诏,甚悲! 大司马即不起,皇帝即不敢听政!"太后乃复令莽视事。

9　己卯,葬孝成皇帝于延陵。

10　太皇太后下诏,命傅太后、丁姬每隔十天到未央宫探望哀帝。

哀帝下诏询问丞相、大司空:"定陶共王太后应当居住在什么地方才合适?"丞相孔光素来听说傅太后为人刚强暴烈,工于心计,善于弄权,哀帝在襁褓中时,便由她抚养长大,教导成人,哀帝能继位,她又出了大力;孔光深怕傅太后会干预政事,不想使她与皇帝早晚接触亲近,于是就建议说:"定陶太后应另行修筑宫室居住。"大司空何武却说:"可以住在北宫。"哀帝听从何武的建议。北宫有紫房复道直通未央宫,傅太后果然从复道早晚去哀帝住所,请求哀帝加封她尊号,提拔、宠信她的亲属,使哀帝无法以正道行事。高昌侯董宏迎合哀帝、傅太后的心意,上书说:"秦庄襄王的母亲,本来是夏氏,后来庄襄王被华阳夫人认为嗣子,等到继位后,夏氏、华阳夫人都尊称太后。应该尊定陶共王后为帝太后。"哀帝把此奏章交给有关官署讨论,大司马王莽,左将军、关内侯、主管尚书事师丹联合上奏弹劾董宏说:"董宏明知皇太后是最为尊贵的称号,现今天下一统,他却援引亡秦两太后并称的事例,作为比喻,欺骗贻误圣朝,这不是应该说的话,犯了大逆不道之罪。"哀帝新继位,还比较谦虚忍让,采纳了王莽、师丹的意见,把董宏免官,贬为平民。傅太后勃然大怒,要挟哀帝,非要称尊号不可。哀帝于是转告太皇太后,太皇太后同意下诏尊定陶恭王为恭皇。

11　五月丙戌(十九日),立傅氏为皇后,她是傅太后堂弟傅晏的女儿。

12　哀帝下诏说:"《春秋》说,母以子贵。所以应尊定陶太后为恭皇太后,尊丁姬为恭皇后,各自设置左右詹事,采邑如同长信宫皇太后和中宫皇后。"同时追尊傅太后的父亲为崇祖侯,丁姬的父亲为褒德侯;封哀帝舅父丁明为阳安侯,舅父的儿子丁满为平周侯,傅皇后的父亲傅晏为孔乡侯,又封皇太后赵飞燕的弟弟、侍中、光禄大夫赵钦为新城侯。太皇太后王政君诏令大司马王莽回到府第,以避开哀帝的外戚;王莽上书请求辞职。哀帝派尚书令持诏书命令王莽继续任职,又派丞相孔光、大司空何武、左将军师丹、卫尉傅喜向太皇太后报告说:"皇帝听到太皇太后的诏书,十分悲痛!如果大司马不继续供职,皇帝也就不敢听政了。"太皇太后于是又命令王莽上朝处理政事。

13　成帝之世,郑声尤甚,黄门名倡丙强、景武之属富显于世,贵戚至与人主争女乐。帝自为定陶王时疾之,又性不好音,六月,诏曰:"孔子不云乎:'放郑声,郑声淫。'其罢乐府官。郊祭乐及古兵法武乐在经,非郑、卫之乐者,别属他官。"凡所罢省过半。然百姓渐渍日久,又不制雅乐有以相变,豪富吏民湛沔自若。

14　王莽荐中垒校尉刘歆有材行,为侍中,稍迁光禄大夫,贵幸;更名秀。上复令秀典领《五经》,卒父前业。秀于是总群书而奏其《七略》,有《辑略》、有《六艺略》、有《诸子略》、有《诗赋略》、有《兵书略》、有《术数略》、有《方技略》。凡书六略,三十八种、五百九十六家、万三千二百六十九卷。其叙诸子,分为九流:曰儒,曰道,曰阴阳,曰法,曰名,曰墨,曰从横,曰杂,曰农,以为:"九家皆起于王道既微,诸侯力政,时君世主,好恶殊方,是以九家之术蜂出并作,各引一端,崇其所善,以此驰说,取合诸侯。其言虽殊,譬如水火相灭,亦相生也;仁之与义,敬之与和,相反而皆相成也。《易》曰:'天下同归而殊涂,一致而百虑。'今异家者推所长,穷知究虑,以明其指,虽有蔽短,合其要归,亦六经之支与流裔;使其人遭明王圣主,得其所折中,皆股肱之材已。仲尼有言:'礼失而求诸野。'方今去圣久远,道术缺废,无所更索,彼九家者,不犹愈于野乎! 若能修《六艺》之术,而观此九家之言,舍短取长,则可以通万方之略矣。"

13 汉成帝时代，靡靡之音尤为盛行，以致黄门名倡丙强、景武之流，都以富厚闻名于世，皇亲国戚甚至与天子竞比歌伎舞女。哀帝在当定陶王时，就对这种风气十分厌恶，生性又不喜好音乐，于是在六月下诏说："孔子不是说过吗：'放弃郑国音乐吧，郑国音乐太淫荡。'兹撤销乐府官。郊祀大典的音乐以及古代兵法武乐，在儒学经书中有记载，不属于郑国、卫国的音乐，由另外的官员来管理。"撤销机构和裁减人员超过原额的一半。但是百姓受靡靡之音熏染的时间很长了，又没有制定其他高雅的音乐来变通替换，因此豪富之家跟官吏百姓，依然沉湎其中，一如往昔。

14 王莽举荐中垒校尉刘歆，说他有才干德行，任命为侍中，稍后又升迁为光禄大夫，地位显贵，又受到皇帝宠信；刘歆改名为刘秀。哀帝又命令刘秀负责审核校对儒学"五经"，完成其父未完成的事业。刘秀于是汇总群书，根据内容辑其精华编成《七略》，有《辑略》、《六艺略》、《诸子略》、《诗赋略》、《兵书略》、《术数略》、《方技略》。综述群书的有六略，包括三十八种、五百九十六家、一万三千二百六十九卷。其中叙述诸子的，分为九大流派：儒家、道家、阴阳家、法家、名家、墨家、纵横家、杂家、农家，他认为："九家都兴起于王道衰微、诸侯争霸、以实力为政的时代，当时君王霸主们的喜好厌恶大不相同，因此形成九家学派同时蜂起、并肩争鸣的局面，他们各持一端，推崇各自所喜好的学说，并用这些学说去游说各国，希望诸侯能采纳他们的主张，或以各自的学说去迎合诸侯的口味。主张虽然不同，但就像水火相灭，同时也相生一样，它们也是互为长短、相反相成的；比如仁与义，敬与和，虽然相反，但也都是相成的。《周易》说：'天下人目的相同，但是通往目的地的道路却不同；目的一致，方法却可以有一百种。'而今，各个不同学派的人推崇自己学派的长处，如果深入研究，弄清它们的宗旨，虽然都不免有掩蔽短处的现象，但综合各家学说的主要内容和宗旨，也不过是儒学六经的支派或末流；倘若这些人能遇到圣王明主，将他们的主张互相取长补短，折中一下，那么他们都可成为栋梁之材。孔子说：'礼仪失传，到野外去寻找。'现在距离圣人的时代，已经很久远了，当时的道德学术和治国方法，不是缺失，就是废止了，无处追寻，这九家学派，岂不远远胜过野外吗！如果能钻研儒学六艺，再参考这九家学说，采取精华，舍弃短处，就可以精通万种方略了。"

15 河间惠王良能修献王之行,母太后薨,服丧如礼。诏益封万户,以为宗室仪表。

16 初,董仲舒说武帝,以"秦用商鞅之法,除井田,民得卖买,富者田连阡陌,贫者亡立锥之地,邑有人君之尊,里有公侯之富,小民安得不困! 古井田法虽难卒行,宜少近古,限民名田以赡不足,塞并兼之路;去奴婢,除专杀之威;薄赋敛,省徭役,以宽民力,然后可善治也!"及上即位,师丹复建言:"今累世承平,豪富吏民訾数巨万,而贫弱愈困,宜略为限。"天子下其议,丞相光、大司空武奏请:"自诸侯王、列侯、公主名田各有限;关内侯、吏、民名田皆毋过三十顷;奴婢毋过三十人。期尽三年,犯者没入官。"时田宅、奴婢贾为减贱,贵戚近习皆不便也,诏书:"且须后。"遂寝不行。又诏:"齐三服官、诸官,织绮绣难成、害女红之物,皆止,无作输。除任子令及诽谤诋欺法。掖庭宫人年三十以下,出嫁之;官奴婢五十以上,免为庶人。益吏三百石以下俸。"

17 上置酒未央宫,内者令为傅太后张幄,坐于太皇太后坐旁。大司马莽按行,责内者令曰:"定陶太后,藩妾,何以得与至尊并!"彻去,更设坐。傅太后闻之,大怒,不肯会,重怨恚莽;莽复乞骸骨。秋,七月丁卯,上赐莽黄金五百斤、安车驷马,罢就第。公卿大夫多称之者,上乃加恩宠,置中黄门,为莽家给使,十日一赐餐。又下诏益封曲阳侯根、安阳侯舜、新都侯莽、丞相光、大司空武邑户各有差。以莽为特进、给事中,朝朔望,见礼如三公。又还红阳侯立于京师。

15 河间王刘良,能学习献王的高尚情操和德行,母亲王太后去世,他穿丧服和治丧,完全按照礼仪的规定。哀帝下诏褒奖,增加采邑到万户,使他成为宗室奉行礼仪的表率。

16 早先,董仲舒曾劝说汉武帝:"秦国采用商鞅之法,废除井田,人民可以自由买卖土地,造成富者田地连成一片,贫者没有立锥之地,县邑有尊贵如君王一样的人,乡里有富比公侯的财主,小民怎能不困乏呢? 古代的井田法现在虽然难以仓猝实行,但也应该稍微恢复,应限制人民占田的数额,将多馀的土地补给不足者,堵塞兼并土地的途径;释放部分奴婢,取消主人可以随便杀害奴婢的特权;减少赋税,减轻徭役,使人民得以休息,然后才可把国家治理好。"等到哀帝即位,师丹也建议说:"而今连续几代的太平盛世,豪富之家和一些吏民的家产数目达巨万,而贫弱的人却愈加困乏,应该略为限制一下占田数额。"哀帝把这个奏议让大家讨论,丞相孔光、大司空何武上奏,请求:"从诸侯王开始,诸侯王、列侯、公主占田各定限额;关内侯、官吏、庶民占田都不得超过三十顷;奴婢人数不得超过三十人。期限定为三年,三年后有违犯规定的,财产没收入官。"这一来,造成一时田宅、奴婢的价格下跌,皇亲贵戚和天子的亲信都感到对自己不利,于是哀帝就下诏书说:"暂且等待以后再说。"这个办法于是停止不行。哀帝又下诏:"设于齐国的三服官以及其他主管皇家服装的官署,由于绮罗的纺织刺绣十分艰难,费工费料,因而全部停止制作,也不再向京师运送。废除任子令以及诽谤诋欺法。宫中年龄在三十岁以下的宫女,令其出宫嫁人;官奴婢年龄在五十岁以上的,免除奴婢身份,成为庶民。增加官秩在三百石以下的低级官吏的俸禄。"

17 哀帝在未央宫摆设酒席,内者令把傅太后的座位设在太皇太后座位旁边。大司马王莽巡视后,斥责内者令说:"定陶太后不过是藩王妃而已,怎配跟至尊的太皇太后并排而坐!"下令撤去原先的座位,重新摆放。傅太后听说后,怒不可遏,不肯赴宴会,极端愤恨王莽;王莽再次上书请求辞职。秋季,七月丁卯(初一),哀帝赐黄金五百斤、四匹马驾的安车一辆,让他辞官回到府邸。公卿大夫大多称赞王莽,哀帝于是给予他更多的恩宠,特意派中黄门到王莽家,以供差遣,每隔十天皇帝赐餐一次。又下诏,增加曲阳侯王根、安阳侯王舜、新都侯王莽、丞相孔光、大司空何武采邑人户各不等。赐王莽为特进、给事中,每月一日和十五日可以朝见皇帝,朝见时的礼节一如三公。又召回红阳侯王立,使居京师。

　　傅太后从弟右将军喜,好学问,有志行。王莽既罢退,众庶归望于喜。初,上之官爵外亲也,喜独执谦称疾;傅太后始与政事,数谏之,由是傅太后不欲令喜辅政。庚午,以左将军师丹为大司马,封高乡亭侯;赐喜黄金百斤,上右将军印绶,以光禄大夫养病;以光禄勋淮阳彭宣为右将军。大司空何武、尚书令唐林皆上书言:"喜行义修洁,忠诚忧国,内辅之臣也。今以寝病一旦遣归,众庶失望,皆曰:'傅氏贤子,以论议不合于定陶太后,故退。'百寮莫不为国恨之。忠臣,社稷之卫;鲁以季友治乱,楚以子玉轻重,魏以无忌折冲,项以范增存亡。百万之众,不如一贤;故秦行千金以间廉颇,汉散万金以疏亚父。喜立于朝,陛下之光辉,傅氏之废兴也。"上亦自重之,故寻复进用焉。

　　18　建平侯杜业上书诋曲阳侯根、高阳侯薛宣、安昌侯张禹而荐朱博。帝少而闻知王氏骄盛,心不能善,以初立,故且优之。后月馀,司隶校尉解光奏:"曲阳侯,先帝山陵未成,公聘取掖庭女乐五官殷严、王飞君等置酒歌舞,及根兄子成都侯况,亦聘取故掖庭贵人以为妻,皆无人臣礼,大不敬,不道!"于是天子曰:"先帝遇根、况父子,至厚也,今乃背恩忘义!"以根尝建社稷之策,遣归国;免况为庶人,归故郡。根及况父商所荐举为官者皆罢。

　　19　九月庚申,地震,自京师到北边郡国三十馀处,坏城郭,凡压杀四百馀人。上以灾异问待诏李寻,对曰:"夫日者,众阳之长,

傅太后的堂弟、右将军傅喜,喜好学问,胸怀大志,有德行。王莽既已罢职引退,大家把接替王莽位置的人选寄托在傅喜身上。先前,哀帝加封外戚官爵,唯独傅喜自称有病而谦让推辞;傅太后刚开始干预政事,傅喜就多次进言规谏,因此傅太后不想让傅喜当辅政大臣。庚午(初四),任命左将军师丹为大司马,封高乡亭侯;赐傅喜黄金百斤,缴还右将军的印信、绶带、以光禄大夫的身份在家养病;任命光禄勋、淮阳人彭宣为右将军。大司空何武、尚书令唐林都上书说:"傅喜行事仁义,品德高尚廉洁,忠诚忧国,是内朝辅弼大臣。现在以有病为借口,突然被遣返回家,使广大人民大失所望,都说:'傅氏是贤能之人,只因见解与定陶太后不合,因此被斥退。'百官没有不为国深深痛惜的。忠臣是国家的卫士,鲁国任用季友,治理好了混乱;楚国以子玉是否活着,决定被别国看重或轻视;魏国依仗有公子无忌,才能战胜强敌;项羽则由范增决定他的生存与灭亡。百万人之多,不如一个贤才;因此秦国用千金去离间廉颇和赵王的关系,汉高祖散万金使项羽疏远范增。傅喜能担当朝廷大任,是陛下的光辉,也是决定傅氏兴废的关键。"哀帝也很器重傅喜,因此不久,就再次征引任用他。

18 建平侯杜业上书诋毁曲阳侯王根、高阳侯薛宣、安昌侯张禹,而推荐朱博。哀帝小时候就听说王氏骄横,不可一世,心里对他们不能有好感,因为继位时间短,对他们暂且优待。杜业上书一个多月后,司隶校尉解光上奏说:"曲阳侯王根,在先帝还没入陵安葬之时,就公然聘娶后宫女乐五官殷严、王飞君等,在家置酒歌舞,王根的侄子、成都侯王况,也公然聘娶先帝后宫的贵人为妻,都没有人臣的礼义,犯了大不敬、不道之罪。"于是天子说:"先帝对待王根、王况叔侄,何等优厚,现在他们却如此背恩忘义!"由于王根曾有建议定陶王为太子的国策,因此仅遣送回封国;王况被夺爵,贬为平民,遣归原郡。由王根以及王况的父亲王商所举荐而当官的人,全部罢免。

19 九月庚申(二十五日),发生地震,自京师至北边郡国,有三十馀处地方毁坏了外城,共压死四百馀人。哀帝因为发生灾异而询问待诏李寻,他回答说:"太阳,是所有阳性物质的主宰,

人君之表也。君不修道，则日失其度，暗昧亡光。间者日尤不精，光明侵夺失色，邪气珥、蜺数作。小臣不知内事，窃以日视陛下，志操衰于始初多矣。唯陛下执乾刚之德，强志守度，毋听女谒、邪臣之态，诸保阿、乳母甘言卑辞之托，断而勿听。勉强大义，绝小不忍；良有不得已，可赐以货财，不可私以官位，诚皇天之禁也！

"臣闻月者，众阴之长，妃后、大臣、诸侯之象也。间者月数为变，此为母后与政乱朝，阴阳俱伤，两不相便。外臣不知朝事，窃信天文，即如此，近臣已不足杖矣。唯陛下亲求贤士，无强所恶，以崇社稷，尊强本朝！

"臣闻五行以水为本，水为准平。王道公正修明，则百川理，落脉通；偏党失纲，则涌溢为败。今汝、颍漂涌，与雨水并为民害，此《诗》所谓'百川沸腾'，咎在皇甫卿士之属。唯陛下少抑外亲大臣！

"臣闻地道柔静，阴之常义也。间者关东地数震，宜务崇阳抑阴以救其咎，固志建威，闭绝私路，拔进英隽，退不任职，以强本朝！夫本强则精神折冲；本弱则招殃致凶，为邪谋所陵。闻往者淮南王作谋之时，其所难者独有汲黯，以为公孙弘等不足言也。弘，汉之名相，于今无比，而尚见轻，何况亡弘之属乎！故曰朝廷亡人，则为贼乱所轻，其道自然也。"

也是君王的象征。君王昏乱不走正道,太阳就会失去常态,暗淡无光。最近,太阳尤其不明亮,光彩被侵夺而失去原来的颜色,邪气插入,晕霓屡次出现。我地位卑微,不了解内廷的情况,只敢以太阳的变化来观察陛下,勇气大志和行事都比即位初期大为衰退了。请陛下振奋阳刚之气,意志坚决,严守法度,不听女人的请求,不受邪臣的摆布,那些保姆、乳娘甜言卑辞的请托,绝不要听。努力实现大义,斩断小不忍的人情;实在不得已时,可以赐予他们钱财珍宝,千万不可用官职去徇私情,因为这实在是皇天之大忌!

"我听说所谓月亮,是阴性物质的主宰,也是后妃、大臣、诸侯的象征。近来,月亮多次发生变异,这显示母后干政乱朝,阴阳两败俱伤,两相妨碍。外臣不知朝廷大事,我只是诚实地就天象演示来判断,便是如此,陛下所亲近的大臣已不足依仗。陛下只有亲自另行寻求贤能之士,切忌使邪恶之人的势力强大起来,这样才能使国家昌盛,汉王朝强大。

"我听说五行以水为根本,水是公平的标准。如果政治公平修明,则会百川治理,脉络畅通;如果政治偏离正道,失去了纲常,则会江河泛滥成灾。而今汝水、颍水腾涨漫溢,与雨水一起肆虐,给人民造成巨大危害,这正像《诗经》里所形容的'百川沸腾',这些灾害应归咎于外戚之类。请陛下稍稍抑制外戚大臣!

"我听说大地行事温柔平静,这是阴性事物的正常状态。近来关东地区多次发生地震,为了挽救上天怪罪而降下的灾祸,应该崇阳抑阴,陛下要坚定意志,建树威严,关闭断绝私下请托之路,提拔引进英俊人才,罢退不称职的官吏,使本朝强大。根本强大了,就会精神振奋,所向无敌;根本衰弱了,则招灾惹祸,被邪恶的阴谋侵凌危害。听说当年淮南王谋反之时,他所害怕的只有汲黯一个人,认为公孙弘等都不值得一提。公孙弘是汉朝的名相,今天没有人可以比得上,他尚且被人看轻,何况今天连公孙弘之辈都没有呢!所以说,朝廷无人,就会被乱臣贼子轻视,这是自然的道理。"

20　骑都尉平当使领河堤，奏："九河今皆�’灭。按经义，治水有决河深川而无堤防壅塞之文。河从魏郡以东多溢决；水迹难以分明，四海之众不可诬。宜博求能浚川疏河者。"上从之。

待诏贾让奏言："治河有上、中、下策。古者立国居民，疆理土地，必遗川泽之分，度水势所不及。大川无防，小水得入。陂障卑下，以为污泽，使秋水多得其所休息，左右游波宽缓而不迫。夫土之有川，犹人之有口也，治土而防其川，犹止儿啼而塞其口，岂不遽止，然其死可立而待也。故曰：'善为川者决之使道，善为民者宣之使言。'盖堤防之作，近起战国。雍防百川，各以自利。齐与赵、魏以河为竟，赵、魏濒山，齐地卑下，作堤去河二十五里，河水东抵齐堤则西泛赵、魏。赵、魏亦为堤去河二十五里，虽非其正，水尚有所游荡。时至而去，则填淤肥美，民耕田之，或久无害，稍筑宫宅，遂成聚落。大水时至，漂没，则更起堤防以自救，稍去其城郭，排水泽而居之，湛溺自其宜也。今堤防，狭者去水数百步，远者数里，于故大堤之内复有数重，民居其间，此皆前世所排也。河从河内黎阳至魏郡昭阳，东西互有石堤，激水使还，百馀里间，河再西三东，迫厄如此，不得安息。

20　骑都尉平当,被委派主管治理河堤事务,上奏说:"古代的九河,现在全都湮灭难寻。查考儒学经义,治水有决开堵塞的河道、深挖河床等方法,而没有高筑堤防、约束水流的记载。黄河从魏郡以东多次发生泛滥决口,从洪水流动的走向,难以找到古代九河的遗迹,四海之内那么多人,是欺骗不得的。应该广泛征求有浚川疏河能力的人。"哀帝听从他的建议。

待诏贾让上奏说:"治河有上、中、下三策。古人修筑城郭,居住人民,划分土地进行垦殖经营时,选择方位地点,一定不选在川泽之水汇聚之处,而要选择在估计水势不能到达的地方。大河不修堤防,而小河小溪可以流入居住区。在地势低下的地方,利用山坡修筑围坝,形成湖泊池泽,秋季可以利用它蓄留洪水,水面宽阔,容水量大,水流缓慢不急迫。大地上有河流,就像人有嘴一样,用土石修筑堤防来阻止河水泛滥,就像塞住小孩的嘴制止他哭啼一样,难道不是很快就止住了吗?但是孩子的死期也跟着到了。所以说:'优秀的治水专家,决开堤防,疏导水势;杰出的政治家,使人民心中的怨愤宣泄出来,畅所欲言。'堤防的修筑,历时未久,兴起于战国时代。各自为了本国利益,修筑堤防,堵塞百川。齐国与赵、魏以黄河为界,赵、魏这边是山,而齐国地势低下,于是齐国在距黄河二十五里处修筑堤防,河水东下到达齐国堤防,受阻,则向西岸泛滥,使赵、魏遭受水灾。赵、魏也在距黄河二十五里处修筑堤防,虽然采取的不是正确的方法,但当时河床宽,足以容纳。洪水不断地来了,又走了,淤泥沉积成为肥沃的土壤,人民在上面耕种,或许赶上很久都没有发生水灾,于是陆续在这里兴建住宅,遂成村落。若洪水经常泛滥成灾,漂没田宅人畜,为了自救,就把堤防修筑得更高、更多,然后把城镇稍作迁移,排除积水,居住下来,在这种状况下,自然就会经常发生被洪水冲没淹死的惨剧。而今黄河堤防,近的距河仅数百步,远的有数里,在旧有的大堤之内又修筑数重堤防,人们居住在这里,这都是以前排水的渠道。黄河从河内、黎阳至魏郡、昭阳,东西两岸都互有石筑的堤防,疾驰的洪峰受到石堤的阻挡,急剧回转,百馀里的间隔,黄河两次向西猛拐、三次向东弯折,挤迫到这种程度,自然不得安宁。

"今行上策，徙冀州之民当水冲者，决黎阳遮害亭，放河使北入海。河西薄大山，东薄金堤，势不能远，泛滥期月自定。难者将曰：'若如此，败坏城郭、田庐、冢墓以万数，百姓怨恨。'昔大禹治水，山陵当路者毁之，故凿龙门，辟伊阙，析底柱，破碣石，堕断天地之性；此乃人功所造，何足言也！今濒河十郡，治堤岁费且万万；及其大决，所残无数。如出数年治河之费以业所徙之民，遵古圣之法，定山川之位，使神人各处其所而不相奸；且大汉方制万里，岂其与水争咫尺之地哉！此功一立，河定民安，千载无患，故谓之上策。

"若乃多穿漕渠于冀州地，使民得以溉田，分杀水怒，虽非圣人法，然亦救败术也。可从淇口以东为石堤，多张水门。恐议者疑河大川难禁制，荥阳漕渠足以卜之。冀州渠首尽，当仰此水门，诸渠皆往往股引取之：旱则开东方下水门，溉冀州；水则开西方高门，分河流。民田适治，河堤亦成。此诚富国安民、兴利除害，支数百岁，故谓之中策。

"若乃缮完故堤，增卑倍薄，劳费无已，数逢其害，此最下策也！"

21　孔光、何武奏："迭毁之次当以时定，请与群臣杂议。"于是光禄勋彭宣等五十三人皆以为："孝武皇帝虽有功烈，亲尽宜毁。"太仆王舜、中垒校尉刘歆议曰："《礼》，天子七庙。七者其正法数，可常数者也。宗不在此数中，宗变也。苟有功德则宗之，不可预为设数。臣愚以为孝武皇帝功烈如彼，孝宣皇帝崇立之如此，不宜毁！"上览其议，制曰："太仆舜、中垒校尉歆议可。"

"如今若实行上策，则迁移冀州洪泛区人民，决开黎阳遮害亭的堤坝，放黄河向北溃决，流入渤海。黄河西邻大山，东近金堤，依水势不会流得太远。洪水泛滥一个月，自然就会稳定下来。有人将会发难说：'如果这样，势必毁坏数以万计的城市、田地、房舍、坟墓，人民会怨恨的。'从前大禹治水，山陵挡路，则摧毁山陵，因此凿通龙门，洞开伊阙，劈分底柱，击破碣石，使天地的面貌全然改观；而城郭、田舍、坟墓不过是人工所造，更不必考虑了。现在濒临黄河的十郡，每年整修河堤的费用，达万万之巨；一旦发生大的决口，堤防毁坏崩塌无数。如果拿出数年治河的费用安置迁移的人民，遵照古代圣贤的作法，确定山川的位置，使神和人都各得其所，互不相扰；况且大汉国土广阔万里，何必与黄河去争那一点土地呢！这计划一旦实现，黄河稳定，人民安居乐业，千年没有水患，因此称为上策。

"如果在冀州地区，大量修筑运河渠道，一方面可使人民用来灌溉良田，另一方面又可分杀水势，虽然不是圣人的做法，但也不失为挽救危局的良策。可从洪口开始，往东修筑石堤，多设水门。恐怕有人会怀疑，黄河这样的大河，用渠道水门难以控制得住，荥阳粮道运河的功能，就足可以预测和说明问题。冀州灌溉水渠，从头到尾，正应仰赖于这种水门。各个水渠往往都要从这里取水分流：天旱则打开东方下水门，使冀州附近田地得以灌溉；一旦洪水到来，则打开西方高处的水门，分散水流。这种方法，可使民田得到适当管理，河堤也不会毁坏。这实在是富国安民、兴利除害、能控制水患数百年的办法，因此称为中策。

"如果只是一味修理完善原有的堤防，把低的地方增高，薄的地方加厚，徒费人力物力永无止境不说，洪水仍会每隔数年泛滥成灾。因此这是最下策。"

21　孔光、何武上奏说："撤除亲情已尽的祖先祭庙的名次安排，应当及时确定下来。请陛下与群臣讨论。"于是光禄勋彭宣等五十三人都认为："孝武皇帝虽然功勋卓著，但亲情已尽，应撤除祭庙。"太仆王舜、中垒校尉刘歆却提出异议，说："按照《礼记》，天子的祭庙应有七座。七是正式法定数字，可以作为正常情况下的数字。但是被尊为'宗'的，不在此数中，宗是变数。只有那些有功德的祖先，才能被尊为'宗'，因此不可预先规定宗的数字。我们愚昧地认为，孝武皇帝功勋无比，而孝宣皇帝又如此地尊崇他，不应该撤除他的祭庙！"哀帝观看奏议后，指示说："太仆王舜、中垒校尉刘歆的建议可行。"

22　何武后母在蜀郡，遣吏归迎；会成帝崩，吏恐道路有盗贼，后母留止。左右或讥武事亲不笃，帝亦欲改易大臣，冬，十月，策免武，以列侯归国。癸酉，以师丹为大司空。丹见上多所匡改成帝之政，乃上书言："古者谅暗不言，听于冢宰；三年无改于父之道。前大行尸柩在堂，而官爵臣等以及亲属，赫然皆贵宠，封舅为阳安侯，皇后尊号未定，豫封父为孔乡侯；出侍中王邑、射声校尉王邯等。诏书比下，变动政事，卒暴无渐。臣纵不能明陈大义，复曾不能牢让爵位，相随空受封侯，增益陛下之过。间者郡国多地动水出，流杀人民，日月不明，五星失行，此皆举错失中，号令不定，法度失理，阴阳溷浊之应也。

"臣伏惟人情无子，年虽六七十，犹博取而广求。孝成皇帝深见天命，烛知至德，以壮年克己，立陛下为嗣。先帝暴弃天下，而陛下继体，四海安宁，百姓不惧，此先帝圣德，当合天人之功也。臣闻'天威不违颜咫尺'，愿陛下深思先帝所以建立陛下之意，且克己躬行，以观群下之从化。天下者，陛下之家也，胕附何患不富贵，不宜仓卒若是，其不久长矣。"丹书数十上，多切直之言。

傅太后从弟子迁在左右，尤倾邪，上恶之，免官，遣归故郡。傅太后怒；上不得已，复留迁。丞相光与大司空丹奏言："诏书前后相反，天下疑惑，无所取信。臣请归迁故郡，以销奸党。"卒不得遣，复为侍中。其逼于傅太后，皆此类也。

22 何武的后母在蜀郡,何武派府吏迎接她到长安居住;正逢成帝去世,府吏恐怕道上有盗贼,就留下没有继续赶路。哀帝左右亲信有人指摘何武奉养后母不厚道,哀帝也正想更换大臣,于是在冬季,十月,下诏罢免何武官职,以列侯身份遣归封国。癸酉(初九),任命师丹为大司空。师丹见哀帝对成帝的施政措施多有更改,就上书说:"古代,新君居丧期间沉默不语,国家大事,悉听冢宰处理;三年之中,不能改变先父的治国之道。而今,盛放先帝遗体的棺柩尚在灵堂,就急急给大臣以及陛下的亲属任官封爵,全都赫然显贵荣宠起来,如封舅父为阳安侯,皇后的尊号还未确定,就预先封她父亲为孔乡侯;解除侍中王邑、射声校尉王邯等的职务等等。诏书连下,政事变动仓猝突然,急剧得没有逐渐发展的过程。我固然不能公开表明大义,又不能坚决辞让爵位,随波逐流,白白地接受封侯,更增加了陛下的过失。最近,郡国多次发生地震,涌出大水,淹死人民,太阳和月亮昏暗没有光彩,五星也失去正常的运行,这都是举措失当,号令不定,法令制度悖于常理,阴阳混浊不清的反映。

"我看人之常情,若没有儿子,年纪虽然六七十了,仍然多娶妻妾广为求子。孝成皇帝深刻明见天命,洞察陛下有至高的德行,以壮年之身,为公去私,立陛下为嗣子。先帝弃天下暴卒,陛下继位,四海安宁,百姓不惊,这是先帝的圣德,正合天人合一的功效。我听说:'不要违逆天帝的威严,因为他离你只有咫尺之远。'愿陛下深思先帝之所以选择你为继承人的深意,暂且克制自己,亲自实行新君不言的古制,观察群臣如何从善向化。天下,是陛下的私产,陛下的亲属亲信们又何愁不会富贵起来,不应该如此仓猝、迫不及待,那样也不会长久。"师丹上书数十次,言词多是痛切直率。

傅太后的堂侄傅迁,侍奉在哀帝左右,特别阴险奸邪,哀帝很厌恶他,就下令免去他的官职,遣回原郡。傅太后知道后,怒气冲天;哀帝不得已,只好再下诏留下傅迁。丞相孔光与大司空师丹上奏说:"两个诏书的内容,前后相反,使天下人疑惑,无法取信于民。请陛下仍把傅迁遣回原郡,以清除奸党。"但傅迁终于没有被遣归,而且恢复了侍中的官职。哀帝受傅太后逼迫的窘况,都类乎此。

23　议郎耿育上书冤讼陈汤曰："甘延寿、陈汤,为圣汉扬钩深致远之威,雪国家累年之耻,讨绝域不羁之君,系万里难制之虏,岂有比哉!先帝嘉之,仍下明诏,宣著其功,改年垂历,传之无穷。应是,南郡献白虎,边垂无警备。会先帝寝疾,然犹垂意不忘,数使尚书责问丞相,趣立其功;独丞相匡衡排而不予,封延寿、汤数百户,此功臣战士所以失望也。孝成皇帝承建业之基,乘征伐之威,兵革不动,国家无事,而大臣倾邪,欲专主威,排妒有功,使汤块然被见拘囚,不能自明,卒以无罪老弃。敦煌正当西域通道,令威名折冲之臣,旋踵及身,复为郅支遗虏所笑,诚可悲也!至今奉使外蛮者,未尝不陈郅支之诛以扬汉国之盛。夫援人之功以惧敌,弃人之身以快谗,岂不痛哉!且安不忘危,盛必虑衰,今国家素无文帝累年节俭富饶之畜,又无武帝荐延枭俊禽敌之臣,独有一陈汤耳!假使异世不及陛下,尚望国家追录其功,封表其墓,以劝后进也。汤幸得身当圣世,功曾未久,反听邪臣鞭逐斥远,使亡逃分窜,死无处所。远览之士,莫不计度,以为汤功累世不可及,而汤过人情所有,汤尚如此,虽复破绝筋骨,暴露形骸,犹复制于唇舌,为嫉妒之臣所系虏耳。此臣所以为国家尤戚戚也。"书奏,天子还汤,卒于长安。

23 议郎耿育上书为陈汤鸣冤,说:"甘延寿、陈汤为大汉朝在边远的异域血战扬威,雪洗了国家多年的耻辱,讨伐绝域不服从中国的君主,捕捉奔驰万里难以制服的强虏,谁的功劳可与他们相比呢!先帝赞美他们,发布公开诏书,突出宣扬他们的功绩,甚至为此而更改年号,使英雄的事迹,传之无穷。与此相合,南郡贡献白虎,边陲再无警报,不用戒备。不久,先帝卧病在床,可是仍然念念不忘,多次派尚书责问丞相,催促他们迅速拟定序功等级;唯独丞相匡衡,从中排斥阻挠,仅封甘延寿、陈汤数百户的采邑,使功臣战士大失所望。孝成皇帝继承的是前人已功成业就的基业,乘讨伐战胜之威,不须动一兵一卒,国家即获安宁,可是大臣倾轧邪恶,意欲独专朝廷的权威,排挤嫉妒有功之人,使陈汤只身被拘入狱,无法向皇帝剖明辩冤,终于以无罪年老之身,被抛弃在边陲。敦煌正当前往西域的通道,从前威震远方战无不胜的名将,现在一转眼却成了罪徒,还要遭受郅支单于残部的讥笑,实在令人可悲!至今奉命出使各国的使节,无不借击杀郅支单于的事情来宣扬汉朝的强盛。借助英雄的功绩去威吓敌人,却抛弃英雄本人,使谗言陷害之人称心快意,难道不令人痛心吗!况且安定不可忘记危险,强盛必须忧虑衰弱,而今国家平时没有文帝累年节俭积蓄的大量财富,又没有武帝延揽的众多勇猛善战令敌胆寒的名将,所有的,只是一个陈汤而已!假使陈汤已经过世,没有赶上陛下当政的时代,尚且希望国家追录他的功劳,高筑他的坟墓加以褒扬,以鼓励后来的仁人志士。陈汤有幸得逢圣世,现在距他立功的时间又不太久,如果再听信奸臣的谗言,用鞭子把他驱逐到偏远的边塞,使他家破人亡,死无葬身之地。有远见之人莫不思量,认为陈汤的功劳,几世以来无人可及,而陈汤的过错却是人情难免,陈汤尚且落到如此下场,那么我辈之人纵使粉身碎骨,疆场捐躯,仍免不了还会受制于奸臣的口舌,被嫉妒之臣陷害成罪徒。这正是我为国家特别忧愁的地方。"奏章呈上去后,哀帝下令让陈汤回到长安,后来就在长安去世。

孝哀皇帝上
建平元年(乙卯,前6)

1 春,正月,陨石于北地十六。

2 赦天下。

3 司隶校尉解光奏言:"臣闻许美人及故中宫史曹宫皆御幸孝成皇帝,产子;子隐不见。臣遣吏验问,皆得其状:元延元年,宫有身,其十月,宫乳掖庭牛官令舍。中黄门田客持诏记与掖庭狱丞籍武,令收置暴室狱。'毋问儿男、女,谁儿也!'宫曰:'善臧我儿胞,丞知是何等儿也!'后三日,客持诏记与武,问:'儿死未?'武对:'未死。'客曰:'上与昭仪大怒,奈何不杀!'武叩头啼曰:'不杀儿,自知当死;杀之,亦死!'即因客奏封事曰:'陛下未有继嗣,子无贵贱,唯留意!'奏入,客复持诏记取儿,付中黄门王舜。舜受诏,内儿殿中,为择乳母,告:'善养儿,且有赏,毋令漏泄!'舜择官婢张弃为乳母。后三日,客复持诏记并药以饮宫。宫曰:'果也欲姊弟擅天下! 我儿,男也,额上有壮发,类孝元皇帝。今儿安在? 危杀之矣! 奈何令长信得闻之?'遂饮药死。弃所养儿,十一日,宫长李南以诏书取儿去,不知所置。

"许美人元延二年怀子,十一月乳。昭仪谓帝曰:'常绐我言从中宫来。即从中宫来,许美人儿何从生中! 许氏竟当复立邪!'怼,以手自捣,以头击壁户柱,从床上自投地,啼泣不肯食,曰:'今当安置我,我欲归耳!'帝曰:'今故告之,反怒为,殊不可晓也!'帝亦不食。昭仪曰:'陛下自知是,不食何为!

孝哀皇帝上
汉哀帝建平元年（乙卯，公元前6年）

1　春季，正月，北地坠落十六颗陨石。

2　赦天下。

3　司隶校尉解光奏报说："我听说许美人和已故中宫史曹宫，都曾蒙孝成皇帝召幸而生下儿子；而两个孩子下落不明。我派官员追查，他们都报告说：元延元年，曹宫怀孕，同年十月，在宫廷牛官令舍生下一个男孩。中黄门田客拿着皇帝手诏给掖庭狱丞籍武看，命令他把曹宫关到暴室狱，并吩咐说：'不许问她生的是男孩还是女孩！也不许问是谁的孩子！'曹宫说：'请把我的儿子好好藏起来，你知道我儿子是什么人吗？'三天后，田客又拿着皇帝手诏给籍武，并说：'男孩死了没有？'籍武回答：'没死。'田客说：'皇上和昭仪大怒，你为什么不动手？'籍武叩头大哭：'不杀这个男孩，自知难逃一死；杀了，也是死！'便让田客代为呈递密封奏书，说：'陛下还未有嗣子，儿子不分贵贱，请陛下留意三思！'密奏呈上去后，田客又拿着皇帝的手诏来取走了孩子，把他交给中黄门王舜。王舜接受手诏，把孩子带到内宫殿中，为他挑选官婢张弃做乳娘，并告诉她：'好好喂养这个男孩，会有赏赐的。千万不可泄漏消息！'三天后，田客又拿着皇帝的手诏和毒药，让曹宫自尽。曹宫说：'果然她姐妹俩想独擅天下！我的孩子，是个男孩，额上有壮发，跟他祖父孝元皇帝一样。现在我的孩子在哪里？她们会害他、杀他的！怎样才能让太后知道呢？'于是饮毒药而死。张弃喂养那个男孩，刚十一天，宫长李南就拿着皇帝的诏书，把孩子抱走了，此后就再不知下落。

　　"许美人元延二年怀孕，十一月生下一个男孩。赵昭仪对成帝说：'你每次都欺骗我，说从中宫皇后那里来。既然从中宫来，许美人的孩子却从哪里生出来！难道许氏竟然要重当皇后吗！'赵昭仪怨恨连声，用手捶打自己，用头碰撞墙壁和门柱，还从床上故意跌到地下，哭泣不肯进食，哭叫着说：'你现在就当安置我，我要回家！'成帝说：'我今天特地告诉你，反而招来你发怒，真不懂你这是为什么！'成帝也不吃饭。赵昭仪说：'陛下既然自认为对，不吃饭又为什么！

陛下尝自言:"约不负女!"今美人有子,竟负约,谓何?'帝曰:'约以赵氏故不立许氏,使天下无出赵氏上者,毋忧也!'后诏使中黄门靳严从许美人取儿去,盛以苇箧,置饰室帷南去。帝与昭仪坐,使御者于客子解箧缄,未已,帝使客子及御者皆出,自闭户,独与昭仪在。须臾开户,呼客子,使缄封箧,及诏记令中黄门吴恭持以与籍武曰:'告武,箧中有死儿,埋屏处,勿令人知!'武穿狱楼垣下为坎,埋其中。

"其他饮药伤堕者无数事,皆在四月丙辰赦令前。臣谨按:永光三年,男子忠等发长陵傅夫人冢,事更大赦,孝元皇帝下诏曰:'此朕所不当得赦也!'穷治,尽伏辜。天下以为当。赵昭仪倾乱圣朝,亲灭继嗣,家属当伏天诛,而同产亲属皆在尊贵之位,迫近帷幄,天下寒心,请事穷竟!"丞相以下议正法,帝于是免新成侯赵钦、钦兄子咸阳侯䜣皆为庶人,将家属徙辽西郡。

议郎耿育上疏言:"臣闻继嗣失统,废適立庶,圣人法禁,古今至戒。然太伯见历知適,逡循固让,委身吴、粤,权变所设,不计常法,致位王季,以崇圣嗣,卒有天下,子孙承业,七八百载,功冠三王,道德最备,是以尊号追及太王。故世必有非常之变,然后乃有非常之谋。孝成皇帝自知继嗣不以时立,念虽末有皇子,万岁之后未能持国,权柄之重,制于女主,女主骄盛则奢欲无极,少主幼弱则大臣不使,

陛下曾亲口说:"永不负你!"现在许美人生了孩子,竟然负约背誓,这怎么解释?'成帝说:'我是说因为赵氏的缘故,所以不能立许氏,使天下没有人能在赵氏之上,你不用忧虑!'后来成帝下诏派中黄门靳严,从许美人那里,把男孩装在苇草编的小箱子里抱来,放到饰室门帘的南边。成帝与昭仪坐着,命侍者于客子解开苇箱绳子,一会儿,成帝令于客子和侍者都退出去,自己关闭门户,单独和昭仪留下。一会儿,打开门,呼叫于客子,用绳子捆好箱子,然后成帝写下手诏,命中黄门吴恭拿着手诏和箱子去给籍武,并说:'告诉籍武,箱子里有死孩子,把他埋在隐秘处所,不许让人知道!'籍武在狱楼墙下挖了个坑,把死孩子掩埋了。

"其他强迫吞服毒药、堕胎等事,无法计算了,都发生在四月丙辰(十八日)赦令发布前。谨查:永光三年,名叫忠的男子等发掘长陵傅夫人墓,罪行发生在两次大赦前,然而孝元皇帝下诏说:'这种罪行是朕不应当赦免的。'于是严厉究治,全部伏诛。天下人都认为处理得当。赵昭仪倾覆扰乱圣朝,亲手杀害皇家继嗣,家属应受诛杀,可是她的同母兄弟姐妹都处在显贵的位置,迫近皇帝,使天下人寒心,请陛下严厉追究此事。"丞相以下朝廷大臣都认为应该依法制裁,于是哀帝罢免了新成侯赵钦和其侄子咸阳侯赵䜣的爵位,贬为平民,将赵氏家属迁移到辽西郡。

议郎耿育上书说:"我听说,皇位继承顺序失去准则,废嫡立庶,这是圣人立法严厉禁止的,也是古今绝对不能容许的事。但是,吴太伯发现季历适合当王位继承人,虽有顾虑,仍坚决辞让,甚至逃到吴、粤,这是特殊情况下的权宜应变之法,不应以常法去计较,太伯把嫡子的地位让给季历,以尊崇圣嗣,结果姬昌终于统一天下,子孙承业,达七八百年之久,功勋居三王之首,道德最为完备,因此尊号追加到始祖,称为太王。所以,世上必有非常的变化,然后才有非常的决策。孝成皇帝自知早年没有及时生下嗣子,考虑到虽然暮年也有可能得皇子,但自己去世之后,孩子年幼,未必能掌握国家权力,重要的权柄,必然控制在母后之手,母后若过于骄横,就会贪欲无边,无所不为,少主幼弱,则大臣也不会俯首从命,

世无周公抱负之辅,恐危社稷,倾乱天下。知陛下有贤圣通明之德,仁孝子爱之恩,怀独见之明,内断于身,故废后宫就馆之渐,绝微嗣祸乱之根,乃欲致位陛下以安宗庙。愚臣既不能深援安危,定金匮之计,又不知推演圣德,述先帝之志,乃反覆校省内,暴露私燕,诬污先帝倾惑之过,成结宠姜妒媚之诛,甚失贤圣远见之明,逆负先帝忧国之意!夫论大德不拘俗,立大功不合众,此乃孝成皇帝至思所以万万于众臣,陛下圣德盛茂所以符合于皇天也,岂当世庸庸斗筲之臣所能及哉!且褒广将顺君父之美,匡救销灭既往之过,古今通义也。事不当时固争,防祸于未然,各随指阿从以求容媚。晏驾之后,尊号已定,万事已讫,乃探追不及之事,讦扬幽昧之过,此臣所深痛也!愿下有司议,即如臣言,宜宣布天下,使咸晓知先帝圣意所起。不然,空使谤议上及山陵,下流后世,远闻百蛮,近布海内,其非先帝托后之意也。盖孝者,善述父之志,善成人之事。唯陛下省察!"帝亦以为太子颇得赵太后力,遂不竟其事。傅太后恩赵太后,赵太后亦归心,故太皇太后及王氏皆怨之。

4　丁酉,光禄大夫傅喜为大司马,封高武侯。

5　秋,九月甲辰,陨石于虞二。

6　郎中令泠褒、黄门郎段犹等复奏言:"定陶共皇太后、共皇后皆不宜复引定陶藩国之名,以冠大号;车马、衣服宜皆称皇之意,置吏二千石以下,各供厥职;又宜为

那时如果没有周公那样的大臣忠心辅佐、肩负大任,恐怕将会危害国家,倾覆扰乱天下。先帝知道陛下有贤圣明达的品德,仁爱孝顺的恩义,独具慧眼,选中陛下,内心就打消了自己再要皇子的念头,因此就不再去后宫美人们的住所,断绝了由于主幼而带来祸乱的根苗,一心想把皇位传给陛下,以保证汉家宗庙的安定。有些愚昧的大臣,既不能全力挽救国家的安危,制定长远大计,又不知推广圣王的恩德,遵循先帝的志向,反而在禁宫内反复调查审讯,暴露宫闱的隐私生活,诬蔑先帝有惑于美色误国的过失,造成宠妾因妒嫉杀人,这样便抹煞了先帝圣贤远见的英明决断,忤逆和辜负了先帝忧国的本意! 论大德,就不能拘于世俗的见解,立大功,必然不合众人的口味,这正是孝成皇帝高明的思维胜过众臣万万倍的原因,这也是陛下圣德广大正符合皇天选择的缘故,这岂是当世庸碌短识之臣所能理解的道理呢! 况且赞美发扬遵循君父的美德,补救消除已往的过失,这是古今共同的大义。事情发生时,不在当时坚持力争,防患于未然,反而各自顺从迎合,阿谀献媚。等到先帝去世后,尊号已定,万事都已完毕,就开始深究无法挽回的往事,攻击宣扬宫闱幽深昏暗处谁也说不清的过错,这实在令我深深痛心! 希望陛下把这件事交付主管官署讨论,假如正如我所说,就应该公开向天下宣布,使小民都知道先帝神圣旨意的起因。不然的话,白白地让诽谤言论伤害到先帝,再流传到后世,远达边疆蛮族和外国,近则传遍海内,这与先帝将后事托付给陛下的本意,大相径庭了。孝顺的人,善于遵照先父的遗志,善于完成先人未竟的事业。请陛下考虑。"哀帝也认为,当年能被立为太子,赵太后出了大力,也就不再追究此事。傅太后感激赵飞燕当年的厚恩,而现在赵太后又倾心相结,更不愿追究此事。然而,太皇太后以及王氏权贵们都深为怨恨。

4 丁酉(初四),任命光禄大夫傅喜为大司马,封高武侯。

5 秋季,九月甲辰(十五日),虞地坠落两颗陨石。

6 郎中令泠褒、黄门郎段犹等又上奏说:"定陶共皇太后、共皇后都不应再把定陶藩国的名称,加到尊号之上。车马、衣裳服饰也都应与'皇'的身份相称。应设置二千石以下官员在那里供职;还应为

共皇立庙京师。"上复下其议，群下多顺指言："母以子贵，宜立尊号以厚孝道。"唯丞相光、大司马喜、大司空丹以为不可。丹曰："圣王制礼，取法于天地。尊卑者，所以正天地之位，不可乱也。今定陶共皇太后、共皇后以'定陶共'为号者，母从子，妻从夫之义也。欲立官置吏，车服与太皇太后并，非所以明'尊无二上'之义也。定陶共皇号谥已前定，义不得复改。《礼》：'父为士，子为天子，祭以天子，其尸服以士服。'子无爵父之义，尊父母也。为人后者为之子，故为所后服斩衰三年，而降其父母期，明尊本祖而重正统也。孝成皇帝圣恩深远，故为共王立后，奉承祭祀，令共皇长为一国太祖，万世不毁，恩义已备。陛下既继体先帝，持重大宗，承宗庙、天地、社稷之祀，义不可复奉定陶共皇，祭入其庙。今欲立庙于京师，使臣下祭之，是无主也。又，亲尽当毁，空去一国太祖不堕之祀而就无主当毁不正之礼，非所以尊厚共皇也！"丹由是浸不合上意。

会有上书言："古者以龟、贝为货，今以钱易之，民以故贫，宜可改币。"上以问丹，丹对言可改。章下有司议，皆以为行钱以来久，难卒变易。丹老人，忘其前语，复从公卿议。又丹使吏书奏，吏私写其草；丁、傅子弟闻之，使人上书告"丹上封事，行道人遍持其书。"上以问将军、中朝臣，皆对曰：

共皇在京师建立祭庙。"哀帝将此建议交付臣下讨论,大多数官员都承顺哀帝的旨意说:"母以子贵,应该建立尊号,以重孝道。"只有丞相孔光、大司马傅喜、大司空师丹认为不可以。师丹说:"圣王制定礼,是取法于天地。上尊下卑的原则,正是摆正天地位置的依据,决不可以混乱。现在定陶共皇太后、共皇后以'定陶共'为号,表示母从子、妻从夫的意思。想建立官属,设置官吏,车马衣裳服饰与太皇太后一样,就无法表明'至尊不能有二'的意义了。定陶共皇的尊号、谥号前已确定,从正义出发,不能再改动。《礼记》说:'父亲是士,儿子成了天子,祭祀父亲时,虽可使用天子的祭仪,但父亲的殡服仍必须穿士的服装。'说明儿子没有给父亲封爵的道理,是表示尊重父母。成为人家的后嗣,也就成为人家的儿子,因此要为人家穿不缝边的粗麻衣服守三年孝,而对生身父母,则要缩短守孝期,用以表明尊崇所承继宗支的祖先而持重正统。孝成皇帝圣恩深远,特意为共皇选定继承人,以承奉共皇一脉的祭祀,使共皇能长久为藩国的太祖,祭庙香火万世不灭,恩义已经备至。陛下既为先帝的继承人,身居嫡系大宗的重要地位,承袭了宗庙、天地、社稷的祭祀,从大义出发,就不能再承奉定陶共皇,到共皇祭庙去祭祀祖先。现在要在京师建立共皇祭庙,只能派臣下去祭祀,成了无主的祭祀了。再有,皇帝的祭庙,当亲情已尽时,就应当撤除,徒然放弃一个藩国万世不堕的祭祀,而去趋就一个既无主、将来应撤除、依礼法又不符合正道的祭祀,这不是尊崇厚待共皇的作法。"师丹从此渐渐不称哀帝的心意。

　　正巧,有人上书说:"古代用龟甲、贝壳作为货币,而今改成钱币,小民因此贫困,应该改变货币。"哀帝问师丹的意见,师丹回答可以改。于是把奏章交付主管官署讨论,主管官员都认为,使用钱币的时间已很长,难以仓猝地一下改变。师丹人老神衰,忘记了他以前说过的话,就又去附和公卿们的意见。此外,师丹让书吏抄写奏章,书吏私自抄写了一份草稿,丁、傅两家子弟知道了,派人出面控告师丹说:"师丹呈上的密封奏书,街上行路之人都拿着草稿副本。"哀帝问将军和朝中大臣们的看法,都回答说:

"忠臣不显谏。大臣奏事,不宜漏泄,宜下廷尉治。"事下廷尉,劾丹大不敬。事未决,给事中、博士申咸、炔钦上书言:"丹经、行无比,自近世大臣能若丹者少。发愤懑,奏封事,不及深思远虑,使主簿书,漏泄之过不在丹,以此贬黜,恐不厌众心。"上贬咸、钦秩各二等;遂策免丹曰:"朕惟君位尊任重,怀谖迷国,进退违命,反覆异言,甚为君耻之!以君尝托傅位,未忍考于理,其上大司空、高乐侯印绶,罢归!"

尚书令唐林上疏曰:"窃见免大司空丹策书,泰深痛切。君子作文,为贤者讳。丹,经为世儒宗,德为国黄耇,亲傅圣躬,位在三公;所坐者微,海内未见其大过。事既以往,免爵太重。京师识者咸以为宜复丹爵邑,使奉朝请。唯陛下裁览众心,有以尉复师傅之臣!"上从林言,下诏,赐丹爵关内侯。

上用杜业之言,召见朱博,起家复为光禄大夫;迁京兆尹。冬,十月壬午,以博为大司空。

7 中山王箕子,幼有眚病,祖母冯太后自养视,数祷祠解。上遣中郎谒者张由将医治之。由素有狂易病,病发,怒去,西归长安。尚书簿责由擅去状,由恐,因诬言中山太后祝诅上及傅太后。傅太后与冯太后并事元帝,追怨之,因是遣御史丁玄按验;数十日,无所得。更使中谒者令史立治之;立受傅太后指,冀得封侯,

"忠臣不会显示他对君王的劝谏。大臣奏事的内容不应该泄漏,应该将师丹交廷尉依法治罪。"此案交付廷尉审理,廷尉弹劾师丹犯了大不敬罪。事情还未最后裁决,给事中、博士申咸、炔钦上书说:"师丹的经学和品行没人能赶得上,自近世以来,大臣能像师丹那样的很少了。由于师丹心中愤懑,拟就密封奏书,来不及深思熟虑,就命主簿抄写,泄露的过错不在师丹,用这个理由把他贬黜,恐怕不能令众人心服。"哀帝命将申咸、炔钦各降级二等,接着下策书罢免师丹说:"朕见你官位尊贵,责任重大,却怀诈惑国,言行违抗诏令,反复无常,言词矛盾,朕深为你感到羞耻! 由于你曾担任过朕的师傅,不忍心将你依法究治,请交还大司空、高乐侯的印信、绶带,罢官免爵回家。"

尚书令唐林上书说:"我看了罢免大司空师丹的策书,深深地感到痛心。君子做文章时,会对贤者讳言过失。师丹精通五经,是儒学一代宗师,品德高洁,是国家的老前辈,亲手教导辅佐陛下,位列三公;而所犯下的过失极其微小,海内之人都没见他有什么大错。事情既然已成过去,免爵的处罚未免太重。京师有见识的人,都认为应恢复师丹的封爵采邑,使他有机会朝见陛下。请陛下考虑大家的心愿,用以安慰报答当过师傅的大臣。"哀帝听从了唐林的意见,下诏赐师丹封爵关内侯。

哀帝采纳杜业的建议,召见朱博,恢复他的官职,任命为光禄大夫,不久,又升迁为京兆尹。冬季,十月壬午(二十三日),任命朱博为大司空。

7 中山王刘箕子,幼年就患有眼病,祖母冯太后亲自抚养看护,不断祈祷,求神免去他的病灾。哀帝派遣中郎谒者张由去医治刘箕子的病。张由一直患有疯狂变态病,到中山国后,突然犯病,狂怒而离开中山国,返回长安。尚书用文簿一一责问张由擅自离开中山的原因,张由恐惧,就编造谎言,说中山太后祝祷诅咒皇帝及傅太后。傅太后与冯太后都是汉元帝的妃子,傅太后追想旧恨,于是派遣御史丁玄去追查,调查数十天,没有结果。就又派中谒者令史立去追查究治,史立接受傅太后的旨意,希图能因此立功封侯,

治冯太后女弟习及弟妇君之，死者数十人，诬奏云："祝诅，谋弑上，立中山王。"责问冯太后，无服辞。立曰："熊之上殿何其勇，今何怯也！"太后还谓左右："此乃中语，吏何用知之？欲陷我效也！"乃饮药自杀。宜乡侯参、君之、习及夫、子当相坐者，或自杀，或伏法，凡死者十七人。众莫不怜之。

司隶孙宝奏请覆治冯氏狱，傅太后大怒曰："帝置司隶，主使察我！冯氏反事明白，故欲摘抉以扬我恶，我当坐之！"上乃顺指，下宝狱。尚书仆射唐林争之，上以林朋党比周，左迁敦煌鱼泽障候。大司马傅喜、光禄大夫龚胜固争，上为言太后，出宝，复官。张由以先告，赐爵关内侯；史立迁中太仆。

于是究治冯太后的妹妹冯习以及弟媳君之,严刑拷问之下,死者竟达数十人,随后史立诬告上奏说:"冯太后祝祷诅咒,阴谋害死皇上,好另立中山王。"但审问冯太后时,并没有认罪的供辞。史立说:"当年熊扑上殿时,你何等勇敢,今天又害怕什么呢?"冯太后回宫后对左右说:"挡熊之事,是旧时宫中的话,这个官吏怎么会知道了?很明显,是必欲陷害死我,以报效宫中之人!"于是服毒自杀。宜乡侯冯参、君之、冯习和她的丈夫、儿子,凡被牵连进此案获罪的,或自杀,或依法被诛杀,死者共十七人。人们无不对此感到哀怜。

司隶孙宝奏请重新审理冯氏一案,傅太后大怒说:"皇帝设置司隶官,难道还派你来追查我!冯氏谋反事实明白,孙宝却想故意挑剔,来宣扬我的过错,我要治他的罪!"哀帝顺从傅太后的旨意,把孙宝关进监狱。尚书仆射唐林为孙宝争辩,哀帝却认为唐林营私结党,把他贬调到敦煌鱼泽障当障候。大司马傅喜、光禄大夫龚胜,坚持为孙宝辩护,哀帝把情况禀告傅太后,才释放孙宝,官复原职。张由因首先揭发逆案的功劳,赐爵关内侯;擢升史立为中太仆。

卷第三十四　汉纪二十六

起丙辰(前5)尽戊午(前3)凡三年

孝哀皇帝中
建平二年(丙辰,前5)

1　春,正月,有星孛于牵牛。

2　丁、傅宗族骄奢,皆嫉傅喜之恭俭。又,傅太后欲求称尊号,与成帝母齐尊;喜与孔光、师丹共执以为不可。上重违大臣正议,又内迫傅太后,依违者连岁。傅太后大怒,上不得已,先免师丹以感动喜;喜终不顺。朱博与孔乡侯傅晏连结,共谋成尊号事,数燕见,奏封事,毁短喜及孔光。丁丑,上遂策免喜,以侯就第。

御史大夫官既罢,议者多以为古今异制,汉自天子之号下至佐史,皆不同于古,而独改三公,职事难分明,无益于治乱。于是朱博奏言:"故事:选郡国守相高第为中二千石,选中二千石为御史大夫,任职者为丞相。位次有序,所以尊圣德,重国相也。今中二千石未更御史大夫而为丞相,权轻,非所以重国政也。臣愚以为大司空官可罢,复置御史大夫,遵奉旧制。臣愿尽力以御史大夫为百僚率!"上从之。夏,四月戊午,更拜博为御史大夫。又以丁太后兄阳安侯明为大司马、卫将军,置官属,大司马冠号如故事。

孝哀皇帝中

汉哀帝建平二年(丙辰,公元前5年)

1　春季,正月,有异星出现在牵牛星旁。

2　丁氏、傅氏宗族的人骄横奢侈,都对傅喜的谦恭节俭十分忌恨。还有,傅太后要求称尊号,想与太皇太后一样尊贵,傅喜与孔光、师丹共同坚持认为不可以。哀帝难以违背朝廷大臣们的正当议论,又内受傅太后的逼迫,犹豫不决,拖延了一年多。傅太后大发雷霆,哀帝不得已,就先把师丹免职,希望借此使傅喜受到影响和触动,傅喜却始终不顺从。朱博与孔乡侯傅晏勾结,共谋促成傅太后尊号之事,多次乘皇帝有空闲去晋见,并经常呈递密封奏书,攻击诽谤傅喜以及孔光。丁丑,哀帝下策书免去傅喜的官职,以侯爵的身份返回宅邸。

御史大夫的官位既已撤销,很多人认为古今制度不同,汉朝上自天子的称号,下至佐史的名称,都与古时不同,而单单改三公,职权责任难以分明,对治理国家没有益处。于是朱博上奏:"依照前例:考核郡国守、相,考绩优异者,可被定为官秩中二千石的高级官员,再从中二千石的官员中物色御史大夫的人选,御史大夫能任职的,则晋升为丞相。这样晋升官位有一定的顺序,就可以推尊圣德,加重国相的权威。现在中二千石的官员,不经御史大夫这一官阶,就直接被任命为丞相,权威轻,不能加强国家的统治。我愚昧地认为,大司空官职可以撤销,重新设置御史大夫,还是遵照奉行旧制度。撤销大司空后,我愿在较低一阶的御史大夫的官位上尽力供职,成为百官的表率!"哀帝采纳了他的建议。夏季,四月戊午(初二),改变朱博的官职,拜为御史大夫。又任命丁太后的哥哥、阳安侯丁明为大司马、卫将军,设置官属,大司马的头衔和从前一样。

3　傅太后又自诏丞相、御史大夫曰："高武侯喜附下罔上，与故大司空丹同心背畔，放命圮族，不宜奉朝请，其遣就国！"

4　丞相孔光，自先帝时议继嗣，有持异之隙，又重忤傅太后指；由是傅氏在位者与朱博为表里，共毁谮光。乙亥，策免光为庶人。以御史大夫朱博为丞相，封阳乡侯；少府赵玄为御史大夫。临延登受策，有大声如钟鸣，殿中郎吏陛者皆闻焉。

上以问黄门侍郎蜀郡扬雄及李寻，寻对曰："此《洪范》所谓鼓妖者也。师法，以为人君不聪，为众所惑，空名得进，则有声无形，不知所从生。其《传》曰：'岁、月、日之中，则正卿受之。'今以四月日加辰、巳有异，是为中焉。正卿，谓执政大臣也。宜退丞相、御史，以应天变。然虽不退，不出期年，其人自蒙其咎。"扬雄亦以为："鼓妖，听失之象也。朱博为人强毅，多权谋，宜将不宜相，恐有凶恶亟疾之怒。"上不听。

朱博既为丞相，上遂用其议，下诏曰："定陶共皇之号，不宜复称定陶。尊共皇太后曰帝太太后，称永信宫。共皇后曰帝太后，称中安宫。为共皇立寝庙于京师，比宣帝父悼皇考制度。"于是四太后各置少府、太仆，秩皆中二千石。傅太后既尊后，尤骄，与太皇太后语，至谓之"妪"。时丁、傅以一二年间暴兴尤盛，为公卿列侯者甚众。然帝不甚假以权势，不如王氏在成帝世也。

3　傅太后又亲自下诏给丞相、御史大夫说："高武侯傅喜，附会臣下，欺骗主上，与前任大司空师丹同心背叛，不听教令，损害宗族，不应该再让他朝见皇帝，立即遣送他回封国去。"

4　丞相孔光，自先帝讨论立皇位继承人时，就对定陶王持有异议，因而与傅太后和哀帝已有嫌隙，以后又大大违逆傅太后的旨意，于是傅氏在朝廷任官的人，与朱博内外勾结，共同诋毁孔光。乙亥（十九日），哀帝下策书罢免了孔光的官职和爵位，贬为平民。任命御史大夫朱博为丞相，封阳乡侯，又任命少府赵玄为御史大夫。当二人登殿准备接受皇帝的策书时，忽然传出一种宏大的声音，像钟鸣一样，殿中的郎、吏和阶前的武士，全都听到了。

哀帝为这件怪事询问黄门侍郎、蜀郡人扬雄以及李寻，李寻回答说："这是《洪范》里所说的那种鼓妖。老师教给我说，往往是在认为君主耳目不明，被人迷惑，使空有虚名的人进入朝廷，升任重要职位时，鼓妖就会发声，但无形，让人不知声音从哪里发出。《传》说：'鼓妖发声出现在年、月、日的中期者，预示正卿要承受灾难。'现在是四月，又是一天的辰时、巳时，出现怪异，正是中期。所谓正卿，指的是执政大臣。应该罢退丞相、御史，以应付天变。即使现在不罢退，不出一年，本人也自会遭受天谴。"扬雄也认为："鼓妖的出现，是君王耳目失灵的象征。朱博为人强悍坚毅，富于权谋，适宜为将，而不适宜为相。如不引退，恐怕会招致上天发怒，降下凶险激切的灾难。"哀帝没有理睬他们的话。

朱博当上丞相后，哀帝就采用他的建议，下诏说："定陶共皇这个称号，不应再有'定陶'二字。现尊共皇太后的称号为'帝太太后'，称永信宫。尊共皇后为'帝太后'，称中安宫。为共皇在京师建立寝庙，比照宣帝的父亲悼皇考的寝庙规定建立。"于是，四位太后各自设置少府、太仆官职，官秩都为中二千石。傅太后既已取得尊号，尤为骄横，与太皇太后说话时，甚至称她为"老太婆"。当时丁氏、傅氏两家在一二年间突然崛起，贵盛无比，被封为公卿列侯的人很多。但是哀帝不太赋予他们权势，他们的势力不如成帝在世时的王氏。

5　丞相博、御史大夫玄奏言："前高昌侯宏，首建尊号之议，而为关内侯师丹所劾奏，免为庶人。时天下衰粗，委政于丹，丹不深惟褒广尊号之义，而妄称说，抑贬尊号，亏损孝道，不忠莫大焉！陛下仁圣，昭然定尊号，宏以忠孝复封高昌侯。丹恶逆暴著，虽蒙赦令，不宜有爵邑，请免为庶人。"奏可。

又奏："新都侯莽前为大司马，不广尊尊之义，抑贬尊号，亏损孝道，当伏显戮。幸蒙赦令，不宜有爵土，请免为庶人。"上曰："以莽与皇太后有属，勿免，遣就国。"及平阿侯仁臧匿赵昭仪亲属，皆遣就国。

天下多冤王氏者。谏大夫杨宣上封事言："孝成皇帝深惟宗庙之重，称述陛下至德以承天序，圣策深远，恩德至厚。惟念先帝之意，岂不欲以陛下自代，奉承东宫哉！太皇太后春秋七十，数更忧伤，敕令亲属引领以避丁、傅，行道之人为之陨涕，况于陛下！登高远望，独不惭于延陵乎！"帝深感其言，复封成都侯商中子邑为成都侯。

6　朱博又奏言："汉家故事，置部刺史，秩卑而赏厚，咸劝功乐进。前罢刺史，更置州牧，秩真二千石，位次九卿。九卿缺，以高第补，其中材则苟自守而已，恐功效陵夷，奸轨不禁。臣请罢州牧，置刺史如故。"上从之。

7　六月庚申，帝太后丁氏崩。诏归葬定陶共皇之园，发陈留、济阴近郡国五万人穿复土。

5　丞相朱博、御史大夫赵玄奏称:"前高昌侯董宏,首先倡议改尊号之事,因遭关内侯师丹的弹劾,而被罢免官爵,贬为平民。当时天子正在守孝期,把国事委托给师丹,师丹不深思褒美推崇尊号的大义,反而狂妄地胡说,压抑贬低尊号,损伤了陛下的孝道,没有比这更大的不忠了。但陛下仁慈圣明,彰明大义确定了尊号,董宏以其忠孝,也恢复了高昌侯的封爵。师丹的罪恶逆行,已显著暴露,虽然蒙赦令不治死罪,但不应该再有封爵采邑,请求陛下将他贬为平民。"哀帝予以批准。

朱博、赵玄又奏称:"新都侯王莽,以前为大司马,不能阐扬尊崇尊号的大义,反压抑贬低尊号,损伤了陛下的孝道,罪当公开诛杀。幸蒙赦令得免死罪,但不应该再有封爵采邑,请求陛下将他贬为平民。"哀帝说:"因为王莽是太皇太后的亲属,不必免去封爵采邑,遣送回封国就是。"此外,还有平阿侯王仁,因藏匿赵昭仪的亲属,也都被遣送回封国。

天下人多为王氏感到冤枉。谏大夫杨宣上密封奏书说:"孝成皇帝深思宗庙的重要,称赞陛下有至高的品德,使陛下承继正统,圣明的决策,意义深远,对陛下的恩德也再厚不过了。追想先帝的本意,岂不是希望陛下代替他本人侍奉太皇太后吗!太皇太后现已七十高龄,数次经历国丧的忧伤,还下令要自己的亲属引退,以避开丁、傅两家,路上的行人都会为此流泪,更何况陛下呢!陛下若登高远望,望见成帝的延陵,难道不感到惭愧吗!"哀帝深为此言感动,就又封成都侯王商的二儿子王邑为成都侯。

6　朱博又奏称:"汉家前例,设置部刺史,官秩较低,但赏赐丰厚,前程远大,因此人人劝勉立功,乐于进取。前几年,撤销了刺史,改为设置州牧,官秩为真二千石,官位仅次于九卿。九卿一有出缺,便由州牧中名次靠前者递补,这样一来,州牧中的才干平庸者,则只求苟且自保而已。作为督察官的功效就会逐渐减退丧失,奸邪不轨的行为就无法禁止。我请求撤销州牧,还和从前一样设置刺史。"哀帝听从了他的建议。

7　六月庚申(初五),帝太后丁氏驾崩。哀帝下诏,丁氏棺枢运回定陶,葬于定陶共皇的陵园,征发陈留、济阴靠近定陶地区的民夫五万人,挖土填坟,完成合葬。

8　初，成帝时，齐人甘忠可诈造《天官历》《包元太平经》十二卷，言汉家逢天地之大终，当更受命于天；以教渤海夏贺良等。中垒校尉刘向奏忠可假鬼神，罔上惑众；下狱，治服；未断，病死。贺良等复私以相教。上即位，司隶校尉解光、骑都尉李寻白贺良等，皆待诏黄门。数召见，陈说："汉历中衰，当更受命。成帝不应天命，故绝嗣。今陛下久疾，变异屡数，天所以谴告人也。宜急改元易号，乃得延年益寿，皇子生，灾异息矣。得道不得行，咎殃且无不有，洪水将出，灾火且起，涤荡民人。"上久寝疾，冀其有益，遂从贺良等议，诏大赦天下，以建平二年为太初元年，号曰"陈圣刘太平皇帝"，漏刻以百二十为度。

9　秋，七月，以渭城西北原上永陵亭部为初陵，勿徙郡国民。

10　上既改号月馀，寝疾自若。夏贺良等复欲妄变政事，大臣争以为不可许。贺良等奏言："大臣皆不知天命，宜退丞相、御史，以解光、李寻辅政。"上以其言无验，八月，诏曰："待诏贺良等建言改元易号，增益漏刻，可以永安国家。朕信道不笃，过听其言，冀为百姓获福，卒无嘉应。夫过而不改，是谓过矣！六月甲子诏书，非赦令，皆蠲除之。贺良等反道惑众，奸态当穷竟。"皆下狱，伏诛。寻及解光减死一等，徙敦煌郡。

11　上以寝疾，尽复前世所尝兴诸神祠凡七百馀所，一岁三万七千祠云。

8 当初,成帝在位时,齐人甘忠可假造《天官历》、《包元太平经》十二卷,说汉王朝正逢天地的一次大终结,必须再受命于天,并把这些传授给渤海人夏贺良等。中垒校尉刘向上奏说,甘忠可假借鬼神,欺骗皇上,蛊惑民众。于是将甘忠可逮捕下狱,并取得服罪的口供,还没等判决,他就病死了。然而夏贺良等人仍然暗中私相传授。哀帝即位后,司隶校尉解光、骑都尉李寻,向哀帝介绍夏贺良等人,使他们都成为待诏黄门。夏贺良等人多次被哀帝召见,向哀帝述说:"汉朝的历数已经中衰,必须再受命。汉成帝不应天命之数,因此断绝了后嗣。如今陛下患病已久,天象变异屡屡发生,这是上天在谴责和警告人们。应该赶快改换年号,才能延年益寿,诞生皇子,平息灾害变异。如果明白了这个道理,却不实行,则上天归咎的灾祸无所不有:洪水将会涌出,大火将会燃起,冲淹和焚毁人民。"哀帝久病在床,希望通过更改年号能得到些益处,就听从夏贺良等人的建议,下诏大赦天下,并改建平二年为太初元年,自称"陈圣刘太平皇帝",还把计时漏器的刻度改为一百二十度。

9 秋季,七月,哀帝选中渭城西北原上永陵亭一带部署修筑自己的陵墓,没有令郡国的百姓迁往陵区。

10 哀帝改年号后一个多月,病情仍不见好转。夏贺良等人还想妄自变更国家政事,大臣们争辩,认为不能允许。夏贺良等奏称:"大臣们都不知天命,应该辞退丞相、御史,任用解光、李寻辅政。"哀帝因为他们的预言没有应验,八月,下诏说:"待诏夏贺良等人,建议改换年号,增加漏器刻度,认为这样可以永保国家平安。由于朕对天道的信奉还不够真诚,误听了他们的话,希望能因此为百姓谋求幸福,可是终于没有得到好的效验。有过失而不改正,才是真正的过失!六月甲子(初九)发布的诏书,除了大赦令以外,其馀措施全部废除。夏贺良等人叛道逆天,蛊惑民众,奸恶行为应予彻底追究。"夏贺良等人全部被逮捕入狱,伏法处死。李寻和解光减死罪一等,放逐到敦煌郡。

11 哀帝因为卧病在床,把过去成帝时曾祭祀过的各种神祠予以恢复,共七百馀所,一年之中,祭祀的次数多达三万七千次。

12　傅太后怨傅喜不已,使孔乡侯风丞相朱博令奏免喜侯。博与御史大夫赵玄议之,玄言:"事已前决,得无不宜?"博曰:"已许孔乡侯矣。匹夫相要,尚相得死,何况至尊!博唯有死耳!"玄即许可。博恶独斥奏喜,以故大司空氾乡侯何武前亦坐过免就国,事与喜相似,即并奏:"喜、武前在位,皆无益于治,虽已退免,爵土之封,非所当也;皆请免为庶人。"上知傅太后素尝怨喜,疑博、玄承指,即召玄诣尚书问状,玄辞服。有诏"左将军彭宣与中朝者杂问",宣等奏劾"博、玄、晏皆不道,不敬,请召诣廷尉诏狱"。上减玄死罪三等,削晏户四分之一;假谒者节召丞相诣廷尉。博自杀,国除。

13　九月,以光禄勋平当为御史大夫。冬,十月甲寅,迁为丞相。以冬月故,且赐爵关内侯。以京兆尹平陵王喜为御史大夫。

14　上欲令丁、傅处爪牙官。是岁,策免左将军淮阳彭宣,以关内侯归家,而以光禄勋丁望代为左将军。

15　乌孙卑爰疐侵盗匈奴西界,单于遣兵击之,杀数百人,略千馀人,驱牛畜去。卑爰疐恐,遣子趋逯为质匈奴,单于受,以状闻。汉遣使者责让单于,告令还归卑爰疐质子;单于受诏遣归。

三年(丁巳,前4)

1　春,正月,立广德夷王弟广汉为广平王。

12　傅太后对傅喜仍怨恨不已,派孔乡侯傅晏去暗示丞相朱博,命他上奏要求罢免傅喜的侯爵爵位。朱博与御史大夫赵玄商议,赵玄说:"皇上以前已作了裁决,再提出来是否不合适?"朱博说:"我已许诺孔乡侯了。匹夫之间互相约定的事,尚且不惜以死相报,何况至尊的傅太后呢!朱博我拼死也要把这件事办成!"赵玄也就同意了。朱博不愿意单独指控傅喜一个人,由于前大司空、氾乡侯何武,以前也因过失被免去官职遣回封国,情况与傅喜相似,因此同时弹劾他们两人说:"傅喜、何武从前在位时,对治理国家都没有什么贡献,虽然已经退位免官,但尚有封爵采邑,这是不妥当的,请求陛下将他们都贬为平民。"哀帝知道傅太后一直怨恨傅喜,怀疑朱博、赵玄是受傅太后的指使,于是立即召赵玄到尚书处查问究竟,赵玄承认了。哀帝下诏说:"命左将军彭宣和中朝官轮流审问。"彭宣等上奏弹劾说:"朱博、赵玄、傅晏都犯有不道、不敬之罪,请求陛下将他们召到廷尉诏狱审判。"哀帝减赵玄死罪三等,削减傅晏采邑封户四分之一,又给谒者符节,使他召丞相朱博到廷尉那里接受审判。朱博自杀,封国撤除。

13　九月,任用光禄勋平当为御史大夫。冬季,十月甲寅(初一),擢升平当为丞相。由于正赶上不宜封侯的冬月,因此暂时赐爵关内侯。任命京兆尹、平陵人王喜为御史大夫。

14　哀帝打算使丁、傅两族的人处在掌实权的重要官位上。本年,下策书罢免左将军淮阳人彭宣的官职,以关内侯身份回家去,而任用光禄勋丁望代替彭宣为左将军。

15　乌孙王国的卑爰疐侵犯劫掠匈奴西部边境地区,匈奴单于派兵还击,杀死数百人,抢掠千余人,驱赶牛畜而归。卑爰疐大为恐慌,派遣儿子趋逯到匈奴充当人质。匈奴单于接受了他,并将此事呈报给汉王朝。汉朝派使节到匈奴责备单于,要求单于归还卑爰疐作为人质的儿子。单于接受诏令,把趋逯送回。

汉哀帝建平三年(丁巳,公元前4年)

1　春季,正月,封广德夷王的弟弟刘广汉为广平王。

2　帝太太后所居桂宫正殿火。

3　上使使者召丞相平当，欲封之；当病笃，不应。室家或谓当："不可强起受侯印为子孙邪？"当曰："吾居大位，已负素餐责矣。起受侯印，还卧而死，死有馀罪。今不起者，所以为子孙也！"遂上书乞骸骨，上不许。三月己酉，当薨。

4　有星孛于河鼓。

5　夏，四月丁酉，王嘉为丞相，河南太守王崇为御史大夫。崇，京兆尹骏之子也。嘉以时政苛急，郡国守相数有变动，乃上疏曰："臣闻圣王之功在于得人，孔子曰：'材难，不其然与！'故'继世立诸侯，象贤也'。虽不能尽贤，天子为择臣、立命卿以辅之。居是国也，累世尊重，然后士民之众附焉，是以教化行而治功立。今之郡守重于古诸侯，往者致选贤材，贤材难得，拔擢可用者，或起于囚徒。昔魏尚坐事系，文帝感冯唐之言，遣使持节赦其罪，拜为云中太守，匈奴忌之。景帝擢韩安国于徒中，拜为梁内史，骨肉以安。张敞为京兆尹，有罪当免，黠吏知而犯敞，敞收杀之，其家自冤，使者覆狱，劾敞贼杀人，上逮捕不下，会免；亡命十数日，宣帝征敞拜为冀州刺史，卒获其用。前世非私此三人，贪其材器有益于公家也。孝文时，吏居官者或长子孙，仓氏、库氏则仓库吏之后也。其二千石长吏亦安官乐职，

2　帝太太后居住的桂宫正殿发生火灾。

3　哀帝派使者召丞相平当,打算给他封侯爵,平当病重,没有应召前往。家中有的人对平当说:"难道不能勉强支撑着去接受侯印为子孙打算吗?"平当说:"我居丞相高位,已经背着白吃饭不干事的罪责了。若再起来接受侯印,回家倒在床上就死去,是死有馀辜。现在我所以不起来去接受侯印,正是为子孙打算啊!"遂上书请求辞职,哀帝不准。三月己酉(二十八日),平当去世。

4　有异星出现于河鼓星旁。

5　夏季,四月丁酉(十七日),哀帝任命王嘉为丞相,任命河南太守王崇为御史大夫。王崇是京兆尹王骏的儿子。王嘉感到当时的政治严苛紧迫,担任郡国守、相的官员变动频繁,就上书说:"我听说圣王的成功,在于得到贤能人才的辅佐。孔子说:'人才难得,难道不是这样吗!'因此'选立诸侯的继承人,只要多少像其父祖的贤能就可以了'。虽然不能全都是贤才,但天子可以为他选择良臣,任命贤卿来辅佐他。他住在封国里,代代受到尊重,然后广大士民才会顺服归附,因此教化得以推行而大治的功业得以建立。现今郡守的职权重于古代的诸侯,过去总是精选贤才担任郡守职务,然而贤才难得,为了擢升提拔可以胜任的人,有起用囚犯的事例。从前魏尚犯罪被羁押监狱,文帝被冯唐的一席话所感动,派使者持符节去赦免了他的罪,授任他为云中太守,匈奴对他深为畏惧。景帝从囚徒中选拔出韩安国,授任他为梁国内史,使得刘氏骨肉得以平安。张敞为京兆尹,犯了罪应当被免职,狡猾的小吏知道后故意冒犯他,张敞抓住他,把他杀死,死者家属鸣冤,使者再次进行审查,弹劾张敞凶残杀人,上奏天子要求逮捕他,宣帝搁置不批,不久,免罪。张敞逃亡十几天后,宣帝征召他,授为冀州刺史,终于能够才为所用。前代君王并非偏爱这三个人,而是看重他们的才干对国家有益。孝文帝时,官吏担任公职,有些人就让长子长孙以官名为姓氏,如仓氏、库氏,就是管理仓库的官吏的后裔。那些官秩在二千石的高级官员,也安于官位,乐于尽职,

然后上下相望，莫有苟且之意。其后稍稍变易，公卿以下传相促急，又数改更政事，司隶、部刺史举劾苛细，发扬阴私，吏或居官数月而退，送故迎新，交错道路。中材苟容求全，下材怀危内顾，壹切营私者多。二千石益轻贱，吏民慢易之，或持其微过，增加成罪，言于司隶、刺史，或上书告之。众庶知其易危，小失意则有离畔之心。前山阳亡徒苏令等纵横，吏士临难，莫肯伏节死义，以守、相威权素夺也。孝成皇帝悔之，下诏书，二千石不为故纵，遣使者赐金，尉厚其意，诚以为国家有急，取办于二千石；二千石尊重难危，乃能使下。孝宣皇帝爱其善治民之吏，有章劾事留中，会赦壹解。故事：尚书希下章，为烦扰百姓，证验系治，或死狱中，章文必有'敢告之'字乃下。唯陛下留神于择贤，记善忘过，容忍臣子，勿责以备。二千石、部刺史、三辅县令有材任职者，人情不能不有过差，宜可阔略，令尽力者有所劝。此方今急务，国家之利也。前苏令发，欲遣大夫使逐问状，时见大夫无可使者，召嶅屋令尹逢，拜为谏大夫遣之。今诸大夫有材能者甚少，宜豫畜养可成就者，则士赴难不爱其死；临事仓卒乃求，非所以明朝廷也。"嘉因荐儒者公孙光、满昌及能吏萧咸、薛修，皆故二千石有名称者，天子纳而用之。

然后上下互相期待勉励，就没有苟且混世之心。以后情况逐渐有所改变，公卿以下官员层层互相督促，要求严苛紧迫，又不断更改政事，司隶、部刺史检举弹劾官吏十分苛刻，细微的过失都不放过，还揭发宣扬别人的阴私，以至官吏有的在位只数月就被罢免，送旧官回乡和迎新官上任的人，交错行走在道路上。中等才干的人，苟且容身以求保全；下等才干的人，常心怀恐惧反省自己，无论干什么都在为自己打算的人是很多的。二千石的官员越来越被人轻视，属下官吏和百姓对他很轻慢，有的抓住他的轻微过错，扩大成罪状，向司隶、刺史报告，或者直接上书朝廷检举。广大百姓发现二千石的官吏那么容易扳倒，遇到小不如意，就产生背叛之心。前些时，山阳亡命徒苏令等纵横郡国，官吏和武士面对危难，没有一个肯以死尽节的，这是因为郡国守、相的威信和权力早就被夺去了。孝成皇帝至为懊悔，下诏书说，二千石的官员不加以'故意放纵'的罪名，派遣使者去赏赐他们黄金，示以安慰厚待的旨意，这确实是由于国家有急难，需要二千石的官员出力解决，只有二千石官员受人尊重，不易被威胁，才能够役使下属。孝宣皇帝爱护那些善于治理地方百姓的官吏，有弹劾他们的奏章都留在宫中不批复，逢到颁发赦令时一切都化解了。以前的惯例：尚书很少把弹劾奏章交付有关机构查办，为的是怕骚扰百姓，取证、审查、逮捕下狱、处治，有些人就屈死狱中，弹劾奏章上都必须写有'诬告反坐，仍敢控告'的字样才交付有关机构查办。希望陛下留意选择贤能的人才，记住他们的善绩、忘掉他们的过失，容忍臣下的缺点，不要求全责备。二千石、部刺史、三辅县令中有才干称职的官员，从人情出发，也难免会有过错，应该宽容忽略他们那些小过失，使尽力供职者受到鼓励。这是当前最紧迫的大事，关系到国家的利益。前些时苏令造反，朝廷打算派大夫驱逐盗贼，并调查苏令起兵的原因，当时朝廷大夫中没有合适的人选，就征召盩厔令尹逢，授职谏大夫，派遣他去。如今众位大夫中有才能的非常少，应该预先培养可造就的人才，才能使其赴难时不惜以死报国；如果事到临头，才仓促寻求，这就不能表明朝廷有人才了。"王嘉并趁势举荐儒家学者公孙光、满昌，以及干练的官吏萧咸、薛修，他们都是过去二千石官员中卓有声誉的官员，哀帝采纳了王嘉的建议，任用了他们。

6 六月，立魯頃王子部鄉侯閔為王。

7 上以寢疾未定，冬，十一月壬子，令太皇太后下詔復甘泉泰畤、汾陰后土祠，罷南、北郊。上亦不能親至甘泉、河東，遣有司行事而禮祠焉。

8 無鹽危山土自起覆草，如馳道狀。又，瓠山石轉立。東平王雲及后謁自之石所祭；治石象瓠山立石，束倍草，并祠之。河內息夫躬、長安孫寵相與謀共告之，曰：“此取封侯之計也！”乃與中郎右師譚共因中常侍宋弘上變事，告焉。是時上被疾，多所惡，事下有司，逮王后謁下獄驗治；服“祠祭詛祝上，為雲求為天子，以為石立，宣帝起之表也”。有司請誅王，有詔，廢徙房陵。雲自殺，謁及舅伍宏及成帝舅安成共侯夫人放，皆棄市。事連御史大夫王崇，左遷大司農。擢寵為南陽太守，譚穎川都尉，弘、躬皆光祿大夫、左曹、給事中。

四年（戊午，前3）

1 春，正月，大旱。

2 關東民無故驚走，持稿或抴一枚，轉相付與，曰：“行西王母籌。”道中相過逢，多至千數。或被髮徒跣，或夜折關，或踰牆入，或乘車騎奔馳，以置驛傳行，經郡國二十六至京師，不可禁止。民又聚會里巷阡陌，設博具，歌舞祠西王母，至秋乃止。

6 六月,立鲁顷王的儿子部乡侯刘闵为王。

7 哀帝因病情仍未见好,冬季,十一月壬子(初五),由太皇太后下诏恢复甘泉泰畤祠、汾阴后土祠的祭祀,撤销长安南郊祭天、北郊祭地的典礼。哀帝也不能亲自到甘泉、河东祭祀,就派遣有关主管官员作为代表去祭祀。

8 无盐境内的危山,山土忽然自己翻起压盖住草木,形状就像一条驰道。此外,境内瓠山上有块大石突然转侧立起。东平王刘云和王后谒亲自前往大石跟前祭拜,并在王宫树立一块与瓠山立石相似的石头,又捆扎了一些黄倍草,一并祭祀。河内人息夫躬、长安人孙宠共同谋划要一起去揭发此事,说:"这是取得封侯的妙计啊!"于是与中郎右师谭一起通过中常侍宋弘,上书告发事变。奏书呈上,这时哀帝正患病,对很多事都很厌恶,就把此事交付主管机构查办,主管官员立即逮捕了东平王后谒,关进监狱进行审讯,王后承认"祭祀山石,诅咒皇上,为求神灵保佑刘云当天子。因为山石立起曾是宣帝应天命为天子的预兆"。主管官员请求诛杀东平王,哀帝下诏,废黜刘云王位,放逐到房陵。刘云自杀,王后谒与刘云舅父伍宏,以及成帝的舅母安成共侯夫人放,一起绑赴闹市处死,将尸体暴露街头。事情牵连到御史大夫王崇,他被贬谪为大司农。擢升孙宠为南阳太守,右师谭为颍川都尉,宋弘、息夫躬都升为光禄大夫、左曹、给事中。

汉哀帝建平四年(戊午,公元前3年)

1 春季,正月,大旱。

2 关东地区人民无故惊恐奔走,拿着一根禾秆或麻秆,互相传递,说:"快拿着西王母的筹策,行于天下。"在道路中互相转手传告,多达千馀人。有的披头散发光着脚,有的夜里绕关而行,有的翻墙而过,有的乘车骑马奔驰,利用国家设置的驿传车马赶路传递。经过二十六个郡国,传递到了京师,官府无法禁止。人们又在街巷、田间小路上聚会,设赌具赌博,唱歌跳舞祭祀西王母,一直闹到秋天才停止。

3　上欲封傅太后从父弟侍中、光禄大夫商,尚书仆射平陵郑崇谏曰:"孝成皇帝封亲舅五侯,天为赤黄,昼昏,日中有黑气。孔乡侯,皇后父,高武侯以三公封,尚有因缘。今无故复欲封商,坏乱制度,逆天人之心,非傅氏之福也!臣愿以身命当国咎!"崇因持诏书案起。傅太后大怒曰:"何有为天子乃反为一臣所颛制邪!"二月癸卯,上遂下诏封商为汝昌侯。

4　驸马都尉、侍中云阳董贤得幸于上,出则参乘,入御左右,赏赐累巨万,贵震朝廷。常与上卧起,尝昼寝,偏藉上袖,上欲起,贤未觉,不欲动贤,乃断袖而起。又诏贤妻得通引籍殿中,止贤庐。又召贤女弟以为昭仪,位次皇后。昭仪及贤与妻旦夕上下,并侍左右。以贤父恭为少府,赐爵关内侯。诏将作大匠为贤起大第北阙下,重殿,洞门,土木之功,穷极技巧。赐武库禁兵、上方珍宝。其选物上弟尽在董氏,而乘舆所服乃其副也。及至东园秘器、珠襦、玉匣,豫以赐贤,无不备具。又令将作为贤起冢茔义陵旁,内为便房,刚柏题凑;外为徼道,周垣数里,门阙罘罳甚盛。

郑崇以贤贵宠过度谏上,由是重得罪,数以职事见责;发疾颈痈,欲乞骸骨,不敢。尚书令赵昌佞谄,素害崇,知见疏,因奏:"崇与宗族通,疑有奸,请治。"上责崇曰:"君门如市人,何以欲禁切主上?"崇对曰:"臣门如市,

3 哀帝打算封傅太后的堂弟侍中、光禄大夫傅商为侯爵,尚书仆射平陵人郑崇劝谏说:"孝成皇帝封亲舅五人为侯,天色因此而变成赤黄,白昼昏暗,太阳中有黑气。孔乡侯因为是皇后的父亲,高武侯因为位列三公,他们封侯尚还有些根据和理由。现在无缘无故又要封傅商,破坏搅乱了汉家制度,违背天意、人心,这不是傅氏的福气!我愿以身家性命承当傅太后的怪罪!"说罢,拿着诏书草稿站起来。傅太后大怒说:"哪有贵为天子,却反受一个臣子控制的道理!"二月癸卯(二十八日),哀帝还是下诏封傅商为汝昌侯。

4 驸马都尉、侍中、云阳人董贤很得哀帝的宠爱,出则陪同乘车,入则随侍左右,赏赐累积有巨万,显贵震惊朝廷。董贤常与哀帝睡在一张床上,有一次睡午觉,董贤斜身压住了哀帝的袖子,哀帝想起床,但董贤还没睡醒,不忍心惊动他,于是就用剑把袖子割断再起床。哀帝又诏命董贤的妻子可以经向门使通报姓名记录在案后进入皇宫,住在董贤在宫中的住所。又召董贤的妹妹入宫,封为昭仪,地位仅次于皇后。昭仪与董贤夫妻日夜轮流侍奉哀帝,一并随侍左右。哀帝还任命董贤的父亲董恭为少府,赐爵关内侯。哀帝又下诏,命令将作大匠为董贤在北宫门外建筑宏大的宅邸,里面有前后大殿,殿门宽阔,工程浩大,豪华精巧绝伦。又赐给他武器库里宫中专用的兵器和皇宫的珍宝。宫中珍宝物品上等的,全都被挑选进了董贤的家里,而皇帝所使用的反而是次一等的了。甚至连皇家丧葬用的棺木、珍珠连缀制成的寿衣、金缕玉衣,都预先赐给了董贤,无不齐备。又下令让将作大匠在哀帝的陵墓义陵旁为董贤建筑墓园,内修诸侯王才能享用的墓室,还用坚实的柏木,大头朝内排垒在棺外;墓园外修筑巡察道路,环绕有数里之长,墓园大门上和两旁修有很多用作守望防御的网状障墙。

郑崇因为董贤贵宠过度而劝谏哀帝,因此深深得罪了哀帝,哀帝经常借公事谴责他,郑崇脖子上长了毒痈,想奏请辞职,又不敢提出。尚书令赵昌奸邪、善于谄谀,素来害怕郑崇,知道哀帝已疏远了郑崇,就趁机上奏说:"郑崇与刘氏宗族中人交往密切,我怀疑有什么奸谋,请追查惩处。"哀帝责问郑崇说:"你家人来人往门庭若市,为什么还想禁止我交朋友?"郑崇回答说:"我家虽门庭若市,

臣心如水。愿得考覆!"上怒,下崇狱。司隶孙宝上书曰:"按尚书令昌奏仆射崇狱,覆治,榜掠将死,卒无一辞;道路称冤。疑昌与崇内有纤介,浸润相陷。自禁门枢机近臣,蒙受冤谮,亏损国家,为谤不小。臣请治昌以解众心。"书奏,上下诏曰:"司隶宝附下罔上,以春月作诋欺,遂其奸心,盖国之贼也。免宝为庶人。"崇竟死狱中。

5 三月,诸吏、散骑、光禄勋贾延为御史大夫。

6 上欲侯董贤而未有缘,侍中傅嘉劝上定息夫躬、孙宠告东平本章,去宋弘,更言因董贤以闻。欲以其功侯之,皆先赐爵关内侯。顷之,上欲封贤等而心惮王嘉,乃先使孔乡侯晏持诏书示丞相、御史。于是嘉与御史大夫贾延上封事言:"窃见董贤等三人始赐爵,众庶匈匈,咸曰贤贵,其馀并蒙恩;至今流言未解。陛下仁恩于贤等不已,宜暴贤等本奏语言,延问公卿、大夫、博士、议郎,考合古今,明正其义,然后乃加爵土。不然,恐大失众心,海内引领而议。暴评其事,必有言当封者,在陛下所从;天下虽不说,咎有所分,不独在陛下。前定陵侯淳于长初封,其事亦议,大司农谷永以长当封;众人归咎于永,先帝不独蒙其讥。臣嘉,臣延,材驽不称,死有馀责,知顺指不迕,可得容身须臾。所以不敢者,思报厚恩也。"上不得已,且为之止。

但我心里却清静如水。希望陛下考察。"哀帝大怒,将郑崇逮捕下狱。司隶孙宝上书说:"尚书令赵昌指控仆射郑崇一案,经过反复调查审讯,郑崇被拷打将死,终究不吐一句口供,道路上的行人都说郑崇冤枉。我怀疑赵昌与郑崇私人之间有宿怨,因此才用诬告的办法陷害他。假如连宫禁之内皇帝身边主管机要的大臣,都遭诬陷蒙受冤屈,将使国家受到损失,会招来很多诽谤。我请求追查赵昌,以解众人心中的困惑。"奏章呈上后,哀帝下诏说:"司隶孙宝附会臣下,欺骗主上,想利用春月是宽大赦免的时期,诋毁赵昌,欺骗朝廷,以达救助郑崇的奸恶用心,是国家的大害。将孙宝免去官职,贬为平民。"郑崇最终死在狱中。

  5 三月,任用诸吏、散骑、光禄勋贾延为御史大夫。

  6 哀帝想封董贤侯爵,又没有什么借口,侍中傅嘉劝哀帝更改息夫躬、孙宠告发东平王的奏章,抹去宋弘的名字,改说成是由于董贤报告,皇上才得以知晓。哀帝想用这个功劳封董贤侯爵,就先把进行告发的有功人员全赐封为关内侯。不久,哀帝想封董贤等人,又心里顾忌王嘉反对,便先派孔乡侯傅晏拿着诏书给丞相、御史看。于是王嘉与御史大夫贾延上密封奏书说:"我们看到董贤等三人当初被赐封关内侯时,众人议论纷纷,都说董贤是因为贵宠而得赐封,捎带着其馀两人也一起受封,至今流言还没有平息。陛下对董贤等施加仁恩不已,就应该公布董贤等人的奏章原文,询问公卿、大夫、博士、议郎,请他们考查是否合乎古今前例,使此事能名正言顺,然后再加封他们爵位采邑。不然的话,恐怕会大失众心,天下人要伸长脖子议论抨击。若公开评论此事,必有说应当加封的人,陛下不过是听从采纳其建议,如此,天下人虽然不高兴,责任也有人分担,不单在陛下一人了。从前定陵侯淳于长初封爵之时,也曾讨论过,大司农谷永认为淳于长应当加封,众人怪罪于谷永,先帝因而没有单独蒙受讥刺。臣王嘉、臣贾延,无才无能不称职,虽死仍有馀责,明知顺从陛下的旨意不违逆陛下,可以暂时保全身家性命。所以不敢这样做,是想报答陛下的厚恩啊。"哀帝不得已,暂且停止这样做。

7 夏,六月,尊帝太太后为皇太太后。

8 秋,八月辛卯,上下诏切责公卿曰:"昔楚有子玉得臣,晋文公为之侧席而坐;近事,汲黯折淮南之谋。今东平王云等至有图弑天子逆乱之谋者,是公卿股肱莫能悉心、务聪明以销厌未萌故也。赖宗庙之灵,侍中、驸马都尉贤等发觉以闻,咸伏厥辜。《书》不云乎:'用德章厥善。'其封贤为高安侯,南阳太守宠为方阳侯,左曹、光禄大夫躬为宜陵侯,赐右师谭爵关内侯。"又封傅太后同母弟郑恽子业为阳信侯。息夫躬既亲近,数进见言事,议论无所避,上疏历诋公卿大臣。众畏其口,见之仄目。

9 上使中黄门发武库兵,前后十辈,送董贤及上乳母王阿舍。执金吾毋将隆奏言:"武库兵器,天下公用。国家武备,缮治造作,皆度大司农钱。大司农钱,自乘舆不以给共养。共养劳赐,一出少府。盖不以本臧给末用,不以民力共浮费,别公私,示正路也。古者诸侯、方伯得颛征伐,乃赐斧钺。汉家边吏职任距寇,亦赐武库兵,皆任事然后蒙之。《春秋》之谊,家不臧甲,所以抑臣威,损私力也。今贤等便僻弄臣,私恩微妾,而以天下公用给其私门,契国威器,共其家备,民力分于弄臣,武兵设于微妾,建立非宜,以广骄僭,非所以示四方也。孔子曰:'奚取于三家之堂!'臣请收还武库。"上不说。

7 夏季,六月,尊帝太太后傅氏为皇太太后。

8 秋季,八月辛卯(十九日),哀帝下诏严厉斥责公卿说:"从前楚国有子玉得臣,晋文公为此忧愁得坐不安稳;近世有汲黯,挫败了淮南王的阴谋。而今东平王刘云等以至有谋划杀死天子反叛作乱的行为,这是身为国家栋梁的公卿们不能尽心职守、致力于察觉阴谋,以把奸谋消灭在还未萌发阶段的缘故啊。幸赖祖宗在天之灵的保佑,侍中、驸马都尉董贤等发觉以后报告了我,使奸人全部伏诛。《尚书》不是说吗:'用品德彰显善行。'现封董贤为高安侯,南阳太守孙宠为方阳侯,左曹、光禄大夫息夫躬为宜陵侯,赐右师谭爵位关内侯。"又封傅太后同母异父的弟弟郑恽的儿子郑业为阳信侯。息夫躬既蒙哀帝亲近,就频繁进见哀帝报告一些事情,议论无所避讳顾忌,上书逐个诋毁公卿大臣。百官畏其口舌,遇见他不敢正眼相看。

9 哀帝派中黄门到武库拿兵器,前后十起,送到董贤和哀帝乳母王阿的住所。执金吾毋将隆上奏说:"武库兵器,是国家的东西。国家武器装备的冶炼、制造、修缮费用,都是由大司农处开支。大司农的钱,连天子的生活费用等都不供给。天子的生活费用和赏赐犒劳臣下的钱,一律出自少府。这就是不把国家用于根本的储藏用在不重要的事情上,不把民财人力用在无谓的消耗上,区别公私,以表示所行是正路。古代诸侯、方伯能够全权讨伐,也要天子赐给他们斧钺才可出征。汉朝边疆官吏接受抗拒侵略的军事任务和军职时,也赐给他们武库兵器,都是先接受军事任务和军职,然后接受兵器。《春秋》之义,强调臣民之家不可以私藏武器铠甲,目的在于抑制臣子的武威,削弱私家的力量。而今董贤等不过是陛下亲近宠爱的弄臣、陛下个人喜爱的卑贱奴仆,陛下却把国家的东西送进私人家门,损失国家彰显威力的兵器,供作他们家用,使人民的财力分落于弄臣之手,国家的武库兵器摆设在卑贱奴仆之家,所做极不妥当,使骄横僭越愈演愈烈,不能够给四方之民做出好的榜样。孔子说:'雍乐怎么会出现在三家的庙堂!'我请陛下把兵器收还武库。"哀帝不高兴。

顷之,傅太后使谒者贱买执金吾官婢八人,隆奏言:"买贱,请更平直。"上于是制诏丞相、御史:"隆位九卿,既无以匡朝廷之不逮,而反奏请与永信宫争贵贱之贾,伤化失俗。以隆前有安国之言,左迁为沛郡都尉。"初,成帝末,隆为谏大夫,尝奏封事言:"古者选诸侯入为公卿,以褒功德,宜征定陶王使在国邸,以填万方。"故上思其言而宥之。

10 谏大夫渤海鲍宣上书曰:"窃见孝成皇帝时,外亲持权,人人牵引所私以充塞朝廷,妨贤人路,浊乱天下,奢泰亡度,穷困百姓,是以日食且十,彗星四起。危亡之征,陛下所亲见也;今奈何反覆剧于前乎!

"今民有七亡:阴阳不和,水旱为灾,一亡也;县官重责更赋租税,二亡也;贪吏并公,受取不已,三亡也;豪强大姓,蚕食亡厌,四亡也;苛吏徭役,失农桑时,五亡也;部落鼓鸣,男女遮列,六亡也;盗贼劫略,取民财物,七亡也。七亡尚可,又有七死:酷吏殴杀,一死也;治狱深刻,二死也;冤陷亡辜,三死也;盗贼横发,四死也;怨雠相残,五死也;岁恶饥饿,六死也;时气疾疫,七死也。民有七亡而无一得,欲望国安,诚难;民有七死而无一生,欲望刑措,诚难。此非公卿、守相贪残成化之所致邪!

"群臣幸得居尊官,食重禄,岂有肯加恻隐于细民,助陛下流教化者邪!志但在营私家,称宾客,为奸利而已。以苟容曲从为贤,以拱默尸禄为智,谓如臣宣等为愚。陛下擢臣岩穴,诚冀有益豪毛,岂徒使臣美食大官、重高门之地哉!

不久,傅太后派谒者用低价买进了执金吾官府的八个官奴婢。母将隆上奏说:"买官婢的价太贱了,请改用平价。"哀帝于是下诏给丞相、御史说:"毋将隆位列九卿,既不能匡正朝廷的过失,反而奏请与永信宫争执买价的贵贱,有伤教化,败坏风俗。姑念他以前有安国的建议,贬降为沛郡都尉。"当初,成帝末年,毋将隆为谏大夫,曾上密封奏书说:"古代遴选诸侯入京任为公卿,以褒奖功德。应该征召定陶王到长安,让他住在定陶王府邸,以镇守万方。"所以哀帝念及他的这个建言而宽恕了他。

　　10　谏大夫渤海人鲍宣上书说:"我看成帝时,外戚把持权柄,人人引荐他各自的亲信来充塞朝廷,妨碍贤能之士的进身之路,混乱天下,又穷奢极欲没有限度,使百姓穷困,因此发生了近十次日食,四次彗星。这些危险覆亡的征兆,都是陛下所亲眼见到的。如今为什么反而更甚于前呢!

　　"现在人民生业有七失:阴阳不和,水旱灾频繁,是一失;朝廷加重征收更赋和租税,苛责严酷,是二失;贪官污吏借口为公,勒索不已,是三失;豪强大姓蚕食兼并小民土地,贪得无厌,是四失;苛刻的官吏横征滥发徭役,使农夫误了农时,是五失;发现盗贼,村落鸣鼓示警,男女追捕清剿,列队遮拦,是六失;盗贼抢劫,夺民财物,是七失。七失尚可勉强忍受,然而还有七死:被酷吏殴打致死,是一死;入狱被虐致死,是二死;无辜被冤枉陷害而死,是三死;盗贼劫财残杀致死,为四死;怨仇相报残杀而死,为五死;荒年饥馑活活饿死,为六死;瘟疫流行染病而死,为七死。人民生业有七失而没有一得,想让国家安定,实在太难了;百姓有七条死路而没有一条生路,想要无人犯法,废弃刑罚,实在也太难了。这难道不是公卿、守相贪婪残忍成风所造成的后果吗?

　　"群臣有幸可以身居高官,享受丰厚的俸禄,谁肯对小民稍存一点怜悯之心,帮助陛下推广教化呢! 大臣们的志向,不过是拼命经营私产,满足宾客的要求,为图个人奸利而已。他们以苟且纵容、曲意承欢、顺服听话为贤能,以拱手沉默、尸位素餐为大智,认为像我这样的人是愚蠢的。我想陛下把我从村夫野民提拔为朝臣,实在是希望我能有毫毛般微小的贡献,难道仅仅是让我吃着美食位居高官,尊贵地站在高门大殿上吗!

"天下,乃皇天之天下也。陛下上为皇天子,下为黎庶父母,为天牧养元元,视之当如一,合《尸鸠》之诗。今贫民菜食不厌,衣又穿空,父子、夫妇不能相保,诚可为酸鼻。陛下不救,将安所归命乎!奈何独养外亲与幸臣董贤,多赏赐,以大万数,使奴从、宾客,浆酒藿肉,苍头庐儿,皆用致富,非天意也!

"及汝昌侯傅商,亡功而封。夫官爵非陛下之官爵,乃天下之官爵也。陛下取非其官,官非其人,而望天说民服,岂不难哉!方阳侯孙宠,宜陵侯息夫躬,辩足以移众,强可用独立,奸人之雄,惑世尤剧者也,宜以时罢退。及外亲幼童未通经术者,皆宜令休,就师傅。急征故大司马傅喜,使领外亲;故大司空何武、师丹,故丞相孔光,故左将军彭宣,经皆更博士,位皆历三公;龚胜为司直,郡国皆慎选举;可大委任也。陛下前以小不忍退武等,海内失望。陛下尚能容亡功德者甚众,曾不能忍武等邪!治天下者,当用天下之心为心,不得自专快意而已也。"宣语虽刻切,上以宣名儒,优容之。

11　匈奴单于上书愿朝五年。时帝被疾,或言:"匈奴从上游来厌人;自黄龙、竟宁时,单于朝中国,辄有大故。"上由是难之,以问公卿,亦以为虚费府帑,可且勿许。单于使辞去,未发,黄门郎扬雄上书谏曰:"臣闻《六经》之治,贵于未乱;兵家之胜,贵于未战。二者皆微,然而大事之本,不可不察也。

"天下,是皇天的天下。陛下上为皇天的儿子,下为黎民百姓的父母,是为上天像牧养牛马一样牧养人民,对待人民应当一视同仁,就如《尸鸠》一诗中尸鸠爱它的七个儿子一样。而今贫民连菜都吃不饱,衣衫褴褛,父子、夫妇不能相互保全,实在令人心酸。陛下若不救助,将让他们到哪里去讨生路呢!为什么单只供养外戚和弄臣董贤,给他们赏赐之多,动辄以巨万来计算,使他们的奴仆随从、宾客们,把酒当水,把肉当豆来挥霍,他们的奴仆侍从都因而成了富翁。这不是皇天的心意啊!

"再说汝昌侯傅商,没有功劳却被封爵。要知道,官爵不是陛下的官爵,乃是天下的官爵。陛下选取之人不配受此官,此官也不应加给此人,却希望上天高兴,民众心服,岂不太难了!方阳侯孙宠,宜陵侯息夫躬,口舌之善辩,足以动摇人们的观点,手段之狠辣,可以凭一人之力就置人于死地,这是奸人中的魁首,乱世惑众最为厉害的人物,应即时罢黜斥退他们。那些外戚和幼童不懂儒学经术的,都应让他们辞职,去找老师学习儒术。请速征召前大司马傅喜,使他领袖外戚;前大司空何武、师丹、前丞相孔光、前左将军彭宣,儒学经术都学承名师,而官位都高列三公;龚胜任司直,郡国都谨慎严肃地向朝廷推荐人才;这些人都大可委以重任。陛下前些时因一点小事不能容忍,就罢退了何武等人,使天下人失望。陛下对那么多没有功劳德行的人尚且能容忍,难道偏不能容忍何武这些有用之人吗?治理天下的人,就应当把天下人的心意作为自己的心意,不能光图自己高兴,想怎么干就怎么干。"鲍宣措词虽然刻薄激烈,但哀帝因为他是名儒,也就特别优待宽容了他。

11　匈奴单于上书汉朝,请求明年到长安行五年一朝见天子之礼。这时哀帝正患病在身,有的大臣就说:"匈奴从黄河上游的西北方向来,恰应厌人不利的预言。自黄龙、竟宁年间起,单于每到中原朝见,中原就会发生大变故。"哀帝因而感到很为难,询问公卿,也认为朝见一次要白白花费朝廷很多钱,可以暂且拒绝。单于使节告辞离去,还没动身,黄门郎扬雄上书规谏说:"我听说,儒学六经中所说治理国家之道,推崇在变乱未形成时就把它消弭于无形,军事上的取胜之术,推崇不通过战争厮杀就把敌人制服。以上二者都是高明精妙的策略,但是一些大事件的本因,却不能不洞察。

今单于上书求朝,国家不许而辞之,臣愚以为汉与匈奴从此隙矣。匈奴本五帝所不能臣,三王所不能制,其不可使隙明甚。臣不敢远称,请引秦以来明之:

"以秦始皇之强,蒙恬之威,然不敢窥西河,乃筑长城以界之。会汉初兴,以高祖之威灵,三十万众困于平城,时奇谲之士、石画之臣甚众,卒其所以脱者,世莫得而言也。又高后时,匈奴悖慢,大臣权书遗之,然后得解。及孝文时,匈奴侵暴北边,候骑至雍甘泉,京师大骇,发三将军屯棘门、细柳、霸上以备之,数月乃罢。孝武即位,设马邑之权,欲诱匈奴,徒费财劳师,一虏不可得见,况单于之面乎!其后深惟社稷之计,规恢万载之策,乃大兴师数十万,使卫青、霍去病操兵,前后十馀年,于是浮西河,绝大幕,破寘颜,袭王庭,穷极其地,追奔逐北,封狼居胥山,禅于姑衍,以临瀚海,虏名王、贵人以百数。自是之后,匈奴震怖,益求和亲,然而未肯称臣也。

"且夫前世岂乐倾无量之费,役无罪之人,快心狼望之北哉?以为不壹劳者不久逸,不暂费者不永宁,是以忍百万之师以摧饿虎之喙,运府库之财填卢山之壑而不悔也。至本始之初,匈奴有桀心,欲掠乌孙,侵公主,乃发五将之师十五万骑以击之,时鲜有所获,徒奋扬威武,明汉兵若雷风耳!虽空行空反,尚诛两将军,故北狄不服,中国未得高枕安寝也。逮至元康、神爵之间,

现在单于上书请求朝见，汉朝不准许而辞谢，我愚昧地认为，汉朝与匈奴之间从此种下了嫌隙猜忌的种子。匈奴原本是五帝不能使其臣服，三王对其无法控制的强国，不能使汉匈之间产生嫌隙猜忌是至为明显的。我不敢追溯太远的历史，谨以秦朝以来的史实说明这个问题：

"以秦始皇的强大，蒙恬的雄威，仍然不敢窥伺西河，只好修筑长城来防备匈奴的侵犯。等到汉朝兴起之初，以高祖的威力和英明，三十万汉军仍被匈奴围困在平城，当时高祖手下善于出奇计的谋士、筹划决策的谋臣非常多，最后所以能脱身的原因，世人无法知道，因而也没有流传下来。又如吕后时，匈奴悖理傲慢，幸赖大臣们灵活处置，将谦卑之词的回信递给单于，才把危机化解。到了孝文帝时，匈奴大举侵犯北部边境，侦察骑兵甚至深入雍城、甘泉，京师震骇，朝廷派三位将军率军驻扎在棘门、细柳、霸上以防备匈奴，数月才撤回。孝武皇帝即位，设下马邑之谋，想引诱匈奴主力深入，结果白白浪费钱财，劳顿军队，连一个匈奴人都没看见，更何况单于本人呢！此后，武帝深为国家存亡大计着想，规划了拓展疆域令万年安定的策略，于是动员了数十万大军，派卫青、霍去病统率，前后奋战十馀年，渡过西河，横穿大漠，攻破寘颜山，袭击单于王庭，跑遍了匈奴的国土，追逐奔逃的单于和匈奴的残兵败将，在狼居胥山祭天，在姑衍山祭地，军行远临瀚海，擒获名王、贵族数百人之多。自此之后，匈奴震惊恐惧，越发迫切要求和亲，然而，仍不肯向朝廷称臣。

"前世之人难道乐于耗费无法计量的钱财，征发无罪的国民，到狼望的北方浴血作战求一时痛快吗？那是由于认为没有这一次的辛劳，就得不到长久的安逸；不暂时花费钱财，就不能有永远的安宁，因此狠下心投入百万大军、攉之于饿虎之口，搬运国库的钱财，填平匈奴卢山的沟壑，而不后悔。到本始初年，匈奴有凶暴不驯之心，企图劫掠乌孙，侵夺乌孙公主，于是朝廷派五员大将，率领十五万骑兵去袭击他们，一时很少有所斩获，仅仅是宣示了我朝的国力武威，表明我军的行动疾如风，快如电，势如万钧雷霆罢了。虽然空去空返不失兵卒，朝廷还是诛杀了两位将军，因为北方的蛮族不顺服，中国就不能高枕安卧。及至元康、神爵年间，

大化神明，鸿恩溥洽，而匈奴内乱，五单于争立，日逐、呼韩邪携国归死，扶伏称臣，然尚羁縻之，计不颛制。自此之后，欲朝者不距，不欲者不强。何者？外国天性忿鸷，形容魁健，负力怙气，难化以善，易肆以恶，其强难诎，其和难得。故未服之时，劳师远攻，倾国殚货，伏尸流血，破坚拔敌，如彼之难也；既服之后，慰荐抚循，交接赂遗，威仪俯仰，如此之备也。往时尝屠大宛之城，蹈乌桓之垒，探姑缯之壁，藉荡姐之场，艾朝鲜之旃，拔两越之旗，近不过旬月之役，远不离二时之劳，固已犁其庭，扫其闾，郡县而置之，云彻席卷，后无馀灾。唯北狄为不然，真中国之坚敌也，三垂比之悬矣。前世重之兹甚，未易可轻也。

"今单于归义，怀款诚之心，欲离其庭，陈见于前，此乃上世之遗策，神灵之所想望，国家虽费，不得已者也。奈何距以来厌之辞，疏以无日之期，消往昔之恩，开将来之隙！夫疑而隙之，使有恨心，负前言，缘往辞，归怨于汉，因以自绝，终无北面之心，威之不可，谕之不能，焉得不为大忧乎！夫明者视于无形，聪者听于无声，诚先于未然，即兵革不用而忧患不生。不然，壹有隙之后，虽智者劳心于内，辩者毂击于外，犹不若未然之时也。且往者图西域，制车师，置城郭都护三十六国，岂为康居、

朝廷政治异常清明，社会风气十分良好，皇恩广施，而匈奴发生内乱，五个单于争夺汗位，日逐王和呼韩邪单于率领本国百姓死心塌地归顺朝廷，匍匐称臣，然而朝廷仍然对他们采取笼络政策，没有把他们完全置于汉朝的直接统治之下。自此以后，匈奴希望朝见的，朝廷从不拒绝，不想来的也不勉强。这是为什么呢？因为化外之人天性凶猛好怒，体魄魁梧剽悍，凭借一身蛮力和盛气，教化他们从善很难，学习行恶则反而很容易，他们性格倔强难以使其屈服，与他们保持和平状态十分难得。所以他们未顺服时，朝廷劳师远攻，耗尽国力，伏尸沙场，血流成河，攻坚破城，打败敌人，是如此的艰难；已经降服之后，朝廷连年安抚慰藉，来往赠送礼物，接待的礼节隆重威严，一切是那么完备周详。过去汉军曾攻破大宛的都城，踏平乌桓的堡垒，袭击姑缯的大营，扫荡荡姐的疆场，砍倒朝鲜的旌旗，拔取两越的旗帜，历时短的战役，不过十天半月，长的也不超过半年，就已在蛮夷王庭耕田种植，扫除他们原来的部落编制，改为设置郡县，犹如乌云被扫净，席子被卷起，不给后世留下丝毫祸根。唯独北方的匈奴却不能如此，他们才是中国真正强硬的敌手，与东西南三方的敌人相比有天壤之别。前世对匈奴甚为重视，现在也不能改变态度而等闲视之。

"而今，匈奴单于归心仁义，怀着诚恳之心，准备离开王庭，来长安朝见陛下，这乃是前代遗留下的和平之策，神灵所盼望出现的太平盛景，国家虽然为此要有所破费，也是不得不如此。怎么能用'匈奴从上游来，厌人不利'的虚妄之词，加以拒绝，推说以后再来而不约定确切日期，使匈奴与朝廷疏远，把往昔的恩德一笔勾销，开将来产生裂痕的端倪呀！如果单于由猜疑而生嫌隙，含恨在心，依仗以前有和好之言，援引往昔和好之辞，把结怨的罪责归咎于朝廷，趁势断绝与朝廷的友好关系，最终放弃臣服之心，那时，威胁震慑不住他，好言谕令也说服不了他，怎能不成为大患呢！眼明的人能看到无形的东西，耳聪的人能听到无声的音响，诚能事先防患于未然，即使不动兵革，也会令忧患不生。否则，一旦产生嫌隙之后，虽然智者在朝内辛苦策划，善辩者出使在外奔忙劝解，还是不如嫌隙没有发生的时候。况且从前开拓西域，制服车师，设置西域都护，管理西域三十六个城邦国家，岂是为了防备康居、

乌孙能逾白龙堆而寇西边哉？乃以制匈奴也。夫百年劳之，一日失之，费十而爱一，臣窃为国不安也。唯陛下少留意于未乱、未战，以遏边萌之祸！"书奏，天子寤焉，召还匈奴使者，更报单于书而许之。赐雄帛五十匹，黄金十斤。单于未发，会病，复遣使愿朝明年；上许之。

12 董贤贵幸日盛，丁、傅害其宠，孔乡侯晏与息夫躬谋欲求居位辅政。会单于以病未朝，躬因是而上奏，以为："单于当以十一月入塞，后以病为解，疑有他变。乌孙两昆弥弱，卑爰疐强盛，东结单于，遣子往侍，恐其合势以并乌孙。乌孙并，则匈奴盛而西域危矣。可令降胡诈为卑爰疐使者来上书，欲因天子威告单于归臣侍子，因下其章，令匈奴客闻焉。则是所谓'上兵伐谋，其次伐交'者也。"

书奏，上引见躬，召公卿、将军大议。左将军公孙禄以为："中国常以威信怀伏夷狄，躬欲逆诈，进不信之谋，不可许。且匈奴赖先帝之德，保塞称藩；今单于以疾病不任奉朝贺，遣使自陈，不失臣子之礼。臣禄自保没身不见匈奴为边竟忧也！"躬掎禄曰："臣为国家计，冀先谋将然，豫图未形，为万世虑；而禄欲以其犬马齿保目所见。臣与禄异议，未可同日语也！"上曰："善！"乃罢群臣，独与躬议。

乌孙能越过白龙堆沙漠,进犯我西部边境?乃是为了扼制匈奴。一百馀年艰苦奋斗获得的和平安定局面,却要在一天之内破坏掉;花费十分费用取得的胜利成果,却因爱惜一分而令其全部付之东流,我私下里为国家感到不安。望陛下在尚未发生变乱、爆发战争之时稍加留意,以遏止住北边战祸的萌生!"奏章呈上,哀帝醒悟,立即召回匈奴使者,更换国书,表示欢迎单于来长安朝见。随后赏赐扬雄帛五十匹,黄金十斤。单于还未动身,就赶上生病,于是又派使节到汉朝,希望将朝见推迟一年,哀帝同意了。

12 董贤尊宠日盛,丁、傅两家之人十分嫉妒他的得宠,孔乡侯傅晏与息夫躬谋划取得辅政大臣的官位。正巧匈奴单于因病不能来朝见,息夫躬趁机上奏,认为:"单于应当在十一月入塞,后来自己说有病不能来,怀疑可能有其他变化。乌孙两位昆弥势力弱,逃亡在外的卑爰疐则强盛,他东去与匈奴单于勾结,还派自己的儿子作为人质侍奉单于,恐怕他们会联合起来吞并乌孙。乌孙被吞并后,则匈奴势力强盛而西域就陷于险境了。可以让归降朝廷的西域胡人假扮卑爰疐的使节来长安上书,请求借天子之威对单于施加压力,使其归还质子,趁把国书交与主管机关处理时,让匈奴的使者知道。这就是所谓的'上等的战略战术是破坏敌人的谋略,其次的是断绝敌人的外援'。"

奏书呈上,哀帝召见息夫躬,然后召集公卿、将军们讨论他的建议。左将军公孙禄认为:"中国经常依靠威望和信义,令蛮族怀恩伏首听命,息夫躬却想先设诈谋对付匈奴,进献这种不讲信义的计策,是不能允许的。况且匈奴依赖先帝的恩德,对中国称臣,作为藩国替汉朝保卫边塞。现在单于因患病不能来朝贺,派使者前来陈告,并不失臣子的礼节。我公孙禄敢保证,直到我死,也不会看到匈奴成为边境的忧患。"息夫躬拉扯公孙禄说:"我为国家着想,才希望在事变未发生前,预先推测出还未形成的阴谋,先设下防范的计策,我这是为万世安危着想,而公孙禄却只想以有生之年保证看不见事变。我与公孙禄的不同意见,是不可同日而语的!"哀帝说:"好!"便命群臣退下,单独与息夫躬磋商。

躬因建言:"灾异屡见,恐必有非常之变。可遣大将军行边兵,敕武备,斩一郡守以立威,震四夷,因以厌应变异。"上然之,以问丞相嘉,对曰:"臣闻动民以行不以言,应天以实不以文。下民微细,犹不可诈,况于上天神明而可欺哉!天之见异,所以敕戒人君,欲令觉悟反正,推诚行善,民心说而天意得矣!辩士见一端,或妄以意傅著星历,虚造匈奴、西羌之难,谋动干戈,设为权变,非应天之道也。守相有罪,车驰诣阙,交臂就死,恐惧如此,而谈说者欲动安之危,辩口快耳,其实未可从。夫议政者,苦其诡谀、倾险、辩惠、深刻也。昔秦缪公不从百里奚、蹇叔之言,以败其师。其悔过自责,疾谀误之臣,思黄发之言,名垂于后世。愿陛下观览古戒,反覆参考,无以先入之语为主!"上不听。

息夫躬乘机建议说:"灾异屡次出现,恐怕一定会有非常的事变。可以派遣大将军巡行边塞,整顿武备,斩一个郡守以树威,震动四边蛮族,用这个方法镇压不利的妖异,以应验天象变异。"哀帝认为有道理,就用这个建议去询问丞相王嘉,王嘉回答说:"我听说引导下民,靠行动不靠言辞;应验天变,靠实质内容而不靠表面文章。下民虽然卑微弱小,仍然不可以对他们使用诈术,更何况对于上天神明是可以欺骗的吗!上天显示变异,是用来敕告警诫君王,想让他们觉悟,改正过失,诚心诚意推行善政,民心欢悦,则天意就可获得了。善辩之士只看见事物的某一方面,有的就荒谬地用自己的意思附会星象的变异,凭空捏造出匈奴、西羌将要发难的谎言,谋划大动干戈,预设下随机应变的计策,这不是应验天变的正道。守相有罪,自应驱车奔驰到皇宫门前投案自首,反缚双臂赴死,恐惧到如此地步,而摇唇鼓舌之人却妄图动摇国家的安全大计,把国家推向危难,雄辩的口舌只图一逞痛快罢了,实际不可听从。讨论国家大事,最让人头痛的莫过于一些谄谀、阴险、诡辩、用心恶毒的建言。从前,秦穆公不听从百里奚、蹇叔的劝告,因而丧师辱国。他悔过自责,痛恨那些误国的大臣,想起白发老人的忠告,作《秦誓》以悔过,并得以名垂后世。愿陛下观览古代的戒鉴,反复思考,不要被先提出的建议所左右。"哀帝不听他的劝告。

卷第三十五 汉纪二十七

起己未(前2)尽壬戌(2)凡四年

孝哀皇帝下
元寿元年(己未,前2)

1 春,正月辛丑朔,诏将军、中二千石举明习兵法者各一人,因就拜孔乡侯傅晏为大司马、卫将军,阳安侯丁明为大司马、票骑将军。

2 是日,日有食之。上诏公卿大夫悉心陈过失;又令举贤良方正能直言者各一人。大赦天下。

丞相嘉奏封事曰:"孝元皇帝奉承大业,温恭少欲,都内钱四十万万。尝幸上林,后官冯贵人从临兽圈,猛兽惊出,贵人前当之,元帝嘉美其义,赐钱五万。掖庭见亲,有加赏赐,属其人勿众谢。示平恶偏,重失人心,赏赐节约。是时外戚赀千万者少耳,故少府、水衡见钱多也。虽遭初元、永光凶年饥馑,加以西羌之变,外奉师旅,内振贫民,终无倾危之忧,以府臧内充实也。孝成皇帝时,谏臣多言燕出之害,及女宠专爱,耽于酒色,损德伤年,其言甚切,然终不怨怒也。宠臣淳于长、张放、史育,育数贬退,家赀不满千万,放斥逐就国,长榜死于狱。不以私爱害公义,故虽多内讥,朝廷安平,传业陛下。

"陛下在国之时,好《诗》、《书》,上俭节,征来,所过道上称诵德美,此天下所以回心也。初即位,易帷帐,去

孝哀皇帝下
汉哀帝元寿元年（己未，公元前2年）

1　春季，正月辛丑朔（初一），哀帝下诏，要求将军、中二千石的官员推举通晓军事、熟悉兵法的人各一名，借此授任孔乡侯傅晏为大司马、卫将军，阳安侯丁明为大司马、票骑将军。

2　当天，发生了日食。哀帝诏令公卿大夫尽心陈述过失；又令举荐贤良、方正、能直言进谏者各一人。大赦天下。

丞相王嘉上密封奏书说："孝元皇帝承继大业，温良谦恭，少有欲望，国库存钱达四十亿。元帝曾到上林苑散心，后宫冯贵人跟随一起到了兽圈，猛兽受惊突然窜出，冯贵人挺身向前，用身体遮挡住皇帝，元帝嘉勉她的义勇，赏赐不过五万钱。在深宫后庭，对宠爱的人加以特别的赏赐，元帝总要嘱咐她，不要在众人面前谢恩。这是为了表示公平，不愿被人指责不公平，看重人心得失，而且赏赐节约。那时外戚资产达千万的很少，因而少府、水衡的积钱才很多。虽然遭受初元、永光年间的灾荒大饥馑，再加西羌部族的叛变，对外要供给作战部队的需要，对内要赈济贫苦的灾民，然而国家始终没有倾覆崩溃的忧虑，是因为国库积藏充实。孝成皇帝时，谏臣大多提出皇帝私自出宫的危害，以及专宠美女，耽于酒色，有损德行，伤身短寿等，言词非常恳切激烈，然而成帝始终不怨恨发怒。宠臣淳于长、张放、史育三人，史育多次被贬退，家资不满千万；张放被斥退逐回封国；淳于长在监狱中被拷打致死。成帝并不以私爱而妨害公义，因此，虽然因好色而招致很多讥讽，但是朝廷安定平稳，这才能把江山传给陛下。

"陛下在封国之时，喜好《诗经》、《书经》，崇尚节俭。征召前来长安时，一路经过的地方，都交口称颂陛下的美德，这正是天下之人把希望寄托在陛下身上的原因。初即位时，陛下更换帷帐，撤去

锦绣，乘舆席缘绨缯而已。共皇寝庙比当作，忧闵元元，惟用度不足，以义割恩，辄且止息，今始作治。而驸马都尉董贤亦起官寺上林中，又为贤治大第，开门乡北阙，引王渠灌园池，使者护作，赏赐吏卒，甚于治宗庙。贤母病，长安厨给祠具，道中过者皆饮食。为贤治器，器成，奏御乃行，或物好，特赐其工。自贡献宗庙、三宫，犹不至此。贤家有宾婚及见亲，诸官并共，赐及仓头、奴婢人十万钱。使者护视、发取市物，百贾震动，道路讙哗，群臣惶惑。诏书罢苑，而以赐贤二千馀顷，均田之制从此堕坏。奢僭放纵，变乱阴阳，灾异众多，百姓讹言，持筹相惊，天惑其意，不能自止。陛下素仁智慎事，今而有此大讥。

"孔子曰：'危而不持，颠而不扶，则将安用彼相矣！'臣嘉幸得备位，窃内悲伤不能通愚忠之信。身死有益于国，不敢自惜。唯陛下慎己之所独乡，察众人之所共疑！往者邓通、韩嫣，骄贵失度，逸豫无厌，小人不胜情欲，卒陷罪辜，乱国亡躯，不终其禄，所谓'爱之适足以害之'者也！宜深览前世，以节贤宠，全安其命。"上由是于嘉浸不说。

前凉州刺史杜邺以方正对策曰："臣闻阳尊阴卑，天之道也。是以男虽贱，各为其家阳；女虽贵，犹为其国阴。故礼明三从

锦绣,车马和坐席的靠垫,不过用绨缯包边而已。共皇寝庙屡次应当兴建,都因怜悯小民百姓穷苦,考虑国家经费不足,为了公义割舍恩情,就暂停修建,直到最近才开始动工兴建。可是驸马都尉董贤,也在上林苑中兴建官衙,陛下还为他修建了宏大的宅第,开门朝着皇宫的北门,引皇家御用水渠灌注园林水池,陛下派使者监督施工,赏赐吏卒,超过了修建宗庙之时。董贤母亲患病,由官家长安厨提供祈祷的用具和食品,道路过往行人都可获得施舍的饮食。陛下为董贤制造器具,做成后,必须奏报陛下审查,才可送去;如果工艺精巧,还特别赏赐匠工。从来奉献宗庙、奉养三宫太后,也没有达到这种程度。遇董贤家有宾客、举办婚礼、以及亲戚相见,百官一起供献财物,甚至赏赐奴、仆、婢女的钱,多达十万钱。董贤及其家人去街市购买物品,有圣上派的使者专门陪同,监视交易,百商震恐,路人喧哗,群臣为之惶惑。陛下诏令裁撤皇家苑林,却赏赐董贤两千馀顷土地,官吏限田的制度从此破坏。奢侈僭越,寻欢放纵,变乱阴阳,灾异众多,流言在百姓中传播,路人手持禾秆麻秆惊恐奔走,上天也对百姓的流言和奔走感到迷惑,不能使他们自行停止。陛下一向仁慈智慧,行事谨慎,而今却有这些过失被人大肆嘲讽。

"孔子说:'国家有危险不去解救,见颠覆不去匡扶,要你们这些宰相有什么用!'臣王嘉有幸能够官位丞相,自己私下常内心悲伤,无法使陛下相信我愿意竭尽愚忠。如果身死能够有益于国家,绝不敢爱惜自己的生命。请陛下审慎地对待自己的偏宠,细察众人共同疑惑的事物。从前邓通、韩嫣骄横显贵失去限度,逸乐无厌,小人不能克制情欲,终于犯下大罪,把国家搞乱,使自己丧生,富贵福禄不能善终,正所谓'爱他,却恰恰足以害他'。应该深加观察前世的教训,节制对董贤的宠爱,以保全他的生命。"哀帝由此对王嘉渐渐不满。

前凉州刺史杜邺,以方正的身份,回答策问说:"我听说阳尊阴卑,是上天行事之道。因而男子虽然卑贱,仍然各自是本家之阳;女子虽然尊贵,仍然是本国之阴。因此礼教明确规定'三从'

之义，虽有文母之德，必系于子。昔郑伯随姜氏之欲，终有叔段篡国之祸；周襄王内迫惠后之难，而遭居郑之危。汉兴，吕太后权私亲属，几危社稷。窃见陛下约俭正身，欲与天下更始，然嘉瑞未应，而日食、地震。案《春秋》灾异，以指象为言语。日食，明阳为阴所临。坤以法地，为土，为母，以安静为德。震，不阴之效也。占象甚明，臣敢不直言其事！昔曾子问从令之义，孔子曰：'是何言与！'善闵子骞守礼不苟从亲。所行无非理者，故无可间也。今诸外家昆弟，无贤不肖，并侍帷幄，布在列位，或典兵卫，或将军屯，宠意并于一家，积贵之势，世所希见、所希闻也。至乃并置大司马、将军之官。皇甫虽盛，三桓虽隆，鲁为作三军，无以甚此！当拜之日，暗然日食。不在前后，临事而发者，明陛下谦逊无专，承指非一，所言辄听，所欲辄随，有罪恶者不坐辜罚，无功能者毕受官爵。流渐积猥，过在于是，欲令昭昭以觉圣朝。昔诗人所刺，《春秋》所讥，指象如此，殆不在他。由后视前，忿邑非之；逮身所行，不自镜见，则以为可，计之过者。愿陛下加致精诚，思承始初，事稽诸古，以厌下心，则黎庶群生无不说喜，上帝百神收还威怒，祯祥福禄，何嫌不报！"

的内容,即令有文王之母的盛德,也必须依附于儿子。从前郑伯放任母亲姜氏对幼子的溺爱,终于酿成叔段篡国的大祸;周襄王内迫母亲惠后的压力,外受王弟和狄人的攻击,而遭受逃亡到郑国的危难。汉朝兴起,吕太后把朝廷大权私自交给她的亲属,几乎断送了国家。我看陛下节俭克己,持身以正,想要振兴天下,开创一种新局面,然而,祥瑞没有应验降临,反而发生了日食、地震。查阅《春秋》记载的灾异,是上天以灾异景象所指示的含意作为语言,来警告世人。日食,表明阳被阴侵犯。阴为坤,坤被用来表示地,所以称'坤'为'土',为'母',安静是大地的特质和美德。发生地震,是大地不遵阴性物质所应循的正常轨道的结果。占卜天象已非常明显,我不敢不直率地说。从前,曾参问孔子听从父命可算孝顺的道理,孔子说:'这是什么话!'反而特别赞扬闵子骞守礼,不苟且听从父母的命令。只要所行之事没有不合道理的,别人也无法离间他与父母及亲人的关系。而今各种皇亲国戚父子兄弟,不管贤能或败类,都在宫廷任职,位居要津,或者手握兵权,主管京师皇宫侍卫,或者统率大军驻防在外,恩宠集中于一家,合显贵们的权势,声势之盛世所罕见,所希闻。甚至发展到同时设立两个大司马、将军的官职。古时皇甫虽强盛,三桓虽势大,鲁国虽建立三军,然而与今天的皇亲国戚相比,就甚为逊色了!就在拜大司马、将军官职的当天,太阳昏暗,发生日食。不前不后,偏偏在拜官的关键时刻发生日食,说明陛下太过谦逊,不敢专断,不只一次地顺承太后的旨意,所说的话都听从,她想要什么,就都一一满足,外戚中有罪恶的,不受法律制裁;无功无能的,全都加封官爵。这类事情逐渐发展加剧,越积越多,陛下的过失正在于此,我不过是想让这些过失更加明显,从而使圣明的天子猛醒。过去被诗人所抨击、被《春秋》所讥讽的,正是这类现象,恐怕不是针对其他。由后世人来看前代发生的事情,会忿怒忧郁地指摘其错误;等到自己去做,就不能像照镜子一样看见自己的过失,自以为合适,其实计策已失误了。但愿陛下更加精诚治国,回顾即位之初,每事都参考遵照古代的规定,以满足下民的心愿,如此则黎民百姓无不喜悦,上帝神灵也会收回震怒,何愁吉祥福禄不会还报降临!"

上又征孔光诣公车，问以日食事，拜为光禄大夫，秩中二千石，给事中，位次丞相。

初，王莽既就国，杜门自守。其中子获杀奴，莽切责获，令自杀。在国三岁，吏民上书冤讼莽者百数。至是，贤良周护、宋崇等对策，复深讼莽功德。上于是征莽及平阿侯仁还京师，侍太后。

3　董贤因日食之变以沮傅晏、息夫躬之策。辛卯，上收晏印绶，罢就第。

4　丁巳，皇太太后傅氏崩，合葬渭陵，称孝元傅皇后。

5　丞相、御史奏息夫躬、孙宠等罪过。上乃免躬、宠官，遣就国；又罢侍中、诸曹、黄门郎数十人。

鲍宣上书曰："陛下父事天，母事地，子养黎民；即位以来，父亏明，母震动，子讹言相惊恐。今日食于三始，诚可畏惧。小民正朔日尚恐毁败器物，何况于日亏乎！陛下深内自责，避正殿，举直言，求过失，罢退外亲及旁仄素餐之人，征拜孔光为光禄大夫，发觉孙宠、息夫躬过恶，免官遣就国，众庶歇然，莫不说喜。天人同心，人心说则天意解矣。乃二月丙戌，白虹干日，连阴不雨，此天下忧结未解，民有怨望未塞者也。侍中、驸马都尉董贤，本无葭莩之亲，但以令色、谀言自进，赏赐无度，竭尽府臧，并合三第，尚以为小，复坏暴室。贤父、子坐使天子使者，将作治第，

哀帝又征召孔光到未央宫公车门,询问关于日食之事,授任孔光为光禄大夫,官秩中二千石,兼任给事中,地位仅次丞相。

当初,王莽返回封国后,就闭门不见宾客,以求自保。他的次子王获杀死家奴,王莽严厉痛斥王获,命他自杀。在封国三年,官吏百姓上书为王莽呼冤的,数以百计。到本年,贤良周护、宋崇等在朝廷考试的答卷上,还大加歌颂王莽的功德。哀帝于是征召王莽以及平阿侯王仁回到京师,让他们侍奉太皇太后。

3 董贤利用发生日食变异的机会,阻止傅晏、息夫躬挑动对匈战争的计策。辛卯,哀帝收缴傅晏印信绶带,罢免官职,让他回到宅第。

4 丁巳(正月十七日),皇太太后傅氏驾崩,与元帝合葬渭陵,称为"孝元傅皇后"。

5 丞相、御史上奏,弹劾息夫躬、孙宠等人的罪过。哀帝于是罢免息夫躬、孙宠官职,遣回封国;又罢黜侍中、诸曹、黄门郎等数十人官职。

鲍宣上书说:"陛下把上天当作父亲,把大地当作母亲来侍奉,把人民当作儿女来抚养,即位以来,上天缺少光明,大地发生地震,百姓流传讹言,互相惊恐。而今,元旦'三始'之日就发生日食,实在令人畏惧。小民在平常的初一日尚且唯恐毁坏器物,更何况在元旦发生日食呢!陛下深刻地在内心责备自己,避开正殿不坐,征求直言,垂听臣属指摘过失,罢黜斥退外戚以及身边白吃饭不干事的人,征召任命孔光为光禄大夫,察觉了孙宠、息夫躬的罪恶,把他们免官遣回封国,民众和洽,无不欢喜。天人同心,人心欢悦了,则天心的愤怒自然化解。然而,二月丙戌(十六日),白气侵犯太阳,天气连阴不雨,这表示天下尚有忧愁纠结在一起没有化解,百姓还有怨气没有平息。侍中、驸马都尉董贤,本来与陛下无丝毫亲戚关系,可是凭着他的柔言媚色,巧言阿谀,博取了陛下的欢心,对他赏赐没有限度,竭尽了府库的积藏,合并三座宅第赐给他,还认为太小,又拆除暴室来扩充面积。董贤和他的父亲,可以随意支使天子的使者,将作大匠为他修建宅第,

行夜吏卒皆得赏赐。上冢有会，辄太官为供。海内贡献，当养一君，今反尽之贤家，岂天意与民意邪！天不可久负，厚之如此，反所以害之也！诚欲哀贤，宜为谢过天地，解雠海内，免遣就国，收乘舆器物还之县官，可以父子终其性命。不者，海内之所仇，未有得久安者也。孙宠、息夫躬不宜居国，可皆免，以视天下。复征何武、师丹、彭宣、傅喜，旷然使民易视，以应天心，建立大政，兴太平之端。"上感大异，纳宣言，征何武、彭宣；拜鲍宣为司隶。

6　上托傅太后遗诏，令太皇太后下丞相、御史，益封董贤二千户，赐孔乡侯、汝昌侯、阳新侯国。王嘉封还诏书，因奏封事谏曰："臣闻爵禄、土地，天之有也。《书》云：'天命有德，五服五章哉！'王者代天爵人，尤宜慎之。裂地而封，不得其宜，则众庶不服，感动阴阳，其害疾自深。今圣体久不平，此臣嘉所内惧也。高安侯贤，佞幸之臣，陛下倾爵位以贵之，单货财以富之，损至尊以宠之，主威已黜，府臧已竭，唯恐不足。财皆民力所为，孝文欲起露台，重百金之费，克己不作。今贤散公赋以施私惠，一家至受千金，往古以来，贵臣未尝有此。流闻四方，皆同怨之。里谚曰：'千人所指，无病而死。'臣常为之寒心。今太皇太后以永信太后遗诏诏丞相、御史，益贤户，赐三侯国，臣嘉窃惑。山崩、地动、日食于三朝，

连夜间为他巡逻的吏卒都得到赏赐。他家举行葬仪祭典和会见宾客，都由掌管皇帝膳食与宴享事务的太官供应一切。各地贡献的财物，本应当奉养一位君主，而今反而全到了董贤的家里，这难道是天意和民意吗！天意不可长久地背逆，对董贤如此厚待，反而会因此害了他！如果真心要怜惜董贤，应该为他向天地谢罪，解除天下对他的仇视，罢免他的官职，遣回封国，没收所赐天子御用的器具，归还官府，只有这样，才可保全他父子的性命。不然的话，国内仇恨集中于一身，他不可能获得长久的安宁。孙宠、息夫躬不应该再拥有封国，应该全部免除，以向天下表示彻底改过。重新征召何武、师丹、彭宣、傅喜，使百姓看到一个全新明朗的局面，以顺应天意，建立大政，开始复兴太平盛世。"哀帝感到非常惊奇，采纳了鲍宣的建议，征召何武、彭宣，并授任鲍宣为司隶。

6　哀帝假托傅太后的遗诏，请太皇太后下令给丞相、御史，要他们增加董贤采邑二千户人家，并赐孔乡侯、汝昌侯、阳新侯封国采邑。王嘉把诏书封起来退回，并上密封奏书劝谏说："我听说爵位、俸禄、土地，是上天所有的。《书经》说：'皇天命有德之人位居天子、诸侯、卿、大夫、士，表示尊卑的五种服装色彩、图案各不相同。'君王代表上天给人封爵，尤其应该谨慎。划地分封采邑，如果处理不当，则民心不服，民众的怨气感动阴阳，就会损害陛下身体，使陛下疾病加重。现在陛下圣体久不康复，这使我内心深为恐惧。高安侯董贤，不过是奸佞的宠臣，陛下把所有的爵位都封给他，使他显贵，竭尽财货赐与他，使他富足，甚至损害圣上的利益去宠爱他，君王的权威已被降低，国库的储积已经涸竭，还唯恐不足。财富都是百姓创造的，孝文帝想兴建露台，因为看重那百金的修建费而克制自己不去兴建。如今董贤却把国家的赋税作为私人恩惠随意施舍，甚至一家就可得到千金的赏赐，古往今来的贵臣还从未有这样的。有关董贤的流言传播四方，人们全都怨恨他。俗谚说：'千夫所指，无病而死。'我常为他感到寒心。现在，太皇太后根据永信傅太后的遗诏，下诏给丞相、御史，要增加董贤采邑人户，赐三位侯爵封国采邑，臣王嘉感到十分困惑。山崩、地震、日食，同时发生在元旦'三始'之日，

皆阴侵阳之戒也。前贤已再封，晏、商再易邑，业缘私横求，恩已过厚，求索自恣，不知厌足，甚伤尊尊之义，不可以示天下，为害痛矣！臣骄侵罔，阴阳失节，气感相动，害及身体。陛下寝疾久不平，继嗣未立，宜思正万事，顺天人之心，以求福祐，乃何轻身肆意，不念高祖之勤苦，垂立制度，欲传之于无穷哉！臣谨封上诏书，不敢露见。非爱死而不自法，恐天下闻之，故不敢自劾。"

初，廷尉梁相治东平王云狱时，冬月未尽二旬，而相心疑云冤狱，有饰辞，奏欲传之长安，更下公卿覆治。尚书令鞫谭，仆射宗伯凤以为可许。天子以为相等皆见上体不平，外内顾望，操持两心，幸云逾冬，无讨贼疾恶主雠之意，免相等皆为庶人。后数月，大赦，嘉荐"相等皆有材行，圣王有计功除过，臣窃为朝廷惜此三人"。书奏，上不能平。后二十馀日，嘉封还益董贤户事，上乃发怒，召嘉诣尚书，责问以"相等前坐不忠，罪恶著闻，君时辄已自劾。今又称誉，云'为朝廷惜之'，何也"，嘉免冠谢罪。

事下将军朝者，光禄大夫孔光等劾"嘉迷国罔上，不道，请谒者召嘉诣廷尉诏狱"。议郎龚等以为："嘉言事前后相违，宜夺爵土，免为庶人。"永信少府猛等以为："嘉罪名虽应法，大臣括发关械，裸躬就笞，非所以重国，褒宗庙也。"上不听，诏"假谒者节，召丞相诣廷尉诏狱。"

这都是上天因为阴侵阳而显示的警告啊。前些时,董贤已再次封爵,傅晏、傅商也再次改换封国采邑,郑业则利用私情横求不已,陛下所施恩惠已很厚了,他们仍恣意求索,不知满足,这已深深伤害了尊崇傅太后的本意,无法向天下人公布,为害至大!臣属骄横,就会冒犯欺骗主上,使阴阳失去调节,阴气阳气互相冲突,伤害身体。陛下久病不愈,又未立继承人,应该考虑使万事步入正轨,顺应天心民心,以求上天的保佑,怎么能忽视自身健康而肆意放纵,不念及高祖创业的勤奋艰苦,留下所建立的制度,要使它传于无穷呢!我谨慎地把诏书封还,不敢显露让别人看见。并非因爱惜生命而不敢以违抗诏旨之法自劾,实在是恐怕天下人知道,因此不敢自我弹劾。"

当初,廷尉梁相审理东平王刘云一案时,还有不到二十日冬月就要结束了,而梁相心里怀疑刘云一案是冤案,供辞有修饰不实的地方,因而上奏哀帝,请求把一干人犯押解长安,换由公卿复审。尚书令鞠谭、仆射宗伯凤认为可以准许。哀帝则认为,梁相等人都见皇上病情没有起色,顾望天子和诸侯王,怀有二心,希图刘云一案侥幸拖过冬季,则可减刑免死,毫无痛恨奸恶、为主上讨贼报仇的忠心,于是罢免了梁相等人的官职,都贬为平民。数月后,大赦天下,王嘉又举荐说:"梁相等人都有才干德行,圣明的君王对臣下总是计其功劳,抹去过失,我私下里为朝廷怜惜这三个人才。"奏书呈上,哀帝愤愤不平。过了二十餘日,王嘉封还为董贤增加采邑人户的诏书,哀帝于是大怒,召王嘉到尚书处,令尚书责问他:"梁相等人前些时犯了对天子不忠之罪,罪恶昭著,人所共闻,当时你也曾自我弹劾。现在却又称誉赞美他们,说什么'为朝廷怜惜他们',这是为什么?"王嘉脱下官帽谢罪。

哀帝把此案交付朝廷文武官员讨论,光禄大夫孔光等弹劾王嘉说:"王嘉迷惑国家,欺骗主上,大逆不道,请派谒者召王嘉去廷尉处诏狱受审。"议郎龚等认为:"王嘉的奏言前后不一致,应该剥夺爵位采邑,免去官职,贬为平民。"永信少府猛等认为:"王嘉的罪名虽然应该依法惩处,但是把国家大臣束住头发,带上刑具,裸露身体,鞭笞拷打,这不是使国家受到尊重,宗庙受到褒美的做法。"哀帝不听猛的劝告,诏令使者:"凭谒者的符节,召丞相到廷尉诏狱受审。"

使者既到，府掾、史涕泣，共和药进嘉，嘉不肯服。主簿曰："将相不对理陈冤，相踵以为故事，君侯宜引决！"使者危坐府门上，主簿复前进药。嘉引药杯以击地，谓官属曰："丞相幸得备位三公，奉职负国，当伏刑都市，以示万众。丞相岂儿女子邪！何谓咀药而死！"嘉遂装，出见使者，再拜受诏；乘吏小车，去盖，不冠，随使者诣廷尉。廷尉收嘉丞相、新甫侯印绶，缚嘉载致都船诏狱。上闻嘉生自诣吏，大怒，使将军以下与五二千石杂治。吏诘问嘉，嘉对曰："案事者思得实。窃见相等前治东平王狱，不以云为不当死，欲关公卿，示重慎。诚不见其外内顾望、阿附为云验，复幸得蒙大赦。相等皆良善吏，臣窃为国惜贤，不私此三人。"狱吏曰："苟如此，则君何以为罪，犹当有以负国，不空入狱矣？"吏稍侵辱嘉，嘉喟然仰天叹曰："幸得充备宰相，不能进贤、退不肖，以是负国，死有馀责。"吏问贤、不肖主名。嘉曰："贤故丞相孔光、故大司空何武，不能进；恶高安侯董贤父、子乱朝，而不能退。罪当死，死无所恨！"嘉系狱二十馀日，不食，欧血而死。

已而上览其对，思嘉言，会御史大夫贾延免，夏，五月乙卯，以孔光为御史大夫。秋，七月丙午，以光为丞相，复故国博山侯；又以氾乡侯何武为御史大夫。上乃知孔光前免非其罪，以过近臣毁短光者，曰："傅嘉前为侍中，毁谮仁贤，诬诉大臣，令俊艾者久失其位。其免嘉为庶人，归故郡。"

使者到了丞相府，府掾、史等官员流泪哭泣，共同调和毒药请王嘉喝，王嘉不肯服用。主簿说："将相不面对执法官为自己诉冤，这种作法世代相沿，已成为惯例，君侯应自杀为是。"使者严肃地坐在府门那边，主簿再次上前送上毒药。王嘉拿起药杯扔到地下，对相府官属们说："丞相我有幸官位三公，但奉职不谨慎，辜负了国家，理应在都市上伏刑受死，示众百姓。丞相岂是小儿小女，为什么要吃毒药而死！"于是王嘉穿戴官服，出来见使者，再拜，接受诏书，然后乘上小吏坐的小车，去掉车篷，脱下官帽，随使者到了廷尉官衙。廷尉收缴了王嘉的丞相和新甫侯印信绶带，把他捆绑起来，押送到都船诏狱。哀帝听说王嘉活着亲自去到廷尉那里，勃然大怒，派将军以下官员和五名二千石官员，共同审讯。官吏审问王嘉时，他回答说："审理案件的人，希望得到事实真相。我见梁相等过去审理东平王一案，并不认为刘云不该处死，只是希望公卿参与审理，以表示慎重。实在看不出他们有两头顾望留有后路，阿谀攀附刘云的罪证，以后他们又有幸蒙恩获得大赦。梁相等都是杰出的官吏，我确实是为国惜才，并不是偏袒他们三人。"狱吏说："假定事实确是如此的话，那么凭什么给你定罪呢？你还是应当有负国之罪，不会凭空把你逮捕入狱的。"狱吏逐渐开始侵犯凌辱王嘉，王嘉喟然仰天叹息说："我有幸能够充任丞相，不能引进贤能，斥退奸佞，因此是犯有负国之罪，死有余辜。"狱吏问贤者和奸佞者的名字，王嘉说："贤者，前丞相孔光、前大司空何武，却不能举荐引进他们；恶者，高安侯董贤父子奸佞乱朝，却不能斥退他们。罪当处死，死无所憾！"王嘉关押在监狱二十余天，不进饮食，吐血而死。

不久，哀帝看到王嘉的供词，考虑他的话，正好御史大夫贾延被免去官职，于是在夏季五月乙卯(十七日)，任命孔光为御史大夫，秋季，七月丙午(初九)，再擢升孔光为丞相，恢复他从前的博山侯爵位。又任用氾乡侯何武为御史大夫。哀帝这才明白，孔光以前被免职，并不是他真有罪，于是责备自己所亲近的那些诋毁诬陷孔光的大臣，说："傅嘉以前为侍中，诋毁仁智贤能者，诬陷大臣，使杰出的人才长时间失去官位。现在罢免傅嘉的封爵，贬为平民，遣返原郡。"

資治通鑑

1338

7 八月,何武徙为前将军。辛卯,光禄大夫彭宣为御史大夫。

8 司隶鲍宣坐摧辱丞相,拒闭使者,无人臣礼,减死髡钳。

9 大司马丁明素重王嘉,以其死而怜之。九月乙卯,册免明,使就第。

10 冬,十一月壬午,以故定陶太傅、光禄大夫韦赏为大司马、车骑将军。己丑,赏卒。

11 十二月庚子,以侍中、驸马都尉董贤为大司马、卫将军,册曰:"建尔于公,以为汉辅!往悉尔心,匡正庶事,允执其中!"是时贤年二十二,虽为三公,常给事中,领尚书事,百官因贤奏事。以父卫尉恭不宜在卿位,徙为光禄大夫、秩中二千石;弟宽信代贤为驸马都尉。董氏亲属皆侍中、诸曹、奉朝请,宠在丁、傅之右矣。

初,丞相孔光为御史大夫,贤父恭为御史,事光。及贤为大司马,与光并为三公。上故令贤私过光。光雅恭谨,知上欲尊宠贤。及闻贤当来也,光警戒衣冠出门待,望见贤车乃却入,贤至中门,光入阁,既下车,乃出,拜谒、送迎甚谨,不敢以宾客钧敌之礼。上闻之,喜,立拜光两兄子为谏大夫、常侍。贤自是权与人主侔矣。

是时,成帝外家王氏衰废,唯平阿侯谭子去疾为侍中,弟闳为中常侍。闳妻父中郎将萧咸,前将军望之子也,贤父恭慕之,欲为子宽信求咸女为妇,使闳言之。咸惶恐不敢当,

7　八月,调任何武为前将军。辛卯(二十四日),任命光禄大夫彭宣为御史大夫。

8　司隶鲍宣因折辱丞相,闭门拒绝使者,无做臣子的礼仪而获罪,被减免死罪,判处髡刑。

9　大司马丁明一向敬重王嘉,对他的死感到怜惜。九月乙卯(十九日),哀帝下策书,罢免丁明的官职,让他回到宅第。

10　冬季,十一月壬午(闰十一月十七日),任用从前的定陶太傅、光禄大夫韦赏为大司马、车骑将军。己丑(闰十一月二十四日),韦赏去世。

11　十二月庚子(初六),任命侍中、驸马都尉董贤为大司马、卫将军,任命策书上说:"把你树立为三公大臣,作为汉王朝的辅佐!我一向知道你的忠心,能匡正天下大事,忠诚地坚持不偏不倚的正道。"当时董贤才二十二岁,虽然为三公,但常在宫禁中随侍,主管尚书事,百官必须通过董贤才可奏事。哀帝又因为董贤的父亲卫尉董恭不再适合处在卿位,就把他调升为光禄大夫,官秩为中二千石,让董贤的弟弟董宽信接替董贤为驸马都尉。董氏亲属都成为侍中、诸曹,能够定期朝见皇帝,荣宠在丁、傅两家之上。

当初,丞相孔光为御史大夫时,董贤的父亲董恭为御史,要事奉孔光。等到董贤当上大司马,与孔光同为三公。哀帝故意让董贤私下去孔光家拜访。孔光素来恭谨小心,清楚皇上要尊宠董贤。一听说董贤的车驾要到了,马上布置警戒,衣冠穿戴整齐,出大门等候。望见董贤的车队,就倒退着进入大门。董贤进入中门,孔光退入客厅,等董贤下车后,孔光马上出来拜见,迎送之礼非常恭敬谨慎,不敢用接待同等地位宾客的礼节来接待董贤。哀帝听说后,喜在心头,立即授孔光的两个侄子为谏大夫、常侍。从此,董贤的权势与皇帝相等了。

这时,成帝的外戚王氏家族已衰微,只有平阿侯王谭的儿子王去疾担任侍中,弟弟王闳担任中常侍。王闳的岳父是中郎将萧咸,萧咸是前将军萧望之的儿子,董贤的父亲董恭对萧咸很仰慕,想为儿子董宽信求娶萧咸的女儿为妻,就请王闳去对萧咸说明这个意思。萧咸惶恐不敢答允,

私谓闳曰:"董公为大司马,册文言'允执其中',此乃尧禅舜之文,非三公故事,长老见者莫不心惧。此岂家人子所能堪邪!"闳性有知略,闻咸言,亦悟;乃还报恭,深达咸自谦薄之意。恭叹曰:"我家何用负天下,而为人所畏如是!"意不说。后上置酒麒麟殿,贤父子、亲属宴饮,侍中、中常侍皆在侧。上有酒所,从容视贤笑曰:"吾欲法尧禅舜,何如?"王闳进曰:"天下乃高皇帝天下,非陛下有也! 陛下承宗庙,当传子孙于亡穷。统业至重,天子亡戏言!"上默然不说,左右皆恐。于是遣闳出归郎署。

久之,太皇太后为闳谢,复召闳还。闳遂上书谏曰:"臣闻王者立三公,法三光,居之者当得贤人。《易》曰:'鼎折足,覆公𬸚。'喻三公非其人也。昔孝文皇帝幸邓通,不过中大夫,武帝幸韩嫣,赏赐而已,皆不在大位。今大司马、卫将军董贤,无功于汉朝,又无肺腑之连,复无名迹高行以矫世,升擢数年,列备鼎足,典卫禁兵,无功封爵,父子、兄弟横蒙拔擢,赏赐空竭帑藏,万民喧哗,偶言道路,诚不当天心也! 昔褒神蚖变化为人,实生褒姒,乱周国。恐陛下有过失之讥,贤有小人不知进退之祸,非所以垂法后世也!"上虽不从闳言,多其年少志强,亦不罪也。

私下对王闳说:"任命董公为大司马时,策书上有这样一句:'忠诚地坚持不偏不倚的正道。'这是尧禅让舜时所说的一句话,不是拜三公所惯用的语言,长老们见到的,无不感到恐惧。这岂是我们这种普通人家的孩子所能承当得起的?"王闳生性聪明,有谋略,听了萧咸的话,也马上醒悟,于是回报董恭,转达了萧咸自感地位卑微,高攀不上的意思,代致深深的歉意。董恭叹息说:"我家有什么地方得罪了天下,而竟被人敬畏远避到这种程度!"大为不悦。后来,哀帝在麒麟殿设置酒宴,与董贤父子、亲属一起宴饮,侍中、中常侍都在旁边侍候。哀帝喝多了点酒,从容地看着董贤,笑着说:"我打算效法尧禅位于舜,你看怎么样?"王闳立即插话说:"天下乃高皇帝的天下,并非陛下所有! 陛下既已承继宗庙,就应当把天下子子孙孙无穷尽地传下去。传位继统承天下,是至关重大的事情,天子不可戏言!"哀帝默然不悦,左右都感到震惊。于是哀帝命王闳出宫,回到郎署,不许再随侍禁中。

很久之后,太皇太后为王闳向哀帝表示道歉,哀帝才又召回王闳。王闳就上书规谏说:"我听说君王设立三公的官职,是效法日、月、星三光,居此位者必须是贤能的人。《周易》说:'鼎折了脚,里面的食物就会倾倒出来。'用来比喻担任三公的人不是贤能者所造成的后果。从前孝文皇帝宠爱邓通,不过让他担任中大夫而已;武帝宠爱韩嫣,也不过多加赏赐而已,他们二人都不在高位。而今大司马、卫将军董贤,对汉朝没有什么功劳,跟皇家又没有丝毫亲属关系,更没有清白的声名、优秀的事迹、高尚的品行,可以作为世人的表率,却一连数年擢升,列位三公,成为鼎足之一,而且掌管禁卫军队,无功而加封侯爵,父子兄弟凭空受到提拔擢升,赏赐之多,使国库空虚,万民喧哗,在道路上议论纷纷,实在不合天意! 从前,褒国的神蛇变化为人,使生下美女褒姒,从而使周朝大乱。我恐怕陛下会因过失受到讥讽,董贤会因小人不知进退而遭横祸,陛下现在的所作所为,是不可以留传给后世效法的!"哀帝虽然听不进王闳的劝告,但还欣赏他年少志壮,因而也就没有加罪。

二年(庚申,前1)

1　春,正月,匈奴单于及乌孙大昆弥伊秩靡皆来朝,汉以为荣。是时西域凡五十国,自译长至将、相、侯、王皆佩汉印绶,凡三百七十六人。而康居、大月氏、安息、罽宾、乌弋之属,皆以绝远,不在数中。其来贡献,则相与报,不督录总领也。自黄龙以来,单于每入朝,其赏赐锦绣、缯絮辄加厚于前,以慰接之。单于宴见,群臣在前,单于怪董贤年少,以问译,上令译报曰:"大司马年少,以大贤居位。"单于乃起,拜贺汉得贤臣。是时上以太岁厌胜所在,舍单于上林苑蒲陶宫,告之以加敬于单于。单于知之,不悦。

2　夏,四月壬辰晦,日有食之。

3　五月甲子,正三公官分职。大司马、卫将军董贤为大司马;丞相孔光为大司徒;彭宣为大司空,封长平侯。

4　六月戊午,帝崩于未央宫。

帝睹孝成之世禄去王室,及即位,屡诛大臣,欲强主威以则武、宣。然而宠信谗谄,憎疾忠直,汉业由是遂衰。

太皇太后闻帝崩,即日驾之未央宫,收取玺绶。太后召大司马贤,引见东箱,问以丧事调度。贤内忧,不能对,免冠谢。太后曰:"新都侯莽,前以大司马奉送先帝大行,晓习故事,吾令莽佐君。"贤顿首:"幸甚!"太后遣使者驰召莽,诏尚书,诸发兵符节、百官奏事、中黄门、期门兵皆属莽。莽以太后指,

汉哀帝元寿二年(庚申,公元前1年)

1 春季,正月,匈奴单于以及乌孙大昆弥伊秩靡都到长安朝见,汉朝认为很荣耀。这时西域共有五十个王国,自译长至将、相、侯、王,都佩带汉朝颁赐的印信、绶带,共有三百七十六人。而康居、大月氏、安息、罽宾、乌弋等国,都因离汉朝太远,不包括在五十国之内。当他们来贡献,汉朝就给予相当的还报,不把他们归属在西域都护管辖范围。自黄龙年间以来,单于每次来长安朝见,天子赏赐的绸缎锦绣棉衣等,都比前一次多,用此来安抚接待他们。单于拜见天子,天子设宴招待,群臣在殿前作陪,单于对董贤的年轻感到惊奇,就向翻译询问,哀帝命翻译回答说:"大司马虽年轻,却是因为有大贤能才居高位的。"单于于是起身,拜贺汉朝得此贤臣。这年,哀帝因太岁在申,申为南向,为了镇压煞神,就安排单于住在上林苑蒲陶宫,告诉单于说,为了更加尊敬单于才这样安排。后来单于知道了内情,十分不悦。

2 夏季,四月壬辰晦,发生日食。

3 五月甲子(初二),正式确定三公官名和各自的分工职掌。任命大司马、卫将军董贤为大司马;丞相孔光为大司徒;彭宣为大司空,封长平侯。

4 六月戊午(二十六日),哀帝在未央宫驾崩。

哀帝亲眼目睹了孝成皇帝时代国家政权操持在王氏手中的情形,因此登极之后,屡次诛杀大臣,想效法汉武帝和汉宣帝加强君主之威。然而宠任奸佞,听信谗言,憎恶忌恨忠直的大臣,汉朝的大业从此开始衰落。

太皇太后得到哀帝驾崩的消息,当天就驾临未央宫,取走了皇帝的玉玺、绶带。太后召大司马董贤,在东厢接见,询问他关于哀帝丧事的布置安排。董贤内心忧惧,不能回答,只有脱下官帽谢罪。太后说:"新都侯王莽,曾以大司马身份,办理过先帝的丧事,熟悉丧事中的规矩制度,我命他来辅佐你。"董贤叩头说:"那就太好了!"太后派使者骑马速召王莽,并下诏给尚书:所有征调军队的符节、百官奏事、中黄门和期门武士等,都统归王莽掌管。王莽遵照太后旨令,

使尚书劾贤,帝病不亲医药,禁止贤不得入宫殿司马中。贤
不知所为,诣阙免冠徒跣谢。己未,莽使谒者以太后诏即阙
下册贤曰:"贤年少,未更事理,为大司马,不合众心。其收大
司马印绶,罢归第!"即日,贤与妻皆自杀;家惶恐,夜葬。莽
疑其诈死,有司奏请发贤棺,至狱诊视,因埋狱中。太皇太后
诏"公卿举可大司马者"。莽故大司马,辞位避丁、傅,众庶称
以为贤,又太皇太后近亲,自大司徒孔光以下,举朝皆举莽。
独前将军何武、左将军公孙禄二人相与谋,以为:"往时惠、昭
之世,外戚吕、霍、上官持权,几危社稷;今孝成、孝哀比世无
嗣,方当选立近亲幼主,不宜令外戚大臣持权。亲疏相错,为
国计便。"于是武举公孙禄可大司马,而禄亦举武。庚申,太
皇太后自用莽为大司马、领尚书事。

太皇太后与莽议立嗣。安阳侯王舜,莽之从弟,其人修
饬,太皇太后所信爱也,莽白以舜为车骑将军。秋,七月,遣
舜与大鸿胪左咸使持节迎中山王箕子以为嗣。

莽又白太皇太后,诏有司以皇太后与女弟昭仪专宠锢
寝,残灭继嗣,贬为孝成皇后,徙居北宫;又以定陶共王太
后与孔乡侯晏同心合谋,背恩忘本,专恣不轨,徙孝哀皇
后退就桂宫,傅氏、丁氏皆免官爵归故郡,傅晏将妻子徙
合浦。独下诏褒扬傅喜曰:"高武侯喜,姿性端悫,论议忠
直。虽与故定陶太后有属,终不顺指从邪,介然守节,以故

命尚书弹劾董贤,在哀帝病重时,不亲自侍奉医药,因此禁止董贤进入宫殿司马门中。董贤不知如何才好,到皇宫大门,脱下官帽,赤着脚叩头谢罪。己未(二十七日),王莽派谒者奉太后诏令,就在宫门口罢免了董贤,策书说:"董贤年轻,未经事理,当大司马,不合民心。着即收回大司马印信、绶带,免去官职,遣回宅第。"当天,董贤与妻子都自杀了,其家人惶恐万分,趁夜将他悄悄埋葬。王莽还疑心他诈死,于是主管官员奏请发掘董贤棺柩,把棺柩抬到监狱验视,就将他埋葬在狱中。太皇太后诏令"公卿举荐可担任大司马的人选"。王莽从前是大司马,为避开丁、傅两家才辞去职务,众人都认为他贤能,再加又是太皇太后的近亲,满朝文武百官自大司徒孔光以下,全都推举他担任大司马,只有前将军何武和左将军公孙禄持异议,两人相互磋商,认为:"往昔,惠帝、昭帝时,外戚吕、霍、上官氏把持朝政,几乎危及刘氏江山,而今孝成、孝哀两帝接连没有后嗣,马上又面临选立刘氏近支亲属为新帝,不应再让外戚大臣独专朝廷大权。应让外戚跟普通官员互相掺杂,治国之策以此为宜。"于是何武举荐公孙禄为大司马人选,而公孙禄则举荐何武。庚申(二十八日),太皇太后自定任用王莽为大司马,主管尚书事。

太皇太后与王莽商议立皇位继承人。安阳侯王舜,是王莽的堂弟,为人正直谨慎,深受太皇太后的信任宠爱,王莽就奏请太皇太后,任命王舜为车骑将军。秋季,七月,派王舜和大鸿胪左咸拿着符节迎接中山王刘箕子进京,立为皇位继承人。

王莽又奏报太皇太后,让她下诏给主管官署:因为皇太后赵飞燕与妹妹赵昭仪,专宠专房,禁锢其他美女进御,伤残灭绝成帝嗣子,将赵飞燕贬为孝成皇后,迁居北宫;又因定陶共王太后傅氏与孔乡侯傅晏同心合谋,背恩忘本,专断放肆,图谋不轨,将孝哀皇后贬居桂宫,傅氏、丁氏两家大小官员全部免官罢职,剥夺爵位,遣回原郡,傅晏连同妻儿全家迁居合浦。太皇太后唯独下诏褒奖赞扬傅喜说:"高武侯傅喜,性情端正谨严,所上建议忠心正直。虽跟已故定陶太后有亲属关系,但始终不肯顺从旨意,附和邪恶,孤高耿直,节操清正,因此

斥逐就国。《传》不云乎？'岁寒然后知松柏之后凋也'，其还喜长安，位特进，奉朝请。"喜虽外见褒赏，孤立忧惧；后复遣就国，以寿终。莽又贬傅太后号为定陶共王母，丁太后号曰丁姬。莽又奏董贤父子骄恣奢僭，请收没入财物县官，诸以贤为官者皆免；父恭、弟宽信与家属徙合浦，母别归故郡钜鹿。长安中小民灌哗，向其第哭，几获盗之。县官斥卖董氏财，凡四十三万万。贤所厚吏沛朱诩自劾去大司马府，买棺衣，收贤尸葬之。莽闻之，以他罪击杀诩。莽以大司徒孔光名儒，相三主，太后所敬，天下信之，于是盛尊事光，引光女婿甄邯为侍中、奉车都尉。诸素所不说者，莽皆傅致其罪，为请奏草，令邯持与光，以太后指风光。光素畏慎，不敢不上之。莽白太后，辄可其奏。于是劾奏何武、公孙禄互相称举，皆免官，武就国。又奏董宏子高昌侯武父为佞邪，夺爵。又奏南郡太守毋将隆前为冀州牧，治中山冯太后狱，冤陷无辜，关内侯张由诬告骨肉，中太仆史立、泰山太守丁玄陷人入大辟，河内太守赵昌谮害郑崇，幸逢赦令，皆不宜处位在中土，免为庶人，徙合浦。中山之狱，本立、玄自典考之，但与隆连名奏事。莽少时慕与隆交，隆不甚附，故因事挤之。

红阳侯立，太后亲弟，虽不居位，莽以诸父内敬惮之，畏立从容言太后，令己不得肆意，复令光奏立罪恶："前

才被斥逐回封国。圣贤经传上不是说'岁寒然后才知松柏不易凋谢的可贵'吗?现征召傅喜回到长安,官位特进,可以定期朝见天子。"傅喜虽在外表上受到褒奖,但内心深感孤立和忧惧,以后又被遣回封国,终其天年。王莽又把傅太后的称号贬为定陶共王母,贬丁太后为丁姬。王莽又上奏:董贤父子骄横放纵,奢侈僭越,请求没收他家财物入官府;凡因董贤的关系做官的,一律罢免;父亲董恭、弟弟董宽信及其家属迁往合浦,特准董贤的母亲回归原郡钜鹿。长安的百姓喧闹纷纷,假意向着董贤的府第哭泣,实际想乘机偷点东西。官府变卖董氏财产,一共四十三亿之多。与董贤交厚的官吏沛郡人朱诩自我弹劾,辞去大司马府的职务,买了棺材寿衣等,收殓董贤的尸体安葬。王莽听说后,借口其他的罪名杀了朱诩。王莽因为大司徒孔光是名儒,在三位皇帝手下担任过丞相,太皇太后对他也很敬重,天下人也信赖他,因此对孔光毕恭毕敬,提携孔光的女婿甄邯为侍中、奉车都尉。王莽对自己平素不喜欢的人,都附会罗织罪名,写成弹劾奏章,让甄邯拿给孔光,并暗示这是太后的旨意。孔光一向胆小谨慎,不敢不以自己的名义呈递。然后王莽再向太后陈述自己的意见,太后总是予以批准。于是,弹劾何武、公孙禄互相称颂保举,两人都被免去官职,何武遣回封国。又弹劾董宏的儿子高昌侯董武,因其父前为奸佞邪恶之事,剥夺董武爵位。又奏称南郡太守毋将隆,在担任冀州牧时,审理中山冯太后一案,冤枉陷害无辜;关内侯张由诬告皇家骨肉;中太仆史立、泰山太守丁玄,陷害人至判处死刑;河内太守赵昌诬害郑崇。他们的罪恶,幸而都发生在大赦令之前,可免一死,但都不适宜再留住中原地区,于是将他们全部免去官职,贬为平民,迁往边远的合浦。中山一案,本是史立、丁玄亲自刑讯处理的,但与毋将隆一起联名上奏。王莽年轻时非常仰慕毋将隆,渴望与其结交,但毋将隆却不太接近他,王莽因此找借口把他排挤掉了。

红阳侯王立,是太后的亲弟弟,虽已不在官位,但王莽因他是叔父的缘故,内心对他又尊敬又忌惮,害怕王立在太后面前可以从容谈论朝廷政事,使自己不能随心所欲,就又让孔光弹劾王立的罪恶说:"从前,

知定陵侯长犯大逆罪,为言误朝。后白以官婢杨寄私子为皇子,众言曰:'吕氏少帝复出。'纷纷为天下所疑,难以示来世,成禠裼之功。请遣立就国。"太后不听。莽曰:"今汉家衰,比世无嗣,太后独代幼主统政,诚可畏惧。力用公正先天下,尚恐不从。今以私恩逆大臣议,如此,群下倾邪,乱从此起。宜可且遣就国,安后复征召之。"太后不得已,遣立就国。莽之所以胁持上下,皆此类也。

于是附顺莽者拔擢,忤恨者诛灭。以王舜、王邑为腹心,甄丰、甄邯主击断,平晏领机事,刘秀典文章,孙建为爪牙。丰子寻、秀子棻、涿郡崔发、南阳陈崇皆以材能幸于莽。莽色厉而言方,欲有所为,微见风采,党与承其指意而显奏之。莽稽首涕泣,固推让,上以惑太后,下用示信于众庶焉。

5 八月,莽复白太皇太后,废孝成皇后、孝哀皇后为庶人,就其园。是日,皆自杀。

6 大司空彭宣以王莽专权,乃上书言:"三公鼎足承君,一足不任,则覆乱美实。臣资性浅薄,年齿老眊,数伏疾病,昏乱遗忘,愿上大司空、长平侯印绶,乞骸骨归乡里,俟窴沟壑。"莽白太后策免宣,使就国。莽恨宣求退,故不赐黄金、安车驷马。宣居国数年,薨。

王立明知定陵侯淳于长犯了大逆不道之罪,却为他辩护说情,贻误朝廷。以后,他更提议以官婢杨寄的私生子为皇子,大家都说:'吕氏跟少帝的局面要再度出现。'天下人对他的动机都表示怀疑而议论纷纷,使他难以实现辅立幼主之功。请求遣返王立回封国。"太后不同意。王莽说:"现在汉王朝已衰落,连续两个皇帝都没有子嗣,太后独自代替幼主主持国政,实在令人感到畏难恐惧。即使勉力做到公正无私,先为天下着想,尚且恐怕人心不服。现在因为私人恩情就反对大臣的建议,这样一来,臣下倾轧邪恶,祸乱将由此而起。最好先暂时让王立返回封国,等局势安定后,再把他召回。"太后不得已,只好遣王立回封国。王莽胁持上下的手段,都是这个样子。

于是,依附归顺于王莽的人,得到提拔;忤逆王莽、被他忌恨的人,被诛杀灭绝。王莽任用王舜、王邑作为心腹骨干,甄丰、甄邯主管司法刑狱,平晏主管机要,刘秀掌管起草诏书文告,孙建负责军事。甄丰的儿子甄寻、刘秀的儿子刘棻、涿郡人崔发、南阳人陈崇,都因为有才干而受到王莽的信任和器重。王莽外表严厉,言谈方直,想要做什么,只需略微做出一点暗示,底下的党羽就会按照他的意图公开上奏。王莽却叩头涕泣,坚持推让,用这种办法,对上迷惑太后,对下表现他的谦恭美德,使众人信任他。

5 八月,王莽再次上奏太皇太后,要求废黜孝成皇后、孝哀皇后,贬为平民,遣送到成帝和哀帝的陵园守墓。当天,两位皇后都自杀了。

6 大司空彭宣因王莽专权,上书说:"三公像鼎的三只脚,一起承奉君王,如果有一只脚不能胜任,就会使鼎倾覆,把里面的美食弄脏。我资质浅薄,年纪又老,多次患病卧床,头脑昏乱,记忆力衰退,愿缴上大司空、长平侯的印信、绶带,请求批准我辞职退休,返回乡里,等待辞世。"王莽报告太后,太后下策书,免去彭宣的官职,让他返回封国。王莽对彭宣的请求退休深为忌恨,故意不按惯例赐给他黄金、安车驷马。彭宣在封国居住数年后去世。

班固赞曰：薛广德保县车之荣，平当逡巡有耻，彭宣见险而止，异乎苟患失之者矣！

7　戊午，右将军王崇为大司空，光禄勋东海马宫为右将军，左曹、中郎将甄丰为光禄勋。

8　九月辛酉，中山王即皇帝位，大赦天下。

平帝年九岁，太皇太后临朝，大司马莽秉政，百官总己以听于莽。莽权日盛，孔光忧惧，不知所出，上书乞骸骨。莽白太后，帝幼少，宜置师傅，徙光为帝太傅，位四辅，给事中，领宿卫、供养，行内署门户，省服御食物。以马宫为大司徒，甄丰为右将军。

9　冬，十月壬寅，葬孝哀皇帝于义陵。

孝平皇帝上
元始元年（辛酉，1）

1　春，正月，王莽风益州，令塞外蛮夷自称越裳氏重译献白雉一、黑雉二。莽白太后下诏，以白雉荐宗庙。于是群臣盛陈莽功德，"致周成白雉之瑞；周公及身在而托号于周，莽宜赐号曰安汉公，益户畴爵邑"。太后诏尚书具其事。莽上书言："臣与孔光、王舜、甄丰、甄邯共定策；今愿独条光等功赏，寝置臣莽，勿随辈列。"甄邯白太后下诏曰："'无偏无党，王道荡荡。'君有安宗庙之功，不可以骨肉故蔽隐不扬，君其勿辞！"莽复上书固让数四，称疾不起；左右白太后：

班固评论说：薛广德能保持悬车的荣耀；平当拒绝封爵，明礼知耻；彭宣发现危险而中止做官，他们与苟且患失之辈，截然不同！

7　戊午(二十七日)，任命右将军王崇为大司空，光禄勋、东海人马宫接替他为右将军，再任命左曹、中郎将甄丰为光禄勋。

8　九月辛酉(初一)，中山王刘箕子即帝位，大赦天下。

平帝时年九岁，太皇太后临朝听政，大司马王莽把持国政，百官负责处理的事务，最后都听王莽裁决。王莽的权势日益上升，孔光忧虑恐惧，不知如何才好，后来上书请求辞职退休。王莽奏报太后，认为皇帝年幼，应该为他延请师傅，于是调任孔光为皇帝的太傅，位居四辅，兼给事中，负责皇宫宿卫和皇帝的供养，兼管禁中官署门户、察看皇帝服饰、御用、进食等等。任用马宫为大司徒，甄丰为右将军。

9　冬季，十月壬寅(十二日)，将孝哀皇帝安葬在义陵。

孝平皇帝上
汉平帝元始元年(辛酉，公元1年)

1　春季，正月，王莽暗示益州地方官，命令塞外蛮族自称越裳氏部落，通过几次翻译，向天子进献一只白野鸡，两只黑野鸡。王莽向太皇太后报告此事，建议太后下诏，用白野鸡呈献宗庙。于是群臣大肆歌颂王莽的功德，认为他"像周公姬旦使周成王获得白野鸡的祥瑞一样。姬旦活着时就被称为'周公'，因此王莽也应该被赐号为'安汉公'，并增加他的采邑人户，使与公爵爵位相称"。太皇太后诏令尚书备办此事。王莽上书说："我与孔光、王舜、甄丰、甄邯共同制定迎立今上的国策，现在我愿意单让孔光等人论功行赏，抛开我王莽不要与他们一起评功领赏。"甄邯向太皇太后报告，建议太后下诏说："《尚书》说：'不偏颇，无偏袒，治理天下的道路才能宽广坦荡。'你有安邦定国的大功，不能因为你是我的骨肉亲戚，就遮盖隐讳，不加宣扬褒奖。请你不要推辞了。"王莽又多次上书坚持推让，甚至称病不上朝，左右大臣对太后说：

"宜勿夺莽意,但条孔光等。"莽乃肯起。二月丙辰,太后下诏:"以太傅、博山侯光为太师,车骑将军、安阳侯舜为太保,皆益封万户;左将军、光禄勋丰为少傅,封广阳侯;皆授四辅之职。侍中、奉车都尉邯封承阳侯。"四人既受赏,莽尚未起。群臣复上言:"莽虽克让,朝所宜章,以时加赏,明重元功,无使百僚元元失望!"太后乃下诏:"以大司马、新都侯莽为太傅,干四辅之事,号曰安汉公,益封二万八千户。"于是莽为惶恐,不得已而起,受太傅、安汉公号,让还益封事,云:"愿须百姓家给,然后加赏。"群臣复争,太后诏曰:"公自期百姓家给,是以听之,其令公奉赐皆倍故。百姓家给人足,大司徒、大司空以闻。"莽复让不受,而建言褒赏宗室群臣。立故东平王云太子开明为王;又以故东平思王孙成都为中山王,奉孝王后;封宣帝耳孙信等三十六人皆为列侯;太仆王恽等二十五人皆赐爵关内侯。又令诸侯王公、列侯、关内侯无子而有孙若同产子者,皆得以为嗣;宗室属未尽而以罪绝者,复其属;天下吏比二千石以上年老致仕者,参分故禄,以一与之,终其身。下及庶民鳏寡,恩泽之政,无所不施。

莽既媚说吏民,又欲专断;知太后老,厌政,乃风公卿奏言:"往者吏以功次迁至二千石,州部所举茂材异等吏,率多不称,宜皆见安汉公。又,太后春秋高,不宜亲省小事。"令太后下诏曰:"自今以来,唯封爵乃以闻,

"还是不要硬改变王莽谦让的心意，只论功赏赐孔光等人吧。"王莽才肯起床。二月丙辰(二十八日)，太皇太后下诏："任命太傅、博山侯孔光为太师，车骑将军、安阳侯王舜为太保，均增加采邑民户到万户；任命左将军、光禄勋甄丰为少傅，封广阳侯；以上三人都分别授与四辅的职务。封侍中、奉车都尉甄邯为承阳侯。"四人即已接受封赏，而王莽尚未起来上朝理事。群臣又奏言："王莽虽然克己谦让，但朝廷对应当表彰的大臣，还是应及时予以封赏，以表明重视首功，不要使百官和人民失望！"于是太皇太后下诏："任命大司马、新都侯王莽为太傅，主管四辅事务，晋封公爵，称'安汉公'，增加采邑民户到二万八千户。"于是王莽更为惶恐，不得已而起床上朝办公，接受太傅、安汉公的封号，但推辞了增加采邑民户，他说："我必须等到百姓家家自足，然后才能接受赏赐。"群臣又力争，太后下诏说："安汉公自己约定要等到百姓家家自足之后才接受赏赐，那就尊重他的意见，不过他的俸禄和赏赐要增加一倍。等到百姓家家自足时，大司徒、大司空再行奏报。"王莽仍然谦让不接受，而建议褒奖赏赐宗室和群臣。于是，立已故东平王刘云的太子刘开明为东平王；又立已故东平思王的孙子刘成都为中山王，承奉中山孝王，为中山孝王的后嗣；封汉宣帝的曾孙刘信等三十六人都为列侯；又赐太仆王恽等二十五人爵位，均为关内侯。又命诸侯王公、列侯、关内侯，凡无儿子，但有孙子或同母兄弟的儿子的，都可继承王位和爵位；皇族宗室属于近亲支系的后裔，因犯罪而被开除宗室谱籍的，恢复原来的身份；全国在二千石以上的高级官员，年老退休的，以原俸禄的三分之一作为退休金，直到死亡。下至平民百姓、鳏夫寡妇，给予恩惠照顾政策，无所不施。

王莽已经讨好取悦于官员与百姓，又想独断专行，知道太皇太后年纪老了，厌倦政事，就暗示公卿上奏说："以往根据官吏的功绩和资历，按顺序逐阶提升到二千石的高位，州郡、部刺史所举荐的茂材、异能被委任官职的，大多数不称职，应该让他们在任命前都去晋见安汉公。另外，太皇太后年事已高，不适宜再亲自过问这些小事。"让太皇太后下诏说："从今以后，只有封爵之事才禀告我，

他事安汉公、四辅平决。州牧、二千石及茂材吏初除奏事者，辄引入，至近署对安汉公，考故官，问新职，以知其称否。"于是莽人人延问，密致恩意，厚加赠送，其不合指，显奏免之，权与人主侔矣。

2　置羲和官，秩二千石。

3　夏，五月丁巳朔，日有食之。大赦天下。公卿以下举敦厚能直言者各一人。

4　王莽恐帝外家卫氏夺其权，白太后："前哀帝立，背恩义，自贵外家丁、傅，挠乱国家，几危社稷。今帝以幼年复奉大宗为成帝后，宜明一统之义，以戒前事，为后代法。"六月，遣甄丰奉玺绶，即拜帝母卫姬为中山孝王后。赐帝舅卫宝、宝弟玄爵关内侯。赐帝女弟三人号曰君，皆留中山，不得至京师。

扶风功曹申屠刚以直言对策曰："臣闻成王幼少，周公摄政，听言下贤，均权布宠，动顺天地，举措不失。然近则召公不说，远则四国流言。今圣主始免襁褓，即位以来，至亲分离，外戚杜隔，恩不得通。且汉家之制，虽任英贤，犹援姻戚，亲疏相错，杜塞间隙，诚所以安宗庙，重社稷也。宜亟遣使者征中山太后，置之别宫，令时朝见。又召冯、卫二族，裁与冗职，使得执戟亲奉宿卫，以抑患祸之端，上安社稷，下全保傅。"莽令太后下诏曰："刚所言僻经妄说，违背大义！"罢归田里。

其他事项，由安汉公和四辅裁决处理。州牧、二千石以及茂材出身的官吏等新近任职有事须奉报的，就直接引到安汉公官署，由安汉公考核他们过去的治绩，询问到任后打算如何施政，以了解他们是否能称职。"于是王莽对这些官员一一亲切接见询问，关怀备至，示以恩意，还赠送丰厚的礼品，对那些不迎合他的旨意的人，就公开奏报，予以免职，此时王莽的权势几乎与皇帝相等了。

2　设置羲和官职，官秩为二千石。

3　夏季，五月丁巳朔（初一），发生日食。大赦天下。让公卿以下官员举荐敦厚和能直言者各一名。

4　王莽恐怕平帝的外戚卫氏夺去他的权力，就禀告太后说："从前哀帝即位，背叛恩义，只使自己的外戚丁、傅两家显贵，扰乱了国家，几乎使国家遭到危险。而今圣上年岁幼小，又承奉大宗成为成帝后嗣，应该明确正统相承只能一心立足大宗的大义，以防备再出现从前的事情，并作为后代的法则。"六月，派甄丰捧着玺印、绶带，就在中山国拜平帝的母亲卫姬为中山孝王后。赐平帝舅父卫宝、卫宝的弟弟卫玄爵位为关内侯。赐平帝三个妹妹尊号为君，命令这些亲属全部留居中山国，不准许到京师。

扶风功曹申屠刚以直言身份在朝廷考试策问时回答说："我听说周成王年幼，周公摄政，能听取直言，礼贤下士，平均权力，广布恩宠，所为均顺天地之心，举措没有失当之处。然而，近处的召公不高兴，远处的四国都传布流言。如今圣主刚离襁褓，即位以来，就与骨肉亲人分离，与外戚断绝来往，不能互通恩情。况且汉家制度，虽然朝廷官职多任用英杰贤才，仍然要引进一些外戚，使亲疏交错，以弥合相互之间的隔阂，这实在是为了安定宗庙，以国家为重。所以应该赶快派遣使者征召中山太后到京师，安顿在另外一个宫殿，使母子能定期相见。再征召冯、卫两家亲属到京，安排担任闲散官职，使他们能亲执武器，充当宿卫，以抑止非常祸患的发生，上可以令国家安定，下可以保全四辅。"王莽教太皇太后下诏说："申屠刚的话，是邪经妄说，违背大义！"于是罢免他的官职，遣回家乡。

5　丙午,封鲁顷公之八世孙公子宽为褒鲁侯,奉周公祀。封褒成君孔霸曾孙均为褒成侯,奉孔子祀。

6　诏"天下女徒已论,归家,出雇山钱,月三百。复贞妇,乡一人。大司农部丞十三人,人部一州,劝农桑。"

7　秋,九月,赦天下徒。

二年(壬戌,2)

1　春,黄支国献犀牛。黄支在南海中,去京师三万里。王莽欲耀威德,故厚遗其王,令遣使贡献。

2　越嶲郡上黄龙游江中,太师光、大司徒宫等咸称:"莽功德比周公,宜告祠宗庙。"大司农孙宝曰:"周公上圣,召公大贤,尚犹有不相说,著于经典,两不相损。今风雨未时,百姓不足,每有一事,群臣同声,得无非其美者?"时大臣皆失色。甄邯即时承制罢议者。会宝遣吏迎母,母道病,留弟家,独遣妻子。司直陈崇劾奏宝,事下三公即讯。宝对曰:"年七十,悖眊,恩衰共养,营妻子,如章。"宝坐免,终于家。

3　帝更名衎。
4　三月癸酉,大司空王崇谢病免,以避王莽。

5　夏,四月丁酉,左将军甄丰为大司空,右将军孙建为左将军,光禄勋甄邯为右将军。

5 丙午(六月二十日),封鲁顷公的八世孙公子宽为褒鲁侯,承奉周公的祭祀。又封褒成君孔霸的曾孙孔均为褒成侯,承奉孔子的祭祀。

6 太皇太后下诏:"天下凡已判定徒刑的女犯人,准予释放回家,但每月须缴三百钱的雇山钱,由官府雇人砍伐材薪。每乡核定一名贞节女子,免除她家的徭役。派遣十三名大司农部丞,一人负责布置一州的鼓励农民耕田植桑事宜。"

7 秋季,九月,赦免天下囚犯。

汉平帝元始二年(壬戌,公元2年)

1 春季,黄支国贡献犀牛。黄支国在南中国海一带,距京师三万里。王莽想要炫耀他的威望和盛德,所以先向黄支国王赠送贵重的礼物,让国王派遣使节到长安贡献。

2 越巂郡官员向上奏报,发现有黄龙在江中游动,太师孔光、大司徒马宫等都称赞说:"王莽的功德可以比得上周公,应该把他的功德禀告先皇,祭祀宗庙。"大司农孙宝说:"周公是崇高的圣贤,召公也是大贤,这两人互相间尚存有不满意的地方,这种情况被记载在儒学经典中,但对两人的伟大形象,都没有损伤。如今风雨不依时节,百姓衣食不足,然而每遇到一件事,群臣都异口同声赞颂,难道就没有不赞美的人吗?"当时大臣们都脸色大变。甄邯立即宣布,奉旨停止讨论。这时正赶上孙宝派遣府吏去迎接母亲,母亲在途中患病,就留居孙宝弟弟家里,只让孙宝的妻子赶到长安。司直陈崇上奏弹劾孙宝,此案交付三公立即审讯。孙宝回答说:"我年纪已七十,糊涂昏聩,供养母亲的恩义衰退,只知照顾妻子,都如奏章所说。"孙宝因而获罪被免去官职,寿终于家。

3 平帝改名为刘衍。

4 三月癸酉(二十一日),大司空王崇为了避开王莽,称病辞职。

5 夏季,四月丁酉(十六日),任命左将军甄丰为大司空,右将军孙建为左将军,光禄勋甄邯为右将军。

6　立代孝王玄孙之子如意为广宗王，江都易王孙盱台侯宫为广川王，广川惠王曾孙伦为广德王。绍封汉兴以来大功臣之后周共等皆为列侯及关内侯，凡百一十七人。

7　郡国大旱、蝗，青州尤甚，民流亡。王莽白太后：宜衣缯练，颇损膳，以示天下。莽因上书愿出钱百万，献田三十顷，付大司农助给贫民。于是公卿皆慕效焉，凡献田宅者二百三十人，以口赋贫民。又起五里于长安城中，宅二百区，以居贫民。莽帅群臣奏太后言："幸赖陛下德泽，间者风雨时，甘露降，神芝生，蓂荚、朱草、嘉禾，休征同时并至。愿陛下遵帝王之常服，复太官之法膳，使臣子各得尽欢心，备共养！"莽又令太后下诏，不许。每有水旱，莽辄素食。左右以白太后，太后遣使者诏莽曰："闻公菜食，忧民深矣。今秋幸孰，公以时食肉，爱身为国！"

8　六月，陨石于钜鹿二。

9　光禄大夫楚国龚胜、太中大夫琅邪邴汉以王莽专政，皆乞骸骨。莽令太后策诏之曰："朕愍以官职之事烦大夫，大夫其修身守道，以终高年。"皆加优礼而遣之。

10　梅福知王莽必篡汉祚，一朝弃妻子去，不知所之。其后，人有见福于会稽者，变姓名为吴市门卒云。

11　秋，九月戊申晦，日有食之，赦天下徒。

12　遣执金吾候陈茂谕说江湖贼成重等二百馀人皆自出，送家在所收事。重徙云阳，赐公田宅。

6 立代孝王玄孙的儿子刘如意为广宗王;江都易王的孙子、盱台侯刘宫为广川王;广川惠王的曾孙刘伦为广德王。赐汉王朝兴起以来大功臣的后裔周共等人继承爵位,都被封为列侯及关内侯,共一百一十七人。

7 郡国发生大旱灾、蝗灾,青州尤其严重,人民逃荒流亡。王莽禀告太皇太后:应该改穿没有花纹的缯练服装,御用膳食的数量应略微减少,以向天下表示克己节约。王莽并乘机上书,愿意捐出一百万钱,献田三十顷,交付大司农以救助贫民。于是公卿大臣都敬仰而群起仿效,共有二百三十人捐献田宅,把这些田宅按人口数分配给贫民。又在长安城中兴建五个里,盖民宅二百所,用来安置贫民居住。然后王莽率领群臣奏报太皇太后说:"幸亏仰赖陛下的盛德恩泽,最近以来,风雨依时,甘露从天而降,灵芝出现生长,蓂荚、朱草、嘉禾等诸般美好祥瑞的征兆,同时并至。愿陛下仍然遵照规定穿帝王正常的服装,恢复太官规定的正常膳食供应,使做臣子的各自都能尽力使陛下常有和乐之心,精心周详地供养陛下。"王莽又教太皇太后下诏,表示不同意。每遇水旱灾害,王莽就吃素食。左右侍臣将此情况报告太皇太后,太皇太后派使者诏令王莽说:"听说安汉公只吃素食,真是忧民至深。今年秋天幸而庄稼丰收,请公及时吃肉,为国家爱护自己的身体!"

8 六月,两颗陨石坠落在钜鹿。

9 光禄大夫楚国人龚胜、太中大夫琅邪人邴汉,因为王莽专权,都请求辞职退休。王莽教太后下策书诏令他们说:"朕痛心地用官职上的事务烦扰了两位大夫,你们就好自为之,熙修品德,严守道统,以终天年吧。"对他们都给予优厚的待遇,遣送回家。

10 梅福知道王莽必定要篡夺汉王朝的皇位,有一天,忽然抛弃妻子而走,不知所终。以后,有人在会稽看见了他,他已改换姓名,当吴城市场的守门卒了。

11 秋季,九月戊申晦(三十日),发生日食,赦免天下囚犯。

12 派遣执金吾侯陈茂,劝说江湖盗匪成重等二百馀人投降,使盗匪都出来自首,把他们送回各自家乡所在地,由当地官府安排处理。成重则迁移安顿在云阳,赐给他公田和屋宅。

13 王莽欲悦太后以威德至盛,异于前,乃风单于令遣王昭君女须卜居次云入侍太后,所以赏赐之甚厚。

14 车师后王国有新道通玉门关,往来差近,戊己校尉徐普欲开之。车师后王姑句以当道供给使者,心不便也。普欲分明其界,然后奏之,召姑句使证之;不肯,系之。其妻股紫陬谓姑句曰:"前车师前王为都护司马所杀,今久系必死,不如降匈奴!"即驰突出高昌壁,入匈奴。又去胡来王唐兜与赤水羌数相寇,不胜,告急都护,都护但钦不以时救助。唐兜困急,怨钦,东守玉门关;玉门关不内,即将妻子、人民千馀人亡降匈奴。单于受置左谷蠡地,遣使上书言状曰:"臣谨已受。"诏遣中郎将韩隆等使匈奴,责让单于。单于叩头谢罪,执二虏还付使者。诏使中郎将王萌待于西域恶都奴界上。单于遣使送,因请其罪;使者以闻。莽不听,诏会西域诸国王,陈军斩姑句、唐兜以示之。乃造设四条,中国人亡入匈奴者,乌孙亡降匈奴者,西域诸国佩中国印绶降匈奴者,乌桓降匈奴者,皆不得受。遣中郎将王骏、王昌、副校尉甄阜、王寻使匈奴,班四条与单于,杂函封,付单于,令奉行;因收故宣帝所为约束封函还。时莽奏令中国不得有二名,因使使者以风单于,宜上书慕化,为一名,汉必加厚赏。

13　王莽想表现太皇太后的威望和恩德已达至盛,大非昔比,以此取悦于太皇太后,就暗示单于,让单于派遣王昭君的女儿须卜居次云公主到长安侍奉太后,因此而给予单于的赏赐非常丰厚。

14　车师后王国有一条新道直通玉门关,往来交通比原先的大道要近得多,戊己校尉徐普打算开辟它。车师后王姑句因为车师后王国正当新道,新道开辟后,汉朝派往西域的使者的旅途供给,这一段自然由他们负担,心感不便。徐普想要勘明新道的路线分界,然后奏报朝廷,就召来姑句,让他对新道线路给以证实,姑句不肯,徐普就把姑句关押起来。姑句的妻子股紫陬对姑句说:"从前车师前王被都护司马杀死,如今你被囚禁这么久,必死无疑,不如投降匈奴。"姑句等人就骑马突围,冲出高昌城,逃到匈奴。此外,去胡来王唐兜与赤水羌多次相互侵犯,这次唐兜战败,向西域都护告急,都护但钦没有及时救助。唐兜被困危急,怨恨但钦不救援,于是往东退走,想据守玉门关,玉门关守将不准许他入关,他只好率妻子、百姓千馀人逃亡投降匈奴。单于接纳了姑句和唐兜,把他们安置在左谷蠡王所居地区,并派遣使者到长安上书,讲明情况,说:"我已经接纳了他们。"太皇太后下诏派遣中郎将韩隆等出使匈奴,责备单于。单于叩头谢罪,拘捕了姑句和唐兜,交付给使者。太皇太后下诏派中郎将王萌在西域恶都奴边界上等待接收两个俘虏。单于派遣使者护送汉使押解俘虏,乘机请求汉朝宽恕两王的背叛之罪。汉使回到长安,向王莽转告了单于的意思。王莽不听,下诏召集西域各国国王到长安,陈列军队,当众斩杀姑句、唐兜给大家看。又新制定四条规定:凡逃亡到匈奴的中国人,凡逃亡到匈奴的乌孙国人,凡投降匈奴的西域诸国佩带中国印信绶带者,凡投降匈奴的乌桓人,匈奴一律都不准接纳。派遣中郎将王骏、王昌、副校尉甄阜、王寻出使匈奴,向单于颁布四条规定,把四条文件与玺书同函封上,交付单于,命令他执行,并就此收回以前宣帝制定的约束匈奴的诏令封函。这时王莽上奏,要求命令中国人不准取两个字的名字,因而让使者暗示单于应该上书表示仰慕中国文化风俗,要改成一个字的名字,这样汉朝必定加以优厚的赏赐。

单于从之,上书言:"幸得备藩臣,窃乐太平圣制。臣故名囊知牙斯,今谨更名曰知。"莽大说,白太后,遣使者答谕,厚赏赐焉。

15 莽欲以女配帝为皇后以固其权,奏言:"皇帝即位三年,长秋宫未建,掖庭媵未充。乃者国家之难,本从无嗣,配取不正。请考论《五经》,定取后礼,正十二女之义,以广继嗣。博采二王后及周公、孔子世、列侯在长安者適子女。"事下有司,上众女名,王氏女多在选中者。莽恐其与己女争,即上言:"身无德,子材下,不宜与众女并采。"太后以为至诚,乃下诏曰:"王氏女,朕之外家,其勿采。"庶民、诸生、郎吏以上守阙上书者日千馀人,公卿大夫或诣廷中,或伏省户下,咸言:"安汉公盛勋堂堂若此,今当立后,独奈何废公女,天下安所归命!愿得公女为天下母!"莽遣长史以下分部晓止公卿及诸生,而上书者愈甚。太后不得已,听公卿采莽女。莽复自白:"宜博选众女。"公卿争曰:"不宜采诸女以贰正统。"莽乃曰:"愿见女。"

单于听从了,就上书说:"我有幸能充当中国的藩国臣属,对太平圣制十分喜欢。我原名囊知牙斯,现在就改名叫'知'。"王莽大为高兴,奏报太皇太后,派遣使者到匈奴致以答辞,并给单于以丰厚的赏赐。

15 王莽想把女儿嫁给平帝为皇后,以巩固自己的权力,就上奏说:"皇帝即位已三年,皇后还没有确立,后宫嫔妃也空缺。以往国家的灾难,基本由无继承人,给皇帝所娶的后妃来路不正所引起。请考查议论儒学五经的有关记载,制定聘娶皇后之礼,给古代天子一娶十二个女子的规定端正名义,纳入正轨,以广求继嗣。广泛地在殷、周天子的后裔,周公、孔子的后代,以及在长安的列侯之家中,挑选合适的女子。"太皇太后将此事交付有关主管机关办理,主管官员呈上众女的名单,王氏家族的女子多在被选中的名册上。王莽恐怕王氏其他人的女儿会与自己的女儿争皇后人选,就上书说:"我本身没有高尚的品德,女儿的资质才能又为下等,她不适宜与众女子一起参加挑选。"太皇太后以为他是诚心诚意谦虚,就下诏说:"王氏家族的女子,是我娘家人,就不要参加挑选了。"平民、诸生、郎吏以上官吏,守候在皇宫大门上书的,每天有一千余人。公卿大夫,有的前往廷中,有的俯伏在省户下,都要求说:"安汉公的盛大功勋,如此辉煌伟大,如今就应当立他的女儿为皇后,为什么单单剔除了安汉公的女儿,让天下人将期望归聚到哪一位身上呢!我们都希望让安汉公的女儿做天下之母!"王莽派遣长史以下官员,分别部署去劝说阻止公卿及诸生的请愿,然而上书请愿的人反而愈劝阻愈多。太皇太后不得已,就听从公卿的意见,挑选王莽的女儿为皇后。王莽又为自己辩白说:"应该广为选取众女。"公卿争辩说:"再选取其他女子,就会出现两个正统,是不应当的。"王莽只好说:"请察看我的女儿吧。"

卷第三十六　汉纪二十八

起癸亥(3)尽戊辰(8)凡六年

孝平皇帝下

元始三年(癸亥,3)

1　春,太后遣长乐少府夏侯藩、宗正刘宏、尚书令平晏纳采见女。还,奏言:"公女渐渍德化,有窈窕之容,宜承天序,奉祭祀。"太师光、大司徒宫、大司空丰、左将军孙建、执金吾尹赏、行太常事、太中大夫刘秀及太卜、太史令服皮弁、素积,以礼杂卜筮,皆曰:"兆遇金水王相,卦遇父母得位。所谓康强之占,逢吉之符也。"又以太牢策告宗庙。有司奏:"故事:聘皇后,黄金二万斤,为钱二万万。"莽深辞让,受六千三百万,而以其四千三百万分予十一媵家及九族贫者。

2　夏,安汉公奏车服制度,吏民养生、送终、嫁娶,奴婢、田宅、器械之品,立官稷,及郡国、县邑、乡聚皆置学官。

3　大司徒司直陈崇使张敞孙竦草奏,盛称安汉公功德,以为:"宜恢公国令如周公,建立公子令如伯禽,所赐之品亦皆如之,诸子之封皆如六子。"太后以示群公。群公方议其事,会吕宽事起。

孝平皇帝下
汉平帝元始三年(癸亥,公元 3 年)

1 春季,太皇太后王政君派长乐少府夏侯藩、宗正刘宏、尚书令平晏,前往王莽家,呈上礼物,并与王莽的女儿相见。回来后,向太后奏报:"安汉公的女儿,受到最好的教育,有美丽善良的容貌,适宜承受天命,侍奉皇家宗庙香火。"太师孔光、大司徒马宫、大司空甄丰、左将军孙建、执金吾尹赏、行太常事太中大夫刘秀,以及太卜、太史令,都戴上鹿皮帽,穿上素色衣裳,依照仪式,共同卜卦,然后,奏报太后说:"这是金、水互相辅佐的吉兆,父母和睦喜悦的卦象。正是所谓康乐、强健的预示,子孙大吉的征兆。"接着,又用猪牛羊各一头禀告皇家宗庙。主管官吏报告:"按照成例,聘皇后的彩礼是黄金二万斤,折合钱二万万。"王莽执意推辞,只愿接受钱六千三百万,而又在其中拨出四千三百万,分赠给被选为从嫁媵妾的十一家,以及王姓家族中九族以内的贫苦亲属。

2 夏季,安汉公王莽奏报关于车马和衣服穿着的制度,全国官吏平民的日常生活,丧葬送终,男婚女嫁,以及奴婢的买卖和待遇,田地房产的转移,各种用具等等,分别订定等级;又设置祭祀五谷的神庙;并在各郡、各封国、各县、各城、各乡、各村,都设置学官。

3 大司徒司直陈崇,命张敞的孙儿张竦撰写奏章,歌颂王莽的功德,说:"应该扩大安汉公的封国,让他像周公一样;赐封安汉公的长子,让他像伯禽一样;所赏赐的东西,也都像鲁公一样;其他儿子的封赏,都像周公的六个儿子一样。"太皇太后把奏章交给大臣们看。大臣们正在讨论这件事,恰巧吕宽事件发生了。

初，莽长子宇非莽隔绝卫氏，恐久后受祸，即私与卫宝通书，教卫后上书谢恩，因陈丁、傅旧恶，冀得至京师。莽白太皇太后，诏有司褒赏中山孝王后，益汤沐邑七千户。卫后日夜啼泣，思见帝面，而但益户邑；宇复教令上书求至京师。莽不听。宇与师吴章及妇兄吕宽议其故，章以莽不可谏而好鬼神，可为变怪以惊惧之，章因推类说令归政卫氏。宇即使宽夜持血洒莽第，门吏发觉之。莽执宇送狱，饮药死。宇妻焉怀子，系狱，须产子已，杀之。甄邯等白太后，下诏曰："公居周公之位，辅成王之主，而行管、蔡之诛，不以亲亲害尊尊，朕甚嘉之！"莽尽灭卫氏支属，唯卫后在。吴章要斩，磔尸东市门。

初，章为当世名儒，教授尤盛，弟子千馀人。莽以为恶人党，皆当禁锢不得仕宦，门人尽更名他师。平陵云敞时为大司徒掾，自劾吴章弟子，收抱章尸归，棺敛葬之，京师称焉。

莽于是因吕宽之狱，遂穷治党与，连引素所恶者悉诛之。元帝女弟敬武长公主素附丁、傅，及莽专政，复非议莽；红阳侯王立，莽之尊属；平阿侯王仁，素刚直；莽皆以太皇太后诏，遣使迫守，令自杀。莽白太后，主暴病薨；太后欲临其丧，莽固争而止。甄丰遣使者乘传案治卫氏党与，郡国豪桀及汉忠直臣不附莽，皆诬以罪法而杀之。何武、鲍宣及王商子乐昌侯安、辛庆忌三子护羌校尉通、函谷都尉遵、水衡都尉茂、南郡太守辛伯皆坐死。

当初,王莽的长子王宇反对王莽隔离卫姓家族,恐怕将来受到报复,便暗中跟卫宝通信,让卫后上书谢恩,并借机陈述丁姓家族和傅姓家族的罪恶,盼望被召到京师长安。王莽报告太皇太后,下诏让主管官吏褒扬赏赐中山孝王后,增加汤沐邑七千户人家。卫后日夜哭泣,思念与平帝见面,然而得到的反应只是增加汤沐邑的户数;王宇再次教她上书要求前来京师探望。王莽不听。王宇跟教师吴章和内兄吕宽商量这件事,吴章认为王莽不可能规劝,又相信鬼神,可以制造怪异来恐吓他,吴章再因利乘便劝说他把政权移交卫姓家族。王宇便让吕宽于夜晚拿血涂洒王莽的住宅,被守门的小吏察觉。王莽捉拿王宇将之送到牢狱里,令服毒药而死。王宇的妻子吕焉正怀孕,被囚禁在监狱里,等到生小孩后再杀掉。右将军甄邯等报告太皇太后,太后下诏褒扬王莽:“阁下身居周公的地位,辅佐像周成王这样的幼主,而实施对管叔、蔡叔的诛杀,不以骨肉私情伤害君臣之间的大义,朕非常嘉勉这种大义灭亲的壮举。”王莽于是下令把卫姓家族全部屠杀,只留下卫后一人。吴章遭腰斩,在长安东市门被施以分裂肢体的酷刑。

吴章是当时著名的儒家学派学者,广收学生,有千馀人之多。王莽认为那些学生全是恶人的党徒,都应当看管起来,不得为官,学生们都隐瞒自己的身份,改投别的教师。平陵人云敞,当时任大司徒掾,上书自我弹劾,自称是吴章的学生,把吴章的尸体领回,买一口棺材收殓埋葬,长安人称道他的高义。

王莽于是假借吕宽案件,下令追究吕宽党羽,牵连平素自己所厌恶的人都予以诛杀。其中包括汉元帝的妹妹敬武长公主,她一向跟丁姓家族、傅姓家族友善,而又不满意王莽;红阳侯王立是王莽的亲叔父;平阿侯王仁性格一向刚强正直;王莽都以太皇太后的名义,颁下诏书,并派使节监督,强迫他们自杀。王莽上书说,敬武长公主患急病死亡,太皇太后要亲自前来祭悼,王莽竭力劝阻,才罢。大司空甄丰派遣专人,乘坐朝廷驿车,前往各地诛杀卫姓家族党羽,各郡、各封国的豪杰,跟汉王朝的忠臣义士,凡不顺附王莽的,都被诬陷有罪,依法处决。前将军何武、前司隶校尉鲍宣,以及王商的儿子乐昌侯王安、前左将军辛庆忌的三个儿子:护羌校尉辛通、函谷都尉辛遵、水衡都尉辛茂,南郡太守辛伯,全都被处死。

凡死者数百人,海内震焉。北海逢萌谓友人曰:"三纲绝矣,不去,祸将及人!"即解冠挂东都城门,归,将家属浮海,客于辽东。

莽召明礼少府宗伯凤入说为人后之谊,白令公卿、将军、侍中、朝臣并听,欲以内厉天子而外塞百姓之议。先是,秺侯金日磾子赏、都成侯金安上子常皆以无子国绝,莽以曾孙当及安上孙京兆尹钦绍其封。钦谓"当宜为其父、祖立庙,而使大夫主赏祭也"。甄邯时在旁,廷叱钦,因劾奏"钦诬祖不孝,大不敬";下狱,自杀。邯以纲纪国体,无所阿私,忠孝尤著,益封千户。更封安上曾孙汤为都成侯。汤受封日,不敢还归家,以明为人后之谊。

4 是岁,尚书令颍川锺元为大理。颍川太守陵阳严诩本以孝行为官,谓掾、史为师友,有过辄闭阁自责,终不大言。郡中乱。王莽遣使征诩,官属数百人为设祖道,诩据地哭。掾、史曰:"明府吉征,不宜若此!"诩曰:"吾哀颍川士,身岂有忧哉!我以柔弱征,必选刚猛代。代到,将有僵仆者,故相吊耳!"诩至,拜为美俗使者;徙陇西太守。何并为颍川太守。并到郡,捕锺元弟威及阳翟轻侠赵季、李款,皆杀之,郡中震栗。

四年(甲子,4)

1 春,正月,郊祀高祖以配天,宗祀孝文以配上帝。

共诛杀数百人，全国震惊。北海郡人逄萌对朋友说："君臣、父子、夫妇之道都废绝了，再不离开，大祸临头。"说完就摘下帽子挂在宫廷东都门下，回到故乡，全家乘船，渡过渤海，到辽东客居。

王莽征召深明古礼的少府宗伯凤，到宫廷讲解在宗法制度中充任继承人的大义，建议由太皇太后下令，公卿、将军、侍中及文武百官，都要参加听讲，目的在于对内教训天子，对外消除百姓的议论。在此之前，秺侯金日磾的儿子金赏、都成侯金安上的儿子金常，都因为没有儿子，封爵撤除，王莽命金日磾的曾孙金当、金安上的孙儿京兆尹金钦，分别继承爵位。在宫殿上，金钦为金当请求："金当应给他父亲、祖父建立祭庙。而另外派大夫主持伯祖父金赏的祭祀。"这时，甄邯正在旁边，当着平帝及文武百官，叱责金钦，弹劾他："诬蔑祖先不孝，犯大不敬之罪。"逮捕金钦，金钦在狱中自杀。甄邯被认为是维护国家纲纪的贤人，不徇私情，忠孝双全，增加封地一千户。改封金安上的曾孙金汤当都成侯。金汤受封的当天，不敢回家，用以显示作为大宗继承人应遵循的大义。

4 这一年，尚书令颍川人锺元，担任大理。颍川太守陵阳人严诩曾以对父母的孝顺行为而被推荐当官，把掾、史等属官当作教师或朋友，遇到过错，就关起门来，自我责备，从来没有大声说过话。后来，全郡大乱。王莽派使节征召严诩，郡府官吏数百人，设宴给严诩饯行，严诩伏到地上大哭。官吏们说："朝廷征召明府君，这对明府君来说是一件喜事，不应该这么悲伤。"严诩说："我为颍川人悲伤，岂是为我自己忧愁？我因为柔弱的原因被调走，接我位置的人，一定强硬猛烈。到时候，必然有人身死刀下，所以我才悲伤。"严诩到了京师，王莽任命他当美俗使者，改任陇西太守。原陇西太守何并接任颍川太守。何并一到任，就逮捕锺元的弟弟锺威及阳翟侠士赵季、李款，一齐诛杀，全郡深为恐惧。

汉平帝元始四年(甲子,公元4年)

1 春季，正月，平帝在长安郊外祭祀高祖，把他跟上天同享，再在明堂祭祀文帝，把他跟上帝同享。

2 改殷绍嘉公曰宋公,周承休公曰郑公。

3 诏:"妇女非身犯法,及男子年八十以上、七岁已下,家非坐不道、诏所名捕,他皆无得系。其当验者即验问。定著令!"

4 二月丁未,遣大司徒宫、大司空丰等奉乘舆法驾迎皇后于安汉公第,授皇后玺绶,入未央宫。大赦天下。

5 遣太仆王恽等八人各置副,假节,分行天下,览观风俗。

6 夏,太保舜等及吏民上书者八千馀人,咸请:"如陈崇言,加赏于安汉公。"章下有司,有司请"益封公以召陵、新息二县及黄邮聚、新野田。采伊尹、周公称号,加公为宰衡,位上公,三公言事称'敢言之'。赐公太夫人号曰功显君,封公子男二人安为褒新侯,临为赏都侯。加后聘三千七百万,合为一万万,以明大礼。太后临前殿亲封拜,安汉公拜前,二子拜后,如周公故事。"莽稽首辞让,出奏封事:"愿独受母号,还安、临印韨及号位户邑。"事下,太师光等皆曰:"赏未足以直功;谦约退让,公之常节,终不可听。忠臣之节亦宜自屈,而伸主上之义。宜遣大司徒、大司空持节承制诏公亟入视事,诏尚书勿复受公之让奏。"奏可。莽乃起视事,止减召陵、黄邮、新野之田而已。

莽复以所益纳征钱千万遗太后左右奉共养者。莽虽专权,然所以诳耀媚事太后,下至旁侧长御,方故万端,赂遗以千万数。

2 改封殷绍嘉公为宋公、周承休公为郑公。

3 平帝下诏："妇女除非她本人犯法,以及男子八十岁以上、七岁以下,除非被指控大逆不道,或朝廷指名逮捕,其他一概不准囚禁。必须调查时,官员应到妇女或老幼所住的地方调查。本诏书自即日起成为法律。"

4 二月丁未(初七),派大司徒马宫、大司空甄丰等,带着御用车轿跟皇家仪仗队,前往安汉公王莽家宅,参见王莽的女儿,呈上皇后印信,迎回未央宫。大赦天下。

5 派太仆王恽等八人为使节,各人再设副手,持朝廷所颁使节,分别巡视全国各地,考察社会风俗。

6 夏季,太保王舜等以及官民八千馀人上书朝廷,一致请求:"接纳大司徒司直陈崇的建议,增加对安汉公王莽的赏赐。"奏章交给主管官吏,主管官吏奏报:"增加安汉公王莽的封地,把召陵、新息二县,跟黄邮聚、新野两地的耕田全都划入。采用伊尹和周公的称号,给安汉公加上宰衡的官号,位列上公。三公向安汉公报告工作,自称'冒昧陈辞'。封王莽的母亲为功显君,封王莽的两个儿子王安为褒新侯,王临为赏都侯。增加皇后彩礼三千七百万钱,合成一万万钱,用来表明隆重的礼仪。太皇太后来到前殿,亲自赐封爵位和称号,王莽在前面下拜,两个儿子在后面下拜,一如周公的成例。"王莽叩头辞让,出宫以后送上密封的奏章,说:"我愿接受对我母亲的封号,而退还王安、王临的印章和爵位称号、封邑民户。"此事交由臣下议奏,太师孔光等都说:"赏赐不足以匹配功劳,谦虚辞让是安汉公的一贯作风,到底不可以听从。忠臣的气节,有时应该屈服,使主上的大义,得以伸张。应该派遣大司徒、大司空,郑重地拿着符节,捧着制书,征召安汉公赶快入宫主持朝政,并下令尚书,拒绝接受安汉公任何推辞退让的奏章。"奏章被批准了。王莽这才勉强恢复办理公务,仅减少召陵、黄邮聚、新野三地的封土罢了。

王莽又在所增加彩礼的三千七百万中,提出一千万,送给太后左右侍从人员。王莽虽然独裁,但他之迷惑谄媚取悦太后,甚至对太后身旁那些铺床叠被的婢女,都会找出种种理由,成千成万地致送贿赂。

白尊太后姊、妹号皆为君,食汤沐邑。以故左右日夜共誉莽。莽又知太后妇人,厌居深宫中,莽欲虞乐以市其权,乃令太后四时车驾巡狩四郊,存见孤、寡、贞妇。所至属县,辄施恩惠,赐民钱帛、牛酒,岁以为常。太后旁弄儿病,在外舍,莽自亲候之。其欲得太后意如此。

太保舜奏言:"天下闻公不受千乘之土,辞万金之币,莫不向化。蜀郡男子路建等辍讼,惭怍而退,虽文王却虞、芮何以加!宜报告天下。"于是孔光愈恐,固称疾辞位。太后诏:"太师毋朝,十日一入省中,置几杖,赐餐十七物,然后归;官属按职如故。"

7 莽奏起明堂、辟雍、灵台,为学者筑舍万区,制度甚盛。立《乐经》;益博士员,经各五人。征天下通一艺、教授十一人以上,及有《逸礼》、古书、天文、图谶、钟律、《月令》、兵法、《史篇》文字,通知其意者,皆诣公车。网罗天下异能之士,前后至者千数,皆令记说廷中,将令正乖谬,壹异说云。

又征能治河者以百数,其大略异者,长水校尉平陵关并言:"河决率常于平原、东郡左右,其地形下而土疏恶。闻禹治河时,本空此地,以为水猥盛则放溢,少稍自索。虽时易处,犹不能离此。上古难识。近察秦、汉以来,河决曹、卫之域,其南北不过百八十里。可空此地,勿以为官亭、民室而已。"御史临淮韩牧以为:"可略于《禹贡》九河处穿之,纵不能为九,

又建议封太后的姐、妹君爵，各有汤沐邑。因此太后身旁的人日夜共同赞美王莽。此外，王莽知道，太后虽身为太皇太后，仍是女人，厌恶居住在深宫之中，打算用娱乐换取还掌握在太后手里的权力，于是，春夏秋冬四季，都请太后到长安四郊游览，慰问孤儿、寡妇和贞妇。太后所到各属县，都布施恩惠，赏赐平民钱币、丝织品、牛肉、美酒，每年如此。太后身旁供支使的小子有病，在外居住，王莽亲自去探望。王莽想得到太后的好感，所用手段大致类此。

太保王舜奏报："全国百姓听到安汉公不接受相当于一个可以出一千辆兵车的国家的封地，推辞万斤黄金的彩礼，没有人不仰慕德化。蜀郡男子路建等人停止诉讼，惭愧地回去了，就是周文王感化虞君、芮君，让他们自动停止争执返回本国，也不能超过安汉公！应当把这些事情宣告全国。"太师孔光愈来愈恐惧，声称有病，坚决辞职。太后下诏："太师不必再到宫殿上参加朝会，只要每隔十天入宫一次就可以了，宫廷当为你置备几案手杖，赏赐吃十七种食物，然后再回家；太师府的属官照常备行职务。"

7 王莽提议兴建明堂、辟雍和灵台，给学员建筑宿舍一万间，典章制度非常兴盛。在太学设立《乐经》课程，增加博士名额，每一经各有五人。征求全国精通一经，而且教授弟子十一人以上的经师，以及藏有散失的《礼经》、古文《尚书》、天文、图谶、钟律、月令、兵法、《史籀篇》文字，通晓它们意义的人，都前往公车衙门。收罗全国具有卓越才能的士人，来到京师的前前后后数以千计，都让他们在朝廷上记录自己的解说，打算用他们来订正流传的错误，统一各种分歧的说法。

王莽又征求能够治理黄河的人才一百馀位，各人的主张并不相同，长水校尉平陵人关并认为："黄河溃决的地点，经常在平原、东郡左右，那一带地势低下，土质松软。据说夏禹治理黄河时，特别把这一带地区空出来，作为调节。认为水大时流到那里成为一湖泊，水小时自会逐渐干涸。虽然时常改变地方，但还不能放弃此法。上古时代往事，难以考察。考察近代秦、汉以来的状况，黄河在古曹国、古卫国的版图上决口，南北相距不过一百八十里。可以把这一带腾空，不再兴建官舍、民居。"御史临淮人韩牧认为："《禹贡》有九条河流的记载，我们应大略地在故道上挖掘，即令不能凿出九条河流，

但为四、五,宜有益。"大司空掾王横言:"河入勃海地,高于韩牧所欲穿处。往者天常连雨,东北风,海水溢,西南出,浸数百里,九河之地已为海所渐矣。禹之行河水,本随西山下东北去。《周谱》云:'定王五年,河徙。'则今所行非禹之所穿也。又秦攻魏,决河灌其都,决处遂大,不可复补。宜却徙完平处更开空,使缘西山足,乘高地而东北入海,乃无水灾。"司空掾沛国桓谭典其议,为甄丰言:"凡此数者,必有一是。宜详考验,皆可豫见。计定然后举事,费不过数亿万,亦可以事诸浮食无产业民。空居与行役,同当衣食,衣食县官而为之作,乃两便。可以上继禹功,下除民疾。"时莽但崇空语,无施行者。

8　群臣奏言:"昔周公摄政七年,制度乃定。今安汉公辅政四年,营作二旬,大功毕成,宜升宰衡位在诸侯王上。"诏曰:"可。"仍令议九锡之法。

9　莽奏尊孝宣庙为中宗,孝元庙为高宗;又奏毁孝宣皇考庙勿修;罢南陵、云陵为县。奏可。

10　莽自以北化匈奴,东致海外,南怀黄支,唯西方未有加,乃遣中郎将平宪等多持金币诱塞外羌,使献地愿内属。宪等奏言:"羌豪良愿等种可万二千人,愿为内臣,献鲜水海、允谷、盐池,平地美草,皆与汉民;自居险阻处为藩蔽。问良愿降意,对曰:'太皇太后圣明,安汉公至仁,天下太平,五谷成孰,或禾长丈馀,或一粟三米,或不种自生,或茧不蚕自成;

能开凿四五条,应该也有裨益。"大司空掾王横进言:"黄河注入勃海的出口,比韩牧打算挖掘地带的地势要高。过去,降雨频繁,东北风起,海水倒灌,黄河向西南倒流,逐渐淹没数百里,古九河的故道,早就被海水蚕食了。禹当初疏通黄河,本来是要顺着西山,流向东北。《周谱》说:'周定王五年黄河改道。'说明今天的黄河,并非禹当年挖掘的故河道。还有,秦国攻击魏国时,决开黄河堤岸,用河水灌入魏国京都大梁,决口于是扩大,无法再次堵塞。所以,应把平地百姓全部迁移,用人工开凿河道,使河水顺着西山脚下,居高临下,向东北注入勃海,才能避免水患。"大司空掾沛国人桓谭,主持这项讨论,向少傅甄丰说:"这些建议中,一定有一个是对的。只要详细考察,便可以预先发现。计划既定而后行动,费用不过数亿万,而且可以使一些无产业的游民找到工作。他们闲着不事生产,与他们参与劳动,同样都需要那么多衣服和粮食,这些衣食由国家供应,对朝廷和百姓都有好处。这样上可以继承禹的大业,下可以为人民除害。"然而,当时王莽崇尚的只是空话,并没有具体施行。

8　文武百官奏称:"从前,周公代周成王处理国政七年,国家的制度才厘定妥当。而今,安汉公辅助国政只不过四年,而实际上负责不过二十天,却大都完成,所以,应该把宰衡的地位,提高到侯爵亲王之上。"下诏说:"可以。"同时下令讨论如何给王莽最尊贵的赏赐。

9　王莽奏请:宣帝祭庙定名中宗,元帝祭庙定名高宗。又奏请:废弃宣帝父亲祭庙,不再修建;撤销南陵、云陵,改成两个普通县。下诏批准。

10　王莽自以为他的德威,北边感化了匈奴,东边招来了海外国家,南边怀柔了黄支,只有西边没有施加影响,便派遣平宪等人多多携带金钱礼物,去招引边界以外的羌人,使他们献出土地,愿意归属汉朝。平宪等人奏报说:"羌人首领良愿等部落,人口约一万二千,愿意成为汉朝的臣民,献出鲜水海和允谷、盐池,平地美草都交给汉朝,自己住到艰险阻塞的地方,作为汉朝的屏障。我们询问良愿归降的用意,他回答说:'太皇太后圣明,安汉公最仁慈,天下太平,五谷成熟,有的禾苗长到一丈多长,有的一粒谷子包含三粒米,有的不要种植自己生长,有的茧不要蚕吐丝就可以自织而成,

甘露从天下,醴泉自地出;凤皇来仪,神爵降集。从四岁以来,羌人无所疾苦,故思乐内属。'宜以时处业,置属国领护。"事下莽,莽复奏:"今已有东海、南海、北海郡,请受良愿等所献地为西海郡。分天下为十二州,应古制。"奏可。冬,置西海郡。又增法五十条,犯者徙之西海。徙者以千万数,民始怨矣。

11 梁王立坐与卫氏交通,废,徙南郑;自杀。

12 分京师置前辉光、后丞烈二郡。更公卿、大夫、八十一元士官名、位次及十二州名、分界。郡国所属,罢置改易,天下多事,吏不能纪矣。

五年(乙丑,5)

1 春,正月,祫祭明堂;诸侯王二十八人,列侯百二十人,宗室子九百馀人,征助祭。礼毕,皆益户、赐爵及金帛、增秩、补吏各有差。

2 安汉公又奏复长安南、北郊。三十馀年间,天地之祠凡五徙焉。

3 诏曰:"宗室子自汉元至今十馀万人,其令郡国各置宗师以纠之,致教训焉。"

4 夏,四月乙未,博山简烈侯孔光薨,赠赐、葬送甚盛,车万馀两。以马宫为太师。

5 吏民以莽不受新野田而上书者前后四十八万七千五百七十二人,及诸侯王公、列侯、宗室见者皆叩头言:"宜亟加赏于安汉公。"于是莽上书言:"诸臣民所上章下议者,事皆寝勿上,使臣莽得尽力毕制礼作乐。事成,愿赐骸骨归家,

甘露从天上降下,甜泉从地下涌出,凤凰齐集朝贺,神雀飞来栖息。自从四年以来,羌人没有遭遇过艰难困苦,所以希望并喜欢归属汉朝。'应及时安排他们的生产和生活,设置附属国统辖保护他们。"事情交给王莽处理,王莽回报说:"现在已有东海郡、南海郡、北海郡,请接受良愿所献土地设置西海郡。全国分为十二州,以符合古代地理区划。"平帝批准。冬季,设置西海郡。又增订法律五十条,违犯者被流放到西海郡去。被流放的人数以千万,百姓开始怨恨了。

11 梁王刘立被指控跟卫姓家族勾结,封国撤除,放逐到南郑,刘立自杀。

12 京师长安被分割为前辉光郡、后丞烈郡。更改公卿、大夫、八十一元士官名、等级以及十二州州名、区分界线。更改各郡、各封国的管辖区域,或取消,或新设,或变更,从此天下事端增多,官吏记不胜记。

汉平帝元始五年(乙丑,公元5年)

1 春季,正月,平帝在明堂向皇家祖先作三年一次的祫祭,陪祭的诸侯王二十八人,列侯一百二十人,皇家子弟九百馀人。典礼完毕,已有封爵的增加封地户数,没有封爵的赐封爵位,已有官的赏赐金银、丝织品,已有俸禄的提高俸禄,没有做官的任命当官,各有等级。

2 安汉公王莽再奏请:恢复长安南郊祭天,北郊祭地大典。三十馀年间,祭祀天地的地方已经变更了五次。

3 平帝下诏:"自从汉王朝建立迄今,皇家子弟已有十馀万人,各郡、各封国,应设置皇家教师,负责管理教导。"

4 夏季,四月乙未(初一),太师、博山简烈侯孔光去世,赐赠丰厚,葬礼盛大,仅送葬的车,就有一万多辆。任命马宫当太师。

5 全国官吏、平民因为王莽不接受新野县的田亩而上书的,前后达四十八万七千五百七十二人,以及诸侯王、公卿、列侯和皇族被接见的,都叩头说:"应该赶快给安汉公颁发奖赏。"于是王莽上书说:"对于全国官民有关这方面的奏章,请不要接受,使我得以全力以赴制作礼仪和乐章。等到制作完成,希望准予辞职,返回故乡,

避贤者路。"甄邯等白太后,诏曰:"公每见辄流涕叩头言,愿不受赏。赏即加,不敢当位。方制作未定,事须公而决,故且听公制作。毕成,群公以闻,究于前议。其九锡礼仪亟奏!"

五月,策命安汉公莽以九锡,莽稽首再拜,受绿韨,衮冕,衣裳,玚琫、玚珌,句履,鸾路,乘马,龙旂九旒,皮弁、素积,戎路、乘马,彤弓矢、卢弓矢,左建朱钺,右建金戚,甲、胄一具,秬鬯二卣,圭瓒二,九命青玉珪二,朱户,纳陛,署宗官、祝官、卜官、史官,虎贲三百人。

6 王恽等八人使行风俗还,言天下风俗齐同,诈为郡国造歌谣、颂功德,凡三万言。闰月丁酉,诏以羲和刘秀等四人使治明堂、辟雍,令汉与文王灵台、周公作洛同符。太仆王恽等八人使行风俗,宣明德化,万国齐同,皆封为列侯。

时广平相班稚独不上嘉瑞及歌谣;琅邪太守公孙闳言灾害于公府。甄丰遣属驰至两郡,讽吏民,而劾:"闳空造不祥,稚绝嘉应,嫉害圣政,皆不道。"稚,班倢伃弟也。太后曰:"不宣德美,宜与言灾害者异罚。且班稚后宫贤家,我所哀也。"闳独下狱,诛。稚惧,上书陈恩谢罪,愿归相印,入补延陵园郎;太后许焉。

7 莽又奏为市无二贾,官无狱讼,邑无盗贼,野无饥民,道不拾遗,男女异路之制,犯者象刑。

避开贤能人才上进的道路。"右将军甄邯等奏报太皇太后，太皇太后下诏给王莽："爱卿每次进见，都流着眼泪，叩头陈情，坚决拒绝奖赏。如果一定要奖赏，你就辞职。现在制作礼乐制度的工作没有完成，这件大事，必须靠爱卿决定，所以仍请爱卿专心工作。等候工作完成，有关官员呈报之后，再研究大家从前的建议。但关于九锡礼仪，仍要迅速制定奏报。"

五月，朝廷正式加赐王莽九锡，王莽再次下拜叩头，接受了绿色的蔽膝和礼帽、礼服，用金玉装饰的佩刀，鼻头突出的靴子，有铃大车和套马，装饰着九束绦子的大龙旗，皮帽子和白色的下衣，军车和套马，红色的弓和箭，黑色的弓和箭，左边竖着红色的钺斧，右边竖着金饰的戚斧，铠甲和头盔一套，香酒二卣，玉勺两只，九级青玉珪两枚，规定家里可以安装红漆大门和修建檐内台阶，配备宗官、祝官、卜官、史官，拥有护卫勇士三百人。

6　王恽等八位使者考察风俗回京，说全国风俗整齐划一，并编造民歌民谣，颂扬功德，共有三万字。闰月丁酉（初四），平帝下诏命羲和刘秀等四人，负责兴建明堂、辟雍，使汉朝的土木工程，跟周朝文王兴建灵台、周公兴建洛阳城互相符合。太仆王恽等八人，周游全国，考察风俗，宣扬阐明朝廷的恩德教化，天下同声赞扬，刘秀等四人和王恽等八人，全封侯爵。

当时，只有广平国丞相班稚，不肯反映祥瑞和民歌童谣，琅邪太守公孙闳在郡府公开陈诉民间灾害。御史大夫甄丰，派出专使前往两郡，暗示官吏平民，上书弹劾："公孙闳伪造灾害的消息，班稚拒绝反映上天的祥瑞，二人嫉妒痛恨朝廷的圣政，都属于大逆不道。"班稚是班婕妤的弟弟。太皇太后说："不宣扬美德，应该跟伪造灾害消息分开处罚。而且班稚是宫廷有贤德姬妾的家人，是我所爱怜的人。"于是，单独逮捕公孙闳入狱，诛杀。班稚恐惧，上书陈述自己世受国恩，请求恕罪，愿缴回封国丞相印信，到长安当延陵管理员，太皇太后批准了。

7　王莽又奏报说，做买卖没有两样价格，官府没有诉讼案件，城市没有盗贼，乡村没有饥民，大路上没有人拾取丢下的财物，实行男女不一同走路的制度，对于违犯者给予象征性刑罚。

8 莽复奏言："共王母、丁姬,前不臣妾,冢高与元帝山齐,怀帝太后、皇太太后玺绶以葬。请发共王母及丁姬冢,取其玺绶;徙共王母归定陶,葬共王冢次。"太后以为既已之事,不须复发。莽固争之,太后诏因故棺改葬之。莽奏："共王母及丁姬棺皆名梓宫,珠玉之衣,非藩妾服。请更以木棺代,去珠玉衣;葬丁姬媵妾之次。"奏可。公卿在位皆阿莽指,入钱帛,遣子弟及诸生、四夷凡十馀万人,操持作具,助将作掘平共王母、丁姬故冢;二旬间,皆平。莽又周棘其处,以为世戒云。又隳坏共皇庙,诸造议者泠褒、段犹皆徙合浦。

征师丹诣公车,赐爵关内侯,食故邑。数月,更封丹为义阳侯;月馀,薨。

初,哀帝时,马宫为光禄勋,与丞相、御史杂议傅太后谥曰孝元傅皇后。及莽追诛前议者,宫为莽所厚,独不及。宫内惭惧,上书言："臣前议定陶共王母谥,希指雷同,诡经僻说,以惑误主上,为臣不忠。幸蒙洒心自新,诚无颜复望阙庭,无心复居官府,无宜复食国邑。愿上太师、大司徒、扶德侯印绶,避贤者路。"八月壬午,莽以太后诏赐宫策曰："四辅之职,为国维纲;三公之任,鼎足承君。不有鲜明固守,无以居位。君言至诚,不敢文过,朕甚多之。不夺君之爵邑,其上太师、大司徒印绶使者,以侯就第。"

8 王莽再次奏报说:"定陶共王的母亲傅太后、汉哀帝的母亲丁姬,不遵守藩臣姬妾的规矩,坟墓竟然跟元帝一般高,而且身挟太皇太后和皇太后的御玺埋葬。我建议发掘定陶共王母亲和丁姬的坟墓,取回印玺;然后把定陶共王母亲的遗体运回到定陶国,安葬在共王的墓园。"太皇太后认为,这都是已经过去的事了,不必再提。王莽坚持自己的意见,太皇太后只好下令,用傅太后原来的棺木改葬。王莽又奏报说:"定陶共王母亲和丁姬的棺材,都是最名贵的梓木,而且尸体上还穿着金镂玉衣,这都不是藩臣姬妾应该享有的。我请求用普通木棺代替,剥去金镂玉衣。丁姬应埋葬在嫔妃坟墓之列。"太皇太后批准。朝廷文武官员都迎合王莽的意旨,捐出货币、丝织品,各家都派遣子弟,以及儒生、四方的夷族,总共动员了十多万人,拿着锄头箩筐等工具,开始挖掘傅太后和丁姬的坟墓,二十天左右,全部铲平。王莽又用荆棘把原地围绕一圈,作为世人的鉴戒。又下令拆除共皇祭庙,追查当初提议造庙人泠褒、段犹,全部放逐合浦。

征召师丹前往长安公车官署,赐封关内侯,恢复他原来的食邑。数月后,改封他为义阳侯,一月馀,师丹去世。

当初,汉哀帝时,马宫为光禄勋,与丞相、御史在会议中决定傅太后的谥号叫孝元傅皇后。等到王莽追究以往,惩罚从前参与会议的人,马宫跟王莽私交笃厚,独得以幸免。但马宫内心惭愧恐惧,于是上书说:"从前,在讨论定陶共王母亲谥号时,我迎合上峰的意旨,附和别人的意见,违反儒家经典,坚持偏邪的说法,用来迷惑贻误圣上,作为臣子,没有尽到忠心。虽然幸运地准许我悔改自新,但已无颜面再看到宫门金殿,也没有心思再居住官府,更不应该再拥有封爵食邑。我愿上交太师、大司徒、扶德侯的印信,避开贤能人才上进之路。"八月壬午(二十日),王莽用太皇太后的名义,下诏赐马宫简策说:"四辅的职务,是为了国家维持纲纪;三公的责任,像鼎的三脚,支持君王。不坚持原则,就无法居于高位。你的陈述,至为诚恳,不掩饰自己的过失,我十分器重。现在,仍保留你的封爵和食邑,仅上交太师、大司徒印信于使者,以侯爵身份,返回家宅。"

9　莽以皇后有子孙瑞,通子午道,从杜陵直绝南山,径汉中。

10　泉陵侯刘庆上书言:"周成王幼小,周公居摄。今帝富于春秋,宜令安汉公行天子事,如周公。"群臣皆曰:"宜如庆言。"

11　时帝春秋益壮,以卫后故,怨不悦。冬,十二月,莽因腊日上椒酒,置毒酒中。帝有疾,莽作策,请命于泰畤,愿以身代,藏策金縢,置于前殿,敕诸公勿敢言。丙午,帝崩于未央宫。大赦天下。莽令天下吏六百石以上皆服丧三年。奏尊孝成庙曰统宗;孝平庙曰元宗。敛孝平,加元服,葬康陵。

　　班固赞曰:孝平之世,政自莽出,褒善显功,以自尊盛。观其文辞,方处百蛮,无思不服。休征嘉应,颂声并作。至于变异见于上,民怨于下,莽亦不能文也。

12　以长乐少府平晏为大司徒。

13　太后与群臣议立嗣。时元帝世绝,而宣帝曾孙有见王五人,列侯四十八人,莽恶其长大,曰:"兄弟不得相为后。"乃悉征宣帝玄孙,选立之。

是月,前辉光谢嚣奏武功长孟通浚井得白石,上圆下方,有丹书著石,文曰"告安汉公莽为皇帝"。符命之起,自此始矣。莽使群公以白太后,太后曰:"此诬罔天下,不可施行!"太保舜谓太后曰:"事已如此,无可奈何。沮之,力不能止。又莽非敢有他,但欲称摄以重其权,填服天下耳!"

9　王莽认为皇后有了生男育女的吉兆,修通子午道,从杜陵县穿过终南山,直通汉中郡。

10　泉陵侯刘庆上书:"周成王年龄幼小,由周公居位摄政。当今圣上年龄还轻,应当让安汉公代行天子的职务,像周公一样。"各大臣都说:"应当照刘庆所说的办。"

11　这时,平帝的身体日益茁壮,因母亲卫皇太后的缘故,对王莽怨恨,心里不高兴。冬季,十二月,腊日大祭,王莽向平帝呈献椒酒,在椒酒中下毒。平帝中毒生病,王莽写了策书,到泰畤替平帝请求解除疾病、保全性命,愿意用自己的性命去替代,他把策书收藏在金属书柜里,放在前殿,告诫各大臣不准说出去。丙午,平帝在未央宫驾崩。大赦天下。王莽命令年俸六百石以上的官员,一律服丧三年。又上书太皇太后,建议尊称成帝庙号叫作统宗,平帝庙号叫作元宗。收敛孝平帝,戴上成人冠帽,埋葬在康陵。

　　班固评论说:平帝在位期间,由王莽发号施令,褒扬善行,宣扬功德,用来显示他自己的尊贵威严。从文件上考察,边远地区的很多蛮民,没有不想归附臣服的。吉祥的征兆纷呈,歌颂的声音四起。至于上有天象的变异,下有沸腾的民怨,王莽也无法掩饰。

12　任命长乐少府平晏当大司徒。

13　太皇太后与文武百官,商议遴选继任皇帝。这时元帝的后代断绝了,而宣帝的曾孙有为王的五人,为列侯的四十八人,王莽厌恶他们已经长成,便说:"兄弟之间不能互相作为后代。"于是征召宣帝所有的玄孙,逐一选择。

这个月,前辉光谢嚣奏报,武功县长孟通疏浚水井挖得了一块白石头,上头是圆形,下部是四方形,有朱红文字附着在石头上,文字是"告安汉公莽为皇帝"。符命的兴起,从此开始了。王莽让各大臣把这件事上报太皇太后,太皇太后说:"这是欺骗天下,不可以施行!"太保王舜告诉太皇太后:"事已如此,无可奈何。想要制止它,力量也达不到。而且王莽没有别的想法,只是想要公开宣告代行皇帝的职权来加强他的权力,好去镇服全国罢了。"

太后心不以为可,然力不能制,乃听许。舜等即共令太后下诏曰:"孝平皇帝短命而崩,已使有司征孝宣皇帝玄孙二十三人,差度宜者,以嗣孝平皇帝之后。玄孙年在襁褓,不得至德君子,孰能安之!安汉公莽,辅政三世,与周公异世同符。今前辉光谢嚣、武功长通上言丹石之符,朕深思厥意,云'为皇帝'者,乃摄行皇帝之事也。其令安汉公居摄践祚,如周公故事,具礼仪奏!"于是群臣奏言:"太后圣德昭然,深见天意,诏令安汉公居摄。臣请安汉公践祚,服天子韨冕,背斧依立于户牖之间,南面朝群臣,听政事。车服出入警跸,民臣称臣妾,皆如天子之制。郊祀天地,宗祀明堂,共祀宗庙,享祭群神,赞曰'假皇帝',民臣谓之'摄皇帝',自称曰'予'。平决朝事,常以皇帝之诏称'制',以奉顺皇天之心,辅翼汉室,保安孝平皇帝之幼嗣,遂寄托之义,隆治平之化。其朝见太皇太后、帝皇后皆复臣节。自施政教于宫家国采,如诸侯礼仪故事。"太后诏曰:"可。"

王莽上

居摄元年(丙寅,6)

1 春,正月,王莽祀上帝于南郊,又行迎春、大射、养老之礼。

2 三月己丑,立宣帝玄孙婴为皇太子,号曰孺子。婴,广戚侯显之子也,年二岁,托以卜相最吉,立之。尊皇后曰皇太后。

3 以王舜为太傅、左辅,甄丰为太阿、右拂,甄邯为太保、后承。又置四少,秩皆二千石。

太皇太后心里知道不可以这样做,但自己的力量不能制止,只好答应。王舜等人就一起让太皇太后下诏书道:"孝平皇帝短命驾崩,已经命令主管官吏召集孝宣皇帝曾孙二十三人,斟酌选择合适的,让他继承孝平皇帝的帝位。玄孙年龄还很幼小,如果不求得有最高德行的君子,谁能够维护他?安汉公王莽辅佐朝政已经三代,跟周公虽时代不同而功业相同。现在前辉光谢嚚和武功县长孟通上报丹书白石的符命,我深深地思索它的意思,说'为皇帝'的含义,就是代行皇帝的职权。应当让安汉公登上皇位,代行职权,仿照周公的成例,开列典礼仪式上报。"于是大臣们上书说:"太后圣德英明,深深地看到了天意,下诏书让安汉公居位摄政。我们请求安汉公登上皇位,代行职权,穿着天子的礼服,戴着天子的礼帽,背靠着设置在门窗之间的斧形图案屏风,向着南面接受臣子们的朝见,处理政事。他进出经过的地方要严加戒备,平民和臣下向他自称为男奴女奴,全部按照天子的礼仪制度办事。在郊外祭祀天地,在明堂和宗庙祭祀祖宗,祭祀各种神祇,赞辞称'假皇帝',平民和臣下称他为'摄皇帝',自称为'予'。讨论决定朝廷大事,通常用皇帝的诏书形式,称为'制',从而秉承和遵循上天的心意,辅佐汉朝,抚育孝平皇帝的幼小继承人,完成委托的义务,振兴治平的教化。若是朝见太皇太后和孝平皇后,都恢复臣下的礼节。在他的官署、家宅、封国、采邑,可以独立地实行政治教化,按照诸侯礼仪的成例办。"太皇太后下诏说:"可以。"

王莽上
王莽居摄元年(丙寅,公元6年)

1 春季,正月,王莽到长安南郊祭祀上帝,又举行迎春、大射、养老的仪式。

2 三月己丑(初一),册立宣帝玄孙刘婴做皇太子,称孺子。刘婴是广戚侯刘显的儿子,年仅两岁,王莽声称,卜卦的结果,认为他最吉利,所以才册立。尊王皇后为皇太后。

3 任命王舜为太傅、左辅,甄丰为太阿、右拂,甄邯为太保、后承。又设置四少官位,年俸都是二千石。

4 四月,安众侯刘崇与相张绍谋曰:"安汉公莽必危刘氏,天下非之,莫敢先举,此乃宗室之耻也。吾帅宗族为先,海内必和。"绍等从者百馀人遂进攻宛;不得入而败。

绍从弟竦与崇族父嘉诣阙自归;莽赦弗罪。竦因为嘉作奏,称莽德美,罪状刘崇:"愿为宗室倡始,父子兄弟负笼荷锸,驰之南阳,猪崇宫室,令如古制。及崇社宜如亳社,以赐诸侯,用永监戒!"于是莽大说,封嘉为率礼侯,嘉子七人皆赐爵关内侯。后又封竦为淑德侯。长安为之语曰:"欲求封,过张伯松。力战斗,不如巧为奏。"自后谋反皆污池云。

群臣复白:"刘崇等谋逆者,以莽权轻也;宜尊重以填海内。"五月甲辰,太后诏莽朝见太后称"假皇帝"。

5 冬,十月丙辰朔,日有食之。

6 十二月,群臣奏请以安汉公庐为摄省,府为摄殿,第为摄宫。奏可。

7 是岁,西羌庞恬、傅幡等怨莽夺其地,反攻西海太守程永;永奔走。莽诛永,遣护羌校尉窦况击之。

二年(丁卯,7)

1 春,窦况等击破西羌。

2 五月,更造货:错刀,一直五千;契刀,一直五百;大钱,一直五十;与五铢钱并行,民多盗铸者。禁列侯以下不得挟黄金,输御府受直;然卒不与直。

4 四月,安众侯刘崇跟封国丞相张绍商量道:"安汉公王莽一定要危害刘家,天下人反对他,竟没有人敢首先起事,这是我们皇族的耻辱。我率领同族的人倡首,全国必定响应。"张绍等跟随他的有一百多人,便进攻宛城,没有攻进去就失败了。

张绍的堂弟张竦和刘崇的远房伯叔刘嘉前往朝廷自首,王莽赦免了他们,没有加罪。张竦代替刘嘉撰写奏章,歌颂王莽美德,痛斥刘崇叛逆,声称:"愿意给皇族带头,父子兄弟背着畚箕,扛着锸锹,跑到南阳郡去,掘毁刘崇的宫室使之成为蓄积污水的池沼,让它像古代的制度一样。还有刘崇的土地神社应当像亡国的亳社一样毁掉,把它分赐给各王侯,用来永远作为鉴戒!"于是王莽非常高兴,赐封刘嘉为率礼侯,刘嘉的七个儿子都赐封关内侯的爵位。后来又赐封张竦为淑德侯。长安人为这件事编成俗语说:"要想封,找张伯松。拼命斗,不如来一个巧奏。"以后凡是谋反的人,都把他们的房屋掘毁成为洿池。

群臣们又上报:"刘崇等人敢于造反,就是因为王莽的权力还小,应当提高他的权力地位去镇服全国。"五月甲辰(十七日),太皇太后命令王莽在朝见地的时候自称"假皇帝"。

5 冬季,十月丙辰朔(初一),出现日食。

6 十二月,大臣们上书,请把安汉公在皇宫中的休息处所称为摄省,官署称为摄殿,住宅称为摄宫。奏章被批准了。

7 这一年,西羌庞恬和傅幡等人怨恨王莽夺取他们的土地,反攻西海郡太守程永,程永逃跑。王莽处死了程永,派遣护羌校尉窦况进击西羌。

王莽居摄二年(丁卯,公元7年)

1 春季,窦况等人打败了西羌。

2 五月间,改铸货币:错刀,一枚值五千钱;契刀,一枚值五百钱;大钱,一枚值五十钱;它们跟五铢钱同时流通,民间有很多私铸货币的。王莽下禁令,从列侯以下不准私藏黄金,送交御府可以得到相当价值的钱币,然而始终没有给。

3 东郡太守翟义,方进之子也,与姊子上蔡陈丰谋曰:"新都侯摄天子位,号令天下,故择宗室幼稚者以为孺子,依托周公辅成王之义,且以观望,必代汉家,其渐可见。方今宗室衰弱,外无强蕃,天下倾首服从,莫能亢扞国难。吾幸得备宰相子,身守大郡,父子受汉厚恩,义当为国讨贼,以安社稷。欲举兵西,诛不当摄者,选宗室子孙辅而立之。设令时命不成,死国埋名,犹可以不惭于先帝。今欲发之,汝肯从我乎?"丰年十八,勇壮,许诺。义遂与东郡都尉刘宇、严乡侯刘信、信弟武平侯刘璜结谋,以九月都试日斩观令,因勒其车骑、材官士,募郡中勇敢,部署将帅。信子匡时为东平王,乃并东平兵,立信为天子。义自号大司马、柱天大将军;移檄郡国,言"莽鸩杀孝平皇帝,摄天子位,欲绝汉室。今天子已立,共行天罚!"郡国皆震。比至山阳,众十余万。

莽闻之,惶惧不能食。太皇太后谓左右曰:"人心不相远也。我虽妇人,亦知莽必以此自危。"莽乃拜其党、亲轻车将军、成武侯孙建为奋武将军,光禄勋、成都侯王邑为虎牙将军,明义侯王骏为强弩将军,春王城门校尉王况为震威将军,宗伯、忠孝侯刘宏为奋冲将军,中少府、建威侯王昌为中坚将军,中郎、震羌侯窦况为奋威将军,凡七人,自择除关西人为校尉、军吏,将关东甲卒,发奔命以击义焉。复以太仆武让为积弩将军,屯函谷关;将作大匠蒙乡侯逯并为横壄将军,屯武关;羲和、红休侯刘歆为扬武将军,屯宛。

3　东郡太守翟义是翟方进的儿子,与姐姐的儿子上蔡陈丰密谋说:"新都侯王莽代理皇位,向全国发号施令,故意在皇族中挑选一个幼年孩子,称为孺子,假托周公辅佐成王的先例,试探天下人心,必然取代汉家,迹象已经趋于明显。而今,皇族衰弱,长安以外又没有强大的封国,以致天下全都低头顺从,没有人能挽救国家的灾难。我有幸是宰相的儿子,自己又是一个大郡的郡守,父子们都受汉朝的厚恩,有义务为国家讨伐叛贼,使国家安定。所以我打算动员军队西进,诛杀不应当代理皇位的人,而另行选择、拥戴皇族子弟当皇帝。即使事情不能成功,为国而死,身虽埋葬,英名长存,还可以对得起先帝。我准备行动,你肯不肯追随我?"陈丰十八岁,年轻气盛,一口答应。翟义于是与东郡都尉刘宇、严乡侯刘信、刘信的弟弟武平侯刘璜结盟,九月,趁着检阅军队的日子,发动攻击,斩杀观县县令,集结战车、骑兵、弓箭手,再征召郡中勇士,安排将领。刘信的儿子刘匡,当时是东平王,于是与东平的防卫部队合兵一处,拥立刘信为皇帝。翟义自称大司马,兼柱天大将军。通报各郡、各封国,指出"王莽用鸩酒毒死孝平皇帝,代理皇位目的在铲除汉朝政权。现在,天子已经即位,当共同代天行罚"。各郡、各封国大为震动。大军抵达山阳时,已有十馀万人。

王莽得到消息,惊惶失措,连饭都吃不下。太皇太后对她的侍从说:"人同此心,心同此理。我虽然是一个女人,也知道王莽必定因此而危险。"王莽出动他所有的重要同党和亲属,任命轻车将军、成武侯孙建为奋武将军,光禄勋、成都侯王邑为虎牙将军,明义侯王骏为强弩将军,春王城门校尉王况为震威将军,宗伯、忠孝侯刘宏为奋冲将军,中少府、建威侯王昌为中坚将军,中郎将、震羌侯窦况为奋威将军,共七人,由各人选择他们的将领和谋士,但限于函谷关以西人,率领以函谷关以东士兵为主的军队,再征调各郡临时召集的兵马,向翟义军发动攻击。王莽又任命太仆武让为积弩将军,驻防函谷关;命将作大匠、蒙乡侯逯并为横埜将军,驻防武关;羲和、红休侯刘秀为扬武将军,驻防宛城。

三辅闻翟义起,自茂陵以西至汧二十三县,盗贼并发。槐里男子赵朋、霍鸿等自称将军,攻烧官寺,杀右辅都尉及氂令,相与谋曰:"诸将精兵悉东,京师空,可攻长安!"众稍多至十馀万,火见未央宫前殿。莽复拜卫尉王级为虎贲将军,大鸿胪、望乡侯阎迁为折冲将军,西击朋等。以常乡侯王恽为车骑将军,屯平乐馆;骑都尉王晏为建威将军,屯城北;城门校尉赵恢为城门将军;皆勒兵自备。以太保、后承、承阳侯甄邯为大将军,受钺高庙,领天下兵,左杖节,右把钺,屯城外。王舜、甄丰昼夜循行殿中。

莽日抱孺子祷郊庙,会群臣,称曰:"昔成王幼,周公摄政,而管、蔡挟禄父以畔。今翟义亦挟刘信而作乱。自古大圣犹惧此,况臣莽之斗筲!"群臣皆曰:"不遭此变,不章圣德!"冬,十月甲子,莽依《周书》作《大诰》曰:"粤其闻日,宗室之俊有四百人,民献仪九万夫,予敬以终于此谋继嗣图功。"遣大夫桓谭等班行谕告天下,以当反位孺子之意。

诸将东至陈留菑,与翟义会战,破之,斩刘璜首。莽大喜,复下诏先封车骑都尉孙贤等五十五人皆为列侯,即军中拜授。因大赦天下。于是吏士精锐遂攻围义于圉城,十二月,大破之。义与刘信弃军亡,至固始界中,捕得义,尸磔陈都市;卒不得信。

始初元年(戊辰,8)

1 春,地震。大赦天下。

京城附近地区的人听到翟义起兵的消息,东自茂陵,西到汗县,共二十三县,盗贼一齐爆发。槐里男子赵朋、霍鸿等自称为将军,攻击、焚烧官府,击杀右辅都尉及蠡县县令,他们会商说:"各将领和精兵全部东征,京师空虚,我们可以直接进攻长安!"军队渐渐增多,达到十馀万人,火光照耀未央宫前殿。王莽再任命卫尉王级为虎贲将军,大鸿胪、望乡侯阎迁为折冲将军,向西攻击赵朋等。任命常乡侯王恽为车骑将军,驻防平乐馆;骑都尉王晏为建威将军,驻防城北;城门校尉赵恢为城门将军;都统率军队,进入戒备状态。再任命太保、后承、承阳侯甄邯为大将军,在高帝庙接受斧钺,统率全国的军队,左边执持符节,右边把握钺斧,驻扎在城外。王舜和甄丰昼夜巡视宫殿之中。

王莽每天抱着孺子到郊祀祭坛和宗庙祷告,集合文武官员宣称:"从前周成王年幼,周公代君主处理国政,管叔、蔡叔挟持禄父叛变。而今,翟义也挟持刘信叛变。古代的大圣人还怕发生这种事情,何况我王莽这样才器低下的人!"官员们都说:"不遭受这样的大难,就不能展示你神圣的功德!"冬季,十月甲子(十五日),王莽仿效《尚书·大诰》,也撰写《大诰》,说:"当翟义反书传到的那天,刘姓皇族在京师的俊杰有四百人,而民众提出建议的有九万人,我依靠这些俊杰和贤人,保卫皇家继承人,建立功业。"派大夫桓谭等前往全国各地,把自己要将政权归还孺子的意图晓谕全国。

各位将军率军东征,抵达陈留郡淄县,与翟义的军队进行决战,取得胜利,斩了刘璜。王莽大喜,立即下诏,先赐封车骑都尉孙贤等五十五人为列侯,就在军中接受爵位。因此大赦天下。于是,用精兵围攻翟义于圉城,十二月,打败了翟义。翟义与刘信放弃军队,只身逃亡,逃到固始边界,翟义被捕,押解到淮阳国所属陈县,施以分裂肢体的酷刑,在市上示众;而刘信最终没有抓到。

王莽始初元年(戊辰,公元8年)

1 春季,发生地震。大赦天下。

2　王邑等还京师,西与王级等合击赵朋、霍鸿。二月,朋等殄灭,诸县息平。还师振旅,莽乃置酒白虎殿,劳赐将帅。诏陈崇治校军功,第其高下,依周制爵五等,以封功臣为侯、伯、子、男,凡三百九十五人,曰:“皆以奋怒,东指西击,羌寇、蛮盗,反虏、逆贼,不得旋踵,应时殄灭,天下咸服”之功封云。其当赐爵关内侯者,更名曰附城,又数百人。莽发翟义父方进及先祖冢在汝南者,烧其棺椁,夷灭三族,诛及种嗣,至皆同坑,以棘五毒并葬之。又取义及赵朋、霍鸿党众之尸,聚之通路之旁,濮阳、无盐、圉、槐里、盩厔凡五所,建表木于其上,书曰:“反虏逆贼鳢鲵。”义等既败,莽于是自谓威德日盛,遂谋即真之事矣。

3　群臣复奏:进摄皇帝子安、临爵为公;封兄子光为衍功侯。是时莽还归新都国;群臣复白以封莽孙宗为新都侯。

4　九月,莽母功显君死。莽自以居摄践阼,奉汉大宗之后,为功显君緦缞弁而加麻环绖,如天子吊诸侯服。凡壹吊再会;而令新都侯宗为主,服丧三年云。

5　司威陈崇奏:莽兄子衍功侯光私报执金吾窦况,令杀人。况为收系,致其法。莽大怒,切责光。光母曰:“汝自视孰与长孙、中孙!”长孙、中孙者,宇及获之字也。遂母子自杀,及况皆死。初,莽以事母、养嫂、抚兄子为名,及后悖虐,复以示公义焉。令光子嘉嗣爵为侯。

2　王邑等人从前线回到长安,再向西与王级等会合,共同进击赵朋、霍鸿。二月,赵朋等人被消灭,各县秩序恢复。胜利凯旋,整顿军队,王莽于是在未央宫白虎殿举行盛大宴会,慰劳和奖励将领们。命令陈崇审核军功,区别他们的高低,依照周朝的制度,把爵位分为五等,赐封功臣为侯、伯、子、男,共三百九十五人,指出他们"都怀着愤怒的心情,东征西讨,羌寇、蛮盗、反叛、逆贼,还没有转过脚跟,便被扑灭,天下人都敬服",封爵全用这项理由。应当赐封关内侯爵的,改名附城,也有数百人。王莽下令挖掘翟义父亲翟方进和他祖先在汝南的坟墓,把棺材焚烧,屠杀三族,连幼儿都不能幸免,斩首之后,把男女老少的尸体,推进一个大坑,用荆棘跟五毒麋杂一并埋葬。又下令把翟义、赵朋、霍鸿党羽们的尸体,聚集在濮阳、无盐、圉城、槐里、盩厔五个地方的交通大道旁边,尸堆上插上标志木牌,写道:"反虏、逆贼、鳣鲵。"翟义等人已经失败,王莽认为他的声威德行一天天兴盛,于是考虑正式登上皇位之事。

3　文武官员又建议:晋升王莽的儿子王安、王临为公爵,赐封王莽哥哥的儿子王光为衍功侯。这时,王莽交还了新都国,文武官员再建议赐封王莽的孙子王宗为新都侯。

4　九月,王莽的母亲功显君去世。王莽代理皇位,登上宫廷的宝座,尊奉汉室大宗的后嗣,于是为功显君守缌麻服,礼帽上面加上用麻环绕而成的孝带,仿照天子吊唁诸侯的丧服。整个一次吊唁,再行会祭的丧礼过程,让新都侯王宗为主,由他守三年的丧服。

5　司威陈崇奏报:王莽哥哥的儿子、衍功侯王光私下告知执金吾窦况,让窦况替他杀人。窦况替他拘禁了那个人,把那个人处死了。王莽大发怒火,严厉地责备了王光。王光的母亲说:"看看你自己的样子比长孙、仲孙怎么样?"长孙、仲孙是王莽长子王宇、次子王获的表字。王光母子便自杀了,连窦况也都死了。起初,王莽由于服事母亲,供养嫂子,抚育侄儿求得了名誉,等到后来狂妄凶暴,又这样来显示公正无私。让王光的儿子王嘉继承爵位作了衍功侯。

6　是岁，广饶侯刘京言齐郡新井，车骑将军千人扈云言巴郡石牛，太保属臧鸿言扶风雍石；莽皆迎受。十一月甲子，莽奏太后曰："陛下遇汉十二世三七之厄，承天威命，诏臣莽居摄。广饶侯刘京上书言：'七月中，齐郡临淄县昌兴亭长辛当一暮数梦，曰："吾，天公使也。天公使我告亭长：'摄皇帝当为真。'即不信我，此亭中当有新井。"亭长晨起视亭中，诚有新井，入地且百尺。'十一月壬子，直建冬至，巴郡石牛，戊午，雍石文，皆到于未央宫之前殿。臣与太保安阳侯舜等视，天风起，尘冥，风止，得铜符帛图于石前，文曰：'天告帝符，献者封侯。'骑都尉崔发等视说。孔子曰：'畏天命，畏大人，畏圣人之言。'臣莽敢不承用！臣请共事神祇、宗庙，奏言太皇太后、孝平皇后，皆称'假皇帝'；其号令天下，天下奏言事，毋言'摄'；以居摄三年为始初元年；漏刻以百二十为度；用应天命。臣莽夙夜养育隆就孺子，令与周之成王比德，宣明太皇太后威德于万方，期于富而教之。孺子加元服，复子明辟，如周公故事。"奏可。众庶知其奉符命，指意群公博议别奏，以示即真之渐矣。

7　期门郎张充等六人谋共劫莽，立楚王。发觉，诛死。

8　梓潼人哀章学问长安，素无行，好为大言。见莽居摄，即作铜匮，为两检，署其一曰"天帝行玺金匮图"，其一署曰"赤帝玺某传予皇帝金策书"。某者，高皇帝名也。书言王莽为真天子，

6　这一年,广饶侯刘京奏报齐郡冒出一口新井,车骑将军千人扈云奏报巴郡发现一头石牛,太保属臧鸿奏报扶风雍县发现石头,王莽都高兴地接受了。十一月甲子(二十一日),王莽上奏章给太皇太后说:"陛下现在的处境是汉王朝已经十二世,正碰上'三七'数字的危险命运,秉承上天威严的命令,陛下下诏让我暂居皇帝之位,处理政务。广饶侯刘京上奏报说,'七月中,齐郡临淄县昌兴亭长辛当一夜作了几个梦,梦见有声音对他说:"我是天老爷的使者。天老爷打发我告诉亭长道:'代理皇帝应当作真皇帝。'如果不相信我,这个公所里会出现一口新井。"亭长早晨起来一看公所里,果然出现了一口新井,深入地下将近一百尺。'十一月壬子(初九),节令交替正赶上冬至,巴郡的石牛,戊午(十五日),雍县的石文,都到达未央宫的前殿。我和太保安阳侯王舜去看时,天空刮起了大风,飞沙走石,天昏地暗,大风停止,在石头前面得到了铜符帛图,上面的文字是'天告帝符,献者封侯。'骑都尉崔发等人能够认识并解说。孔子说:'畏惧上天的意旨,畏惧长辈,畏惧圣人的教导。'我王莽敢不遵照执行!我请求恭敬地服事神祇、宗庙,向太皇太后和孝平皇后奏报,都自称'假皇帝';至于向全国臣民发号施令,全国臣民向我奏报,都不要说是'摄';把居摄三年改为初始元年;铜壶滴漏的刻度改为一百二十度;以符合上天的意旨。我王莽一定日日夜夜培养教育孺子成长,让他能够跟周成王的德能相媲美,把太皇太后的声威德行传播到各地,让他们富足并且教育他们。等到孺子加冕以后,把明君的权力归还给他,仿照周公的成例。"奏章被批准了。广大平民知道他信奉符命的意图,大臣们广泛议论,分别奏报太皇太后,以显示正式登上皇位的发展趋势。

7　期门郎张充等六人策划一道劫持王莽,拥立楚王作皇帝。被发觉后处死。

8　梓潼县人哀章在长安学习,一向品行不好,喜欢说大话。他看见王莽居位摄政,就制造了一只铜箱子,制作了两道封书题签,一道写作"天帝行玺金匮图",另一道写作"赤帝玺某传予皇帝金策书"。所谓某,就是高皇帝的名字。文书说王莽作真天子,

皇太后如天命。图书皆书莽大臣八人，又取令名王兴、王盛，章因自窜姓名，凡十一人，皆署官爵，为辅佐。章闻齐井、石牛事下，即日昏时，衣黄衣，持匮至高庙，以付仆射。仆射以闻。戊辰，莽至高庙拜受金匮神禅，御王冠，谒太后，还坐未央宫前殿，下书曰："予以不德，托于皇初祖考黄帝之后，皇始祖考虞帝之苗裔，而太皇太后之末属。皇天上帝隆显大佑，成命统序，符契、图文、金匮策书，神明诏告，属予以天下兆民。赤帝汉氏高皇帝之灵，承天命，传金策之书，予甚祗畏，敢不钦受！以戊辰直定，御王冠，即真天子位，定有天下之号曰新。其改正朔，易服色，变牺牲，殊徽帜，异器制。以十二月朔癸酉为始建国元年正月之朔；以鸡鸣为时。服色配德上黄，牺牲应正用白，使节之旄幡皆纯黄，其署曰'新使五威节'，以承皇天上帝威命也。"

莽将即真，先奉诸符瑞以白太后，太后大惊。是时以孺子未立，玺臧长乐宫。及莽即位，请玺，太后不肯授莽。莽使安阳侯舜谕指。舜素谨敕，太后雅爱信之。舜既见太后，太后知其为莽求玺，怒骂之曰："而属父子宗族，蒙汉家力，富贵累世，既无以报，受人孤寄，乘便利时夺取其国，不复顾恩义。人如此者，狗猪不食其馀，天下岂有而兄弟邪！且若自以金匮符命为新皇帝，变更正朔、服制，亦当自更作玺，传之万世，何用此亡国不祥玺为，而欲求之！我汉家老寡妇，旦暮且死，欲与此玺俱葬，终不可得！"太后因涕泣而言，

皇太后遵照天意行事。图和书都写明王莽的大臣八人，又起了好名字王兴和王盛，哀章便把自己的姓名也塞在里面，共是十一人，都写明了官职和爵位，作为辅佐。哀章听到齐郡新井和巴郡石牛事件下达了，当天黄昏时候，穿着黄衣，拿着铜箱子到高帝祠庙，把它交给了仆射。仆射奏报。戊辰（二十五日），王莽到高帝祠庙接受天神命令转让统治权的铜箱子，戴着王冠，进见太皇太后，回来便坐在未央宫的前殿，下文告说："我德行不好，幸赖是皇初祖黄帝的后代，是皇始初虞帝的子孙，又是太皇太后的亲属。皇天上帝大加显扬，大加保佑，既定的天命，宣告皇统的开端，上天降下的符命、图文，铜箱子中的金策书，神明晓谕，把全国千百万人民的命运托付我。赤帝汉朝高皇帝的神灵，秉承上天的命令，传给我转让政权的金策书，我非常恭敬恐慌，敢不敬谨接受！根据占卜，二十五日为一吉日，我戴着王冠，登上真天子的座位，建立'新王朝'。决定改变历法，改变车马、服饰的颜色，改变供祭祀用的牲畜的毛色，改变旌旗，改变用器制度。把今年十二月癸酉（初一）定为始建国元年正月的初一，把鸡鸣之时作为一天的开始。车马、服饰的颜色配合土德崇尚黄色，祭祀用的牲畜适应正月建丑使用白色，使者符节的旄头都采用纯黄色，它的名称叫作'新使五威节'，表明我们是秉承皇天上帝的威严命令。"

　　王莽将要即位当真皇帝，先让人捧着各符命祥瑞给太皇太后过目，太后看后大吃一惊。这时，因孺子刘婴并没有即位，所以皇帝御玺仍放在王太后住的长乐宫。等到王莽即位，向太后索要御玺，太后不肯给。王莽让安阳侯王舜规劝。王舜一向谨慎周到，太后平素喜欢他、信任他。王舜晋见，太后知道他是来为王莽索求御玺，不禁勃然大怒，骂他道："你们父子兄弟、家庭宗族，靠着汉王朝的力量，几代享尽荣华富贵，不但没有回报，反而利用别人托孤寄子的机会，夺取政权，不再顾念恩德情义。这种人，连猪狗都不吃他剩馀的东西，天下怎么会有你们这等人！而且你们自己用金匮符命当新皇帝，改变历法，改变车马、服饰颜色，改变制度，就应该刻一枚自己的御玺，使它传到万世，为什么要使用这个亡国的不祥的玺，而想得到它？我是汉王朝的一个老寡妇，早晚就要死，打算跟御玺一同埋葬，我不给他，他最终得不到。"太后一面说，一面哭泣。

旁侧长御以下皆垂涕。舜亦悲不能自止,良久,乃仰谓太后:"臣等已无可言者。莽必欲得传国玺,太后宁能终不与邪!"太后闻舜语切,恐莽欲胁之,乃出汉传国玺投之地,以授舜曰:"我老已死,知而兄弟今族灭也!"舜既得传国玺,奏之。莽大说,乃为太后置酒未央宫渐台,大纵众乐。

莽又欲改太后汉家旧号,易其玺绶,恐不见听。而莽疏属王谏欲谄莽,上书言:"皇天废去汉而命立新室,太皇太后不宜称尊号,当随汉废,以奉天命。"莽以其书白太后,太后曰:"此言是也!"莽因曰:"此悖德之臣也,罪当诛!"于是冠军张永献符命铜璧文,言太皇太后当为新室文母太皇太后;莽乃下诏从之。于是鸩杀王谏而封张永为贡符子。

班彪赞曰:三代以来,王公失世,稀不以女宠。及王莽之兴,由孝元后历汉四世为天下母,飨国六十馀载。群小世权,更持国柄;五将、十侯,卒成新都。位号已移于天下,而元后卷卷犹握一玺,不欲以授莽,妇人之仁,悲夫!

左右侍从人员,都跟着哭泣。王舜也哀恸落泪,不能自止,停了很久,王舜才抬头问太后:"我等已无话可说,只是王莽一定要得到传国御玺。太后,你难道能够一直不给他?"太后听王舜的话恳切,又恐怕王莽使用暴力,只好交出,但怒不可遏,把御玺扔到地上,对王舜说:"待我老死后,你们全族兄弟将被屠灭!"王舜得到传国玺,报告王莽。王莽万分喜悦,特地在未央宫渐台宴请太后,一片欢乐。

王莽又打算改变王太后在汉王朝时的旧封号,更换她的印信,但又恐怕被拒绝。而王莽的远族王谏打算向王莽献媚,奏报说:"皇天废除汉王朝,而命令建立新王朝,太皇太后不宜于再用汉王朝的尊号,应该跟汉王朝同时废除,顺应天命。"王莽把奏章呈报太后,太后愤怒地说:"他的话有理!"王莽看情况不对,改口说:"这个人违背道义,罪当杀!"这时候,冠军人张永,呈献璧形铜片,上有神秘的文字,说太皇太后的尊号,应称"新室文母太皇太后",王莽下诏接受。于是用鸩酒毒死王谏,封张永为贡符子。

　　班彪评论说:自从三代以来,无论天子或诸侯失去权柄和势力,很少不是因为被宠爱的女人。等到王莽的兴起,也是如此,孝元帝皇后王政君经历了汉王朝四世皇帝,身居国母高位,享受朝廷奉养,六十馀年。王姓家族世代把持政权,轮换掌握国家命脉,共计出现五个大将军、十个侯爵,而最后终于权归王莽。君王的名义和宝座已经完全丧失,而孝元后王政君还恋恋不舍一颗印信,不想交给王莽,妇人的仁慈,使人生悲!